LES

œUVRES

COMPLETES

DE

VOLTAIRE

64

THE VOLTAIRE FOUNDATION

TAYLOR INSTITUTION

OXFORD

1984

THE
COMPLETE
WORKS
OF
VOLTAIRE

64

THE VOLTAIRE FOUNDATION
TAYLOR INSTITUTION
OXFORD

1984

ISBN 0 7294 0312 2

PRINTED IN ENGLAND
AT THE ALDEN PRESS
OXFORD

under the sponsorship of
sous le haut patronage de

L'ACADÉMIE FRANÇAISE

L'ACADÉMIE ROYALE DE LANGUE ET DE
LITTÉRATURE FRANÇAISES DE BELGIQUE

THE AMERICAN COUNCIL OF LEARNED SOCIETIES

THE BRITISH ACADEMY

L'UNION ACADÉMIQUE INTERNATIONALE

prepared with the kind co-operation of
réalisée avec le concours gracieux de

THE SALTYKOV-SHCHEDRIN
STATE PUBLIC LIBRARY
OF LENINGRAD

La Défense de mon oncle
A Warburton

édition critique

par

José-Michel Moureaux

A OWEN TAYLOR

in memoriam

TABLE DES MATIÈRES

LISTE DES ILLUSTRATIONS

LISTE DES SIGLES ET ABRÉVIATIONS

Académie 62   *Dictionnaire de l'Académie française*, 1762
Al   Fréron, *L'Année littéraire*
An   Archives nationales, Paris
A.-T.   Diderot, *Œuvres complètes*, 1875-1877
Bengesco   *Voltaire: bibliographie de ses œuvres*, 1882-1890
Bm   Bibliothèque municipale
Bn   Bibliothèque nationale, Paris
Bn F   Bn: Manuscrits français
Bn N   Bn: Nouvelles acquisitions françaises
Bu   Bibliothèque universitaire
BV   *Bibliothèque de Voltaire: catalogue des livres*, 1961
CLT   Grimm, *Correspondance littéraire*, 1877-1882
CN   *Corpus des notes marginales de Voltaire*, 1979-
D   Voltaire, *Correspondence and related documents*, éd. Th. Besterman, dans *Œuvres complètes de Voltaire / Complete works of Voltaire* 85-135, 1968-1977
Défense   Voltaire, *La Défense de mon oncle*
Desnoiresterres   *Voltaire et la société française*, 1867-1876
DMO   Voltaire, *La Défense de mon oncle*, 1978
Essai   Voltaire, *Essai sur les mœurs*, 1963
Hérodote   Larcher, *Histoire d'Hérodote*, 1786
ImV   Institut et musée Voltaire, Genève
M   *Œuvres complètes de Voltaire*, 1877-1885
Réponse   Larcher, *Réponse à la Défense de mon oncle*, 1767
Rhl   *Revue d'histoire littéraire de la France*
Roth-Varloot   Diderot, *Correspondance*, 1955-1970
S.67   Larcher, *Supplément à la Philosophie de l'histoire*, 1767
S.69   Larcher, *Supplément à la Philosophie de l'histoire*, nouvelle édition, 1769
Studies   *Studies on Voltaire and the eighteenth century*
Voltaire   *Œuvres complètes de Voltaire / Complete works of Voltaire*, 1968- [la présente édition]

AVANT-PROPOS

L'édition critique d'une œuvre abordant une très grande variété de sujets comme *La Défense de mon oncle* ne saurait s'édifier par les seules compétences ou recherches de l'éditeur: je tiens donc à remercier tous les spécialistes qui ont bien voulu me faire bénéficier de leurs lumières et plus particulièrement Mlle M. L. Chastang, conservateur à la Bibliothèque nationale et qui y a rédigé le si précieux catalogue des œuvres de Voltaire; le regretté Th. Besterman dont nul n'ignore les monuments durables et les marques décisives qu'il aura laissés dans les études voltairiennes; Mme J. Veyrin-Forrer et M. W. Kirsop dont on connaît les recherches en bibliographie matérielle; M. Jacques Roger qui a accepté de me faire profiter de sa vaste expérience des sciences de la nature et de la vie au dix-huitième siècle. A M. René Pomeau enfin, je dis toute ma gratitude pour m'avoir inspiré ce travail, m'y avoir guidé de par sa parfaite compétence et encouragé avec une générosité toujours disponible et bienveillante.

La première édition parue chez Slatkine et Champion en 1978 comportait une annotation, une bibliographie et des appendices que leur volume ne rendait pas conformes aux normes de la présente collection: aussi les deux premières ont-elles été sensiblement réduites et les appendices supprimés dans cette édition révisée.

INTRODUCTION

I

Le legs de l'abbé Bazin

La *Défense de mon oncle* ne compte certainement pas parmi les
œuvres que Voltaire a secrètement conçues et longtemps mûries.
Ce vieillard de soixante-treize ans, particulièrement accablé
d'infirmités et d'affaires dans les premiers mois de 1767, ne se
doutait pas encore le 15 avril qu'il allait trouver, à la fin du
printemps, le temps de brocher en quelque huit semaines un
volume de cent trente-six pages: le blocus de Genève, sa querelle
avec Jean-Jacques, l'achèvement des *Scythes*, une fâcheuse histoire
de contrebande de livres, l'affaire Sirven, les séquelles de l'affaire
La Barre et vingt autres choses lui laissaient déjà à peine le temps
de continuer son grand combat. Il réussit pourtant à lancer une
campagne en faveur de Marmontel, alors tout seul face aux
censeurs de *Bélisaire*, et surtout à nourrir la vigoureuse polémique
antibiblique que le *Portatif* en 1764 et la *Philosophie de l'histoire*
l'année suivante avaient substantiellement engagée: en avril et
mai paraissent presque coup sur coup les *Questions de Zapata* et
les *Homélies prononcées à Londres*.[1] Quant à la correspondance de
ces cinq premiers mois, elle laisse l'impression d'un tourbillon
étourdissant: bien qu''affublée d'une espèce de petite apopléxie'
en février (D13931), l''âme' de Voltaire n'a peut-être jamais
déployé pareille activité intellectuelle. De ses neiges jurassiennes,
elle sait même porter sur l'actualité un regard étrangement vigilant, surveillant la Sorbonne déchaînée contre Marmontel, ou
remarquant certain *Supplément à la Philosophie de l'histoire* auquel
personne n'a prêté attention à Paris, mais qui n'en sera pas moins
la raison suffisante de la *Défense de mon oncle*.

[1] Mais pas l'*Examen important de milord Bolingbroke*, contrairement à la supposition de Beuchot (M.xxvi.196, n.1). L'*Examen* était paru en août 1766 (voir
D13514).

3

Car ce nouveau produit de 'la manufacture de Ferney', comme dit Grimm (CLT, vii.367), est une œuvre entièrement suscitée par les circonstances. Née de l'actualité, elle s'y insère étroitement, sans pourtant disparaître avec elle, puisqu'elle restera l'un des pamphlets les plus lus de Voltaire et compte parmi les plus spirituels et les plus mordants. Mais on ne peut guère l'entendre indépendamment de sa 'préhistoire'. Ses lecteurs en 1767 en remontaient sans peine le cours: ils avaient lu, deux ans auparavant, la *Philosophie de l'histoire*, appris que le manuscrit incomplet en était de feu l'abbé Bazin et que l'éditeur qui le dédiait à l'impératrice de Russie n'était autre que son neveu. La mise en scène dans la *Défense* des deux mêmes personnages marque la continuité que Voltaire entend établir entre les deux œuvres. La seconde est l'impromptu auquel il s'est cru forcé par les circonstances pour préserver les conquêtes menacées de la première. Pour comprendre l'action vigoureuse du neveu, il faut d'abord considérer ce qu'il avait à défendre: son oncle avant de mourir avait fait une véritable 'découverte' de l'histoire ancienne, dont il importe de pénétrer la nature et les conséquences.

La parution de la première édition du *Portatif*, à la fin du mois de juin 1764, n'avait marqué aucun ralentissement ni aucune pause dans l'activité de Voltaire, bien au contraire: l'ouvrage était encore sous les presses de Cramer que déjà, le 1er mai, il réclamait à 'Caro' un Pline et l'*Oedipus aegyptiacus* de Kircher, parce que le voilà devenu 'horriblement pédant' (D11851). Le 17, Briasson se voit prié d'envoyer la *Demonstratio evangelica* de Huet (voir D11877); à la mi-juin, le pasteur Moultou reçoit de Ferney, pour un Strabon et le *Veterum Persarum … Historia* de Hyde, une demande de prêt qui laisse percer des intentions: 'Je pourais bien, mon cher philosophe […] m'amuser un peu de l'histoire ancienne, c'est à dire des fables' (D11924). Une semaine auparavant, Cramer a été 'suplié' de procurer un Bochart et le livre de Huet, 'sans quoi le grifoneur ne peut plus grifoner' (D11912). Pourquoi toute cette documentation? Le griffonneur s'en est ouvert le 8 juin à Damilaville: 'Je suis enfoncé à présent dans des recherches pédantesques de l'antiquité. Tout ce que je découvre dépose furieusement contre l'infâme' (D11914).

Découverte, le mot n'est pas trop fort: non pas évidemment de l'histoire ancienne elle-même, mais du parti qu'on peut en tirer dans cette lutte contre l'"infâme' qui entre peut-être dans sa phase décisive et qu'il faut donc mener avec plus de vigueur que jamais: le Conseil du roi n'a-t-il pas cassé le 4 juin l'arrêt des juges de Toulouse qui avaient condamné Calas? Le militant galvanisé qui, dans les dix-huit mois à venir, va écrire la *Philosophie de l'histoire* et donner l'édition Varberg du *Portatif*, est donc en train, depuis mai, de découvrir dans l'histoire ancienne comme un arsenal très important, mais peu exploité jusqu'alors et dont en tout cas il ne s'était pas encore pleinement avisé: avant cet 'enfoncement' dans l'Antiquité de mai-juin 1764, l'histoire ancienne n'avait guère été pour Voltaire, on l'a montré,[2] que l'occasion d'afficher un 'pyrrhonisme de l'histoire' hérité des savants du début du siècle et qui le détournait plutôt de toute étude sérieuse: 'Inspirez surtout aux jeunes gens plus de goût pour l'histoire des temps récents, qui est pour nous de nécessité, que pour l'ancienne, qui n'est que de curiosité'.[3] Il avait pourtant beaucoup réfléchi, durant toute l'année 1756, aux différents problèmes que peut poser l'histoire, puisqu'il rédigeait alors pour l'*Encyclopédie* l'important article qui lui est consacré et qu'il avait obtenu de Diderot et d'Alembert.[4] Certes, sa réflexion s'exerce aussi et même d'abord sur l'histoire ancienne; mais c'est pour souligner combien l'étude en reste difficile et peu utile: difficile, parce que les premiers fondements n'en sont guère que des fables indignes de toute créance (aussi toutes les origines des peuples sont-elles 'absurdes'); les 'monu-

[2] Voir l'introduction de J. H. Brumfitt à la *Philosophie de l'histoire* (Voltaire 59, p.15-16).
[3] *Conseils à un journaliste* (1737), M.xxii.244.
[4] Voltaire a réclamé et obtenu 'Histoire' en décembre 1755, mais ne l'achèvera qu'en octobre 1756, au reste fort peu satisfait de ce qu'il envoie alors à d'Alembert (D7018). Aussi réclamera-t-il l'article pour le retravailler; il le renverra définitivement achevé à d'Alembert le 28 décembre (D7098). Mais par suite de la suspension de l'*Encyclopédie*, en février 1759, 'Histoire' ne paraîtra qu'en 1765, au tome VIII.

ments incontestables' de ces temps reculés sont en trop petit nombre. Peu utile, parce que les trop rares certitudes auxquelles on peut parvenir ne peuvent fonder une véritable connaissance des temps modernes: 'Voilà peut-être le seul fruit qu'on peut tirer de la connaissance de ces temps reculés' (M.xxvii.248). Même scepticisme en 1764, dans un morceau imprimé à la suite des *Contes de Guillaume Vadé*: l'art d'écrire n'ayant été connu que tardivement, 'l'histoire des temps antérieurs ne put donc être transmise que de mémoire'. Mais cette transmission orale 's'altère de génération en génération. C'est l'imagination seule qui a écrit les premières histoires' (M.xix.353). Les historiens anciens ne proposent guère qu'un ramassis de fables. 'Joignez à cela des oracles, des prodiges, des tours de prêtres, et vous avez l'histoire du genre humain' (M.xix.354). Jusqu'en juin 1764 par conséquent, Voltaire est resté somme toute assez indifférent à l'histoire ancienne. Le militant n'y apercevait pas, à la différence de l'histoire moderne, qu'on pût en explorant les routes du passé éclairer celles de l'avenir.

Pourquoi donc, changeant d'avis, va-t-il tenir désormais l'étude de l'Antiquité pour très nécessaire? D'abord parce que l'histoire ancienne est une mine de 'fables' trop souvent reçues, aujourd'hui encore, avec une sotte crédulité. La tradition en a imposé, les hommes ont cru trop vite et sans examen: 'Ils passent leur vie à recevoir de bonne foi des contes de peau d'âne comme on reçoit tous les jours de la monnoie sans en éxaminer ni le poids ni le titre' (D12968). A la raison de secouer ce joug et de reprendre ses droits. Sans compter que vaut toujours la vieille leçon de Fontenelle: aucun procès du surnaturel n'est innocent; on sait à quoi mène l'étude critique des oracles et des fables. La critique de l'histoire ancienne ne peut pas ne pas être dommageable à l'histoire sainte aussi, tout simplement parce qu'il n'existe pas entre elles de différence radicale. De tout cela le 'vieux pédant, entouré de vieux in-folios' et travaillant 'de tout son cœur à un ouvrage fort honnête', a pris une vive conscience en juillet 1764: 'Je crois que la meilleure manière de tomber sur l'infâme, est de paraître n'avoir nulle envie de l'attaquer; de débrouiller un peu le chaos de l'antiquité; de tâcher de jeter quelque intérêt; de répandre quelque agrément sur l'histoire ancienne; de faire voir combien on nous a trompé en tout; de montrer combien ce qu'on croit ancien est moderne; combien ce qu'on nous a donné pour respectable est ridicule; de laisser le lecteur tirer lui-même les conséquences' (D11978). Cette confiance dans la sagacité et le courage du lecteur sera réaffirmée dans la préface du *Portatif* (édition Varberg),[5] ainsi que dans une lettre à Mme Du Deffand pour lui présenter cette 'fanfaronade continuelle d'érudition orientale' qu'est la *Philosophie de l'histoire:* il ne faut s'y choquer 'ni des recherches par les quelles toutes nos anciennes histoires sont combattues, ni des conséquences qu'on en peut tirer; quelque âge qu'on puisse avoir, et à quelque bienséance qu'on soit asservi, on n'aime point à avoir été trompé, et on déteste en secrêt des préjugés ridicules que les hommes sont convenus de respecter en public. Le plaisir d'en sécouer le joug console de l'avoir porté, et il est agréable d'avoir devant les yeux les raisons qui vous désabusent des erreurs où la pluspart des hommes sont plongés depuis leur enfance jusqu'à leur mort' (D12968).

Chasse à toutes les impostures, entreprise de démystification, voilà donc ce qu'est d'abord l'étude rationnelle de l'histoire ancienne. Et ce n'est pas peu: 'ceux qui détrompent les hommes sont leurs véritables bienfaiteurs' (Voltaire 59, p.211). Mais l'étude de l'histoire ancienne permet surtout, on l'a vu, une critique beaucoup plus poussée de l'histoire sainte: l'introduction d'un point de vue comparatiste conduit bien souvent à dévaloriser les héros, les traditions, les usages ou les annales de la seconde. S'intéresser aux mondes primitifs des Chaldéens, des Phéniciens, des Indous et des Chinois, c'est découvrir de mille façons que l'histoire universelle remonte bien au-delà de l'histoire sainte, la dépasse et la contient, comme un épisode particulier à un tout petit peuple. Voltaire n'envisagera plus les faits religieux ou

---

[5] 'Les livres les plus utiles sont ceux dont les lecteurs font eux-mêmes la moitié; ils étendent les pensées dont on leur présente le germe; ils corrigent ce qui leur semble défectueux et fortifient par leurs réflexions ce qui leur paraît faible' (M.xvii.2).

historiques du judaïsme qu'en les replaçant dans le contexte de l'histoire universelle: l'histoire comparée des religions, mythologies ou légendes, lui permettra souvent de faire apparaître la théologie, la cosmogonie ou même certaines grandes figures bibliques, comme de simples reflets déformés de religions ou mythologies très antérieures. C'est probablement dans le recours à ce comparatisme dévalorisant que se marque la nouveauté la plus importante de l'édition Varberg du *Portatif*, composée, on l'a montré,[6] en pleine fièvre militante, au plus fort de la lutte et aussi, notons-le, dans les mêmes mois que la *Philosophie de l'histoire*. Non pas que l'histoire ancienne fût absente de la première édition: Voltaire savait déjà l'homosexualité des Perses, des Grecs et des Romains,[7] les usages et croyances des anciens Egyptiens,[8] le culte chaldéen du brochet Oannès,[9] les différentes fables antiques sur l'origine du mal,[10] etc. L'article 'Idole, idolâtre, idolâtrie', rédigé pour l'*Encyclopédie* dès janvier 1757, évoquait la cosmogonie de Sanchoniathon et sa généalogie des premiers hommes, Zoroastre et le *Sader*, ainsi que les mystères d'Eleusis. Le point de vue comparatiste était même suggéré dans des articles comme 'Jephté', 'Joseph' ou 'Métamorphoses'; suggéré, mais pas encore véritablement exploité. Et la présence de l'histoire ancienne restait somme toute bien discrète: plus de quarante-cinq articles sur soixante-treize ne comportaient aucune référence ou allusion à l'Antiquité.

Avec l'édition Varberg, en revanche, s'affirme la pleine exploitation du point de vue comparatiste. Beaucoup d'additions au demeurant, reprennent en le résumant, le matériau de la *Philosophie de l'histoire*. Ainsi la figure d'Abraham se réduit à la dérivation tardive d'une figure orientale beaucoup plus ancienne, peut-être indienne, mais plus probablement chaldéenne ou persane, comme Voltaire le précisera en 1767. La note ajoutée à l'article 'Moïse'

[6] R. Pomeau, 'Histoire d'une œuvre de Voltaire: le *Dictionnaire philosophique portatif*', *Information littéraire* (1955), no.2, p.49.

[7] Article 'Amour nommé socratique'.

[8] Articles 'Anthropophages', 'Apis', 'Apocalypse', 'Baptême', 'Circoncision', 'Religion, 1ère question', 'Résurrection 1', etc.

[9] Article 'Catéchisme chinois', 4e entretien.

[10] Article 'Tout est bien'.

8

ne met en doute l'existence historique du personnage, dont aucun historien d'Egypte n'a jamais parlé, que pour énumérer aussitôt de bien étranges similitudes entre la geste de Bacchus et l'histoire merveilleuse de Moïse. Celle-ci n'est donc qu'une adaptation des fables phéniciennes effectuée postérieurement par les Juifs dans leurs livres (voir M.xx.99). Ainsi se vérifie une loi de toute l'histoire ancienne formulée dans une addition à l'article 'Fables': 'Les fables des anciens peuples ingénieux ont été grossièrement imitées par des peuples grossiers: témoin celles de Bacchus, d'Hercule, de Prométhée, de Pandore et tant d'autres [...] Les barbares qui en entendirent parler confusément les firent entrer dans leur mythologie sauvage; et ensuite ils osèrent dire: C'est nous qui les avons inventées' (M.xix.61). Mais c'est évidemment l'article 'Genèse' qui retient le plus l'attention: la théologie des Hébreux offre de visibles réminiscences de celle des Phéniciens, telle qu'on la trouve dans Sanchoniathon. La création du monde en six jours reproduit les six gahambârs de l'ancien Zoroastre, le nom d'Adam rappelle celui de l'Adimo du Veidam, le serpent tentateur et le jardin de volupté figuraient déjà dans la plupart des mythologies orientales, ainsi que les géants nés d'unions entre les dieux et les filles des hommes. L'inceste de Loth reproduit l'ancienne fable arabique de Cinyra et Myrrha, l'apparition des anges à Loth et sa femme rappelle l'aventure de Philémon et Baucis, etc. Bref, on sent, à plus d'un endroit, que Voltaire, plein de la lecture de la *Demonstratio evangelica*, reprend la méthode comparatiste de Huet, mais pour aboutir, on le devine, à des conclusions tout opposées.

Marquant l'édition Varberg et même celle de 1767, la 'découverte' de l'histoire ancienne commencée depuis mai 1764, s'inscrit donc, on le voit, dans l'histoire même du *Portatif*. Mais il est trop clair que c'est avant tout par la *Philosophie de l'histoire* qu'elle se concrétise. L'ouvrage de l'abbé Bazin est et restera aux yeux de Voltaire d'une importance fondamentale, pourtant demeurée trop longtemps méconnue, comme si cela même qui la désignait l'avait finalement masquée: dès le début Voltaire l'a conçu comme une introduction à l'*Essai sur les mœurs*[11] et l'on sait qu'à partir de 1769 la *Philosophie de l'histoire* n'est plus en effet que le 'Discours préliminaire' de l'*Essai* dans les *Œuvres complètes* in-quarto imprimées par Cramer. Il est finalement fâcheux que les éditeurs de Kehl aient abandonné l'expression 'discours préliminaire' pour le mot 'introduction', dangereusement ambigu. Car la *Philosophie de l'histoire* n'est pas un abrégé d'histoire ancienne destiné à donner sa pleine assise à l'*Essai*, comme Voltaire le précisera en 1773: 'Lorsque, après avoir conduit notre *Essai sur les Mœurs et l'Esprit des nations* depuis l'établissement du christianisme jusqu'à nos jours, nous fûmes invités à remonter aux temps fabuleux de tous les peuples, et à lier, s'il était possible, le peu de vérité que nous trouvâmes dans les temps modernes aux chimères de l'antiquité, nous nous gardâmes bien de nous charger d'une tâche à la fois si pesante et si frivole' (M.xxix.254). Il était plus urgent et plus utile d'écrire une sorte de discours méthodologique. Telle était au moins, on le verra, l'intention primitive de l'auteur de la *Philosophie de l'histoire*. C'est probablement le sens le plus profond du livre, que Grimm n'a pas su apercevoir précisément parce qu'il s'attendait à un véritable exposé sur l'histoire ancienne. Aussi juge-t-il l'ouvrage 'un peu croqué, un peu superficiel et trop peu approfondi'. Il lui avait rêvé une tout autre étoffe: 'Il ne s'agissait pas ici [...] de parler superficiellement de toutes ces nations anciennes, si puissantes et si nombreuses, qui ne tiennent plus qu'un point dans notre mémoire après avoir rempli de leurs exploits et de leurs travaux la surface de la terre pendant tant de siècles; il fallait jeter un coup d'œil lumineux et profond sur toutes ces nations, sur leur religion, sur leurs arts, sur leurs monuments, sur leurs mœurs, sur leurs préjugés, sur leurs traditions, sur leurs fables, et tâcher de suivre les traces de l'esprit humain dans tous ses replis. Quel champ à parcourir pour un philosophe! car, en vérité,

[11] Voltaire n'en a rien dit lui-même dans sa correspondance, mais Grimm devait le savoir pour l'annoncer dès novembre 1764: 'M. de Voltaire travaille actuellement à un morceau d'histoire qui doit servir d'introduction à son Essai sur l'histoire générale et remplacer le Discours éloquent et peu philosophique de Bossuet sur l'histoire universelle' (CLT, vi.115).

il n'a été encore rien dit de satisfaisant sur tous ces objets'.[12] Mais le propos de Voltaire n'a jamais été d'arpenter ce champ immense ni d'en rapporter à son lecteur un imposant bagage de connaissances solidement établies. Il s'agit bien plutôt d'*instruire* ce lecteur, en développant sous ses yeux 'une vue panoramique des nations mortes'.[13] Les matières importent ici beaucoup moins que les leçons dont elles sont l'occasion: l'ouvrage de l'abbé Bazin n'a rien d'une somme; c'est plutôt 'l'Antiquité à bâtons rompus' (D12535), c'est-à-dire une série de 'coups d'œil' sur l'Antiquité, donnés par un philosophe au profit de ses lecteurs, qui par là doivent apprendre à le devenir. La philosophie est de part et d'autre dans la *qualité* du regard que l'on saura porter sur l'histoire. C'est sans doute pourquoi, tout contestable qu'il était du point de vue de la science contemporaine, l'ouvrage a exercé 'l'influence la plus marquée sur les imaginations révolutionnaires et romantiques' (*Essai*, i.LV). On ne s'est peut-être pas suffisamment interrogé sur le sens du titre. Grimm n'en a pas senti le besoin: 'Le beau titre, et que ce sujet était bien digne de la plume du premier écrivain du siècle!', s'exclame-t-il platement (CLT, vi.271). Depuis, on s'est le plus souvent borné à préciser ce que ce titre ne veut pas dire, plutôt que d'en tenter une explication positive: certes, 'l'expression n'a pas le sens que lui donneront au siècle suivant les philosophes allemands de l'histoire' (*Essai*, i.XVII); certes, elle ne désigne pas chez Voltaire une théorie des forces déterminant le développement ou le progrès de l'humanité, comme chez Montesquieu ou Turgot et Condorcet.[14] Il est assurément légitime de soutenir que Voltaire est ici 'philosophe' par cette liberté qu'il prend avec l'histoire de la survoler, sans s'asservir dans son examen des origines à 'l'ordre d'une relation chronologique' (*Essai*, i.XVII); on peut aussi juger avec raison que l'expression 'philosophie de l'histoire' lui sert à désigner les leçons que l'histoire enseigne au philosophe (Voltaire 59, p.13). Mais il faut aller plus loin en reconnaissant au projet voltairien la fin didactique

[12] CLT (1er mai 1765), vi.271.
[13] R. Pomeau, introduction à l'*Essai sur les mœurs*, i.LV.
[14] Voir J. H. Brumfitt, Voltaire 59, p.77-78.

qui lui est essentielle et qu'expriment si clairement les premières lignes, par le rapport qu'elles instituent entre l'auteur et son lecteur: 'Vous voudriez que des philosophes eussent écrit l'histoire ancienne, parce que vous voulez la lire en philosophe. Vous ne cherchez que des vérités utiles, et vous n'avez guère trouvé, dites-vous, que d'inutiles erreurs. Tâchons de nous éclairer ensemble; essayons de déterrer quelques monuments précieux sous les ruines des siècles' (Voltaire 59, p.89). Il n'est certainement pas déraisonnable de se demander, comme l'a fait J. H. Brumfitt, si ces lignes ne s'adressaient pas primitivement à Mme Du Châtelet;[15] mais il est plus important de reconnaître que leur maintien les adresse à tout lecteur ouvrant la *Philosophie de l'histoire* et le crédite dès l'abord de l'envie de s'instruire en cherchant des vérités *utiles*: cette philosophie pragmatique, il est donc entendu que l'abbé Bazin et ses lecteurs l'ont en partage dès le départ. Elle exclut ceux qui ne voudraient lire l'histoire ancienne que pour se distraire et à qui Rollin doit suffire. Il s'agit donc de former par la *Philosophie de l'histoire* à la fois des lecteurs et des historiens désormais armés pour aborder n'importe quel ouvrage d'histoire ancienne et capables d'extraire quelques vérités 'utiles' de tout le fatras des fables. Préoccupations didactiques déjà très présentes dans la lettre que Voltaire a envoyée à la *Gazette littéraire* en juin 1764, à propos d'une *Histoire romaine* récemment parue: 'Tous nos compilateurs recueillent ces contes sans le moindre examen; tous sont copistes, aucun n'est philosophe [...] Nos historiens modernes de ces temps reculés auraient dû discerner au moins les temps dont ils parlent [...] Toute histoire ancienne doit être écrite différemment de la nôtre, et c'est à ces convenances que les auteurs des histoires anciennes ont manqué [...] La saine critique y est plus négligée: le merveilleux, l'incroyable y domine; il semble qu'on ait écrit pour des enfants plus que pour des hommes. Le siècle éclairé où nous vivons exige dans les auteurs une raison plus cultivée' (M.xxv.184-86).

[15] Voltaire 59, p.18. C'est au demeurant ce qu'affirme Voltaire lui-même dans l''Avis des éditeurs' paru en 1785 et dont les éditeurs de Kehl ont précisé qu'il était de sa main (voir M.xi.1).

Il faut donc promouvoir au siècle des Lumières une histoire ancienne enfin digne de lui, mais qui lui manque encore. Désormais philosophes et non plus copistes ou récepteurs crédules, les historiens et les lecteurs contemporains porteront sur les fables toute l'acuité d'un regard critique: 'on nous accable d'histoires anciennes sans choix et sans jugement; on les lit à peu près avec le même esprit qu'elles ont été faites' (Voltaire 59, p.138). C'est donc cette lecture qu'il importe d'abord de réformer. Voilà pourquoi, peu de temps avant sa mort, Voltaire définira encore la *Philosophie de l'histoire* comme un 'préservatif': 'Ce Discours préliminaire a paru absolument nécessaire pour préserver les esprits bien faits de cette foule de fables absurdes dont on continue encore d'infecter la jeunesse. L'auteur de cet ouvrage a donné ce préservatif, précisément comme l'illustre médecin Tissot ajouta, longtemps après, à son *Avis au peuple*, un chapitre très utile contre les charlatans' (M.xi.1). La comparaison est heureuse qui fait apparaître la *Philosophie de l'histoire* d'abord comme une mise en garde contre les charlatans qui débitent des fables. Mise en garde prenant le plus souvent la forme d'appels au plus prudent scepticisme: 'C'est ainsi qu'en confrontant toutes les dates on trouve partout de la contradiction, et on demeure dans l'incertitude' (Voltaire 59, p.123). Le fond de l'histoire de Cyrus 'est très vrai; les épisodes sont fabuleux: il en est ainsi de toute l'histoire' (p.126). 'Les origines chaldéennes, syriennes, phéniciennes, égyptiennes et grecques sont obscures. Quelle origine ne l'est pas? Nous ne pouvons avoir rien de certain sur la formation du monde' (p.135). 'On veut de l'extraordinaire en tout genre; et on va jusqu'à l'impossible. L'histoire ancienne ressemble à celle de ce chou plus grand qu'une maison, et à ce pot plus grand qu'une église, fait pour cuire ce chou' (p.200). 'En un mot, en lisant toute histoire, soyons en garde contre toute fable' (p.130). Procès des fables dont on entendra l'écho dans l'exorde de la *Défense de mon oncle*: le 'grand but' de l'abbé Bazin 'était de juger par le sens commun de toutes les fables de l'Antiquité, fables pour la plupart contradictoires'. Ces mises en garde réitérées ne constituent pourtant pas le dernier mot de la raison qui doute; son scepticisme n'est pas une fin. Il reste dans l'histoire ancienne quelques vérités utiles à trouver, 'quelques monuments précieux' à déterrer 'sous les ruines des siècles': voilà pourquoi il vaut mieux l'étudier que la répudier. Un pyrrhonisme absolu ne serait pas plus raisonnable que la crédulité paresseuse héritée de la tradition. Bref, il faut rendre à l'Antiquité une justice qui lui est due en cessant de tout y confondre, les fables absurdes et les traits de sublime ou d'éminente sagesse: 'Que ceux donc qui insultent l'antiquité apprennent à la connaître. [...] qu'ils sachent distinguer les lois des plus sages magistrats et les usages ridicules des peuples' (Voltaire 59, p.182). Entre les écueils du scepticisme total et de la naïveté crédule la voie est donc étroite, mais la raison doit y cheminer pour parvenir à quelques certitudes aussi rares que précieuses. La *Philosophie de l'histoire* la munit précisément du viatique nécessaire: l'abbé Bazin y enseigne les grands principes qui guideront avec sûreté sa démarche à la fois prudente et progressive. 'Gardons-nous de mêler le douteux au certain, et le faux avec le vrai' (p.91): programme assurément difficile, mais nullement hors de portée de qui s'est précisément pénétré de ces vérités essentielles: d'abord que la nature 'est toujours et partout la même'. Cette identité que n'altèrent ni l'espace ni le temps, permet à la raison qui infère de s'assurer de résultats importants: veut-on savoir quelle idée les premiers peuples ont pu se faire de l'âme, on l'apprendra de celle que se forment 'tous nos gens de campagne' avant d'avoir entendu le catéchisme, ou même après (p.98). L'opinion sur l'âme qu'on sait être celle de tous les premiers temps connus 'doit avoir été par conséquent celle des temps ignorés' (p.99). Recherche-t-on comment s'établirent les cultes et les superstitions des premiers hommes, il n'est que de 'suivre la marche de l'esprit humain abandonné à lui-même' (p.100). 'La nature étant partout la même, les hommes ont dû nécessairement adopter les mêmes vérités et les mêmes erreurs dans les choses qui tombent le plus sous les sens, et qui frappent le plus l'imagination' (p.105): c'est à la lumière de ce principe qu'on s'expliquera que tant de nations anciennes aient adoré le tonnerre ou un serpent, que leurs cérémonies les aient ordinairement tournées vers l'Orient, ou encore que leurs superstitions aient pris la forme de songes, de prophéties ou d'oracles. Se demande-t-on si l'être humain a vécu dans une solitude sauvage avant de connaître l'état social, on se rappellera que 'L'homme en général a toujours été ce qu'il est' (p.111) et que par conséquent l'instinct social animait déjà les primitifs. La nature donc encore et toujours: inlassablement, l'abbé Bazin la propose comme le plus intangible critère. 'Ce qui n'est pas dans la nature n'est jamais vrai' (p.129). 'Nous cherchâmes toutes ces origines dans la nature: elles ne pouvaient être ailleurs [...] Ce fut donc en consultant la nature que nous tâchâmes de porter quelque faible lumière dans le ténébreux chaos de l'antiquité' (M.xxix.255). Donc on ne peut ajouter foi à la prostitution sacrée de Babylone, même garantie par Hérodote; donc on ne peut admettre que le législateur ait jamais ordonné aux Perses la pédérastie et l'inceste; donc il est incroyable que les peuples autres que les Grecs et les Egyptiens aient jamais eu coutume 'de coucher avec les femmes au milieu de leurs temples' (Voltaire 59, p.205). L'abbé Bazin a parfois tendance à écrire l'histoire comme Pangloss enseignait la Méta-physico-théologo-cosmolonigologie: en 'prouvant admirable-ment'...

La raison ne consultera pas seulement la nature humaine, mais aussi ce qu'on pourrait appeler la nature des choses. C'est ainsi que le lecteur de la *Philosophie de l'histoire* est formé à juger de l'antiquité d'une nation non pas sur ses prétentions, mais à l'examen du degré de civilisation qu'elle a atteint dans son déve-loppement: 'Pour qu'une nation soit rassemblée en corps de peuple, qu'elle soit puissante, aguerrie, savante, il est certain qu'il faut un temps prodigieux'. La formation 'd'une grande société d'hommes rassemblés sous les mêmes lois' exige 'un concours de circonstances favorables pendant des siècles' (p.96). Si la philosophie est apparue très tôt dans une nation ancienne, con-cluons que ses origines se perdent dans la nuit des temps: 'Il a fallu des forgerons, des charpentiers, des maçons, des laboureurs, avant qu'il se trouvât un homme qui eût assez de loisir pour méditer. Tous les arts de la main ont sans doute précédé la métaphysique de plusieurs siècles' (p.99). Ainsi les Chaldéens remontent certainement beaucoup plus haut que 1900 avant J.-C., en raison de leurs étonnantes connaissances d'astronomie: 'Les progrès de l'esprit sont si lents, l'illusion des yeux est si puissante, l'asservissement aux idées reçues si tyrannique, qu'il n'est pas possible qu'un peuple qui n'aurait eu que dix-neuf cents ans eût pu parvenir à ce haut degré de philosophie qui contredit les yeux, et qui demande la théorie la plus approfondie' (p.121). Sont précisées à cette occasion les grandes étapes de croissance d'une nation: d'abord pourvoir à sa subsistance, chose alors 'beaucoup plus difficile aux hommes qu'aux brutes'; ensuite former un langage, ce qui ne peut pas ne pas demander 'un espace de temps très considérable'; en troisième et quatrième lieux, se bâtir quelques huttes et se vêtir; après quoi forger le fer, et cela seul suppose 'tant de hasards heureux, tant d'industrie, tant de siècles, qu'on n'imagine pas même comment les hommes en sont venus à bout. Quel saut de cet état à l'astronomie!' (p.122). Quand donc on saura que les Chaldéens 'eurent un observatoire plus de deux mille quatre cents ans avant nous', on devra en inférer la prodigieuse antiquité de cette nation: 'Concevez ensuite combien de siècles exige la lenteur de l'esprit humain, pour en venir jusqu'à dresser un tel monument aux sciences' (p.124). Le même raisonnement permettra d'évaluer la haute antiquité des Chinois: 'C'est ici qu'il faut surtout appliquer notre grand principe, qu'une nation dont les premières chroniques attestent l'existence d'un vaste empire puissant et sage, doit avoir été rassemblée en corps de peuple pendant des siècles antérieurs. Voilà ce peuple qui depuis plus de quatre mille ans écrit journellement ses annales. Encore une fois, n'y aurait-il pas de la démence à ne pas voir, que pour être exercé dans tous les arts qu'exige la société des hommes, et pour en venir non seulement jusqu'à écrire, mais jusqu'à bien écrire, il avait fallu plus de temps que l'empire chinois n'a duré, en ne comptant que depuis l'empereur Fo-hi jusqu'à nos jours?' (p.154).

Voilà donc comment la raison convenablement guidée peut parvenir à découvrir quelques-unes de ces vérités utiles promises dès les premières lignes à la docte Emilie et à tous les lecteurs de l'abbé Bazin. Envisagée sous cet aspect, la *Philosophie de l'histoire* est comme le vade-mecum de la 'saine critique', à l'usage de l'historien et du lecteur du dix-huitième siècle désireux d'écrire ou d'étudier l'histoire ancienne. Th. Besterman la définit à juste titre comme un 'handbook of history for the use of free-thinkers'.[16] Sans doute est-elle aussi bien autre chose: J. H. Brumfitt a montré comment cette œuvre essentiellement polémique concourt à la lutte contre 'l'infâme'; comment subsidiairement, Voltaire s'y propose de supplanter Bossuet, champion dépassé et pourtant encore respecté de l'historiographie chrétienne (Voltaire 59, p.28-35). De cette finalité multiple finit même par sourdre l'ambiguïté: douze chapitres contre les Juifs, soit près du quart de l'œuvre, c'est tout de même beaucoup dans un livre sur l'histoire ancienne, même si Grimm assure que 'Feu M. l'abbé Bazin n'est profond que sur le peuple juif' (CLT, vi.271) Le lecteur de la *Philosophie de l'histoire* écarte mal l'impression d'une déviation par rapport aux desseins primitifs: au regard philosophique porté sur les nations anciennes pour l'instruction du lecteur s'est finalement substitué un pamphlet anti-juif. L'abbé Bazin a été victime de sa marotte, Grimm lui-même en convient: 'Après tout, j'aurais voulu que l'auteur de la *Philosophie de l'histoire* eût un peu perdu de vue le projet favori de l'auteur du *Caloyer* et du célèbre *Portatif*. Nunc non erat his locus'. Il fallait ne songer, dans un pareil ouvrage, 'qu'à tracer un grand et sublime tableau, digne de tous les lieux et de tous les âges'. Que penser, dès lors, d'un abbé Bazin 'qui accorde aux Assyriens, aux Egyptiens, aux Perses, aux Grecs, aux Romains, à peine quelques pages de son ouvrage, et qui donne tout le reste de l'espace aux Juifs' (CLT, vi.272)? Voltaire s'est donc incontestablement laissé détourner; ou peut-être le polémiste s'est-il dit chemin faisant qu'après tout l'histoire ancienne ne valait tant de peine que si elle servait à dévaloriser l'histoire sainte. Il n'en demeure pas moins essentiel de pleinement reconnaître ce qu'ont été ses intentions primitives, en particulier la première de

[16] *Voltaire* (Oxford 1976), p.495.

toutes, qu'expriment le titre et les premières lignes, et qu'on s'est efforcé de mettre ici en pleine lumière.

On s'expliquerait mal, sinon, l'attachement vif et durable de Voltaire à cet ouvrage. Il perce encore, en 1778, dans cet 'Avis des éditeurs' de sa main, mis en tête de l'*Essai sur les mœurs* par les éditeurs de Kehl: on y flétrit le pédant qui osa s'élever contre 'les vérités trop évidentes énoncées dans la *Philosophie de l'histoire*' (M.xi.1). Lui, le polygraphe accablé, qui trouve si mal le temps de corriger ses textes réédités, ne manquera jamais de revoir celui-ci avec le plus grand soin: en 1769, en 1775 et surtout pour l'édition de Kehl, faisant même son profit, on le verra, de rectifications apportées par Larcher dans le *Supplément à la Philosophie de l'histoire*. C'est le signe de sa haute importance. A la différence du *Siècle de Louis XIV* ou de l'*Essai sur les mœurs*, la *Philosophie de l'histoire* a été conçue au départ moins comme une œuvre d'histoire que comme un traité théorique, presque doctrinal, sur la façon de la lire. R. Pomeau l'a pertinemment qualifiée de 'pièce maîtresse de la *doctrine* voltairienne':[17] le manuscrit laissé à sa mort par l'abbé Bazin aux 'amateurs de l'histoire' portait bien un des plus importants messages voltairiens.

Tel est donc le legs confié par l'abbé Bazin, au printemps de 1765, à son neveu vigilant. Celui-ci ne devra point souffrir qu'on s'attaque à cette *Philosophie de l'histoire* à laquelle feu son oncle tenait tant: elle consacrait la victoire de l'esprit philosophique sur le fatras de l'érudition dominée et jugée, jetait les bases d'une réforme profonde de l'histoire ancienne. L'ère des Bossuet et des Rollin paraissait révolue. Il est dès ce moment prévisible que Voltaire historien pourra difficilement ne pas s'élever contre toute atteinte sérieuse à ce qui n'est finalement rien de moins que son discours de la méthode.

[17] *La Religion de Voltaire* (Paris 1969), p.350. C'est nous qui soulignons.

2

Du côté du masque

Le neveu de l'abbé Bazin ne dut pas tarder à comprendre qu'il lui faudrait bientôt 'défendre *unguibus et rostro* la mémoire de son cher oncle'.[1] Sitôt son livre paru, gouvernements et Eglises fulminent tour à tour: à Genève, il est déféré dès le 25 avril au Magnifique Conseil, tandis qu'on perquisitionne vainement pour en saisir des exemplaires; il sera condamné le 21 mai 'comme dangereux, scandaleux, & tendant à détruire le respect dû aux livres sacrés de l'ancien testament' (D.app.264, VI). Le 3 juillet, vaine perquisition à Paris chez le libraire Merlin qui a déjà débité ses exemplaires (D.app.265); au cours du même mois, en Hollande, le procureur public dénonce au Conseil l'impression par Changuion d'un ouvrage dont il réclame l'interdiction (Voltaire 59, p.27); le 22 août, la *Philosophie de l'histoire* est incluse dans une liste d'ouvrages censurés par le clergé de France, en attendant sa condamnation par un décret de la cour de Rome, le 12 décembre 1766.[2] Le livre va causer d'autant plus de remous que son succès est plus franc.[3] Après les condamnations, il faut donc s'attendre à des réfutations. Thiriot le donne à prévoir dès le 3 juillet: 'Il paroit que les Jansenistes n'ayant plus de Jésuites à combatre se tournent contre les Philosophes [...] Ils font annoncer leurs critiques sur le Dictionaire Philosophique portatif et sur la Philosophie de l'histoire à qui on accorde la première place parmi les livres les plus distingués en ce genre' (D12787). Thiriot, qui aime comparer la *Philosophie de l'histoire* à l'*Esprit des lois*, prévoit même que si l'auteur

[1] *Défense de mon oncle*, 'Avertissement'.
[2] Quérard, *Les Supercheries littéraires dévoilées*, i.474. (Mais le même Quérard donne 12 décembre 1768 dans *La France littéraire*, x.360).
[3] Au moins huit éditions en 1765, plus deux traductions anglaises en 1766 (voir H. B. Evans, 'A provisional bibliography of English translations of Voltaire', *Studies* 8 (1959), no.451 et 452).

y était forcé, 'il en pouroit faire très facilement une deffense aussi belle et aussi forte tout au moins que celle de l'Esprit des Lois'. Il n'est pas mauvais prophète: durant l'année 1766, on s'emploie activement, dans l'Europe savante et bien pensante, à réfuter les productions de l'impiété. Un professeur de philosophie à l'Université de Leipzig est le premier à entrer en lice avec la *Philosophie de l'histoire, par feu l'abbé Bazin, critiquée par Chrétien Frédéric Schmid.*[4] Le théologien allemand a, le premier, fort bien compris que la *Philosophie de l'histoire* s'adresse beaucoup plus aux gens du monde qu'aux savants et que c'est à eux en tout cas qu'elle en imposera le plus facilement: 'Ce n'est donc pas pour instruire des savants que nous prenons la plume; ce ragoût de philosophie ne saurait les empoisonner. Non! Non! Mais c'est pour la satisfaction de nos dames et de nos jeunes seigneurs que nous allons découvrir les fourberies de l'auteur' (p.11). On n'oserait affirmer que les dames aient été fort satisfaites du pamphlet de Schmidt, ainsi que de tout ce qui devait le suivre: l'indigeste *Réponse à la Philosophie de l'histoire*, donnée l'année suivante par le R. P. Viret, cordelier (près de 500 pages); la *Défense des livres de l'Ancien Testament contre l'écrit de Voltaire intitulé la Philosophie de l'histoire*, publiée, en 1767 également, par le chanoine Clémence;[5] les remarques de J. G. Herder en 1768 (*Abbé Bazin Philosophie der Geschichte. Übersetzung mit Anmerkungen*, Riga, Hartknoch), etc.[6]

[4] F. G. Jacobaer (Leipzig 1766). L'ouvrage de Christian Friedrich Schmidt n'a été recensé ni par Quérard dans *La France littéraire* ni par J. Vercruysse ('Bibliographie des écrits français relatifs à Voltaire (1719-1780)', *Studies* 60 (1968), p.31). La British Library possède un exemplaire de ce pamphlet de soixante-dix pages qui atteint parfois une grande violence: 'Mais notre auteur ressemble aux truies, qui après avoir été lavées, se replongent dans leurs bourbiers' (p.54). Si l'éditeur de l'abbé Bazin a gardé l'anonymat, c'est parce qu''un coupable n'est pas toujours assez effronté pour faire parade de son crime' (p.10), etc.

[5] Joseph-Guillaume Clémence a publié le livre anonymement en 1767 (à Amsterdam, aux dépens de la Compagnie). Il le rééditera en 1768, sous le pseudonyme de Goulmy de Rosoy d'après le Journal de la librairie de d'Hémery au jeudi 8 septembre 1768 (Bn F22165, f.51v).

[6] Il faudrait citer encore l'abbé François (qui réfutera en 1770 la *Philosophie*

Mais n'anticipons pas: rien de tout cela n'est encore paru dans les premiers mois de 1767;[7] quant à l'ouvrage de Schmidt, Voltaire paraît l'avoir ignoré. Il devait donc être encore sur le qui-vive, lorsque parut à Paris, vers le 20 mars,[8] un ouvrage anonyme de trois cent neuf pages, que son titre bizarrement neutre ne donnait apparemment ni pour une critique ni pour une défense: *Supplément à la Philosophie de l'histoire de feu M. l'abbé Bazin, nécessaire à ceux qui veulent lire cet ouvrage avec fruit* (Amsterdam, Changuion). Personne n'en connaissait l'auteur; pas même Grimm, signalant l'ouvrage le 15 avril: 'Un autre défenseur de la cause de Dieu vient de publier un *Supplément à la Philosophie de l'histoire*, de feu M. l'abbé Bazin, dans lequel il combat les erreurs et les impiétés de ce célèbre écrivain. Il nous assure sur le titre même que son supplément est nécessaire à tous ceux qui veulent lire cet ouvrage avec fruit. Je lui souhaite de vendre autant de suppléments que l'abbé Bazin a vendu de *Philosophie de l'histoire*. Ce supplément est bête à faire plaisir.[9] Dans la prochaine édition des *Honnêtetés littéraires*, il sera attelé avec Nonotte et La Beaumelle' (CLT, vii.295). A cet éreintage sommaire, on voit bien que Grimm était alors persuadé de n'avoir plus jamais à reparler de ce *Supplément* parfaitement obscur. Nul n'y songe à Paris, pas même l'autorité: on n'en trouve aucune trace dans le registre des permissions

---

de l'histoire et le *Portatif*) et ceux qui, à l'occasion, s'en prennent à la *Philosophie de l'histoire*: Roustan en 1768, Guénée en 1769 (*Lettres de quelques juifs*), Haller en 1780. Voir Voltaire 59, p.64.

[7] La *Correspondance littéraire* ne mentionnera l'ouvrage de Viret que le 15 octobre. Grimm en parle avec le dernier mépris: 'Réponds, réponds, mon ami. Ta masure devient si vieille que les étais que vous assemblez tout autour d'elle, toi, père Viret, et les gens de ton froc, ne serviront qu'à la faire écrouler plus vite. Vous ne savez pas, vous autres, que le raccommodage est ordinairement mortel à la vétusté' (vii.461). Quant au livre de Clémence, le Journal de d'Hémery n'en parlera qu'en 1768, à l'occasion de la seconde édition.

[8] D'Hémery note le titre au jeudi 26 mars de son Journal, le fait suivre de: 'imprimé chez l'Etranger', biffe ce dernier mot et ajoute: 'distribué par Hérissant avec permission tacite' (Bn F22164, f.82).

[9] Cette sévérité surprend: les positions de Grimm et de Larcher seront très proches sur certains points (voir ch.2, n.5, 6, 13).

tacites pour l'année 1767.[10] Mais à Ferney, il n'est pas passé inaperçu; le libraire Lacombe est aussitôt prié de s'informer: 'Mandez moi, le plus tôt que vous pourrez, quel est l'auteur du *Supplément à la Philosophie de l'histoire* de feu m. l'abbé Bazin, mon cher oncle. C'est un digne homme, qui mérite de recevoir incessamment de mes nouvelles' (D14118). Th. Besterman date cette lettre d'avril: elle pourrait bien avoir été écrite dans les derniers jours du mois, si l'on admet que c'est la *Correspondance littéraire* du 15 qui a alerté Voltaire. Il paraît même avoir déjà lu le livre et résolu d'y répondre. En tout cas c'est chose faite le 9 mai: pour consoler d'Alembert d'avoir été appelé Rabsacès, Voltaire lui mande qu'il vient lui-même d'être traité de Capanée (D14164); or cette gentillesse se trouve dans la préface du *Supplément*.[11] Mais on se bat mal contre un anonyme. Le neveu multiplie donc les efforts pour découvrir l'agresseur de son oncle. Il a déjà son hypothèse, comme l'indique cette même lettre à d'Alembert du 9 mai: 'dites moi quel est le cuistre nommé Foucher, qui vient, dit on, de faire un supplément à *la Philosophie de l'Histoire?* n'est-il pas de l'académie des inscriptions et belles lettres? S'il y a des académies de politesse et de raison, je ne crois pas qu'il y soit reçu. [...] Faites moi, je vous prie, réponse en droiture sur mon ami Foucher'. Hypothèse fragile, Voltaire devait s'en douter à certaine

[10] Voir Registre des permissions tacites, 1763-1771, avec l'indication des livres entrés par la Chambre et des livres refusés, 1767-1771. (Bn F21981). Le *Supplément* en a pourtant obtenu une de Riballier. Rappelons la définition qu'a donnée Malesherbes lui-même des permissions tacites: 'Les permissions tacites, comme les permissions publiques ne sont données que sur rapport du censeur qui signe son approbation et paraphe le manuscrit. La seule différence entre ces permissions illégales et les autres, c'est qu'elles ne passent pas au sceau et que le public ne voit pas le nom du censeur. Cette forme s'est probablement introduite pour que libraires et auteurs aient leur décharge et que, d'autre part, les censeurs soient à l'abri des plaintes des clients hostiles. Mais il est tenu un registre de ces permissions et le censeur coupable n'est pas soustrait aux rigueurs du gouvernement' (cité par J. Proust, dans Diderot, *Sur la liberté de la presse*, Paris 1964, p.18).

[11] 'Il s'est élevé un homme audacieux, un Capanée, pour qui rien n'est sacré, et qui toute sa vie s'est fait un plaisir de se jouer des plus grandes vérités' (S.67, p.35).

note du *Supplément* qui critiquait courtoisement une opinion de l'abbé Foucher et rendait donc bien difficile de le supposer l'auteur du livre.[12] Son enquête continue donc: 'N'oubliez pas le nom de l'autheur du supplément à la philosophie de l'histoire', rappelle-t-il à Lacombe le 11 mai (D14167). Il revient à la charge le 15: 'Dites moi donc, je vous en prie, si c'est en effet l'abbé Fouchet qui est l'auteur du suplément à la philosophie de l'histoire' (D14174). Il devra patienter encore plus de quinze jours, jusqu'à ce que lui parvienne la réponse de d'Alembert datée du 23 mai: 'Il y a bien à l'académie des belles lettres un abbé Foucher, assez plat janséniste, qui même a écrit autrefois contre la préface de l'Encyclopédie; mais plusieurs de ses confrères à qui j'en ai parlé, ne croient pas qu'il soit l'auteur du supplément à la philosophie de l'histoire; ils ne connoissent pas même ce beau supplément, qui en effet est ici fort ignoré et ne produit pas la moindre sensation; y répondre, ce seroit le tirer de l'obscurité, comme on en a tiré Nonnotte' (D14195). Peine perdue que ce conseil, on verra plus loin pourquoi. En attendant, le mystère n'est toujours pas levé: d'Alembert ne sait rien de positif et Lacombe ne répond pas. Ils n'ont pas l'air de comprendre à quel point on tient à ce nom, ni qu'on puisse accorder de l'importance à un ouvrage dont Voltaire a bien été le premier à les entretenir.

C'est qu'il est au travail depuis près de trois semaines et obligé de porter les premiers coups sans rien savoir de l'adversaire. L'agacement que lui cause ce trop parfait anonymat perce jusque dans le texte: 'Remarquez, s'il vous plaît, mon cher lecteur, la malice du paillard qui outrage *si clandestinement* la mémoire de mon oncle'.[13] Lorsqu'arrive à Ferney, probablement vers le 27 ou 28 mai, la lettre où d'Alembert a mis Foucher hors de cause le 23, les dix premiers chapitres au moins de la *Défense de mon oncle* sont déjà rédigés.[14] Le neveu de l'abbé Bazin n'a pas pris le temps

[12] S.67, p.86, n.1. Le *Journal des savants* avait bien annoncé le *Supplément* en mai 1767, mais sans en nommer l'auteur (Paris 1767, p.340).
[13] *Défense de mon oncle*, ch.2 (c'est nous qui soulignons).
[14] Peut-être même les quinze premiers, puisque Larcher ne sera nommé qu'au seizième (de son prétendu nom grec: M. Toxotès). On s'explique en tout cas

d'attendre: il est parti en guerre contre un ennemi sans visage, à qui il a prêté provisoirement celui de l'abbé Foucher. C'est ce que prouve à l'évidence l'état du texte dans l'édition originale – et même dans les autres, car fort curieusement Voltaire omettra toujours d'apporter toutes les retouches qui eussent été nécessaires après le démenti venu de Paris. C'est ainsi qu'on lit dans la première version de la note mise par Voltaire au chapitre 5: 'Qui le croirait, mon cher lecteur? cela est imprimé à la page 209 du livre de l'Abbé Fou... intitulé *Supplément à la Philosophie de l'histoire*'. Et dans le dernier paragraphe du chapitre 8: 'Je suis obligé d'apprendre à l'abbé Fou... détracteur de mon oncle, ce que pensent d'Abraham tous les Guèbres que j'ai vus dans mes voyages'. 'Il s'agit ici de l'abbé Foucher', précisent à cet endroit les éditeurs de Kehl, mais sans expliquer – probablement faute de le comprendre eux-mêmes – pourquoi surgit inopinément le nom d'un personnage dont il n'avait été jusqu'ici aucunement question. Il y a là presque une incohérence, que Voltaire n'a jamais pris le temps de faire disparaître. Pareillement, il aurait fallu réécrire la quasi-totalité du chapitre 10: tu aurais bien dû te demander, lance-t-il à son adversaire, 'si un schoen, pour avoir été précepteur d'un grand seigneur, et pour être nourri dans la maison, avait le droit d'attaquer impunément les vivants et les morts'. Les allusions à Foucher sont évidentes: l'abbé avait si bien réussi comme précepteur des deux fils du comte de Chastellux que la duchesse de La Trémoille tint absolument à lui confier l'éducation du sien. Foucher se trouva ainsi attaché à l'une des premières maisons de France et y demeura jusqu'à sa mort, bien après y avoir rempli ses fonctions de précepteur.[15] On lit encore dans ce chapitre 10:

que dans les quinze premiers chapitres l'adversaire ne soit jamais désigné que par des périphrases, d'ailleurs très réjouissantes: 'Un cruel' (ch.1), 'l'ennemi de mon oncle' (ch.2), 'notre infâme débauché' (ch.3), 'notre effronté censeur' (ch.4), 'l'ennemi de ma famille' (ch.5), etc.

[15] 'Parvenu à la fin de sa carrière, il ne fut plus permis à M. l'Abbé Foucher de s'éloigner. On eût dit que cette ancienne et illustre Maison l'avait comme adopté; aussi lorsqu'au mois d'Avril de l'année dernière, une attaque d'apoplexie mêlée de paralysie nous l'enleva, le deuil y fut général; et l'on put mettre en question s'il eût été plus regretté quand il lui aurait appartenu' ('Éloge funèbre

'Je ne sais si tu es schoen, et si tu fais ces beaux prodiges, car on dit que tu es fort initié dans les mystères des schoen de S. Médard'. Allusion perfide à la formation janséniste de Foucher: il était entré à quatorze ans chez les pères de l'Oratoire (1718), passé ensuite à la communauté de Saint-Hilaire, détruite en 1738 sur ordre de la Cour, ce qui l'avait amené à Saint-Magloire l'année suivante.[16] Or ce chapitre 10 demeurera toujours inchangé et le malheureux Larcher, à cent lieues de soupçonner la méprise initiale de Voltaire, ne comprendra jamais bien pourquoi on l'y traite de convulsionnaire et de précepteur de grande maison: 'Vous finissez mon portrait par dire que je suis un précepteur, un prêtre, et, qui pis est, un janséniste initié aux mystères de S. Médard [...] J'ai eu un précepteur dans ma jeunesse; mais je ne l'ai jamais été de qui que ce soit, pas même des étrangers. Je n'ai jamais porté l'habit ecclésiastique, et encore moins donné de scène à S. Médard, ni ailleurs'.[17] L'étude du texte, comme de la correspondance d'avril et mai, achemine donc vers une conclusion dont l'intérêt n'est pas mince: la partie la plus facétieuse, la plus endiablée et la plus égayante de la *Défense de mon oncle* a été écrite par Voltaire contre un adversaire sans identité véritable, entre la fin d'avril et celle de mai ou le début de juin 1767.

Car du nouveau se produit alors. Quoique l'édition Besterman n'en porte pas trace, parmi les demandes d'identification de l'anonyme parties de Ferney en mai, il a bien dû y en avoir une pour Damilaville. On s'expliquerait mal sinon qu'il ait envoyé à Voltaire le 18 mai non pas une lettre, mais un exemplaire du *Supplément à la Philosophie de l'histoire*, aujourd'hui encore dans la bibliothèque de Voltaire à Leningrad et qui porte sur la page de garde la note manuscrite suivante: 'C'est mal à propos qu'on a attribué le *Supplément à la Philosophie de l'Histoire* à M. l'abbé Guyon, à M. l'abbé Foucher. Celui qui a composé ce Supplément est un M. *l'Archer* de Dijon qui est déjà connu par quelques

---

prononcé par Dupuis, Pâques 1779', *Histoire de l'Académie royale des inscriptions et belles-lettres* (1786), xlii.213-14).

[16] *Histoire de l'Académie royale des inscriptions*, xlii.209-10.

[17] *Réponse à la Défense de mon oncle*, p.15-16.

ouvrages dont voici les titres; Traduction d'un discours de Pope:
Histoire de Martinus Schriblerus: Observations sur les maladies,
etc.: il travaille à la traduction des transactions Philosophiques,
pour la collection académique: Traduction française du Roman
grec de Chéréas et Callirhoé. Electre tragédie traduite en prose
de l'Electre d'Euripide imprimée à Paris en 1750 chez Cailleau.
Voilà ce que j'ai pu recueillir sur ce M. *L'Archer* qui est sûrement
l'auteur du *Supplément à la Philosophie de l'Histoire*. C'est M. Riballier
Docteur de Sorbone, et principal du collège Mazarin où il demeure
qui a été le censeur ou l'aprobateur de cet ouvrage à Paris ce 18
may 1767'.[18] Si la note n'est pas signée, on se persuade vite qu'elle
est de la main de Damilaville en la comparant à un spécimen de
son écriture.[19] Par ailleurs l'accusé de réception du paquet nous
est parvenu; c'est la lettre de 'M. Boursier' à Damilaville, du 12
juin 1767: 'j'ai reçu sans difficulté l'excellent supplément à la
philosophie de l'histoire,[20] et l'éxamen de Bélisaire, composés au
collège Mazarin; mais je ne crois pas qu'on puisse avoir les
réponses à Paris. Il est d'ailleurs très difficile de répondre à ces
ouvrages supérieurs qui confondent la raison humaine' (D14223).
Entre l'envoi de Damilaville et sa réception par Voltaire, il
s'est donc bien écoulé trois semaines[21] durant lesquelles tout en
travaillant à la *Défense de mon oncle*, le neveu avait commencé à
porter ses soupçons du côté du collège Mazarin. Car il confiait à

[18] Nous exprimons toute notre gratitude aux administrateurs de la bibliothèque Saltykov-Shchédrine de Leningrad pour nous avoir procuré le microfilm
de l'exemplaire du *Supplément* que possédait Voltaire.
[19] Celui que nous avons choisi est la lettre autographe de Damilaville à
Leclerc de Montmercy (Bn N24338, f.513-14).
[20] Bien que cet exemplaire de l'édition de 1767 du *Supplément* soit le seul qui
figure dans la bibliothèque de Voltaire, on ne saurait admettre qu'il ait attendu
le 10 ou 12 juin pour prendre connaissance du livre de Larcher. La lettre à
d'Alembert du 9 mai a été écrite, on l'a vu, par un homme en sachant déjà le
contenu. Faut-il en conclure que Voltaire possédait un autre exemplaire qui
s'est perdu, ou que sa première lecture du *Supplément* a été faite dans un
exemplaire prêté?
[21] On ne peut évidemment savoir si le paquet de Damilaville est parti le jour
même du 18 mai ni si Voltaire en a accusé réception le jour même où il lui est
parvenu.

Damilaville le 7 juin: 'J'ai lu les inépties contre mon ami Bélisaire. [...] On a fait contre ce pauvre abbé Bazin un livre bien plus savant, qui mérite peut-être une réponse. Tout celà part, dit-on, du collège Mazarin. Il faudra que nous disions comme du temps de la fronde, Point de Mazarin!' (D14215).

Grâce à Damilaville qui s'est montré meilleur limier que d'Alembert et Lacombe, voilà donc l'énigme enfin levée, l'adversaire identifié, ses productions recensées, le milieu qu'il représenterait reconnu. Les répercussions de cette découverte s'observent dans le texte même. Les premiers chapitres étaient déjà imprimés par Cramer; afin de pouvoir changer le nom de l'abbé Fou..., mis prématurément à sa note du chapitre 5, Voltaire fait apporter des corrections à la feuille B2, soit les pages 19 et 20: 'l'abbé Fou...' est donc remplacé par 'Mr. Toxotès', au bas de la page 20. Et comme la page 19 prenait Fréron à partie en termes vifs, Voltaire en profite pour adoucir une expression qu'il a dû juger un peu rude: 'le révérend père Marsi et le révérend père Fréron furent chassés du collège de Louis le Grand pour la Sodomie' devient moins crûment: 'furent chassés du collège de Louis le Grand pour leurs fredaines'. Mais il oublie, on le sait, de faire disparaître aussi l'insolite 'abbé Fou...' de la fin du chapitre 8 et ne songe pas non plus que les allusions du chapitre 10 perdaient désormais toute pertinence. Ainsi peut être déterminée avec certitude l'édition originale de la *Défense de mon oncle*, parmi les cinq parues avec ou sans millésime en 1767: c'est la première des deux qu'a imprimées Cramer et dont un certain nombre d'exemplaires non corrigés, portent encore 'l'Abbé Fou...' au lieu de 'Mr. Toxotès', témoignant ainsi de la méprise initiale de Voltaire.[22] Or ce même M. Toxotès sera nommé deux fois au chapitre 16, qui dut être rédigé par conséquent peu après l'arrivée du paquet de Damilaville: si donc les dix premiers chapitres ont été écrits très probablement entre

---

[22] Se trouve donc confirmée la supposition de Bengesco (ii.200) et infirmée l'hypothèse de Th. Besterman se demandant s'il ne fallait pas plutôt tenir pour originale l'édition sans lieu de 1767, que nous avons appelée 67X et dont Bengesco ignorait l'existence. Voir Th. Besterman, 'Some eighteenth-century Voltaire editions unknown to Bengesco', *Studies* 111 (1973), p.193.

fin avril et fin mai, on peut tenir pour vraisemblable que les six chapitres suivants l'ont été durant les dix premiers jours de juin et que le reste de l'ouvrage (chapitre 17 à 22) n'a vu le jour qu'après le 12 juin.[23] La révélation du nom de Larcher marque, on le voit, une étape importante dans la rédaction de la *Défense*. Voltaire lui-même le laisse deviner en avouant à ses lecteurs n'avoir connu qu'en cours de route le nom de l'adversaire: 'Lorsque je *mis la plume à la main* pour défendre *unguibus et rostro* la mémoire de mon cher oncle contre un libelle inconnu intitulé, *Supplément à la Philosophie de l'histoire*; je crus d'abord n'avoir à faire qu'à un jeune abbé dissolu [...] Mais lorsque je travaillais en digne neveu, j'ai appris que le libelle anonyme est du sieur Larcher ancien répétiteur de belles-lettres au collège Mazarin'. Ainsi commence l'"Avertissement essentiel ou inutile' que le neveu enfin renseigné juge bon de rédiger après coup et de faire placer par Cramer en tête de l'ouvrage, devant l'"Exorde'. On peut même plus précisément situer sa rédaction après celle du chapitre 19, consacré aux montagnes et aux coquilles. Car si la récapitulation faite dans le chapitre 16 évoque les dames et les petits garçons de Babylone, les boucs de Mendès, Warburton et l'immortalité de l'âme, celle de l'"Avertissement' s'enrichit d'une allusion à ce chapitre 19: 'Il est question ici de grands objets, il ne s'agit pas moins que des mœurs et des lois depuis Pékin jusqu'à Rome, et même des aventures de l'océan et des montagnes'. Ce 'sommaire' en revanche est moins complet que celui du 'Dernier avis au lecteur', qui fait des références allusives aux trois dernières diatribes. L'"Avertissement' paraît donc bien avoir été rédigé après le chapitre 19, mais avant le chapitre 21. Quant à son impression, elle a été effectuée par Cramer en tout dernier lieu, comme l'enseigne l'examen de la reliure: l'"Avertissement' et la table des matières,[24] paginés de 1 à 8, ont été imprimés sur un

[23] Cependant le chapitre 18 pourrait bien avoir été au moins entrepris dès la dernière semaine du mois de mai (voir ch.18, n.20).
[24] Celle-ci doit normalement faire suite à l'"Avertissement' dont le dernier paragraphe invite les lecteurs à lire attentivement la table pour choisir, afin de s'amuser, les chapitres qu'ils jugeront le plus de leur goût.

28

cahier à part de quatre feuilles marquées d'astérisques (*4), que le relieur a ensuite inséré en tête du cahier A, exactement entre A1 (page de titre) et A2 (page 3, soit le début de l''Exorde'). On s'explique mieux dès lors que cet 'Avertissement' ait été qualifié un peu étrangement d''essentiel ou inutile'. Essentiel, il l'est dans la mesure où il faut tout de même bien faire savoir contre qui l'on rompt des lances depuis plus de dix chapitres: l'énigme de cet anonymat n'a que trop longtemps irrité le champion de l'abbé Bazin. Comment faire longtemps bonne figure devant le public, s'il vient à découvrir qu'est incapable cette fois de lui nommer l'adversaire un polémiste d'ordinaire si sensible à tous les effets pittoresques ou drôlatiques qu'il peut tirer du nom de ses ennemis? Celui qui a si bien joué avec Pompignan, Nonnotte, Patouillet ou Tamponet, commence donc par rebaptiser en grec le pédant qui lui en paraît tout hérissé. Quel malin plaisir d'autre part que de convaincre de blasphème celui qu'on veut faire passer pour un austère ecclésiastique du collège Mazarin! Mais en même temps rien de tout cela ne touche au fond du problème: Foucher ou Larcher, qu'importe? Il n'en est pas moins ridicule d'avoir comparé Sara à Ninon, absurde d'avoir cru à la prostitution dans un temple des dames de Babylone, impertinent d'avoir contesté l'antiquité chinoise. Finalement le nom ne fait rien à l'affaire: l'avertissement peut être réputé inutile aussi bien qu'essentiel.

Voltaire lui-même en fournit la preuve en y prenant avec cette vérité enfin découverte d'étranges libertés. Voilà plus de deux cents ans qu'on répète après lui du 'sieur Larcher' qu'il était 'ancien répétiteur de belles lettres au collège Mazarin'. En rendant compte de la *Défense de mon oncle*, Grimm l'a même fait abbé, probablement égaré par la comparaison avec les 'schoen' égyptiens dont on sait maintenant l'impertinence: 'Il ne manquait à ma satisfaction que de connaître le nom du bienfaisant supplémentaire, et j'apprends avec joie qu'il s'appelle M. l'abbé Larcher, ancien répétiteur de belles-lettres au collège Mazarin, dit des Quatre Nations' (CLT, vii.366). Quant à Voltaire, qui sait trop bien les vertus du rabâchage, il parviendra dans les dix années à venir à créer chez ses lecteurs une association si étroite entre le

29

nom de Larcher et celui du collège Mazarin que nul ne songera plus à la prendre pour autre chose qu'une vérité historique: ce Larcher n'a jamais su 'secouer la poussière du collège';[25] 'Un écrivain moderne nommé Larcher, répétiteur de collège';[26] 'Mais un Larcher, qui n'était jamais sorti du collège Mazarin, prit violemment le parti de Sésostris';[27] ce 'Larcher, répétiteur au collège Mazarin', qui 'soutint opiniâtrement' est la preuve 'qu'il y a encore dans la poussière des collèges de ces cuistres qui semblent être du xvᵉ siècle';[28] 'Une autre lumière de collège, un nommé Larcher': ainsi commence en 1772, dans les *Questions sur l'Encyclopédie*, le 'Quisquis Larcher', intitulé 'De Larcher, ancien répétiteur du collège Mazarin' (M.xx.325); 'Le pédant Larchet, mazarinier ridicule, homme de collège [...] assure';[29] Voltaire décidément n'en démord pas, même onze ans après, en préparant pour l'*Essai sur les mœurs* un 'Avis des éditeurs' qui paraîtra dans l'édition de Kehl: 'Un répétiteur du collège Mazarin, nommé Larcher, traducteur d'un vieux roman grec [...] fut chargé [...] d'écrire un libelle pédantesque [...] on répondit à l'homme de collège sous le nom d'un neveu de l'abbé Bazin' (M.xi.1). Dès lors 'le mal est fait; il germe, il rampe, il chemine et rinforzando de bouche en bouche il va le diable':[30] les études les plus sérieuses accueillent sans examen, aujourd'hui encore, une tradition pourtant très tôt contestée.

Le premier démenti, on l'a vu, fut donné par l'intéressé lui-même, mais sans offrir toute la clarté souhaitable: en écrivant dans sa *Réponse à la Défense de mon oncle*: 'Vous finissez mon portrait par dire que je suis un précepteur, un prêtre et, qui pis est, un janséniste', Larcher terminant la revue des injures dont on l'avait accablé au fil des neuf premiers chapitres, se référait aux allégations qu'on connaît du chapitre 10, mais ne démentait

---

[25] 1770, *Questions sur l'Encyclopédie* (M.xvii.514).

[26] Note mise en 1770 à l'article 'Amour socratique' du *Portatif* (M.xvii.180).

[27] 1771, *Questions sur l'Encyclopédie* (M.xviii.393).

[28] Note mise par Voltaire à une épître à d'Alembert, 1771 (M.x.429).

[29] Note de Voltaire mise en 1773 au chant xx de la *Pucelle* (éd. J. Vercruysse, Voltaire 7, p.562, n.2).

[30] Beaumarchais, *Le Barbier de Séville*, II.viii.

pas explicitement celles de l'Avertissement'. Il eût été pourtant difficile à un ancien 'répétiteur' de collège d'affirmer en toute bonne foi n'avoir jamais été 'précepteur' de 'qui que ce soit', même si les deux mots n'ont pas exactement le même sens. Pour Fréron en tout cas ce n'est là qu'un des traits de calomnie dont Voltaire a consciemment semé la *Défense de mon oncle:* 'M. Larcher fut traité de 'vil et ancien répétiteur au collège Mazarin'... Cependant il est bon d'apprendre, non au 'Défenseur de son Oncle' qui le sait sans doute, mais au public qui peut l'ignorer, que M. Larcher... n'a jamais été précepteur, répétiteur ni cuistre dans aucun collège' (*Al*, 1769, iii.147). Sabatier de Castres mettra, quelques années plus tard, un démenti semblable dans la bouche de Larcher: 'il me fait répétiteur au collège Mazarin, moi dont la fortune a permis que j'eusse un répétiteur. Ne nous en étonnons pas; c'est ainsi qu'il renverse tous les faits, qu'il les suppose, qu'il les défigure'.[31] Taillefer reprendra à peu près les mêmes termes en 1785, pour donner un échantillon des 'mensonges, calomnies et abominations' dont était capable le 'précepteur des rois et des nations': 'C'est ainsi qu'il le fait répétiteur du collège Mazarin, quoique la fortune de M. Larcher lui ait permis d'avoir lui-même des répétiteurs'.[32] Ces 'horribles personnalités' donneront encore bien de l'humeur au fougueux abbé de B***, le futur Mgr de Boulogne, même en 1803: 'il n'en criait que plus fort, cuistre et bouc, bouc et cuistre. En vain lui répétait-on ce qu'il savait fort bien, que M. Larcher n'était point un cuistre [...] et que, bien loin d'être un répétiteur de collège, ce qui encore ne l'aurait pas rendu moins savant, il avait pu, par sa fortune, se donner un répétiteur: il n'écumait qu'avec plus de rage contre le cuistre et le répétiteur, le répétiteur et le cuistre'.[33] Certes, tous ces 'témoignages' demeurent

---

[31] *Les Trois siècles de notre littérature* (Paris 1772), ii.213.

[32] *Tableau historique de l'esprit et du caractère des littérateurs français* (Versailles 1785), iv.382.

[33] *Journal des débats*, lundi 21 février 1803. Le texte de cet article non signé sera repris avec de substantielles additions, dans les *Mélanges de religion, de critique et de littérature* (Paris 1828, iii.55-66) d'Etienne Antoine de Boulogne, évêque de Troyes. Boissonade s'est donc trompé en proposant d'identifier cet abbé de B*** à l'abbé Bassinet, dans une note qu'il a ajoutée à sa notice sur Larcher lorsqu'elle

insuffisants: on échappe mal à l'impression que Sabatier, Taillefer
et Mgr de Boulogne, qui détestent Voltaire, répètent en toute
confiance les propos de Fréron son grand ennemi. Même s'ils ont
lu eux aussi le passage de la *Réponse à la Défense de mon oncle*, ils
l'interprètent abusivement, ainsi que le rédacteur de l'*Année littéraire*, comme le démenti explicite d'une appartenance à Mazarin.
S'il s'agit au reste de réhabiliter l'un des leurs, les victimes de
Voltaire n'en sont pas à une inexactitude près! Mais des témoignages de plus grand poids invitent à ne pas récuser ceux-ci trop
sommairement: d'abord cette remarque de La Harpe en 1778:
'D'ailleurs M. Larcher, dont M. de Voltaire s'est obstiné à faire
un répétiteur au collège Mazarin, est un académicien qui cultive
les lettres dans la retraite'.[34] Ensuite l'attestation de Boissonade:
succédant à Larcher à l'Académie des inscriptions en 1813, il
composera alors sur sa vie et ses écrits une notice très
documentée.[35] Il le connaissait bien pour être depuis quatre ans
son suppléant à la chaire de littérature grecque de l'Université
impériale: lorsqu'elle fut fondée en 1809, Larcher, âgé de 83 ans,
mais qu'on avait voulu honorer en l'y nommant, ne pouvait y
exercer lui-même. Or Boissonade évoquant Voltaire et la *Défense
de mon oncle* assure que 'la qualité de répétiteur au collège Mazarin
qu'il y donne de sa grâce à M. Larcher est un de ses mensonges les
plus innocents' (p.136). Quatre ans plus tard, Dacier condamnera
sévèrement dans la *Défense de mon oncle* 'les ironies les plus amères,
les sarcasmes les plus offensants et même les injures les plus
grossières', sans même daigner entrer dans le détail et mentionner
l'appartenance à Mazarin. Il semble pourtant y faire allusion en
rappelant la parenté de Larcher avec Bossuet: 'Je me garderais
bien d'insister sur son origine, qui est fort indifférente à son
mérite littéraire, si la vanité offensée n'avait pas cherché à avilir

---

fut reprise dans son livre *Critique littéraire sous le premier Empire* (1863, i.437, n.1).
   [34] J. F. de La Harpe, *Correspondance littéraire*, ii.224 (lettre 84).
   [35] Parue dans *Le Moniteur* du 6 décembre 1813, elle a été reproduite la même
année en tête du catalogue de la bibliothèque de Larcher et en 1814 dans le
Magasin encyclopédique (iii.52-87) et le *Classical journal* (x.130-44). Les références
seront données au texte du *Classical journal*.

le littérateur pour étouffer des critiques aussi décentes que justes, auxquelles il était impossible de répondre autrement'.[36] Même silence dans les biographies générales du dix-neuvième siècle. Il est vrai qu'elles s'inspirent toutes plus ou moins étroitement des notices de Boissonade et Dacier, que Boissonade lui-même a rédigé l'article de celle de Michaud et que plusieurs ne sont guère favorables à Voltaire. Mais celle de Rabbe et Sainte-Beuve, vivement hostile à Larcher, se tait elle aussi sur l'appartenance à Mazarin. L'ensemble de ces dénégations ou de ces silences, sans constituer, il est vrai, une preuve décisive, porte donc à mettre sérieusement en doute ce qui pourrait bien n'avoir été qu'une légende forgée et accréditée par Voltaire.

Car il était au fond le seul en juin 1767 à évoquer un prétendu trio Mazarin. Comment expliquer en particulier l'étrange silence de d'Alembert? Pourquoi a-t-il été incapable de découvrir l'auteur du *Supplément* s'il était de Mazarin, quand il paraît si bien renseigné sur le collège des Quatre-Nations dont il surveille particulièrement Riballier, le grand maître, et Coger, le professeur de rhétorique, pour le rôle qu'ils sont en train de jouer dans l'affaire de *Bélisaire?* Ses lettres à Voltaire de juillet et août infirment de toute évidence l'existence du trio: 'J'ignore qui est ce faquin de l'Archer qui a écrit sous les yeux du syndic Riballier contre la philosophie de l'histoire; mais je recommande très instamment ce syndic Riballier au neveu de l'abbé Bazin. Je lui donne ce syndic pour le plus grand fourbe & le plus grand maraud qui existe; Marmontel pourra lui en dire des nouvelles. Croiriez vous bien qu'il n'a pas été permis à ce dernier [...] de lui donner cent coups de bâton pour les coups d'épingle qu'il en a reçus par les mains d'un autre faquin nommé Coger, [...] régent de Rhétorique au collège Mazarin dont Riballier est principal?' (14 juillet; D14274). 'J'ai reçu & lu avec grand plaisir *la défense de mon oncle*, [...] je ne sais qui est *l'archer des gueux* auquel le jeune abbé Bazin répond;

[36] 'Notice historique sur la vie et les ouvrages de M. Larcher', lue à la séance publique de l'Académie du 25 juillet 1817, parue dans *Le Moniteur* du 6 et 7 septembre 1817 et reproduite au tome v de l'*Histoire de l'Académie des inscriptions et belles-lettres* (1821), p.249 et 244.

[...] je lui recommande encore une fois les Cogé, Riballier, & compagnie, & je le prie de leur donner si bien les étrivières qu'il n'y ait plus a y revenir' (4 août; D14333). 'J'oubliois de vous dire que le collège Mazarin, où président les deux cuistres Riballier & Cogé pecus, le premier comme Principal, le second comme régent de Rhétorique, est un des plus mauvais collèges de l'université reconnu pour tel; cela peut servir en temps & lieu. On peut exhorter ces deux cuistres à ne pas tant parler de Philosophie, et à mieux instruire la jeunesse qui leur est confiée' (14 août; D14368). Pas un mot de Larcher dans cette dernière lettre, pourtant écrite par un homme semblant ne rien ignorer de ce qui se fait à Mazarin et d'autant mieux à portée de surveiller sa 'canaille jansénienne' qu'il vit à Paris; sans compter qu'il était lui-même ancien élève des Quatre-Nations, où on l'avait mis à treize ans.[37] Cette ignorance totale de Larcher plusieurs fois avouée par d'Alembert ne prend-elle pas dès lors la valeur d'une preuve de son absence de Mazarin? Quelle raison aurait-il eue, sinon, de ne pas associer son nom, à l'exemple de Voltaire, à ceux de Coger et Riballier? Sans doute d'Alembert le fera-t-il, une fois, mais plus tard, fin septembre, quand il aura compris la valeur tactique de cette supercherie de Voltaire qui l'a déjà répandue partout. Encore n'associe-t-il les trois noms que comme ceux des suppôts de l'infâme alors sur la brèche; on prendra garde que le collège Mazarin n'est même pas évoqué: 'Il semble qu'on ait résolu de faire le siège de l'infâme dans les formes, tant on jette de boulets rouges dans la place; il est vrai qu'elle ne sera pas sitôt prise; car c'est le feldmaréchal Riballier qui y commande, & qui a sous lui le Capitaine d'artilleurs Jean Gilles Larcher, & le colonel de Houzards *Cogé pecus*. Avec ces grands Généraux là, une ville assiégée doit tenir longtemps' (22 septembre; D14436). Les réactions d'un observateur aussi averti que d'Alembert paraissent donc établir clairement que Larcher n'appartenait pas au collège Mazarin. Au surplus, pourquoi un savant de sa force serait-il resté à quarante ans confiné aux fonctions obscures de répétiteur? Il est

[37] Voir A. Franklin, *Recherches historiques sur le collège des Quatre-Nations* (Paris 1862), p.95.

vrai que Voltaire le traite d'*ancien* répétiteur et par là ne soutient pas expressément qu'il y était encore en exercice dans les années où paraissaient la *Philosophie de l'histoire* et le *Supplément*. Même si l'on est convaincu que Larcher ne figurait pas alors parmi les confrères de Coger et Riballier, ne doit-on pas se demander encore s'il n'aurait pas précédemment appartenu à l'institution, avec laquelle il aurait gardé d'étroits contacts? C'est une chose que d'Alembert n'eût probablement pas ignorée et dont certains documents garderaient trace. Or ni A. Franklin[38] ni Ch. Jourdain[39] ne citent le nom de Larcher, alors qu'à propos du collège Mazarin leurs ouvrages ne manquent pas de mentionner ceux d'Ambroise Riballier[40] et de François-Marie Coger.[41] Il n'est certes pas exclu que Larcher ait connu Riballier, à qui il était redevable de la permission tacite accordée à Hérissant pour faire paraître le *Supplément*. Il est même certain qu'il a connu Coger, qui voudra plus tard l'entraîner à répondre aux traits dont Voltaire les brocardait tous deux.[42] Mais ces relations personnelles d'occasion n'attestent nullement l'appartenance de Larcher à Mazarin, ne prouvent pas même qu'il ait été en liaison avec les milieux jansénistes de l'université de Paris. Son passé et certaines de ses relations, on le verra, rattachaient plutôt Larcher à des milieux proches des jésuites. On trouve bien parmi ses amis un abbé Leblond qui

[38] *Recherches historiques sur le collège des Quatre-Nations*. On trouve dans le chapitre 6 consacré au personnel, la description des différents postes hiérarchiques de grand maître, bibliothécaire, sous-bibliothécaire, procureur, sous-principal, etc.
[39] *Histoire de l'Université de Paris au XVIIe et au XVIIIe siècle* (Paris 1862-1866). La fondation et l'organisation du collège Mazarin sont évoquées principalement p.263-64.
[40] Franklin, p.83 ss. Riballier occupa le poste de grand maître d'août 1765 à août 1785.
[41] Jourdain, p.435, et 2e partie (pièces justificatives), p.288.
[42] Voir D18104. La Bibliothèque nationale possède un exemplaire du *Mémoire sur Vénus* de Larcher annoté par Jamet (Rés. Z 3246) et qui porte sur la page du faux titre: 'M. l'abbé Coger, ex-recteur de l'université et professeur d'éloquence, ami de l'auteur, me l'a donné le 25 Xbre 1775'. Mais cela fut écrit huit ans après le *Supplément* et l'amitié dont témoigne ici Jamet est très probablement née après les vicissitudes que Voltaire en 1767 fit essuyer à Larcher et à Coger.

occupera à Mazarin le poste de sous-bibliothécaire; mais ce ne sera pas avant le 1er octobre 1770.[43]

Enfin et surtout, le nom de Larcher ne figure nulle part sur les registres du collège Mazarin. Nous en avons dépouillé les comptes de 1745 à 1767: dans le deuxième chapitre de la partie 'dépenses', le procureur indique chaque année les émoluments du corps professoral, en précisant naturellement les noms et les fonctions. Celle de 'répétiteur' n'apparaît pas. Outre le grand maître, le procureur, le bibliothécaire, le sous-principal, le sous-bibliothécaire et le chapelain, il n'y a à Mazarin que des professeurs et des sous-maîtres des pensionnaires (voir An, H 2833 et 2834). Larcher n'a jamais été ni l'un ni l'autre. En revanche, on suit le développement de la carrière de Coger (sous-maître en 1745, professeur de cinquième en 1753, de seconde en 1759, de rhétorique en 1766), ainsi que celle de Riballier (procureur en 1751, grand maître en 1765). Mais il y a plus: Larcher ne pouvait être professeur dans aucun collège, pour la raison très simple mais très péremptoire, même si Voltaire l'ignorait, qu'il n'a jamais été reçu maître ès arts à l'université de Paris (voir Bn ms latin 9159: sur ce registre, document du greffe qui va de novembre 1741 à la fin de 1752, le nom de Larcher n'apparaît pas). Voltaire a donc fait fausse route: Larcher n'a pas même embrassé la carrière universitaire. Notons que sa situation de fortune ne l'y obligeait guère, comme l'ont relevé, non sans raison, Sabatier, Taillefer et l'abbé de Boulogne, puisque, dès son arrivée à Paris à dix-huit ans, il recevait de sa mère une pension déjà supérieure au salaire d'un sous-maître à Mazarin et, quelques années plus tard, équivalant presque au

---

[43] L'abbé Gaspard Michel, surnommé Leblond (1738-1809), succédera en 1791 à l'abbé Hook, bibliothécaire titulaire des Quatre-Nations. Lorsque Larcher fera paraître son *Mémoire sur Vénus* en 1775, il y insérera sept index différents. L'abbé Leblond aura l'idée, à l'occasion de la seconde édition (1776), d'en ajouter un huitième intitulé: 'Drôleries éparses de côté et d'autre dans ce volume'. Voir *Biographie universelle et portative des contemporains*, publiée par Rabbe et Sainte-Beuve (Paris 1834), iii.157, col. A. Larcher et Leblond (devenu alors secrétaire ordinaire du duc d'Orléans) se retrouveront à l'Académie des inscriptions en 1779 dans la classe des académiciens associés (*Histoire de l'Académie royale des inscriptions*, xlii.4-5).

salaire d'un professeur de troisième.[44] Ainsi, faute de documents
ou de témoignages attestant l'appartenance de Larcher au collège
des Quatre-Nations, on conclura que le trio Mazarin n'est qu'une
invention de Voltaire dont il faut maintenant pénétrer le motif.

L'idée d'accréditer cette légende ne lui est peut-être pas venue
tout de suite. Rien n'assure qu'il n'ait pas d'abord cru quelque
temps à la réalité du trio. On se rappelle les termes de sa lettre à
Damilaville du 7 juin, à propos du *Supplément* et de l'*Indiculus*
dressé par la Sorbonne contre *Bélisaire*: 'Tout cela part, dit-on, du
collège Mazarin' (D14215). Le 'dit-on' demeure bien vague:
reflète-t-il une rumeur parvenue depuis peu jusqu'à Ferney ou
n'exprime-t-il qu'une hypothèse personnelle de Voltaire? Il n'a
sûrement pas oublié la mise en garde de Thiriot annonçant dès
juillet 1765 une réaction janséniste contre la *Philosophie de l'histoire*
(D12787). Aussi a-t-il songé d'abord à ce 'plat janséniste' de
Foucher. Ses soupçons ont dû se porter ensuite sur Mazarin pour
la même raison: le collège passait pour pénétré de jansénisme
(voir Voltaire 59, p.68) et d'Alembert assimilera Riballier et Coger
à la 'canaille jansenienne' déchaînée contre *Bélisaire* (D14368). La
note de Damilaville mise en tête du *Supplément* envoyé à Ferney
peut avoir favorisé cette conviction en évoquant *in fine* l'approbation donnée par 'Monsieur Riballier, Docteur de Sorbonne et
principal du Collège Mazarin où il demeure'. Damilaville pourtant
n'identifiait nullement Larcher comme un ancien répétiteur de
Mazarin! Voltaire a-t-il alors lu trop vite ou déjà décidé de lancer
la légende? Parce qu'il est précisément adressé à Damilaville qui
sait à quoi s'en tenir, l'accusé de réception de 'M. Boursier' porte
à croire que Voltaire est dès ce moment conscient de la distorsion
imposée aux faits établis par son correspondant: 'j'ai reçu sans
difficulté l'excellent Supplément à la Philosophie de l'histoire et
l'examen de Bélisaire composés au collège Mazarin'. Ce qui frappe
dans cette phrase, comme déjà dans la lettre au même Damilaville
du 7 juin, c'est l'association entre le livre de Larcher contre la
Philosophie de l'histoire et le pamphlet de Coger contre *Bélisaire*: elle

[44] Voir ci-dessous, 'Du côté du visage', n.8 et 10.

nous découvre les intentions tactiques de Voltaire. Il faut ici se rappeler que la *Défense de mon oncle* a été composée au moment où les premiers remous provoqués en février par le livre de Marmontel avaient pris une ampleur considérable: après la décision de censure adoptée par la Sorbonne le 6 avril, Coger avait fait paraître son *Examen du Bélisaire de Marmontel* dans la seconde quinzaine du mois, pendant que les théologiens achevaient de dresser l'*Indiculus* des trente-sept propositions condamnables qu'ils avaient extraites du roman. Voltaire, qui était déjà intervenu fin mars avec la première *Anecdote sur Bélisaire*, rentra en lice durant la première quinzaine de juin avec la seconde *Anecdote*, tandis que Turgot flétrissait l'*Indiculus* avec ses *Trente-sept vérités opposées aux trente-sept impiétés de Bélisaire*. Mais alors qu'il achève la *Défense de mon oncle*, Voltaire juge utile de revenir à la charge en lui ajoutant un dernier chapitre sur Bélisaire et Coger. Il écrit aussi, au chapitre 11 de l'*Ingénu*, probablement encore en chantier,[45] trois paragraphes contre les 'Apédeutes' de Constantinople qui ont osé rendre un édit 'contre le plus grand capitaine du Siècle'. Or les ennemis de Bélisaire gîtent bien à Mazarin: Coger, on le sait, est l'auteur de l'*Examen* et Riballier a été chargé, comme syndic de la Sorbonne, de mener depuis la mi-février de délicates négociations avec Marmontel dont la Faculté de théologie exigeait une rétractation. Là-dessus apparaissent Larcher et son *Supplément* et voilà Voltaire avec un ennemi de plus à qui faire mordre la poussière: n'est-il pas plus habile de la part du polémiste d'éviter la dispersion en faisant accroire que toutes les attaques du moment ont été concertées dans la même officine? La préoccupation tactique est

---

[45] Dans son édition critique de l'*Ingénu*, W. R. Jones en situe la composition au mois de mai (p.9), alors que le roman ne semble pas paru avant la fin de juillet ou le début d'août. Mais pour pouvoir assurer que tout le monde se moquait de ces édits à Constantinople 'et l'Empereur tout le premier', ne fallait-il pas savoir clairement l'hostilité à la Sorbonne du gouvernement et de la cour, alors qu'on avait d'abord été persuadé du contraire? Il paraît difficile d'admettre que Voltaire ait eu dès le mois de mai l'assurance que le pouvoir se disposait en fait à intervenir contre la Sorbonne pour l'empêcher de condamner la tolérance civile. Au reste, J. Van Den Heuvel situe la période de composition de l'*Ingénu* de fin mai à fin juillet (*Voltaire dans ses contes*, p.297).

ici évidente: en imposant à l'actualité cette unité artificielle, en logeant malgré lui Larcher dans le même repaire que les deux autres, Voltaire pourra donner l'utile impression d'une concentration du tir propre à en accroître l'efficacité. C'est bien la leçon tirée par d'Alembert jugeant plus tard qu'on a résolu un véritable siège de l'infâme, 'tant on jette de boulets rouges dans la place'; une place, on s'en souvient, précisément défendue par le 'feldmaréchal' Riballier, assisté du 'capitaine' Larcher et du 'colonel' Coger. Sa tactique arrêtée, Voltaire protestera donc *urbi et orbi*, c'est-à-dire auprès de ceux qui ont charge de répandre cette version officielle, tout en sachant à quoi s'en tenir, que son dernier ennemi en date n'est qu'un troisième larron de Mazarin. Damilaville en a été averti dès le 7 juin: 'Il faudra que nous disions comme du temps de la fronde, Point de Mazarin!'. D'Alembert s'entend rappeler cette 'vérité' officielle le 19 juin: 'c'est un nommé Larcher qui a composé cette savante rapsodie sous les yeux du syndic de la Sorbonne, Ribalier, principal du collège Mazarin' (D14230). Même rappel à Damilaville, le 24 juin: 'Il est d'un nommé Larcher, ancien répétiteur du collège Mazarin, qui l'a composé sous les yeux de Riballier' (D14235). Voltaire en tire même un nouveau cri de guerre, lancé à d'Alembert le 10 août: 'Ribalier, Larcher et Cogé sont trois têtes du collège Mazarin dans un bonnet d'âne. Ce sont les troupes légères de la Sorbonne; il faut crier: *Point de Mazarin!*' (D14347).

Singulier destin de Larcher: la révélation de son identité par Damilaville n'aura servi à Voltaire qu'à lui imposer aussitôt le masque de pédant de collège, que la postérité trompée prendra pour son visage durant plus de deux siècles. Le vieil amuseur, il fallait s'en souvenir, ne produit jamais ses marionnettes sur son 'théâtre' sans les avoir travesties: de quel meilleur déguisement que celui de cuistre pouvait-il affubler l'érudit téméraire qui s'en était pris à la *Philosophie de l'histoire?* La *Défense de mon oncle*, on le verra, est principalement destinée au 'pusillus grex' de la bonne compagnie, pour qui la situation sociale très inférieure d'un répétiteur de collège est déjà un discrédit. Voltaire ne l'a que trop bien compris, à voir comme il fait bonne mesure à l'adversaire dans les premiers chapitres: écrivain folliculaire, crasseux chassé des collèges et banni de la compagnie des dames, infâme débauché, sodomite d'occasion, tels sont les traits les plus grimaçants dont il charge à plaisir son nouveau fantoche, mais qui sont pour tout lecteur curieux d'objectivité comme autant d'incitations à découvrir le vrai visage de l'auteur du *Supplément à la Philosophie de l'histoire.*

3

Du côté du visage

'Dire ce qu'a fait M. Larcher, c'est raconter l'histoire de sa vie: elle est, comme celle de presque tous les hommes de lettres qui se livrent au même genre d'études, tout entière dans ses ouvrages. Il l'a passée dans la solitude du cabinet, au milieu de ses livres, qui étaient sa seule société' (Dacier, p.269). Dacier n'a pas tort: la vie de Larcher n'offre rien de marquant, pour cette raison reste mal connue et difficile à connaître. Au surplus cet érudit obscur est volontiers secret et parle rarement de lui. Voltaire avait la partie belle en le vouant à Mazarin: après la *Réponse à la Défense de mon onçle*, le 'mazarinier ridicule' a jugé indigne de lui de s'attarder à d'autres rectifications, laissant le champ libre au rabâchage de l'adversaire. On comprend que la légende ait pu s'accréditer pour deux siècles. Le peu que nous savons permet tout de même de deviner un tout autre homme qu'un pédant de collège.

Sa famille d'abord: Pierre Henry Larcher, né à Dijon le 12 octobre 1726, est fils d'un trésorier général et a été tenu sur les fonts par un ancien auditeur à la Chambre des comptes. Le prétendu répétiteur est issu de fort bonne souche: les Larcher et les Gautier forment deux familles alliées aux noms les plus prestigieux du Parlement de Bourgogne.[1] Le grand-père, Hugues Larcher, avocat à la cour, était président au grenier à sel de Dijon; l'arrière-grand-père, Jean Larcher, avait été maire de Beaune de 1666 à 1668 et le trisaïeul maire d'Arnay-le-Duc en 1626. Dès le début du siècle précédent, cette famille de notables possédait ses armes: 'D'azur à trois fasces ondées d'or surmontée d'un arc-en-ciel de même'. Anciennement originaire de Beaune, elle s'était

---

[1] Voir *DMO*, appendices I, II et III, p.765-67.

divisée en trois branches établies à Arnay, Beaune et Dijon[2] et dont la seconde pouvait s'enorgueillir d'un abbé de Cîteaux: Nicolas Larcher le fut près de vingt ans.[3] Quant au père, Henry Larcher, il était conseiller du roi et trésorier de France au bureau des finances de Bourgogne et Bresse. Reçu à sa charge le 9 mars 1713, 'il fut remplacé sur résignation par Jean-Baptiste Rasse et obtint des lettres d'honneur vérifiées en 1737'.[4] La famille maternelle est elle aussi composée de magistrats: le grand-père, Jean Bernard Gautier, était lieutenant général au bailliage de Dijon et le trisaïeul référendaire en la Grande chancellerie. Mais elle peut surtout s'enorgueillir de dériver des Mochet: or une Marguerite Mochet avait épousé en 1618 Bénigne Bossuet, le père de l'Aigle de Meaux.[5] Larcher n'y sera pas insensible: 'M. Bossuet n'était à vous entendre que le copiste des Anciens. Est-ce donc parce que j'ai l'honneur d'être son parent que vous affectez de le mépriser?'[6] Tout cela vaut bien les Arouet et les Daumart: les ancêtres de Larcher occupaient des charges, quand ceux de Voltaire ne vendaient encore que du drap et de la soie.

Pierre Henry, qui était le dernier de quatre enfants, ne paraît pas avoir longtemps connu une enfance heureuse: le 17 juin 1738, à douze ans, il perdait son père dont l'affection, selon Dacier (p.244), se nuançait d'indulgence sinon de faiblesse, probablement pour faire contrepoids à la sévérité excessive de la mère. Pétronille Gautier fit désormais sentir à son fils une tutelle sans douceur. Dévote et dominée par les jésuites, à en croire le président de Ruffey,[7] elle lui fit commencer ses humanités à Dijon, qu'il alla finir au collège des jésuites à Pont-à-Mousson, sans jamais s'y

---

[2] A. Albrier, *Les Maires de la ville d'Arnay-le-Duc* (Dijon 1868), p.28.

[3] Du 27 mars 1692 à sa mort survenue le 14 mars 1712. Voir F. Petitot, *Continuation de l'histoire du Parlement de Bourgogne, depuis l'année 1649 jusqu'en 1733* (Dijon 1783), p.35-37.

[4] J. d'Arbaumont, *Armorial de la Chambre des comptes de Dijon* (Dijon 1881), p.478.

[5] Voir *DMO*, appendice I, p.765.

[6] *Réponse à la Défense de mon oncle*, p.25.

[7] *Histoire secrète de l'Académie de Dijon (de 1741 à 1770)*, éd. M. Lange (Paris 1909), p.138.

faire remarquer par de brillants succès. Larcher aurait même été un collégien difficile: les jésuites durent l'enfermer 'pour avoir composé contre eux une farce satirique'. Cette peccadille lui valut encore d'être réduit à sa légitime, probablement par décision d'une mère qui n'entendait pas raillerie sur le compte des révérends pères. Au collège, il contracta un goût des lettres et un amour de l'étude qui suscitèrent bientôt avec sa mère un conflit long et pénible: la veuve du trésorier de France, soucieuse d'assurer la tradition familiale, destinait son fils à la magistrature. Celui-ci ne songeait déjà qu'au grec et au latin. En contrariant longtemps ses goûts, elle ne réussit qu'à l'y confirmer: à dix-huit ans, le jeune Larcher finit par s'échapper ou presque de la maison familiale, pour venir à Paris où il se fixera désormais. Etabli au collège de Laon, il put satisfaire enfin sa passion pour l'étude, en vivant les premières années dans une retraite presque absolue. A en croire Dacier, il ne sortait que pour aller écouter les leçons des professeurs du Collège royal de France ou se rendre dans les bibliothèques publiques. Déjà commence la solitude obscure qui marquera toute sa vie, mais qui peut surprendre chez un jeune homme de dix-huit ans: elle fait soupçonner une misanthropie qui n'a pas échappé au président de Ruffey notant qu'à son arrivée à Paris, Larcher 'y vécut dans la retraite, que son esprit naturellement mélancolique, aigri par la mauvaise fortune, préférait aux agréments de la société' (p.138). Les premiers heurts avec sa famille ont dû le marquer profondément. En outre sa solitude sera toujours celle d'un célibataire, quoiqu'il n'ait jamais été ecclésiastique: peut-être à cause du 'peu de fortune ou de santé', qu'il rangera précisément parmi les causes possibles du célibat moderne (S.67, p.305-306). Au surplus, avec une pension de cinq cents livres, sa mère lui donne seulement de quoi vivre, mais pas de quoi acheter des livres, dont il a déjà la passion.[8] Ce sera la seule de sa vie et c'est à sa bibliothèque que passera souvent le plus

---

[8] Cette somme n'est pourtant pas aussi modique que l'ont assuré Boissonade et Dacier: à la même époque un 'grand boursier' du collège de Laon touchait 156 livres par an et un sous-maître au collège Mazarin en gagnait 400 (voir An, H 280315 et H 2833).

clair de ses ressources. Celle qu'il laissera à sa mort comptera plus de 2.140 volumes, rares et précieux, où figureront surtout les meilleures et les plus luxueuses éditions des auteurs grecs et latins.[9] Cette passion des beaux livres aurait même porté, dit-on, le jeune bibliophile de dix-huit ans à adresser un jour une mercuriale à Jean Capperonier, l'helléniste professant au Collège royal, parce qu'il n'hésitait pas à utiliser quotidiennement une luxueuse édition de Thucydide, au risque de la gâter. Quelques années après, sa mère porta la pension à sept cents livres: 'Oh! pour lors, disait-il en riant à M. Chardon de La Rochette, je me trouvai à mon aise et je pus bouquiner commodément'.[10]

Cette passion des livres devait pourtant céder momentanément à une autre: celle de l'Angleterre. A Paris, Larcher s'était pris pour la littérature anglaise d'un goût aussi vif que pour les lettres anciennes. Il sentit bientôt qu'il devait aller au pays de Shakespeare pour en posséder parfaitement la langue. Mais il fallait de l'argent: en vendant tous ses livres il put prendre le chemin de Londres, probablement vers 1748. Sa mère aurait-elle désapprouvé le voyage et coupé les vivres? On peut le croire, à voir le soin qu'il prit de le lui cacher, avec l'aide du père Patouillet, son aîné de vingt-sept ans, mais dijonnais comme lui et avec qui il s'était lié d'amitié. Il fut convenu que le jeune voyageur daterait de Paris ses lettres à sa famille et les enverrait à l'officieux jésuite qui les ferait suivre à Dijon, tandis que les lettres en provenance de Dijon seraient pareillement réexpédiées outre-Manche. Pendant les deux ans que dura ce stratagème, Pétronille Larcher put ainsi croire que son fils n'avait pas bougé du collège de Laon. On ne sait pratiquement rien de ce séjour, sinon que Larcher se lia avec le chevalier Pringle, membre de la Société royale et médecin général des armées de Sa Majesté, dont il traduira en 1753 les

---

[9] Le catalogue en a été dressé en 1813 par son ami de Bure, libraire et bibliophile bien connu, dont l''Avertissement' inventorie les principales richesses (Arsenal, 8° H 25127).
[10] Boissonade, p.131. On notera qu'un professeur à Mazarin, de la sixième à la quatrième, ne gagnait que 600 livres par an.

Observations on the diseases of the army; elles ne paraîtront toutefois qu'en 1755.[11]

Aussi ses débuts dans le monde des lettres seront-ils ceux d'un traducteur: durant les quinze années qui suivent, son intérêt se porte surtout sur les ouvrages anglais, sans pourtant lui faire délaisser complètement le grec. C'est même par une traduction de l'*Electre* d'Euripide que, de retour en France, il inaugure en 1750 sa carrière littéraire;[12] notons qu'il n'y met point son nom, ce qui sera chez lui une habitude quasi constante, et que la préface n'est guère adroite: c'est une critique de la pièce en six points, mais qui laisse au lecteur le soin d'en découvrir tout seul les beautés. Elle eut si peu de succès que le libraire Duchesne finit par la faire coudre avec quelques autres invendus sous le titre grotesque de 'Théâtre bourgeois', pour tâcher de s'en débarrasser. Dès lors Larcher se tourne résolument vers l'anglais: quand Boulenger de Rivery fait paraître une sorte de journal littéraire qu'il appelle *Lettres d'une société* en 1751, puis *Mélange littéraire* l'année suivante, c'est à Larcher qu'il s'adresse pour obtenir la traduction du discours de Pope sur la poésie pastorale. Le traducteur est avantageusement présenté, dans le préambule, comme un homme à qui 'l'on est redevable de la première et de la seule traduction que nous ayons de l'Electre d'Euripide et qui sait aussi bien l'anglais que le grec [...] Mais qu'il est difficile de rendre M. Pope l'écrivain le plus précis, le plus énergique, dans la langue du monde la plus précise et la plus énergique! La traduction de M. Larcher est très exacte, très pure, et elle a cet avantage qu'on la lit sans s'apercevoir que ce soit une traduction'.[13] De la même plume provient aussi, on peut le penser avec Boissonade,[14] la

---

[11] *Observations sur les maladies des armées* (Paris, Ganeau), 2 vol. L'"Approbation' de Lavirotte est datée du 20 novembre 1753 et le 'Privilège' du 25 janvier 1754.

[12] *Electre d'Euripide* (Paris, Cailleau, 1750).

[13] *Mélange littéraire ou remarques sur quelques ouvrages nouveaux* (Berlin 1752), p.19.

[14] P.133. Boissonade attribue également à Larcher et non sans vraisemblance l'annonce élogieuse (*Mélange littéraire*, p.61), du vingt et unième recueil des *Lettres édifiantes et curieuses* publié par le P. Patouillet, 'digne successeur du P. Duhalde', mais qui 'a plus de précision et plus d'élégance. Il a le grand art de

45

rude dénonciation, quelques pages plus loin, d'un plagiat éhonté d'Addison imprudemment publié par le *Journal de Trévoux*: on y sent poindre une agressivité polémique à laquelle était incontestablement enclin, on y reviendra, le 'doux' et 'affable' Larcher célébré dans les notices ou discours officiels.[15] Cette vigoureuse mise au point se double même d'admonestations aux traducteurs amateurs: 'Ce n'est pas, comme plusieurs se l'imaginent, un petit mérite de bien traduire. Rien n'est aujourd'hui plus commun que des traductions, surtout de livres anglais. Mais il est très rare d'en voir de bonnes. Il ne suffit pas de bien savoir sa langue […] il faut encore posséder une langue étrangère, en connaître toute la force, toutes les beautés: et la plupart de nos traducteurs sont des jeunes gens à peine sortis des classes' (p.45). Voltaire lui-même se verra un jour reprocher ses insuffisances de traducteur: 'Shakespeare, ce poète sublime […] qui fait le charme du petit nombre de ceux qui sont assez heureux pour l'entendre, ne doit, à vous en croire, la réputation dont il jouit, qu'à la manière avantageuse dont vous l'avez fait connaître […] et pour en donner une preuve complète, vous allez traduire son Jules César. Mais avez-vous conservé, je ne dis pas dans cette pièce que vous avez étrangement défigurée, mais dans le célèbre soliloque d'Hamlet que vous avez traduit en vers, et que l'on a tant applaudi; avez-vous, dis-je, conservé

> The comprehensive English energy
> The weighty bullion of one sterling line.

c'est précisément le revers d'une belle tapisserie des Gobelins'.[16]

Pour l'heure, c'est au jeune médecin parisien Lavirotte que s'en prend Larcher, sans ménagement aucun, pour avoir très mal

---

dire tout, et de ne rien dire de trop': le jésuite n'était pas trop mal payé du service rendu les années précédentes.

[15] Dans celui qu'il prononcera sur sa tombe, Quatremère de Quincy, vice-président de la Classe d'histoire et de littérature ancienne de l'Institut impérial, louera sa 'bonté paternelle' et son 'obligeance universelle' (*Magasin encyclopédique*, 1810, i.172-75). Voir aussi ci-dessous p.57 le discours de Ruffey recevant Larcher à l'Académie de Dijon.

[16] *Réponse à la Défense de mon oncle*, p.40-41.

traduit les *Nouvelles observations microscopiques* de Needham. Toute la fin de la lettre où a été dénoncé le plagiat d'Addison est en effet consacrée au compte rendu de cette traduction. Boissonade n'en dit mot, probablement persuadé que Larcher n'eût pas été chargé de parler d'un ouvrage scientifique. Rien n'est moins sûr: il n'y a aucune raison de supposer que cette troisième lettre de *Mélange littéraire* n'a pas été entièrement rédigée de la même main et il ne serait pas surprenant que Boulenger de Rivery eût jugé le traducteur des *Observations sur les maladies des armées* apte à rendre compte d'un livre de sciences. Au reste, le compte rendu ne dit pas grand chose du contenu même de l'ouvrage,[17] mais flétrit surtout le galimatias dans lequel le traducteur a cru le rendre, après avoir ridiculisé ses prétentions avec une morgue qui intrigue: 'détaillons ces services si importants, ces traductions philosophiques dont on lui est redevable. Il a débuté par celle d'une *dissertation sur le moyen de prédire les crises par le battement de poulx*. Il a traduit encore des *expériences sur des animaux*, et une *dissertation sur la transpiration, et les autres excrétions du corps humain*. La plume de M. L. était bien digne du sujet. Vous voyez, Monsieur, combien il a enrichi notre littérature et notre philosophie' (p.48). Quand on se souvient que Lavirotte avait donné son approbation de censeur royal à la traduction de Larcher des *Observations* de Pringle, on est porté à conclure que les deux hommes se connaissaient, mais ne s'aimaient guère: ce compte rendu a tout l'air d'un règlement de comptes. Ajoutons que Louis-Anne Lavirotte, docteur en médecine de la Faculté de Paris, était attaché depuis 1750 à la *Collection académique*[18] et surtout au tome v

---

[17] 'On entrevoit des expériences ingénieuses, des vues philosophiques, des idées hardies qui font honneur à l'auteur. Il y a quelques endroits où l'on pourrait peut-être reprocher à M. Needham de s'être trop livré au goût de la nouveauté et des systèmes. Comment peut-il avancer que l'on passe du physique au métaphysique par des nuances imperceptibles. Que les principes de l'un et de l'autre sont les mêmes. On doit présumer qu'il donnera là-dessus [...] tous les éclaircissements qu'on peut attendre d'un vrai philosophe' (*Mélange littéraire*, p.54). On notera la sérénité du ton: cette présomption de matérialisme ne paraît pas trop inquiéter Larcher (voir ch.19, n.49).

[18] Voir J. Proust, *Diderot et l'Encyclopédie*, p.522.

47

de l'*Encyclopédie*, paru en 1755.[19] C'est, notons-le, le premier encyclopédiste dont on peut penser qu'il eut des contacts avec Larcher: nous allons bientôt en rencontrer d'autres.

En 1755, deux traductions nouvelles et fort différentes: d'abord celle de Pringle, déjà citée, et qui porte sur des matières aussi peu riantes que celles des traductions de Lavirotte: dysenterie dans les camps, fièvres malignes dans les hôpitaux, épidémies dans les prisons, etc., le tout avec la précision technique d'un traité médical sans ménagement pour les imaginations délicates. Le choix de cet ouvrage atteste chez le traducteur une curiosité certaine pour les sciences positives, comme aussi un sens humanitaire et pratique qu'on n'attendrait pas nécessairement d'un homme hérissé de grec, mais qui plaide dans l'‘Avertissement’ pour l'amélioration de l'hygiène des pénitenciers français.[20] L'autre traduction est celle d'une plaisanterie de Pope, l'*Histoire de Martinus Scriblerus*, composée en fait par le poète en compagnie de ses amis Arbuthnot et Swift. ‘On a cru que ce qui avait pu réjouir Pope, Swift et Arbuthnot ne pouvait manquer d'être agréable au public’, avertit Larcher dans sa préface, qui, en traducteur consciencieux, a mis partout des notes ‘pour expliquer et pour éclaircir les endroits qui auraient pu arrêter un lecteur qui ne connaîtrait point assez l'Angleterre et les auteurs dont il est parlé dans la vie de Scriblerus’.[21] Boissonade et Dacier se sont étonnés de ce choix:

---

[19] Collaboration annoncée dès l'‘Avertissement’ du tome IV en 1754 (et à nouveau spécifiée dans l'avertissement du tome V) pour la rédaction de l'article ‘Docteur en médecine’, paru au tome V en 1755.

[20] ‘On a depuis tâché de détruire le principe de ce mal contagieux dans la prison de Newgate. On permet aux prisonniers de se promener trois fois par jour dans une grande cour qu'on lave souvent et qu'on purifie, de même que les chambres, en y faisant brûler du soufre […] Ces attentions avec l'usage du ventilateur ont sauvé tous les ans la vie à un grand nombre de personnes. J'ai vu ce ventilateur dans la prison de Newgate. Il serait à souhaiter qu'on eût les mêmes attentions pour nos hôpitaux et pour nos prisons et que nos Magistrats […] y fissent construire de pareilles machines. La vie des citoyens est d'un si grand prix que rien ne la peut balancer’ (Pringle, *Observations sur les maladies des armées*, i.IV-v).

[21] *Histoire de Martinus Scriblerus de ses ouvrages et de ses découvertes, traduite de l'anglais de Monsieur Pope* (Londres, Paul Knapton, 1755), p.VII et IX-X.

'il est assez singulier qu'un homme renommé depuis pour son érudition se soit amusé à traduire une plaisanterie un peu satirique contre les érudits, dans laquelle, un peu plus tard, il aurait quelquefois pu se reconnaître' (Dacier, p.246-47). C'est mal rendre justice à l'érudition de Larcher, pesante parfois, mais ridicule très rarement; ou bien n'avoir pas lu d'assez près l'ouvrage de Pope que Larcher définit très bien comme 'une satire sur l'abus du savoir', et auquel sa traduction donne par ailleurs une saveur légèrement rabelaisienne qui n'est pas déplaisante. Mais Voltaire n'en fera qu'une mention méprisante: 'Un répétiteur du collège Mazarin, nommé Larcher, traducteur d'un vieux roman grec intitulé *Callirhoé*, et du *Martinus Scriblerus* de Pope, fut chargé', etc.[22] Larcher ajouta à l'ouvrage de Pope la traduction du *Discours* de Swift, 'où l'on prouve que l'abolition du Christianisme en Angleterre pourrait dans les conjonctures présentes causer quelques inconvénients et ne point produire les bons effets qu'on en attend'. Larcher voit 'le chef-d'œuvre de la bonne plaisanterie' dans cette 'ironie fine et délicate de l'irréligion' (p.VIII-IX). Les notes vont-elles au moins nous révéler quelque chose des convictions du traducteur? Hélas, le prudent Larcher prend garde de ne pas se livrer. Relevons pourtant celle-ci, écrite trois ans seulement avant les attaques de Chaumeix:[23] 'Je ne prétends point faire l'apologie d'Epicure, mais je ne puis m'empêcher de dire, que beaucoup de personnes ont déclamé contre lui, faute de le connaître, et pour ne l'avoir étudié que dans des auteurs modernes' (p.143, n.a). Mais en même temps l'ami du père Patouillet est capable de curieuses complaisances pour ses anciens maîtres.[24]

Ces deux traductions ont peut-être valu à Larcher un commencement de réputation, puisqu'il fut sollicité la même année par les éditeurs de la *Collection académique* pour traduire dans le tome

[22] 'Avis des éditeurs' mis en tête de la *Philosophie de l'histoire* dans l'édition de Kehl (M.xi.1).
[23] Voir ch.21, 1ère diatribe, n.3.
[24] 'Il y a ici une page entière contre la religion catholique et contre les jésuites. Quoiqu'elle ne contienne que des accusations vagues et connues de tout le monde, cent fois répétées et autant de fois réfutées, on a cru cependant qu'il valait mieux les omettre' (p.192, n.b).

11 les *Transactions philosophiques* de la Société royale de Londres pour la période 1665-1678.[25] Dans l'équipe où il entra,[26] le Dijonnais retrouvait deux compatriotes en Buffon et Daubenton. Le subdélégué de Montbard est le frère aîné de Louis Jean Marie Daubenton, docteur en médecine, membre de l'Académie des sciences, garde et démonstrateur du cabinet d'histoire naturelle depuis 1745. On sait l'amitié et la longue collaboration qui uniront à Buffon ce grand naturaliste, qui a de surcroît participé au tome I de l'*Encyclopédie*, paru en juin 1751 (Proust, p.512). Son frère le subdélégué a lui-même collaboré (pour la culture des arbres) au tome III, paru en octobre 1753. Quant à Buffon, membre adjoint de l'Académie des sciences dès 1733, intendant du jardin du roi depuis 1739, il a pour sa part collaboré au tome II, paru en janvier 1752, et accédé à l'Académie en 1753. Mais c'est avec le médecin Augustin Roux que la collaboration de Larcher fut très étroite, puisque la communauté de sigle ne permet pas de déterminer leur part respective. Or on constate que près des trois quarts de cet in-quarto de six cents pages sont signés de la lettre A. En général, Roux et Larcher se sont chargés de toutes les questions de physique, géologie, chimie, etc., Buffon se réservant d'ordinaire ce qui a trait à la biologie. La conclusion s'impose: Larcher a été engagé pour sa connaissance de l'anglais, dont le 'Discours préliminaire' précise qu'il l'a appris 'à fond', et Roux pour sa compétence scientifique. Ce jeune médecin (il est né la même année que Larcher), d'origine bordelaise et destiné par sa famille à l'état ecclésiastique, avait dû s'imposer de grandes privations pour pouvoir faire ses études médicales. Venu à Paris avec une

[25] On lit dans le 'Discours préliminaire' du tome I de la *Collection académique* (Dijon 1755): 'Pour faire connaître ce qu'on doit attendre de M. Larcher, il suffit de dire qu'il a entrepris le voyage d'Angleterre et qu'il a passé à Londres deux années consécutives afin d'apprendre l'anglais à fond et de se mettre en état de bien traduire les productions les plus estimées de cette nation respectable' (p.LI).
[26] On trouve après la page de titre de la *Collection académique* l''Avis' suivant: 'La traduction des transactions philosophiques est de M. Larcher, M. Roux, M. le chevalier de Buffon et M. Daubenton Subdélégué de Montbard. Les deux premiers ont pris un A pour leur lettre distinctive, le troisième a pris un B et le quatrième un C. La table alphabétique et raisonnée est de M. Barberet'.

recommandation de Montesquieu, il n'avait appris l'anglais que depuis quelques mois, précisément pour pouvoir traduire des ouvrages scientifiques.[27] La collaboration du traducteur des *Observations* de Pringle dut par conséquent lui être d'un grand secours. Or Augustin Roux, spécialiste de la chimie et futur directeur du *Journal de médecine*, collaborera lui aussi à l'*Encyclopédie*.[28]

On devine probablement vers quelle conclusion d'importance acheminent ces constatations: à vingt-quatre ans, le prétendu répétiteur incapable de jamais secouer la poussière du collège, était en fait intégré à une équipe de savants liés de près à l'entreprise encyclopédique, entretenait des relations avec des médecins anglais et français, portait lui-même un intérêt certain aux problèmes scientifiques et techniques. Ce ne sont guère là les voies qui mènent à Mazarin... Tout au contraire, c'est probablement durant ces années de jeunesse que Larcher a noué ces amitiés philosophiques dont d'Alembert se portera un jour le garant auprès de Voltaire (voir D18104), dont les lettres de Brunck à Larcher apporteront de sûrs témoignages, où les ultras de la Restauration verront même un complot anti-chrétien,[29] auxquelles certaines biographies générales du siècle suivant feront des allusions précises,[30] mais que Boissonade et Dacier passeront presque sous silence, probablement à dessein, parce que ces amitiés passaient pour une tache, sous l'Empire déjà et sous la Restauration bien plus encore. Il n'est pas improbable que l'amitié presque intime qui liera Larcher à d'Holbach et dont Brunck fera état plusieurs fois (voir ci-dessous, p.110-11), remonte à cette époque.

[27] *Biographie générale* (Michaud), xxxvi.648.
[28] Roux est l'auteur des articles 'Refroidissement' (tome XIII) et 'Succin' (tome xv); il a aussi collaboré à l'explication des planches de chimie (voir tome XIX, p.6, col.b).
[29] Voir *DMO*, appendice VI, p.774-76.
[30] Ainsi la *Biographie nouvelle des contemporains* d'Arnault et Jay le présente comme 'attaché au parti philosophique et lié intimement avec plusieurs de ses plus intrépides soutiens' (Paris 1823), xi.25. Boissonade déjà (p.65) avait fait état de liaisons avec 'plusieurs des écrivains qu'on appelait philosophes', reconnaissant même que Larcher était 'assez favorable à quelques unes de leurs théories'.

D'Holbach ne fait-il pas partie, avec Buffon et Daubenton, des sept savants qui collaborent à l'*Encyclopédie* pour l'histoire de la nature (voir Proust, p.31, n.109)? C'est peut-être Buffon qui les a mis en rapport. Certes, Larcher ne demeure qu'un comparse obscur, simplement chargé de besognes de traduction et appartenant provisoirement à une équipe d'encyclopédistes travaillant comme telle à la *Collection académique* et non à l'*Encyclopédie* elle-même. Il est significatif que d'Alembert, qui a été pourtant codirecteur, avoue en 1767 n'en avoir jamais entendu parler. Nous ne savons pas non plus jusqu'à quel point cet homme de prudence plus que de hardiesse épousait les opinions philosophiques de ses amis d'alors. Il n'en demeure pas moins essentiel de reconnaître que le futur auteur du *Supplément à la Philosophie de l'histoire* a fréquenté un cercle encyclopédiste vers 1755 et partagé certains de ses intérêts, probablement aussi quelques-unes de ses convictions.

Cette influence paraît même s'être prolongée plusieurs années: la prochaine traduction de Larcher sera en 1762 celle de l'*Essai sur le blanchiment des toiles*, écrit en 1756 par Francis Home, autre médecin et chimiste anglais.[31] C'est le genre de problème technique dont avant les encyclopédistes se préoccupait déjà l'Académie des sciences: Hellot avait rédigé deux mémoires sur la teinture en 1740 et 1741, puis donné en 1750 un *Précis de l'art de la teinture des laines*. Mais d'ordinaire les académiciens 'ne songeaient guère qu'à être savants' et 'se perdaient pour la plupart dans un détail infini'.[32] Les encyclopédistes en revanche vulgarisent les connaissances positives dans un souci d'utilité immédiate et pratique, dont on entend clairement l'écho dans la préface du traducteur de l'*Essai sur le blanchiment des toiles*: Larcher y souligne combien l'essor des 'Arts' reste lié à celui des sciences; quel intérêt il y a donc à engager les savants à composer de ces traités techniques qui seuls permettront aux arts des progrès substantiels. Ainsi le chimiste peut seul, par l'analyse des eaux ou de la potasse utilisées par le 'blanchisseur', permettre à cet artisan d'améliorer ses techniques du blanchiment. Sans compter que

[31] *Experiments on bleaching* (Edinburgh 1756).
[32] J. Proust, *L'Encyclopédie* (Paris 1965), p.33.

cette vulgarisation profitera à l'économie nationale: 'Qui nous empêche [...] de faire chez nous toute la potasse dont nous avons besoin? Elle serait à meilleur marché, l'argent ne sortirait pas du royaume, le prix de la toile diminuerait et nous pourrions supplanter nos voisins, chez qui la main-d'œuvre est plus chère que parmi nous'.[33] Ces vues n'offrent assurément rien de bien original – pas même les suggestions mercantilistes qui les couronnent – mais elles reflètent précisément l'influence d'un milieu et l'esprit dans lequel Larcher savait aborder les problèmes techniques précis dont il avait alors à connaître.

A la littérature anglaise proprement dite, Larcher n'aura donc accordé durant ces quinze ans qu'une attention restreinte: deux ouvrages de Pope et aussi, en 1757, des notes étoffées à la traduction en vers français par Towneley de l'*Hudibras* de Samuel Butler. C'est Larcher qui donna au libraire l'idée d'une édition bilingue et accepta de fournir au lecteur français les éclaircissements historiques voulus, ce qu'il fit avec sa conscience ordinaire: chacun des trois volumes compte plus de soixante pages de notes[34] qui décèlent souvent une érudition d''antiquaire', mais aussi une connaissance étendue 'de l'histoire et de la civilisation anglaises'. Naturellement, il avait fait en Angleterre, comme Voltaire vingt ans auparavant, la découverte émerveillée de Shakespeare, même si ce traducteur professionnel ne s'est jamais risqué à le rendre dans notre langue. Commentant dans sa traduction de Chariton des expressions de Chéréas 'extrêmement touchantes et propres à émouvoir les passions', il ne peut se défendre de les mettre en parallèle avec une douzaine de vers de *Jules César* – qu'il cite en anglais[35] – en donnant Shakespeare pour 'le poète le plus sublime,

---

[33] Francis Home, *Essai sur le blanchiment des toiles* (Paris 1762), p.xii-xiii. Même idée dans l'*Encyclopédie* chez d'Holbach (article 'Potasse', xiii.179a), qui suggère en outre que cette fabrication se fasse dans les possessions d'Amérique du Nord parce que le bois y abonde.

[34] S. Butler, *Hudibras* (Londres 1757), 3 vol. Dans le compte rendu qu'il en donne le 30 octobre 1757, Fréron juge les notes judicieuses, instructives, amusantes et fort utiles à la compréhension du texte (*Al*, vii.66-68).

[35] Il s'agit de la pathétique apostrophe d'Antoine aux plébéiens devant le cadavre de César: 'You all do know this mantle', etc. (iii.ii.168).

et connaissant mieux la nature qui ait jamais été'. Peut-être songeait-il alors aux réserves grandissantes de Voltaire pour avoir ajouté: 'On ne juge communément en France Shakespeare que sur ses défauts, qui sont, il faut l'avouer, très considérables; et très peu de Français savent assez l'anglais pour porter un jugement sûr de cet auteur, qui est très difficile'.[36]

En fait quelqu'intérêt qu'ait pris Larcher à ces traductions d'ouvrages anglais, elles durent représenter pour lui un moyen de subsistance essentiellement, mais ne le détournèrent pas sérieusement de l'étude du grec. Le peu de succès de sa traduction d'*Electre* ne l'avait pas rebuté. Selon Dacier, il répondait à un ami, qui le pressait d'en donner une seconde édition, 'qu'elle n'était pas assez mauvaise pour qu'il crût devoir la refaire, ni assez bonne pour qu'il voulût la faire réimprimer' (p.246). L'attention longtemps accordée à la médecine ou à la chimie ne l'a pas empêché d'asseoir dans le même temps une solide culture d'helléniste: c'est ce que fait paraître à l'évidence sa traduction de Chariton, donnée en 1763 sous le titre d'*Histoire des amours de Chéréas et Callirrhoë* (Paris, Ganeau, 2 vol.). La préface du traducteur révèle une familiarité déjà poussée avec les manuscrits, les règles de la critique et les éditions savantes. Pour le texte de Chariton, Larcher a utilisé la publication en 1750 par le savant hollandais d'Orville du manuscrit que possède à Florence la bibliothèque de l'Abbaye florentine. Mais il a tenu compte aussi de la traduction latine écrite par Reiske, l'un des plus illustres savants allemands contemporains: lui est consacrée une longue note bibliographique (p.x, n.1) qui atteste une connaissance approfondie des éditions savantes, comme aussi des querelles qui partagent le monde de l'érudition; c'est presque une revue critique des éditions récentes des auteurs anciens, où défilent celles de Reiske, de Wesseling, de Markland, de Taylor, de Reimarus, etc. On trouve même un peu plus loin une sorte d'état présent des travaux sur Hérodote, sans que Larcher sût encore qu'il allait

[36] *Histoire des amours de Chéréas et Callirrhoë* (Paris 1763), ii.224, n.1. Il est vrai que Larcher lui-même fera des réserves dans son discours de réception à l'Académie de Dijon. Voir *DMO*, appendice IV, p.769.

bientôt lui consacrer sa vie.[37] Les cent-trente-cinq pages de notes qui font suite à la traduction convainquent du sérieux du traducteur, de l'étendue de ses lectures, de sa connaissance precise de la langue. Relevons à ce propos une note sur le sens du mot 'δεσπότησ' où le lecteur attentif de l'*Essai sur les mœurs* a redressé sans animosité un contresens de Voltaire: 'δεσπότησ; c'est le maître par rapport à l'esclave. Rien de si commun dans la langue grecque, et je n'aurais pas fait cette observation, si M. de Voltaire ne s'y était trompé. Il dit Ch.77 de son *Histoire universelle*, Edition de Genève, que Jean Castriot était fils d'un despote, c'est-à-dire d'un prince vassal, car c'est ce que signifiait despote; et il est étrange que l'on ait affecté le mot de *despotique* aux grands souverains qui se sont rendus absolus. Il peut se faire que Jean Castriot fût vassal de quelque prince plus puissant que lui; mais ce n'était point en cette qualité qu'il portait le titre de despote, mais à cause que les peuples, soumis à ses lois, étaient réellement esclaves. On a donc raison de donner le nom de despotiques aux princes qui affectent une autorité arbitraire. Un père de famille était appelé par ses esclaves δεσπότησ, quoiqu'il fût dans la dépendance du gouvernement, et l'on n'entendait par ce terme que l'autorité qu'il avait dessus eux' (ii.191-92). Quatre ans plus tard, le ton aura bien changé, et le même contresens ne sera plus donné que comme l'une des preuves multiples d'une totale ignorance du grec, que l'auteur de la *Philosophie de l'histoire* cherche vainement à dissimuler en mettant ses fautes grossières au compte de son imprimeur: 'Et la signification que vous donnez au mot despote, devons-nous aussi la lui imputer? [...] Si vous ignoriez la vraie signification du mot *despote*, le premier dictionnaire aurait pu vous l'apprendre'.[38] Précisant en note que le contresens figure dans l'*Essai sur les mœurs*, Larcher d'humeur décidément maussade

[37] 'A l'égard d'Hérodote, M. Wesseling est sur le point d'en donner une édition qui sera beaucoup supérieure aux précédentes, si l'on en juge par son habileté reconnue, sa vaste érudition et sa dissertation sur le père de l'Histoire [...] On nous fait espérer de voir bientôt ici une traduction de cet auteur par le savant abbé Bellanger qui a traduit l'histoire romaine de Denys d'Halicarnasse' (p.xv).
[38] *Réponse à la Défense de mon oncle*, p.17-18.

ajoutera même: 'Ouvrage qu'on reconnaît aisément être de notre Orbilius, au ton décisif qu'on y prend, et aux traits d'ignorance, je ne dis pas qui échappent, mais qui fourmillent dans cette informe production' (p.16, n.1). Pour l'heure, c'est sur l'abbé d'Olivet qu'il passe une méchante humeur qui n'a pas échappé au rédacteur de la *Correspondance littéraire*: 'Le traducteur a mis à la fin beaucoup de notes critiques dont M. l'abbé d'Olivet ne sera pas trop content, car il est assez maltraité' (CLT, v.211). Grimm exagère un peu: l'abbé d'Olivet n'est mentionné qu'une fois, pour son index sur Cicéron; mais, il est vrai, avec cette âcreté polémique dans le ton que Voltaire ne goûtera guère et dont nous savons maintenant comme Larcher y est enclin: 'S'il n'eût point estropié les index qu'il a copiés du savant M. Ernesti, en retranchant souvent ce qui s'y trouve de plus essentiel, il aurait mis que c'est une île de la Phénicie. Quand même M. Ernesti ne le lui aurait point appris, il n'avait qu'à consulter les auteurs que je viens de citer; ou s'il n'entendait point le grec, les traductions latines [...] auraient pu lui servir. Quinte-Curce, Tite-Live en parlent aussi; que ne les lisait-il?' (ii.277). Ayant cette fois choisi de traduire un roman au lieu d'une tragédie, Larcher aurait pu escompter un plus grand succès. Mais Grimm assure du contraire: 'Ce roman est fort merveilleux et peu intéressant, et la traduction n'a eu aucun succès à Paris' (CLT, v.211). N'importe: le monde savant s'en est promis un helléniste de grande classe et le fera bientôt voir. Au reste, lorsque le libraire Guillaume publiera en 1797 la *Bibliothèque des romans grecs traduits en français*, il croira nécessaire d'y faire figurer la traduction de Chariton.[39] L'Académie de Dijon avait déjà jugé ce compatriote suffisamment important pour résoudre de se l'attacher. A vrai dire, à en croire Richard de Ruffey, son président, le projet en remontait à 1757: 'Etant venu à Dijon

[39] Aux tomes VIII et IX. Larcher, alors devenu dévot, voudra faire supprimer à Guillaume comme indécente une note sur la 'Vénus aux Belles-fesses' qu'on adorait au temple de Syracuse (p.151-53 de l'édition de 1763) et proposera en remplacement une note savante sur les temples de Vénus en Sicile. On ne le rassurera sur la pureté de ses intentions qu'en lui assurant qu'il était trop tard, ce qui n'était pas tout à fait exact. La note supplémentaire fut ajoutée à la fin du tome IX.

recueillir sa portion dans la succession de sa mère, Larcher y
vécut en philosophe et se concentra entièrement dans sa famille.
M. de Ruffey, qui connaissait depuis longtemps son mérite littéraire, l'engagea à grand peine à s'associer à l'Académie'.[40] Ruffey
ne l'y introduisit en effet que le 25 février 1763, comme non-
résident. Sa politique de recrutement l'orientait ordinairement
vers les gens de lettres plutôt que vers les hommes de sciences.[41]
Au reste, l'Académie de Dijon dans son ensemble 'se tenait
prudemment dans les limites de l'humanisme traditionnel' et
'constituait une caste fermée à quiconque n'était pas de robe ou
d'Eglise'.[42] Il est dès lors assez remarquable que dans son discours
d'accueil Ruffey justifie le choix de l'Académie, 'jalouse d'associer
à ses travaux tous les Bourguignons qui se distinguent dans la
république des lettres', en rappelant la double appartenance de
Larcher: 'Les témoignages avantageux qu'on lui a rendus de la
douceur de votre caractère, de la simplicité de vos mœurs, de
votre assiduité au travail, *de vos progrès dans les sciences et dans les
lettres* ont unanimement déterminé des suffrages que vous méritez
à si justes titres'.[43] Mais le récipiendaire fera un discours d'une
extrême modestie:[44] 'A quoi pourrais-je devoir l'honneur que vous
me faites en ce jour? Le dirai-je, Messieurs: l'éloignement m'a été
favorable. La renommée [...] qui grossit également tous les objets
[...] aura transformé en connaissances mon amour pour les
lettres'. Il garde conscience de n'avoir pas encore donné dans ses
traductions toute la mesure de son savoir. C'est la raison pour
laquelle, deux ans plus tard, il jugera ne pouvoir offrir un exemplaire de sa dernière traduction – il s'agit de l'*Essai sur le sénat
romain* de Chapman[45] – qu'au président de Ruffey, mais pas à

[40] *Histoire secrète de l'Académie de Dijon*, p.138.
[41] R. Tisserand, *Au temps de l'Encyclopédie, l'Académie de Dijon de 1740 à 1793*
(Paris 1936), p.136.
[42] J. Proust, *L'Encyclopédie*, p.20.
[43] Cité par R. Tisserand, p.137. C'est nous qui soulignons.
[44] Dont les termes ont été curieusement 'empruntés' à celui que le comte de
Chesterfield avait envoyé à l'Académie des inscriptions huit ans auparavant.
Sur ce plagiat, voir *DMO*, p.768-70.
[45] Paris 1765. Le *Journal de Trévoux* annonce cette traduction en août 1765

l'Académie elle-même: 'Je comptais sur votre indulgence, mon espérance n'a point été vaine. Il n'en serait peut-être pas de même [...] d'un corps académique qui ne verrait peut-être pas de bon œil qu'un de ses membres ne s'occupât que de simples traductions. Si du moins je l'avais accompagnée de remarques historiques et critiques, et que je pusse de cette manière rendre cet ouvrage propre, cela m'aurait enhardi à lui en présenter un exemplaire, mais dans l'état où est ma traduction, comme il s'y trouve un trop petit nombre de remarques que je puisse revendiquer, je ne crois pas devoir en offrir un exemplaire'.[46] Larcher y affirmait pourtant une maîtrise du sujet supérieure à celle de Chapman, dont il loue dans sa préface l'érudition et la justesse critique, mais en ajoutant: 'Le mérite de cet ouvrage ne m'en a cependant pas tellement imposé que je re me sois aperçu de quelques méprises légères de M. Chapman. L'intérêt public, plus fort que toute autre considération, ne m'a pas permis de les dissimuler. Je les ai relevées avec les égards dus à un savant du premier ordre dans quelques notes au bas des pages'.[47] Ces notes restent toutefois peu nombreuses, il n'a pas tort de le faire remarquer à Ruffey. Aussi promet-il à l'Académie l'hommage d'un travail beaucoup plus substantiel: 'Je sais parfaitement, Monsieur, qu'il y a une sorte de devoir à un académicien de témoigner sa reconnaissance au corps qui l'a bien voulu admettre. J'espère aussi le faire en lui faisant part du premier ouvrage que je ferai imprimer. Comme il sera plus particulièrement à moi que les précédents par les remarques historiques, critiques et chronologiques dont je l'accompagne, je serai plus hardi à le lui présenter'.[48] Allusion manifeste à sa traduction d'Hérodote, le grand œuvre de sa vie, dont nous savons ainsi qu'il était déjà en chantier en septembre 1765.

Il importe de le remarquer, car à la façon dont ils présentent

(p.568) et lui consacre en octobre (p.936 ss) un compte rendu de quarante pages, qui se termine par ce satisfecit: 'Le traducteur montre lui-même de l'érudition dans ses notes et beaucoup de clarté dans son style'.

[46] Lettre de Larcher au président de Ruffey (15 septembre 1765), Bn N13139, f.202.

[47] Chapman, *Essai sur le sénat romain*, p.VII.

[48] Lettre au président de Ruffey, f.202.

les choses, Boissonade et Dacier laissent croire que c'est seulement en 1767 et au lendemain de sa querelle avec Voltaire, que Larcher, tiré de son obscurité, aurait été pressenti par des libraires pour donner une traduction du père de l'Histoire: erreur d'autant plus regrettable qu'elle a finalement empêché, on le verra, de déterminer le sens et la portée véritables du *Supplément à la Philosophie de l'histoire*. A sa mort en 1749, l'abbé Bellenger avait vendu à ses libraires le manuscrit d'une traduction d'Hérodote à laquelle il n'avait pu toutefois mettre la dernière main. Les libraires embarrassés prièrent d'abord l'académicien Gibert de se charger de la révision. Mais il refusa après avoir constaté l'extrême inexactitude de la traduction et la médiocrité des notes: c'était un travail à reprendre entièrement. D'autres hellénistes successivement pressentis se récusèrent pour les mêmes motifs. Les libraires se tournèrent alors vers le traducteur de Chariton dont l'érudition venait d'attirer l'attention du monde savant, de l'aveu même de Larcher: 'Hérodote m'était déjà très connu, et les notes dont j'avais accompagné ma traduction des Amours de Chéréas et Callirhoe, donnaient lieu de croire que j'avais contracté quelque familiarité avec la plupart des anciens auteurs'.[49] Il eut l'imprudence d'accepter sans examen: 'Persuadé, sur la réputation de M. l'abbé Bellanger, que j'aurais seulement à faire disparaître quelques négligences et tout au plus à ajouter quelques notes, je ne balançai pas à me charger d'en être l'éditeur' (i.XXVII). Quand il découvrit toute l'étendue de sa méprise, il n'était plus temps; il décida avec l'accord des libraires de tout recommencer, tout en sachant l'immensité de pareille tâche: 'Je n'avais pas cependant, à beaucoup près, les connaissances nécessaires pour une telle entreprise. Mais j'étais jeune et le travail ne m'effrayait pas. Je crus devoir commencer par lire avec soin Hérodote, afin de me le bien mettre dans la tête. Je lus ensuite la plus grande partie des Anciens, la plume à la main, afin de recueillir tout ce qui pouvait servir à l'éclaircir' (i.XXVIII). Cette importante décision – elle allait engager presque les vingt années à venir – Larcher dut la prendre

---

[49] *Histoire d'Hérodote* (Paris 1786), i.XXVIII.

dès 1763. Il fallait bien qu'il fût au travail depuis deux ans déjà pour se juger en mesure, en septembre 1765, de promettre à l'Académie de Dijon l'hommage de son prochain ouvrage. L'erreur qu'ont commise à ce sujet Boissonade et Dacier et reprise après eux les biographies générales, provient vraisemblablement d'un calcul inexact. 'La traduction que nous avons l'honneur de vous présenter est le fruit de vingt années de soins et de travaux', assurera Meister dans la *Correspondance littéraire* de novembre 1786 (xiv.473). La Jonquière évaluera cette période à quinze ans.[50] Comme finalement la traduction d'Hérodote n'est pas parue avant 1786, on en a donc situé l'entreprise entre 1767 et 1770. En fait, elle était achevée dès 1780; ce que prouve, à la fin du tome I, cet extrait des Registres de l'Académie des inscriptions, daté du 9 janvier 1781: 'MM. Dacier et Choiseul-Gouffier, commissaires nommés par l'Académie, pour l'examen d'un ouvrage de M. Larcher, intitulé: TRADUCTION D'HERODOTE, avec des remarques, en ont fait leur rapport et ont dit que l'ayant examiné, ils l'ont jugé digne d'être imprimé. En conséquence de ce rapport et de leur approbation par écrit, l'Académie a cédé à M. Larcher son droit de privilège pour l'impression du dit ouvrage'. L'essentiel était même achevé dès 1778, selon les précisions fournies cette année-là par Larcher lui-même, dans la préface de sa traduction de l'*Anabase*: 'je fais copier ma traduction d'Hérodote et [...] je ne puis en entreprendre une dernière révision que je n'aie sous les yeux toutes les parties de cet important ouvrage'.[51] Ainsi, définitivement revenu en 1765 à ses goûts de jeunesse et à cet amour du grec qui l'avait presque chassé du logis familial, le futur auteur du *Supplément à la Philosophie de l'histoire* est pourtant tout autre chose à 39 ans qu'un cuistre enseveli dans son collège. Les quelques 'sinuosités' de sa carrière l'ont certainement enrichi: Paris lui a donné le goût de l'anglais et Londres celui des sciences positives. L'ami de Pringle est devenu à son retour un collaborateur de Buffon et peut-être déjà l'ami de d'Holbach.

[50] Voir son article sur Larcher dans la *Biographie* de Hoefer.

[51] *L'Expédition de Cyrus dans l'Asie supérieure et la Retraite des Dix Mille* (Paris 1778), i.XL-XLI.

Quelque chose de l'esprit encyclopédique souffle dans ses préfaces de traducteur et atteste l'influence subie. Jusqu'à quel point ces contacts l'ont-ils rendu philosophe? On n'ose en décider: le personnage reste trop mal connu. Mais sa réserve, son effacement, sa modestie – qui ne sont peut-être que les dehors d'une misanthropie profonde – permettent mal de l'imaginer en militant actif des Lumières. Il a en outre les brusques agressivités d'un timide. Les goûts et le tempérament de Larcher l'ont plutôt voué à une solitude obscure et laborieuse. Même s'il n'a encore publié que deux traductions d'œuvres grecques, lorsque Dijon en fait un de ses académiciens, ce travailleur infatigable a donné à sa vocation d'helléniste, au cours des quinze dernières années, une assise à la mesure de l'énorme tâche qu'il vient d'entreprendre. Le paisible traducteur d'Hérodote ne se doutait pas encore qu'il entrait aussi dans sa destinée de devenir son champion.

Le 'Supplément à la Philosophie de l'histoire'

Boissonade assure que ses sympathies pour le clan philosophique n'empêchèrent pas Larcher d'éprouver, lorsque parut la *Philosophie de l'histoire*, une 'généreuse indignation' des 'coupables excès' de Voltaire (p.135). On le croit sans peine: cet érudit épris d'exactitude, qu'on a vu relever avec tant d'impatience la petite confusion de l'abbé d'Olivet, coupable d'avoir pris pour une ville phénicienne l'île d'Arade, a dû trouver dans le livre de l'abbé Bazin cent autres occasions beaucoup plus sérieuses de s'indigner d'entorses à la vérité historique ou d'infidélité aux sources utilisées. Il est pourtant difficile d'admettre avec Dacier que Larcher composa alors le *Supplément à la Philosophie de l'histoire* parce qu'alarmé du danger que courait la vérité, il 'ne put résister au désir de la défendre' (p.249). Il semble au contraire y avoir résisté quelque temps. Car l'initiative n'est pas venue de lui. Au reste on imagine mal ce timide, trop modeste pour se croire, comme Nonnotte,[1] la mission d'un David, entrer de lui-même en lice contre un adversaire dont on ne savait que trop la carrure de Goliath. Une précieuse lettre de Chardon de La Rochette à Boissonade révèle qu'il y eut à l'origine une sorte de complot de gens d'Eglise: sachant la profonde érudition du traducteur d'Hérodote et le mépris qu'il affichait pour celle de l'abbé Bazin, l'abbé Mercier de Saint-Léger et quelques autres ecclésiastiques 'allèrent le trouver dans son modeste réduit, l'invitèrent à dîner, et l'engagèrent à réfuter le nouvel ouvrage. Il se défendit longtemps, mais enfin il promit d'y travailler. Ces Messieurs le harcelèrent tant, qu'il leur porta un premier cahier, auquel il ne voulait point donner de suite. Mais la lecture de cette ébauche les enchanta; on lui prodigua

---

[1] Voir l'avant-dernier paragraphe du 'Discours préliminaire' des *Erreurs de Voltaire* (Liège 1766), p.xxx.

mille éloges; et comme il voulait laisser son papier, on le lui enfonça dans la poche, et on l'accompagna jusqu'au bas de l'escalier, en lui faisant promettre qu'il continuerait. Je rappelais un jour [...] cette anecdote à l'abbé de Saint-Léger, principal acteur de cette scène; il en rit aux éclats, et me dit: Il est vrai; nous l'avons un peu escobardé' (Boissonade, p.135-36). Ce témoignage est d'importance: Larcher y fait preuve d'un singulier manque d'enthousiasme, c'est le moins qu'on puisse dire, qui ne confirme pas seulement sa répugnance vive et durable à s'engager dans une polémique avec Voltaire; la lettre de Chardon de La Rochette révèle aussi que, du sentiment même du 'principal acteur de cette scène', le bon helléniste a été quasiment joué: ces messieurs ont mené les choses si rondement qu'il n'a guère eu loisir d'y réfléchir et s'est finalement laissé comme arracher un livre dont il n'avait ni le goût ni le dessein. Bref, on s'est servi de lui, comme le laissera entendre l'auteur de l'article Larcher dans la *Biographie nouvelle des contemporains*; l'escobardé n'aura été qu'un étourdi: 'Bien qu'attaché au parti philosophique et lié intimement avec plusieurs de ses plus intrépides soutiens, Larcher composa sans réflexion, à l'instigation jésuitique de l'abbé Mercier de Saint-Léger [...] le *Supplément à la Philosophie de l'histoire*' (xi.25).

Instigation jésuitique en effet: en dépit des conjectures de Voltaire, ce n'est pas chez les jansénistes que l'attaque a été concertée, mais dans des milieux proches des jésuites, ou de ce qui pouvait en subsister en 1767, puisque depuis trois ans la compagnie de Jésus avait officiellement cessé d'exister en France. Or Mercier de Saint-Léger qui venait de la congrégation des chanoines réguliers de France et n'était pas jésuite lui-même, était entré à vingt-huit ans au *Journal de Trévoux*, en juillet 1762. Il le rédigera jusqu'en septembre 1764 avec Pingré,[2] et l'abbé Guillaume Germain Guyot.[3] Selon Bachaumont, Mercier avait même

---

[2] Il s'agit de l'astronome, premier bibliothécaire à Sainte-Geneviève. Mercier de Saint-Léger y devint son second en 1759.

[3] Voir Chardon de La Rochette, 'Notice sur la vie et les écrits de Mercier de Saint-Léger', *Magasin encyclopédique*, vᵉ année (Messidor An vii), ii.6. Voir aussi J. Pappas, *Berthier's Journal de Trévoux and the philosophes*, Studies 3 (1957), p.33.

LA DÉFENSE DE MON ONCLE

fait acte de candidature en juin 1764 à la direction du journal, lorsque la mort du médecin Jolivet eut laissé le poste vacant: il le rédigera seul d'octobre 1764 à juin 1766. C'était au témoignage de Grimm un personnage particulièrement agressif.[4] Chardon de La Rochette, que son amitié rend certainement plus indulgent, reconnaît que Mercier devint au *Journal de Trévoux* un 'censeur rigide' (p.6). Mais la *Philosophie de l'histoire* n'était pas un de ces livres dont un journaliste peut aisément rendre compte. Seul pouvait en parler un spécialiste averti. En dépit de sa vaste culture, Mercier lui-même n'était qu'un bibliographe et un historien de la littérature, quand il fallait ici un 'antiquaire'. Le rédacteur du *Journal de Trévoux* jugea avoir trouvé son homme dans Larcher. Les amis des jésuites ont en somme fort bien compris qu'il fallait dresser contre Voltaire, cette fois dans le domaine de l'histoire ancienne, un nouveau Nonnotte: l'expérience du premier n'avait-elle pas fort bien réussi depuis 1762, puisque Nonnotte allait donner en 1767 sa troisième édition des *Erreurs de Voltaire*? Sans doute ce second Nonnotte n'était-il pas jésuite; son passé et ses relations pouvaient donner à croire qu'il était même frotté de philosophie. Mais on n'y regarda pas de si près: c'était un authentique érudit, beaucoup plus savant que l'abbé Bazin dont au surplus les fanfaronnades d'érudition l'indignaient. C'était aussi un ancien élève des bons pères et l'obligé du P. Patouillet: en faisant pression sur lui, voire en le brusquant un peu, on parviendrait bien à le faire travailler pour la bonne cause. Si donc les rédacteurs du *Journal de Trévoux* gardèrent le silence sur la *Philosophie de l'histoire*, c'est qu'ils avaient imaginé pour l'occasion une riposte d'envergure autrement plus efficace: la réaction de Voltaire prouvera la justesse du calcul et l'excellence de leur choix. Larcher était bien

[4] 'Les chanoines réguliers de Sainte-Geneviève ont actuellement un petit bibliothécaire dont le nom ne me revient pas, mais qui ne veut souffrir personne dans sa carrière. Il a attaqué M. Capperonnier, garde de la bibliothèque du roi; un certain M. Debure, libraire et bibliographe, qui a écrit sur les livres rares; et notre feu bibliothécaire de la Sorbonne [l'abbé J. B. Ladvocat] a eu aussi plus d'un assaut à soutenir de sa part' (CLT, vi.461-62).

64

l'homme à mettre en avant, dût-on commencer par l'escobarder un peu.

Tout d'abord il y a perdu son identité intellectuelle: pour Grimm et le public, c'est désormais 'l'abbé' Larcher, la dernière recrue après l'abbé Bergier du bataillon des clercs guerroyant saintement contre l'Impie: 'Un autre défenseur de la cause de Dieu vient de publier un *Supplément à la Philosophie de l'histoire*', annonçait la *Correspondance littéraire* en avril 1767 (vii.295). C'est inexact: ce que Larcher défend, c'est beaucoup moins les droits de Dieu que le respect de la vérité historique. L'auteur du *Supplément* est avant tout un spécialiste d'Hérodote: depuis plus de deux ans déjà, on le sait, il travaille à le traduire et à le commenter. Et pour se mettre en état de le faire convenablement, il n'a pas hésité à lire 'la plus grande partie des Anciens, la plume à la main, afin de recueillir tout ce qui pouvait servir à l'éclaircir':[5] enquête immense, dépouillement gigantesque, qui l'ont placé d'emblée au cœur de l'Antiquité païenne et lui en ont procuré une connaissance intime qui ne laissera pas d'impressionner Voltaire: 'il y a beaucoup d'érudition dans ce petit livre, et les savants le liront' (D14230). Dans le *Supplément* même, Larcher parle d'Hérodote avec déjà toute la sûreté que donne une grande compétence. Ecoutons-le juger dans sa préface l'édition Wesseling: 'J'ose dire et je ne crains point d'être désavoué d'aucun savant que c'est un des meilleurs ouvrages de ce genre qui ait jamais paru. Il devrait servir de modèle à tous ceux qui veulent donner des éditions des auteurs anciens' (S.67, p.26, n.1). Plus loin, il annonce même par deux fois sa traduction à venir, mais en termes trop allusifs pour que Voltaire ait pu comprendre: d'abord à propos de la sodomie – et le moqueur neveu n'a pas manqué de persifler (voir ch.5, n.19) – ensuite à l'occasion d'une erreur de Bochart.[6] Ainsi, lorsqu'il composait le *Supplément* en

[5] *Histoire d'Hérodote*, i.xxviii.
[6] Voir S.67, p.178. Bochart et le chevalier Marsham ont cru pouvoir identifier Sésostris à Sésac sur l'autorité d'un passage de l'historien Josèphe. Larcher remet alors à plus tard la discussion de ce problème qui n'entre pas dans son propos du moment: 'J'aurai occasion d'en parler dans un autre ouvrage'. Il

1766, Larcher avait déjà traduit et annoté les deux premiers livres au moins de l'*Histoire d'Hérodote*. C'est donc un érudit rompu à la critique philologique, pour laquelle au demeurant sa préface plaide avec une ferveur non exempte d'amertume: 'Cet art difficile était autrefois cultivé en France avec succès; maintenant méprisé, on le relègue injustement dans la poussière des collèges; l'on traite avec mépris ceux qui l'exercent, et l'on inventa pour eux le nom odieux de pédant'. Ce mot ne devrait désigner au contraire – et Voltaire n'a pas dû trop goûter la mise au point – que ceux qui 'se targuent d'une fausse érudition, qui, fiers de quelques termes qu'ils appliquent mal à propos, nous étourdissent de leur importun babil, ou prennent de ces tons imposants que n'a jamais connus le vrai savoir, toujours modeste' (S.67, p.27). Bref, les pédants véritables, ce sont ces esprits plus brillants que solides, qui n'ont qu'un vernis d'érudition et manquent en définitive du plus élémentaire sérieux. Les vrais savants, en revanche, 'le flambeau de la critique à la main, percent la nuit des temps [...] portent la lumière sur des coutumes obscures [...] rétablissent un passage altéré et rendent par là une nouvelle vie à ces auteurs divins' (S.67, p.25-26).

L'auteur du *Supplément* en a fait la preuve plus d'une fois. Discute-t-il l'authenticité d'un témoignage allégué dans la *Philosophie de l'histoire*, il se peut qu'une analyse du texte lui-même l'amène d'abord à en établir le caractère incertain, corrompu ou inauthentique. Lorsque Voltaire fait naître Minos en 1482 avant J.-C. sur la foi des marbres de Paros, Larcher proteste doublement: la date est effacée, 1482 n'est qu'une conjecture des éditeurs; et le texte ne parle pas de la naissance de Minos, mais probablement du début de son règne, s'il faut bien lire ἐϐασίλευσε (S.67, p.198-99). Quand l'abbé Bazin s'appuie sans en rien dire sur un texte de Pomponius Mela, Larcher montre que cet endroit est précisément corrompu (voir ch.9, n.9). Ailleurs il écarte comme dépourvu de toute authenticité un prétendu oracle rapporté par Macrobe et

---

annonce ainsi la note du livre II d'Hérodote où il établira en quoi le témoignage de Josèphe a en fait été mal interprété par ces deux érudits (ii.375).

dont on pourrait croire qu'il donne raison à son adversaire (S.67, p.122-23).

Le vrai savant est donc celui qui travaille directement sur les textes grecs et latins, qu'il entend sans effort, avec lesquels il entretient une familiarité de longue date: sa connaissance de l'Antiquité lui vient des sources mêmes et non d'ouvrages de vulgarisation et de seconde main. C'est là toute la différence entre Larcher et son adversaire: si Voltaire faisait une bibliographie, il ne pourrait guère y faire figurer que Calmet, Bochart, Huet, Hyde, d'Herbelot, Warburton, Rollin et quelques autres. Mais dans celle qui accompagne le *Supplément* on trouve, pour ne citer que des auteurs grecs marquants, Arrien, Aristide, Diodore de Sicile, Eschyle, Homère, Hérodote, Epictète, Lucien, Orphée, Pindare, Platon, Pausanias, Plutarque, Strabon, Xénophon, etc., sans compter les Pères grecs et l'édition Mattaire des marbres de Paros. Bref, l'essentiel de l'Antiquité[7] figure déjà parmi ces soixante-quinze titres, qui du reste n'épuisent nullement ses lectures d'hellé-niste: la bibliographie de son Hérodote en 1786 en comportera deux cent quatre-vingt-quatre. Naturellement, Larcher n'ignore non plus aucun des instruments de travail que peut utiliser Voltaire: il connaît même beaucoup mieux que lui Bochart, Hyde et Warburton, est donc capable d'y retrouver le passage exact sur lequel l'abbé Bazin a cru pouvoir s'appuyer (S.67, p.115) – mais sans jamais ou presque donner de référence. Il peut même à l'occasion discuter une opinion de Bochart, de Warburton, de Huet (S.67, p.132, 183-84, 117-18) ou de quelqu'autre, parce qu'il marche de pair avec ces commentateurs et interprètes, ayant aux sources un accès aussi libre et direct. Pour Voltaire au contraire, les Bochart et Warburton sont des intermédiaires nécessaires, dont il dépend presque entièrement, qu'il n'entend même pas toujours convenablement: les risques d'erreur se multiplient. Mais l'établissement d'un commentaire d'Hérodote exige encore la connaissance de l'histoire, des civilisations et des mœurs, de la géographie, de la chronologie; car, comme le remarquera Garat

---

[7] Du moins ce qui peut intéresser l'historien. Car les poètes tragiques ou lyriques, ainsi que les orateurs, ne sont guère représentés.

dans son compte rendu de la traduction de Larcher,[8] les dimensions qu'Hérodote a données à son œuvre sont presque celles d'une histoire universelle. Or Larcher a su satisfaire aussi à ces exigences; le *Supplément* en fournit déjà maints indices et les commentaires de sa traduction en apporteront des preuves éclatantes.[9] Le *Supplément* s'ouvre par exemple par une dissertation redoutablement érudite de vingt-quatre pages sur la chronologie de l'empire d'Assyrie à partir du texte d'Hérodote, et qui l'amène à discuter les thèses du président Bouhier, de Petau, de Riccioli, auxquelles il oppose les siennes propres (S.67, p.56-78). Si Larcher soutient contre Voltaire que Ninive est non pas à quarante mais à cent lieues de Babylone, c'est parce qu'il se fonde sur les plus récents travaux du géographe d'Anville dont il a consulté les cartes, la 'Description du golfe arabique', les 'Mémoires sur l'Egypte ancienne et moderne' (voir ch.2, n.3). S'il refuse de traiter nécessairement de fable absurde la course à jeun de cent quatre-vingts stades que Sésostris aurait imposée chaque jour aux enfants qui deviendraient les soldats de son fils (voir ch.9, n.21), c'est parce qu'il sait que le mot stade désignait en fait plusieurs unités différentes, etc. Ainsi, par l'étendue presque encyclopédique de ses connaissances de l'Antiquité païenne, la précision et l'aisance de ses analyses des textes, la rigueur de ses démonstrations[10] et l'exactitude de ses références, Larcher est incomparablement plus solide et mieux armé.

Mais ces armes, on l'aura remarqué, ne sont pas les plus ordinaires aux défenseurs de la cause de Dieu. Il faut ici dissiper, sur le propos de l'auteur du *Supplément,* une ambiguïté qu'il a lui-

---

[8] 'C'est une chose remarquable que la plus ancienne histoire qui nous ait été conservée ne soit pas l'histoire particulière d'un peuple, mais un grand et vaste tableau d'Histoire universelle, où paraissent tour à tour peints de couleurs énergiques et locales les grandes nations esclaves de l'Asie, les républiques fières et indépendantes de la Grèce', les barbares errants du Caucase, de Tartarie et de Lybie, les Egyptiens, les insulaires de la mer Egée, etc. (*Mercure de France,* septembre 1786, p.22).

[9] On trouve au tome VI (édition de 1786) un substantiel essai de chronologie et au tome VII une table géographique.

[10] Voir par exemple ch.8, n.10 ou S.67, p.161-64.

même entretenue, sans qu'on sache si c'est à dessein et par prudence ou à la suite de quelque pression: aurait-il dû donner des gages, pour obtenir de Riballier la permission tacite d'imprimer l'ouvrage non pas à Amsterdam chez Changuion mais à Paris chez Hérissant? Toujours est-il que la préface est parfois écrite d'un style que n'auraient pas désavoué un Chaudon ou un Guénée et qui ne devait pas déplaire non plus à Mercier de Saint-Léger et ses amis: au déclin regrettable de la saine érudition a correspondu la montée de la prétendue philosophie moderne. Chez les Anciens, un philosophe était un homme qui se distinguait par sa piété, son respect des lois et son amour de la patrie. Aujourd'hui le même mot ne sert plus qu'à désigner 'un ignorant qui, par des raisonnements captieux, attaque ce que la religion a de plus respectable, l'existence de Dieu, l'immortalité de l'âme, principe de toutes nos vertus, source pure de notre joie dans la prospérité et de nos consolations dans l'adversité' (S.67, p.31-32). Or voilà que l'impiété moderne a pensé découvrir une arme nouvelle dans l'érudition, en la personne d'un 'homme audacieux, un Capanée pour qui rien n'est sacré et qui toute sa vie s'est fait un plaisir de se jouer des plus grandes vérités' (p.33): il a voulu dans son dernier ouvrage essayer 'les mêmes armes que les Bochart et les Huet avaient maniées avec tant d'avantage' (p.34). Mais on n'y trouve qu'une 'fastueuse ignorance, qu'à la faveur d'un style brillant, il est sûr de faire passer auprès de la multitude' (p.35). Il pensait avoir porté à la religion des coups mortels dont elle ne se relèverait pas: 'ses traits l'ont à peine effleurée' (p.36). Le ton et les idées rappellent incontestablement ceux de Nonnotte dans son 'Discours préliminaire'. C'est probablement sur la foi de pareilles déclarations que Grimm a cru pouvoir annoncer le *Supplément* comme l'œuvre d'un nouveau défenseur de la cause de Dieu. Il faut en fait attendre quelques pages pour voir se dégager les intentions profondes: même si l'auteur assure avoir eu d'abord l'intention de 'venger les injures' faites à la religion, il a finalement décidé d'en laisser le soin aux théologiens dont c'est le métier. 'Pour moi, me renfermant dans les bornes de l'érudition, je me suis contenté de mettre en évidence des plagiats, de fausses citations, des passages mal entendus, et des traits d'ignorance dans l'histoire et la chronologie' (p.36). Tel est le véritable but de Larcher: démasquer la fausse érudition, 'écarter le voile qui nous cachait l'idole, et l'exposer nue et à découvert aux regards de ses adorateurs' qui n'en pourront 'soutenir la difformité' (p.37). S'il part en croisade, c'est finalement contre l'imposture bien plus que contre l'impiété. Il le dira plus nettement encore dans sa conclusion: 'J'ai voulu dessiller les yeux des gens, qui entraînés par les charmes du style, et qui ne s'étant point rendu familière la lecture des Anciens, ne sont pas assez sur leur garde' (p.291). Malgré l'impression que peut laisser une préface ambiguë, le procès qu'on a voulu instruire dans le *Supplément* n'est pas celui de l'irréligion, mais bien de l'incompétence, ce qui est beaucoup plus humiliant: 'Si M. l'Abbé se rend justice, [...] il conviendra qu'il ne possède aucune des langues qui sont la base de l'érudition, et sans lesquelles on ne peut faire un pas dans l'Antiquité; qu'il parle de l'histoire ancienne, en homme qui n'a pu la lire dans les sources; et qu'il n'a pas la plus légère teinture de la chronologie. Il doit reconnaître aussi que [...] il a prêté à l'Ecriture des contradictions qui n'y sont point; que sans en avertir, il a pris dans MM. Bochart, Huet, Warburton, etc. le peu de bonnes choses qui se trouvent dans son ouvrage, et que le plus souvent il n'a point entendu ces grands hommes' (p.291-92). Un tel réquisitoire ne part pas d'un croyant, mais d'un serviteur de la science historique, outré des libertés prises avec l'histoire. Voltaire n'est au fond qu'un polygraphe sans solidité qui en impose aux ignorants par le charme de son style: c'était déjà le grief de Nonnotte,[11] c'est aussi celui de Larcher, visiblement agacé par tant d'incursions intempestives dans un domaine aussi austère que celui de l'érudition. Un poète ne s'improvise pas historien, surtout s'il sait mal résister à son imagination, Larcher aime à le répéter: 'Ce qui serait très bon en poésie ne peut être admis dans un ouvrage de la nature de celui-ci. Si l'auteur était poète, on pourrait lui passer cela: Poetis quidlibet semper audendi fuit [...]

[11] *Les Erreurs de Voltaire*, p.v ss.

70

potestas [...] M. l'abbé Bazin a-t-il donc pris dans son imagination vive, brillante et fertile ce qu'il dit ici...?' (p.114). 'Quelle imagination brillante et fertile! quel génie créateur! Si M. l'abbé se fût adonné à la poésie, je lui aurais répondu du succès [...] Quoi qu'il en soit, il ne s'agit point ici de M. l'abbé Bazin le poète mais de M. Bazin l'érudit' (p.129). 'Un homme dont l'imagination aurait été moins poétique, aurait été bien embarrassé dans une aussi grande diversité d'opinions' (p.218). 'Nous avons distingué plus haut dans M. l'abbé Bazin le compilateur, le plagiaire et le poète' (p.272), etc. La préface ne saurait donc induire en erreur un lecteur attentif: le *Supplément* a été écrit par un spécialiste de l'histoire ancienne soucieux de redresser les erreurs de la *Philosophie de l'histoire* commises dans sa discipline. C'est ce qu'enseigne à l'évidence la répartition des matières: sur les soixante passages de la *Philosophie de l'histoire* dont Larcher fait la critique, huit seulement ont trait à l'histoire juive, mais quarante-neuf à l'Antiquité païenne. Les fins religieuses sont donc tout à fait secondaires. La critique de Larcher demeure à cet égard infiniment plus désintéressée que celle de Nonnotte: le jésuite ne cache pas s'être intéressé à la vision voltairienne de l'histoire moderne essentiellement dans la mesure où elle dévalorise insidieusement l'histoire du christianisme.[12] Il suffit de rapprocher le *Supplément* par exemple du livre du chanoine Clémence[13] pour en saisir la spécificité: Clémence remplit exactement le programme de son titre; il n'est pratiquement question que de l'Ancien Testament dans cette *Défense*. Le *Supplément* au contraire privilégie nettement ce qui ne ressortit pas à l'histoire sainte. Lanson paraît l'avoir totalement méconnu pour qui Larcher 'se pose en défenseur de la religion et n'admet aucun scepticisme dans l'histoire sacrée et profane':[14] fâcheuse confusion des deux domaines, aussitôt illustrée par le choix des deux exemples retenus par Lanson: la ridicule comparaison de Ninon à Sara et la prostitution sacrée à Babylone.

[12] *Les Erreurs de Voltaire*, p.XI ss.
[13] *Défense des livres de l'Ancien Testament contre un écrit intitulé la Philosophie de l'histoire.*
[14] G. Lanson, *Voltaire* (Paris 1906), p.166.

Or s'il se ridiculise au sujet de Sara, c'est précisément parce que l'imprudent helléniste s'est pour une fois aventuré hors de son domaine; et s'il triomphe à propos de la prostitution babylonienne, comme en convient Lanson, c'est précisément parce que sa science le mettait mieux que personne en état d'apprécier au plus juste le témoignage d'Hérodote.

Prendre conscience des buts de Larcher, c'est aussi comprendre qu'il n'ait donné à son livre ni forme ni ordre propres. La réfutation d'un Clémence est rigoureusement construite en fonction de son objet: pour défendre les livres de l'Ancien Testament, elle s'efforce d'établir leur authenticité, leur antiquité, la réalité des miracles mosaïques qu'ils rapportent, la grandeur de l'histoire qu'ils racontent de la nation élue, l'authenticité de ses prophètes, etc. Mais il faut renoncer à donner comme telle une analyse du *Supplément* parce qu'il reste totalement dépourvu d'unité: c'est une suite de commentaires de différents passages de la *Philosophie de l'histoire*, dont Larcher commence toujours par citer le texte. Si bien que le livre de Larcher ne forme somme toute qu'un copieux appendice de notes critiques à celui de Voltaire, la matière d'une édition commentée de la *Philosophie de l'histoire*. Chacun de ces commentaires, sans lien avec ce qui suit ou précède dans le *Supplément*, n'entretient de rapport réel qu'avec le passage de la *Philosophie de l'histoire* dont il opère la critique. On trouvera donc restitué dans les notes de la *Défense de mon oncle*, toutes les fois que l'intelligence du texte aura paru le réclamer, cette sorte de dialogue entre la *Philosophie de l'histoire*, le *Supplément* et la *Défense*, qui se prolonge assez souvent dans la *Réponse à la Défense de mon oncle* et la seconde édition du *Supplément*, en 1769. Au reste, cette absence d'ordre confère à la démarche de Larcher la souplesse la plus efficace: se bornant à accompagner celle de Voltaire, il reste maître de proportionner chaque commentaire à son objet. Aussi prennent-ils les formes les plus variées, allant de la notule de quelques lignes à la dissertation de plus de vingt pages.[15] Même diversité

---

[15] Le *Supplément* en comporte essentiellement deux, de valeur très inégale (voir ch.12, n.17). La première, sur la chronologie de l'Empire d'Assyrie, est assurément la moins mauvaise mais demeure fort indigeste (voir ci-dessus,

dans les fins auxquelles ils répondent: tantôt il s'agit simplement
de dénoncer la fausseté d'une référence (p.51, 192, 233, etc.), ou
un barbarisme de l'abbé Bazin (p.196), ou ses confusions et bévues
de tout ordre: géographiques (p.133), chronologiques (p.192),
onomastiques (p.258), etc.; tantôt il s'agit d'établir son interprétation erronée du témoignage d'un ancien qu'il a cru pouvoir utiliser
(p.193, 198, 217, 250, etc.); ou encore de le surprendre en flagrant
délit de plagiat (p.120, 132, 255, etc.): l'abbé Bazin a souvent pillé
Warburton, Bochart et quelques autres[16] et Larcher se fait toujours
un malin plaisir de rendre à chacun son dû, parfois non sans
malveillance (voir ch.10, n.1); tantôt enfin la critique de Larcher
reprend moins une erreur de Voltaire qu'elle n'apporte un complément d'information ou propose un état de la question, pour en
montrer la complexité qui a échappé à l'abbé Bazin, autre façon
de nous faire apercevoir ses insuffisances (p.259-61). Il arrive
aussi naturellement que le *Supplément* discute certaines vues historiques de la *Philosophie de l'histoire* ou certaines des positions qu'y
a prises Voltaire: peut-on vraiment conclure à l'inintelligibilité de
Platon (p.203-206)? Les Grecs pratiquaient-ils une tolérance aussi
large que le dit l'abbé (p.206-17)? Faut-il se refuser absolument
à croire qu'aient pu avoir lieu des unions charnelles dans certains
temples, etc. (p.229-32)? Bref, sa méthode assure à Larcher une
totale liberté dont il a même habilement profité pour accroître la
portée polémique de son livre: l'abbé Bazin raillant la prétention
des Occidentaux de juger la cour de Chine, renvoyait dans sa
Philosophie de l'histoire à certain *Essai sur l'histoire générale* où l'on
s'est élevé avec force' contre cette 'témérité' (Voltaire 59, p.156);
Larcher prend aussitôt prétexte de cette référence à un ouvrage
'qui n'a pu partir que de la plume d'un poète', pour mettre
complaisamment sous les yeux du lecteur les jugements sévères

p.68).
[16] On notera que Larcher ne relève jamais les 'emprunts' faits par Voltaire à
Dom Calmet, pourtant de loin son principal créancier. L'helléniste ne paraît pas
avoir fait grand cas du bénédictin dont il ne mentionne guère les vues que pour
les réfuter (voir par exemple p.137) et qu'il ne fait pas même figurer dans sa
bibliographie.

qu'en a portés 'le savant évêque de Glocester': les onze pages suivantes reproduisent donc les commentaires acerbes qu'a faits Warburton dans sa *Divine legation* des opinions de Voltaire sur l'Ezour-Védam, les défauts des Juifs, et la haine qu'on leur prête pour les autres nations. Le fougueux évêque s'y exprime sans aucune retenue et le malin traducteur a beau jeu de se retrancher sur son devoir d'exactitude.[17] Voltaire se serait sûrement bien passé des bons offices de cet informateur bénévole, venu ainsi révéler au public français quel cas l'on faisait de sa science là où il en avait fait si souvent provision.[18] Le perfide traducteur ne manque même pas d'avertir en conclusion qu'il n'a pu donner qu'un échantillonnage trop restreint des critiques de l'évêque et doit se contenter 'de renvoyer les lecteurs curieux à l'original anglais' (p.160). D'une redoutable plasticité par conséquent, le livre de Larcher répond parfaitement à son titre, que Grimm déjà jugeait 'insidieux' (CLT, vii.366): l'auteur de la *Philosophie de l'histoire* est sans cesse et de mille façons enveloppé, harcelé, confondu, dépouillé. Si le *Supplément* est 'nécessaire à ceux qui veulent lire cet ouvrage avec fruit', c'est évidemment parce qu'ils seront enfin démystifiés.

S'il faut renoncer, parce qu'elle n'aurait ni sens ni intérêt, à une analyse suivie du *Supplément*, il importe en revanche de situer par rapport à la *Philosophie de l'histoire* un livre qui n'en est rien d'autre que le commentaire. Larcher, on l'a vu, en a relevé soixante passages; mais ils sont loin de couvrir également les différents domaines parcourus par Voltaire dont on peut proposer, en dépit de l'arbitraire qui s'attache à tout classement, l'énumération suivante: 1) les origines de l'humanité (neuf premiers chapitres); 2) les civilisations les plus anciennes: chaldéenne, babylonienne, syrienne, phénicienne, scythe, arabe, indienne, chinoise (chapitres

---

[17] 'J'aurais souhaité pouvoir adoucir les termes ici et en quelques autres endroits; mais l'exactitude de la traduction ne me l'a point permis' (S.67, p.158, n.1). Warburton traite Voltaire de 'grossier libertin' dont la probité est à mettre en doute.

[18] C'est pourquoi l'*Avertissement*' de la *Défense* précise qu'on y trouvera 'une furieuse sortie contre l'évêque Warburton' et le chapitre 16 qu'il a été 'sanglé' par le bout du fouet appliqué à M. Toxotès.

10 à 18, soit neuf chapitres); 3) l'Egypte (chapitres 19 à 23, soit cinq chapitres); 4) la Grèce (chapitres 24 à 29, soit six chapitres); 5) la religion des peuples païens: chaos des superstitions mais pureté des mystères (chapitres 30 à 37, soit huit chapitres); 6) les Juifs (chapitres 38 à 49, soit douze chapitres): cette rubrique est finalement devenue, on s'en souvient, la plus importante de la *Philosophie de l'histoire* dont elle constitue près du quart; 7) les Romains (deux chapitres seulement) et enfin deux chapitres de 'conclusion'. Or au sujet des Juifs, Larcher n'intervient que six fois, parce que ce n'est manifestement pas son champ de compétence. En revanche, il intervient vingt-trois fois à propos des civilisations les plus anciennes, douze fois à propos de la Grèce, onze à propos des religions païennes, cinq à propos de l'Egypte, et trois à l'occasion des origines.

Ces éloquentes proportions[19] achèvent de persuader, s'il en était besoin, que le *Supplément* est bien l'ouvrage d'un 'antiquaire' et non d'un épigone de Dom Calmet. C'est précisément ce qui lui confère une tout autre portée qu'aux machines de guerre ordinairement dressées par les abbés et révérends pères. Lanson l'a certainement sous-estimée. A l'entendre, Larcher n'a jamais raison que sur le détail: 'L'exact savant déniche toutes ces fautes que le brillant littérateur, dédaigneux des vérifications, entasse étourdiment. Mais à ce menu nettoyage s'arrête le triomphe de Larcher. Il a bien souvent tort sur le fond des choses, il chicane, il subtilise, il étale des citations qui ne prouvent rien; il est étroitement, puérilement conservateur, et il n'a pas du tout l'impartialité critique' (Lanson, p.166). Mais on aperçoit mal ce que Lanson entend par 'fond des choses'; Larcher ne discute presque toujours que de faits: exactitude des références, des citations, du sens d'un passage d'un auteur ancien, des déductions qu'en tire l'abbé Bazin; ou encore bilan de ses larcins, textes en main, ou de ses nombreuses erreurs de lecture. Mais aux *idées* énoncées par Voltaire dans la *Philosophie de l'histoire*, Larcher ne s'attaque pratiquement jamais. C'est bien ce qui rend si redoutable cette critique

---

[19] On en trouvera le tableau détaillé dans *DMO*, p.777-78.

'rampante', rivée aux textes et aux faits et qui jamais ne se hausse à la hauteur de vue où Voltaire s'est élevé: Larcher s'est bien gardé – et ce n'est pas sa moindre habileté – de se situer sur le même plan que son adversaire. Apparemment, le legs de l'abbé Bazin n'est pas remis en cause par le *Supplément*: on y chercherait vainement une contestation, voire un simple examen critique de ces grandes idées qui nous ont paru constituer la *Philosophie de l'histoire* en discours méthodologique. Larcher ne refuse même pas de les faire siennes à l'occasion: lorsque Voltaire demande qu'on applique au cas des Chinois son 'grand principe qu'une nation dont les premières chroniques attestent l'existence d'un vaste empire puissant et sage, doit avoir été rassemblée en corps de peuple pendant des siècles antérieurs', on voit bien, à la façon dont son adversaire l'expose (p.276-77), qu'il ne refuse pas de le prendre pour hypothèse de travail. Mais il ruine la valeur de l'exemple en montrant après J. de Guignes que les annales chinoises n'offrent de détails authentiques et de sûreté véritable que deux cents ans seulement avant Jésus-Christ. Dès lors à quoi bon le 'grand principe'? Il en ira de même pour les Chaldéens en 1769: toujours au nom du même principe, Voltaire avait plaidé en leur faveur une antiquité remontant bien au-delà du déluge, puisque les premières observations des astronomes chaldéens en sont à peu près contemporaines, selon ce qu'indiquent les tables envoyées de Babylone par Callisthène à Aristote. Or dans la seconde édition du *Supplément*, Larcher s'en prend non pas au bien-fondé du principe, mais à la crédibilité du témoignage permettant de l'appliquer: n'est-il pas singulier que ces tables se soient perdues, quand on aurait dû les regarder comme un trésor? Que penser du silence des astronomes contemporains qui paraissent les avoir parfaitement ignorées? Les premières observations astronomiques dont nous sommes certains ne remontent pas au-delà de 747 avant J.-C., etc.[20] Voltaire se voit donc critiqué par Larcher un peu comme un grand architecte qui aurait la désagréable surprise de

---

[20] S.69, p.59-60. Larcher développera longuement son argumentation dans un 'Mémoire' lu à l'Institut impérial le 23 juin 1809 (*Mémoires de l'Institut*, 1818, vi).

l'être par un simple maçon: ce ne sont pas ses plans ambitieux que l'on conteste à l'architecte, ni l'édifice grandiose qu'ils dessinent, mais la solidité du matériau employé. Or sans l'indispensable étai de la preuve historique, la *Philosophe de l'histoire* n'est plus que la moins crédible des spéculations. Les idées qu'elle propose tirent leur relief et leur valeur de la pertinence des exemples qui les illustrent. Mais tout au long des quelque deux cent soixante pages de son *Supplément*, Larcher prouve inlassablement et de mille manières que ces exemples sont mal choisis ou mal compris ou mal exploités; que l'indigence de ses moyens ne met donc pas le philosophe de l'histoire à la hauteur de son dessein et que les thèses de l'abbé Bazin ne sauraient emporter la conviction, quand on a de l'histoire la connaissance voulue pour en juger valablement. On peut répéter de Larcher ce que R. Pomeau a écrit de Nonnotte: 'Il n'attaque pas directement la philosophie voltairienne de l'histoire, mais s'efforce de ruiner par des critiques de détail le crédit de Voltaire historien'.[21] Travail de sape minutieux et ingrat, d'une monotonie parfois lassante, mais à la longue dangereusement dévastateur. Parvenus aux dernières pages, les lecteurs du *Supplément* comme accablés de preuves ne pouvaient guère conclure qu'à la disqualification totale de l'adversaire. Sûr d'en avoir persuadé, Larcher les quitte sur cet 'Index' cruellement lapidaire: 'Bévues, fausses citations, ignorance du grec, du latin, de la chronologie, de l'histoire, plagiats de l'abbé Bazin, depuis la page 49 jusqu'à la page 309' (S.67, p.309). Ce que Lanson qualifie non sans dédain de 'menu nettoyage' produisait finalement des effets redoutables. Le neveu de l'abbé Bazin ne s'y est pas mépris un instant: le 'petit livre' rempli d'érudition, sans pourtant jamais le dire, remettait radicalement en cause le legs de son oncle. Warburton y avait même été mobilisé pour rendre la contestation plus complète. Tout cela commandait de répondre à l'érudit et à l'évêque. C'est faute d'avoir compris la portée véritable du *Supplément* que d'Alembert prodiguera des conseils hors de saison: 'ce beau supplément [...] est ici fort ignoré et ne produit

---

[21] *La Religion de Voltaire*, p.344.

pas la moindre sensation; y répondre ce seroit le tirer de l'obscurité, comme on en a tiré Nonnotte' (D14195). La comparaison
avec le jésuite ne manque pas de pertinence, mais sa véritable
justesse est ailleurs: Larcher et Nonnotte, pour avoir tous deux
révélé les graves insuffisances de son savoir, ont discrédité Voltaire aux yeux des doctes. Et Voltaire s'y résigne mal: 'Je sais bien
que les gens du monde ne liront point le *Supplément à la Philosophie
de l'histoire*; mais il y a beaucoup d'érudition dans ce petit livre, et
les savants le liront. L'auteur se joint à l'évêque hérétique Warburton contre l'abbé Bazin. Son neveu est obligé en conscience de
prendre la défense de son oncle' (D14230). Entendons qu'il
va d'abord consciencieusement étriller le pédant et l'hérétique:
M. Toxotès a 'eu affaire à un cocher qui lui donne les coups de
fouet qu'il méritait; et le bout de son fouet a sanglé Warburton'
(ch.16, l.35). De ces 'coups de fouet', prodigués dans les quinze
premiers chapitres de la *Défense de mon oncle*, on répète depuis
Beuchot que l'auteur du *Supplément* les avait amplement mérités:
'En critiquant l'ouvrage de Voltaire, Larcher avait usé d'un droit
qu'a tout le monde, il est vrai; mais il s'était laissé emporter à des
expressions violentes qu'on peut qualifier d'odieuses' (M.xi.VIII.).
Et Beuchot de rappeler une note de la préface où Larcher, faisant
grief à l'auteur du *Dictionnaire philosophique* d'avoir donné la peste
et la famine pour deux présents de la Providence, prétendait que
c'était de la part de l'auteur 's'exposer à la haine du genre humain
et vouloir se faire chasser de la société comme une bête féroce
dont on a tout à craindre' (S.67, p.33, n.1). 'Ce n'est donc pas
sans raison, conclut Beuchot, qu'on a reproché à Larcher d'avoir
traité Voltaire de bête féroce'. Dès 1768, le comte de La Touraille
déplorait de ne trouver dans le *Supplément* qu'une 'fatigante collection d'outrages. C'est une main étrangère qui, sous un titre
spécieux, et au lieu de faire une critique sage et savante, n'écrit
autre chose qu'une insulte préméditée'.[22] Un bibliographe anonyme qui a écrit de sa main, probablement vers 1825,[23] une notice

[22] *Lettre à l'auteur d'une brochure intitulée: Réponse à la Défense de mon oncle*, p.4-5.
[23] C'est ce que permet de conclure une référence à la traduction d'Hérodote
donnée par le comte Miot: elle parut en 1822.

78

de treize pages sur la querelle Voltaire-Larcher en tête d'un exemplaire de la *Défense de mon oncle*,[24] s'indigne que Boissonade ait pu reprocher à Voltaire de s'être laissé emporter à des excès condamnables dans la *Défense*, quand c'était Larcher l'agresseur: 'Larcher, jeune homme encore sans nom dans la république des lettres se comporta comme un énergumène ou comme un fou dans son supplément à la philosophie de l'histoire, où il vomit les injures les plus atroces en style de Garasse, contre un homme qui ne lui avait jamais rien fait et qui même ne le connaissait pas'. Voltaire n'a donc fait qu'user de son droit de représailles. Il suffit, pour s'en convaincre, de lire le *Supplément*, 'où toute érudition à part, l'auteur se conduit plutôt en frénétique qu'en homme de bon sens'. Mais pour le prouver, l'anonyme ne trouve guère que le passage de la préface déjà relevé par Beuchot. Lanson enfin, tout en jugeant l'engagement 'discourtois des deux côtés', estime que Larcher s'est donné les torts de l'agresseur: 'Voltaire se moqua de lui cruellement, mais Larcher avait commencé par le traiter de Capanée et de bête féroce: il avait toujours joint les qualifications les plus dures à ses rectifications'.[25] L'espèce de tradition qui s'est ainsi créée sur la vigueur polémique du *Supplément* remonte probablement à Voltaire lui-même: 'L'autheur n'est ny poli ny gai', écrivait-il à d'Argental le 20 juin 1767 (D14232). Mêmes doléances à Damilaville le 24: 'Il n'est pas trop honnête qu'on permette de traiter de Capanée feu l'abbé Bazin qui était un homme très pieux. On veut le faire passer dans la préface, page 33, pour un impie, parce qu'il a dit que la famine, la peste, et la guerre sont envoyées par la providence [...] Il est à croire que les mêmes personnes qui ont permis la rapsodie infâme de Larcher permettront une réponse honnête' (D14235).

Voltaire et ses partisans ont beaucoup exagéré. Le *Supplément* n'a rien d'une rhapsodie infâme. Il est franchement déraisonnable d'accuser Larcher d'y avoir 'vomi les injures les plus atroces en style de Garasse'; il n'est pas même juste de soutenir qu'il y a

[24] Il s'agit de l'exemplaire Z Bengesco 201 (3) conservé à la Bibliothèque nationale et appartenant à l'édition originale (Ac).

[25] Lanson, p.165. Voir aussi Bengesco, ii.202-203.

'toujours joint les qualifications les plus dures à ses rectifications'. Sans doute les passages de la préface qui dressent un réquisitoire contre l'incrédulité sont-ils particulièrement agressifs à l'égard du coryphée des impies: l'abbé Bazin y est bien traité de Capanée, de sophiste à l'imagination déréglée, d'ignorant fastueux. La note consacrée à l'auteur du *Dictionnaire philosophique* est elle aussi franchement déplaisante.[26] Voltaire dut y être d'autant plus sensible que Larcher utilise des expressions que Voltaire eût lui-même volontiers appliquées à Jean-Jacques. Mais cette préface toujours citée par les apologistes de Voltaire n'est guère représentative du reste de l'ouvrage. Nous avons eu au contraire l'occasion de remarquer qu'elle était écrite d'une encre un peu différente. Dans le corps du *Supplément*, l'agressivité polémique, beaucoup plus modérée, s'exprime le plus souvent par l'ironie: celle d'un savant authentique qui prend un malin plaisir à dénombrer les bévues, les larcins ou les contresens du demi-habile.[27] Ironie qui fait sans doute cruellement regretter celle de Voltaire, tant elle manque de grâce et de sel, mais qui ne s'accompagne pas 'des qualifications les plus dures'. Les 'plaisanteries' de Larcher sur l'abbé Bazin poète fourvoyé dans l'exacte aridité du savoir historique, ont pu en donner une idée. A quoi l'on peut ajouter quelques allusions perfides à la fable de l'âne vêtu de la peau du lion:[28] 'Toujours quelque "petit bout d'oreille". Un écolier de sixième aurait pu apprendre à M. l'abbé que Basileus fait au nominatif pluriel

---

[26] En voici le texte in extenso: 'Cet ouvrage est sûrement du prétendu abbé Bazin: Je n'en citerai qu'un endroit: Ex ungue leonem'. Larcher cite alors le passage, que l'on sait de l'article 'Guerre' et poursuit: 'La plume me tombe des mains; à ces blasphèmes, à cet horrible portrait, je ne reconnais point l'auteur qui nous peint en plusieurs endroits la Divinité avec les couleurs les plus aimables. C'est de gaieté de cœur s'exposer à la haine du genre humain, et vouloir se faire chasser de la société comme une bête féroce dont on a tout à craindre. Quelle est en effet la nation qui ne connaisse point un être suprême! Nulla gens est neque tam immansueta, neque tam fera, quae non, etiamsi ignoret qualem habere deum deceat, tamen habendum sciat. Cic. de Legib. I, 8'.

[27] 'Ainsi voilà de compte fait un plagiat, et trois fautes grossières en quatre lignes, sans compter un contre-sens, que n'aurait point fait un petit écolier de sixieme' (S.67, p.122).

[28] La Fontaine, *Fables*, v.21.

Basileis et que Basilos et par conséquent Basiloi n'a jamais existé en grec' (S.67, p.195). Si de vrais savants comme Leclerc et Warburton 'se couvrent quelquefois des dépouilles des autres, ils savent tellement se les rendre propres qu'on croirait qu'elles sont à eux. A l'égard de notre pauvre abbé, il a beau se revêtir de la peau du lion, ses oreilles le trahissent toujours' (p.257). Larcher a aussi des gaietés de savant, assurément moins communicatives que celles de son adversaire: 'Qui pourrait s'empêcher de rire, en voyant M. l'abbé prononcer dogmatiquement sur la signification de ces deux mots barbares, lui qui ne connaît pas même une seule lettre de la langue phénicienne d'où il les fait venir. Risum teneatis, Amici' (p.252)? Ou encore: 'Nous avons distingué plus haut dans M. l'abbé Bazin le compilateur, le plagiaire et le poète. Voudrait-il à la faveur de ce dernier personnage se donner pour un prophète. J'y consens très volontiers' (p.272). Parfois aussi, mais beaucoup plus rarement, l'agressivité n'emprunte plus le détour apaisant de l'ironie: 'Ce doute, qui dans toute autre matière serait un effet de la modestie, ne peut venir que de la lâcheté du personnage qui n'ose se montrer à découvert, ou de son ignorance. Il peut choisir' (p.85). Une fois même, elle s'enfle assez grotesquement de la rhétorique des saintes colères: 'Ver de terre! du tas de boue où tu rampes, tu veux t'élever jusqu'à l'empyrée, et percer les vues du Très-Haut! tu veux sonder les abîmes de ses jugements, et pour m'exprimer avec Pope, tu veux juger sa justice, être le Dieu de Dieu: Rejudge his justice, be the God of God' (S.67, p.271).

Mais ces violences verbales demeurent très peu nombreuses. Le ton est ordinairement plus maussade qu'emporté: 'Je ne crois pas qu'il soit possible de rassembler en aussi peu de lignes un plus grand nombre de bévues' (p.126). 'Mais où donc M. l'abbé a-t-il puisé ce trait d'érudition? C'est avec lui peine perdue que de remonter aux sources et de consulter les originaux; il ne les a jamais vus; et après les preuves que j'ai données de son savoir, l'on ne peut douter qu'il est, si j'ose me servir de cette expression, le plus grand regratier de l'érudition des autres qu'il y ait eu dans le monde' (p.219-20). Tout cela manque en définitive de vigueur et de relief. La violence polémique du *Supplément* a été surfaite,

81

même si Larcher y donne maintes preuves d'une agressivité que nous lui savions déjà. Si Voltaire a décidé de répondre au *Supplément*, ce n'est évidemment pas pour s'y être senti véritablement injurié, mais parce que le prestige ébranlé de la *Philosophie de l'histoire* réclamait de sa part une intervention prompte et vigoureuse; ce que, dans le langage de sa piété filiale, le neveu appelle, n'en déplaise à d'Alembert, se sentir 'obligé en conscience de prendre la défense de son oncle'.

5

Un duel inégal

Les premiers exemplaires de la *Défense de mon oncle* apparurent à la fin de juin 1767: dans une lettre à Beccaria du 1er juillet, Chirol lui en offre un, parmi d'autres titres (D14252, commentaire); le 4, Voltaire s'excuse auprès de d'Argental de ne lui envoyer 'qu'un maudit livre de prose aulieu des vers scythes' qu'il attendait: 'Bazin minor vous a adressé sa petite drôlerie par m^r Marin' (D14252); le 10, est envoyée à Charles Bordes 'une petite brochure, en réponse d'une grosse brochure' (D14266); Bachaumont l'annonce sur ouï-dire le 11 et Grimm en fait un premier compte rendu le 15; le 21, d'Alembert dit le plaisir qu'il a pris à lire le neveu, mais déplore de n'avoir pas reçu son exemplaire personnel (D14297). Comme il lui parviendra quelques jours après, d'Alembert remerciera le 4 août (D14333). Le 10 août, Coger écrit à Voltaire avec toute l'amertume d'un homme qui vient de lire les pages où on l'a si maltraité (D14352). Le nouveau livre pique d'autant plus la curiosité qu'il est très difficile de se le procurer: selon Grimm, il n'y avait encore au 1er août qu'un seul exemplaire dans tout Paris, aux mains de d'Argental.[1] Le 8, Henri Nicolas Latran mande à F. A. Devaux que madame de Boufflers l'a prié 'de tâcher de lui acheter à quelque prix que ce fût une brochure intitulée *Réponse à mon oncle* par M. de Voltaire et de la lui envoyer à Villercoteray. J'ai couru tout Paris sans l'avoir pu avoir. On m'a

---

[1] Voir ci-dessous, p.172. Faut-il prendre l'affirmation au pied de la lettre ou comprendre que l''Ange' était encore le seul à Paris, le 1er août, à distribuer ou faire vendre des exemplaires venus de Genève? Si l'on en croit une note laconique de l'inspecteur d'Hémery, il semble bien que l'hôtel du comte d'Argental ait parfois servi de 'point de vente' pour les marchandises venues de Ferney: 'mars 1765. Soliva, suisse de M. d'Argental, vend des livres' (Bn F22154, f.31). C'est ce que paraissent confirmer les précisions consignées par d'Hémery au sujet de la *Défense de mon oncle*.

bien dit qu'on demandait cette brochure à cor et à cri, mais on n'a pu ou plutôt on n'a peut-être pas voulu me la vendre, car les marchands de ces sortes de livres sont diablement sur leurs gardes dans ce pays-ci' (Bn F15583, f.95r). Voltaire pallie comme il peut cette disette d'exemplaires: d'Olivet se voit promettre le sien le 23 août (D14392); celui de la duchesse de Saxe-Gotha part le 26 (D14395). Mais les ballots clandestins de Cramer n'arrivent pas assez vite: il est remarquable que l'édition de Genève ne tombe pas dans les mains de l'inspecteur de la Librairie avant fin octobre; d'Hémery note en effet sur son Journal du jeudi 29: 'La Défense de mon oncle. 136 pages in 8° imprimées à Genève et distribuées ici par les amis de M. de Voltaire qui en est l'auteur' (Bn F22164, f.121). Aussi les contrefaçons ne tarderont-elles pas à apparaître (voir ci-dessous, p.172) pour satisfaire la demande du public.[2]

Car le livre a remporté tout de suite un vif succès. Grimm en a entretenu ses lecteurs dès le 15 juillet, avec un enthousiasme débordant: 'l'on étouffe de rire à chaque page. Il est impossible de rien lire de plus gai, de plus fou, de plus sage, de plus érudit, de plus philosophique, de plus profond, de plus puissant que cette Défense, et il faut convenir qu'un jeune homme de soixante-treize ans comme notre neveu, sujet à ces saillies de jeunesse, est un rare phénomène' (CLT, vii.367). De ce livre dont il fait le plus grand cas, Grimm donnera même un compte rendu sensiblement plus long que celui qu'il avait fait de la Philosophie de l'histoire en mai 1765.[3] D'Alembert, tout en ignorant 'qui est l'archer des gueux auquel le jeune abbé Bazin répond', assure que 'les coups de gaule

[2] H. N. Latran n'a toujours pas trouvé, le 29 octobre, ce livre introuvable (Bn N15583, f.122v) qu'il ne réussira à se procurer qu'en janvier 1768: 'J'ai à la fin des fins la défense de mon oncle par M. de Voltaire. Il y a des choses fort plaisantes, mais il y a beaucoup de rabâchages ou de redites, comme vous voudrez. C'est le même ton que dans le Dictionnaire philosophique, la Philosophie de l'histoire et le Zapata. Ce que j'y trouve de plus plaisant c'est un chapitre commençant ainsi: D'Abraham et de Ninon de l'Enclos' (à F. A. Devaux, le 29 janvier 1768; Bn N15584, f.17v).

[3] Voir CLT, vi.268-73 et 276-80. Le compte rendu proprement dit ne commence qu'à la page 271. Celui de la Défense de mon oncle en revanche occupe treize pages.

qu'il lui donne me divertissent fort' (D14333). Son seul plaisir désormais est de savourer 'tout ce que le neveu & le chat de l'abbé Bazin pourront donner de coups de griffe' (D14368). Le comte Vorontsov prie Voltaire de donner souvent des ouvrages 'Aussy charmants' (D14419). Marmontel, qui cet été-là a été prendre les eaux à Aix, ne fera qu'en octobre la découverte de cet 'homme incroyable' qu'est le neveu: 'J'ai ri comme un insensé en lisant cette deffense de son oncle. *Toxotès* a eu tort sans doute; mais quand il auroit eu raison, il seroit encore ridicule. Quelle arme que la plaisanterie dans les mains de ce bon neveu! *Horrendum est incidere in manus domini*' (D14471). Personne ne résiste à cette folle gaieté, pas même Bachaumont, pourtant bien sceptique et malveillant, le 11 juillet: 'On annonce la *Défense de mon oncle*, nouvelle brochure de M. de Voltaire. Il y fait parler le neveu de l'abbé Bazin [...] On dit le mémoire très plaisant. Mais malgré les prétentions de M. de Voltaire à rire et à faire rire, les gens sensés ne voient plus en lui qu'un malade attaqué d'une affection mélancolique, d'une manie triste, qui le rappelle toujours aux mêmes idées, suivant la définition qu'on donne en médecine de cet état vaporeux: Delirium circa unum et idem objectum' (iii.201). Mais, l'œuvre lue, Bachaumont doit bien se résigner avec tous les 'gens sensés' à changer d'avis: 'C'est une plaisanterie particulièrement dirigée contre un M. Larcher, auteur obscur d'un prétendu *Supplément à la Philosophie de l'Histoire* [...] M. de Voltaire, dont l'amour-propre s'égratigne facilement, accommode de toutes pièces ce piteux adversaire. Il enveloppe aussi dans cette facétie Fréron et autres personnages, plastrons ordinaires de ses railleries. On ne peut refuser à cet écrit beaucoup de gaieté et même le feu de la jeunesse' (24 juillet 1767, iii.206). Jeunesse est en effet le mot qui revient souvent sous la plume des contemporains étonnés d'une telle vitalité: 'Tout cela', déclare Grimm le 1er août, 'est écrit avec une gaieté infinie. Une femme d'esprit disait ces jours passés, après avoir lu *la Défense de mon oncle*, que M. de Voltaire tombait en jeunesse' (CLT, vii.385). Lorsqu'en 1768 La Blétérie se permettra d'attaquer les 'vieux poètes', d'Alembert, outré de cette allusion désobligeante à Voltaire, s'exclamera: 'Je souhaite que ce Plat janséniste [...] nous donne à 74 ans *l'ingénu, la défense de mon oncle*, le morceau sur les *dissidens de Pologne*, la lettre *sur les Panégyriques* &c. &c. &c. &c.' (D14972). Grimm voudrait ne plus lire désormais en provenance de Ferney que de ces réjouissantes défenses et non plus les affligeants mémoires contre La Beaumelle: 'M. Bazin devrait sortir de son tombeau comme l'ombre de Ninus, pour ordonner à son petit-neveu de soixante-treize ans de ne jamais se départir de ce ton de gaieté dans ses querelles' (CLT, vii.385). Voltaire a en effet retrouvé, on le verra, sa verve polémique des meilleurs jours: sa nouvelle marionnette s'appelle M. Toxotès et, durant plus de dix chapitres, le marionnettiste éblouissant commence par s'en divertir avec une joie irrésistiblement communicative. Marmontel n'a pas tort, *horrendum est incidere in manus domini*. Les rieurs sont naturellement du côté où l'on rit; Larcher l'apprend à ses dépens, mais Voltaire le savait depuis longtemps: 'Je vous prédis que ceux qui tourneront les sottises de ce monde en raillerie seront toujours les plus heureux'.[4] L'aveu de Marmontel en dit long sur cette victoire écrasante: quand Toxotès aurait eu raison, il serait encore ridicule. Voltaire a réussi à faire entrer le champion de Sara dans la légende grotesque qu'il sait si bien créer à ses adversaires, un peu comme Pompignan avec ses poèmes, Maupertuis avec ses géants ou Needham avec ses anguilles. S'il est vrai, comme le dit Grimm, qu'on n'osera reparler de ces anguilles avant cinquante ans par crainte du ridicule (CLT, vii.382), il faudra, dans le cas de Larcher, attendre 1778 pour qu'un disciple de Voltaire ose reconsidérer le pamphlet qui l'a abattu: 'C'est le même Larcher, écrit alors La Harpe du nouvel académicien, que M. de Voltaire a si durement traité dans la *Défense de mon oncle*, ouvrage d'un ton qui donnerait tort à un homme qui aurait raison, et que les amis de M. de Voltaire ont d'autant plus blâmé que Larcher ne méritait pas d'être traité ainsi. Il avait relevé M. de Voltaire sur des méprises de plus d'une sorte et en cela même il avait fait son métier d'érudit'.[5]

En faisant de Larcher la risée de Paris et de l'Europe, Voltaire

---

[4] Lettre de Voltaire à Formey, 4 nov. 1752 (D5061).
[5] *Correspondance littéraire*, ii.224 (lettre 84).

a naturellement vérifié la prédiction de d'Alembert: c'est par sa réponse que le *Supplément* et son auteur ont été tirés d'une obscurité qui n'avait pas échappé à Bachaumont. Le témoignage de Grimm est là-dessus fort clair: 'J'ai eu l'honneur de vous parler d'un *Supplément à la Philosophie de l'histoire*, qui a paru il y a quelques mois, en un assez gros volume [...] Dans ce supplément, toutes les erreurs, impiétés, opinions dangereuses de ce livre se trouvaient confondues avec le plus grand soin; la bêtise la plus scientifique brillait à chaque page. Charité inutile! Zèle perdu! Personne n'a voulu profiter des instructions du savant supplémentaire, et il n'y a peut-être que moi en France qui aie eu le courage de lire son docte ouvrage, et qui en aie rapporté la récompense de me confirmer dans l'idée que j'avais du pieux auteur et de ses principes' (CLT, vii.366). On se rappelle que ni Lacombe ni d'Alembert n'avaient encore entendu parler à Paris, en mai, d'un livre qui y était pourtant paru depuis près de deux mois; d'Alembert assurait même que 'ce beau supplément [...] est ici fort ignoré et ne produit pas la moindre sensation'. La *Défense de mon oncle* renverse évidemment cette situation: Hérissant ne pouvait rêver meilleure campagne de lancement pour le *Supplément*. Il le vendra si bien, grâce à Voltaire, que Larcher pourra en donner une seconde édition en 1769.[6] Le *Journal de Trévoux* lui-même n'a encore rien dit en juillet 1767 de ce *Supplément* que Mercier de Saint-Léger avait pourtant suscité: l'escobardeur abandonnerait-il son ami sur le peu de bruit que fait son livre? Il est probable en tout cas que sans la *Défense de mon oncle* le *Journal de Trévoux* n'aurait pas consacré au *Supplément* le compte rendu de dix-sept pages qui y est finalement paru en novembre: après une substantielle analyse des pages les plus polémiques de la préface, le journaliste rapporte cinq exemples judicieusement choisis pour donner un échantillon des bévues de l'abbé Bazin.[7] Bref, le *Supplément* est alors devenu un livre de l'actualité, auquel Voltaire a procuré le plus gros de ses lecteurs. On verra plus loin quelles

---

[6] Ce qu'atteste Fréron dans l'*Année littéraire* de mai 1769 (iii.148).
[7] *Journal de Trévoux* (novembre 1767), p.240-56.

raisons ont pu l'amener à braver ce risque, dont il avait probablement autant conscience que d'Alembert.

Brusquement exposé au feu roulant des sarcasmes voltairiens, l'érudit obscur sut ne perdre ni contenance ni courage: il décida de répondre à la *Défense de mon oncle*, mais se crut la force de le faire sur le même ton. Larcher achevait alors une traduction de l'*Apologie de Socrate* de Xénophon. Il résolut de la faire précéder d'une *Réponse à la Défense de mon oncle, précédée de la relation de la mort de l'abbé Bazin*. On saisit mal a priori le rapport avec Xénophon; mais le polémiste en a trouvé un: 'On a vu la défense de M. Bazin; voici l'apologie de Socrate. Le premier convaincu d'ignorance et de plagiats, ne répond que par des calomnies atroces et des injures infâmes. Le second a une tout autre manière: [...] il se défend avec toute la dignité qu'inspire une conscience droite qui n'a rien à se reprocher. Quelle différence entre ce philosophe ancien, ce citoyen sage et vertueux, et notre prétendu philosophe moderne!' (*Réponse*, p.45). L'ouvrage parut à la fin de l'année: d'Hémery le note sur son journal au jeudi 31 décembre 1767.[8] 'Relation' et 'Réponse' occupent une quarantaine de pages, dont la lecture afflige plus qu'elle n'égaie. C'est David se mesurant à Goliath, mais sans les secours du Ciel. Le titre même de 'Relation fidèle et authentique de la mort de M. l'abbé Bazin' n'est pas sans maladresse en rappelant inopportunément une relation autrement plus étincelante: celle de Larcher donne les bâillements de Berthier. Elle sert à introduire la fiction la plus laborieuse; car Larcher a inventé son trio lui aussi: l'abbé Bazin composait ses ouvrages avec sa sœur et le maître d'école de son village. L'apparition du *Supplément* lui a causé tant de chagrin qu'il en est mort, confiant à mademoiselle Bazin et à M. Orbilius le soin de venger sa mémoire. Voilà les deux véritables auteurs qui ont donné la *Défense de mon oncle* sous le personnage supposé d'un neveu. Orbilius 's'est fait connaître avantageusement aux Universités d'Hockley-Hole et de Bear Garden'. Quant à Mlle Bazin, c'est une 'vieille sybille d'environ 74 ans qui va toujours chanson-

[8] Comme paru chez Hérissant avec permission tacite (Bn F22164, f.137, no.482).

nant. Je ne vous dirai rien de sa figure. Elle s'est, sans y penser, peinte au naturel dans le portrait qu'elle a fait de la belle Ninon. Cette vieille harpie ne manque pas cependant d'esprit; mais elle a le caractère fait comme la figure. C'est la physionomie d'un vrai réprouvé' (*Réponse*, p.6). Ces allusions d'un goût douteux à l'âge et au physique décharné de Voltaire, la violence à peine contenue de la dernière expression, trahissent une agressivité mal dominée. Larcher ne parvient pas toujours à dissimuler à quel point les sarcasmes de la *Défense* l'ont blessé. Déjà pesante, la plaisanterie grince trop souvent, car l'indignation affleure: 'Je vous ai dit des raisons, vous y répondez par des injures et de ces injures atroces, telles qu'on n'en attend point des gens même les plus grossiers' (p.41). Elle éclate même une fois, dans un réquisitoire presque éloquent à force d'âpreté. Pourquoi nier obstinément la prostitution babylonienne? Comme si le vrai parfois n'était pas invraisemblable! La preuve: si dans cent ans 'l'on allait prouver qu'il exista dans le dix-huitième siècle un auteur qui eut toujours à la bouche les mots de vertu et de probité, et qui s'est cependant deshonoré par cent actions infâmes; si l'on allait démontrer que cet homme d'un caractère inquiet et turbulent, s'était fait chasser de tous les endroits où ses talents l'avaient fait admettre; que ce personnage, qui prêche la générosité, […] s'est abandonné à des usures criantes et à une avarice sordide; que cet homme qui ne parle que de douceur et de charité, est l'homme le plus dur dans la société, et l'ennemi le plus irréconciliable, poursuivant avec acharnement, même par delà le tombeau, ceux avec qui il a eu le plus léger différend; que cet homme, qui nous prêche la tolérance, est un tyran odieux qui ne saurait souffrir la plus légère contradiction, sans exhaler sa bile en des injures et en des calomnies atroces; si, dis-je, l'on allait démontrer toutes ces choses […] et que quelque Bazin du dix-neuvième siècle, s'appuyant sur ce qu'il n'est point vraisemblable de trouver réunies dans un même individu tant de contrariétés, allât sur un aussi faible fondement révoquer en doute l'existence d'un pareil monstre, que diriez-vous, mon cher Orbilius? Ne ririez-vous pas de son imbécillité?' (p.27-28). Même si elle n'est tissue que des lieux communs de la calomnie antivoltairienne, cette page étonne par une sorte de frémissement haineux que la plume retient à peine. Le ton est tout à fait nouveau par rapport au *Supplément*; Larcher avait su ne pas s'y départir d'une certaine sérénité. Ici en revanche, faute d'un contrôle absolu de sa sensibilité meurtrie, il lui arrive d'attester involontairement toute l'étendue de la victoire de Voltaire par ces mouvements d'indignation ulcérée.

Le plus pénible n'est pourtant pas là, mais dans un constant effort vers la plaisanterie, rarement récompensé. Pourquoi avoir maltraité Warburton 'qu'en 1765, en pleine paix, vous ne vous êtes fait aucune conscience de piller comme un corsaire?' (p.19). Quel besoin avait-on de faire accroire qu'on sait le grec: 'L'exemple de votre confrère d'Arcadie, qui voulut se couvrir de la peau du lion n'aurait-il pas dû vous rendre un peu plus sage? Que ne cachiez-vous vos oreilles? Qui vous obligeait à les montrer?' (p.19-20). Depuis la publication du fâcheux *Supplément*, la *Philosophie de l'histoire* fait à son auteur plus de tort que de réputation: 'Le seul moyen de vous soutenir encore un peu, c'est de [la] désavouer: vous en viendrez là; je vous le prédis. Et déjà vous désavouez le Dictionnaire philosophique' (p.22). Voltaire avait écrit: 'Ce n'est pas assez qu'il prostitue les princesses de Babilone aux muletiers, il donne des boucs pour amants aux princesses de Mendès. Je l'attends aux Parisiennes' (ch.7, l.22). Larcher répond: 'Il fait beau voir ce bel adonis, faible, languissant, et pouvant à peine se soutenir, venir rompre une lance pour les dames de Babylone et de la *Dynastie* de Mendès. Je le laisse avec elles: aussi bien nos Parisiennes ne s'accommoderaient guère d'un pareil galant' (*Réponse*, p.37-38). On voit assez la différence: là où Voltaire décochait ses flèches avec une élégante concision, son adversaire manie l'épieu. Quant au style, il n'est pas moins laborieux. Voici par exemple comment Larcher pense faire rire du libelle qui a tant fait rire de lui: 'Que de biens, que d'avantages, ne va pas nous procurer ce bel écrit, cet écrit si judicieux, si honnête, si enjoué! C'est là que se trouvent réunis cette urbanité et ce sel attique si familiers aux gens du bon ton des halles, et surtout cette véracité si particulière à son auteur. Heureux le siècle qui a produit un tel homme! O *Supplément*, ouvrage infortuné! Je te plaindrais si tu n'avais donné occasion à cette belle *Défense* qui va porter la lumière dans tout l'univers' (p.33-34). Ces grâces de collège n'ont certainement pas manqué d'égayer la bonne compagnie, mais pas aux dépens de Voltaire. 'Les arguments de M. Bazin [...] sont d'un homme fort poli, fort élégant et du meilleur ton', remarquait Grimm; 'l'on voit bien que M. Bazin a toujours vécu dans la meilleure compagnie du XVIIIe siècle' (CLT, vii.368). C'est ce qui manque cruellement à Larcher. Le duel est d'une inégalité presque gênante. A toutes ces laborieuses platitudes, Voltaire se trouvait avoir fait d'avance dans la *Défense de mon oncle* la seule réponse possible: 'il veut s'égayer, il croit que c'est là le bon ton. Il veut imiter mon oncle. Mais quand certain animal aux longues oreilles veut donner la patte comme le petit chien, vous savez comme on le renvoie' (ch.8, l.41).

Larcher a eu enfin le tort de confondre les genres, en mêlant à ses efforts de plaisanterie l'exposé d'arguments nouveaux relançant la discussion sur le fond. Ce qui n'allège sûrement pas l'ensemble. Le Voltaire de la *Défense* avait su éviter cet écueil, n'abordant les grands problèmes qui lui tiennent à cœur qu'après avoir vigoureusement étrillé l'adversaire. Larcher au contraire profite de son pamphlet pour compléter le *Supplément*. 'J'ai eu beau prouver qu'aucun Ancien n'avait avancé qu'il sortait par chacune des cent portes de Thèbes deux cents chariots armés en guerre et dix mille combattants. Vous n'en voulez donc point démordre. Eh bien, je vous donne un défi formel de citer un seul auteur ancien qui l'ait soutenu. En attendant, permettez-moi d'ajouter aux autorités que j'ai alléguées dans le Supplément à la Philosophie de l'histoire, celle d'un scoliaste d'Homère' (p.23-24). Larcher avait prouvé la prostitution babylonienne entre autres par une lettre de Jérémie rapportée par Baruch; mais Voltaire avait contesté dans la *Défense* l'autorité de Baruch au nom de saint Jérôme: la *Réponse* relance la discussion sur l'appréciation de Jérôme, l'authenticité de Baruch et la crédibilité du témoignage de Jérémie.[9]

---

[9] Cette page passera tout entière dans la seconde édition du *Supplément*.

Aussi la plupart de ces passages trouveront-ils leur place dans la seconde édition du *Supplément*, dont la *Réponse* constitue à certains égards comme la première mouture.

Le pamphlet de Larcher est donc consternant. Il faut toute la bienveillance de Dacier pour écrire que 'l'arme piquante de la plaisanterie [...] qu'il voulut employer, était trop légère pour sa main et trompa sa vengeance' (p.250). Mieux vaudrait dire qu'il rendit celle de Voltaire un peu plus complète. Il pouvait tranquillement dédaigner désormais un adversaire qui avait lui-même fourni à la bonne compagnie les éléments d'une comparaison si cruellement désavantageuse. En outre, le hasard lui procura un champion, ce qui n'était vraiment pas nécessaire: la réponse de Larcher inspira au comte de La Touraille une indignation qui s'épanche dans sa *Lettre à l'auteur d'une brochure intitulée: Réponse à la Défense de mon oncle*. Une note avertit au début que le destinataire la reçut dès janvier 1768, sans qu'elle fût rendue publique. 'Mais une nouvelle édition d'invectives contre M. de Voltaire' – entendons la réédition du *Supplément* – a déterminé l'auteur à la faire imprimer. Malgré toute la 'bonhomie provinciale' dont il assure faire profession, La Touraille n'a broché qu'une insipide mercuriale, parfois d'une étonnante partialité: la première édition du *Supplément* n'est, on s'en souvient, qu'une 'insulte préméditée', la 'satire la plus amère' où la prévention 'vous fait sans cesse oublier l'ouvrage pour ne vous occuper qu'à dire du mal de l'auteur'.[10] Larcher n'a donc eu dans la *Défense* que la réponse qu'il méritait: 'ne serait-on pas tenté de pardonner un peu au Nestor des beaux esprits, de vous avoir décoché une plaisanterie que je n'approuve pas assurément, mais dont je n'ai pu m'empêcher de rire avec tout le monde?' (p.7). Quant à la *Réponse à la Défense de mon oncle*, malheureusement écrite sur le 'ton des halles' que Larcher a cru pouvoir reprocher à Voltaire, son censeur juge pouvoir se faire le porte-parole du public qu'elle a révolté: 'j'ai l'honneur de vous avertir que vos lecteurs, les plus malignement curieux de ces querelles humiliantes, n'ont éprouvé, en lisant tant d'horreurs que

---

[10] *Lettre à l'auteur d'une brochure intitulée: Réponse à la Défense de mon oncle* (1769), p.4 et 5.

de l'indignation et de l'ennui' (p.9-10). Seule la haine a pu inspirer
ce 'persiflage inhumain sur la mort d'un vieillard' (p.14-15), etc.
Le tout sur un fond de louanges ordinaires pour un 'écrivain
sublime', un Hercule qui a terrassé 'les pédants et les cagots', 'le
Sophocle et le Tacite des Français'. L'écrivain sublime eut la
politesse de remercier La Touraille pour savoir écrire de ces
'lettres charmantes' (D15761), mais la faiblesse d'en parler à un
tiers comme d'une lettre 'noble et judicieuse' (à Foucher, D15702).
L'auteur de la *Défense* était-il vraiment le mieux placé pour louer
ce prêche sur la modération dans les écrits polémiques? Le neveu
eut au moins la décence de ne jamais faire la moindre mention
de la *Réponse*, qu'il a pourtant bien lue.[11] Et La Harpe prenant la
défense de Larcher en 1778, jugera préférable d''oublier' cette
fâcheuse réplique: 'D'ailleurs Larcher [...] n'a jamais répondu aux
outrages de M. de Voltaire: du moins la seule réponse qu'il fit fut
très douce et très philosophique. Il se mit à rire de la colère et
des injures de son adversaire, et il parut n'en voir que le côté
plaisant. Il sera toujours gai, disait-il; ce fut là toute sa vengeance.
Dans ce moment, ce me semble, le savant fut au-dessus du grand
poète'.[12] Cette attitude, Larcher l'adoptera par la suite en effet.
Mais cette sagesse trop tard venue ne lui a pas permis l'économie
d'une regrettable erreur. Elle n'est même qu'une des leçons tirées
de son échec.

Car le lamentable vaincu de cette première bataille comprit
qu'il n'avait pas perdu la guerre. Son grand tort avait été de suivre
l'adversaire sur son terrain. Aussi revint-il sagement au sien

---

[11] Ce qu'attestent deux allusions. La première se rencontre dans les *Questions
sur l'Encyclopédie* (1771). Accusant Larcher d'avoir pris 'le parti des boucs',
Voltaire ajoute comiquement: 'Sa grande raison, disait-il, c'est qu'il était allié
par les femmes à un parent de l'évêque de Meaux' (M.xviii.393). Or Larcher n'a
fait état de ce détail que dans la *Réponse*. Encore n'a-t-il pas précisé: par les
femmes. Voltaire, on le voit, était donc parfaitement renseigné, mieux même
que Fréron qui, dans son compte rendu de l'*Année littéraire*, assurait faussement
en 1769 que Larcher descendait de Bossuet 'par son père et par sa mère'. D'autre
part une note de Voltaire au *Taureau blanc* constitue une seconde référence
implicite au pamphlet de Larcher (voir ch.7, n.7).
[12] *Correspondance littéraire*, ii.224 (lettre 84).

propre, celui de l'érudition, où il avait déjà remporté l'avantage: sa véritable réponse à la *Défense de mon oncle*, Larcher l'a donnée en 1769 par une réédition substantiellement augmentée du *Supplément*. Le livre s'allonge d'un quart, Larcher y a apporté une quarantaine d'additions. Seize d'entre elles[13] répondent directement à tel ou tel passage du 'triste et infâme libelle' (S.69, p.132) qu'est la *Défense* dont une demi-douzaine figuraient déjà pour l'essentiel dans la *Réponse*. Mais le ton a été adouci, les apostrophes supprimées, la vigueur polémique atténuée. Larcher sait même reconnaître ses torts à l'occasion (voir ci-après ch.11, n.7). Bon prince, il concède à l'adversaire des fautes d'impression dont on ne peut le tenir pour responsable: 'J'aime à rendre justice à M. l'abbé, quand l'occasion s'en présente. Il doit être persuadé que l'amour seul de la vérité m'a fait entrer en lice avec lui' (S.69, p.61). Mais en même temps Larcher fait tomber les masques: on lit fréquemment 'Volt.' ou même 'M. Volt.', quand la première édition ne disait jamais que 'M. l'abbé' ou 'l'abbé Bazin'. Il arrive aussi que l'impénitent Larcher risque quelques plaisanteries sur le chapelain de la princesse de Babylone, qui aurait eu de fréquentes conversations avec son perroquet;[14] par bonheur, elles demeurent en très petit nombre. Les commentaires de 1767 peuvent à l'occasion être allongés, tantôt par quelques lignes, tantôt par plusieurs pages: c'est que Larcher a entre temps découvert une source, une preuve, un argument supplémentaires (voir p.290 ou 356). Le 'menu nettoyage' se poursuit donc avec une implacable rigueur. Larcher déniche même un plagiat particulièrement humiliant, celui d'une traduction de Platon par d'Argens: Voltaire en a recopié ingénument une faute d'impression, croyant justement pouvoir montrer par ce passage comme Platon est peu intelligible (S.69, p.301-302). Enfin, une quinzaine de nouveaux passages de la *Philosophie de l'histoire* font l'objet de commentaires propres; ce sont ordinairement les additions les plus étoffées. Elles ont trait pour la plupart aux Chaldéens, aux Babyloniens et aux Egyptiens. Une seule concerne la Bible (S.69, p.294-96). Les deux dernières

---

[13] Elles sont signalées à leur place dans les notes.
[14] S.69, p.197; voir aussi p.179.

attirent l'attention: Larcher y prend pour texte non plus quelques lignes de l'abbé Bazin, mais un chapitre entier. Ainsi sont réfutés successivement les chapitres 30, 'De l'idolâtrie' (S.69, p.325-28), et 37, 'Des mystères de Cérès Eleusine' (S.69, p.362-69). De ce dernier, Larcher montre, selon sa technique habituelle, qu'il 'est entièrement pillé de la Divine Legation de Moïse du savant évêque de Gloucester'. Mais les pages consacrées à l'idolâtrie offrent une certaine originalité. D'abord parce qu'il est rare, on l'a vu, que Larcher discute les idées de Voltaire; sa critique porte ordinairement de façon exclusive sur des points précis d'érudition. Or pour une fois qu'il élève le débat, on s'aperçoit qu'il ne réfute pas à proprement parler la thèse de Voltaire soutenant qu'il n'y a jamais eu de véritables idolâtres, c'est-à-dire de peuples adorant des statues. Larcher en demeure d'accord. Tout son effort se borne à tenter de mieux cerner l'acception historiquement donnée par juifs et chrétiens au terme d'idolâtrie. Voltaire a selon lui le tort de l'entendre dans son seul sens étymologique d'adoration d'images. L'idolâtrie consiste aussi bien à adorer des animaux vivants ou des êtres fantastiques créés par l'imagination, ou encore des objets inanimés comme le soleil et les astres.

Il a même sur le sujet des réflexions de philosophe: 'Il peut [...] se faire que des gens d'ailleurs très éclairés suivissent aveuglément là-dessus le gros de la nation. On sait combien est grande la force des préjugés de l'enfance et de l'éducation, et combien il est rare de réfléchir sur les sentiments qu'on a, pour ainsi dire, sucés avec le lait. On en voit des preuves dans les siècles les plus polis, les plus éclairés, et où la philosophie a fait le plus de progrès' (S.69, p.327). On peut donc combattre Voltaire historien, mais penser parfois comme Voltaire philosophe; dénoncer aussi l'intolérance du premier écrivain du siècle (S.69, p.313-14) et, dans la même page, proposer sur la tolérance des réflexions que peut seule inspirer la philosophie: 'Il se trouve d'autres hommes, il est vrai, qui sont tolérants, parce qu'ils ont le cœur naturellement bienfaisant, et qu'ayant beaucoup réfléchi sur la faiblesse de notre entendement, ils ne peuvent regarder comme un crime la manière différente dont les hommes envisagent le même objet. En prêchant

95

la tolérance, encore plus par leur exemple que par leurs écrits, ils rendent à l'humanité un service essentiel. On ne saurait trop leur en savoir gré'. Au reste le véritable chrétien ne peut pas ne pas être tolérant, puisque Jésus, 'bien loin de contraindre personne n'employa jamais que la persuasion'. Il faut donc se garder de toute forme de croisade: 'On croit n'être animé que d'un zèle pur pour la vérité, et le plus souvent on ne suit que l'impétuosité de ses passions: si l'on est né doux et humain, on sort de son caractère, ou faute de lumière, ou parce qu'on donne sa confiance à des hommes méchants, qui cachant leur perversité sous de beaux dehors en abusent toujours' (S.69, p.314-15). Ailleurs, Larcher tient sur les progrès des arts des propos qui eussent pu figurer dans la *Philosophie de l'histoire* ou l'*Essai sur les mœurs:*: 'Les arts ont été enfantés par les besoins. C'est la marche de la nature. Le peuple qui a senti le premier qu'il lui manquait quelque chose, a cherché à y apporter du remède. On va d'abord à tâtons; mais il s'élève ensuite des génies heureux sous qui les sciences et les arts font des progrès étonnants' (S.69, p.91-92). Bref, ce que le *Supplément* de 1769 atteste beaucoup plus clairement que la première édition, c'est que le détracteur de la *Philosophie de l'histoire* n'est pas nécessairement un détracteur de la philosophie. Larcher rasséréné ne craint pas de laisser voir qu'il peut à l'occasion penser comme son adversaire.

C'est qu'il a compris qu'il n'était pas de meilleure preuve de l'excellence de son *Supplément* que la vivacité de la réaction de Voltaire. On n'en vient aux injures que par défaut d'arguments. Dans son introduction refaite, Larcher sait qu'il peut se vanter d'avoir arraché son 'masque de savoir' à un simple 'charlatan d'érudition'. Et dans sa conclusion nouvelle, il pense pouvoir donner aux ennemis de Voltaire une pertinente leçon de tactique: c'est au savant qu'il faut s'en prendre et non à l'impie. 'Tous ceux qui jusqu'ici ont attaqué Volt. me semblent ne s'y être pas assez bien pris. Qu'on fasse voir que ses ouvrages sont dangereux pour les mœurs et la religion, il s'en fait gloire, il s'en fait honneur; mais qu'on prouve qu'il n'est qu'un plagiaire, et rien moins qu'un savant, alors sa bile s'enflamme, et furieux de se voir si bien apprécié, il vomit toutes les infamies que la rage lui met à la bouche. Je m'étais bien attendu qu'il n'épargnerait ni le Supplément ni son auteur; mais il a surpassé mon attente. Je ne veux point d'autre preuve de la bonté de ce petit ouvrage que la sensibilité de Volt. S'il n'y eût point répondu, ou qu'il l'eût fait sans emportement, j'aurais commencé à me défier de mes raisons' (S.69, p.412). Larcher n'a pas tort. La *Défense de mon oncle* se trouve être aussi à sa façon et malgré Voltaire une défense du *Supplément*: elle montre bien comme l'éreintement méprisant de Grimm était peu justifié. C'est pourquoi dans sa sérénité retrouvée l'érudit peut prendre du libelliste ce congé dédaigneux: 'Il peut, tant qu'il voudra, composer dorénavant contre moi des libelles; content de le mépriser, je n'imiterai point ce voyageur dont parle Boccalini, qui se détourna de son voyage pour tuer les cigales qui l'incommodaient sur sa route' (S.69, p.413). Fréron, qui en a senti l'importance, citera toute cette page à la fin de son compte rendu du *Supplément* de 1769, mais, un peu piqué, tiendra à préciser qu'il a lui-même dénoncé plus d'une fois la fausse science de Voltaire.[15] Compte rendu plus riche et plus habile que celui du *Journal de Trévoux*: Fréron ne manque pas de signaler tout le succès de la première édition et, pour favoriser celui de la seconde, met en bonne place ses plus intéressantes nouveautés. Si la *Défense de mon oncle* visait à détourner du *Supplément* les lecteurs de la bonne compagnie, Fréron fait tout ce qu'il peut pour les y ramener. Larcher lui-même paraît s'en être préoccupé: il lui arrive dans la seconde édition de traduire en français des citations latines,[16] soin qu'il n'avait pris dans la première que pour les citations grecques. On se rappelle l'assurance de Voltaire en juin 1767: 'Je sais bien que les gens du monde ne liront point le *Supplément à la Philosophie de l'histoire*' ... Le calcul n'a probablement pas été tout à fait exact.

De ce duel inégal Larcher finira donc par sortir au moins

---

[15] 'J'ai dévoilé un grand nombre de plagiats de ce génie créateur. J'en ai mille autres encore que je compte bien mettre au jour: ainsi M. Larcher conviendra du moins qu'un faible pygmée tel que moi ne *s'y est pas* absolument *mal pris* pour attaquer ce géant redoutable' (*Al* 1769, iii.159).

[16] Voir par exemple S.69, p.258-59.

comme un vaincu très honorable. Désormais sûr de lui, l'érudit se ralliera bien des suffrages par sa modération. Car il tiendra parole: l'incommodante cigale aura beau le poursuivre longtemps, il ne lui répondra plus. Au témoignage qu'on connaît de La Harpe, il convient d'ajouter celui de d'Alembert, que le trait a conquis. 'Il faut', écrit-il à Voltaire le 26 décembre 1772, 'que je vous dise encore un trait de *Cogé pecus*. Il y a déjà quelque tems qu'il alla trouver Larcher, ayant à la main un livre où vous les avez attaqués & bafoués tous deux, et excitant Larcher à se joindre à lui pour demander vengeance [...] l'Archer donc le pria de lire l'article qui le regardoit, le trouva fort plaisant, écrit avec beaucoup de grâces & de sel, et lui dit qu'il se garderoit bien de s'en plaindre' (D18104).[17] Palissot rapporte à peu près la même réponse: Larcher 'lui mit sous les yeux quelques plaisanteries excellentes, lui en fit remarquer le sel de la grâce, en rit lui-même en les relisant, et congédiant son homme: Vous voyez bien, lui dit-il, que je ne me sens pas assez offensé pour me plaindre'.[18] Ce rire sincère ne masque aucune faiblesse ou démission. Sur le fond, Larcher ne concèdera jamais rien à Voltaire. Il a déjà dénoncé par deux fois les graves insuffisances de son érudition; il continuera à l'occasion, avec davantage de modération et de courtoisie, il est vrai, mais sans rien abandonner de la fermeté du savant pour qui les droits de la vérité sont imprescriptibles. Lorsque par exemple Larcher changera d'avis sur l'origine de la circoncision en cessant de l'attribuer à Abraham, ce ne sera en aucune façon par complaisance pour l'auteur de la *Philosophie de l'histoire*, mais bien parce que ses propres recherches l'auront amené à évoluer.[19] Sa modération et sa science finiront presque à la longue par triompher des lazzi de

[17] Th. Besterman estime que le livre dont se plaignait Coger est la *Défense de mon oncle*. Mais on ne voit pas pourquoi Larcher qui le connaissait fort bien, aurait eu besoin de se le faire lire. En outre l'expression 'l'article qui le regardait' ne peut désigner qu'un passage et non presque la moitié de tout un ouvrage. Il est beaucoup plus probable qu'il s'agit de l'invocation aux Muses terminant le chapitre 22 de la *Princesse de Babylone* (1768): Coger et Larcher y sont successivement pris à partie avec une drôlerie irrésistible (M.xxi.431-32).

[18] Cité par Arnault et Jay, *Biographie nouvelle des contemporains*, xi.25.

[19] Voir *Hérodote* (1786), ii.228, n.112.

la *Défense*. Ainsi Meister, rendant compte de l'*Hérodote* en 1786, commencera par les rappeler, mais pour ajouter aussitôt: 'Il semble [...] que l'honnête M. Larcher ne s'en est pas laissé fort émouvoir; il n'a pas cessé de continuer ses savantes recherches [...] Il répond sans humeur aux gaietés de M. de Voltaire, et s'obstine à soutenir de toute la puissance de son érudition que les dames de Babylone étaient obligées une fois en leur vie de se prostituer' (CLT, xiv.473). Et c'est finalement Voltaire qui perd son procès. Mais la suite montre assez comme l'auteur lui-même de la *Défense de mon oncle* se sentait loin de l'avoir gagné...

6

Vers un rapprochement tacite?

Après la *Réponse à la Défense de mon oncle* et la réédition du *Supplément*, l'échange polémique entre Voltaire et Larcher est en principe terminé. Mais l'écho s'en prolongera près d'une dizaine d'années encore. Les deux adversaires restent loin de s'ignorer: s'est poursuivi jusqu'à la mort de Voltaire une sorte de dialogue caché qui révèle de part et d'autre un même souci de consolider des positions irréductibles. Malgré la *Défense de mon oncle*, Voltaire n'a jamais eu le sentiment d'en avoir véritablement fini avec le *Supplément à la Philosophie de l'histoire*.

Tout d'abord il n'a pas pour habitude d'abandonner ses proies facilement. Désormais en bonne place dans la liste des victimes du moment, le nom de Larcher sera matière à toutes sortes de quolibets dans les deux ou trois années à venir. Dès 1768, le voici devenu avec Coger l'une des meilleures têtes de Turc du neveu acharné. Ces vœux de bonne année à Saurin donnent le ton: 'Vivez heureusement, gaiement, et longtemps. Je souhaite des apoplexies aux Riballier, aux Larcher, aux Cogé; et à vous, mon cher confrère, une santé aussi inaltérable que l'est mon attachement pour vous' (13 janvier 1768; D14667). Dans la dernière note de l'épilogue à la *Guerre civile de Genève* (1768), Voltaire maltraite Nonnotte et quelques autres, puis ajoute: 'Ce n'est pas que nous négligions Cogé, et Larcher, et Guyon, et les grands hommes attachés à la secte des convulsionnaires, de qui les écrits donnent des convulsions. Nous sommes justes, nous n'avons acception de personne' (M.ix.555, n.2). La même année, l'*Homme aux quarante écus* procure à son auteur l'occasion d'un règlement de comptes général: sont brocardés tour à tour Guyon, Coger, Nonnotte, Patouillet, La Beaumelle, Fréron, Larcher et Jean-Jacques. Mais les deux derniers sont honorés chacun d'un substantiel paragraphe:

Ferez-vous mettre au pilori le sieur Larcher, parce qu'il a été très pesant, parce qu'il a entassé erreur sur erreur, parce qu'il n'a jamais su distinguer aucun degré de probabilité, parce qu'il veut que, dans une antique et immense cité renommée par sa police et par la jalousie des maris, dans Babylone enfin, où les femmes étaient gardées par des eunuques, toutes les princesses allassent par dévotion donner publiquement leurs faveurs dans la cathédrale aux étrangers pour de l'argent? Contentons-nous de l'envoyer sur les lieux courir les bonnes fortunes; soyons modérés en tout; mettons de la proportion entre les délits et les peines. (M.xxi.348)

Il arrive même que Voltaire retrouve la verve étincelante des premiers chapitres de la *Défense de mon oncle*; en 1768 toujours, il termine la *Princesse de Babylone* par cet irrésistible invocation aux muses qui fera rire jusqu'à sa victime:

O muses! [...] Mettez un bâillon au pédant Larcher, qui, sans savoir un mot de l'ancien babylonien, sans avoir voyagé comme moi sur les bords de l'Euphrate et du Tigre, a eu l'imprudence de soutenir que la belle Formosante, fille du plus grand roi du monde [...] et toutes les femmes de cette respectable cour, allaient coucher avec tous les palefreniers de l'Asie pour de l'argent, dans le grand temple de Babylone, par principe de religion. Ce libertin de collège, votre ennemi et celui de la pudeur, accuse les belles égyptiennes de Mendès de n'avoir aimé que des boucs, se proposant en secret, par cet exemple, de faire un tour en Egypte pour avoir enfin de bonnes aventures.

Comme il ne connaît pas plus le moderne que l'antique, il insinue, dans l'espérance de s'introduire auprès de quelque vieille, que notre incomparable Ninon, à l'âge de quatre-vingts ans, coucha avec l'abbé Gédoin, de l'Académie française et de celle des inscriptions et belles-lettres. Il n'a jamais entendu parler de l'abbé de Châteauneuf, qu'il prend pour l'abbé Gédoin. Il ne connaît pas plus Ninon que les filles de Babylone.

Muses, filles du ciel, votre ennemi Larcher fait plus: il se répand en éloges sur la pédérastie; il ose dire que tous les bambins de mon pays sont sujets à cette infamie. Il croit se sauver en augmentant le nombre des coupables.

Nobles et chastes muses, qui détestez également le pédantisme et la pédérastie, protégez-moi contre maître Larcher! (M.xxi.431-32)

Après 1768, les quolibets proprement dits se font plus rares, plus courts et moins savoureux. En 1770, à l'occasion d'une note ajoutée au *Dictionnaire philosophique*, Voltaire vitupère le répétiteur de collège qui a osé citer 'je ne sais quel bouquin, dans lequel on appelle Socrate *sanctus pederastes*, Socrate saint b...' (M.xvii.180, n.1). L'année suivante, il se gausse de celui qui a pris 'le parti des boucs' dont s'étaient éprises les jeunes égyptiennes: 'sa grande raison, disait-il, c'est qu'il était allié par les femmes à un parent de l'évêque de Meaux, Bossuet, auteur d'un discours éloquent sur l'*Histoire non universelle*; mais ce n'est pas là une raison péremptoire' (M.xviii.393-94). En 1771 toujours, on lit cette raillerie méprisante dans une épître à d'Alembert:

> Lorsque dans son grenier certain Larcher réclame
> La loi qui prostitue et sa fille et sa femme,
> Qu'il veut dans Notre-Dame établir son sérail,
> On lui dit qu'à Paris plus d'un gentil bercail
> Est ouvert aux travaux d'un savant antiquaire
> Mais que jamais la loi n'ordonna l'adultère.
> Alors on examine; et le public instruit
> Se moque de Larcher qui jure en son réduit.[1]

Le souvenir de la querelle commençait-il à s'estomper? Voltaire en tout cas croit devoir accompagner ce passage d'une note rappelant la position prise par Larcher sur la prostitution babylonienne et concluant qu'"il y a encore dans la poussière des collèges de ces cuistres qui semblent être du quinzième siècle. Notre auteur ne fit que se moquer de ce Larcher, et il fut secondé de tout Paris, à qui il le fit connaître'. Mêmes plaisanteries, en 1772, sur les penchants à la prostitution, à la sodomie et à la bestialité, d'"une autre lumière de collège'; mais aussi vif reproche à Larcher d'avoir voulu 'faire brûler l'abbé Bazin' en l'accusant 'de déisme et d'athéisme'.[2] Justification de la prostitution et de la sodomie, tel est encore le grief fait au 'pédant Larchet, mazarinier ridicule', dans une note du chant 20 de la *Pucelle* en 1773 (Voltaire 7, p.562, n.2); il est aussi brièvement pris à partie, cette même année, dans

[1] M.x.429 (voir aussi M.x.162).
[2] M.xx.325 ('Quisquis Larcher', *Questions sur l'Encyclopédie*).

une note du *Taureau blanc* (voir ch.7, n.7) et dans l'article 2 du *Fragment sur l'histoire générale* (M.xxix.229-30). Puis plus rien: brocards et persiflage cessent après 1773. Lorsque Voltaire ajoute une note en 1775 au chapitre 11 de la *Philosophie de l'histoire*, pour réfuter une fois de plus celui qui en affirmant la réalité de la prostitution babylonienne et de la pédérastie des Perses a poussé aussi loin que possible 'l'opprobre de la littérature' et la calomnie de la nature humaine, il évite de nommer Larcher (Voltaire 59, p.129, variante). Quant à l'avis des éditeurs mis en tête de l'*Essai sur les mœurs* dans l'édition de Kehl et que Voltaire a probablement rédigé en 1777, nous verrons plus loin en quoi il constitue un cas un peu à part. L'attitude de Voltaire à l'égard de la personne de son adversaire a donc incontestablement changé.

Or dans le même temps que les quolibets sur Larcher se sont faits plus rares, la discussion de ses idées est devenue beaucoup plus sérieuse. Très vite, Voltaire s'est rendu compte qu'il ne suffisait pas de ses habituelles plaisanteries sur la prostitution babylonienne pour convaincre Hérodote de crédulité et Larcher de sottise. Dès 1770,[3] il éprouve le besoin de réfuter les arguments de l'auteur du *Supplément* avec beaucoup plus de soin qu'il ne l'avait fait dans la *Défense*: l''apologie des dames de Babylone' ne suffit plus. C'est à la sienne propre qu'il est réduit, en tentant d'écarter les fortes objections de l'adversaire: les sacrifices d'enfants à Moloch ne prouvent rien, car 'ces horreurs iroquoises d'un petit peuple infâme' sont sans rapport réel avec 'une prostitution si incroyable' chez la nation la plus civilisée de tout l'Orient. Voltaire s'avise même qu'il n'a encore rien opposé à l'autre exemple proposé par Larcher: la fête des Lupercales à Rome, durant laquelle 'des jeunes gens de qualité et des magistrats respectables couraient nus par la ville, et un fouet à la main', dont ils frappaient 'des femmes de qualité enceintes, qui se présentaient à eux sans rougir, dans l'espérance que cette cérémonie leur procurerait une heureuse délivrance' (S.67, p.88). Voltaire conteste cette nudité entière des coureurs et aussi que les dames

---

[3] M.xvii.512-14 (*Questions sur l'Encyclopédie*, 3ᵉ partie).

enceintes 'se troussaient pour recevoir des coups de fouet sur le ventre nu' (M.xvii.514); car c'est ce qu'il a cru lire entre les lignes, à la façon dont s'exprime l'auteur du *Supplément*! Enfin et surtout cette fête des Lupercales n'a pas plus de rapport réel avec la prostitution babylonienne que les sacrifices humains. Sa conclusion dessine entre Larcher et lui une opposition à laquelle il aimera revenir: Larcher, qui ne connaît 'ni l'esprit humain, ni les mœurs des nations' n'est qu'un compilateur 'de vieux auteurs qui presque tous se contredisent'. Toute la supériorité de l'abbé Bazin est d'avoir été philosophe, en sachant douter de ces douteux témoignages. Sur l'entraînement par son père des futurs soldats de Sésostris et la conquête du monde par ce roi d'Egypte, Voltaire n'est pas non plus tout à fait certain d'avoir triomphé de Larcher: aussi répète-t-il ses arguments, complétés ou modifiés, en 1771 et 1773 (voir ch.9, n.23). Il ne s'agit manifestement plus de ridiculiser un homme, mais de ruiner les positions d'un historien avec qui il est devenu impossible de ne pas compter. L'article 10 du *Fragment sur l'histoire générale*, écrit en 1773 et consacré à la *Philosophie de l'histoire*, est particulièrement significatif à cet égard: après avoir rappelé le but et la méthode de l'abbé Bazin, c'est-à-dire l'essentiel de cette philosophie qui consiste à consulter la nature pour 'porter quelque faible lumière dans le ténébreux chaos de l'antiquité', Voltaire précise aussitôt ce qui le différencie de Larcher: 'Il ne faut pas s'enquérir quel est le plus savant, dit Montaigne, mais quel est le mieux savant. Il a plu à M. Larcher, très savant homme à la manière ordinaire, de combattre notre philosophie par son autorité. Ainsi il était impossible que nous nous rencontrassions' (M.xxix.255). On relève ici une opposition fort intéressante et presque juste entre la *philosophie* de l'un et l'*autorité* non pas de l'autre, mais des témoignages historiques qu'il allègue. Le conflit porte bien sur la soumission de la raison à la preuve: Voltaire n'accepte celle-ci qu'à condition qu'elle ne blesse pas celle-là; Larcher et Grimm, beaucoup plus défiants à l'égard de la raison humaine, ne lui reconnaissent pas le droit d'invalider les témoignages authentiques (voir ch.2, n.5 et 13). Positions dont Voltaire lui-même a reconnu la totale inconciliabilité: 'M. Larcher n'en démordit point, et préféra toujours les vieux auteurs à la vérité ancienne et moderne' (M.xxix.256). L'auteur de ce dixième *Fragment sur l'histoire générale*, qui n'en démord pas davantage, reprend donc ses arguments ordinaires pour nier une fois de plus la prostitution babylonienne, la pratique de l'inceste chez les Perses, les conquêtes de Sésostris, la formidable armée de Thèbes aux cent portes, etc. Mais on est surtout frappé par l'inhabituelle modération du ton, presque courtois et qui marque en tout cas une certaine considération pour l'adversaire: Larcher n'est plus ici traité de pédant ou de lumière de collège: 'Il a plu à M. Larcher', 'M. Larcher nous soutenait'. On croirait que Voltaire sait gré à son adversaire d'avoir finalement si bien réagi à ses sarcasmes: 'Ces disputes ne doivent point altérer la charité chrétienne; mais aussi cette charité peut admettre quelques plaisanteries, pourvu qu'elles ne soient point trop fortes' (M.xxix.257).

Larcher de son côté ne reste pas inactif. L'Académie des inscriptions ayant proposé des recherches sur le culte de Vénus pour sujet de l'un de ses concours, alors qu'il était assez sérieusement malade, il saisit cette occasion de se délasser de ses travaux sur Hérodote tout en donnant pleine mesure de sa très vaste érudition. Son *Mémoire sur Vénus*, publié en 1775, est aussitôt couronné par l'Académie. Ouvrage aussi savant qu'illisible: illisible par la lourdeur du style, la monotonie du défilé des épithètes de Vénus ou de ses temples (Larcher ne s'anime que pour critiquer l'abbé Gédoyn dont il dénonce inlassablement les bévues et contresens); savant par l'étonnante connaissance que suppose un tel livre des auteurs grecs et latins. Pas une seule allusion ou explication relative à Vénus ne paraît lui avoir échappé.[4] Son étude représente certainement un impressionnant effort de synthèse. En outre, il y utilise la critique philologique avec l'aisance qu'on lui connaît et ne manque pas d'en faire remarquer la nécessité à ses juges (p.18-19). Or ce mémoire poursuit, sans jamais le dire, le débat avec Voltaire sur la prostitution sacrée. L'un des principaux résultats de cette très savante enquête, c'est d'établir que cette

---

[4] Malgré une remarque facétieuse de Diderot relevant le silence de Larcher sur la 'Venus mammosa' chère à l'école flamande (A-T.xii.127).

prostitution érigée en rite religieux, s'est en fait produite en bien d'autres endroits de l'Orient qu'à Babylone: dans l'île de Chypre, à Héliopolis en Phénicie, à Aphaques près du Liban, à Sicca Veneria en Afrique (p.13-15). Au temple de Vénus à Byblos, on célébrait des 'orgies d'Adonis' qui se terminaient par la tenue d'un véritable marché de prostitution ouvert aux seuls étrangers (p.21). Selon Strabon, les Arméniens consacraient à Vénus les filles de la première distinction: 'Elles ne se mariaient qu'après s'être longtemps prostituées auprès de la Déesse, suivant l'usage du pays et personne ne dédaignait de les épouser' (p.26). Larcher peut donc conclure que cette prostitution rituelle en l'honneur de Vénus, qui révoltait tellement Voltaire à Babylone, constituait finalement dans la quasi-totalité du monde antique 'une partie essentielle de son culte' (p.250). Le témoignage de l'histoire devient accablant pour l'abbé Bazin et son neveu. Mais Larcher va plus loin, montrant qu'à l'occasion il sait lui aussi expliquer l'histoire en philosophe: adoptant comme Voltaire la théorie de l'origine allégorique des fables,[5] il juge que toutes celles qui concernent Vénus ont été inventées par les philosophes de l'Asie, soucieux de cacher leur doctrine sous le voile de l'allégorie, selon l'usage oriental. 'Le principe vivifiant fut peint sous les traits d'une déesse, qui donne la vie à toute la nature et dont l'empire s'étend sur tous les êtres' (p.307). Le vulgaire ignorant prit l'allégorie pour une histoire réelle et rendit un culte à la déesse qui préside à la reproduction de tout ce qui vit. Ce culte resta pur, tant qu'on ne fit pas l'application de ce principe abstrait à l'union sexuelle. Mais ce pas franchi, il devait nécessairement dégénérer: 'et Vénus, de céleste qu'elle était, devint bientôt une prostituée. Il n'y avait qu'un pas à faire, le principe créateur étant le même dans la débauche et dans l'union légitime. De là ce culte infâme, dont elle fut honorée presque par tout l'Orient, et dont j'ai parlé d'une manière assez étendue au commencement de ce mémoire' (p.308). Ainsi la prostitution sacrée, loin d'être un invraisemblable illogisme de l'histoire, s'inscrit finalement dans

---

[5] Voir ch.21, 4ᵉ diatribe, n.2, 2°.

l'évolution historique d'une religion, dont elle représente comme l'aboutissement inévitable. Quoi que vaille aujourd'hui l'explication de Larcher, il faut bien convenir que sa philosophie de l'histoire pouvait alors paraître sur ce point beaucoup moins courte que celle de l'abbé Bazin.

Voltaire a-t-il lu le *Mémoire sur Vénus?* Rien ne permet de l'affirmer. Il n'eût pas été de toute façon de nature à modifier sa conviction. Lorsque l'abbé de La Chau publie en 1776 sa *Dissertation sur les attributs de Vénus,* son dépit de ne pas avoir obtenu le prix le porte à faire sa cour au patriarche en la lui envoyant: 'vous verrez que j'ai autant de respect pour Les dames grecques que L'abbé Bazing en avoit pour celles de Babylone. Je suis aussi tout à fait de l'avis de son cher neveu sur certaines cérémonies que L'inventeur d'un rituel tout nouveau vouloit que l'on pratiquât dans Le culte de La Déesse de La beauté. Je ne puis pas croire que les Dames de Cypre se rassemblassent dans La cathédrale de Paphos pour y offrir leurs faveurs au premier marchand qui se présentoit' (D19990). Voltaire profite de sa lettre de remerciements pour réaffirmer brièvement sa position bien connue: 'Je crois fermement qu'il n'y a jamais eu de culte contre les mœurs, c'est à dire contre la décence établie chez une nation [...] Il est ridicule que de prétendus savants aient regardé des bordels tolérés comme des loix relligieuses, et qu'ils n'aient pas sçu distinguer les filles de l'opéra de Babilone d'avec les femmes et les filles des satrapes' (D20014). N'appréciant guère les conclusions du disciple de son ennemi, Larcher s'en vengera dans une note de son *Hérodote*: 'Cet auteur, voulant sans doute faire sa cour à M. de Voltaire, n'a pas manqué d'attaquer le récit d'Hérodote, d'une manière malhonnête pour ceux qui sont de l'avis de cet historien. On lui passerait volontiers le ton imposant et présomptueux avec lequel il décide, s'il donnait du moins quelque raison plausible de son opinion [...] J'admire la sagacité de M. de la Chau, qui oppose judicieusement la Fable à l'Histoire, et qui donne sérieusement à un poète qui a écrit de propos délibéré sur la mythologie de son pays, la préférence sur des historiens graves et sensés, qui ont fait mille recherches pour s'instruire de la vérité'.[6]

Jusqu'au bout par conséquent, Voltaire et Larcher seront demeurés dans le plus complet désaccord sur la prostitution sacrée. Cette intransigeance ne doit pas surprendre, l'opposition est d'ordre doctrinal: tous deux ont compris la valeur exemplaire du fait rapporté par Hérodote et l'enjeu du différend qu'il a soulevé. Il engage une véritable philosophie de l'histoire de part et d'autre. On connaît celle de l'abbé Bazin qui, d'abord attentif aux répugnances de la raison, n'hésite pas alors à douter ou à nier. On a deviné celle de Larcher, pour qui la raison n'est finalement qu'un critère fluctuant et par conséquent trompeur. Aussi ne cessera-t-il de s'élever de plus en plus vigoureusement, même après la mort de Voltaire, contre un pyrrhonisme de l'histoire qu'il juge devenu envahissant et dangereusement excessif. Ainsi ces lignes écrites en 1785 paraissent bien dirigées encore contre l'auteur de la *Philosophie de l'histoire* et ses épigones: 'On quitte le certain pour l'incertain; on répand sur l'histoire un pyrrhonisme funeste, dont on n'a déjà que trop abusé. Les anciens ne sont plus étudiés dans les sources – et l'on parvient enfin, avec de l'esprit, à enfanter des systèmes plausibles aux yeux de l'ignorance. Fiers des applaudissements de la multitude, les auteurs de pareils systèmes s'érigent en coryphées de la littérature'.[7] En 1804, il reconnaîtra volontiers tout ce que la science historique doit à l'esprit philosophique: il lui a appris 'à douter et à suspendre son jugement', l'a 'rendue difficile sur le choix de ses preuves et le degré de leur force'. Mais on a été trop loin: 'je ne sais si la philosophie n'a pas rendu quelquefois la critique trop difficile et trop portée au scepticisme. La crédulité était le défaut du siècle de nos pères; peut-être

---

[6] *Hérodote* (1786), i.502, n.462. Larcher paraît avoir ignoré d'autre part la publication en 1781 par Duvernet de *Monsieur Guillaume ou le disputeur*, libelle comportant 'un portrait de M. Guillaume disputant dans le café de Patural avec M. Larcher (p.33-45). Le narrateur y peint Larcher comme l'érudit ridicule qui a soutenu la prostitution babylonienne et appris par cœur 'tous les noms et surnoms qu'on donna à Venus aux belles fesses'. Il finit pourtant par reconnaître qu'il est 'un véritable érudit, au mérite duquel on se fera toujours gloire de rendre justice'.

[7] 'Recherches et conjectures sur les principaux événements de l'Histoire de Cadmus', *Mémoires de l'Académie des inscriptions* (1808), xlviii.37.

donnons-nous actuellement dans l'extrémité opposée. Il fallait démontrer à nos pères la fausseté de plusieurs ouvrages manifestement supposés, et l'on est à présent forcé de prouver la vérité des histoires les plus indubitables'.[8]

Cette méfiance du pyrrhonisme n'empêche pourtant pas Larcher de savoir douter, s'il le juge nécessaire. Il en donnera la preuve dans un mémoire lu à l'Académie en 1809 et qui réaffirme sur un autre point son profond désaccord avec Voltaire: il s'agit du *Mémoire sur les observations astronomiques envoyées de Babylone à Aristote par Callisthènes*. Le Voltaire de la *Philosophie de l'histoire* y avait vu, on s'en souvient, 'une époque certaine de la science des Chaldéens' et appuyé là-dessus les conclusions que l'on connaît. Dans la seconde édition du *Supplément*, Larcher avait brièvement indiqué ses principales raisons d'en douter (S.69, p.59-60). Le mémoire de 1809 les expose dans toute leur force, pour conclure de façon entièrement négative: on ne peut même pas soutenir que les observations envoyées par Callisthène étaient beaucoup moins anciennes qu'on ne l'a prétendu: elles n'ont jamais existé et ce que Simplicius a rapporté d'après Porphyre sur ce sujet n'est qu'un tissu de fables.

Larcher est donc demeuré un adversaire irréductible. Comment dès lors expliquer de la part de Voltaire ce changement de ton que l'on perçoit à partir de 1773? Pourquoi les plaisanteries appuyées des années 1768-1771 ont-elles bientôt fait place à une discrétion où perce l'estime? C'est que d'Alembert récemment désabusé vient de l'avertir de ce qu'est véritablement son adversaire: 'Larcher [...] vous a contredit sur je ne sais quelle sotise d'Herodote, mais [...] au fond est un galant homme, tolérant, modéré, modeste, et vrai philosophe dans ses sentimens et dans sa conduite, du moins si j'en crois des amis communs qui le connoissent & l'estiment' (26 décembre 1772; D18104). Parmi ces amis communs que d'Alembert ne nomme pas, figurent très

---

[8] 'Observations sur l'authenticité de l'origine de Rome', *Mémoires de l'Académie des inscriptions* (1815), ii.394-95.

probablement le baron d'Holbach, Dusaulx,[9] La Grange, précepteur des enfants du baron, et même Diderot.[10] L'amitié avec d'Holbach, on s'en souvient, pourrait bien remonter aux années 1755 et au temps de la collaboration de Larcher à la *Collection académique*. Elle est en tout cas devenue presque intime, si l'on en croit les lettres à Larcher de Richard Brunck, l'ancien commissaire des guerres devenu fervent helléniste et après 1771 grand ami de Larcher (Bn F12880). Ce Strasbourgeois qui correspondra régulièrement avec lui jusqu'en octobre 1790, est lui-même en excellentes relations avec d'Holbach et Dusaulx et charge souvent Larcher de quelque commission pour eux: 'Assurez de mes respects, je vous prie, M. le Baron D'Holbach' (6 mars 1772). 'Je sais que le Baron D'Holbach convient fort à Dusaulx et par cette raison je pense que celui-ci convient fort au premier. Dusaulx a une âme de la plus excellente trempe' (11 juin 1772). Larcher devra faire à Dusaulx 'mille et mille tendres compliments' de la part de Brunck la première fois qu'il le verra (5 août 1772). Quand Brunck envoie à Paris les tout premiers exemplaires de son édition des poètes grecs, il y en a un pour Larcher que celui-ci devra montrer à d'Holbach, afin de discuter avec lui certains détails de présentation (5 août 1772). Lorsque Larcher hésite en 1775 à se présenter à l'Académie dont certains membres lui sont hostiles, Brunck l'engage à consulter d'Holbach: 'Communiquez lui votre embarras: il verra du premier coup d'œil ce que vous devez faire' (16 juin 1775). A la mort de La Grange, en octobre 1775, Brunck s'inquiète auprès de Larcher de ses deux amis: 'Mon cher Dusaulx en sera bien affecté. Je crains pour le Baron les effets d'une trop longue tristesse. Il est sans doute à la campagne et je pense que ses amis s'empressent auprès de lui' (30 octobre 1775). Larcher étant de santé très délicate, Brunck lui conseillera plusieurs fois

[9] Jean Dusaulx (1728-1799) se fera connaître dans les lettres par ses traductions de Juvénal et dans la vie politique par sa participation active à la Révolution. (Il sera député à la Convention). L'Académie des inscriptions le recevra en 1776.

[10] On a un billet de Diderot à Larcher (probablement de septembre 1771) le priant de rendre un service à F. Tronchin. Ce ton sans cérémonie donne à croire que les deux hommes se connaissaient bien (Roth-Varloot, xi.193).

d'aller prendre les eaux en compagnie du baron: 'c'est parce que je sais combien le Baron D'Holbach est digne d'avoir un ami comme vous que je pensais que vous auriez pu l'accompagner dans son voyage aux eaux' (4 août 1780). 'Je voudrais bien lorsque cette lettre vous arrivera que le Baron ne fût pas encore parti pour Contrexéville où vous me marquez qu'il doit aller et que vous prissiez la résolution de l'y accompagner' (6 août 1782). Mais Larcher, très casanier, ne se décide jamais à quitter sa rue de La Harpe: qu'il prenne au moins un peu de vin de Chypre, d'Holbach en a justement de l'excellent (5 octobre 1783). 'En attendant que M. Dusaulx vous en procure, il faut qu'il rappelle au Baron l'idée de vous en envoyer: elle lui a échappé; il en a sûrement toujours la volonté, partant ce serait lui faire un plaisir que de lui en parler' (16 octobre 1783). Un an après la mort de d'Holbach, Brunck se demande si le *Catéchisme de la nature* est bien de lui et juge Larcher particulièrement bien placé pour le renseigner: 'La mémoire de ce digne homme m'est chère. Comme vous l'avez beaucoup connu, vous pouvez savoir quels sont exactement les livres de morale et de philosophie dont il est l'auteur' (29 juin 1790). D'Holbach était certes un fin lettré, mais on ne discutait pas dans son salon que de belles-lettres: il est extrêmement probable que son amitié a procuré à Larcher celle de bien d'autres philosophes. On regrette que d'Alembert ne les ait pas nommés à Voltaire; mais les contemporains ne les ignoraient probablement pas, puisqu'au siècle suivant la *Biographie nouvelle des contemporains* les désignera allusivement, en présentant Larcher comme 'attaché au parti philosophique et lié intimement avec plusieurs de ses plus intrépides soutiens'. Larcher lui-même aurait plus tard reconnu avoir résolu 'avec quelques uns d'entre eux de détruire autant qu'il serait en lui la religion chrétienne' et s'y être en effet employé dans les notes de son Hérodote, en y avançant 'des maximes et des propositions tendantes à la subversion de toute religion'. Telle est la teneur d'une rétractation qu'il aurait écrite le 5 mai 1795 et que publiera deux ans après sa mort *L'Ami de la religion et du roi*, qui assure détenir l'original.[11] Pieuse

[11] Voir *DMO*, appendice VI, p.774-76.

supercherie de cette feuille monarchiste, bien décidée à prouver de mille façons que la Révolution n'a pu sortir que d''un complot antichrétien'? Ce n'est pas si sûr. Le ton de la rétractation est à rapprocher de celui de la préface de la seconde édition de l'Hérodote, que le même journal prend soin de citer aussi, ou encore du début du testament rédigé en 1811.[12] Le témoignage de d'Alembert paraît donc tout à fait confirmé.

Ce brevet de philosophie décerné à l'auteur du *Supplément* a-t-il fini par toucher Voltaire? Le patriarche à Paris a-t-il réellement voulu marquer son revirement avant de mourir en favorisant l'entrée de Larcher à l'Académie des inscriptions? Le bruit en a couru. Boissonade l'accueille avec scepticisme: 'Le fait est peu vraisemblable. Il est bien vrai que d'Alembert, qui portait beaucoup d'estime à M. Larcher, le recommanda chez M. de Foncemagne à quelques académiciens. Mais ces recommandations de politesse n'eurent aucune influence sur l'élection' (Boissonade, p.139). Dacier croit que d'Alembert fit une démarche préliminaire qui avait bien été inspirée par Voltaire: 'il est seulement vrai que Voltaire en eut le projet et qu'un de ses amis les plus dévoués en ayant fait part à quelques académiciens, ils arrêtèrent cette démarche, en lui faisant sentir que ce serait une nouvelle offense à M. Larcher, et que d'ailleurs il y aurait une sorte de forfanterie ridicule à vouloir protéger, malgré lui, un homme qui n'avait pas besoin de protection et pour lequel les portes qu'on voudrait avoir l'air de forcer, s'ouvriraient d'elles-mêmes' (Dacier, p.254). Elles s'ouvriront en effet, Larcher ayant déjà eu les secondes voix à l'élection précédente: il fut élu le 10 mai 1778 au fauteuil de Lebeau. Mais la démarche de Voltaire n'est pas aussi invraisemblable que le dit Boissonade, après tout peu sûr de son fait avant d'écrire sa notice sur Larcher, puisqu'il consultait là-dessus Chardon de La Rochette: 'Pourriez-vous me dire la vérité [...] sur la part que Voltaire put avoir à son admission à l'académie [...] Si vous savez quelque bonne et curieuse anecdote, faites m'en part'.[13] La mise au point de Dacier paraît plus proche de la vérité.

[12] Voir *DMO*, appendice v, p.773-71.
[13] Lettre du 25 septembre 1813 (Bn F22199, f.38).

On peut en effet se demander si Voltaire n'aurait pas été poussé à cette discrète démarche par le sentiment d'une dette inavouable. Préparant une nouvelle édition de ses œuvres qui deviendra celle de Kehl, il revoit encore une fois avant de mourir le texte de la *Philosophie de l'histoire*, dont il a fait depuis 1769 l'introduction de l'*Essai sur les mœurs*. Sur les quelque cent soixante-six changements qu'il y apporte, cent sept ne concernent guère que la forme, parfois précisant la pensée, mais ne la modifiant pas. (Il s'agit le plus souvent de corrections stylistiques améliorant la tenue littéraire du texte). Or sur les cinquante-neuf autres, trente et un ont été opérés d'après les critiques du *Supplément*: tantôt c'est une référence rectifiée, selon les indications fournies par Larcher (Voltaire 59, p.162, l.11; p.209, l.22); tantôt c'est une expression modifiée, parce qu'il en avait contesté l'exactitude (p.209, l.22; p.174, l.109); tantôt c'est l'addition de quelques détails savants qui proviennent tous du *Supplément* (p.212, l.15); tantôt même Voltaire renonce définitivement à certaines de ses thèses, précisément parce que Larcher a montré qu'elles étaient indéfendables.[14] Bref, il est évident que cette ultime révision de la *Philosophie de l'histoire* n'a pu être accomplie par Voltaire que le *Supplément* sous les yeux, dont il suit docilement les suggestions et les rectifications. Celui des lecteurs de Larcher qui n'aura pas été le dernier à l'avoir lu 'avec fruit', c'est bien le Voltaire des années 1777 qui, peu avant sa mort, en fait ce profit discret mais substantiel. Il est même fort probable qu'il utilisait à cette fin l'édition augmentée de 1769, dont il n'a pourtant jamais fait la moindre mention.[15] Cet hommage tardif, tacitement rendu à sa science par l'auteur

---

[14] Ainsi tout le passage du chapitre 10 mettant en doute l'existence de Ninive et de l'empire d'Assyrie est purement et simplement supprimé. La dissertation redoutablement érudite de Larcher sur la chronologie assyrienne (voir ch.2, n.2) a finalement convaincu Voltaire quand il l'a relue de près. Voir Voltaire 59, p.123.

[15] C'est ce que révèle une correction apparemment anodine à la fin du chapitre 21 (Voltaire 59, p.164). Elle atténue la négation de toute ressemblance entre les signes égyptiens du zodiaque et les nôtres. L'introduction de cette nuance suppose la lecture de S.69, p.93.

de la *Défense de mon oncle*, n'en constituait pas moins pour Larcher
la plus solide revanche.

Et pourtant les dernières lignes consacrées à son adversaire par
le patriarche constituent encore une attaque. Elles forment l'‘Avis
des éditeurs’, paru en tête de l'*Essai sur les mœurs* dans l'édition de
Kehl, dont on sait qu'il rabâche en termes méprisants la légende
du mazarinier ridicule. C'est l'occasion pour Voltaire de proposer
d'une querelle, maintenant vieille de dix ans, une vision dont on
pourrait attendre qu'elle se soit modifiée, puisqu'il conçoit presque
dans le même temps le projet de favoriser la candidature de
Larcher à l'Académie: il le sait philosophe et vient lui-même de
reconnaître plus d'une fois son autorité d'érudit dans ses corrections de la *Philosophie de l'histoire*. Mais il n'en est rien: ‘Un
répétiteur du collège Mazarin, nommé Larcher, traducteur d'un
vieux roman grec intitulé *Callirhoé*, et du *Martinus Scriblerus* de
Pope, fut chargé par ses camarades d'écrire un libelle pédantesque
contre les vérités trop évidentes énoncées dans la *Philosophie de
l'Histoire*. La moitié de ce libelle consiste en bévues, et l'autre en
injures, selon l'usage. Comme la *Philosophie de l'Histoire* avait été
donnée sous le nom de l'abbé Bazin, on répondit à l'homme de
collège sous le nom d'un neveu de l'abbé Bazin; et l'on répondit,
comme doit faire un homme du monde, en se moquant du pédant.
Les sages et les rieurs furent pour le neveu de l'abbé Bazin' (M.xi.1-
2). Comment le vainqueur qui s'est mis à l'école clandestine du
vaincu, peut-il qualifier de libelle farci d'injures et de bévues un
livre qu'il vient d'utiliser pour effacer du sien toutes celles qu'y
avait relevées Larcher? Incohérence ou persistante mauvaise foi?
Plutôt séquelle inévitable de la tactique passée. Pour discréditer
le détracteur de la *Philosophie de l'histoire* aux yeux de la bonne
compagnie, l'auteur de la *Défense de mon oncle* avait décidé d'en
faire ‘un de ces cuistres qui semblent être du xve siècle’. Prisonnier
désormais de son propre système de défense, il ne peut plus se
déjuger: admettre en fin de compte, même dix ans plus tard, que
l'adversaire du moment était un érudit authentique et estimable
au lieu d'un pédant tout juste bon à copier et citer, c'eût été ruiner
après coup l'efficacité d'une œuvre essentiellement polémique,

destinée à sauvegarder le legs de l'abbé Bazin. La *Défense de mon oncle* a été écrite avant tout dans le but d'assurer une sorte de 'protection' à la *Philosophie de l'histoire*: pour détourner du *Supplément* la curiosité des gens du monde, elle a éclaboussé presque à jamais son auteur du ridicule dont les victimes de Voltaire ne se relèvent pas. Or cette *Philosophie de l'histoire* à laquelle il tient tout particulièrement, le Voltaire de 1777 la juge encore loin de s'être définitivement imposée: il est plus que jamais nécessaire de préserver les esprits bien faits 'de cette foule de fables absurdes dont on continue encore d'infecter la jeunesse' (M.xi.1). Toute 'réhabilitation' officielle de Larcher reste donc impensable, à la grande fureur de Brunck ouvrant l'édition de Kehl: 'A la tête de l'essai sur les Mœurs il y a un avertissement prétendu trouvé dans les papiers de Voltaire, injurieux pour vous. Il faut y répondre une bonne fois pour toutes dans votre préface sur Hérodote'.[16]

Si Larcher n'a jamais suivi le conseil, ce n'est pas par crainte de Voltaire ou de ses partisans, mais parce que le renforcement de ses propres convictions philosophiques l'amène désormais à ménager davantage le plus en vue des philosophes. L'ami de d'Holbach paraît avoir sensiblement évolué; du moins montre-t-il davantage de hardiesse: 'Je me flatte', écrit-il au président de Ruffey en lui envoyant son *Mémoire sur Vénus*, 'que vous remarquerez aussi un homme nourri dans les principes de la saine philosophie, et qui n'a jamais su plier sous le joug du despotisme. Vous en trouverez la preuve en plusieurs endroits de cet ouvrage'.[17] Trois ans plus tard, il écrit en tête de sa traduction de l'*Anabase* une préface expliquant quel profit trouveront à lire Xénophon les partisans des lumières: 'Les mœurs et les usages anciens exerceront la sagacité des antiquaires, et donneront au philosophe une ample matière à d'utiles réflexions. La superstition est le seul défaut qui me paraisse devoir diminuer la beauté de cet ouvrage. Mais j'espère qu'on aura de l'indulgence pour l'auteur, si l'on veut faire attention qu'elle a été dans tous les temps le mal

---

[16] Lettre à Larcher du 27 octobre 1784 (Bn F12880, f.198).
[17] C. X. Girault, *Lettres inédites de Buffon, J. J. Rousseau* etc., p.120. Lettre du 10 décembre 1775.

endémique des Grecs'.[18] Ils ont reçu trop avidement les allégories des Orientaux, parce qu'elles contentaient la vivacité de leur imagination. L'influence égyptienne sur les Grecs les plus instruits aboutit à en faire des 'superstitieux systématiques', quand ils n'étaient auparavant que des 'superstitieux ignorants'. 'Ne soyons donc point surpris de voir que les hommes les plus ingénieux et les plus judicieux de l'Antiquité en aient été atteints. Plaignons-les d'avoir vécu dans des siècles d'ignorance; mais en les plaignant, n'oublions jamais que nous n'avons point à leur reprocher de ces atrocités si fréquentes dans des siècles qui passent pour très éclairés, ou du moins qu'il s'en trouve bien peu d'exemples' (p.xx-xxi).

Mais c'est principalement dans son édition d'Hérodote[19] que Larcher a donné toute la mesure de cette philosophie dont d'Alembert s'était porté garant. Tardivement publiée en 1786, mais achevée pour l'essentiel dès 1778 et en chantier depuis quinze ans, elle reste le meilleur témoin de ce qu'a réellement pensé depuis 1763 jusqu'à la mort de Voltaire, l'auteur du *Supplément à la Philosophie de l'histoire*. Or bon nombre de ses vues y sont rien moins qu'orthodoxes.[20] En matière de chronologie tout d'abord, à laquelle est consacré un 'Essai' occupant le tome VI et s'ouvrant par celle des Egyptiens: elle remonte si haut qu'on l'a ordinairement amputée pour pouvoir l'accorder avec celle de la Bible. Mais 'cette raison qui est excellente pour ceux qui reconnaissent la divinité de l'Ecriture, n'a pas la même force pour ceux qui la méconnaissent' (vi.149). Tout en se défendant bien d'être tombé dans un pareil malheur, l'éditeur d'Hérodote n'en souligne pas moins l'incompatibilité totale des deux chronologies. Il sait même presque aussi bien que l'abbé Bazin 'enfoncer le poignard avec le plus profond respect': j'ai décidé, annonce-t-il, de m'en tenir au

[18] *L'Expédition de Cyrus dans l'Asie supérieure et la retraite des Dix-Mille* (Paris, De Bure, 1778), i.XVIII-XIX.

[19] *Histoire d'Hérodote, traduite du grec avec des remarques historiques et critiques, un Essai sur la chronologie d'Hérodote et une Table géographique par M. Larcher* (Paris 1786), 7 vol.

[20] L'essentiel de ce développement est repris de notre article 'Voltaire et Larcher, ou le faux mazarinier', *Rhl* 74 (1974), p.620 ss.

système d'Hérodote, 'qui me paraîtrait revêtu du caractère de la vérité, et que j'aurais été tenté d'admettre, si l'autorité des Livres saints me l'eût permis. Si dans la suite j'avance quelque proposition qui semble contraire à cet aveu, je prie le lecteur de croire que je ne le fais que relativement au système de l'auteur que je suis, et que je désavoue sincèrement toutes les conséquences qu'on pourrait en tirer'.[21] Adopter cette chronologie égyptienne aux dimensions démesurées, ce serait assurément une 'absurdité révoltante' dans 'un siècle aussi éclairé que le nôtre'. Et pourtant tant d'historiens anciens l'ont rapportée, ainsi même que les premiers chronologistes chrétiens, qu''on est tenté de croire qu'elle n'est pas destituée de fondement, surtout quand on sait que les Egyptiens étaient un peuple savant, et qui n'était point dans l'origine imbu de toutes les superstitions auxquelles il se livra dans la suite' (vi.202-203). Larcher, on le voit, a retenu de Voltaire l'art de laisser le lecteur tirer ses conclusions en lui indiquant discrètement quelles sont les bonnes. Mais ces problèmes de chronologie valent-ils tant d'attention, comme en doutait Brunck?[22] Il s'agit en fait d'une approche essentielle de la vérité historique: 'L'ouvrage d'Hérodote est plutôt une histoire générale de tous les peuples alors connus, que l'histoire particulière des guerres que les Grecs eurent à soutenir contre les Perses. Cette multitude de faits exigeait une chronologie qui les mît à leurs places et qui servît à éclairer le lecteur' (vi.148) La date du déluge universel ne figure même pas dans le 'Canon chronologique'.[23] Mais il y a plus: tout anciens qu'ils sont, les Egyptiens pourraient bien l'être moins que les Ethiopiens et ceux-ci à leur tour moins que les Scythes; car un pays aussi élevé que la Scythie n'a pu être submergé au temps des 'inondations partielles qui ont parcouru la plus grande partie du globe'. Sans compter qu'on peut admettre

[21] vi.150. Voir aussi la *Défense de mon oncle*, ch.11, n.13.

[22] 'Vous n'en finirez pas si vous voulez accorder la chronologie avec toutes les autres, ou entreprendre de prouver qu'Hérodote ait seul raison. C'est un chaos que je crois très difficile à débrouiller [...] Mais n'allez pas au delà de ce qui peut être utile' (lettre du 31 janvier 1781, f.104).

[23] vi.539. En revanche, elle figurera comme un *terminus a quo* impératif dans la seconde édition, donnée en 1802 par Larcher converti et dévot.

avec M. de Paw que le plus ancien de tous les peuples fut probablement celui des Tartares.[24] Or les Egyptiens, finalement bien récents, se donnaient déjà plus de douze mille ans d'antiquité avant Jésus-Christ! Nous voilà décidément bien loin du déluge universel...

Quant aux notes proprement dites, elles ne sont souvent pas plus rassurantes pour les dévots que l'essai de chronologie. Le bon Hérodote assure-t-il qu'une barbe poussait ordinairement à la prêtresse des Pédasiens à la veille d'un malheur, son commentateur ne plaint pas seulement les pays et les siècles du passé infectés de telles superstitions: 'Celles-là ont fait place à d'autres, peut-être encore plus absurdes. Nous sommes surpris de l'aveugle crédulité des anciens. La postérité s'étonnera à son tour de la nôtre et probablement n'en sera pas pour cela plus sage' (i.457). L'ami des philosophes a même beaucoup profité de la *Philosophie de l'histoire*: 'Qui pourrait s'empêcher de reconnaître que le système religieux et civil des Juifs a été calqué sur celui des Egyptiens?' (ii.235). Moïse n'a jamais entendu un mot de l'immortalité de l'âme, sinon il s'en fût servi pour dompter 'ce peuple toujours prêt à se révolter' (ii.401). 'Une excellente éducation et de bonnes lois sont plus utiles pour la conduite de la vie que toutes les chimères dont on berce les pauvres humains. Mais les législateurs ont, dans tous les pays, trouvé plus aisé de conduire les hommes par des fables qu'en leur enseignant des vérités et qu'en les excitant à la vertu par des motifs sensibles et réels' (ii.440). L'armée assyrienne commandée par Sennacherib fut-elle détruite par une invasion de rats, comme l'assurèrent à Hérodote les prêtres égyptiens, ou par l'ange exterminateur, comme le dit l'Ecriture? Avant de crier au miracle, demande le commentateur, ne vaut-il pas mieux penser tout simplement aux fièvres pestilentielles, si fréquentes dans les pays marécageux de Basse-Egypte? Les prêtres sont toujours enclins par souci de prestige à trouver des causes surnaturelles! 'C'est ainsi que l'histoire a été écrite dans ces temps anciens, temps où la superstition a régné; c'est

---

[24] ii.150-51; voir aussi iii.374-75.

ainsi qu'on l'écrira encore, si l'on réussit à proscrire la saine philosophie' (ii.451). Quand Hérodote raconte la mise en croix, pour violation de sanctuaire, du Perse Artayctès par les Athéniens, pendant qu'on lapide son fils sous ses yeux, on perçoit dans l'indignation de Larcher un écho de l'horreur voltairienne pour les supplices: 'Qui ne déplorerait les tristes effets de la superstition? Il n'y a pas d'injustice et d'horreur où ne se porte, dans les accès de ce mal, l'homme même le plus équitable et le plus humain. En qualité d'homme et d'infortuné Artayctès avait des droits sur le cœur des Athéniens [...] Mais la superstition étouffa les cris de l'humanité' (ii.147). De tels commentaires désignent l'éditeur beaucoup moins comme un ennemi de Voltaire que comme son disciple. On conçoit qu'en 1786 la traduction d'Hérodote ait scandalisé les milieux dévots et que Larcher ait même dû faire faire des cartons pour les apaiser.[25] Revenu lui-même au catholicisme le plus strict après sa conversion,[26] il ne manquera pas d'expurger soigneusement sa seconde édition de tout ce qui vient d'être cité ou d'en prendre hargneusement le contre-pied.

On comprend aussi l'espèce de désaccord qu'on devine entre Brunck et Larcher sur la conception de l'*Hérodote*. Le premier y voit pour son ami l'occasion de vider une fois pour toutes ses querelles avec Voltaire et de faire triompher la vérité historique. Aussi appréhende-t-il, probablement parce qu'il l'y sent porté, que Larcher ne se rapproche de Voltaire et ne finisse par lui faire quelque concession: 'Si quelque jolie femme entreprenait de vous raccommoder avec M. de Voltaire et y réussissait aussi bien que celle qui vient de lui inspirer pour M. de Buffon les sentiments les plus tendres et les plus généreux, la crainte de le fâcher de nouveau vous ferait supprimer bien des bonnes notes qui seront très précieuses pour les amateurs de la bonne critique et de l'exactitude historique, et auxquelles je désire fort que vous donniez toute l'étendue dont elles sont susceptibles' (20 septembre 1774). Les appréhensions de Brunck ne sont pas sans fondement:

[25] Lettre de Brunck à Larcher du 1er septembre 1786, f.246v et 247.
[26] On trouvera une brève évocation de la carrière et de la vie de Larcher de 1778 à sa mort (1812) dans notre article déjà cité, p.622 ss.

quelques mois plus tard, Larcher envisage d'attendre la disparition de son adversaire pour publier son *Hérodote*. Brunck contrarié l'engage à consulter au moins d'Holbach: 'Je suis fâché, Monsieur, de la résolution que vous avez prise de différer la publication de votre traduction d'Hérodote jusqu'après la mort de M. de Voltaire. Vous aurez plus d'une occasion de contredire ce qu'il a écrit sur plusieurs points d'antiquité; et il ne manquera pas de gens qui diront: il n'aurait pas osé parler comme cela si M. de Voltaire vivait encore. [...] Aujourd'hui on lui laisse le soin de se défendre lui-même: alors on se disputera l'honneur d'être son champion. M. le Baron approuve-t-il ce délai?' (21 janvier 1775). Larcher a donc poussé fort loin le souci de ménager le patriarche: non pas par peur de représailles, puisque nous l'avons vu poursuivre sans faiblesse la lutte contre certaines de ses idées; mais très probablement parce que le philosophe a chez lui si bien pris le pas sur l'érudit qu'il juge désormais difficile de paraître heurter de front un homme dont, en dépit des luttes passées, il se sent solidaire par une communauté de convictions. Finalement, l'alarme de Brunck aura été vaine, Larcher décide de ne pas retarder ses travaux sur Hérodote. Mais une fois de plus son ami se méprend sur ses intentions en l'incitant à la polémique: 'je voudrais que le bonhomme pût lire votre traduction et les notes dont elle sera accompagnée. Cela lui remuera un peu la bile; il mettra encore votre nom dans quelque pamphlet et il sera content'.[27] Larcher bien au contraire se montre de la plus parfaite courtoisie, s'il est amené dans ses commentaires à discuter une opinion de Voltaire. Il faut lire en particulier la note sur la prostitution sacrée, exposé compendieux mais complet des arguments échangés de 1767 à 1775. Toute résonnance polémique a disparu,[28] le ressouvenir du passé paraît définitivement aboli.

[27] 22 septembre 1775, f.94. Le manuscrit porte une date raturée: vraisemblablement 1778, corrigée après coup, d'une encre plus pâle et probablement par une autre main, en '1777'. Mais la mention de la récompense qui vient d'être accordée au *Mémoire sur Venus* et surtout de la grave maladie de La Grange (mort le 18 octobre 1775) commande de dater cette lettre de 1775.

[28] Voir *Herodote*, i.498-502. Voir aussi i.478, ii.340-41, ii.374, i.465; ou encore *La Défense*, ch.21, 3ᵉ diatribe, n.3.

Ainsi l'intransigeance qu'ils ont tous deux gardée sur certaines de leurs positions n'a pas empêché Voltaire et Larcher de faire quelques pas discrets l'un vers l'autre, dans les dix années qui ont suivi la *Défense de mon oncle*. Chacun s'est mis à l'école de son adversaire de la veille: l'historien philosophe à celle de l'helléniste, pour faire la dernière toilette d'un texte qu'il tient pour essentiel; l'helléniste à celle du philosophe, pour réagir en lecteur éclairé à l'œuvre du père de l'Histoire. Ils se sont dès lors ménagés. Si Voltaire prisonnier du passé n'a pu aller jusqu'à la réhabilitation de sa victime, son silence après 1775 doit être pris comme l'indice de son revirement. Comme La Harpe ou d'Alembert, il a probablement vite saisi la 'spécificité' de cet adversaire. Brocarder Riballier, Coger ou Guénée, c'était en définitive œuvrer encore à la destruction de l'Infâme, sans qui de tels hommes n'eussent rien été. Cette opposition rassurante entre lumières et obscurantisme devient beaucoup moins nette dans le cas de Larcher. La divergence se situe dans le camp même de la philosophie, les réactions de Grimm à la *Défense de mon oncle* le prouvent assez. En dépit de ses sarcasmes méprisants pour l'auteur du *Supplément*, le rédacteur de la *Correspondance littéraire* ne prend pas le parti de Voltaire sur les grands points de philosophie historique qui sont en controverse. Philosophes ou non, les véritables savants, même s'ils ont ri, ne paraissent guère avoir été ébranlés par la *Défense de mon oncle*.[29] Aussi verra-t-on qu'elle ne leur est que très indirectement destinée. La victoire de la plaisanterie est ici probablement moins complète que dans le cas de Maupertuis: ce que Voltaire a finalement réussi à discréditer, c'est la personne de son adversaire, mais non pas ses idées...

---

[29] Témoin cette réaction de Brunck dans sa première lettre à Larcher: 'J'avais lu avec grand plaisir la première édition de votre réponse à l'abbé Bazin; et toutes les injures que M. de Voltaire a vomies contre vous ne m'ont jamais fait croire qu'il eût raison. Il cite beaucoup Hérodote et tous les anciens que je crois qu'il a peu lus' (23 août 1771, f.2*v*).

7

L'oncle et le neveu

On se rappelle les épithètes données par Grimm à la *Défense de mon oncle*: 'Il est impossible de rien lire de plus gai, de plus fou, de plus sage, de plus érudit, de plus philosophique, de plus profond, de plus puissant que cette *Défense*'. C'est dire éloquemment l'étonnante diversité de cette œuvre inclassable. 'On trouvera la réponse du neveu dans la partie historique de cette édition', précisait, à la fin de l''Avis des éditeurs' de l'édition de Kehl, sinon Voltaire lui-même du moins l'un des collaborateurs de Beaumarchais.[1] Il est effectivement beaucoup question d'histoire dans la *Défense*; mais aussi d'anthropologie, de géologie, de biologie, d'oryctographie, des gens de lettres, de l'Etre suprême, des ennemis de Marmontel. Quels peuvent bien être l'unité de l'œuvre, en admettant qu'elle en ait une, et les secrets de sa composition? Appellera-t-on pamphlet l'ensemble de ces pages essentiellement polémiques? Faut-il alors partager le dédain de Palissot ne trouvant dans les pamphlets de Voltaire que des 'bagatelles ingénieuses qui n'avaient de prix que par les circonstances et par l'à-propos, mais qui seront absolument nulles pour la postérité'?[2] Palissot croit négligeable ces 'brochures d'un genre inférieur, dans lesquelles sous les noms supposés de l'abbé Bazin ou de son prétendu neveu [...] Voltaire ne dédaignait pas d'emprunter le ton burlesque de Scarron, ou le style emporté du père Garasse'. Mais le neveu n'est pas toujours burlesque, ni l'oncle toujours goguenard: plaisanteries et sarcasmes voisinent avec les idées les plus sérieuses. On verra qu'à certains égards la *Défense de mon oncle* n'est rien de moins qu'une suite de la *Philosophie de*

[1] *La Philosophie de l'histoire* (M.xi.2). *La Défense de mon oncle* figure au tome xxvii, le premier des 'Mélanges historiques'.
[2] 'Le Génie de Voltaire apprécié dans tous ses ouvrages', *Œuvres complètes* (Paris 1809), vi.272.

l'histoire. Faut-il n'y voir finalement qu'un de ces 'pots-pourris' où 'les morceaux se suivent dans un désordre calculé' et qui font 'le charme des chefs-d'œuvre du xviiiᵉ siècle'?[3] Le disparate du contenu est évident: commentaires facétieux du *Supplément*, 'représailles' contre Warburton, dispute sur les origines de l'homme et des montagnes, critiques de la biologie contemporaine, vicissitudes du métier d'auteur, défense du déisme, réflexions sur les écrits de Sanchoniathon, diatribe contre les prêtres de l'Egypte ancienne, hypothèses sur l'origine du peuple juif, intervention contre les docteurs de Sorbonne, tout cela se succède sans que Voltaire ait réellement pris soin de ménager des transitions. Grimm s'en amuse: 'On trouve de tout dans la *Défense* de son oncle: depuis Sanchoniathon, Moïse et Confutzée, jusqu'au R. P. de Marsy et au R. P. Fréron, chassés des jésuites pour leurs fredaines, personne n'est oublié; depuis le Pentateuque jusqu'à l'impertinent *Examen de Bélisaire*, par le petit abbé Cogé, tout est passé en revue' (CLT, vii.367). Avant d'être calculé, le désordre est réel: il est question de l'Egypte aux chapitres 9 et 10, puis au chapitre 17 et une fois encore dans la troisième diatribe. Comme le *Portatif*, ou les *Questions sur l'Encyclopédie* ou tant d'autres ouvrages des mélanges, la *Défense de mon oncle* peut apparaître comme une simple collection d'articles, un dictionnaire où la fantaisie aurait seulement substitué son ordre à celui de l'alphabet. Esprit surtout analytique, Voltaire compose volontiers par morceaux et fragments: depuis longtemps il 'pensait déjà par articles'.[4] L'auteur de la *Défense de mon oncle* n'a-t-il donc pas procédé à l'une de ces 'revues' dont il a coutume des sujets de l'heure qui le préoccupent? Il paraît avoir lui-même cautionné cette vision des choses en invitant ses lecteurs mondains au décousu de l'éclectisme: 'daignez commencer par jeter des yeux attentifs sur la table des chapitres, et choisissez pour vous amuser le sujet qui sera le plus de votre goût' ('Avertissement'). S'amuser, tel est bien le seul impératif catégorique: 'S'il y a quelque chose de plaisant, amusez-vous en' écrit Voltaire à Bordes. 'Passez ce

---

[3] R. Pomeau, *Beaumarchais* (Paris 1962), p.108.
[4] R. Pomeau, 'Histoire d'une œuvre de Voltaire: le *Dictionnaire philosophique portatif*', *Information littéraire* (1955), no.2, p.44.

qui vous ennuiera' (D14266). Même conseil à la duchesse de Saxe-Gotha: 'Aureste, Madame, vous pourez choisir dans la liste des chapitres ce qui vous ennuiera le moins' (D14395). L'ordre importe donc fort peu. Voltaire lui-même le souligne plusieurs fois par des 'sommaires' volontairement hétéroclites, dans l'"Avertissement', au chapitre 16 et dans le 'Dernier avis au lecteur': 'je vous ai entretenu [...] de la formation du monde selon les Phéniciens, du déluge, des dames de Babilone, de l'Egypte, des Juifs, des montagnes et de Ninon'. On fait ici parade du désordre parce que ce triomphe de la fantaisie apparaît comme un agrément de plus.

Voltaire affiche même un certain mépris pour la composition rigoureuse. 'La nature de l'homme est si faible, et on a tant d'affaires dans cette vie, que j'ai oublié en parlant de ce cher Warburton, de remarquer combien cet évêque', etc. (ch.17). C'est s'excuser avec nonchalance d'un défaut dont on n'a guère eu de peine à prendre son parti. Et comme ce chapitre est décidément destiné à réparer les oublis, il ajoute 'encore à ce petit appendix' des considérations sur l'Egypte, sans nul rapport avec Warburton. Certes, la *Défense de mon oncle* a été composée hâtivement, le texte en porte d'autres traces.[5] Il est très probable que Voltaire a effectivement oublié de tout dire au même endroit de son livre sur Warburton ou sur l'Egypte, comme il a oublié ailleurs de remplacer par celui de Larcher le nom de l'abbé Foucher. Son activité débordante des premiers mois de 1767 ne lui permettait guère de s'attarder à ses textes; Cramer avait depuis longtemps l'habitude d'être bousculé. Il le confiait déjà à Grimm en 1760, à propos de l'*Ecossaise*: 'et vite & vite, il fallut imprimer, sans rien retoucher, sans relire, enfin, vous savez aussi bien que moi comme nous sommes faits' (D8911). Cette hâte se reflète jusque dans l'"ordre' des douze premiers chapitres de la *Défense*: ce sont les réflexions sarcastiques d'un lecteur feuilletant rapidement le *Supplément*, pour ne s'arrêter qu'aux points où le polémiste peut trouver pâture, et passant sur le reste, non sans impatience

---

[5] Voir par exemple ch.15, n.28 et 2e diatribe, n.36.

parfois.[6] Mais le désordre qui peut en résulter a été aussitôt assumé: plutôt que d'y remédier, Voltaire en a tiré parti. Aux antipodes du pédantisme, cette nonchalance du neveu ne messied pas à un homme qui appartient à la bonne compagnie et prend la plume pour l'amuser: toute rigueur apparente serait lourdeur, tandis que le badinage pétillant et spirituel ne répugne pas, bien au contraire, à un décousu qui n'est que l'envers de la vivacité.

On ne saurait toutefois en rester là: il existe dans la *Défense de mon oncle* sinon un ordre véritable, du moins des moments bien distincts. Ils s'articulent moins autour de quelques grandes idées qu'ils ne se distribuent en fonction des rôles qu'y tient successivement Voltaire. C'est d'abord le neveu qui occupe la scène durant les dix-sept premiers chapitres, tout appliqué à 'venger la mémoire d'un honnête prêtre' (ch.22). Ces chapitres sont évidemment les plus polémiques: Voltaire y donne les étrivières au 'pédant' et à l''hérétique'. Larcher ridiculisé est accablé de sarcasmes et plaisanteries qu'on examinera plus loin; l'évêque anglican fait l'objet d'attaques cinglantes et le chapitre 15 s'intitule significativement: 'Représailles contre Warburton'. Mais la polémique ne s'exerce pas seulement à l'égard des personnes. En ridiculisant les critiques et arguments de ses adversaires, Voltaire se bat aussi pour ses idées et ces mêmes premiers chapitres servent encore à consolider les positions défendues dans la *Philosophie de l'histoire*: invraisemblance de la prostitution babylonienne (ch.2), origines juives de la magie (ch.7), contradictions de la Genèse sur l'âge d'Abraham (ch.8), invraisemblances de Bossuet et Rollin (ch.9), ancienneté et sûreté des annales de la Chine (ch.12), puis de l'Ezour-Veidam (ch.13), xénophobie des Juifs (ch.14), etc.

Mais à partir du chapitre 18, le neveu s'efface rapidement devant l'oncle. Il est remarquable que dans près des deux cinquièmes de la *Défense*, ce soit la voix même de l'abbé Bazin qui se fasse entendre. On le constate dès le chapitre 18, même si ses paroles n'y sont encore rapportées qu'au style indirect le plus souvent. Sans disparaître, la polémique s'estompe sensiblement, le ton

[6] Voir par exemple ch.2, n.2 et ch.11, n.1.

devient beaucoup plus sérieux. C'est que le livre porte alors les grands messages de l'oncle, auxquels Voltaire tient beaucoup: aussi la propagande prend-elle le pas sur la polémique. Et pourtant il s'agit encore d'affermir les positions de la *Philosophie de l'histoire*; celles qu'a ébranlées non plus Larcher mais une philosophie nouvelle et trop hardie, qui prétend s'appuyer sur ce qu'elle croit être les conquêtes de la science contemporaine: ses considérations sur le polygénisme donnent à Voltaire l'occasion de réaffirmer son fixisme de déiste en ridiculisant l'idée d'évolution (ch.18); ses raisons de nier contre Buffon que la mer ait fait les montagnes, ou contre Needham que de la matière fermentée puisse naître la vie, sont encore celles d'un déiste, soucieux de garder toutes ses prérogatives au 'grand Démiourgos' (ch.19). C'est que les matérialistes athées comptent eux aussi parmi les ennemis de l'abbé Bazin et qu'une défense complète de l'oncle implique la réfutation de leurs dangereuses idées. La parole lui est donc donnée durant tout le long et important chapitre 19. Il la gardera longtemps: pour dresser le bilan désabusé d'une longue carrière littéraire et détourner les jeunes gens du métier d'auteur (ch.20); pour exalter la science bien entendue, qui conduit à la connaissance de l'Etre suprême (1ère diatribe); pour enfin rendre justice à l'Antiquité, comme le demandait la *Philosophie de l'histoire*, sur trois sujets précis: les écrits de Sanchoniathon, la société de l'Egypte ancienne et les origines du peuple juif (trois dernières diatribes). On reviendra sur la teneur et la portée de ces messages. Retenons que les quatre derniers, correspondant aux quatre diatribes, nous sont donnés par le neveu comme des publications posthumes et une sorte de testament spirituel: 'Ce sont là les dernières lignes qu'écrivit mon oncle' ('Epilogue'). Mais cette voix d'outre-tombe aura résonné longtemps et gravement.

Le neveu rentre en scène pour le dernier acte, cédant 'au noble désir de venger Bélisaire' (ch.22). L'actualité commande à Voltaire d'ouvrir ce troisième front: après le pédant de collège et son allié l'hérétique, après les athées du clan holbachique, il reste à pourfendre la Sorbonne et sa ridicule censure. Le neveu retrouve tout le mordant polémique des premières pages; seule la victime a changé, Larcher a cédé la place à 'Cogeos'. Ce qui donne l'occasion au neveu de venger son oncle encore, ressuscité dans le personnage du 'pauvre jardinier'. L'ouvrage se termine donc comme il a commencé: finale et ouverture sont écrits dans la même tonalité, l'allegro vivace du sarcasme. Et l'on quitte lestement le lecteur sur l'aveu que tout cela ne vaudra jamais une bonne comédie...

Il est donc inutile de chercher dans la *Défense de mon oncle* un ordre strict qui serait démonstratif d'un propos. Cette lourdeur didactique serait bien étrangère à la manière de Voltaire. Il n'y a même pas d'unité thématique à proprement parler: on notera seulement que la quasi-totalité du livre est destinée à défendre, consolider ou prolonger la *Philosophie de l'histoire*: défense contre les attaques du *Supplément* et de la *Divine legation*; consolidation face aux menaces inquiétantes du matérialisme athée; prolongement enfin de la *Philosophie de l'histoire*, par l'application de la méthode qu'elle préconisait aux écrits de Sanchoniathon et à l'Egypte ancienne, ou encore par une nouvelle attaque du peuple juif discrédité dans ses origines. Vingt chapitres sur vingt-deux traitent, explicitement ou non, du livre de l'abbé Bazin ou le continuent. Et pourtant l'unité profonde de la *Défense* est à chercher moins dans ce livre qu'elle prolonge que dans son auteur même; elle est essentiellement celle d'une personne, comme en avertit le titre. Il aurait fort bien pu être 'Défense de la *Philosophie de l'histoire*'; mais 'Défense de mon oncle' invite à tout rapporter à Voltaire lui-même et à ses préoccupations du moment. L'unité de l'ouvrage est en définitive dans une présence, celle d'un combattant dont la pensée s'affirme, se précise, ou s'accentue en fonction des différentes exigences de l'actualité. Il est aussi le créateur qui se distribue dans sa création, simultanément défenseur et secouru, à la fois l'oncle, le jardinier et le neveu. La variété des sujets abordés présentait des risques certains de dispersion et d'éclatement, mais la personnalité du Protée qui les aborde les a conjurés sans effort. Ici comme en tant d'autres de ses ouvrages, Voltaire n'offre d'autre unité que lui-même. Montaigne savait déjà que c'est probablement la plus fascinante. L'auteur de la *Défense de mon oncle* aurait pu dire à son tour: 'je suis moy-mesmes la matière de mon livre'.

Ce rapprochement avec les *Essais* peut surprendre: un pamphlet ne s'écrit pas pour une fin 'domestique et privée'. L''aptitude à la gratuité', que R. Escarpit a proposée comme critère du littéraire,[7] paraît dans son cas des plus réduites: il répond d'abord à une fin précise et immédiate, qu'il faut déterminer pour en saisir le sens et l'efficacité. Quels sont donc les buts que s'est proposés Voltaire en écrivant la *Défense de mon oncle*? S'agit-il de sauver la face devant le monde savant? Une lettre à d'Alembert semble le donner à croire; celui-ci avait assuré qu'on ignorait complètement à Paris ce 'beau supplément' qui 'ne produit pas la moindre sensation' (D14195); 'Je sais bien', répond Voltaire, 'que les gens du monde ne liront point le *Supplément à la Philosophie de l'histoire*; mais il y a beaucoup d'érudition dans ce petit livre, et les savants le liront' (D14230). N'est-ce pas faire entendre qu'on est bien éloigné de rester indifférent à leurs réactions et justifier le projet d'une réponse à Larcher par le souci de défendre sa cause auprès des érudits au moyen d'une réfutation en règle? Mais la même lettre révèle plus loin que les intentions véritables s'infléchissent vers la polémique: 'Je connais le neveu de l'abbé Bazin; il est goguenard comme son oncle, il prend le sieur Larcher pour son prétexte, et il fait des excursions partout. Il n'est pas assez sot pour se défendre, il sait qu'il faut toujours établir le siège de la guerre dans le pays ennemi'. Même infléchissement dans l''Avertissement' de la *Défense*: 'J'aurais pu relever toutes les fautes de M. Larcher, mais il aurait fallu faire un livre aussi gros que le sien. Je n'insisterai que sur son impiété'. Le parti est certainement plus sage. Ces fanfaronnades n'éblouiront que les naïfs: Voltaire est bien incapable de relever les fautes de Larcher et d'en faire un livre. Il sait parfaitement tout ce qui lui manque pour pouvoir lutter contre l'helléniste sur son terrain et qu'auprès des savants par conséquent la partie est pour lui perdue. A ces lecteurs d'une haute compétence

---

[7] *Sociologie de la littérature* (1968), p.99.

qui auront évidemment pris une connaissance attentive du *Supplément*, comment espérer donner le change? Aussi ne trouvera-t-on pas dans la *Défense* de véritables discussions sur les problèmes de pure érudition qu'avait soulevés Larcher: qu'il s'agisse des 'difficultés' de la Genèse sur l'âge d'Abraham (ch.8, n.11), des prétendus excès du culte du bouc dans le nome de Mendès (ch.7, n.8), de la valeur précise qu'il convient de donner au stade (ch.9, n.21), etc., Voltaire se dérobe par des plaisanteries et des sarcasmes, esquive la poursuite réelle d'une discussion qu'il avait souvent lui-même amorcée dans la *Philosophie de l'histoire*. La raison n'est pas bien difficile à deviner: c'est qu'il n'a rien à répondre aux mortifiantes leçons d'érudition prodiguées dans le *Supplément*. Et si par hasard il se sent en mesure d'opposer une défense valable sur quelques points de détail, quel bruyant triomphe! 'Oui, barbare, les prêtres d'Egypte s'appelaient *Schoen*, et la Genèse ne leur donne pas d'autre nom' (ch.10, l.1). L'abbé Bazin savait la date de la construction du temple de Tyr, tandis que 'son implacable persécuteur se contente de dire vaguement qu'il était aussi ancien que la ville; ce n'est pas là répondre' (ch.11, l.11) Mais ces menues consolations demeurent bien rares. Dans la plupart des cas, Voltaire ne pouvait que plaider coupable, comme l'attestent si bien les corrections ultérieures: portée devant un aréopage de savants, sa cause, il ne le sait que trop, eût été une cause perdue.

Aussi a-t-il choisi des 'juges' beaucoup moins avertis et partant moins redoutables: ce sont les gens du monde, à qui il faudra rapporter la cause, parce qu'ils ne sont pas d'abord en état de l'entendre comme les savants: le polémiste saura exploiter cet avantage. Mais ce prétendu tribunal n'en est pas un: il s'agit seulement de laisser aux gens du monde l'impression qu'ils auront à prononcer en toute équité entre le pédant, qui copie et qui cite, et l'abbé Bazin, vite reconnu pour l'un des leurs et qui est 'mieux savant'. En fait, le véritable but de Voltaire est bien de les empêcher de juger, en les détournant définitivement du *Supplément*. Sans doute est-il évident que la plupart d'entre eux n'auraient jamais eu l'occasion ni même l'idée de lire un ouvrage aussi redoutablement érudit. Grimm, on s'en souvient, se vantait ironiquement le 15 juillet d'être encore le seul en France à avoir eu ce courage. Mais les gens du monde peuvent finir par apprendre des savants tout le dommage que le *Supplément* à causé à la *Philosophie de l'histoire*. La réputation auprès de quelques érudits d'un livre ignoré d'un public plus large peut à la longue devenir aussi dangereuse, sinon davantage, que la connaissance directe de son contenu. Le bruit courra, sans que personne le vérifie, que les belles spéculations de l'abbé Bazin n'ont pas fait grande fortune auprès des spécialistes; que son douteux savoir n'en impose qu'à ceux qui n'en ont guère, etc. Voltaire sait bien que les gens du monde, volontiers nonchalants, ne se donneront pas la peine de juger le procès sur pièces. Ils en croiront le premier rapporteur, surtout s'il a de l'esprit et n'ennuie pas. Voltaire le sait aussi, même s'il affecte de l'ignorer: 'Tout mon chagrin dans cette affaire est que personne n'ayant lu la diatribe de M. Toxotès, très peu de gens liront la réponse du neveu de l'abbé Bazin' (ch.16). Comme si les lecteurs de la *Défense* devaient se sentir astreints à la lecture préalable du *Supplément*! Tout le calcul du polémiste se fonde évidemment sur la certitude du contraire. 'Je suis bien aise de révéler ici aux cinq ou six lecteurs qui voudront s'instruire dans cette diatribe...' (ch.18). 'J'ai beau protester à la face de l'univers que M. Toxotès ne sait ce qu'il dit, on me demande qui est M. Toxotès, et on ne m'écoute pas' (ch.16): ces modesties du neveu font sourire, mais ne trompent personne.

Il n'est donc guère étonnant que Voltaire ait lui-même discrètement désigné son public à la fin de l'"Avertissement': 'Et vous, *pusille grex*, qui lirez la Défense de mon oncle, daignez commencer par jeter des yeux attentifs sur la table des chapitres, et choisissez pour vous amuser le sujet qui sera le plus de votre goût'. Ce *pusillus grex* n'est évidemment pas comme dans saint Luc celui des disciples cherchant le royaume de Dieu, mais l'élite de la 'bonne compagnie', comme Voltaire l'a précisé ailleurs (voir ch.11, n.4). Il l'évoquera même brièvement dans le chapitre 11: 'les jeunes dames qui sortent de l'opéra-comique [...] les jeunes officiers, les conseillers même de grand-chambre, messieurs les fermiers généraux, enfin tout ce qu'on appelle à Paris la bonne compagnie'.

C'est pour cette élite sociale, seule capable d'accéder aux lumières, qu'a été écrite la *Défense de mon oncle*. Ces lecteurs choisis et choyés forment le 'petit troupeau' en qui le maître met toute sa complaisance: ce sont ceux-là qu'il importe de préserver contre le prétendu antidote à la *Philosophie de l'histoire*; c'est à leurs yeux que la crédibilité de l'abbé Bazin doit demeurer entière. En leur prouvant qu'il est grand érudit? Ce serait peut-être encore plus ennuyeux que difficile et les gens du monde détestent par dessus tout qu'on les ennuie. Il faudra donc les amuser sans doute, mais par ce rire préserver le petit troupeau du scandale: comme il peut un jour apprendre qu'un spécialiste d'Hérodote a clairement établi les lacunes du savoir de l'abbé Bazin et par là la fragilité de ses vues philosophiques sur l'histoire ancienne, comme son trouble peut s'accroître s'il vient encore à connaître que l'adversaire de Voltaire ne l'était pas de la philosophie, bien au contraire, mieux vaut prendre les devants et ridiculiser une fois pour toutes ce Larcher et son insipide *Supplément*, en faisant rire à ses dépens, pour le discréditer à jamais. La tactique n'est pas nouvelle: elle a parfaitement réussi avec Pompignan, Maupertuis, Needham et quelques autres. Personne n'oserait plus discuter sérieusement en 1767 des *Poésies sacrées* du marquis, des expériences du président, des anguilles du biologiste. Il faut pareillement empêcher qu'on puisse jamais évoquer sans rire le pédantesque fatras d'un répéti-teur de collège qui veut 'qu'on paillarde [...] dans les églises' ou qu'on fornique avec les animaux. Voltaire n'ignore pas que ce que le public garde en mémoire, ce sont les ridicules vrais ou faux de ses victimes beaucoup plus que leurs véritables idées. Il l'avait prédit à propos de Maupertuis: 'ceux qui tourneront les sottises de ce monde en raillerie seront toujours les plus heureux' (D5061). Il faut donc persuader aux lecteurs de bonne compagnie que le *Supplément* ne contient que des sottises et les en faire rire par toutes les plaisanteries – fût-ce les plus folles – auxquelles elles peuvent prêter.

Le parti n'était pas sans risques: si l'académicien qui avait tonné contre l'incrédulité ou le président de l'académie de Berlin n'étaient certainement pas des hommes obscurs, personne en revanche avant 1759 ne connaissait Nonnotte, dont Voltaire seul avait fait la célébrité, comme l'avait pertinemment rappelé d'Alembert. La chose ne manquerait pas de se reproduire avec Larcher, Voltaire dut en avoir conscience. Tout en écrivant la *Défense*, il se renseignait sur l'accueil fait à Paris au livre de l'adversaire: 'Vous me feriez plaisir, Monsieur', demandait-il à Lacombe le 12 juin, 'de m'apprendre si le petit livre intitulé suplément à la philosophie de l'histoire se débite, et s'il fait quelque sensation' (D14224). Il est très probable que Lacombe fit la même réponse que d'Alembert. Une intervention était donc superflue: trois mois après sa publication, le *Supplément* paraissait bien voué à l'oubli et son auteur à l'obscurité. Voltaire n'ignorait sûrement pas qu'en faisant paraître la *Défense*, il allait lui-même procurer le plus gros de ses lecteurs à un ouvrage qu'il se proposait justement de ridiculiser pour ôter toute envie de le lire. Les moyens choisis n'étaient-ils pas en contradiction avec le but à atteindre? Faut-il conclure à une erreur de tactique? Il s'agit plutôt d'un risque calculé et accepté: publier la *Défense*, c'est inévitablement révéler Larcher et son livre à un public qui les eût sinon parfaitement ignorés. Il est même probable que ceux qui auront lu le *Supplément* à cette occasion ne compteront plus parmi les fidèles admirateurs de l'abbé Bazin. Mais combien seront-ils de la bonne compagnie à se donner cette peine? La grande majorité se bornera à lire la *Défense de mon oncle*: satisfaite d'y avoir si bien ri, elle gardera même l'impression rassurante d'avoir pris dans le pamphlet du neveu une connaissance suffisante de ce que contient le *Supplément* pour en porter un jugement fondé. Ce que Voltaire réussira ainsi à créer une fois de plus, c'est une sorte de consensus auquel il est bientôt impossible de résister. A cause de lui n'est-il pas couramment admis en 1767 que Needham est grotesque? Véritable terrorisme, le mot n'est pas trop fort, qu'on mesurera à l'embarras de Grimm, pourtant résolu à contester les idées de l'abbé Bazin sur la génération spontanée: 'pour vous guérir de votre mouche par une autre expérience, je n'oserai alléguer les observations microscopiques et les anguilles de votre ami Needham, jésuite irlandais, car, Dieu merci, votre intime ami

M. Covelle a rendu ces anguilles si ridicules que de cinquante ans on ne pourra en parler sans exciter la risée de tous ceux qui, pour aimer à philosopher, n'en aiment pas moins à se divertir. Laissons donc le jésuite aux anguilles et ouvrons un excellent journal latin' (CLT, vii.382). Voilà le tour de force de la polémique voltairienne: les amis mêmes de Needham qui partagent ses idées n'osent plus, pour les défendre, faire état de ses travaux; tout comme le Dauphin, qui protégeait Pompignan, ne pouvait cependant s'empêcher de rire. Ceux donc qui voudraient défendre le *Supplément* et son auteur ne l'oseront ni ne le pourront davantage: ils exciteraient la risée en rappelant le souvenir d'un pédant de collège qui a pris 'le parti des boucs'. En outre, puisque ce qui reste d'une querelle dans la mémoire du public, c'est beaucoup moins la matière de la contestation, l'échange des arguments, que l'issue d'une lutte entre deux hommes, de la *Défense de mon oncle* le lecteur se rappellera moins les idées que les 'personnages' et tout le plaisir qu'il aura pris à voir M. Toxotès si lestement étrillé par un neveu en belle humeur. Si donc à court terme la décision de répondre comporte des risques que viendra concrétiser la seconde édition du *Supplément*, elle assure à long terme un discrédit durable de l'adversaire qu'atteste si bien la persistante légende du mazarinier ridicule.

La *Défense de mon oncle* a donc été écrite avant tout dans le but de ruiner d'avance auprès des gens du monde la réputation d'un auteur et d'un livre dont Voltaire redoute qu'ils n'en acquièrent beaucoup auprès des savants. Ceux-ci ne sont pourtant pas totalement oubliés: la *Défense* leur est accessoirement destinée. S'il est évidemment impossible de leur donner le change sur les insuffisances de l'abbé Bazin, que Larcher n'a que trop bien établies, Voltaire garde tout de même espoir que ses quatre diatribes n'échapperont pas à leur attention: 'Il faut que je vous envoie quelque jour la deffense de mon oncle', écrit-il à l'abbé d'Olivet le 23 août 1767, 'Il y a je ne sais quelle bavarderie orientale et hébraïque qui poura amuser un savant comme vous' (D14392). La bavarderie hébraïque désigne la quatrième diatribe, pour laquelle Voltaire éprouve une visible prédilection. 'Cette

133

dernière élucubration est très curieuse et très instructive', nous assure le neveu en présentant les quatre inédits posthumes de son oncle. L'attention de la duchesse de Saxe-Gotha sera discrètement attirée sur ces morceaux importants: 'Les quatre petites diatribes de feu l'abbé Bazin qui sont à la fin du livre pouront occuper peut être un esprit aussi juste et aussi éclairé que le vôtre' (D14395). Bref, sur Sanchoniathon, la société de l'Egypte ancienne et les origines du peuple juif, l'auteur de la *Philosophie de l'histoire* a encore quelque chose à dire et tient à n'être pas entendu que de la bonne compagnie et des rieurs.

Pour séduire les gens du monde, il faut d'abord les amuser. Voltaire donne volontiers la *Défense* pour un livre destiné à divertir. Il l'adresse à d'Argental comme une 'petite drôlerie [...] toute à l'honneur des Dames, et même des petits garçons que les ennemis de l'abbé Bazin ont si indignement accusés. Il est juste de prendre la déffense de la plus jolie partie du genre humain que des pédants ont cruellement attaqué' (D14252). Quand un peu plus tard il croit devoir se justifier auprès de l'"Ange' d'avoir réagi aux calomnies de La Beaumelle, il ajoute: 'Il ne s'agit pas ici de la défense de mon oncle qui est une pure plaisanterie, il s'agit des plus horribles impostures dont jamais on ait été noirci' (D14277). Lorsqu'on écrit pour des lecteurs et des lectrices accoutumés, au sortir de l'Opéra-comique, à 'aller chanter à table les jolies chansons de M. Collé' (ch.11), il ne faut pas cesser d'être drôle. 'Ce public, remarque Lanson, il savait par où le prendre: public intelligent et léger, curieux et blasé, qu'un rien rebutait, un rien amusait, de goût étroit et délicat, d'attention faible, qu'il fallait sans cesse retenir et piquer'.[8] Voltaire ne le perd jamais de vue: 'Mais y a-t-il bien des gens qui se soucient de l'antiquité égyptienne?' demande-t-il ironiquement à la fin du chapitre 17. L'"Ami lecteur' désigné dans les toutes dernières lignes de la *Défense* représente manifestement ces mondains qu'il s'agissait de

[8] *Voltaire*, p.144. Cette frivolité de la bonne compagnie est aussi fort bien évoquée par Versac dans *Les Egarements du cœur et de l'esprit* de Crébillon fils (voir *Romanciers du XVIIIe siècle*, 1965, ii.160 ss).

séduire, mais qu'on ne saurait détourner bien longtemps de l'"essentiel': 'Vous aimez mieux une bonne comédie, un bon opéra-comique, et moi aussi. Réjouissez-vous, et laissez ergoter les pédants. [...] Il n'y a rien de bon, dit Salomon, que de vivre avec son amie et de se réjouir dans ses œuvres'. Voltaire renvoie donc à leurs occupations ordinaires[9] des lecteurs d'abord épris de plaisir et qu'il savait bien ne pouvoir captiver qu'en les divertissant. Mais amuser la bonne compagnie en glosant sur un ouvrage de pure érudition, c'est un peu une gageure, comme Voltaire le fera remarquer à Damilaville: 'Au reste je doute fort que les gens du monde lisent tous ces fatras. On ne peut guère faire naître des fleurs au milieu de tant de chardons' (D14235).

Il s'y est pourtant employé avec un bonheur qu'explique sans doute l'étonnante variété de ses moyens et de ses registres. Gaieté et folie, disait Grimm. Mais au rire qu'excitent les plaisanteries et les sarcasmes, il convient d'ajouter le sourire que font naître les plaisirs plus délicats de l'esprit: le badinage, l'humour, l'ironie le plus souvent et de toutes les sortes: caricature des idées, parodie de raisonnement, jeux de mots, outrances verbales, etc. Des plaisanteries et des sarcasmes Larcher est évidemment l'objet principal et ce sont assurément les plus drôles.[10] Mais il y en a bien d'autres: sarcasmes sur les 'fredaines' du révérend père Marsi et du révérend père Fréron chassés du collège Louis le Grand pour leur sodomie; raillerie de Fréron 'ivre-mort presque tous les jours', mais dont seuls les ouvrages sont bien morts (ch.5); plaisanteries sur le divin Hercule 'qui dépucela cinquante damoiselles en une nuit' et que pourtant l'abbé Bazin n'appelait que dieu secondaire (ch.11, n.15); sur le père Petau qui 'fait les enfants à coup de plume' pour repeupler la terre (ch.12, n.25); sur le porphyre prétendument fait de pointes d'oursin, ce qui est aussi vraisemblable que de croire le marbre blanc fait de plumes d'autruche (ch.19, n.43); sur le blé germé de Needham, farine grossière produisant un jour des hommes... et des ânes (ch.19,

[9] Voir 'Dernier avis au lecteur', n.3.
[10] On les trouvera examinés dans une étude du 'personnage' de M. Toxotès (*DMO*, p.148 ss).

n.49). Le neveu plaisante même sur les derniers moments de cet
oncle malicieux qui, pour consoler l'église grecque de l'avoir vu
reconnaître l'infaillibilité exclusive de l'église romaine, aurait
assuré à l'archevêque d'Astracan: 'allez, ne vous attristez pas,
ne voyez-vous pas que je vous crois infaillible aussi?' (ch.21,
'Epilogue'). Plaisanteries encore sur Bélisaire, dont la plus grande
faute 'fut de ne savoir pas être cocu'; sur la dévotion des belles
dames vers la cinquantaine, dont la ferveur croît avec l'enlaidisse-
ment (ch.22). Sarcasmes enfin contre Cogeos, l''animal', le 'réprouvé', le 'faussaire' (ch.22 et 'Post-scriptum'). C'est tout cela
qui faisait dire à Grimm que 'l'on étouffe de rire à chaque page',
au reste non sans quelqu'exagération. On apprécie tout autant
ces finesses de l'esprit voltairien, qui ne déchaînent pas le rire
nécessairement: badinage sur 'l'histoire générale des bordels',
probablement 'fort curieuse', mais 'grand sujet' que 'les savants
n'ont encore traité [...] que par parties détachées' (ch.2); ou sur
l'exercice du droit de cuissage par les seigneurs, dont l'historien
ne saurait dire 's'ils se contentaient de mettre une cuisse dans le
lit de la mariée [...] ou s'ils y mettaient les deux cuisses' (ch.2).
Art de la caricature aussi, dont on sait comme Voltaire y excelle:
par des transpositions comiques suggérant en quelques traits tout
le grotesque de scènes hautes en couleur (la prostitution sacrée
dans Notre-Dame de Paris, la fuite au désert des Grecs de
Constantinople pour y 'dire la messe', après avoir volé aux
Turcs leurs garderobes et leur vaisselle);[11] par des illustrations
concrètement saugrenues des théories à ridiculiser: de Guignes
prouve que l'empereur chinois Yu n'est autre que le roi d'Egypte
Ménès 'en changeant *nés* en *u* et *me* en *y*' (voir 'Exorde', n.5);
croire au transformisme, c'est admettre que les crocodiles du Nil
ont engendré les huîtres d'Angleterre ou que des marsouins ont
fini par produire des hommes.[12] Voltaire peut aussi parodier
comiquement les raisonnements de l'adversaire: 'de ce que des
barbares ont fait des sacrifices de sang humain [...] s'ensuit-il que
toutes les belles Babyloniennes couchassent avec des palefreniers

---

[11] Voir ch.2, n.9 et ch.21, 4e diatribe, n.63.
[12] Voir ch.18, n.2 et ch.19, n.13.

étrangers dans la cathédrale de Babylone?' (ch.2). Il ne dédaigne pas non plus les jeux de mots, fussent-ils parfois médiocres: un savant lisant que Larcher a été convaincu de bestialité a mis en marge: lisez bêtise; un 'mauvais plaisant', sceptique sur les expériences de Needham, 'dit qu'il y avait là anguille sous roche'; on rassure Coger sur ses craintes qu'il n'y ait plus de réprouvés: 'Si fait, lui répondit-on, tu seras très réprouvé',[13] etc. L'humour enfin qui y voisine avec l'ironie, loin de manquer à la *Défense de mon oncle* en fait une des plus délicates saveurs.[14] Ainsi, comment garder son sérieux quand le neveu fait remarquer de son oncle, 'bon catholique', combien Warburton, 'brave prêtre hérétique', 'serait pernicieux à la religion chrétienne', si l'abbé Bazin 'ne s'était pas vigoureusement opposé à sa hardiesse' (ch.17)?

Pour séduire les gens du monde, l'auteur de la *Défense* y a donc d'abord déployé toutes ses ressources d'amuseur. Mais Voltaire a su faire mieux encore: une constante affectation de mépris pour l'érudition ne peut manquer de lui gagner un public qui l'abhorre. L'érudition est ainsi donnée à la duchesse de Saxe-Gotha pour un mal nécessaire qu'il faut excuser: 'J'obéis à vos ordres, j'envoie à Vôtre Altesse sérénissime la Défense de mon oncle, et je suis fâché de vous l'envoyer parce qu'elle ne vous amusera guères [...] C'est la réponse d'un pédant à un pédant, et il s'agit de choses très pédantes. Il est vrai qu'on s'y moque un peu de toute histoire ancienne, et qu'il y a de temps en temps de petites plaisanteries qui peuvent consoler de l'horreur de l'érudition, et du grec, et du latin, et de l'hébreu, et du Turc' (D14395). Aussi le neveu n'évoque-t-il jamais ses matières érudites sans ce brin d'ironie dédaigneuse qui sied aux gens du monde: 'cependant le sujet est intéressant, il ne s'agit pas moins que des dames et des petits garçons de Babylone, des boucs de Mendès, de Warburton et de l'immortalité de l'âme. Mais tous ces objets sont épuisés. Nous avons tant de livres que la mode de lire est passée' (ch.16). Dans la récapitulation semblablement ironique du 'Dernier avis au

---

[13] Voir ch.7, n.29; ch.19, n.52; et ch.22, n.48.
[14] On pourra voir tout ce qu'a permis à cet égard l'invention du personnage de l'abbé Bazin (*DMO*, p.152 ss).

lecteur' les dames de Babylone et Ninon voisinent avec le déluge, les juifs, l'Egypte et les montagnes. C'est faire entendre que tout ce fatras ne mérite guère l'attention prolongée des gens du monde. Voltaire veille donc à ce que ses lecteurs ne se sentent pas dépaysés; pour qu'ils continuent à se sentir en bonne compagnie, le neveu doit être l'un des leurs et il l'est: 'Vous aimez mieux une bonne comédie, un bon opéra-comique *et moi aussi*'.[15] Simple coquetterie tactique d'un savant sachant parler leur langage aux gens du monde? Il y a bien davantage: par tempérament et par nécessité, Voltaire partage leur répulsion instinctive pour l'érudition. D'abord cet 'historien honnête homme' est trop pressé pour se plier aux minutieuses lenteurs de l'érudition, comme R. Pomeau l'a montré à propos de l'*Essai sur les mœurs* (*Essai*, i.xxII). Mais surtout il se méfie du risque de l'érudition: s'y engluer, c'est perdre de vue l'essentiel; ce qui, pour ce militant, signifie frapper moins fort et moins juste, quand un polémiste ne perd jamais de vue l'efficacité. Voilà pourquoi Voltaire faisait tant de réserves sur l'*Encyclopédie*, ce 'gros fatras' qui ne fait grâce de rien. Dans la préface des *Questions sur l'Encyclopédie* en 1770, il se déclarera résolument du côté des 'douteurs' et non des 'docteurs' (M.xvii.3), pédants de Sorbonne ou de Mazarin chargés de science, de certitudes et d'ennui.

Mais cette méfiance n'est nullement un refus de l'érudition bien entendue, dont au contraire l'abbé Bazin connaît tout le prix. Tout en se moquant des pédants ennuyeux, le neveu ne manque jamais de donner relief au profond savoir de son oncle: la bonne compagnie se soucie assurément fort peu de savoir en quelle année le temple d'Hercule fut bâti, mais 'mon oncle le savait' (ch.11). 'Monsieur l'abbé Bazin était persuadé avec Onkélos et avec tous les Juifs orientaux' ... (ch.8). 'M. l'abbé Bazin avait étudié à fond l'histoire de la sorcellerie' (ch.7). 'Monsieur l'abbé Bazin avait approfondi cette matière. Il me disait souvent, mon neveu, on ne connaît pas assez les Guèbres, on ne connaît pas assez *Ebrahim*; croyez-moi, lisez avec attention le Zenda Vesta, et

---

[15] 'Dernier avis au lecteur' (c'est nous qui soulignons).

le Védam' (ch.8). L'oncle lui-même dira dans la deuxième diatribe:
'Il n'en est rien dit dans l'Ezour-Vedam ni dans le Cormo-védam
que j'ai lus avec une grande attention.' Ainsi pour n'être pas
docteur, on n'en est pas moins docte. Il s'agit de persuader de la
haute compétence d'un abbé Bazin appliqué seulement à épargner
aux honnêtes gens les 'chardons' de l'érudition: Voltaire excelle
à donner l'impression qu'il leur rapporte brièvement l'essentiel
pour les mettre sans effort à la hauteur du sujet et en état de
juger. Ce peut être le cas en effet: 'Le détracteur de mon oncle et
du beau sexe veut que la chose soit vraie; et sa grande raison,
c'est que quelquefois les Gaulois ou Welches ont immolé des
hommes (et probablement des captifs) à leur vilain dieu Teutatès'
(ch.2). Ou encore: 'L'ennemi de mon oncle [...] appelle Baruch
au secours d'Hérodote. Et il cite le sixième chapitre de la prophétie
de ce sublime Baruch' (ch.2). Mais ces 'résumés' du *Supplément*
peuvent aussi n'être que des subterfuges de la polémique totalement dépourvus d'honnêteté, comme dans le chapitre 8: 'Notre
lourd adversaire propose un autre système pour esquiver la
difficulté, il appelle Philon le Juif à son secours, et il croit donner
le change à mon cher lecteur en disant que la ville d'Aran est la
même que Carrès' (l.18). Neveu ou oncle, Voltaire cherche en
définitive à laisser de lui l'image d'une sorte de médiateur entre
le monde de l'érudition et celui de la bonne compagnie. L'abbé
Bazin et son neveu n'ignorent rien de ce qu'ils doivent connaître,
mais ne le laissent paraître que dans la mesure où leur sujet l'exige
et presque en s'excusant. Au reste, rien ne persuadera mieux de
l'immensité de leur savoir que cette affectation de le cacher: 'Je
suis obligé d'apprendre à l'abbé Fou... détracteur de mon oncle,
ce que pensent d'Abraham tous les Guèbres que j'ai vus dans mes
voyages' (ch.8). Ainsi par l'étendue de ses connaissances, ce
médiateur capable de rapporter l'essentiel compte bien parmi les
savants; mais il faut qu'en même temps les gens du monde le
reconnaissent pour l'un des leurs, par la distance critique que
grâce à son ironie il sait prendre à l'égard des minuties arides de
l'érudition: 'Trompe-toi tant que tu voudras sur la distance de
Ninive à Babilone; cela ne fait rien aux dames, pour qui mon

139

oncle avait un si profond respect et que tu outrages si barbarement'
(ch.2). L'abbé Bazin croyait qu'Abraham avait cent trente-cinq
ans lorsqu'il quitta la Chaldée, mais 'il importe fort peu de savoir
précisément quel âge avait le père des croyants' (ch.8). Voltaire
somme l'adversaire de dire en quel temps fut bâtie la ville de Tyr,
mais en sourit aussitôt: 'C'est un point trop intéressant dans la
situation présente de l'Europe'. Ironie encore dans ces sommaires
volontairement chaotiques, dont on a déjà parlé et qui marquent
eux aussi le recul un peu dédaigneux que sait prendre l'homme
du monde par rapport à ces vétilles: 'Il est question ici de grands
objets, il ne s'agit pas moins que des mœurs et des lois de Pékin
jusqu'à Rome, et même des aventures de l'océan et des montagnes'
('Avertissement'). C'est que tout autant que ses lecteurs Voltaire
est prêt à se rire d'un érudit qui ne saurait rire de lui-même...

Il leur a réservé une autre satisfaction encore: le clivage entre
pédantisme et philosophie, sottise érudite et raison critique, obscurantisme et lumières, se double d'un clivage social rassurant:
les répétiteurs de collège ne sauraient être du même monde que -
l'auteur et ses lecteurs. L'infériorité de leur situation suffit à
les exclure absolument de la bonne compagnie. On aperçoit
maintenant la double utilité de la légende du mazarinier: elle n'a
pas servi seulement à faire accroire que le *Supplément* était parti
du repaire janséniste où Riballier et Coger complotaient déjà
contre *Bélisaire*; elle a permis d'ignorer délibérément la naissance
très honorable de Larcher et son véritable rang social, pour
d'emblée le reléguer dans la meute des folliculaires, ces 'animaux'
(ch.22) que la faim tenaille et que l'envie dessèche. Au 'tribunal'
qu'il a choisi des gens du monde, Voltaire a l'habileté de comparaître en créant entre son adversaire et lui une distance sociale qu'il
ne se fait pas faute d'exploiter, car c'est rappeler à ses lecteurs-
juges qu'il est ici le seul de leur milieu: 'tu as l'insolence d'accuser
d'impiété des citoyens dont tu n'as jamais approché, chez qui tu
ne peux être reçu, et qui ignoreraient ton existence si tu ne les
avais pas outragés' ('Avertissement'). Le neveu ne se serait pas
fait 'cocher' pour étriller le pédant si celui-ci ne s'était comporté
en 'batelier', agressif et impudent: 'M. Toxotès [...] qui ne sait

que dire des injures de batelier à un homme qu'il n'a jamais vu, a donc eu affaire à un cocher qui lui donne les coups de fouet qu'il méritait' (ch.16). L''Avertissement' contient même le souhait d'une ligue des 'gens de bien' contre ces êtres exclus de leur cercle, mais poussés par l'envie et qui se servent de la religion comme d'un prétexte: qu'ils 'se réunissent pour imposer silence à ces malheureux qui dès qu'il paraît un bon livre crient à l'impie, comme les fous des petites-maisons du fond de leurs loges se plaisent à jeter leur ordure aux nez des hommes les plus parés, par ce secret instinct de jalousie qui subsiste encore dans leur démence'. Même ton au chapitre 22, pour évoquer Cogeos et autres cuistres de collège à qui leur état interdit de jamais 'soupçonner ce qui se passe dans la bonne compagnie de Constantinople': 'Il y avait alors quelques petits Grecs envieux, pédants ignorants, et qui faisaient des brochures pour gagner du pain'. Cette faune de 'petits auteurs', que Voltaire venait de décrire dans les *Honnêtetés littéraires*, elle ne se meut que dans les bas-fonds: 'Quelle est la source de cette rage de tant de petits auteurs, ou ex-jésuites, ou convulsionnistes, ou précepteurs chassés, ou petits collets sans bénéfices [...] ou travaillant pour la comédie, ou étalant une boutique de feuilles, ou vendant des mandements et des sermons?' (M.xxvi.152). Depuis longtemps le polémiste ne manque pas d'y reléguer ses ennemis, s'il le peut. '[...] son père avait chaussé le mien pendant vingt ans', remarquait-il déjà de J. B. Rousseau (D1150). Nonnotte vient d'essuyer le même traitement dans les *Honnêtetés littéraires*: son père était 'fendeur de bois et crocheteur. Il paraît à son style et à ses injures qu'il n'a pas dégénéré. Sa mère était blanchisseuse' (M.xxvi.151). Il demeure à un troisième étage, comme plus tard Larcher sera logé dans un grenier. C'est un 'excrément de collège qu'on ne décrassera jamais' (M.xxvi.152). La Beaumelle est pareillement un ancien précepteur qui s'est fait chasser de partout (M.xxvi.133), etc.

Les Nonnotte, Larcher et Coger sont donc de ceux qu'on tutoie avec une familiarité méprisante, comme des laquais ou des paysans. On observe, dans les premiers et le dernier chapitre de la *Défense de mon oncle*, un voisinage significatif du vous et du tu: le premier est adressé à l'"ami lecteur', au 'cher lecteur', à l'égal de bonne compagnie sachant les usages et le bon ton; le second est réservé au 'mécréant', à l'"effronté', au 'vilain' qui ose parler de sodomie et outrager les dames. Les dames formant un élément essentiel de la bonne compagnie, on a vu Voltaire leur dédier la *Défense* comme une drôlerie toute à leur honneur; c'est par rapport à elles que se définissent les figures antithétiques du rustre Toxotès et du civil abbé Bazin. Son neveu le présente dans l'"Exorde' comme 'très respectueux pour les dames' et 'ami de la bienséance'. C'est pourquoi l'idée même d'une prostitution sacrée le révolte: 'Oh! que mon oncle était éloigné d'imputer aux dames une telle infamie!' (ch.2). Mahomet est loué en passant d'avoir eu 'toujours grand soin des dames' (ch.3) et l'abbé Bazin de sa 'chasteté' et de sa 'pudeur' (ch.4). Son neveu lui-même n'avouera qu'en 'soupirant' que certaines 'dames juives' au désert pourraient bien avoir eu quelque galanterie avec des boucs. Encore s'emploie-t-il à les excuser sur leur odeur puisqu'elles n'avaient pu changer de linge depuis quarante ans… (ch.7). L'abbé Bazin apparaît donc comme le champion déférent de 'la plus jolie partie du genre humain' et Toxotès comme son adversaire discourtois. Le chapitre 2 s'intitule: 'L'apologie des dames contre le sieur Larcher du collège Mazarin, ennemi juré du beau sexe'. Le neveu lui reproche de les avoir outragées 'si barbarement': c'est 'le détracteur de mon oncle et du beau sexe' (ch.2), un malotru qui ne sait décidément pas vivre, pire même: un sodomite honteux, un de ces 'crasseux chassés des collèges, qui n'ont jamais pu parvenir à être reçus dans la compagnie des dames' (ch.5). Ce qui explique sans doute un oubli total des convenances: 'Fi, vilain! oses-tu bien mêler ces turpitudes à la sage bienséance dont mon oncle s'est tant piqué? oses-tu outrager ainsi les dames, et manquer de respect à ce point à l'auguste impératrice de Russie…?' (ch.5). Voilà des péchés que la bonne compagnie pardonne mal: Toxotès est coupable d'"avoir manqué d'esprit et avoir ennuyé les dames' (ch.5). Le neveu a subtilement tout mis en œuvre pour persuader à ses lectrices que la querelle de l'abbé Bazin est aussi la leur: les dames et l'oncle ne peuvent pas ne pas faire cause commune contre les pédants ennuyeux et mal élevés. La solidarité avec la bonne compagnie est décidément sans faille...

Le dédoublement de Voltaire dans la *Défense* a déterminé une sorte de spécialisation des rôles: l'oncle et le neveu, c'est d'abord un mort et un vivant. L'oncle est le penseur. 'Les saillies du neveu', remarque Grimm, 'sont entremêlées de choses assez sérieuses de l'oncle' (CLT, vii.367). Le tacticien, c'est naturellement le vivant; pour séduire les mondains, le neveu les amuse et les rassure: il est l'un des leurs contre le pédant qui n'en est pas. Mais sa fonction de meneur de jeu consiste aussi à inspirer au lecteur une partie de sa bienveillante tendresse pour feu son oncle. Il nous prépare par là à recevoir les messages du mort. Cette voix d'outre-tombe, Voltaire tient à ce qu'elle soit entendue de tous. Il ne se soucie probablement pas d'être pris au mot, lorsqu'il recommande de choisir pour s'amuser le sujet le plus à son goût: c'est un conseil regardant seulement la façon de commencer la lecture; mais il importe de l'achever. On trouvera l'agréable où l'on voudra, on saisira à sa guise l''os médullaire', pourvu qu'on sache aller jusqu'à l'utile de la moelle. Rien de plus fou, rien de plus sage, disait Grimm de la *Défense*: les deux ne sauraient se dissocier. La folle plaisanterie n'a pas seulement pour but de ridiculiser Larcher; elle est encore une *captatio benevolentiae* qui dispose à écouter aussi ce qui suivra. On sait déjà l'essentiel de ces messages de l'oncle: combattre l'athéisme et 'rendre justice' à l'Antiquité. Combattre l'athéisme, ou plutôt faire triompher son déisme: ce déplacement d'accent rend mieux compte du sens des chapitres 18 et 19, ainsi que de la première diatribe. Voltaire évite de prendre directement à partie les philosophes avec lesquels il se sait en complet désaccord. Il se borne à réfuter les vues scientifiques sur lesquelles ils fondent ordinairement leurs conclusions hardies: l'évolutionnisme, les origines aquatiques de la vie terrestre, les bouleversements géologiques, la production de la vie par de la matière. Prudemment, il ne s'en prend qu'à des comparses ou aux morts: le *Journal économique*, Maillet, Maupertuis

143

et Needham, le 'jésuite secret' cent fois brocardé. Mais Buffon est soigneusement ménagé (ch.19, n.40). Diderot et d'Holbach ne sont évidemment pas nommés. C'est à eux de comprendre ce que représente l''épicurisme' combattu dans la première diatribe;[16] ou de se reconnaître au chapitre 19 dans ces 'philosophes' malavisés qui se persuadèrent trop vite que 'si un jésuite a fait des anguilles sans germe, on pourra faire de même des hommes' (ch.19, l.124). Les véritables destinataires de ce premier message de l'oncle sont même désignés le plus souvent avec une discrétion si prudente qu'elle confine à l'ambiguïté. Le lecteur mal instruit des sourdes dissensions qui agitent alors le camp de la philosophie, pourrait fort bien s'y laisser prendre: affirmer que Dieu n'a pas créé un seul premier homme, mais plusieurs, morphologiquement distincts et qu'il a placés en différents endroits de la terre, n'est-ce pas tout simplement vouloir infirmer la version biblique de la création? Faire le compte de toutes les raisons que l'on a de ne pas croire que la mer ait jamais pu recouvrir les surfaces habitées pour y façonner les montagnes, n'est-ce pas attaquer la Bible encore, en établissant l'impossibilité d'un déluge universel?

L'ambiguïté est si sensible dans le cas du polygénisme que les adversaires combattus au chapitre 18 sont de ceux qui n'ont pris cette théorie de Voltaire que pour un nouveau moyen de discréditer la Genèse. Les prétendues attaques du *Journal économique* se réduisent au compte rendu d'un ouvrage de Chambon: or le Marseillais y flétrissait le polygénisme voltairien comme l'imagination outrecuidante d'un impie, affectant d'ignorer les saintes Ecritures où Dieu a révélé à l'homme le secret de ses origines (ch.18, n.10). Certes, l'abbé Bazin n'est pas fâché de cette nouvelle occasion de s'en prendre au Pentateuque: l'article 'Adam', qu'il ajoute en 1767 au *Portatif,* est essentiellement conçu dans cette vue. Il y est fortement suggéré que les Juifs, 'toujours imitateurs' et 'toujours grossiers', pourraient bien avoir démarqué, sur ce point comme sur tant d'autres, des livres beaucoup plus anciens tels que l'Ezour-Védam. Mais dans la *Défense de mon oncle*

---

[16] Voir 1ère diatribe, n.3 et 4.

ses intentions sont beaucoup plus subtiles et ne se découvrent pleinement que si l'on tient compte d'un voisinage significatif de ce chapitre 18 avec le suivant et la première diatribe. Ces trois morceaux affirment, chacun à sa manière, le caractère résolument fixiste du déisme voltairien. Tout autant qu'une dénégation de la version mosaïque de la création de l'homme, le polygénisme est une infirmation vigoureuse de l'hypothèse évolutionniste (ch.18, n.1). Ce n'est pas un hasard si dès les premières lignes de ce chapitre se rencontre une allusion railleuse aux théories de Maillet (ch.18, n.2). L'ironie a ici pour fonction d'exorciser un danger réel, même si Maillet n'a jamais été le hardi transformiste que croit Voltaire (ch.19, n.13). Admettre que l'espèce humaine ait pu dériver d'espèces marines, c'est porter une première et grave atteinte aux prérogatives du grand Demiourgos; c'est lui dérober l'exclusivité de l'acte créateur au profit d'une Nature bientôt autonome et capable de déclencher d'alarmants processus de modification échappant au Créateur; c'est ouvrir une brèche que les matérialistes évolutionnistes auront tôt fait d'élargir; c'est donc préparer les voies à l'athéisme. Le polygénisme au contraire concrétise les dispositions rassurantes d'une Intelligence créatrice gardant sur la création un contrôle absolu. Voilà pourquoi, même s'il n'avait pas à ruiner l'autorité de la Genèse, Voltaire tiendrait encore à prouver que les nègres, les albinos, les Hottentots et les Américains imberbes ne peuvent, en raison de leurs différences spécifiques, dériver d'une même souche. L'admettre, ce serait réintroduire subrepticement la dangereuse idée d'une évolution biologique, doter en somme la Nature d'une histoire, ce à quoi Voltaire se résout très mal. Car ce ne sont évidemment pas les puériles explications du jésuite Lafitau qui permettront de conjurer le danger (ch.18, n.22). Si les 'hommes de différentes couleurs' ne descendent pas d'un prototype unique, le fixisme est sauf. Dans le cas contraire, on ne peut pas ne pas admettre une alarmante évolution de l'espèce humaine, dont même rien n'assure qu'elle soit parvenue à son terme.

Même enjeu dans la querelle avec Buffon sur les montagnes et les coquilles: lorsque l'abbé Bazin a récapitulé ses raisons de ne pas croire à l'immersion des continents ni à l'action des eaux dans la formation du relief, il en ajoute une neuvième qui n'est que l'éclatante profession de foi du fixisme qui lui a fait trouver les huit autres (ch.19, l.52): 'Ne perdez point de vue cette grande vérité, que la nature ne se dément jamais. Toutes les espèces restent toujours les mêmes. Animaux, végétaux, minéraux, métaux; tout est invariable dans cette prodigieuse variété'. Cette invariabilité que le chapitre précédent a établie de l'homme, celui-ci va l'établir de son cadre: le relief de la terre n'a pu subir un bouleversement radical depuis sa création. Or la théorie de la terre soutenue par Buffon en 1749 assure du contraire: l'aspect physique du globe actuel n'a que peu de rapport avec son état primitif; la mer a durant une multitude de siècles façonné le relief des continents submergés et la présence de fossiles marins sur les plus hautes montagnes en reste la preuve indubitable. Dès lors il ne reste plus à l'abbé Bazin qu'à s'opposer à 'M. de Buffon', mais 'avec toute la circonspection requise', comme le précise bien le titre complet du chapitre. Aussi Voltaire propose-t-il ses objections en évitant toute référence polémique à l'*Histoire naturelle*. Ce qui appauvrit fâcheusement la discussion, car Buffon avait dès 1749 répondu à certaines d'entre elles:[17] l'action du reflux détruisant celle du flux, l'incapacité du flux à former des rochers, l'invraisemblable nombre de siècles qu'une telle explication suppose, l'inexplicable cas des enceintes circulaires de montagnes. Toujours ouvert en 1767, le débat ne s'est guère enrichi depuis 1746 et la *Dissertation sur les changements arrivés dans notre globe*, où Voltaire avait marqué – dans une sorte d'anticipation inconsciente, puisque la *Théorie de la terre* n'est parue que trois ans plus tard – son désaccord avec Buffon: la plupart des positions défendues ici y avaient été déjà soutenues. Ce désaccord s'est seulement élargi et affermi: au rôle de la mer et à la présence des fossiles marins, il faut ajouter maintenant les causes finales et les molécules organiques. De celles-ci Voltaire ne fait qu'une brève mention, mais à celles-là il accorde dans une argumentation prétendue

---

[17] Voir ch.19, et dans l'ordre, n.3, 4, 5 et 8.

scientifique un rôle que Buffon jugera avec une légitime sévérité. Qu'il s'agisse du corps humain ou du relief de la terre, Voltaire ne cesse d'y voir l'action d'une Intelligence créatrice qui ne peut pas ne pas avoir institué un ordre immuable, en disposant des moyens en vue d'une fin. Il en arrive même à proposer le singulier concept d'essence: 'L'essence de la terre est d'avoir des montagnes'... Tout paraît bon décidément pour faire barrage à l'idée d'évolution et les 'arguments' invoqués trahissent peut-être avant tout un secret désir de se rassurer: Voltaire n'aborde plus ces questions en 1767 avec la sérénité qu'il avait encore dans la *Philosophie de l'histoire*. Le ton s'est durci: sur les conclusions qu'on peut tirer des mouvements observables de la mer, sur la nature exacte du falun de Touraine, l'auteur de la *Défense* se montre beaucoup moins accommodant; car depuis la visite de Damilaville, 'il a compris que ces détails misérables mettent en cause l'existence de Dieu'.[18] Malgré son souci de ne pas se brouiller avec Buffon 'pour des coquilles', Voltaire met presque de la solennité à souligner son opposition sans réplique: 'mais je suis demeuré dans mon opinion, parce que l'impossibilité que la mer ait formé les montagnes m'est démontrée'. D'où son acharnement à répéter que les fossiles marins n'en sont pas: il l'a constaté de visu, car de ces coquilles il en a vu 'tout comme un autre'. Les cornes d'Ammon n'ont jamais abrité le prétendu Nautilus, dont l'existence vaut celle de la dent d'or de Fontenelle. Malheureusement ses connaissances ont vieilli: le Nautilus existe bien, les cornes d'Ammon sont réellement des fossiles marins, l'existence de fossiles proprement terrestres paraît douteuse. Sur tous ces points, son ami le pasteur Bertrand, dont il a beaucoup utilisé le *Dictionnaire universel des fossiles* et qui partage ses convictions finalistes, a lui-même sensiblement évolué en 1767. La science de l'abbé Bazin a décidément quelque chose d'anachronique...

Ce n'est pas son plus grave handicap. Voltaire, on l'a montré depuis longtemps, n'est guère capable de porter aux phénomènes scientifiques une curiosité désintéressée: les motivations métaphy-

---

[18] J. Roger, *Les Sciences de la vie*, p.741.

siques inavouées ne sont jamais bien loin. Ce sont elles qui expliquent le passage à la fin du chapitre de la géologie à la biologie. Certes, Voltaire a de bonnes raisons d'associer les noms de Buffon et de Needham. Mais la logique de son sujet ne conduisait pas l'abbé Bazin à ce qui a tout l'air d'un nouveau 'petit appendix', que le titre du chapitre ne laissait pas même prévoir. La véritable unité du chapitre 19 n'est pas dans la discussion d'un problème de géologie, mais dans la préoccupation de l'abbé Bazin de sauver ses convictions déistes de tous les dangers que pourraient leur faire courir les sciences de la vie aussi bien que celles de la nature. C'est pourquoi y défilent les savants aux idées plus que suspectes: Buffon, Needham et même le fantôme de Maupertuis, coupable d'avoir autrefois parlé d'anguilles lui aussi. A ce problème crucial de la génération spontanée, Voltaire ne consacre guère qu'un paragraphe d'une quinzaine de lignes, mais d'une économie très éclairante: les expériences capitales de Spallanzani, qui ruinent celles de Needham, ne sont évoquées que dans la dernière phrase. En revanche, sont soigneusement détaillées les conséquences alarmantes qu'on tirait déjà de cette 'expérience prétendue' du jésuite secret: 'si un jésuite a fait des anguilles sans germe, on pourra faire de même des hommes. On n'a plus besoin de la main du grand Demiourgos; le maître de la nature n'est plus bon à rien'. La coterie holbachique va triompher. Needham a beau dire; les partisans de l'épigénèse ne reculeront devant rien: 'Les germes sont inutiles: tout naîtra de soi-même'. L'abbé Bazin, parfaitement conscient du danger, ne voit guère d'autre parti à prendre que d'en revenir à la théorie des germes préexistants, d'un fixisme rassurant elle aussi: celui qui dès l'origine a tout mis en place une fois pour toutes, les montagnes comme les différentes races d'hommes, a également formé tous les germes. Par bonheur, Spallanzani fera finalement justice de ces chimères de la génération par corruption dont l'Antiquité s'était déjà bercée. Mais l'alerte aura été chaude pour le 'pieux' abbé Bazin, fort peu disposé à laisser la science ainsi bouleverser ses convictions. Attitude rien moins que scientifique, Grimm ne se fera pas faute de le lui rappeler sévèrement: 'le premier devoir d'un philosophe, c'est de

ne jamais déguiser ni affaiblir la vérité en faveur d'un système'
(CLT, vii.383). Et pourtant c'est bien en savant que prétendait
parler l'abbé Bazin, c'est-à-dire en observateur circonspect que
son goût du fait bien établi préserve des conclusions hâtives ou
intempestives. L'oncle a observé des albinos, des hommes rouges,
des hommes couleur de cuivre; il a manié le tablier des Hottentots
et des Hottentotes; il a vu dans ses voyages le reticulum mucosum
d'un nègre. Il a examiné toutes sortes de fossiles avant de conclure
qu'ils 'ressemblent plutôt aux habits déchirés des moules et d'autres petits crustacés de lacs et de rivières'. Il fera même bientôt
venir une caisse de 'ce fameux Fallun de Touraine' pour savoir
par lui-même à quoi s'en tenir. L'abbé Bazin reste bien persuadé
que le déisme n'a pas de meilleur allié que la science...

  L'idée est concrètement illustrée par la première diatribe. Ce
dialogue à la Platon, qui n'a pas grand-chose de platonicien,
oppose au prestigieux philosophe un jeune 'ingénu' de bonne
compagnie,[19] qui n'est devenu 'épicurien', c'est-à-dire matérialiste,
que par ignorance: seule la connaissance de la physique, de la
géométrie et de l'astronomie pourrait permettre à Madétès de
reconnaître dans les différentes parties de l'univers la marque de
l'Intelligence créatrice qui en a à jamais réglé la machine. Mais
Madétès a cru jusqu'ici plus commode 'de penser sans rien savoir'.
Platon se charge donc de lui faire reconnaître, par le moyen d'une
leçon de choses sur un squelette, que c'est bien une intelligence
qui a 'présidé à cet univers'. Car 'les plus vils animaux sont formés
avec un appareil non moins admirable' que le corps humain, 'et
les sphères célestes se meuvent dans l'espace avec une mécanique
encore plus sublime'. Catéchisé et ébloui, le matérialiste athée
Madétès finit par tomber à genoux pour adorer la divinité. Grimm
a discrètement persiflé cette fin trop édifiante d'une démonstration
qui ne peut guère convaincre qu''un petit-maître ignorant et
superficiel'. Le Platon de l'abbé Bazin est naturellement plus
voltairien que platonicien: quoique Voltaire ait lu au cours des
années précédentes le *Traité de l'âme et du monde* de Timée de

---

[19] Voir 1ère diatribe et notes.

Locres et à cette occasion relu le *Timée* de Platon, l'ordre selon lequel il lui fait conduire la description de la machine humaine trahit le disciple de Locke: c'est seulement lorsque l'être humain respire, se meut, se nourrit et se reproduit, que peut se poser le problème de ses perceptions et partant de ses idées. Le catéchète de Madétès évite soigneusement le mot âme, alors que le Platon du *Timée* a tout organisé autour de cette réalité essentielle: c'est en vue d'y abriter l'âme immortelle créée par le Démiurge que les dieux subalternes ont façonné le corps. Voltaire n'est finalement d'accord avec Platon que sur deux choses: c'est bien une intelligence qui préside à l'univers, mais sans qu'on sache précisément comment s'exerce cette maîtrise; on ne saurait expliquer la machine humaine sans recourir à la notion de finalité. Mais si Platon explique en fonction de l'âme toutes les particularités de son logement, Voltaire explique plutôt les différentes parties de la machine humaine comme les rouages d'une horloge assemblés par le grand horloger afin que l'aiguille marque les heures. Il affirmait déjà dans le *Traité de métaphysique* que les yeux sont donnés pour voir et les mains pour prendre. Ce qui le heurte peut-être le plus dans la physique épicurienne est précisément le refus qu'elle implique des causes finales. Les vives attaques contre la physique d'Epicure qu'inaugure cette diatribe témoignent assez qu'elles sont destinées à ses modernes représentants. La confrontation de Platon et d'un épicurien se charge ici sans nul doute d'une valeur symbolique et très actuelle.

Les réactions de Grimm à cette partie de la *Défense de mon oncle* montrent que la coterie holbachique ne s'y est pas trompée. Les matérialistes athées se sont parfaitement reconnus comme les adversaires désignés par l'abbé Bazin dans ces chapitres scientifiques et dans une diatribe par laquelle le neveu entendait 'mieux faire connaître la piété' de son oncle. (Le titre du chapitre dit même: ses 'sentiments théologiques'). Du chapitre sur les montagnes, Grimm loue la politesse, mais non la profondeur: 'malheureusement il est très superficiel. M. Bazin n'est pas aussi grand naturaliste que bon philosophe' (CLT, vii.380). Il faut être piètre observateur pour nier l'origine marine des fossiles; il faut avoir bien des préjugés métaphysiques pour contester la génération par corruption: 'Ah! grand Bazin, vous dormiez donc aussi quelquefois de votre vivant? Quel raisonnement! Quel défaut choquant d'expérience!' (CLT, vii.382). Quant au 'dialogue sur la cause première', Grimm consent à en louer au moins le style, faute de pouvoir prendre le reste au sérieux. Ce sont là quelques-unes des 'marottes peu philosophiques' d'un 'zélé déiste' qu'on lui pardonnera en faveur du reste... Dès août 1767, Paris a clairement fait savoir à Ferney que les 'épicuriens' ne se sentaient pas encore réduits à quia.

Même si Grimm y a prêté moins d'attention, le second message de l'oncle n'est pas moins important aux yeux de Voltaire. Après sa 'piété', son 'équité': qu'il traite de Sanchoniathon, ou de l'Egypte, ou des origines du peuple juif, l'abbé Bazin s'applique à 'rendre justice à l'Antiquité', comme il le préconisait déjà dans la *Philosophie de l'histoire*.[20] Ne pas confondre les sages législateurs et les conteurs de fables, savoir distinguer les lois des sages magistrats des usages ridicules des peuples, éviter à la fois le pyrrhonisme excessif et la naïveté crédule afin de pouvoir dégager de l'histoire ancienne les quelques 'vérités utiles' qu'elle renferme, éclairer son lecteur en tentant de 'déterrer quelques monuments précieux sous les ruines des siècles' (Voltaire 59, p.89), tels sont, on s'en souvient, les points saillants de la méthode exigée d'un historien philosophe. Ces principes de la saine critique historique sont complétés dans la *Défense* par une page importante du chapitre 16: au pédant qui copie et qui cite est opposé le vrai savant, le 'mieux savant', comme dit Montaigne. Son esprit critique s'exerce d'abord dans le choix de sa documentation: 'Le vrai savant est celui qui n'a nourri son esprit que de bons livres et qui a su mépriser les mauvais'. Il s'exerce surtout dans le tri à opérer parmi les faits qu'on lui propose: le vrai savant sait 'distinguer la vérité du mensonge et le vraisemblable du chimérique', juger d'une nation 'par ses mœurs plus que par ses lois, parce que les lois

[20] Voltaire 59, p.182; et voir ci-dessus p.14 ss.

151

peuvent être bonnes et les mœurs mauvaises'. L'autorité d'un historien ancien ne le persuadera jamais d'un fait incroyable. Il opérera plutôt la critique de ce témoignage irrecevable, en l'expliquant par l'intérêt que le témoin a pu avoir à mentir, ou par le goût des contemporains 'pour les fables', ou encore en montrant que cet auteur est supposé. 'Mais ce qui le détermine le plus, c'est quand le livre est plein d'extravagances; il les réprouve, il les regarde avec dédain, en quelque temps et par quelques mains qu'elles aient été écrites'. C'est l'illustration de cette méthode ainsi précisée et enrichie que l'abbé Bazin entend proposer dans les trois dernières diatribes, avec, il faut l'avouer, un bonheur fort inégal. Dans les dernières lignes de sa 'petite excursion sur Sanchoniathon', l'abbé Bazin dit les raisons de l'intérêt qu'il a porté à l'annaliste phénicien: 'Que conclurons-nous [...]? qu'il y a longtemps qu'on se moque de nous, mais qu'en fouillant dans les débris de l'Antiquité on peut encore trouver sous ces ruines quelques monuments précieux, utiles à qui veut s'instruire des sottises de l'esprit humain'. Or comme le monde savant est profondément divisé sur l'authenticité des écrits de Sanchoniathon, la première démarche de l'oncle consiste à l'affirmer,[21] rejoignant ainsi le parti de Huet, Bochart, Warburton et quelques autres, mais pour des raisons différentes, on le devine. C'est pourquoi la diatribe réfute d'abord ceux qui défendent la thèse de l'écrit apocryphe et soupçonnent Porphyre d'avoir commis un faux. Larcher l'avait fait dans le *Supplément*, rapportant pour l'essentiel l'argumentation de Dodwell: c'est Philon de Byblos, le prétendu traducteur de Sanchoniathon, qui est vraisemblablement l'auteur de cette fraude. L'abbé Bazin accepte de déplacer le problème de Porphyre à Philon, mais demande ce que pouvait bien gagner Philon à cette supercherie, question qui embarrassera Larcher. D'autre part lui paraît pour une fois parfaitement recevable la caution d'Eusèbe, dont pourtant Voltaire dénonce ordinairement la sotte crédulité. Exception significative: le 'monument précieux' l'est surtout pour un polémiste guettant toutes les

---

[21] Voir 2ᵉ diatribe et les notes qui l'accompagnent.

occasions d'attaquer la Bible. Déjà manifeste au chapitre 13 de la *Philosophie de l'histoire*, l'intention est encore très présente dans la *Défense*: certains rapprochements ne se font pas sans dommage pour Moïse et la Genèse, même si Larcher a contraint Voltaire à totalement réviser son jugement sur la véritable portée de la cosmogonie phénicienne. Autre fait troublant: Sanchoniathon ne dit pas un mot du déluge, événement que n'auraient jamais dû ignorer des marins aussi hardis que les Phéniciens. Le *Supplément* a aussi amené l'auteur de la *Défense* à préciser des points seulement effleurés dans la *Philosophie de l'histoire*: Sanchoniathon a vécu dans les dernières années de Moïse, en attendant que soit proclamée son antériorité après 1769. (La *Philosophie de l'histoire* le donnait plus vaguement pour contemporain de Moïse); c'est huit cents ans avant le Phénicien que vivait l'égyptien Thot dont il s'est inspiré. (La *Philosophie de l'histoire* posait ce problème de date sans pouvoir le résoudre). Au reste, la composition de la diatribe demeure assez lâche et Voltaire ne s'interdit pas des excursus dont le sujet principal a simplement fourni l'amorce: la possibilité qu'a eue Sanchoniathon de comprendre les livres égyptiens de Thot amène des considérations sur l'usage de l'alphabet chez les anciens peuples du Moyen-Orient et sur l'état florissant des sciences en Phénicie. Le silence de Sanchoniathon sur le déluge introduit une courte étude des fortunes diverses qu'a connues ce mythe dans l'Antiquité, pour souligner que 'la mention de ce déluge universel faite en détail, et avec toutes ses circonstances' ne se trouve que 'dans nos livres sacrés'. La consécration des oignons, attestée dans l'ancienne Egypte par le témoignage du Phénicien, sert de point de départ à un développement sur le sens que pouvait prendre chez les peuples anciens 'ce culte des plantes utiles à l'homme', à l'origine sages dispositions de législateurs n'adorant que l'Etre suprême, mais par la suite pâture des superstitieux qui l'ont fait dégénérer. Bref, cette libre démarche fait de la dissertation sur Sanchoniathon beaucoup moins une étude rigoureuse de sa cosmogonie que la méditation d'un historien éclairé à partir d'un texte authentique d'une 'prodigieuse antiquité' (Voltaire 59, p.134). Il s'agit de dégager du 'monument précieux' les 'vérités utiles' que sait y lire un philosophe de l'histoire: 'Ce que je crois très vraisemblable et très vrai, c'est que les premiers législateurs étaient des hommes d'un grand sens'. 'Pour moi je crois que ce culte des plantes utiles à l'homme, n'était pas d'abord si ridicule que Sanchoniathon se l'imagine'. 'Cet aveu auquel on ne fait pas assez d'attention, est un des plus curieux témoignages que l'Antiquité nous ait transmis', etc. L'abbé Bazin réfléchit ainsi tout haut pour l'édification de ses lecteurs: l'école de la *Philosophie de l'histoire* se continue dans la *Défense de mon oncle*.

La troisième diatribe fait avec la précédente un curieux contraste: l'abbé Bazin y a perdu de cette sérénité bonhomme qui dissimule les intentions polémiques. L'agressivité à l'égard des anciens Egyptiens s'y manifeste sans retenue: c'est un peuple 'mou, lâche et superstitieux'; son gouvernement est 'absurde et abominable' et sa superstition 'ce qu'il y a jamais eu de plus méprisable'. Ses prêtres laissent une mémoire 'à jamais odieuse'. Tout ce qui regarde l'ancienne Egypte est systématiquement déprécié: ses manuscrits, sa culture, son gouvernement, sa religion infectée de superstitions. Les pyramides sont aussi monstrueuses qu'inutiles; le labyrinthe et les temples n'offrent ni goût ni beauté. Les Grecs et les Romains n'ont jamais cru utile de traduire les livres égyptiens. L'organisation sociale consacrait une intolérable suprématie des prêtres, attestant une démission honteuse du pouvoir royal et de l'armée, réduisant le gros de la nation au plus vil esclavage. Car tout conspirait à l'abrutir: la loi absurde interdisant de prendre un autre métier que celui de ses parents et surtout des superstitions exécrables plongeant la masse dans le culte ignoble des singes ou des chats. Voltaire semble ici aussi peu maître de son humeur que lorsqu'il évoque les Juifs de l'Ancien Testament. Grimm lui-même paraît mal s'expliquer tant d'hostilité. Le ton s'est même durci depuis la *Philosophie de l'histoire*,[22] sans que le texte en laisse pénétrer la raison. Regain d'hostilité à l'égard de Bossuet, le chantre de l'Egypte ancienne? Ce n'est pas improbable. Mais aussi réaction à l'actualité: Voltaire

---

[22] Voir 3ᵉ diatribe et notes.

a récemment lu le livre d'Ameilhon qui tente de faire justice de la prétendue tyrannie sacerdotale et de l'abêtissement de la masse qui en serait résulté. Pour Ameilhon, l'Egypte ancienne représente tout au contraire un peuple industrieux et prospère de grands navigateurs marchands, dont les connaissances mathématiques et astronomiques étaient fort avancées. Ameilhon est donc de ceux qui plaident la très haute antiquité des Egyptiens jusqu'à en faire, comme Joseph de Guignes, les ancêtres des Chinois. Voilà de quoi hérisser le sinophile intransigeant qu'est l'abbé Bazin, déjà inquiet de cette vogue croissante de l'égyptologie. Voilà surtout de quoi mettre en péril quelques vues essentielles de la *Philosophie de l'histoire*. L'auteur de la *Défense* pensait pouvoir se vanter d'être le premier à avoir prouvé sans réplique 'que les Egyptiens sont un peuple très nouveau, bien qu'ils soient beaucoup plus anciens que les Juifs'; mais la preuve n'a guère été prise au sérieux, Larcher ne se fera pas faute de l'observer (voir ch.17, n.15-16). D'après son titre, Ameilhon ne traitait du commerce et de la navigation des Egyptiens que sous les Ptolémées. Mais étant remonté beaucoup plus haut, c'est en fait toute la chronologie voltairienne du monde ancien qu'il remettait en question, avec les autres défenseurs de la civilisation égyptienne. Est-ce pour marquer qu'il entendait réfuter ici tout un courant de pensée que Voltaire s'est abstenu de nommer Ameilhon, ou même de faire de son ouvrage la moindre mention allusive? Il est difficile de l'affirmer avec certitude. Le silence gardé sur Ameilhon dans la correspondance intrigue lui aussi. Il est en tout cas certain que la vivacité du langage trahit dans cette diatribe l'humeur d'un polémiste sentant ses positions menacées: ce morceau est un de ceux qui contribuent le plus à faire de la *Défense de mon oncle* une défense de la *Philosophie de l'histoire*. Mais la défense n'est pas des plus habiles: le 'mieux savant' n'est probablement pas ici l'abbé Bazin, mais Ameilhon, dont la démonstration rigoureuse est fortement appuyée sur les textes. Voltaire n'a guère à lui opposer que ses inductions et ses indignations de philosophe de l'histoire: si les prêtres jouissaient du tiers de la propriété foncière, 'il est clair que le gouvernement avait été d'abord et très longtemps

155

théocratique, puisque les prêtres avaient pris pour eux la meilleure part. Mais comment les rois souffraient-ils cette distribution? [...] et comment les soldats ne détruisirent-ils pas cette administration ridicule?' Aussi l'abbé Bazin est-il 'bien aise' que les Persans, les Ptolémées et les Romains aient mis bon ordre à tout cela. Mais pour demeurer historien impartial, il aurait certainement fallu prendre les choses moins à cœur...

La 'bavarderie' hébraïque constitue le plus long morceau de la *Défense de mon oncle*, mais Voltaire entend bien y être pris pour tout autre chose qu'un bavard. En la qualifiant d'"élucubration très curieuse et très instructive', il a trahi sa préférence secrète pour cette quatrième diatribe dont il se sent visiblement très satisfait. En appliquant la méthode qu'il préconise, le philosophe de l'histoire pense avoir trouvé un nouveau moyen de discréditer le peuple juif dans ses origines: les Juifs sont les descendants de voleurs égyptiens, dont un chef éthiopien a autrefois purgé l'Egypte qu'il venait d'asservir. Au service de cette thèse à peu près indéfendable, l'habile polémiste mobilise toutes les ressources de son art de persuader. Malgré l'absence de toute lourdeur didactique, la diatribe se présente d'abord comme une démonstration parfaitement rigoureuse. Après avoir rappelé dans l'introduction que si la plupart des fables de l'histoire ancienne ne sont guère d'un grand secours à l'historien, on trouve tout de même 'des traits assez vraisemblables qui ont été négligés dans la foule et dont on pourrait tirer quelques lumières', Voltaire expose les faits qui ont attiré son attention et servi de fondement à son hypothèse: Diodore rapporte que le pharaon Amasis fut vaincu par le chef éthiopien Actisan, qui entreprit alors de débarrasser l'Egypte des voleurs qui l'infestaient en les reléguant au désert, après leur avoir fait couper le nez. Sans eau ni nourriture, ces nez coupés parvinrent à survivre en creusant des puits et en prenant des cailles dans des filets. Voltaire en 'infère' que ces voleurs, dont les enfants formés au brigandage conquirent par la suite une partie de la Palestine, sont les ancêtres des Juifs. C'est ce qu'il lui reste à prouver par une série de rapprochements entre le récit de Diodore et différents faits rapportés par la Bible. Ces 'preuves'

de l'abbé Bazin sont au nombre de huit: 1) l'Exode même précise
que les Israélites ont volé les Egyptiens puis, une fois au désert,
se sont nourris de cailles. 2) Le Psaume 80 dit qu'au sortir de
l'Egypte le peuple élu entendit parler une langue inconnue: ne
serait-ce pas que ces voleurs égyptiens chassés furent étonnés de
ne plus entendre parler l'égyptien au-delà de la mer Rouge? 3) Les
voleurs de Diodore furent confinés à Rhinocolure, non loin des
déserts où erraient justement les Juifs de l'Exode. 4) Les voleurs
n'ont ordinairement pas de religion fixe; et ces Juifs errants n'en
avaient pas non plus: la religion juive ne s'est fixée que beaucoup
plus tard, après la captivité de Babylone. Ce point paraît à l'abbé
Bazin suffisamment important pour qu'il s'y arrête longuement
en exposant les huit raisons qu'il a de l'établir: Moïse a épousé
une Madianite et rien n'assure que les Madianites reconnaissaient
le même Dieu que les Juifs; Josué a donné aux siens le choix de
servir Adonaï ou les dieux des Amorrhéens; il est dit dans les
Juges qu'Adonaï put se rendre maître des montagnes mais non
des vallées: les Juifs d'alors auraient-ils reconnu un dieu des
montagnes et un dieu des vallées? Jephté reconnaît l'existence du
dieu étranger Chamos aussi bien que celle d'Adonaï et Jérémie
fait de même à propos du dieu Melchom; il s'est également plaint
de voir les Juifs adorer plusieurs dieux; Amos reconnaît que les
Juifs au désert ont adoré le dieu Moloc et cette opinion traditionnelle prévalait encore au temps de saint Etienne. Conclusion: 'ces
Juifs si longtemps esclaves et si longtemps privés d'une religion
bien nettement reconnue, ne pouvaient être que les descendants
d'une troupe de voleurs sans mœurs et sans lois'. 5) Le temps de
la conquête d'Actisan se rapporte à celui de la fuite des Israélites
conduits par Moïse. 6) Les Juifs ont bien eu un comportement de
voleurs, puisqu'ils ont mis à feu et à sang le pays de Canaan sur
lequel ils n'avaient aucun droit. 7) La haine constante des Juifs
pour les Egyptiens atteste elle aussi leur origine: l'Egypte est
pour eux le pays où l'on a coupé le nez à leurs pères. Les
nombreuses pratiques égyptiennes retenues par les Juifs déposent
dans le même sens. 8) Cette origine est plus vraisemblable que
celle dont se targuent les intéressés, car les Juifs qui s'enfuirent

d'Egypte étaient bel et bien des voleurs. *Quod erat demonstrandum*... Après quoi, l'abbé Bazin passe brièvement aux problèmes connexes mais distincts de la date de rédaction du Pentateuque et de l'authenticité de son auteur, réaffirmant des positions prises depuis longtemps.[23] Première habileté du polémiste, la maîtrise rhétorique qu'affirme cette rigueur de construction exerce sa propre force de conviction: l'impression qu'elle laisse d'une démonstration implacable estompe, aux yeux du lecteur d'abord sensible à l'effet de leur convergence, la faiblesse de chaque preuve considérée isolément, comme le caractère hasardeux des rapprochements qui les fondent.

Mais il y a plus: Voltaire se garde bien de présenter son hypothèse et ses arguments comme des vues personnelles et toutes neuves. A l'entendre, il se borne à rapporter une tradition déjà ancienne de la libre pensée, puisqu'elle remonterait à Herbert. Maillet, Fréret, Boulanger, Bolingbroke, Toland, l'abbé de Tilladet, Dumarsais sont tour à tour enrôlés sous cette même bannière pour leur faire cautionner les élucubrations toutes personnelles de l'ingénieux abbé Bazin. Malicieux aussi: Voltaire se divertit à éblouir les naïfs. Dans cette mobilisation massive des 'savants', le profane croit voir se déployer tout l'appareil d'une érudition formidable. Larcher lui-même semble avoir hésité en ne contestant que l'autorité de Bolingbroke. Quant aux historiens anciens, Voltaire les traite avec la même désinvolture: les 'conjectures' d'Hérodote, Diodore de Sicile, Manéthon, Eratosthènes, sont données implicitement comme confirmant elles aussi celles de l'abbé Bazin. Or Manéthon et Diodore qui seuls ont parlé des Juifs, ne font état que de leur origine lépreuse. Le lecteur est ainsi habilement persuadé que, loin d'être personnelle à l'abbé Bazin, la thèse développée offre d'autant plus de crédibilité qu'elle fait depuis longtemps dans le monde savant l'objet d'un vaste consensus: on remarque tout au long de la diatribe un usage subtilement persuasif du pronom indéfini qui rappelle cette prétendue tradition. 'On croit prouver' ... 'De là on conclut' ... 'Ces

---

[23] Voir 4e diatribe et notes.

Juifs, dit-on, étaient donc' ... 'On croit encore' ... 'On fortifie encore cette opinion dangereuse,' etc. Au surplus ces références ne sont pas toutes d'une totale gratuité: si personne n'a jamais soutenu que les Juifs fussent les descendants des voleurs mutilés par Actisan, beaucoup de libertins en revanche n'ont voulu voir dans l'Exode que la fuite honteuse de voleurs et brigands et Voltaire en profite pour tenter de leur faire endosser la totalité de sa proposition. Enfin – et c'est là sa plus grande habileté – la thèse proposée ici l'est comme une audace de la libre pensée que réprouve l'autorité gardienne de la foi. Rien ne piquera davantage la curiosité du lecteur, rien ne stimulera mieux son désir d'indépendance intellectuelle que ces mises en garde répétées l'avertissant qu'il s'engage dans des sentiers interdits sur les traces de savants rien moins qu'orthodoxes: 'Ces audacieux critiques' ... 'Ces doctes trop confiants en leur propre lumière' ... 'Ces détracteurs' ... 'Ces téméraires', etc. Par une subtile perversion du langage, la discussion des problèmes est souvent ramenée à un conflit entre la raison, à la piste d'une vérité historique, et la foi qui voudrait en interdire l'accès. Refuser la thèse de l'abbé Bazin, c'est en somme prendre parti contre la première par asservissement à la seconde. La plupart des lecteurs n'hésitera guère... Il leur faudrait vraiment beaucoup de sérénité impartiale pour s'attarder encore à l'examen sérieux des arguments de l'abbé Bazin qui leur permettrait d'en découvrir l'insigne faiblesse. Faiblesse dont il n'est pas du tout certain que Voltaire lui-même ait eu conscience. Cette fantaisiste imagination des nez coupés, dont il vient de s'aviser en 1767, il faut bien qu'il l'ait prise pour une explication valable puisqu'il la répétera désormais jusqu'à la *Bible enfin expliquée*, sans même renoncer pour autant à la théorie traditionnelle: pourquoi les Juifs ne descendraient-ils pas à la fois de voleurs et de lépreux? On reste tout de même un peu étonné qu'en attirant sur cette quatrième diatribe l'attention de l'abbé d'Olivet ou de la duchesse de Saxe-Gotha, il ait espéré se faire prendre au sérieux par les savants: croyait-il qu'ils seraient dupes de son accumulation de sources? Ignorait-il vraiment l'incroyable fragilité de certains de ses rapprochements, par exemple entre Diodore et l'Exode parce qu'il est question de cailles dans les deux cas, ou encore leur totale gratuité? Comment peut-il affirmer sans en fournir la moindre preuve que la purge d'Actisan se situe dans les mêmes années que la fuite des Israélites au désert? Ce serait pourtant l'un de ses meilleurs arguments. Comment surtout peut-il invoquer le témoignage de Flavius Josèphe sur une guerre que Moïse aurait livrée aux Ethiopiens, lorsqu'il omet sciemment certaines précisions de l'historien juif qui infirment absolument les conclusions qu'il prétend en tirer? Le silence de Larcher là-dessus dans la *Réponse à la Défense de mon oncle* intrigue un peu: la moisson pourtant eût été abondante! Il faut sans doute l'expliquer par son dédain pour toute une diatribe qu'il juge indigne d'une attention sérieuse.[24] Si l'entreprise atteste beaucoup d'ingéniosité et d'habileté de la part du polémiste, il faut bien convenir qu'elle ne dépose guère en faveur de la solidité de l'historien. Victime de sa prévention à l'égard des Juifs de l'Ancien Testament, Voltaire s'est ici convaincu trop vite et à trop bon marché du sérieux de ses hypothèses. Les 'lumières' qu'il a cru pouvoir tirer d'un trait 'vraisemblable' mais jusqu'ici 'négligé', n'éclairent finalement que les limites d'un historien engagé dans un combat qui ne lui permet plus un juste départ entre l'histoire et la polémique.

Après avoir rapporté les 'dernières lignes' qu'écrivit son oncle, le vengeur de 'la mémoire d'un honnête prêtre', n'avait-il pas pleinement satisfait aux devoirs de la piété filiale? Il est probable que Voltaire comptait primitivement clore la *Défense* sur l'épilogue qui fait suite aux quatre diatribes. Pourquoi le neveu cède-t-il soudain au 'noble désir de venger' Bélisaire? Alléguer le souci du polémiste d'affirmer sa présence à l'actualité n'expliquerait rien de précis: Voltaire venait d'intervenir deux fois déjà; la première *Anecdote sur Bélisaire* avait paru fin mars et la seconde, envoyée à d'Alembert dès le 3 mai, apparaissait début juin, bientôt suivie du pamphlet de Turgot[25] répondant à l'*Indiculus* de la Sorbonne.[26]

[24] Voir *Réponse à la Défense de mon oncle*, p.38-39.
[25] *Les Trente-sept vérités opposées aux trente-sept impiétés de Bélisaire.*
[26] Publié par les soins des philosophes dans la première semaine de mai.

Reste donc à déterminer la cause immédiate de cette troisième intervention, en admettant qu'on puisse en trouver une. Selon John Renwick, le chapitre 22 de la *Défense de mon oncle* aurait été composé en avril ou mai et d'abord conçu comme une réplique à l'intransigeance dogmatique de la Sorbonne. Mais à la réflexion Voltaire aurait jugé bon de revenir à la charge contre Coger, qui l'avait déjà ouvertement attaqué dans la première édition de son *Examen de Bélisaire*: agissant alors par impulsion probablement, il aurait décidé d'ajouter, pour sa propre défense, le post-scriptum qui prend celle du jardinier.[27] Mais cette vision des choses ne paraît pas tout à fait exacte: les chapitres 17 à 22 de la *Défense de mon oncle* n'ont pas été écrits, on s'en souvient, avant le 12 juin. Voltaire ce jour-là demandait même à Lacombe s'il était vrai que la Sorbonne eût 'abandonné le projet de censurer Bélizaire' (D14224), probablement dans le désir d'évaluer la pertinence de la nouvelle intervention qu'il envisageait. Il n'y a donc pas de raison de supposer la 'Défense du jardinier' écrite quelque temps après le chapitre 22. L'expression post-scriptum relève surtout de la disposition rhétorique, sans désigner une réelle postériorité chronologique, et les deux textes, qui s'enchaînent parfaitement, ont très probablement été écrits d'un seul jet après le 12 juin. Car c'est ce jour-là que 'M. Boursier' accuse réception à Damilaville du *Supplément* et de l'*Examen de Bélisaire* de Coger (D14223): 'je ne crois pas qu'on puisse avoir les réponses à Paris', précise-t-il: le pluriel trahit l'intention de répondre à Coger aussi bien qu'à Larcher. C'est donc très probablement la lecture de l'*Examen*, muni de la première addition faite par Coger en mai,[28] qui fut la cause immédiate de cette troisième intervention. Au reste, n'est-ce pas déjà sa propre défense que Voltaire, sans le dire, prend au

[27] J. Renwick, *Marmontel, Voltaire and the Belisaire affair*, Studies 121 (1974), p.259.
[28] Voir ch.22, n.47. D'après le catalogue de sa bibliothèque (BV, no.803), l'exemplaire de la première édition de l'*Examen* que possédait Voltaire comportait bien 119 pages, soit donc le cahier supplémentaire G^8, c'est-à-dire les pages 105 à 119 (voir par exemple l'exemplaire Bn Y29567). Cette adjonction ne peut s'être faite avant mai 1767, puisque Coger renvoie p.105 (la première de ce cahier) au *Journal de Trévoux* de ce même mois.

chapitre 22 en pourfendant ceux qui ont écrit 'contre la bonté de Dieu'? Car c'est précisément dans le chapitre où il dénonçait Voltaire et Jean-Jacques comme les inspirateurs de Marmontel que Coger outré protestait qu'avec tant d'indulgence prêtée au souverain Juge il n'y aurait plus de réprouvés. Coger remarquait donc que bien avant *Bélisaire* l'auteur du *Poème sur la loi naturelle* avait déjà sauvé de la damnation les Trajan et les Titus. Bien loin de récuser cette solidarité, Voltaire l'affirme sans ambages dans le post-scriptum. C'est qu'elle ne lui paraît pas encore réellement dangereuse. J. Renwick a bien montré qu'il en ira tout autrement après la seconde édition de l'*Examen*, lancée par Coger à la mi-juillet (p.254-58): Voltaire y est désigné comme l'auteur du *Portatif* et le *Portatif* lui-même comme un ouvrage qui a excité chez Sa Majesté 'l'indignation la plus grande' (ch.22, n.51). Lorsqu'il verra le venimeux Coger ne pas hésiter à prendre ainsi pour caution Louis xv lui-même, Voltaire n'entendra plus du tout raillerie. Grimm aussi sentira le danger. Le prudent patriarche préférera même se tenir coi jusqu'à février 1768, comme l'a souligné J. Renwick. Mais nous n'en sommes pas encore là, dans la seconde quinzaine de juin 1767: le folliculaire Cogeos n'est qu'un cuistre de cette Sorbonne ridicule et malavisée dont le pouvoir même juge la rigueur intempestive (ch.22, n.42). Voltaire croit donc pouvoir s'amuser sans grand risque de ce 'mazarinier' véritable, et avec toute la férocité joyeuse qu'il avait mise à poursuivre le mazarinier prétendu.[29] Il n'éprouve pas encore, contrairement à ce que J. Renwick semble porté à croire,[30] ce que ce critique

[29] On s'explique mal que J. Renwick ait cru devoir examiner la *Défense de mon oncle* (p.259) *après* avoir étudié la réaction de Voltaire à la seconde édition de l'*Examen* parue à la mi-juillet (p.254 ss). Le risque est grand de fausser la chronologie. C'est sans doute par distraction que J. Renwick a écrit: 'By an appropriate coincidence, a mere fortnight or so *after* the publication of the new and augmented *Examen*, there began to circulate in Paris the *Défense de mon oncle*' (p.259). L'auteur lui-même signale en note que la *Défense* est apparue dans les premiers jours de juillet!

[30] Quelques lignes plus loin, J. Renwick porte sur le post-scriptum un jugement infirmant quelque peu celui-ci, mais qu'on ne saurait qu'approuver: 'The tone of the post-scriptum [...] is, in my opinion, that of a Voltaire not really concerned with serious justification, not really feeling himself very

appelle un besoin pressant 'to defend primarily himself, at that very moment, against Coger's imputations'.[31]

Jusqu'ici Voltaire s'était porté au secours de Marmontel en ridiculisant ses adversaires: les deux *Anecdotes* mettaient en scène des moines stupides, aussi insolents que fanatiques, et buveurs intrépides de surcroît. Frère Triboulet, qui venait de dîner à l'office chez le magistrat, était 'fort échauffé' dans la première anecdote; on le retrouvait dans la seconde chez un cabaretier de la Sorbonne (M.xxvi.111 et 169). Le problème discuté dans les deux cas était déjà celui de la damnation des païens à laquelle Bélisaire ne peut se résigner. Mais dans la *Défense de mon oncle* il n'est abordé qu'accessoirement, lorsque sont évoqués avec le folliculaire Cogeos 'les ennemis secrets de Justinien et Bélisaire'. Le problème central est celui de la tolérance du prince, le neveu prend soin de le marquer: 'La quinzième conversation surtout enchanta tous les esprits raisonnables'.[32] Ce que Bélisaire tente de persuader à son empereur, à en croire Voltaire, c'est qu'il ne lui appartient pas de damner et encore moins de persécuter ses sujets, parce qu'il doit imiter la clémence divine: premier gauchissement de la pensée de son disciple, car l'idée de damnation ne figure pas dans le quinzième chapitre. Il y en a d'autres: pour Marmontel le devoir de tolérance du prince se fonde sur quelque chose de beaucoup plus sérieux que l'imitation de la bonté paternelle de Dieu dont il serait la prétendue image sur terre. Son Bélisaire restait totalement muet sur la source du pouvoir royal. D'autre part Voltaire semble prêter au héros de Marmontel sa propre aversion pour le jansénisme: 'il croyait que Jésus-Christ était mort pour tous et non pas pour plusieurs. Il disait à Justinien

committed. He is certainly not beside himself with rage or hatred, and, consequently, we find him near his polemical best' (p.260).

[31] P.259. Quelles sont exactement ces imputations? Il ne peut s'agir des graves attaques de la seconde édition, bien que le contexte puisse le laisser fâcheusement supposer. Fin juin 1767, Voltaire ne se sent compromis par Coger qu'à titre d'inspirateur du *Bélisaire* et cette compromission ne l'effraie pas. En revanche, le dénoncer au roi comme l'auteur du *Portatif* et rappeler à cette occasion le supplice de La Barre sera évidemment d'une tout autre conséquence.

[32] Voir ch.22 et notes.

que Dieu voulait le bonheur de tous les hommes'. Simples déplacements d'accent sans doute, mais qu'on perçoit tout de même comme de légères dissonnances. Marmontel avait veillé à faire de son héros un pur déiste qui se garde bien de faire la moindre mention du Christ. Le Bélisaire du neveu, probablement parce qu'il polémique contre la 'canaille jansénienne' gîtant à Mazarin, semble penser plutôt à la doctrine de la prédestination. Mais c'est surtout par rapport au personnage même de Bélisaire que Voltaire a cru devoir prendre ses distances. Le neveu de l'abbé Bazin paraît aussi sensible que son oncle aux problèmes de la vraisemblance historique, pour avoir consacré la moitié du chapitre à ce que purent être réellement l'empereur de Byzance et son général. Marmontel n'avait pas caché son parti de s'en tenir à la légende, au mépris de l'histoire. Voltaire ne fait pas mystère de son désir d'en finir avec cette idéalisation traditionnelle. Solidement documenté, il entend porter sur Bélisaire des jugements sévères s'il le faut, car il n'a nulle intention de le croire 'exempt des faiblesses humaines'. Aussi le juge-t-il, après Procope, ambitieux, pillard, parfois cruel. Car c'est un autre point de désaccord entre Voltaire et son protégé: Marmontel a cru pouvoir rejeter comme apocryphes les *Anecdotes* calomnieuses attribuées à Procope. Voltaire en revanche les juge parfaitement authentiques, même si elles sont loin d'être impartiales. Bref, Bélisaire est ici bien peu ménagé et si Grimm s'en félicite au nom des droits de la vérité historique, d'Alembert s'en inquiète comme d'une erreur tactique qui pourrait nuire à la cause. Craintes que Voltaire ne partage manifestement pas: de l'idéalisation de Bélisaire ne dépend pas l'efficacité du message dont 'un Grec très ingénieux' l'a chargé. Cette fiction moralisante requiert même du lecteur une complicité rappelée (ch.22, n.20) dans un sourire...[33]

---

[33] Sous le titre 'plaisir du texte', on trouvera une étude de la valeur littéraire de *La Défense de mon oncle* dans *DMO*, p.147-60.

8

Les éditions

On trouvera ici le recensement et l'étude des éditions séparées[1] et collectives de la *Défense de mon oncle*, depuis l'originale jusqu'à l'édition de Kehl. Le nombre en est relativement élevé durant ces quelque vingt ans, mais le texte n'a pas subi de changements importants. Voltaire, on l'a vu, n'a jamais pris le temps ni le soin d'apporter toutes les corrections qui eussent été nécessaires quand on lui eut découvert que son adversaire s'appelait Larcher et non Foucher. Ces anomalies sont restées même dans l'édition encadrée et l'édition de Kehl. Les différents éditeurs, qui les ont toujours respectées, se sont donc bornés à se recopier avec un bonheur très inégal et selon un ordre de filiation qu'on trouvera figuré plus loin dans un tableau. Aussi l'apparat critique offrira-t-il peu de variantes d'un réel intérêt: le texte de la *Défense de mon oncle* n'a pratiquement pas d'histoire, du moins pour ce qui regarde son contenu.

Comme nous n'avons pas retrouvé de manuscrit, le choix du texte de base qui a paru s'imposer est celui de l'édition originale, dans la fabrication de laquelle Voltaire est intervenu en faisant apporter des corrections par Cramer et qui a servi ensuite de modèle direct ou indirect pour toutes les édition ultérieures.[2] Il y a bien quelques menues corrections de détail dans l'édition de Kehl, mais rien ne nous assure qu'elles soient de la main même

---

[1] Nous avons localisé 91 exemplaires d'éditions séparées de la *Défense de mon oncle*. Il ne s'agit pas d'un dénombrement systématique et exhaustif des ressources des grandes bibliothèques du monde, mais d'une tentative d'inventaire, principalement en Europe, qu'on s'est efforcé de rendre assez large pour qu'elle soit significative. Sur soixante-deux bibliothèques interrogées, vingt-sept ont répondu ne pas posséder d'édition séparée (mais l'enquête n'a pu s'étendre à l'Italie). Les exemplaires localisés n'ont pu être tous consultés.

[2] Voir ci-dessus p.27-29.

de Voltaire et représentent ainsi ses dispositions dernières à l'égard de la *Défense*.[3] Quand bien même ce serait le cas, mieux vaudrait encore donner le texte de 1767 d'une œuvre essentiellement polémique et fortement engagée dans l'actualité.

A et Ac

LA / DÉFENSE / DE / MON ONCLE. /

On sait déjà quelles raisons permettent d'établir avec certitude de cette édition qu'elle est l'originale.[4] L'examen des 20 exemplaires que nous avons pu en retrouver porte à conclure qu'elle est passée par deux états:[5]

Premier état: sig. A⁸ (A1 + *⁴) B-H⁸ I⁴; p. [1-2] i-viii [3] 4-136.

Le cahier *⁴ (paginé de i à viii) comporte l'"Avertissement essentiel ou inutile' et la 'Table des chapitres'. On se souvient que Voltaire a rédigé l'"Avertissement' quand les premiers chapitres étaient déjà imprimés. Comme d'autre part il est suivi de la 'Table', le cahier qui les contient a été nécessairement imprimé le dernier. Ce cahier supplémentaire a donc été inséré entre A1 (page de titre comptant pour la page 1) et A2 (pages 3 et 4). Mais il manque dans l'exemplaire Zz 3946 de la Bibliothèque nationale. Il s'agit vraisemblablement d'un oubli du relieur, dont rien n'assure qu'il ne soit limité à ce seul exemplaire. D'autre part les corrections n'ont pas été apportées sur B2, soit les pages 19 et 20

---

[3] Bengesco précise (iv.108 ss) que les éditeurs de Kehl prirent comme point de départ les trente et un *demi-volumes* de l'encadrée corrigés par Voltaire et que Beaumarchais avait achetés à Panckoucke, mais ne stipule pas qu'il s'agisse des seize *premiers* volumes de cette édition. Si toutefois on considère cette hypothèse comme probable, on conclura que la *Défense de mon oncle*, qui figure au tome xxxv de l'encadrée, ne se trouvait pas dans le lot de volumes revus par Voltaire. Ce que confirme l'enquête de Samuel Taylor (*Studies* 124, 1974, p.21, 128 et 131). Par conséquent les quelques changements apportés par l'édition de Kehl ne sont pas de lui selon toute probabilité. On verra plus loin les autres raisons qui portent également à le penser.

[4] Voir ci-dessus p.27.

[5] 'Une *édition* est l'ensemble des exemplaires d'un livre imprimés à partir de la même composition typographique. Elle peut englober plusieurs *émissions* (réutilisation des mêmes feuilles, en général avec un nouveau titre; deuxième tirage d'après une composition gardée [...]; impositions séparées, p. ex. in-octavo et in-douze, de pages typographiquement identiques) et *états* (obtenus normalement par des cartons ou par des corrections sur presse)'. Wallace Kirsop, *Bibliographie matérielle et critique textuelle* (Paris 1970), p.32, n.37.

(voir ci-dessus p.27). Nous avons localisé onze exemplaires comportant l'"Avertissement' et la 'Table', mais n'ayant pas été corrigés. Le relieur n'y a pas toujours inséré *4 à l'endroit convenable: ainsi dans Bn Z 27311 il figure à la fin, aprés le cahier I4; dans l'exemplaire de Yale il est même fractionné en deux parties à l'intérieur même de I4, rendant le texte inintelligible.

Exemplaires: Bn (4): Z Beuchot 193, Z Beuchot 194, Z 27311, Zz 3946 (ce dernier ne comportant pas *4); Arsenal; Bm Nantes; Bu Caen (2); ImV: D Défense 5/1767/1; British Library; Yale University Library.

Deuxième état: sig. A8 (A1 + *4) B8 (± B2 B7) C-H8 I4; p. [1-2] I-VIII [3] 4-136.

Cet état est représenté par 9 exemplaires comportant à la fois le cahier *4 et les corrections ordonnées par Voltaire. Bien que les changements apportés au texte[6] ne concernent que B2 recto-verso (soit les pages 19 et 20), un examen attentif de la typographie (caractères, grosseur et forme des virgules, ornements entourant le chiffre de pagination) révèle que la feuille correspondant à B2 dans le cahier B, soit B7 (pages 29 et 30), a été refaite également. Aussi peut-on juger que ce second et dernier état représente l'exemplaire idéal[7] et nous l'avons donc choisi pour texte de base en lui affectant le sigle: Ac.

Exemplaires: Bn (4): Z Bengesco 201(3), Z Beuchot 192, Z Beuchot 195, 8° Y² 44803(3); Arsenal; Bm Grenoble (2); Bu Caen; Yale University Library.

B

LA / DEFENSE / DE / MON ONCLE. /

sig. A-F8 G6; p. [1-2] 3-108.

Edition reproduisant fidèlement le texte de Ac, B est probablement une impression faite par ou pour les Cramer. La ressemblance typographique avec Ac est certaine: caractères très semblables, mêmes marques de pagination (chiffre entre parenthèses entourées d'ornements analogues); mêmes doubles traits pour séparer les chapitres; mêmes capitales pen-

---

[6] Voir ci-dessus p.27.

[7] *'L'exemplaire idéal* – celui que le bibliographe s'efforce de définir – représente la dernière intention de l'imprimeur (agissant de concert avec l'auteur ou le libraire) au moment de la mise en vente d'une édition.' (W. Kirsop, p.32, n.37).

chées pour les mots: *CHAPITRE X*, suivies des mêmes capitales droites pour le titre du chapitre; mêmes majuscules pour la première lettre du premier mot de chaque chapitre, etc. En outre, B a été imprimée comme Ac sur un papier du pays de Gex, fabriqué par les Caprony, de Divonne, qui étaient l'un des fournisseurs des Cramer (leur nom apparaît sur le grand livre des frères Cramer; voir Giles Barber, 'The Cramers of Geneva and their trade in Europe between 1755 and 1766', *Studies* 30, p.401). B offre même souvent une meilleure ponctuation que Ac et fait disparaître la plupart de ses fautes: le redoublement du chapitre 8 a disparu de la 'Table', (alors qu'il sera reproduit avec le 'N.B. de l'Imprimeur' par C, 67X et 69X). On lit aussi p.39: '[...] on avait bâti la tour de Babel environ 314 *ans* avant le voyage d'Abraham' alors qu'Ac se lisait: 'environ 314 avant le voyage'. B offre néanmoins près de huit coquilles, dont la plus fâcheuse est celle de la page 96 (un concile 'œconomique' au lieu de 'œcuménique'). Elle présente surtout l'omission de tout le dernier paragraphe du chapitre 5, imputable probablement à une distraction du compositeur, qui aura échappé au prote lors de sa révision de la feuille. Voltaire possédait cette édition (BV, no.3531) qui porte des corrections de sa main (voir figure 1[8]).

Exemplaires: Bn: Rés Y² 1746; Arsenal; Bm Dijon; Bm Pau; Bm Poitiers; ImV: D Défense 5/1767/2; Taylor Institution: V8.D4.1767(1); Leningrad: BV, no.3531.

C

LA / DÉFENSE / DE / MON ONCLE. /

sig. A-H⁸ I⁴; p. [1-3] 4-136.

Reproduisant le texte de Ac avec une fidélité exemplaire (on y relève à peine une demi-douzaine de variantes légères et pratiquement pas de coquilles), cette édition, faite avec des caractères hollandais, n'est pas parisienne. Il est également improbable qu'elle ait été exécutée en province, même si l'un des deux exemplaires de l'Arsenal (8° NF 64097) a été imprimé sur papier de Normandie (la France exportait ses papiers). Au reste, le papier de l'autre exemplaire (8° BL 34185) n'est pas français. Il est donc probable que C est une édition hollandaise, à la rigueur même anglaise, malgré l'absence de 'press-figures' (ce qui expliquerait

---

[8] Nous sommes redevable de ce cliché à l'aimable bienveillance de la Bibliothèque Saltkykov-Schédrine.

sa révélation, n'est, & ne peut être que la reli-
gion naturelle perfectionnée,

Voyez, mon cher lecteur, la malignité & la calomnie ! Ce bon jardinier était un des meilleurs chrétiens du canton, qui nourriſſait les pauvres des légumes qu'il avait ſemées, & qui pendant l'hyver s'amuſait à écrire pour édifier ſon prochain qu'il aimait. Il n'avait jamais écrit ces paroles ridicules & preſque impies, *avec toute ſa révélation* (une telle expreſſion eſt toujours mépriſante :) cet homme *avec tout ſon latin,* ce *critique avec tout ſon fatras.* Il n'y a pas un ſeul mot dans ce paſſage du jardinier qui ait le moindre raport à cette imputation. Ses œuvres ont été recueillies, & dans la derniére édition de 1764. page 252, ainſi que dans toutes les autres éditions, on trouve le paſſage que Cogeos ou Cogé a ſi lâchement falſifié. Le voici en Français tel qu'il a été fidélement traduit du Grec.

„ Celui qui penſe que Dieu a daigné met-
„ tre un raport entre lui & les hommes, qu'il
„ les a faits libres, capables du bien & du mal,
„ & qu'il leur a donné à tous ce bon ſens qui
„ eſt l'inſtinct de l'homme, & ſur lequel eſt
„ fondée la loi naturelle, celui-là ſans doute
„ a une religion, & une religion beaucoup
„ meilleure que toutes les ſectes qui ſont hors
„ de notre egliſe : car toutes ces ſectes ſont
„ fauſſes, & la loi naturelle eſt vraie. Nôtre
„ religion révélée n'eſt même, & ne pouvait
„ être que cette loi naturelle perfectionnée.
„ Ainſi le Théïſme eſt le bon ſens qui n'eſt pas
„ encore inſtruit de la révélation, & les autres

G iiij

---

1. *La Défense de mon oncle*: page corrigée de l'exemplaire de Voltaire

ses ressemblances avec 67X; voyez ci-dessous). On notera qu'elle ne figure pas dans la bibliothèque de Voltaire.

C offre la curieuse particularité d'un changement de style dans l'impression, à partir du cahier B, p.17 (ce qui ne signifie pas nécessairement un changement d'imprimeur). Tendant d'abord à imiter les ornements typographiques de Ac, C se caractérise ensuite par la disparition de tout ornement au profit d'un simple trait de séparation entre les chapitres (simplicité qui est aussi celle de 67X, dont on verra les rapports avec C).

Exemplaires: Arsenal (2); Bu Caen; ImV: D Défense 5/1767/3; Bibliothèque publique et universitaire, Genève; Bibliotheek der Rijksuniversiteit, Leiden; Niedersächsische Staats- und Universitätsbibliothek, Göttingen; Kungliga Biblioteket, Stockholm (2); Universitetsbiblioteket, Uppsala (2).

67X

LA/DÉFENSE/DE/MON ONCLE./1767./

sig. A-H⁸ I⁴; p. [1-3] 4-136.

Bien que composé avec des caractères hollandais – chose ordinaire dans l'Angleterre du dix-huitième siècle et qui ne commencera à changer qu'après 1760 – 67X a la particularité d'être anglaise, comme le révèle la présence de 'press figures'.

L'exemplaire de l'Institut et musée Voltaire (D Défense 5/1767/4) et celui de la Bodleian Library (cote: Godwyn Pamphlets 140.1) n'en offrent que deux: '2' sur G3v (p.102) et '1' sur H1v (p.114). Mais les cinq autres en offrent neuf:

p.15	A8r	2
p.22	B3v	3
p.45	C7r	4
p.54	D3v	4
p.68	E2v	5
p.96	F8v	2
p.110	G7v	3
p.121	H5r	5
p.134	I3v	4

On relève en outre deux détails confirmant l'origine anglaise: une coquille significative à la p.131 (au lieu de 'et la loi Cornelia' on lit: 'and la loi Cornelia') et une anglicisation de Pétersbourg en 'Petersburg' (p.6).

Il est malaisé de définir les rapports de 67X avec C et Ac. On a vu que C offre la particularité d'un changement de style dans l'impression, survenu dès le cahier B et qui le rapproche de 67X par une plus grande simplicité. A quoi il faut ajouter d'évidentes similitudes d'orthographe (savans, passans, cens, etc.), de pagination, de signature. Faut-il pourtant se contenter de faire dériver C et 67X chacune directement de Ac? Solution assurément la plus prudente, mais pas entièrement satisfaisante.

S'il est évidemment exclu que C, remarquablement fidèle à Ac, dérive de 67X qui l'est beaucoup moins, puisqu'elle comporte près de trente-cinq coquilles, il est en revanche alertant que toutes les variantes de C qui forment un sens soient exactement reproduites par 67X. Ainsi on lit p.9 (dans les deux éditions): 'ne descendit-il pas', là où Ac se lit: 'ne descend-il pas'; p.41: 'ils ne purent' au lieu de 'ils ne le purent' dans Ac; p.68: 'qui sont le sujet' au lieu de 'qui font le sujet' dans Ac; p.78: 'les Conchus Veneris' au lieu de 'les Conchas Veneris' dans Ac; p.125: 'le sage Justinien' au lieu de 'ce sage Justinien' dans Ac. Tous se passe donc comme si 67X avait été composée sur C et non pas sur Ac. On achève de s'en persuader à la façon dont 67X ouvre les guillemets p.21:
C se lit:

> Mon oncle [...] s'exprime ainsi dans la
> "philosophie de l'histoire; je ne croirai pas
> "davantage Sextus Empiricus, qui prétend

Ce qui devient dans 67X:

> s'exprime ainsi dans la "phi-
> "losophie de l'histoire; je ne croirai pas d'avan-
> "tage Sextus Empiricus qui prétend que chez

Il est clair qu'à cet endroit 67X reproduit mécaniquement C et non Ac; sinon les guillemets auraient été ouverts devant 'ainsi', puisque la disposition de Ac est la suivante:

> s'exprime
> "ainsi dans la philosophie de l'histoire; je
> "ne croirai pas davantage Sextus Empiricus,

C'est pourquoi il paraît en définitive plus exact de faire dériver 67X de C. Voltaire possédait cette édition dans sa bibliothèque (BV, no.3530).

Exemplaires: ImV: D Défense 5/1767/4; Bodleian Library; Taylor Institution: V8.D4.1767(2); University of London Library; The London

Library; John Rylands University Library, Manchester; University of Bristol Library; University of Chicago Library; Leningrad: BV, no.3530.

67G

LA DÉFENSE / DE / MON ONCLE / *CONTRE SES INFAMES* / PERSÉCUTEURS. / Par A....T de V**** / [*ornement*] / [*triple trait*] / A GENEVE, / 1767. /

sig. a⁴ A-E⁴ (± E2 E3) F-M⁴ N²; p. [I-III] IV-VIII [1] 2-100.

Imprimée sur papiers français, cette édition probablement parisienne a été faite à partir de Ac, mais le texte en est franchement détestable: outre une quarantaine de variantes par rapport à Ac, on y relève plus de cinquante coquilles qui le défigurent. 67G représente vraisemblablement une contrefaçon, comme le donne à penser son titre, que l'imprimeur a allongé de son cru et avec une évidente préoccupation publicitaire, puisque Voltaire y est nommément désigné comme l'auteur. Cette édition a dû être exécutée hâtivement et clandestinement, pour pallier la disette d'exemplaires de Ac que Grimm déplorait le 1ᵉʳ août 1767 dans la *Correspondance littéraire*: 'Après les plaies d'Egypte, je ne connais guère de plus grande calamité que celle qui s'est répandue sur la France et qui a opéré une disette universelle de nourriture spirituelle. Il n'y a jusqu'a présent qu'un seul exemplaire de la *Défense de mon oncle* à Paris, entre les mains de M. d'Argental'. Les livres venus de Genève sont rares et chers: 'il faut tromper toute la cohorte de commis, d'inspecteurs, d'exempts et de sbires, quand on veut avoir ces denrées précieuses; c'est ce que je souhaite à tout fidèle qui ne craint pas de dépenser de l'argent pour son salut' (vii.378). Mais le désir de remédier à cette situation porta à faire trop vite: les premiers exemplaires de 67G offraient p.35 (E2r) un texte inintelligible, puisqu'on passait sans transition de la fin du chapitre 12 ('Dis moi qui tu hantes et je te dirai qui tu es') à la fin de la troisième phrase du chapitre 13 ('Le plus respectable de la créance de l'unité de Dieu'). C'est par exemple le cas de l'exemplaire de Duke University Library ou de celui que nous possédons. Aussi l'imprimeur a-t-il refait la plus grande partie du chapitre 13 sur deux cartons avec astérisque pour remplacer E2 (p.35-36) et E3 (p.37-38). C'est le cas de l'exemplaire de la Bibliothèque nationale (Z Beuchot 188) ou de celui de la Bibliothèque municipale de Rouen coté M 9441. Mais il arrive aussi que le relieur, laissant en place les pages défectueuses, se soit contenté d'ajouter *1 et *2 dans le dernier cahier N; c'est par exemple le cas des deux exemplaires de l'Arsenal (8° B.L. 34186 et 8° B.L. 34176), de G 31338 à la Bibliothèque nationale ou encore de l'exemplaire de la Bibliothèque municipale de Rouen coté M 9147. Si défectueuse qu'elle soit, 67G paraît avoir connu une large diffusion en France. C'est du moins l'édition dont nous avons pu retrouver le plus grand nombre d'exemplaires, soit 16.

Exemplaires: Bn (2): Z Beuchot 188, G 31338; Arsenal (2); Bibliothèque de l'Institut, Paris (2); Bibliothèque Sainte-Geneviève, Paris; Bm Clermont-Ferrand; Bm Pau; Bm Rouen (2); ImV: D Défense 5/1767/5; Bibliothèque royale, Bruxelles; Harvard College Library; Duke University Library; exemplaire personnel.

68G

LA DÉFENSE / DE / MON ONCLE / *CONTRE SES INFAMES* / PERSÉCUTEURS. / *Par A....T de V****.* / [*ornement*] / [*double trait*] / A GENEVE, / *M. DCC. LXVIII.* /

sig. [A]⁸ B-G⁸; p. [I-III] IV-VI, 7-111.

Cette édition, qui a peut-être eu le même imprimeur que la précédente, a au moins été faite d'après 67G, puisqu'elle en reproduit fidèlement toutes les variantes. Elle ne corrige même que les plus voyantes des cinquante-cinq coquilles de 67G (13) et en garde le plus grand nombre (42). Entièrement dérivée d'une édition déjà très fautive, 68G n'offre donc aucun intérêt, pour le texte du moins: il a paru inutile de la faire figurer dans l'apparat critique.

Exemplaires: Bn (4): Z Bengesco 310, Z Beuchot 189, Z Beuchot 190, Zz 3886; Bm Besançon; ImV: D Défense 5/1768/1; Taylor Institution: V8.D4.1768(2); Bibliothèque royale, Bruxelles; Yale University Library.

68L

LA/DÉFENSE/DE/MON ONCLE./[*ornement*]/*A LONDRES*,/[*double trait*]/MDCCLXVIII./

sig. A-F⁸ G⁶; p.[1-3] 4-103 [4].

En dépit de ce qu'assure la page de titre, cette édition n'a rien d'anglais[9]

[9] H. B. Evans l'a fait figurer dans sa bibliographie (no.158) des éditions anglaises et traductions de Voltaire (*Studies* 8, 1959, p.56) mais avertit bien (p.10) qu'il n'a nullement tenté de déterminer si l'adresse que porte leur page de titre est exacte.

et Bengesco a très probablement raison de la donner pour hollandaise: 68L a été faite à partir de C, dont elle reproduit toutes les variantes de texte par rapport à Ac. Mais elle est beaucoup moins soignée. Si les coquilles y sont rares, on y relève en revanche dix omissions allant du simple mot à la phrase entière. 68L a peut-être été imprimée chez Marc Michel Rey; mais J. Vercruysse ne la mentionne pas dans les réimpressions exécutées par Rey en 1768 (voir 'Voltaire et Marc Michel Rey', *Studies* 58, p.1738 ss).

Exemplaires: Bn: Z Beuchot 191; ImV: D Défense 5/1768/2; Taylor Institution: V8.D4.1768(1); British Library.

NM68

NOUVEAUX/MELANGES/PHILOSOPHIQUES,/HISTORIQUES,/ CRITIQUES,/&c.&c./*SEPTIÉMEPARTIE.*/[*ornement*]/[*double trait*]/ M. DCC. LXVIII. /

Il s'agit du tome VII des *Nouveaux mélanges* édités par Cramer de 1765 à 1775 en 19 volumes (voir Bengesco, iv.230-39, et Trapnell, p.124).

C'est la première fois que la *Défense de mon oncle* paraît dans une édition collective. Elle occupe dans le tome VII les pages 128 à 232 (non comprise la table des matières) et dans la signature les cahiers: H8*v* I-O⁸ P1-P4. NM68, comme il est naturel, a été faite d'après Ac qu'elle reproduit avec une fidélité exemplaire. On y relève à peine cinq coquilles. Celle de la p.190: 'un poisson nommé Indien Nautilus' sera reproduite notamment par W68 et W70L et celle de la p.207: 'déluges particuliers d'Egigès' (au lieu d'Ogigès) par W68.

68trL

A / DEFENCE / OF / MY UNCLE. / Translated from the FRENCH OF / M. de VOLTAIRE. / [*ornement*] / LONDON, / Printed for S. BLADON, in Pater-Noster Row. / MDCCLXVIII. /

sig. π² A⁴ B-L⁸ M⁶; p. [4] [I] II-VII [VIII] [1] 2-172.

Exemplaires: Bn: 8° Z 33373; ImV: D Défense 5 T 1768/1; British Library (3); City of Cardiff Public Libraries; Yale University Library; Library of Congress.

68trD

A / DEFENCE / OF / MY UNCLE. / Translated from the FRENCH of / M.

de VOLTAIRE. / *DUBLIN*: / Printed by Stewart Lynch, and John / Milliken, Booksellers, in *Skinner-* / *Row*. MDCCLXVIII. /

sig. π^1 a^4 B-I^{12} K^2 L^1; p. [2] [i] ii-vii [viii] [1] 2-198.

Exemplaire: Taylor Institution: V8.D4.E1768.

On a cité dans l'ordre chronologique des éditions ces deux traductions parues dès l'année suivante, parce qu'elles témoignent, avec 67X, de l'intérêt pris par le public anglais à une œuvre polémique faisant suite à *La Philosophie de l'histoire* (qui avait elle-même reçu deux traductions anglaises dès 1766). 68trD ne figure pas dans la bibliographie de H. B. Evans.

69X

LA / DÉFENSE / DE / MON ONCLE. / *PAR Mr. DE VOLTAIRE.* / [*double trait*] / NOUVELLE EDITION. / [*trait ornemental*] / MDCCLX-VIIII./

sig. [A]^4 B-O^4; p. [1-3] 4-112.

Comme 68L, cette édition a été faite à partir de C: elle reproduit toutes les variantes de texte de C par rapport à Ac et présente p.94 l'omission de quelques mots qui se trouvent précisément constituer une ligne entière de C (p.114), que le typographe a sautée. 69X est plus fidèle à C que 68L, dans la mesure où l'on n'y relève guère qu'une omission (la ligne sautée qu'on vient de mentionner); mais elle comporte quelque vingt-huit coquilles.

Exemplaires: ImV: D Défense 5/1769/1; Bayerische Staatsbibliothek, München.

W68 (71)

MÉLANGES / PHILOSOPHIQUES, / LITTÉRAIRES, / HISTORI-QUES, etc. / [*trait*] / TOME TROISIÈME. / [*trait*] / GENÈVE. / [*double trait*] / MDCC.LXXI. /

Il s'agit du tome xvi de la *Collection complète des œuvres de M. de Voltaire* dont les trente premiers volumes sortent de chez Cramer: édition in quarto (voir Bengesco, iv.73-83, et W. H. Trapnell, *Studies* 77 (1970), p.125, sigle 68). La *Défense de mon oncle* occupe les pages 218 à 288 (la table les pages 566-68) et dans la signature les cahiers: 2E1ν-2E4ν 2F-2N⁴.

W68 semble avoir été faite à partir de NM68 (dont elle reproduit les deux coquilles déjà signalées). Mais elle introduit elle-même une douzaine de menus changements et coquilles, ainsi qu'une omission. La quasi-totalité de ces modifications se retrouvera dans W70L, 73L, W71, W75G. W68 occupe donc une place importante dans la filiation des éditions.

NM71

NOUVEAUX / MELANGES / PHILOSOPHIQUES. / HISTORI-QUES, / CRITIQUES / &c.&c.&c. / SEPTIEME PARTIE. / [ornement] / [double trait] / M.DCC.LXXI. /

La *Défense de mon oncle* occupe les pages 128 à 232 et la 'Table' les pages 359 à 362. Cette édition est une réimpression de NM68, qu'elle reproduit exactement.

Selon Th. Besterman, ce volume formerait aussi le 39ᵉ de la *Collection complette des œuvres de M. de Voltaire. Dernière édition*, 1772 (1770)-1774, 52 vol., publiée à Genève et ne correspondant à aucune des éditions décrites par Bengesco (*Studies* 111, 1973, p.211, no.335). W. H. Trapnell (p.135-36) paraît être d'un avis différent: cette *Collection complette*, décrite sous le sigle 72X, s'arrêterait au vol. 11 et seul l'exemplaire Th.B. 4144 de l'Institut et musée Voltaire en ferait partie. En effet, les *Nouveaux mélanges* ont été conçus par Voltaire et par Cramer comme une continuation de la *Collection complète* de 1756 (W56) et les diverses éditions et réimpressions des *Nouveaux mélanges* peuvent se retrouver dans toutes les éditions collectives dérivées de W56, dont W72X.

W70L (72)

MÉLANGES / DE PHILOSOPHIE, / DE MORALE, / ET DE POLI-TIQUE. / PAR / Mʳ DE VOLTAIRE. / TOME SEPTIEME. / [ornement] / A LONDRES. / [double trait] / M.D. CC. LXXII. /

La *Défense de mon oncle* occupe les pages 276 à 387 (non compris la table des matières) et dans la signature les cahiers S2ν-S8ν T-Z⁸ 2A⁸ 2B1r-2B2r.

Il s'agit du tome XXVIII de la *Collection complette des œuvres de Mr. de*

Voltaire, décrite par Bengesco, iv.83-89, et par W. H. Trapnell sous le sigle 70L, qui précise: 'Though most of the titlepages give London as the place of publication, Grasset and Pott in Lausanne probably published this edition with some help from Meschel in Basel and perhaps others' (p.131).

W70L est dérivée de W68, dont elle reproduit quatorze particularités (erreurs, omission, modifications d'orthographe). Le mot 'schoen' y est orthographié 'cohen', particularité qu'on retrouvera en 73L et W71.

73L

LA / DÉFENSE / DE / MON ONCLE / PAR FEU / MR. L'ABBÉ BAZIN: / NOUVELLE ÉDITION, / AUGMENTÉE ET CORRIGÉE / *PAR MR. DE VOLT....* / [*ornement*] / A LONDRES, / [*double trait*] / M.D.CC. LXIII./

sig. A-G⁸ H²; p. [1-2] 3-115.

La dernière édition séparée de la *Défense* n'a rien d'anglais; c'est la reprise pure et simple de W70L: même nombre de pages (soit 109) pour ce qui est de la *Défense* stricto sensu. Car l''Avertissement essentiel ou inutile' a été refait dans le cas de 73L: il s'étend sur 4 pages, alors qu'il n'en occupe que 3 dans W70L (mais les caractères sont identiques). Cette extension à 4 pages, c'est-a-dire deux feuillets (soit A2 et A3) s'explique probablement par la possibilité qu'elle procurait d'occuper avec A1 (page de titre et son verso) la totalité des trois premiers feuillets disponibles du cahier A, puisque les cinq autres étaient déjà occupés, à partir de A4, par le texte de l''Exorde' et des deux premiers chapitres. Le cahier A a donc été recomposé au moins partiellement (pour la page de titre et l''Avertissement'), tandis que les cahiers B-G⁸ et H² paraissent être la simple réimposition, avec des signatures différentes, des cahiers suivants de W70L: T-Z⁸ 2A⁸ 2B1r-2B2r. Il a donc semblé inutile de faire figurer 73L dans l'apparat critique. Le fait que Grasset et Pott aient jugé bon de tirer en 1773 une édition séparée de la *Défense* du tome XXVIII de la *Collection complette* qu'ils avaient imprimé l'année précédente atteste probablement que la *Défense* faisait encore l'objet d'une demande particulière du public.

Exemplaires: ImV: D Défense 5/1773/1; Universitätsbibliothek, Hamburg; Yale University Library.

W71 (73)

MELANGES / PHILOSOPHIQUES, / LITTERAIRES, / HISTORI-QUES, &c. / [*trait*] / TOME TROISIEME / [*trait*] / GENEVE. / [*double trait*] / M. DCC. LXXIII. /

C'est le volume xv de la *Collection complette des œuvres de Mr. de Voltaire*, publiée en 32 volumes à Liège par Plomteux de 1771 à 1776, décrite par Bengesco, iv.89-91, et par W. H. Trapnell sous le sigle 71 (p.132-33). Le seul exemplaire que nous avons pu retrouver de ce volume xv est conservé par la Bibliothèque universitaire d'Uppsala. *La Défense de mon oncle* y occupe les pages 248 à 328 (non compris la table) et dans la signature les cahiers L4*v*-L12 M-N¹² O⁸.

W71 paraît dérivée de W70L dont elle reproduit toutes les particularités. Mais elle pourrait dériver en même temps de W68, puisqu'on y lit 'Egigès' (pour 'Ogygès'), faute qu'avait corrigée W70L.

W75G

MÉLANGES / DE / *LITTÉRATURE*, / D'HISTOIRE / ET / DE PHILO-SOPHIE. / [*trait*] / TOME TROISIÉME. / [*trait*] / *M. DCC. LXXV.* /

Il s'agit du tome xxxv de l'édition dite encadrée, publiée à Genève chez Cramer et Bardin en 40 volumes et abondamment décrite par Bengesco (iv.94-105), et par J. Vercruysse, *Les Editions encadrées des œuvres de Voltaire de 1775*, Studies 168 (1977).

La *Défense de mon oncle* occupe les pages 51 à 135 (table p.433-36) et dans la signature les cahiers: D2-D8 E-H⁸ I1-I4*r*. Il y a eu des cartons dans le tome xxxv, aux pages 63, 64 et 135, qui donc appartiennent à la *Défense*. Mais on n'y observe aucune différence dans le texte: les pages 63 et 64 occupent la feuille D8, qui correspond donc à D1 dont le texte a bien été modifié (ce sont les deux dernières pages de l'*Essai sur les dissensions des Eglises de Pologne*). Pareillement la p.135 (I4*r*) n'a été refaite que parce que I4 correspond à I5 dont le texte a également été modifié (première page du *Fragment à S. A. Mgr le prince de ****).

W75G paraît avoir été faite à partir de W68 et W70L, reproduisant des particularités exclusives de chacune. Bengesco (iv.103) estime 'plus que probable' la participation de Voltaire à l'encadrée; mais rien ne la décèle dans le cas de la *Défense*.[10] Le texte, soigneusement reproduit, n'apporte rien de nouveau par rapport aux éditions dont il dérive.

W75X

MELANGES / DE / *LITTERATURE,* / D'HISTOIRE / ET DE PHILO-SOPHIE. / [*trait*] / TOME TROISIEME. / [*trait*] / [*ornement*] / [*double trait orné*] / *M. DCC. LXXV.* /

Il s'agit du tome xxxv de la contrefaçon de W75G (voir Vercruysse, p.21 ss). Cette édition, peut-être lyonnaise, serait dépourvue d'autorité textuelle.

K

ŒUVRES / COMPLETTES / DE / VOLTAIRE. / TOME VINGT-SEPTIEME. / [*trait*] / DE L'IMPRIMERIE DE LA SOCIETE LITTE-RAIRE- / TYPOGRAPHIQUE. / 1785. /

Il s'agit de l'édition de Kehl, in-8°. La *Défense de mon oncle* occupe les pages 183 à 282 (table p.461-62) et dans la signature les cahiers M4-M8 N-R⁸ S1-S5

K semble avoir été faite à partir de W68 dont elle reproduit une dizaine de particularités. Mais elle en corrige aussi quelques erreurs. Le texte a manifestement été revu: un certain nombre d'omissions mineures pourraient bien être volontaires et répondre à un souci de correction stylistique. D'autres corrections apportent des précisions témoignant du soin avec lequel le texte a été édité (ch.2, l.46-47; ch.6, l.17-18; ch.12, l.46; ch.15, l.27-28, etc.). On pourrait penser que le correcteur qui s'est ainsi permis de modifier légèrement le texte ne pouvait être que Voltaire lui-même. C'est peu vraisemblable: l'omission au chapitre 19 des lignes 134 à 136 paraît volontaire et suspecte. Elle pourrait bien être le fait d'un partisan de la génération spontanée contestant les expériences de Spallanzani (voir ch.19, n.53). Si d'autre part Voltaire lui-même avait revu son texte, il aurait probablement fait disparaître l'incongru 'abbé Fou...' du chapitre 8, modifié le chapitre 10 et surtout supprimé une fâcheuse contradiction dans la deuxième diatribe (voir 2ᵉ diatribe, n.36).

[10] Samuel Taylor, qui a examiné de près à Leningrad les différentes collections de l'encadrée utilisées par Voltaire pour ses corrections, précise que le tome xxxv manque dans le jeu utilisé à Ferney (BV, no.3472 'C') et n'a pas été coupé dans le jeu utilisé à Paris (BV, no.3472 'A'). Voir *Studies* 124, 1974, p.128.

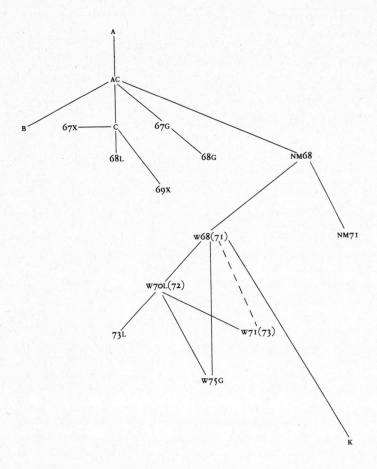

2. Filiations probables des éditions de la *Défense de mon oncle*

9

Principes de cette édition

Rappelons que l'édition choisie comme texte de base est Ac, c'est-à-dire le dernier état de l'édition originale (A), état qui a été décrit de façon détaillée p.166-67.

Quant aux variantes figurant dans l'apparat critique, elles proviennent des 13 éditions suivantes: A, B, C, 67G (et 67G cartonné), 67X, NM68, 68L, 69X, W68, W70L, W71, W75G, K. Ces variantes ne portent pas sur la ponctuation, sauf quand elles entraînent des modifications du sens.

Les notes de Voltaire (numérotées a, b, c, etc.) et les variantes (dont les numéros correspondent à la numérotation des lignes), se trouvent en bas de page. Les lignes des rubriques dans le texte de Voltaire sont numérotées a, b, c, etc. Les notes explicatives figurent aux pages 271 à 450.

Les notes éditoriales mises aux notes infrapaginales de Voltaire sont introduites par le chiffre d'appel qu'aurait reçu, s'il avait fallu l'annoter directement, l'endroit même du texte auquel renvoie la note de l'auteur. Pareillement, les variantes des notes de Voltaire sont rangées dans l'apparat critique à la place qui eût été celle de toute variante affectant l'endroit du texte auquel renvoie la note de l'auteur.

Traitement du texte de base

On a respecté l'orthographe des noms propres de personnes et de lieux, ainsi que celle des mots étrangers. Mais un compromis s'est parfois imposé en ce qui concerne les accents. Nous écrivons ainsi: Jérôme pour Jérome; Jérémie pour Jéremie; Ménès pour Ménes; Châteauneuf pour Chateauneuf; Alexandre pour Aléxandre; Shakespear pour Shakespéar.

On a conservé les italiques du texte de base.

On en a aussi respecté scrupuleusement la ponctuation, à deux exceptions près: les guillemets au long sont remplacés par des guillemets ouvrants et fermants; le point qui suit presque toujours les chiffres romains et arabes a été supprimé ou, le cas échéant, remplacé par une virgule (sauf en fin de phrase).

Par ailleurs, le texte de Ac a fait l'objet d'une modernisation portant sur la graphie, l'accentuation et la grammaire. Les particularités du texte de base dans ces trois domaines étaient les suivantes:

I. *Particularités de la graphie*

1. Consonnes
   - absence de la consonne *p* dans le mot 'tems' et son composé 'longtems'.
   - absence de la consonne *t* dans les finales en -*ans* et en -*ens*: enfans, habitans, différens, élémens, chatimens, intelligens.
   - redoublement de consonnes contraire à l'usage actuel: appeller, rappeller, appercevoir, datte, fallun, jetter, rejetté, traitté, serrail.
   - présence d'une seule consonne là où l'usage actuel prescrit son doublement: aparences, aparemment, aportent, raporte, raport, apuyer, apuient, apuyent, aprendre, aprend, apris, aproché, aproche, aprofondi, aprouve, atentif, attèrent, canelée, carosse, chandèle, décroteurs, échaufe, folet, nouri, pourez, Sabath, siflait, siflée, sorcelerie, sotises, souflant, supléé, suposé, suposons, suputé.

2. Voyelles
   - emploi de *y* à la place de *i* dans: apuyent, ayent, chymie, croye, employe, hyver, may, oye, payen, pluyes, renvoye, satyre, soye, vraye, yvre-mort, monnoye.
   - emploi de *i* à la place de la semi-voyelle *y* dans: citoien, ennuié, envoiés, essuié, païs, tiuau, voiageur, voiez.
   - emploi de *i* à la place de *y* dans les mots dérivés du grec (et où cet *y* est ordinairement la transcription de l'upsilon que comporte la forme grecque originelle): anonime, apocrife, cicle, dinastie, gimnosophistes, martir, métonimie, mistères, panégiristes, phisionomie, piramides, poligamie, porphire, sirien, sistème, stile, tipographes.

3. Divers
   - orthographe 'étymologique' dans: authorité, méchanique, œconomique, œconome, sçu, sçais, Sabath.

- orthographe non étymologique dans: antologie, apocrife, autenti-
que, batême, catacrèse, cahos, écos.
- emploi de la graphie -*oi* pour -*ai* dans: Calabrois, monnoye (seuls
cas de graphie archaïsante pour -*ai*).
- utilisation systématique de la perluette, sauf en tête de phrase.

4. Graphies particulières
- l'orthographe moderne a été rétablie dans le cas des mots suivants:
avantures, bazanée, bled, bourguemestres, courtaux, cu (de basse-
fosse), encor, étendart, fonds (dans l'expression: au fond), hazard,
hazardons, inadvertence, ingénuement, maraut, nés, ognon, paitri,
palfreniers, prophane, pseaume, raisine, rézeau, sustanter, terrein,
ustenciles, vizirs, vuidera.

5. Abréviations
- Mlle., Mr., Mrs., Sr et St. deviennent respectivement Mlle, M., MM.,
sieur et St

6. Le trait d'union
- il a été supprimé dans les mots suivants: aussi-tôt, mal-saine, maladroit.
- il a été rétabli dans les noms et expressions suivants: belles lettres,
petites maisons, premiers nés, trompe toi, Notre Dame, opéra
comique, amour propre, cet homme là, grand peur, demi cerceaux,
garderobes, basse fosse.

7. Majuscules rétablies
- nous mettons la majuscule après un point, si elle manque.
- nous mettons la majuscule initiale aux titres d'ouvrage (actes des
Apôtres, barbe bleue, chandelle d'Arras, compère Mathieu, défense
de mon oncle, divine legation, métamorphoses, mercure galant,
philosophie de l'histoire).
- conformément à l'usage moderne, nous mettons la majuscule à:
ancien Testament, dieu (unique), écriture (l'), église (l'), état (l'),
être suprême, providence, saintes Ecritures, vulgate (la).

8. Majuscules supprimées
a. Nous mettons la minuscule aux mots suivants qui portent une
majuscule dans le texte de base:
Abbé, Albinos, Ambassadeur, Anatomie, Arabe (l'), Arche, Arche-

vêque, Archidiacre, Archipels, Augure, Auto da fé, Bacha, Barons, Bestialité, Bourgmestre, Brachmane, Brame, Catéchèse, Cathédrale, grand-Chambre, Chancelière, Chérubin, Chrétiens, Chrétienté, Clergé, Collège, Comédie, Commentateurs, Conciles, Conseillers, Continent, Cophte (le), Cosmogonie, Cour, Croisés, Cuistres, Dames, Déesse, Déluge, Diatribe, Dieu (un), Divinité, Docteur, Duchesses, Dynastie, Empereur, Empire, Ennemi (de mon oncle), Epicurien, Epigramme, Ere, Eunuques, Evêché, Evêque, Fallun, Fermiers (généraux), Français (le), Général (d'armée), Géométrie, Gimnosophistes, Grec (le), Historiens, Horde, Hospodar, Iles, Impératrice, Jansénisme, Jésuites, Latin (le), Lettres (anonymes), Madame, Mademoiselle, Messe, Messieurs, Missionaires, Monsieur, Océan, Officiers, Oncle, Orgie, Papauté, Pape, Parlement, Père (des croyants), Pharaon, Philosophes, Présidente, Princesses, Pseaume, Ramoneur, Roi, Ecriture *Sainte*, Satrapes, Shoen, Seigneurs, Scoliastes, Sexe (le beau), Sibylles, Sodomie, Sous-diacre, Temple (de Tyr), Térébinthe, Théisme, Théocratie, Théologien, Tragédies, Vizirs

b. Nous mettons la minuscule aux adjectifs qualificatifs suivants qui portent une majuscule dans le texte de base:

- adjectifs désignant des nations ou des peuples: Hébreu, Hébraïque, Indien, Celtique, Chinois, Egyptien, Grec, Hollandais, Babilonien, Arabe, Turc, Français, Juif, Judaïque, Samaritain, Italien, Phénicien, Portugais, Bédouin, Romain, Orientaux.
- adjectifs désignant des religions ou des églises: Calviniste, Bramine, Abramine, Chrétien, Anglican, Mosaïque, Episcopal.
- les adjectifs: Payens et Welches

II. *Particularités d'accentuation*

L'accentuation a été rendue entièrement conforme aux usages modernes à partir des caractéristiques suivantes qu'offre le texte de base:

1. L'accent aigu
- il est absent dans: impieté, Deuteronome, pedant, petrée, deserts, dissequer, reservoir, revolte, Jéremie.
- contrairement à l'usage actuel, il est présent dans: rélations, sécondaire, Aléxandre, Brétagne, éxilé, Shakespéar.
- il est employé au lieu du grave:

- dans les finales -*er* + *e* muet: grossiére, premiére (et premiére-
ment), frontiéres, priéres, derniére, matiére, entiére, préfére,
miniére, forgérent, laissérent, lumiére.
- dans le suffixe -*ième* des adjectifs numéraux ordinaux: sixiéme,
vingtiéme, milliéme, quinziéme.
- dans les noms suivants: pélerins, zéle, négres, régne.
- dans la forme de futur simple: achéterai

2. L'accent grave
- il est présent dans: celà.
- il est absent dans: seche, voila, Ménes.

3. L'accent circonflexe
- il est employé au lieu de l'aigu dans: chrêtiens; et au lieu du grave
dans: blasphême, interprête, prophête, sistême, mêne
- il est présent dans des mots qui ne le comportent pas selon l'usage
actuel: discrêt, atômes, tîtres, lû, vû
- il est employé dans les adjectifs possessifs: nôtre ami
- il est absent dans:
    a. la plupart des formes d'imparfait du subjonctif: enchantat, fit,
    mit, remerciat, perçat, disséquat, exultat, enduisit, présentat,
    consacrat, révérat, restat, passat
    b. quelques formes de passé simple: eutes, mêlates, futes
    c. quelques formes de l'indicatif: parait, plait, connait (et connai-
    tre), naitra
    d. les noms, adjectifs et participes suivants: aumonier, aumone,
    chatiments, enchainés, Jérome, chateau, Chateauneuf, infame,
    grace, couté, anesse, ame, sure, dégout, gout, maitre, ile,
    idolatres, idolatrie, acreté, theatre, bélitre, huitres, rougeatre,
    chaine
    e. les formes de pronom possessif désignant plusieurs posses-
    seurs: les notres

4. Le tréma
- contrairement à l'usage actuel, on le trouve dans: jouïssance, louïs,
poëte, moëlleuse, éblouïr, réjouïr, païs

III. *Particularités grammaticales*

1. Accord du participe passé. Pas de règle fixe. Tantôt il est réalisé (Ex.:

ceux qu'il a favorisés, p.62; les légumes qu'il avait semées, p.133),
tantôt il ne l'est pas (cas le plus fréquent). Ex.: l'historiette que mon
bon parrain m'a raconté (p.34); les services que l'abbé Bazin a rendu
(p.51); il vous a conduit (p.54); les dépouilles que la mer eût déposé
(p.80); les dieux que vos pères ont adoré (p.118); les dieux qu'ont
servi vos pères (p.119); il les a fait libres (p.134).

2. L'adjectif numéral cardinal 'cent' demeure invariable, même quand il
est multiplié sans être suivi d'un autre nombre. Ex.: sept cent femmes;
trois cent concubines, etc., etc.

3. Absence de terminaison en *s* à la 2e personne du singulier de l'impératif
dans: di, voi

4. Emploi de l'*s* adverbial dans: jusques là, guères

5. Emploi du pluriel en -*x* dans: loix

6. Divers: pas de marque du pluriel dans: Mille et une nuit; accord de
l'adverbe dans: une toute autre origine.

LA
DÉFENSE
DE
MON ONCLE.

3. *La Défense de mon oncle*: page de titre de la première édition

AVERTISSEMENT ESSENTIEL
OU INUTILE[1]

Lorsque je *mis la plume à la main*[2] pour défendre *unguibus et rostro*[3] la mémoire de mon cher oncle contre un libelle inconnu intitulé, *Supplément à la Philosophie de l'histoire*; je crus d'abord n'avoir à faire qu'à un jeune abbé dissolu,[4] qui pour s'égayer avait parlé dans sa diatribe des filles de joie de Babilone, de l'usage des garçons, de l'inceste et de la bestialité. Mais lorsque je travaillais en digne neveu,[5] j'ai appris que le libelle anonyme est du sieur Larcher ancien répétiteur de belles-lettres au collège Mazarin.[6] Je lui demande très humblement pardon de l'avoir pris pour un jeune homme, et j'espère qu'il me pardonnera d'avoir rempli mon devoir en écoutant le cri du sang qui parlait à mon cœur, et la voix de la vérité qui m'a ordonné de *mettre la plume à la main.*

Il est question ici de grands objets,[7] il ne s'agit pas moins que des mœurs et des lois depuis Pékin jusqu'à Rome, et même des aventures de l'océan et des montagnes. On trouvera aussi dans ce petit ouvrage une furieuse sortie contre l'évêque Warburton; mais le lecteur judicieux pardonnera à la chaleur de mon zèle, quand il saura que cet évêque est un hérétique.[8]

J'aurais pu relever toutes les fautes de M. Larcher, mais il aurait fallu faire un livre aussi gros que le sien.[9] Je n'insisterai que sur son impiété. Il est bien douloureux pour des yeux chrétiens de lire dans son ouvrage page 298, *que les écrivains sacrés ont pu se tromper comme les autres.* Il est vrai qu'il ajoute pour déguiser le poison, *dans ce qui n'est pas du dogme.*[10]

Mais, notre ami, il n'y a presque point de dogme dans les livres hébreux, tout y est histoire ou ordonnance légale, ou cantique, ou

---

b NM68 ajoute: *sur la Défense de mon oncle*
8 67X, 67G: répétiteur des belles-lettres
   67G: collège de Mazarin
11 67G: écoutant ce cri

prophétie, ou morale. La Genèse, l'Exode, Josué, les Juges, les Rois, Esdras, les Macabées sont historiques, le Lévitique et le Deuteronome sont des lois. Les Psaumes sont des cantiques; les livres d'Isaïe, Jérémie etc. sont prophétiques; la Sagesse, les Proverbes, l'Ecclésiaste, l'Ecclésiastique, sont de la morale.[11] Nul dogme dans tout cela. On ne peut même appeler dogme les dix commandements; ce sont des lois. *Dogme* est une *proposition* qu'il faut croire. Jésus-Christ est consubstantiel à Dieu. Marie est mère de Dieu. Le Christ a deux natures et deux volontés dans une personne.[12] L'Eucharistie est le corps et le sang de Jésus-Christ sous les apparences d'un pain qui n'existe plus:[13] Voilà des dogmes. *Le Credo* qui fut fait du temps de Jérôme et d'Augustin[14] est une profession de dogmes. A peine y a-t-il trois de ces dogmes dans le Nouveau Testament. Dieu a voulu qu'ils fussent tirés par notre sainte Eglise du germe qui les contenait.[15]

Vois donc quel est ton blasphème! Tu oses dire que les auteurs des livres sacrés ont pu se tromper dans tout ce qui n'est pas dogme.

Tu prétends donc que le St Esprit qui a dicté ces livres a pu se tromper depuis le premier verset de la Genèse jusqu'au dernier des Actes des Apôtres; et après une telle impiété tu as l'insolence d'accuser d'impiété des citoyens dont tu n'as jamais approché, chez qui tu ne peux être reçu, et qui ignoreraient ton existence si tu ne les avais pas outragés.[16]

Que les gens de bien se réunissent pour imposer silence à ces malheureux qui dès qu'il paraît un bon livre crient à l'impie, comme les fous des petites-maisons du fond de leurs loges se plaisent à jeter leur ordure aux nez des hommes les plus parés, par ce secret instinct de jalousie qui subsiste encore dans leur démence.

Et vous, *pusille grex*,[17] qui lirez la Défense de mon oncle, daignez commencer par jeter des yeux attentifs sur la table des chapitres, et choisissez pour vous amuser le sujet qui sera le plus de votre goût.

32 67G: dogme ces dix
57 67G: commencer à jeter
57-58 B: chapitres qui est à la fin, et

TABLE DES CHAPITRES

1-3   K: *Exorde.*
4-5   K: *De la Providence.*
      67G: inadvertance aussi impie
6-7   K: *L'apologie des dames de Babylone.*
8   w68, w75G: De l'Alcoran, où l'on montre que M. Larcher ne le sait point.
      K: *De l'Alcoran.*
10   K: *Des Romains.*
11-12   K: *De la sodomie.*
13-14   K: *De l'inceste.*
15-16   K: *De la bestialité et du bouc du sabbat.*
18-21   K: *D'Abraham et de Ninon l'Enclos.*

son Supplément à la philosophie de l'histoire, et où l'on justifie Ninon contre une imputation impertinente. [p.210]

CHAP. IX. *De Thèbes d'Egypte, contre plusieurs grands savants et grands exagérateurs, dans lequel on insinue qu'il faut réduire les choses à leur juste mesure.* [p.213]

CHAP. X. *Des schoen d'Egypte, où l'on montre qu'un schoen doit être honnête.* [p.215]

CHAP. XI. *Du temple de Tyr et de son antiquité.* [p.216]

CHAP. XII. *Des Chinois, et de la nécessité que plusieurs siècles se soient écoulés avant la fondation d'un grand empire.* [p.218]

CHAP. XIII. *De l'Inde, du Védam, et surtout de l'Ezour-Védam, livre indien très curieux, envoyé par feu l'abbé Bazin à la bibliothèque du roi. Ce chapitre contient une terrible réponse à la témérité de l'hérétique Warburton.* [p.221]

CHAP. XIV. *Savoir si les Juifs haïssaient les autres nations et si on hait Warburton.* [p.224]

CHAP. XV. *Représailles contre Warburton.* [p.225]

CHAP. XVI. *Conclusion qui fait voir le néant de tout ce que dessus.* [p.229]

---

22   A, AC, C, 67X, 69X: CHAP. VIII. *De Thèbes* [réduplication du chiffre VIII par une erreur de l'imprimeur, voir l.60; on a rétabli la numérotation correcte pour ce chapitre et les suivants]
22-24   K: *De Thèbes, de Bossuet et de Rollin.*
25-26   W68, W75G: Des prêtres, ou schoen d'Egypte.
        K: *Des prêtres ou prophètes, ou schoen d'Egypte*
25   67G: l'on prouve qu'un
27   K: *Du Temple de Tyr.*
28-29   K: *Des Chinois.*
30-33   K: *De l'Inde et du Veidam.*
32-33   67G omet la dernière phrase
34-35   K: *Que les Juifs haïssaient toutes les nations.*
        67G omet: et si on hait Warburton
36   K: *De Warburton.*
37   K: *Conclusion des chapitres précédents.*

NB. L'imprimeur a mis deux fois chapitre 8, c'est une faute que   60
le lecteur corrige aisément.

39-40   K: *Sur la modestie de Warburton et sur son système antimosaïque.*
42-43   K: *Des montagnes et des coquilles.*
46   67G, K: *et des quatre*
49-50   K: *Sur Sanchoniathon.*
54   K: *Epilogue.*
58   K: *Post-scriptum. Défense*
60   67G: chapitre XII, c'est [il y a réduplication de 'CHAP. XII' dans 67G]
60-61   B, NM68, 68L, W68, W70L, W71, W75G, K omettent les lignes 60 et 61; voir l.22, variante

LA DÉFENSE DE MON ONCLE

Exorde

Un des premiers devoirs est d'aider son père; et le second est d'aider son oncle. Je suis neveu de feu M. l'abbé Bazing, à qui un éditeur ignorant a ôté impitoyablement un G qui le distinguait des Bazin de Turinge à qui Childeric enleva la reine Bazine.[a] Mon oncle était un profond théologien qui fut aumônier de l'ambassade que l'empereur Charles VI envoya à Constantinople après la paix de Belgrade.[2] Mon oncle savait parfaitement l'arabe et le cophte. Il voyagea en Egypte, et dans tout l'Orient, et enfin s'établit à Pétersbourg en qualité d'interprète chinois.[3] Mon grand amour pour la vérité ne me permet pas de dissimuler que malgré sa piété, il était quelquefois un peu railleur. Quand monsieur Guignes fit descendre les Chinois des Egyptiens,[4] quand il prétendit que l'empereur de la Chine *Yu*, était visiblement le roi d'Egypte Ménès en changeant *nès* en *u* et *mé* en *y*,[5] (quoique Ménès ne soit pas un nom égyptien, mais grec)[6] mon oncle alors se permit une petite raillerie innocente,[7] laquelle d'ailleurs ne devait point affaiblir l'esprit de charité entre deux interprètes chinois.[8] Car au fond mon oncle estimait fort M. Guignes.

L'abbé Bazin aimait passionnément la vérité et son prochain. Il avait écrit la *Philosophie de l'histoire* dans un de ses voyages en Orient; son grand but était de juger par le sens commun de toutes les fables de l'antiquité, fables pour la plupart contradictoires. Tout ce qui n'est pas dans la nature, lui paraissait absurde, excepté

[a] Vous sentez bien, mon cher lecteur, que *Bazin* est un nom celtique, et que la femme de Bazin ne pouvait s'appeler que Bazine; c'est ainsi qu'on a écrit l'histoire.[1]

3 67G: distinguait de Bazin
7 K: parfaitement le grec, l'arabe et

ce qui concerne la foi.[9] Il respectait St Matthieu autant qu'il se
moquait de Ctésias,[10] et quelquefois d'Hérodote;[11] de plus très
respectueux pour les dames, ami de la bienséance et zélé pour
les lois. Tel était monsieur l'abbé Ambroise Bazing, nommé par
l'erreur des typographes, Bazin.

CHAPITRE I

De la Providence

Un cruel[1] vient de troubler sa cendre par un prétendu *Supplément
à la Philosophie de l'histoire*. Il a intitulé ainsi sa scandaleuse satire,[2]
croyant que ce titre seul de Supplément aux idées de mon oncle,
lui attirerait des lecteurs. Mais dès la page 33 de sa préface, on
découvre ses intentions perverses. Il accuse le pieux abbé Bazin
d'avoir dit que la Providence envoie la famine et la peste sur la
terre.[3] Quoi mécréant[4] tu oses le nier! et de qui donc viennent les
fléaux qui nous éprouvent et les châtiments qui nous punissent?[5]
dis-moi, qui est le maître de la vie et de la mort?[6] dis-moi donc qui
donna le choix à David, de la peste, de la guerre ou de la famine?
Dieu ne fit-il pas périr soixante et dix mille Juifs en un quart
d'heure? et ne mit-il pas ce frein à la fausse politique du fils de
Jessé qui prétendait connaître à fond la population de son pays?[7]
ne punit-il pas d'une mort subite cinquante mille soixante et dix
Bethsamites qui avaient osé regarder l'arche?[8] La révolte de Coré,
Dathan et Abiron, ne coûta-t-elle pas la vie à quatorze mille sept
cents Israélites, sans compter deux cent cinquante engloutis dans
la terre avec leurs chefs?[9] L'ange exterminateur ne descend-il pas
à la voix de l'Eternel, armé du glaive de la mort, tantôt pour frapper
les premiers-nés de toute l'Egypte,[10] tantôt pour exterminer
l'armée de Sennakerib?[11]

9   67G, K: dis-moi qui est
9-10 B: dis-moi donc, qui donna
18   C, 67X, 68L, 69X, K: ne descendit-il

Que dis-je? il ne tombe pas un cheveu de nos têtes sans l'ordre du maître des choses et des temps.[12] La Providence fait tout;[13] Providence tantôt terrible et tantôt favorable, devant laquelle il faut également se prosterner dans la gloire ou dans l'opprobre, dans la jouissance délicieuse de la vie et sur le bord du tombeau. Ainsi pensait mon oncle, ainsi pensent tous les sages. Malheur au mécréant qui contredit ces grandes vérités dans sa fatale[14] préface.

25

CHAPITRE II

L'apologie des dames de Babilone

L'ennemi de mon oncle commence son étrange livre par dire; *Voilà les raisons qui m'ont fait mettre la plume à la main.*[1]

Mettre la plume à la main! mon ami, quelle expression! mon oncle qui avait presque oublié sa langue dans ses longs voyages parlait mieux français que toi.

5

Je te laisse déraisonner et dire des injures à propos de Khamos, et de Ninive, et d'Assur.[2] Trompe-toi tant que tu voudras sur la distance de Ninive à Babilone;[3] cela ne fait rien aux dames, pour qui mon oncle avait un si profond respect[4] et que tu outrages si barbarement.

10

Tu veux absolument que du temps d'Hérodote toutes les dames de la ville immense de Babilone vinssent religieusement se prostituer dans le temple au premier venu, et même pour de l'argent.[5] Et tu le crois parce qu'Hérodote l'a dit.[6]

O que mon oncle était éloigné d'imputer aux dames une telle infamie![7] Vraiment il ferait beau voir nos princesses, nos duchesses, madame la chancelière, madame la première présidente,[8] et toutes les dames de Paris, donner dans l'église Notre-Dame leurs faveurs pour un écu au premier batelier, au premier fiacre qui se sentirait du goût pour cette auguste cérémonie![9]

15

20

19-20   68L: qui sentirait

Je sais que les mœurs asiatiques diffèrent des nôtres, et je le sais mieux que toi, puisque j'ai accompagné mon oncle en Asie.[10] Mais la différence en ce point est que les Orientaux ont toujours été plus sévères que nous. Les femmes en Orient ont toujours été renfermées, ou du moins elles ne sont jamais sorties de la maison qu'avec un voile. Plus les passions sont vives dans ces climats, plus on a gêné[11] les femmes. C'est pour les garder qu'on a imaginé les eunuques. La jalousie inventa l'art de mutiler les hommes pour s'assurer de la fidélité des femmes et de l'innocence des filles. Les eunuques étaient déjà très communs dans le temps où les Juifs étaient en république. On voit que Samuel voulant conserver son autorité et détourner les Juifs de prendre un roi, leur dit que ce roi aura des eunuques à son service.[12]

Peut-on croire que dans Babilone, dans la ville la mieux policée de l'Orient, des hommes si jaloux de leurs femmes les auront envoyées toutes se prostituer dans un temple aux plus vils étrangers? que tous les époux et tous les pères aient étouffé ainsi l'honneur et la jalousie? que toutes les femmes et toutes les filles aient foulé aux pieds la pudeur si naturelle à leur sexe?[13] Le faiseur de contes Hérodote a pu amuser les Grecs de cette extravagance, mais nul homme sensé n'a dû le croire.[14]

Le détracteur de mon oncle et du beau sexe, veut que la chose soit vraie; et sa grande raison, c'est que quelquefois les Gaulois ou Welches ont immolé des hommes (et probablement des captifs) à leur vilain dieu Teutatès.[15] Mais de ce que des barbares ont fait des sacrifices de sang humain, de ce que les Juifs immolèrent douze pucelles au Seigneur des trente-deux mille pucelles trouvées dans le camp des Madianites avec soixante et un mille ânes,[16] et de ce qu'enfin dans nos derniers temps, nous avons immolé tant de Juifs[17] dans nos auto-da-fé, ou plutôt dans nos autos-de-fé,[18] à Lisbonne, à Goa,[19] à Madrid, s'ensuit-il que toutes les belles Babi-

34   67G: Babilone, la ville
35-36   K: les aient envoyées
37-38   67G: étouffé aussi l'honneur
41   67X: n'a pu le
46-47   K: immolèrent au Seigneur trente deux pucelles, des

Ioniennes couchassent avec des palefreniers étrangers dans la cathédrale de Babilone?[20] La religion de Zoroastre ne permettait pas aux femmes de manger avec des étrangers. Leur aurait-elle permis de coucher avec eux[?][21]

L'ennemi de mon oncle qui me paraît avoir ses raisons pour que cette belle coutume s'établisse dans les grandes villes, appelle le prophète Baruch au secours d'Hérodote. Et il cite le sixième chapitre de la prophétie de ce sublime Baruch.[22] Mais il ne sait peut-être pas que ce sixième chapitre est précisément celui de tout le livre qui est le plus évidemment supposé.[23] C'est une lettre prétendue de Jérémie aux pauvres Juifs qu'on menait enchaînés à Babilone; St Jérôme en parle avec le dernier mépris.[24] Pour moi, je ne méprise rien de ce qui est inséré dans les livres des Juifs. Je sais tout le respect qu'on doit à cet admirable peuple, qui se convertira un jour et qui sera le maître de toute la terre.[25]

Voici ce qui est dit dans cette lettre supposée: *On voit dans Babilone des femmes qui ont des ceintures de cordelettes (ou de rubans) assises dans les rues, et brûlant des noyaux d'olives. Les passants les choisissent, et celle qui a eu la préférence se moque de sa compagne qui a été négligée, et dont on n'a pas délié la ceinture.*[26]

Je veux bien avouer qu'une mode à peu près semblable s'est établie à Madrid, et dans le quartier du Palais royal à Paris. Elle est fort en vogue dans les rues de Londres; et les musicaux[27] d'Amsterdam ont eu une grande réputation.[28]

L'histoire générale des bordels peut être fort curieuse. Les savants n'ont encore traité ce grand sujet que par parties détachées. Les bordels de Venise et de Rome commencent un peu à dégénérer, parce que tous les beaux-arts tombent en décadence. C'était sans doute la plus belle institution de l'esprit humain avant le voyage de Christophoro Colombo aux îles Antilles.[29] La vérole que la Providence avait reléguée dans ces îles, a inondé depuis toute la chrétienté; et ces beaux bordels, consacrés à la déesse

54   w68, w70L, w71, w75G, K: avec les étrangers
64   K: livres juifs. Je
76 (et 78, 83, 88, 103)   K: des b..... peut

199

Astarté ou Dercéto, ou Milita[30] ou Aphrodise ou Vénus, ont perdu
aujourd'hui toute leur splendeur; je crois bien que l'ennemi de   85
mon oncle les fréquente encore comme des restes des mœurs
antiques;[31] mais enfin, ce n'est pas une raison pour qu'il affirme
que la superbe ville de Babilone n'était qu'un vaste bordel, et que
la loi du pays ordonnait aux femmes et aux filles des satrapes,
voire même aux filles du roi, d'attendre les passants dans les rues.[32]   90
C'est bien pis que si on disait que les femmes et les filles des
bourgmestres d'Amsterdam sont obligées par la religion calviniste
de se donner dans les musicaux aux matelots hollandais qui reviennent des grandes Indes.[33]

Voilà comme les voyageurs prennent probablement tous les   95
jours un abus de la loi pour la loi même, une grossière coutume
du bas peuple pour un usage de la cour. J'ai entendu souvent mon
oncle parler sur ce grand sujet avec une extrême édification. Il
disait que sur mille quintaux pesant de relations et d'anciennes
histoires on ne trierait pas dix onces[34] de vérités.   100

Remarquez, s'il vous plaît, mon cher lecteur, la malice du paillard qui outrage si clandestinement[35] la mémoire de mon oncle; il
ajoute au texte sacré de Baruch; il le falsifie pour établir son bordel
dans la cathédrale de Babilone même. Le texte sacré de l'apocryphe
Baruch porte dans la Vulgate, *mulieres autem circumdatae funibus in*   105
viis sedent. Notre ennemi sacrilège traduit: *des femmes environnées de*
cordes sont assises dans les allées du temple. Le mot de temple n'est
nulle part dans le texte.[36]

Peut-on pousser la débauche au point de vouloir qu'on paillarde
ainsi dans les églises? il faut que l'ennemi de mon oncle soit un   110
bien vilain homme.

S'il avait voulu justifier la paillardise par de grands exemples, il
aurait pu choisir ce fameux droit de prélibation, de marquette,
de jambage, de cuissage,[37] que quelques seigneurs de châteaux
s'étaient arrogé dans la chrétienté, dans les commencements du   115

84   Ac, suivie de la quasi-totalité des éditions, porte: Décerto
88   K: la superbe Babylone
115 K: dans le commencement du

200

beau gouvernement féodal.[38] Des barons, des évêques, des abbés devinrent législateurs, et ordonnèrent que dans tous les mariages autour de leurs châteaux, la première nuit des noces serait pour eux. Il est bien difficile de savoir jusqu'où ils poussaient leur légis- lation, s'ils se contentaient de mettre une cuisse dans le lit de la mariée, comme quand on épousait une princesse par procureur,[39] ou s'ils y mettaient les deux cuisses.[40] Mais ce qui est avéré, c'est que ce droit de cuissage qui était d'abord un droit de guerre, a été vendu enfin aux vassaux par les seigneurs soit séculiers soit réguliers, qui ont sagement compris qu'ils pourraient avec l'argent de ce rachat avoir des filles plus jolies.[41] 120

125

Mais surtout remarquez, mon cher lecteur, que les coutumes bizarres établies sur une frontière par quelques brigands,[42] n'ont rien de commun avec les lois des grandes nations; que jamais le droit de cuissage n'a été approuvé par nos tribunaux, et jamais les ennemis de mon oncle tout acharnés qu'ils sont, ne trouveront une loi babilonienne qui ait ordonné à toutes les dames de la cour de coucher avec les passants.[43] 130

CHAPITRE III

De l'Alcoran

Notre infâme débauché cherche un subterfuge chez les Turcs pour justifier les dames de Babilone.[1] Il prend la comédie d'Arlequin Ulla[2] pour une loi des Turcs. Dans l'Orient, dit-il, *si un mari répudie sa femme, il ne peut la reprendre que lorsqu'elle a épousé un autre homme qui passe la nuit avec elle* etc. Mon paillard ne sait pas plus son Alcoran[3] que son Baruch; qu'il lise le chapitre 2e du grand livre arabe donné par l'ange Gabriel, et le 45e paragraphe de la Sonna;[4] c'est dans ce chapitre 2 intitulé *la vache*, que le prophète qui a 5

127 k: que ces coutumes
2-3 b: d'Arlequin Hulla

toujours grand soin des dames,[5] donne des lois sur leur mariage et sur leur douaire; *ce ne sera pas un crime,* dit-il, *de faire divorce avec vos femmes, pourvu que vous ne les ayez pas encore touchées et que vous n'ayez pas encore assigné leur douaire; et si vous vous séparez d'elles avant de les avoir touchées, et après avoir établi leur douaire, vous serez obligé de leur payer la moitié de leur douaire etc. à moins que le nouveau mari ne veuille pas le recevoir.*[6]

Kisrom Hecbalat Doromfet Ernam Rabola Isron Tamon Erg Bemin Ouldeg Ebori Caramoufen etc.[7]

Il n'y a peut-être point de loi plus sage: on en abuse quelquefois chez les Turcs comme on abuse de tout. Mais en général on peut dire que les lois des Arabes adoptées par les Turcs leurs vainqueurs, sont bien aussi sensées pour le moins que les coutumes de nos provinces qui sont toujours en opposition les unes avec les autres.[8]

Mon oncle faisait grand cas de la jurisprudence turque.[9] Je m'aperçus bien dans mon voyage à Constantinople, que nous connaissons très peu ce peuple dont nous sommes si voisins. Nos moines ignorants n'ont cessé de le calomnier.[10] Ils appellent toujours sa religion *sensuelle;*[11] il n'y en a point qui mortifie plus les sens. Une religion qui ordonne cinq prières par jour, l'abstinence du vin, le jeûne le plus rigoureux, qui défend tous les jeux de hasard, qui ordonne sous peine de damnation de donner deux et demi pour cent de son revenu aux pauvres, n'est certainement pas une religion voluptueuse,[12] et ne flatte pas, comme on l'a tant dit, la cupidité et la mollesse.[13] On s'imagine chez nous que chaque bacha a un sérail de sept cents femmes, de trois cents concubines, d'une centaine de jolis pages et d'autant d'eunuques noirs.[14] Ce sont des fables dignes de nous. Il faut jeter au feu tout ce qu'on a dit jusqu'ici sur les musulmans.[15] Nous prétendons qu'ils sont autant de Sardanapales, parce qu'ils ne croient qu'un seul Dieu.[16] Un savant Turc de mes amis nommé Notmig[17] travaille à présent à

15 67X: pas la recevoir
16 w68, w70L, w71, w75G, K: Kisron
    B: Hecbalas

l'histoire de son pays; on la traduit à mesure; le public sera bientôt détrompé de toutes les erreurs débitées jusqu'à présent sur les fidèles croyants.[18]

CHAPITRE IV

Des Romains

Que M. l'abbé Bazin était chaste! qu'il avait la pudeur en recommandation! il dit dans un endroit de son savant livre; *j'aimerais autant croire Dion Cassius qui assure que les graves sénateurs de Rome proposèrent un décret par lequel César âgé de cinquante-sept ans, aurait le droit de jouir de toutes les femmes qu'il voudrait.* pag. 98.[1]   5

Qu'y a-t-il donc de si extraordinaire dans un tel décret? s'écrie notre effronté censeur; il trouve cela tout simple;[2] il présentera bientôt une pareille requête au parlement; je voudrais bien savoir quel âge il a; Tudieu quel homme! Ce Salomon possesseur de sept cents femmes et trois cents concubines[3] n'approchait pas de lui.   10

CHAPITRE V

De la sodomie

Mon oncle, toujours discret,[1] toujours sage, toujours persuadé que jamais les lois n'ont pu violer les mœurs, s'exprime ainsi dans la Philosophie de l'histoire;[2] 'Je ne croirai pas davantage Sextus Empiricus, qui prétend que chez les Perses la pédérastie était ordonnée.[3] Quelle pitié! Comment imaginer que les hommes eussent   5

2   K: livre, page 52: *j'aimerais*
5   K omet: pag. 98
3   K: *de l'histoire*, p.53: 'Je

fait une loi, qui, si elle avait été exécutée, aurait détruit la race des hommes? La pédérastie au contraire était expressément défendue dans le livre du Zend, et c'est ce qu'on voit dans l'abrégé du Sadder, où il est dit (porte 9) *Qu'il n'y a point de plus grand péché.*[4]

Qui croirait, mon cher lecteur, que l'ennemi de ma famille ne se contente pas de vouloir que toutes les femmes couchent avec le premier venu, mais qu'il veuille encore insinuer adroitement l'amour des garçons?[5] Les *jésuites,* dit-il, *n'ont rien à démêler ici.* Eh mon cher enfant! mon oncle n'a point parlé des jésuites.[6] Je sais bien qu'il était à Paris, lorsque le révérend père Marsi[7] et le révérend père Fréron[8] furent chassés du collège de Louis le Grand pour leurs fredaines;[9] mais cela n'a rien de commun avec Sextus Empiricus; cet écrivain doutait de tout, mais personne ne doute de l'aventure de ces deux révérends pères.

Pourquoi troubler mal à propos leurs mânes? dis-tu dans l'apologie que tu fais du péché de Sodome. Il est vrai que frère Marsi est mort, mais frère Fréron vit encore. Il n'y a de lui que ses ouvrages qui soient morts; et quand on dit de lui qu'il est *ivre-mort* presque tous les jours, c'est par catachrèse, ou si l'on veut par une espèce de métonymie.[10]

Tu te complais à citer la dissertation de feu M. Jean Matthieu Gesner, qui a pour titre, *Socrates sanctus pederastes, Socrate le saint bourge.*[a][11] En vérité cela est intolérable;[12] il pourra bien t'arriver pareille aventure qu'à feu M. Deschaufour; l'abbé Desfontaines l'esquiva.[13]

C'est une chose bien remarquable dans l'histoire de l'esprit humain, que tant d'écrivains folliculaires soient sujets à caution.[14]

[a] Qui le croirait, mon cher lecteur? cela est imprimé à la page 209 du livre de M. Toxotès intitulé *Supplément à la Philosophie de l'histoire.*

8-9 K: l'abrégé du Zend, le Sadder, où
17 A: pour la sodomie; mais
22 K: n'y a que ses
27-28 NM68, w68, w70L, w71, w75G, K: le saint b.... En
n.*a* 2 A: livre de l'abbé Fou... intitulé
32-33 A: soient des sodomites. J'en

J'en ai cherché souvent la raison; il m'a paru que les folliculaires sont pour la plupart des crasseux chassés des collèges, qui n'ont jamais pu parvenir à être reçus dans la compagnie des dames: ces pauvres gens pressés de leurs vilains besoins se satisfont avec les petits garçons qui leur apportent de l'imprimerie la feuille à corriger, ou avec les petits décrotteurs[15] du quartier; c'est ce qui était arrivé à l'ex-jésuite Desfontaines[16] prédécesseur de l'ex-jésuite Fréron.[b]

N'es-tu pas honteux, notre ami, de rappeler toutes ces ordures dans un Supplément à la Philosophie de l'histoire? Quoi, tu veux faire l'histoire de la sodomie? *il aura*, dit-il, *occasion encore d'en parler dans un autre ouvrage.*[18] Il va chercher jusqu'à un Syrien nommé Bardezane,[19] qui a dit que chez les Welches tous les petits garçons faisaient cette infamie, *Para de gallois oi neoi gamontai.*[20] Fi, vilain! oses-tu bien mêler ces turpitudes à la sage bienséance dont mon oncle s'est tant piqué? oses-tu outrager ainsi les dames, et manquer de respect à ce point à l'auguste impératrice de Russie à qui j'ai dédié le livre instructif et sage de feu M. l'abbé Bazin?[21]

35

40

45

50

[b] Voyez dans l'Anthologie française cette épigramme.

> Un ramoneur à face basanée,
> Le fer en main, les yeux ceints d'un bandeau,
> S'allait glissant dans une cheminée,
> Quand de Sodome un antique bedeau
> Vint endosser sa figure inclinée etc.[17]

37-38 AC: à corger
n.*b* w68, w70L: [le texte de l'épigramme figure avant le début de la note]
     K omet: Voyez dans l'Anthologie française cette épigramme.
41-50 B omet les lignes 41 à 50

CHAPITRE VI

De l'inceste

Il ne suffit pas au cruel ennemi de mon oncle d'avoir nié la Providence, d'avoir pris le parti des ridicules fables d'Hérodote contre la droite raison, d'avoir falsifié Baruch et l'Alcoran, d'avoir fait l'apologie des bordels et de la sodomie; il veut encore canoniser l'inceste.[1] Monsieur l'abbé Bazin a toujours été convaincu que l'inceste au premier degré, c'est-à-dire entre le père et la fille, entre la mère et le fils, n'a jamais été permis chez les nations policées. L'autorité paternelle, le respect filial en souffriraient trop. La nature fortifiée par une éducation honnête se révolterait avec horreur.[2]

On pouvait épouser sa sœur chez les Juifs, j'en conviens.[3] Lorsqu'Ammon fils de David viola sa sœur Thamar fille de David, Thamar lui dit en propres mots; *ne me faites pas des sottises, car je ne pourrais supporter cet opprobre, et vous passerez pour un fou; mais demandez-moi au roi mon père en mariage, et il ne vous refusera pas.*[4]

Cette coutume est un peu contradictoire avec le Lévitique. Mais les contradictoires se concilient souvent. Les Athéniens, les Egyptiens, les Perses épousaient leurs sœurs utérines.[5] Cela n'était pas permis aux Romains, ils ne pouvaient même se marier avec leurs nièces.[6] L'empereur Claude fut le seul qui obtint cette grâce du sénat.[7] Chez nous autres, remués des barbares on peut épouser sa nièce avec la permission du pape, moyennant la taxe ordinaire, qui va je crois à quarante mille petits écus en comptant les menus frais.[8] J'ai toujours entendu dire qu'il n'en avait coûté que quatre-vingt mille francs à M. de Montmartel.[9] J'en connais qui ont couché avec leurs nièces à bien meilleur marché.[10] Enfin il est incontestable que le pape a de droit divin la puissance de dispenser de

---

4   K: des b... et
17-18   K: Les Athéniens épousaient leurs sœurs de père, les Lacédémoniens leurs sœurs utérines, les Egyptiens leurs sœurs de père et de mère. Cela
21   K: remués de barbares

toutes les lois.[11] Mon oncle croyait même que dans un cas pressant Sa Sainteté pouvait permettre à un frère d'épouser sa sœur,[12] surtout s'il s'agissait évidemment de l'avantage de l'Eglise; car mon oncle était très grand serviteur du pape.

30

A l'égard de la dispense pour épouser son père ou sa mère, il croyait le cas très embarrassant: et il doutait, si j'ose le dire, que le droit divin du St Père pût s'étendre jusque-là. Nous n'en avons ce me semble aucun exemple dans l'histoire moderne.

35

Ovide à la vérité dit dans ses belles Métamorphoses;

> Gentes tamen esse feruntur
> In quibus et nato genitrix et nata parenti
> Jungitur, et pietas geminato crescit amore.[13]

Ovide avait sans doute en vue les Persans babiloniens que les Romains leurs ennemis accusaient de cette infamie.

40

Le partisan des péchés de la chair qui a écrit contre mon oncle le défie de trouver un autre passage que celui de Catulle. Eh bien qu'en résulterait-il? qu'on n'aurait trouvé qu'un accusateur contre les Perses, et que par conséquent on ne doit point les juger coupables.[14] Mais c'est assez qu'un auteur ait donné crédit à une fausse rumeur pour que vingt auteurs en soient les échos. Les Hongrois aujourd'hui font aux Turcs mille reproches qui ne sont pas mieux fondés.[15]

45

Grotius lui-même dans son assez mauvais livre sur la religion chrétienne va jusqu'à citer la fable du pigeon de Mahomet.[16] On tâche toujours de rendre ses ennemis odieux et ridicules.

50

Notre ennemi n'a pas lu sans doute un extrait du Zenda Vesta de Zoroastre communiqué dans Surate à Lordius[17] par un de ces mages qui subsistent encore. Les ignicoles ont toujours eu la permission d'avoir cinq femmes:[18] mais il est dit expressément qu'il leur a toujours été défendu d'épouser leurs cousines. Voilà qui est positif. Tavernier dans son livre 4 avoue que cette vérité lui a été confirmée par un autre mage.[19]

55

35 67G omet: moderne
45-46 67G: juger comme coupables
55 B: qui subsiste encore

Pourquoi donc notre incestueux adversaire trouve-t-il mauvais
que M. l'abbé Bazin ait défendu les anciens Perses?[20] Pourquoi dit-
il qu'il était d'usage de coucher avec sa mère? que gagne-t-il à
cela? veut-il introduire cet usage dans nos familles? Ah qu'il se
contente des bonnes fortunes de Babilone.

CHAPITRE VII

De la bestialité, et du bouc du sabbat

Il ne manquait plus au barbare ennemi de mon oncle que ïe péché
de bestialité; il en est enfin convaincu. M. l'abbé Bazin avait étudié
à fond l'histoire de la sorcellerie depuis Jannes et Mambré conseillers du roi,[1] sorciers à la cour de Pharaon, jusqu'au révérend père
Girard accusé juridiquement d'avoir endiablé la demoiselle Cadière en soufflant sur elle.[2] Il savait parfaitement tous les différents
degrés par lesquels le sabbat et l'adoration du bouc avaient passé.[3]
C'est bien dommage que ses manuscrits soient perdus. Il dit un
mot de ces grands secrets dans sa Philosophie de l'histoire. *Le bouc
avec lequel les sorcières étaient supposées s'accoupler, vient de cet ancien
commerce que les Juifs eurent avec les boucs dans le désert, ce qui leur est
reproché dans le Lévitique.*[4]

Remarquez, s'il vous plaît, la discrétion[5] et la pudeur de mon
oncle. Il ne dit pas que les sorcières s'accouplent avec un bouc, il
dit qu'elles sont supposées s'accoupler.[6]

Et là-dessus, voilà mon homme qui s'échauffe comme un Calabrais pour sa chèvre, et qui vous parle à tort et à travers de
fornication avec des animaux, et qui vous cite Pindare et Plutarque
pour vous prouver que les dames de la dynastie de Mendès,[7]
couchaient publiquement avec des boucs.[8] Voyez comme il veut

---

3   K: Mambrès
9   K: de ses grands
18-19   68L: Pindare pour vous

justifier les Juives par les Mendésiennes. Jusqu'à quand outragera-t-il les dames? Ce n'est pas assez qu'il prostitue les princesses de Babilone aux muletiers, il donne des boucs pour amants aux princesses de Mendès. Je l'attends aux Parisiennes.

Il est très vrai, et je l'avoue en soupirant, que le Lévitique fait ce reproche aux dames juives qui erraient dans le désert. Je dirai pour leur justification, qu'elles ne pouvaient se laver dans un pays qui manque d'eau absolument, et où l'on est encore obligé d'en faire venir à dos de chameau. Elles ne pouvaient changer d'habits, ni de souliers, puisqu'elles conservèrent quarante ans leurs mêmes habits par un miracle spécial.[9] Elles n'avaient point de chemise. Les boucs du pays purent très bien les prendre pour des chèvres à leur odeur. Cette conformité put établir quelque galanterie entre les deux espèces; mon oncle prétendait que ce cas avait été très rare dans le désert,[10] comme il avait vérifié qu'il est assez rare en Calabre malgré tout ce qu'on en dit.[11] Mais enfin il lui paraissait évident que quelques dames juives étaient tombées dans ce péché. Ce que dit le Lévitique ne permet guère d'en douter.[12] On ne leur aurait pas reproché des intrigues amoureuses dont elles n'auraient pas été coupables.

Et qu'ils n'offrent plus aux velus avec lesquels ils ont forniqué.[13] Lévitique chap. 17.

Les femmes ne forniqueront point avec les bêtes.[14] chap. 19.

La femme qui aura servi de succube à une bête sera punie avec la bête, et leur sang retombera sur eux.[15] chap. 20.

Cette expression remarquable, *leur sang retombera sur eux*, prouve évidemment que les bêtes passaient alors pour avoir de l'intelligence. Non seulement le serpent et l'ânesse avaient parlé;[16] mais Dieu après le déluge, avait fait un pacte, une alliance avec les bêtes.[17] C'est pourquoi de très illustres commentateurs trouvent la punition des bêtes qui avaient subjugué des femmes, très analogue à tout ce qui est dit des bêtes dans la Sainte Ecriture.[18] Elles étaient capables de bien et de mal. Quant aux velus, on croit dans

25

30

35

40

45

50

---

21   w68, w70l, w71, w75g, k: les Juifs par
25-26   67g: fait ces reproches aux

tout l'Orient que ce sont des singes.[19] Mais il est sûr que les Orientaux se sont trompés en cela, car il n'y a point de singes dans l'Arabie déserte. Ils sont trop avisés pour venir dans un pays aride où il faut faire venir de loin le manger et le boire.[20] Par les velus il faut absolument entendre les boucs.

Il est constant que la cohabitation des sorcières avec un bouc, la coutume de le baiser au derrière[21] qui est passée en proverbe,[22] la danse ronde qu'on exécute autour de lui; les petits coups de verveine dont on le frappe,[23] et toutes les cérémonies de cette orgie viennent des Juifs[24] qui les tenaient des Egyptiens;[25] car les Juifs n'ont jamais rien inventé.

Je possède un manuscrit juif,[26] qui a je crois plus de deux mille ans d'antiquité; il me paraît que l'original doit être du temps du premier ou du second Ptolomée; c'est un détail de toutes les cérémonies de l'adoration du bouc, et c'est probablement sur un exemplaire de cet ouvrage que ceux qui se sont adonnés à la magie, ont composé ce qu'on appelle le Grimoire.[27] Un grand d'Espagne m'en a offert cent louis d'or, je ne l'aurais pas donné pour deux cents. Jamais le bouc n'est appelé que le velu dans cet ouvrage. Il confondrait bien toutes les mauvaises critiques de l'ennemi de feu mon oncle.[28]

Au reste je suis bien aise d'apprendre à la dernière postérité qu'un savant d'une grande sagacité ayant vu dans ce chapitre que M. *** est convaincu de *bestialité*, a mis en marge lisez *bêtise*.[29]

CHAPITRE VIII

D'Abraham et de Ninon L'Enclos

Monsieur l'abbé Bazin était persuadé avec Onkelos[1] et avec tous les Juifs orientaux qu'Abraham était âgé d'environ cent trente-cinq ans quand il quitta la Caldée.[2] Il importe fort peu de savoir précisément quel âge avait le père des croyants.[3] Quand Dieu nous jugera tous dans la vallée de Josaphat,[4] il est probable qu'il ne nous punira pas d'avoir été de mauvais chronologistes comme le détracteur de mon oncle.[5] Il sera puni pour avoir été vain, insolent, grossier, et calomniateur, et non pour avoir manqué d'esprit et avoir ennuyé les dames.

Il est bien vrai qu'il est dit dans la Genèse qu'Abraham sortit d'Aran en Mésopotamie âgé de soixante et quinze ans après la mort de son père[6] Tharé le potier.[7] Mais il est dit aussi dans la Genèse que Tharé son père l'ayant engendré à soixante et dix ans, vécut jusqu'à deux cent cinq.[8] Il faut donc absolument expliquer l'un des deux passages par l'autre.[9] Si Abraham sortit de la Caldée après la mort de Tharé âgé de deux cent cinq ans, et si Tharé l'avait eu à l'âge de soixante et dix, il est clair qu'Abraham avait juste deux cent trente-cinq ans lorsqu'il se mit à voyager. Notre lourd adversaire propose un autre système pour esquiver la difficulté,[10] il appelle Philon le Juif à son secours, et il croit donner le change à mon cher lecteur en disant que la ville d'Aran est la même que Carrès. Je suis bien sûr du contraire et, je l'ai vérifié sur les lieux.[11] Mais quel rapport, je vous prie, la ville de Carrès a-t-elle avec l'âge d'Abraham et de Sara?

On demandait encore à mon oncle comment Abraham venu de Mésopotamie pouvait se faire entendre à Memphis. Mon oncle répondait qu'il n'en savait rien, qu'il ne s'en embarrassait guère, qu'il croyait tout ce qui se trouve dans la Sainte Ecriture, sans vouloir l'expliquer, et que c'était l'affaire de MM. de Sorbonne qui ne se sont jamais trompés.[12]

Ce qui est bien plus important,[13] c'est l'impiété avec laquelle notre mortel ennemi compare Sara la femme du père des croyants avec la fameuse Ninon l'Enclos. Il se demande comment il se peut faire que Sara âgée de soixante et quinze ans, allant de Sichem à Memphis sur son âne pour chercher du blé, enchantât le cœur du roi de la superbe Egypte, et fît ensuite le même effet sur le petit roi de Gérar dans l'Arabie déserte.[14] Il répond à cette difficulté par l'exemple de Ninon. *On sait*, dit-il, *qu'à l'âge de quatre-vingts ans Ninon sut inspirer à l'abbé Gédoin des sentiments qui ne sont faits que pour*

18   w68, w70l, w71, w75g, k: juste cent trente cinq

la jeunesse ou l'âge viril.[15] Avouez, mon cher lecteur, que voilà une plaisante manière d'expliquer l'Ecriture sainte;[16] il veut s'égayer, il croit que c'est là le bon ton. Il veut imiter mon oncle. Mais quand certain animal à longues oreilles veut donner la patte comme le petit chien, vous savez comme on le renvoie.[17]

Il se trompe sur l'histoire moderne comme sur l'ancienne. Personne n'est plus en état que moi de rendre compte des dernières années de Mlle l'Enclos qui ne ressemblait en rien à Sara. Je suis son légataire.[18] Je l'ai vue les dernières années de sa vie. Elle était sèche comme une momie. Il est vrai qu'on lui présenta l'abbé de Gédoin qui sortait alors des jésuites; mais non pas pour les mêmes raisons que les Desfontaines et les Frérons en sont sortis.[19] J'allais quelquefois chez elle avec cet abbé qui n'avait d'autre maison que la nôtre. Il était fort éloigné de sentir des désirs pour une décrépite ridée qui n'avait sur les os qu'une peau jaune tirant sur le noir.[20]

Ce n'était point l'abbé de Gédoin à qui on imputait cette folie; c'était à l'abbé de Châteauneuf frère de celui qui avait été ambassadeur à Constantinople.[21] Châteauneuf avait eu en effet la fantaisie de coucher avec elle vingt ans auparavant. Elle était encore assez belle à l'âge de près de soixante années. Elle lui donna en riant un rendez-vous pour un certain jour du mois. Et pourquoi ce jour-là plutôt qu'un autre? lui dit l'abbé de Châteauneuf. C'est que j'aurai alors soixante ans juste, lui dit-elle. Voilà la vérité de cette historiette qui a tant couru,[22] et que l'abbé de Châteauneuf mon bon parrain, à qui je dois mon baptême, m'a racontée souvent dans mon enfance, pour me former l'esprit et le cœur;[23] mais mademoiselle l'Enclos ne s'attendait pas d'être un jour comparée à Sara[24] dans un libelle fait contre mon oncle.

Quoiqu'Abraham ne m'ait point mis sur son testament, et que Ninon l'Enclos m'ait mis sur le sien, cependant je la quitte ici pour le père des croyants. Je suis obligé d'apprendre à l'abbé Fou....[25] détracteur de mon oncle, ce que pensent d'Abraham tous les Guè-

---

47 w68, w70L, w71, w75G, K: Mademoiselle de l'Enclos
49-50, 55 K: l'abbé Gédoin
68 67G: mis dans son

bres que j'ai vus dans mes voyages. Ils l'appellent *Ebrahim*, et lui donnent le surnom de *Zér ateukt*, c'est notre Zoroastre.²⁶ Il est constant que ces Guèbres dispersés et qui n'ont jamais été mêlés avec les autres nations, dominaient dans l'Asie avant l'établisse- 75 ment de la horde juive,²⁷ et qu'Abraham était de Caldée, puisque le Pentateuque le dit.²⁸ Monsieur l'abbé Bazin avait approfondi cette matière. Il me disait souvent, mon neveu, on ne connaît pas assez les Guèbres, on ne connaît pas assez *Ebrahim*; croyez-moi, lisez avec attention le Zenda Vesta, et le Védam.²⁹ 80

CHAPITRE IX

De Thèbes, de Bossuet et de Rollin

Mon oncle, comme je l'ai déjà dit, aimait le merveilleux, la fiction en poésie; mais il les détestait dans l'histoire; il ne pouvait souffrir qu'on mît des conteurs de fables à côté des Tacites,¹ ni des Grégoi- res de Tours² auprès des Rapin Toiras.³ Il fut séduit dans sa jeu- nesse par le style brillant du discours de Bossuet sur l'histoire 5 universelle.⁴ Mais quand il eut un peu étudié l'histoire et les hom- mes, il vit que la plupart des auteurs n'avaient voulu écrire que des mensonges agréables, et étonner leurs lecteurs par d'incroyables aventures. Tout fut écrit comme les Amadis.⁵ Mon oncle riait⁶ quand il voyait Rollin⁷ copier Bossuet mot à mot,⁸ et Bossuet 10 copier les anciens qui ont dit que dix mille combattants sortaient par chacune des cent portes de Thèbes, et encore deux cents cha- riots armés en guerre par chaque porte, cela ferait un million de soldats⁹ dans une seule ville, sans compter les cochers et les guer- riers qui étaient sur les chariots, ce qui ferait encore quarante mille 15 hommes de plus,¹⁰ à deux personnes seulement par chariot.

a A, AC, C, 67X, 69X: Ch. VIII [le chiffre VIII ayant été redoublé par une erreur dont l'imprimeur a averti à la fin de la table des matières, on a rétabli la numérotation correcte pour ce chapitre et les suivants; cette correction ne sera pas rappelée]

Mon oncle remarquait très justement[11] qu'il eût fallu au moins cinq ou six millions d'habitants dans cette ville de Thèbes pour fournir ce nombre de guerriers; il savait qu'il n'y a pas aujourd'hui plus de trois millions de têtes en Egypte; il savait que Diodore de Sicile n'en admettait pas davantage de son temps:[12] ainsi il rabattait beaucoup de toutes les exagérations de l'antiquité.

Il doutait qu'il y eût eu un Sésostris[13] qui partit d'Egypte pour aller conquérir le monde entier avec six cent mille hommes et vingt-sept mille chars de guerre.[14] Cela lui paraissait digne de Picrocole dans Rabelais.[15] La manière dont cette conquête du monde entier fut préparée, lui paraissait encore plus ridicule. Le père de Sésostris avait destiné son fils à cette belle expédition sur la foi d'un songe;[16] car les songes alors étaient des avis certains envoyés par le ciel, et le fondement de toutes les entreprises. Le bonhomme, dont on ne dit pas même le nom,[17] s'avisa de destiner tous les enfants qui étaient nés le même jour que son fils, à l'aider dans la conquête de la terre, et pour en faire autant de héros, il ne leur donnait à déjeuner, qu'après les avoir fait courir cent quatre-vingts stades[18] tout d'une haleine; c'est bien courir dans un pays fangeux où l'on enfonce jusqu'à mi-jambe, et où presque tous les messages se font par bateau sur les canaux.[19]

Que fait l'impitoyable censeur de mon oncle? au lieu de sentir tout le ridicule de cette histoire, il s'avise d'évaluer le grand et le petit stade, et il croit prouver que les petits enfants destinés à vaincre toute la terre, ne couraient que trois de nos grandes lieues et demie pour avoir à déjeuner.[20]

Il s'agit bien vraiment de savoir au juste si Sésostris comptait par grand ou petit stade, lui qui n'avait jamais entendu parler de stade qui est une mesure grecque.[21] Voilà le ridicule de presque tous les commentateurs, et des scoliastes; ils s'attachent à l'explication arbitraire d'un mot inutile, et négligent le fond des choses.[22] Il est question ici de détromper les hommes sur les fables dont on les a bercés depuis tant de siècles. Mon oncle pèse les probabilités

29-30   68L: étaient envoyés par
46   K: commentateurs, des

dans la balance de la raison;[23] il rappelle les lecteurs au bon sens, 50
et on vient nous parler de grands et de petits stades!

J'avouerai encore que mon oncle levait les épaules quand il lisait
dans Rollin que Xerxès avait fait donner trois cents coups de
fouet à la mer, qu'il avait fait jeter dans l'Hellespont une paire de
menottes pour l'enchaîner,[24] qu'il avait écrit une lettre menaçante 55
au mont Athos,[25] et qu'enfin lorsqu'il arriva au pas des Thermopi-
les (où deux hommes de front ne peuvent passer,) il était suivi de
cinq millions deux cent quatre-vingt-trois mille deux cent vingt
personnes, comme le dit le véridique et exact Hérodote.[26]

Mon oncle disait toujours, serrez serrez,[27] en lisant ces contes 60
de ma mère l'oie.[28] Il disait, Hérodote a bien fait d'amuser et de
flatter des Grecs par ces romans,[29] et Rollin a mal fait de ne les
pas réduire à leur juste valeur en écrivant pour des Français du
dix-huitième siècle.[30]

CHAPITRE X

Des prêtres ou prophètes ou schoen d'Egypte

Oui, barbare, les prêtres d'Egypte s'appelaient *Schoen*,[1] et la Genèse ne leur donne pas d'autre nom, la Vulgate même rend ce nom
par *Sacerdos*.[2] Mais qu'importe les noms? Si tu avais su profiter de
la philosophie de mon oncle, tu aurais recherché quelles étaient
les fonctions de ces schoen, leurs sciences, leurs impostures,[3] tu 5
aurais tâché d'apprendre si un schoen était toujours en Egypte un
homme constitué en dignité,[4] comme parmi nous un évêque, et
même un archidiacre,[5] ou si quelquefois on s'arrogeait le titre de
schoen, comme on s'appelle parmi nous monsieur l'abbé, sans
avoir d'abbaye;[6] si un schoen, pour avoir été précepteur d'un grand 10

1   W70L, W71: Cohen [au lieu de 'schoen'; cette modification s'observe pour
tous les emplois du mot 'schoen' dans ce chapitre]
9-10 K: sans abbaye

seigneur, et pour être nourri dans la maison,[7] avait le droit d'attaquer impunément les vivants et les morts, et d'écrire sans esprit contre des Egyptiens qui passaient pour en avoir.

Je ne doute pas qu'il n'y ait eu des schoen fort savants; par exemple, ceux qui firent assaut de prodiges avec Moïse,[8] qui changèrent toutes les eaux de l'Egypte en sang, qui couvrirent tout le pays de grenouilles, qui firent naître jusqu'à des poux, mais qui ne purent les chasser; car il y a dans le texte hébreu, *ils firent ainsi, mais pour chasser les poux ils ne le purent*. La Vulgate les traite plus durement. Elle dit qu'ils ne purent même produire des poux.[9]

Je ne sais si tu es schoen, et si tu fais ces beaux prodiges, car on dit[10] que tu es fort initié dans les mystères des schoen de St Médard;[11] mais je préférerai toujours un schoen doux, modeste, honnête, à un schoen qui dit des injures à son prochain, à un schoen qui cite souvent à faux et qui raisonne comme il cite, à un schoen qui pousse l'horreur[12] jusqu'à dire que monsieur l'abbé Bazin entendait mal le grec parce que son typographe a oublié un sigma et a mis un *oi* pour un *ei*.[13]

Ah! mon fils, quand on a calomnié ainsi les morts, il faut faire pénitence le reste de sa vie.

CHAPITRE XI

Du temple de Tyr

Je passe sous silence une infinité de menues méprises du schoen enragé contre mon oncle;[1] mais je vous demande, mon cher lecteur, la permission de vous faire remarquer comme il est malin. Monsieur l'abbé Bazin avait dit que le temple d'Hercule à Tyr n'était pas des plus anciens. Les jeunes dames qui sortent de

13   67G: qui passent pour
19   67G, C, 67X, 68L, 69X: *ne purent*. La
1-2   W70L, W71: du Cohen enragé

216

l'opéra-comique pour aller chanter à table les jolies chansons de
M. Collet;[2] les jeunes officiers, les conseillers même de grand-
chambre,[3] messieurs les fermiers généraux, enfin tout ce qu'on
appelle à Paris la bonne compagnie,[4] se soucieront peut-être fort
peu de savoir en quelle année le temple d'Hercule fut bâti.[5] Mon   10
oncle le savait. Son implacable persécuteur se contente de dire
vaguement qu'il était aussi ancien que la ville;[6] ce n'est pas là
répondre; il faut dire en quel temps la ville fut bâtie.[7] C'est un
point très intéressant dans la situation présente de l'Europe.[8] Voici
les propres paroles de l'abbé Bazin.   15

'Il est dit dans les annales de la Chine que les premiers empereurs sacrifiaient dans un temple. Celui d'Hercule à Tyr ne paraît
pas être des plus anciens. Hercule ne fut jamais chez aucun peuple
qu'une divinité secondaire, cependant le temple de Tyr est très
antérieur à celui de Judée. Hiram en avait un magnifique lorsque   20
Salomon aidé par Hiram bâtit le sien.[9] Hérodote qui voyagea chez
les Tyriens, dit que de son temps les archives de Tyr ne donnaient
à ce temple que deux mille trois cents ans d'antiquité.'[10]

Il est clair par là que le temple de Tyr n'était antérieur à celui
de Salomon que d'environ douze cents années.[11] Ce n'est pas là   25
une antiquité bien reculée, comme tous les sages en conviendront.
Hélas! presque toutes nos antiquités ne sont que d'hier; il n'y a
que quatre mille six cents ans[12] qu'on éleva un temple dans Tyr.
Vous sentez, ami lecteur, combien quatre mille six cents ans sont
peu de chose dans l'étendue des siècles, combien nous sommes   30
peu de chose, et surtout combien un pédant orgueilleux est peu
de chose.[13]

Quant au divin Hercule dieu de Tyr qui dépucela cinquante
damoiselles en une nuit, mon oncle ne l'appelle que dieu secondaire.[14] Ce n'est pas qu'il eût trouvé quelque autre dieu des Gentils 35
qui en eût fait davantage,[15] mais il avait de très bonnes raisons
pour croire que tous les dieux de l'antiquité, ceux mêmes *majorum
gentium*, n'étaient que des dieux du second ordre, auxquels prési-

7 K: les conseillers, même
14 K: point trop intéressant

dait le dieu formateur,[16] le maître de l'univers, le *Deus optimus* des
Romains, le *Knef* des Egyptiens,[17] *l'Iaho* des Phéniciens,[18] le *Mitra*
des Babiloniens,[19] le *Zeus* des Grecs maître des dieux et des hommes, *l'Iezad* des anciens Persans.[20] Mon oncle adorateur de la divinité, se complaisait[21] à voir l'univers entier adorer un Dieu unique
malgré les superstitions abominables dans lesquelles toutes les
nations anciennes, excepté les lettrés chinois,[22] se sont plongées.

CHAPITRE XII

Des Chinois

Quel est donc cet acharnement de notre adversaire[1] contre les
Chinois et contre tous les gens sensés de l'Europe qui rendent
justice aux Chinois?[2] Le barbare n'hésite point à dire, *que les petits
philosophes ne donnent une si haute antiquité à la Chine que pour décréditer
l'Ecriture.*[3]

Quoi! c'est pour décréditer l'Ecriture sainte que l'archevêque
Navarette,[4] Gonzales de Mendoza,[5] Henningius,[6] Louis de Gus-
man,[7] Semmedo[8] et tous les missionnaires sans en excepter un
seul,[9] s'accordent à faire voir que les Chinois doivent être rassemblés en corps de peuple depuis plus de cinq mille années? Quoi!
c'est pour insulter à la religion chrétienne, qu'en dernier lieu le
père Parennin[10] a réfuté avec tant d'évidence la chimère d'une
prétendue colonie envoyée d'Egypte à la Chine?[11] Ne se lassera-
t-on jamais au bout de nos terres occidentales de contester aux
peuples de l'Orient leurs titres, leurs arts et leurs usages! Mon
oncle était fort irrité contre cette témérité absurde.[12] Mais comment
accorderons-nous le texte hébreu avec le samaritain?[13] Eh morbleu
comme vous pourrez, disait mon oncle; mais ne vous faites pas

7   K: Hennengius
15 B: peuples d'Orient

moquer des Chinois;[14] laissez-les en paix comme ils vous y laissent.   20

Ecoute, cruel ennemi de feu mon cher oncle; tâche de répondre à l'argument qu'il poussa vigoureusement dans sa brochure en huit volumes sur l'histoire générale.[15] Mon oncle était aussi savant que toi, mais il était mieux savant, comme dit Montagne,[16] ou si tu veux il était aussi ignorant que toi (car en vérité que savons-   25
nous?) mais il raisonnait, il ne compilait pas.[17] Or voici comme il raisonne puissamment dans le premier volume de cet essai sur l'histoire, où il se moque de beaucoup d'histoires.

'Qu'importe, après tout, que ces livres renferment, ou non, une chronologie toujours sûre?[18] je veux que nous ne sachions pas en   30
quel temps précisément vécut Charlemagne: dès qu'il est certain qu'il a fait de vastes conquêtes avec de grandes armées, il est clair qu'il est né chez une nation nombreuse, formée en corps de peuple par une longue suite de siècles. Puis donc que l'empereur Hiao, qui vivait incontestablement plus de deux mille quatre cents ans   35
avant notre ère,[19] conquit tout le pays de la Corée, il est indubitable que son peuple était de l'antiquité la plus reculée. De plus, les Chinois inventèrent un cycle, un comput, qui commence 2602 ans avant le nôtre.[20] Est-ce à nous à leur contester une chronologie unanimement reçue chez eux, à nous qui avons soixante systèmes   40
différents pour compter les temps anciens, et qui ainsi n'en avons pas un?'[21]

'Les hommes ne multiplient pas aussi aisément qu'on le pense. Le tiers des enfants est mort au bout de dix ans. Les calculateurs de la propagation de l'espèce humaine ont remarqué qu'il faut   45
des circonstances favorables pour qu'une nation s'accroisse d'un vingtième au bout de cent années; et très souvent il arrive que la peuplade diminue, au lieu d'augmenter.[22] De savants chronologis-

22   67G: poussa rigoureusement dans
22-23   K: brochure en quatre volumes de l'*Essai sur les mœurs et l'esprit de nations*. Mon
27-28   K: cet *Essai sur les mœurs etc.* pages 253 et 254, où
37   67G: reculée. Depuis, les
46   K: favorables et rares pour

219

tes ont supputé qu'une seule famille après le déluge, toujours
occupée à peupler, et ses enfants s'étant occupés de même, il se
trouva en 250 ans beaucoup plus d'habitants que n'en contient
aujourd'hui l'univers.[23] Il s'en faut beaucoup que le Talmud et les
mille et une nuits aient inventé rien de plus absurde.[24] On ne fait
point ainsi des enfants à coups de plume.[25] Voyez nos colonies,
voyez ces archipels immenses de l'Asie dont il ne sort personne;
les Maldives, les Philippines, les Moluques n'ont pas le nombre
d'habitants nécessaire.[26] Tout cela est encore une nouvelle preuve
de la prodigieuse antiquité de la population de la Chine.'[27]

Il n'y a rien à répondre, mon ami.

Voici encore comme mon oncle raisonnait. Abraham s'en va
chercher du blé avec sa femme en Egypte l'année qu'on dit être la
1917ᵉ avant notre ère, il y a tout juste 3714 ans;[28] c'était 428 ans
après le déluge universel. Il va trouver le pharaon le roi d'Egypte;
il trouve des rois partout, à Sodome, à Gomore, à Gérar, à Salem;[29]
déjà même on avait bâti la tour de Babel environ 314 ans avant le
voyage d'Abraham en Egypte.[30] Or, pour qu'il y ait tant de rois,
et qu'on bâtisse de si belles tours, il est clair qu'il faut bien des
siècles. L'abbé Bazin s'en tenait là, il laissait le lecteur tirer ses
conclusions.[31]

O l'homme discret[32] que feu M. l'abbé Bazin! aussi avait-il vécu
familièrement avec Jérôme Carré, Guillaume Vadé, feu M. Ralph
auteur de Candide, et plusieurs autres grands personnages du
siècle.[33] Dis-moi qui tu hantes, et je te dirai qui tu es.

---

57   ᴋ: d'habitants nécessaires. Tout
63   ᴄ, 67x, 68ʟ, 69x: trouver Pharaon le roi
65   ᴀ, ᴀᴄ, ᴄ, 67x, 69x: 314 avant
     68ʟ: 315
68   67ɢ (cartonné): laissait ses lecteurs tirer

CHAPITRE XIII

De l'Inde et du Védam

L'abbé Bazin avant de mourir envoya à la bibliothèque du roi le plus précieux manuscrit qui soit dant tout l'Orient.[1] C'est un ancien commentaire d'un brame nommé *Shumontou*[2] sur le *Védam* qui est le livre sacré des anciens brachmanes.[3] Ce manuscrit est incontestablement du temps où l'ancienne religion des gymnoso-phistes[4] commençait à se corrompre: c'est après nos livres sacrés le monument le plus respectable[5] de la créance de l'unité de Dieu; il est intitulé *Ezour-Védam*, comme qui dirait le vrai Védam, le Védam expliqué, le pur Védam.[6] On ne peut pas douter qu'il n'ait été écrit avant l'expédition d'Alexandre dans les Indes,[7] puisque longtemps avant Alexandre, l'ancienne religion bramine ou abra-mine, l'ancien culte enseigné par Brama, avaient été corrompus par des superstitions et par des fables.[8] Ces superstitions même avaient pénétré jusqu'à la Chine du temps de Confutzé[9] qui vivait environ trois cents ans avant Alexandre.[10] L'auteur de l'Ezour-Védam combat toutes ces superstitions qui commençaient à naître de son temps. Or pour qu'elles aient pu pénétrer de l'Inde à la Chine, il faut un assez grand nombre d'années: ainsi quand nous supposerons que ce rare manuscrit a été écrit environ quatre cents ans avant la conquête d'une partie de l'Inde par Alexandre, nous ne nous éloignerons pas beaucoup de la vérité.

Shumontou combat toutes les espèces d'idolâtrie dont les Indiens commençaient alors à être infectés;[11] et ce qui est extrêmement important, c'est qu'il rapporte les propres paroles du Védam dont aucun homme en Europe jusqu'à présent n'avait connu un seul passage. Voici donc ces propres paroles du Védam attribué à Brama citées dans *l'Ezour-Védam*:[12]

C'est l'être suprême qui a tout créé, le sensible et l'insensible; il y a eu

---

7   κ: la croyance de
8-9   67G (cartonné): le vrai Védam expliqué, le pur
17   69X: aient dû pénétrer

quatre âges différents: tout périt à la fin de chaque âge, tout est submergé, et le déluge est un passage d'un âge à l'autre etc.

Lorsque Dieu existait seul, et que nul autre être n'existait avec lui, il forma le dessein de créer le monde; il créa d'abord le temps, ensuite l'eau et la terre: et du mélange des cinq éléments, à savoir, la terre, l'eau, le feu, l'air et la lumière, il en forma les différents corps, et leur donna la terre pour leur base. Il fit ce globe que nous habitons en forme ovale comme un œuf. Au milieu de la terre est la plus haute de toutes les montagnes nommée Mérou, (c'est l'Immaus). Adimo (c'est le nom du premier homme) sortit des mains de Dieu. Pocriti est le nom de son épouse. D'Adimo naquit Brama, qui fut le législateur des nations et le père des brames.

Une preuve non moins forte[13] que ce livre fut écrit longtemps avant Alexandre, c'est que les noms des fleuves et des montagnes de l'Inde sont les mêmes que dans le *Hanscrit*, qui est la langue sacrée des brachmanes. On ne trouve pas dans l'Ezour-Védam un seul des noms que les Grecs donnèrent aux pays qu'ils subjuguèrent. L'Inde s'appelle *Somboudipo*, le Gange *Zanoubi*, le mont Imaus *Mérou* etc.

Notre ennemi jaloux des services que l'abbé Bazin a rendus aux lettres, à la religion et à la patrie, se ligue avec le plus implacable ennemi de notre chère patrie, de nos lettres et de notre religion, le docteur Warburton[14] (devenu je ne sais comment évêque de Glocestre) commentateur de Shakespear, et auteur d'un gros fatras contre l'immortalité de l'âme, sous le nom de la Divine légation de Moïse: il rapporte une objection de ce brave prêtre hérétique[15] contre l'opinion de l'abbé Bazin bon catholique,[16] et contre l'évidence que l'Ezour-Védam a été écrit avant Alexandre. Voici l'objection de l'évêque.

'Cela est aussi judicieux qu'il le serait d'observer que les annales des Sarrasins et des Turcs ont été écrites avant les conquêtes d'Alexandre, parce que nous n'y remarquons point les noms que les Grecs imposèrent aux rivières, aux villes et aux contrées qu'ils

---

33   K: *mélange de cinq*
35   W68: *pour base. Il*

222

conquirent dans l'Asie mineure, et qu'on n'y lit que les noms anciens qu'elles avaient depuis les premiers temps. Il n'est jamais entré dans la tête de ce poète, que les Indiens et les Arabes pouvaient exactement avoir la même envie de rendre les noms primitifs aux lieux d'où les Grecs avaient été chassés.'[17]   65

Warburton ne connaît pas plus les vraisemblances que les bienséances.[18] Les Turcs et les Grecs modernes ignorent aujourd'hui les anciens noms du pays que les uns habitent en vainqueurs et les autres en esclaves. Si nous déterrions un ancien manuscrit grec, dans lequel *Stamboul* fût appelé Constantinople, l'*Atmeïdam*   70 Hippodrome, *Scutari* le faubourg de Calcédoine, le cap *Janissari* promontoire de Sigée, *Cara Denguis* le Pont-Euxin,[19] etc. nous conclurions que ce manuscrit est d'un temps qui a précédé Mahomet second, et nous jugerions ce manuscrit très ancien s'il ne contenait que les dogmes de la primitive Eglise.   75

Il est donc très vraisemblable[20] que le brachmane qui écrivait dans le *Zomboudipo*, c'est-à-dire dans l'Inde, écrivait avant Alexandre qui donna un autre nom au *Zomboudipo*; et cette probabilité devient une certitude[21] lorsque ce brachmane écrit dans les premiers temps de la corruption de sa religion, époque évidemment   80 antérieure à l'expédition d'Alexandre.

Warburton, de qui l'abbé Bazin avait relevé quelques fautes avec sa circonspection ordinaire,[22] s'en est vengé avec toute l'âcreté du pédantisme. Il s'est imaginé, selon l'ancien usage, que des injures étaient des raisons,[23] et il a poursuivi l'abbé Bazin avec   85 toute la fureur que l'Angleterre entière lui reproche. On n'a qu'à s'informer dans Paris à un ancien membre du parlement de Londres qui vient d'y fixer son séjour,[24] du caractère de cet évêque Warburton commentateur de Shakespear et calomniateur de Moïse; on saura ce qu'on doit penser de cet homme; et l'on apprendra   90 dra comment les savants d'Angleterre, et surtout le célèbre évêque Lowth, ont réprimé son orgueil et confondu ses erreurs.[25]

61   B: que des noms
72   B: Cara Danguis
79-80   67G (cartonné): dans le premier temps de

CHAPITRE XIV

Que les Juifs haïssaient toutes les nations

L'auteur du Supplément à la Philosophie de l'histoire, croit accabler l'abbé Bazin en répétant les injures atroces[1] que lui dit Warburton au sujet des Juifs.[2] Mon oncle était lié avec les plus savants Juifs de l'Asie.[3] Ils lui avouèrent qu'il avait été ordonné à leurs ancêtres d'avoir toutes les nations en horreur;[4] et en effet parmi tous les historiens qui ont parlé d'eux, il n'en est aucun qui ne soit convenu de cette vérité;[5] et même pour peu qu'on ouvre les livres de leurs lois, vous trouverez au chap. 4 du Deutéronome; *il vous a conduits avec sa grande puissance, pour exterminer à votre entrée de très grandes nations.*[6]

Au chapitre sept; *il consumera peu à peu les nations devant vous, par parties; vous ne pourrez les exterminer toutes ensemble de peur que les bêtes de la terre ne se multiplient trop.*

Il vous livrera leurs rois entre vos mains. Vous détruirez jusqu'à leur nom, rien ne pourra vous résister.[7]

On trouverait plus de cent passages qui indiquent cette horreur pour tous les peuples qu'ils connaissaient; il ne leur était pas permis de manger avec des Egyptiens,[8] de même qu'il était défendu aux Egyptiens de manger avec eux.[9] Un Juif était souillé et le serait encore aujourd'hui, s'il avait tâté d'un mouton tué par un étranger; s'il s'était servi d'une marmite étrangère.[10] Il est donc constant que leur loi les rendait nécessairement les ennemis du genre humain. La Genèse, il est vrai, fait descendre toutes les nations du même père.[11] Les Persans, les Phéniciens, les Babiloniens, les Egyptiens, les Indiens venaient de Noé comme les Juifs; qu'est-ce que cela prouve, sinon que les Juifs haïssaient leurs frères? Les Anglais sont aussi les frères des Français. Cette consan-

---

12   69X: *vous pourrez*
17   AC: ils ne leur était
27-28   AC: consangunité

guinité empêche-t-elle que Warburton ne nous haïsse?[12] il hait jusqu'à ses compatriotes qui le lui rendent bien.[13]

Il a beau dire que les Juifs ne haïssaient que l'idolâtrie des autres nations;[14] il ne sait absolument ce qu'il dit.[15] Les Persans n'étaient point idolâtres,[16] et ils étaient l'objet de la haine juive.[17] Les Persans adoraient un seul Dieu et n'avaient point alors de simulacres.[18] Les Juifs adoraient un seul Dieu et avaient des simulacres, douze bœufs dans le temple, et deux chérubins dans le saint des saints.[19] Ils devaient regarder tous leurs voisins comme leurs ennemis, puisqu'on leur avait promis qu'ils domineraient d'une mer à l'autre, et depuis les bords du Nil jusqu'à ceux de l'Euphrate.[20] Cette étendue de terrain leur aurait composé un empire immense. Leur loi qui leur promettait cet empire les rendait donc nécessairement ennemis de tous les peuples qui habitaient depuis l'Euphrate jusqu'à la Méditerranée. Leur extrême ignorance ne leur permettait pas de connaître d'autres nations,[21] et en détestant tout ce qu'ils connaissaient, ils croyaient détester toute la terre.

Voilà l'exacte vérité. Warburton prétend que l'abbé Bazin ne s'est exprimé ainsi que parce qu'un juif qu'il appelle grand babillard, avait fait autrefois une banqueroute audit abbé Bazin.[22] Il est vrai que le juif Médina fit une banqueroute considérable à mon oncle:[23] mais cela empêche-t-il que Josué n'ait fait pendre trente et un rois selon les Saintes Ecritures?[24] Je demande à Warburton si l'on aime les gens que l'on fait pendre? *hang him.*

30

35

40

45

50

CHAPITRE XV

De Warburton

Contredites un homme qui se donne pour savant, et soyez sûr alors de vous attirer des volumes d'injures.[1] Quand mon oncle

31 K: sait pas absolument
35 K: temple, deux

apprit que Warburton, après avoir commenté Shakespear,[2] commentait Moïse, et qu'il avait déjà fait deux gros volumes pour démontrer que les Juifs instruits par Dieu même, n'avaient aucune idée ni de l'immortalité de l'âme ni d'un jugement après la mort; cette entreprise lui parut monstrueuse, ainsi qu'à toutes les consciences timorées de l'Angleterre.[3] Il en écrivit son sentiment à M. S...[4] avec sa modération ordinaire. Voici ce que M. S... lui répondit.

Monsieur,

C'est une entreprise merveilleusement scandaleuse dans un prêtre, *t'is an undertaking wonderfully scandalous in a priest*, de s'attacher à détruire l'opinion la plus ancienne et la plus utile aux hommes.[5] Il vaudrait bien mieux que ce Warburton commentât l'Opéra des gueux, *The beggars opera*,[6] après avoir très mal commenté Shakespear,[7] que d'entasser une érudition si mal digérée et si erronée pour détruire la religion. Car enfin notre sainte religion est fondée sur la juive. Si Dieu a laissé le peuple de l'Ancien Testament dans l'ignorance de l'immortalité de l'âme et des peines et des récompenses après la mort, il a trompé son peuple chéri: la religion juive est donc fausse;[8] la chrétienne fondée sur la juive ne s'appuie donc que sur un tronc pourri. Quel est le but de cet homme audacieux?[9] je n'en sais encore rien. Il flatte le gouvernement:[10] s'il obtient un évêché, il sera chrétien; s'il n'en obtient point, j'ignore ce qu'il sera.[11] Il a déjà fait deux gros volumes sur la légation de Moïse, dans lesquels il ne dit pas un seul mot de son sujet.[12] Cela ressemble au chapitre des bottes, où Montagne parle de tout, excepté de bottes;[13] c'est un chaos de citations dont on ne peut tirer aucune lumière.[14] Il a senti le danger de son audace, et il a voulu l'envelopper dans les obscurités de son style. Il se montre enfin plus à découvert dans son troisième volume. C'est là qu'il entasse tous les passages favorables à son impiété,[15] et qu'il écarte tous ceux qui appuient l'opinion commune.[16] Il va chercher dans Job qui n'était pas hébreu[17] ce passage équivoque; *comme le nuage*

13   68L: l'opinion la plus utile aux
27   K: des coches, où
28   K: de coches; c'est

226

qui se dissipe et s'évanouit, ainsi est au tombeau l'homme qui ne reviendra   35
plus.[18]

Et ce vain discours d'une pauvre femme à David.[19] *Nous devons mourir: nous sommes comme l'eau répandue sur la terre qu'on ne peut plus ramasser.*

Et ces versets du psaume 88[20] *les morts ne peuvent se souvenir de*   40
toi. Qui pourra te rendre des actions de grâce dans la tombe? que me reviendra-t-il de mon sang, quand je descendrai dans la fosse? La poussière t'adressera-t-elle des vœux? déclarera-t-elle la vérité?

Montreras-tu tes merveilles aux morts? les morts se lèveront-ils? auras-
tu d'eux des prières?   45

Le livre de l'Ecclésiaste[21] (dit-il page 170)[22] est encore plus positif. *Les vivants savent qu'ils mourront, mais les morts ne savent rien; point de récompense pour eux, leur mémoire périt à jamais.*

Il met ainsi à contribution Ezechias, Jérémie[23] et tout ce qu'il peut trouver de favorable à son système.   50

Cet acharnement à répandre le dogme funeste de la mortalité de l'âme a soulevé contre lui tout le clergé.[24] Il a tremblé que son patron qui pense comme lui, ne fût pas assez puissant pour lui faire avoir un évêché.[25] Quel parti a-t-il pris alors? celui de dire des injures à tous les philosophes.[26] *Quis tulerit Gracchos de seditione*   55
querentes?[27] il a élevé l'étendard du fanatisme dans une main, tandis que de l'autre il déployait celui de l'irréligion. Par là il a ébloui la cour, et en enseignant réellement la mortalité de l'âme, et feignant ensuite de l'admettre,[28] il aura probablement l'évêché qu'il désire. Chez vous tout chemin mène à Rome; et chez nous tout chemin   60
mène à l'évêché.

Voilà ce que M. S. écrivait en 1758 et tout ce qu'il a prédit est arrivé. Warburton jouit d'un bon évêché: il insulte les philosophes.[29] En vain l'évêque Lowth a pulvérisé son livre,[30] il n'en est que plus audacieux, il cherche même à persécuter. Et s'il pouvait,   65

---

49   w68, w70L, w71, w75G, K: contribution Ezechiel, Jérémie
56   K: fanatisme d'une
58   B, 67x: et enseignant
62   K: en 1757

il ressemblerait au *peachum in the beggars opera* qui se donne le plaisir de faire pendre ses complices.[31] La plupart des hypocrites ont le regard doux du chat et cachent leurs griffes:[32] Celui-ci découvre les siennes en levant une tête hardie; il a été ouvertement délateur, et il voudrait être persécuteur.[33]

Les philosophes d'Angleterre lui reprochent l'excès de la mauvaise foi,[34] et celui de l'orgueil; l'Eglise anglicane le regarde comme un homme dangereux, les gens de lettres comme un écrivain sans goût et sans méthode, qui ne fait qu'entasser citations sur citations, les politiques comme un brouillon qui ferait revivre s'il pouvait la chambre étoilée.[35] Mais il se moque de tout cela, *he writes about it goddess, and about it.*[36]

Warburton me répondra peut-être qu'il n'a fait que suivre le sentiment de mon oncle et de plusieurs autres savants qui ont tous avoué qu'il n'est pas parlé expressément de l'immortalité de l'âme dans la loi judaïque.[37] Cela est vrai, il n'y a que des ignorants qui en doutent, et des gens de mauvaise foi, qui affectent d'en douter: mais le pieux Bazin disait que cette doctrine, sans laquelle il n'est point de religion, n'étant pas expliquée dans l'Ancien Testament, y doit être sous-entendue; qu'elle y est virtuellement, que si on ne l'y trouve pas *totidem verbis*, elle y est *totidem litteris*, et qu'enfin si elle n'y est point du tout, ce n'est pas à un évêque à le dire.[38]

Mais mon oncle a toujours soutenu que Dieu est bon, qu'il a donné l'intelligence à ceux qu'il a favorisés, qu'il a suppléé à notre ignorance. Mon oncle n'a point dit d'injures aux savants; il n'a jamais cherché à persécuter personne; au contraire il a écrit contre l'intolérance le livre le plus honnête, le plus circonspect, le plus chrétien, le plus rempli de piété qu'on ait fait depuis Thomas à Kempis.[39] Mon oncle quoiqu'un peu enclin à la raillerie était pétri de douceur et d'indulgence. Il fit plusieurs pièces de théâtre dans sa jeunesse, tandis que l'évêque Warburton ne pouvait que commenter des comédies. Mon oncle quand on sifflait ses pièces, sifflait comme les autres.[40] Si Warburton a fait imprimer Guillaume

66   K: the beggar's opera
76-77   K omet la citation

228

Shakespear avec des notes, l'abbé Bazin a fait imprimer Pierre Corneille aussi avec des notes.[41] Si Warburton gouverne une église, l'abbé Bazin en a fait bâtir une qui n'approche pas à la vérité de la magnificence de M. le Franc de Pompignan, mais enfin qui est assez propre.[42] En un mot je prendrai toujours le parti de mon oncle.

100

CHAPITRE XVI

Conclusion des chapitres précédents

Tout le monde connaît cette réponse prudente d'un cocher à un batelier; si tu me dis que mon carrosse est un bélître, je te dirai que ton bateau est un maraud.[1] Le batelier qui a écrit contre mon oncle a trouvé en moi un cocher qui le mène grand train.[2] Ce sont là de ces honnêtetés littéraires[3] dont on ne saurait fournir trop d'exemples pour former les jeunes gens à la politesse et au bon ton. Mais je préfère encore au beau discours de ce cocher l'apophtegme de Montagne, *ne regarde pas qui est le plus savant, mais qui est le mieux savant.*[4] La science ne consiste pas à répéter au hasard ce que les autres ont dit, à coudre à un passage hébreu qu'on n'entend point, un passage grec qu'on entend mal,[5] à mettre dans un nouvel in-douze ce qu'on a trouvé dans un vieil in-folio; à crier,

5

10

> Nous rédigeons au long de point en point
> Ce qu'on pensa, mais nous ne pensons point.[6]

Le vrai savant[7] est celui qui n'a nourri son esprit que de bons livres et qui a su mépriser les mauvais, qui sait distinguer la vérité du mensonge et le vraisemblable du chimérique, qui juge d'une nation par ses mœurs plus que par ses lois, parce que les lois peuvent être bonnes et les mœurs mauvaises. Il n'appuie point un fait

15

102   w68, w70L, w71, w75G: M. le F.... de P.....
10-11   67G: n'entend pas, un

incroyable de l'autorité d'un ancien auteur.[8] Il peut, s'il veut, faire   2|
voir le peu de foi qu'on doit à cet auteur par l'intérêt que cet
écrivain a eu de mentir et par le goût de son pays pour les fables;[9]
il peut montrer que l'auteur même est supposé. Mais ce qui le
détermine le plus, c'est quand le livre est plein d'extravagances; il
les réprouve, il les regarde avec dédain, en quelque temps et par   2|
quelques mains qu'elles aient été écrites.

S'il voit dans Tite-Live qu'un augure a coupé un caillou avec
un rasoir, aux yeux d'un étranger nommé Lucumon devenu roi de
Rome,[10] il dit, ou Tite-Live a écrit une sottise, ou Lucumon Tar-
quin, et l'augure étaient deux fripons qui trompaient le peuple,   3(
pour le mieux gouverner.[11] En un mot le sot copie, le pédant cite,
et le savant juge.

M. Toxotès qui copie et qui cite et qui est incapable de juger,
qui ne sait que dire des injures de batelier à un homme qu'il n'a
jamais vu,[12] a donc eu affaire à un cocher qui lui donne les coups de   3|
fouet qu'il méritait; et le bout de son fouet a sanglé[13] Warburton.

Tout mon chagrin dans cette affaire est que personne n'ayant
lu la diatribe de M. Toxotès,[a14] très peu de gens liront la réponse
du neveu de l'abbé Bazin;[16] cependant le sujet est intéressant, il ne
s'agit pas moins que des dames et des petits garçons de Babilone,   4(
des boucs, de Mendès, de Warburton et de l'immortalité de l'âme.[17]
Mais tous ces objets sont épuisés. Nous avons tant de livres que
la mode de lire est passée. Je compte qu'il s'imprime vingt mille
feuilles au moins par mois en Europe. Moi qui suis grand lecteur
je n'en lis pas la quarantième partie; que fera donc le reste du   45
genre humain? Je voudrais dans le fond de mon cœur que le collège
des cardinaux me remerciât d'avoir anathématisé un évêque anglican, que l'impératrice de Russie, le roi de Pologne, le roi de Prusse,

---

[a] Toxotès est un mot grec qui signifie Larcher.[15]

---

41   B, 67G, C, 67X, 68L, 69X, K: des boucs de Mendès [bien qu'elle ne s'impose
pas absolument, cette leçon est incontestablement bien meilleure, dans la mesure
où elle rend mieux compte de ce qu'ont dit Larcher dans le *Supplément* (S.67,
p.240-41) et Voltaire au ch.7 de *La Défense*]

le hospodar de Valachie[18] et le grand vizir me fissent des compliments sur ma pieuse tendresse pour l'abbé Bazin mon oncle qui a 50 été fort connu d'eux. Mais ils ne m'en diront pas un mot, ils ne sauront rien de ma querelle. J'ai beau protester à la face de l'univers[19] que M. Toxotès ne sait ce qu'il dit, on me demande qui est M. Toxotès, et on ne m'écoute pas. Je remarque dans l'amertume de mon cœur que toutes les disputes littéraires ont une pareille 55 destinée. Le monde est devenu bien tiède; une sottise ne peut plus être célèbre; elle est étouffée le lendemain par cent sottises qui cèdent la place à d'autres. Les jésuites sont heureux; on parlera d'eux longtemps depuis la Rochelle jusqu'à Macao.[20] *Vanitas vanitatum.*[21] 60

CHAPITRE XVII

Sur la modestie de Warburton, et sur son système antimosaïque

La nature de l'homme est si faible, et on a tant d'affaires dans cette vie, que j'ai oublié[1] en parlant de ce cher Warburton, de remarquer combien cet évêque serait pernicieux à la religion chrétienne et à toute religion,[2] si mon oncle ne s'était pas opposé vigoureusement à sa hardiesse. 5

Les anciens sages, dit Warburton,[a] *crurent légitime et utile au public de dire le contraire de ce qu'ils pensaient.*[3]

[b] *L'utilité et non la vérité était le but de la religion.*[4]

Il emploie un chapitre entier à fortifier ce système par tous les exemples qu'il peut accumuler.[5] 10

Remarquez que pour prouver que les Juifs étaient une nation instruite par Dieu même, il dit que la doctrine de l'immortalité de l'âme et d'un jugement après la mort est d'une nécessité absolue,

[a] Tom. II. pag. 89.
[b] Pag. 91.

et que les Juifs ne la connaissaient pas. *Tout le monde*, dit-il,[c] *al man kind, et spécialement, les nations les plus savantes et les plus sages de l'antiquité, sont convenues de ce principe.*[6]

Voyez, mon cher lecteur, quelle horreur et quelle erreur dans ce peu de paroles qui font le sujet de son livre.[7] Si tout l'univers, et particulièrement les nations les plus sages et les plus savantes croyaient l'immortalité de l'âme, les Juifs qui ne la croyaient pas, n'étaient donc qu'un peuple de brutes et d'insensés que Dieu ne conduisait pas.[8] Voilà l'horreur, dans un prêtre qui insulte les pauvres laïques. Hélas que n'eût-il point dit contre un laïque qui eût avancé les mêmes propositions! Voici maintenant l'erreur.

C'est que du temps que les Juifs étaient une petite horde de Bédouins errante dans les déserts de l'Arabie pétrée,[9] on ne peut prouver que toutes les nations du monde crussent l'âme immortelle. L'abbé Bazin était persuadé, à la vérité, que cette opinion était reçue chez les Caldéens, chez les Persans, chez les Egyptiens, c'est-à-dire, chez les philosophes de ces nations;[10] mais il est certain que les Chinois n'en avaient aucune connaissance, et qu'il n'en est point parlé dans les cinq Kings[11] qui sont antérieurs de plusieurs siècles au temps de l'habitation des Juifs dans les déserts d'Oreb et de Cadès-Barné.[12]

Comment donc ce Warburton en avançant des choses si dangereuses et en se trompant si grossièrement, a-t-il pu attaquer les philosophes, et particulièrement l'abbé Bazin dont il aurait dû rechercher le suffrage?[13]

N'attribuez cette inconséquence, mes frères, qu'à la vanité. C'est elle qui nous fait agir contre nos intérêts. La raison dit: nous hasardons une entreprise difficile, ayons des partisans. L'amour-propre crie: écrasons tout pour régner. On croit l'amour-propre. Alors on finit par être écrasé soi-même.[14]

[c] 1er, vol. p.87.

15   K: *spécialement, des nations*
18   C, 67X, 68L, 69X: qui sont le
23   67G: n'eût-il pas dit
26-27   K: peut trouver que

J'ajouterai encore à ce petit appendix que l'abbé Bazin est le premier qui ait prouvé que les Égyptiens sont un peuple très nouveau,[15] quoiqu'ils soient beaucoup plus anciens que les Juifs. Nul savant n'a contredit la raison qu'il en apporte,[16] c'est qu'un pays inondé quatre mois de l'année depuis qu'il est coupé par des canaux, devait être inondé au moins huit mois de l'année avant que ces canaux eussent été faits. Or un pays toujours inondé était inhabitable. Il a fallu des travaux immenses, et par conséquent une multitude de siècles pour former l'Egypte.[17]

Par conséquent les Siriens, les Babiloniens, les Persans, les Indiens, les Chinois, les Japonais etc. durent être formés en corps de peuples très longtemps avant que l'Egypte pût devenir une habitation tolérable.[18] On tirera de cette vérité les conclusions qu'on voudra, cela ne me regarde pas.[19] Mais y a-t-il bien des gens qui se soucient de l'antiquité égyptienne?[20]

CHAPITRE XVIII

Des hommes de différentes couleurs

Mon devoir m'oblige de dire que l'abbé Bazin admirait la sagesse éternelle dans cette profusion de variétés dont elle a couvert notre petit globe.[1] Il ne pensait pas que les huîtres d'Angleterre fussent engendrées des crocodiles du Nil, ni que les girofliers des îles Moluques tirassent leur origine des sapins des Pirénées.[2] Il respectait également les barbes des Orientaux, et les mentons dépourvus à jamais de poil follet, que Dieu a donnés aux Américains.[3] Les yeux de perdrix des albinos, leurs cheveux qui sont de la plus belle soie et du plus beau blond, la blancheur éclatante de leur peau, leurs longues oreilles, leur petite taille d'environ trois pieds et demi, le ravissaient en extase quand il les comparait aux nègres

53-54 68L: les Babiloniens, les Indiens
4 AC et toutes les éditions antérieures à K: gérofliers

leurs voisins qui ont de la laine sur la tête et de la barbe au menton que Dieu a refusée aux albinos. Il avait vu des hommes rouges, il en avait vu de couleur de cuivre, il avait manié le tablier qui pend aux Hottentots et aux Hottentotes depuis le nombril jusqu'à la moitié des cuisses.[4] O profusion de richesses! s'écriait-il. O que la nature est féconde!

Je suis bien aise de révéler ici aux cinq ou six lecteurs qui voudront s'instruire dans cette diatribe,[5] que l'abbé Bazin a été violemment attaqué dans un journal nommé économique[6] que j'ai acheté jusqu'à présent, et que je n'achèterai plus.[7] J'ai été sensiblement affligé que cet économe après m'avoir donné une recette infaillible contre les punaises et contre la rage,[8] et après m'avoir appris le secret d'éteindre en un moment le feu d'une cheminée,[9] s'exprime sur l'abbé Bazin avec la cruauté que vous allez voir.

[a]"L'opinion de M. l'abbé Bazin qui croit, ou fait semblant de croire qu'il y a plusieurs espèces d'hommes, est aussi absurde que celle de quelques philosophes païens, qui ont imaginé des atomes blancs et des atomes noirs, dont la réunion fortuite a produit divers hommes et divers animaux.'[10]

M. l'abbé Bazin avait vu dans ses voyages une partie du *reticulum mucosum* d'un nègre, lequel est entièrement noir;[11] c'est un fait connu de tous les anatomistes de l'Europe.[12] Quiconque voudra faire disséquer un nègre (j'entends après sa mort[13]) trouvera cette membrane muqueuse noire comme de l'encre de la tête aux pieds. Or si ce réseau[14] est noir chez les nègres, et blanc chez nous, c'est donc une différence spécifique. Or une différence spécifique entre deux races forme assurément deux races différentes.[15] Cela n'a nul rapport aux atomes blancs et rouges d'Anaxagore qui vivait il y a environ deux mille trois cents ans avant mon oncle.[16]

[a] Page 309. Recueil de 1745.

16   B: s'écria-t-il
25   K: avec une cruauté
33   68L: lequel est un fait

Il vit non seulement des nègres et des albinos qu'il examina très soigneusement,[17] mais il vit aussi quatre rouges qui vinrent en France en 1725.[18] Le même économe lui a nié ces rouges. Il prétend que les habitants des îles Caraïbes ne sont rouges que lorsqu'ils sont peints.[19] On voit bien que cet homme-là n'a pas voyagé en Amérique. Je ne dirai pas que mon oncle y ait été, car je suis vrai; mais voici une lettre que je viens de recevoir d'un homme qui a résidé longtemps à la Guadaloupe, en qualité d'officier du roi.[20]

Il y a réellement à la Guadaloupe dans un quartier de la grande terre nommée le Pistolet dépendant de la paroisse de l'anse Bertrand, cinq ou six familles de Caraïbes dont la peau est de la couleur de notre cuivre rouge; ils sont bien faits et ont de longs cheveux. Je les ai vus deux fois. Ils se gouvernent par leur propres lois et ne sont point chrétiens. Tous les Caraïbes sont rougeâtres etc. signé Rieu 20 mai 1767.

Le jésuite Laffiteau qui avait vécu aussi chez les Caraïbes, convient que ces peuples sont rouges,[b][21] mais il attribue en homme judicieux cette couleur à la passion qu'ont eue leurs mères de se peindre en rouge; comme il attribue la couleur des nègres au goût que les dames de Congo et d'Angola ont eu de se peindre en noir. Voici les paroles remarquables du jésuite.

'Ce goût général dans toute la nation et la vue continuelle de semblables objets a dû faire impression sur les femmes enceintes comme les baguettes de diverses couleurs sur les brebis de Jacob, et c'est ce qui doit avoir contribué en premier lieu à rendre les uns noirs par nature, et les autres rougeâtres tels qu'ils le sont aujourd'hui.'[22]

Ajoutez à cette belle raison que le jésuite Laffiteau prétend que les Caraïbes descendent en droite ligne des peuples de Carie;[23] vous m'avouerez que c'est puissamment raisonner, comme dit l'abbé Grizel.[24]

[b] Mœurs des sauvages. page 68. Tome Ier.

55   67X: *etc.* signée Rieu

Des montagnes et des coquilles

J'avouerai ingénument que mon oncle avait le malheur d'être d'un sentiment opposé à celui d'un grand naturaliste qui prétendait que c'est la mer qui a fait les montagnes, qu'après les avoir formées par son flux et son reflux, elle les a couvertes de ses flots et qu'elle les a laissées toutes semées de ses poissons pétrifiés.[1]

Voici, mon cher neveu, me disait-il, quelles sont mes raisons. 1°. Si la mer par son flux avait d'abord fait un petit monticule de quelques pieds de sable depuis l'endroit où est aujourd'hui le cap de Bonne Espérance jusqu'aux dernières branches du mont Immaüs ou *Mérou*,[2] j'ai grand-peur que le reflux n'eût détruit ce que le flux aurait formé.[3]

2°. Le flux de l'océan a certainement amoncelé dans une longue suite de siècles les sables qui forment les dunes de Dunkerke et de l'Angleterre, mais elle n'a pu en faire des rochers;[4] et ces dunes sont fort peu élevées.

3°. Si en six mille ans elle a élevé des monticules de sable hauts de quarante pieds, il lui aura fallu juste trente millions d'années pour former la plus haute montagne des Alpes qui a vingt mille pieds de hauteur; supposé encore qu'il ne se soit point trouvé d'obstacles à cet arrangement, et qu'il y ait toujours eu du sable à point nommé.[5]

4°. Comment le flux de la mer qui s'élève tout au plus à huit pieds de haut sur nos côtes[6] aura-t-il formé des montagnes hautes de vingt mille pieds? Et comment les aura-t-il couvertes pour laisser des poissons sur les cimes?[7]

5°. Comment les marées et les courants auront-ils formé des enceintes presque circulaires de montagnes[8] telles que celles qui

3   67G: qui fait
4   68L: flux, elle
16   K: a formé des
24   K: les aurait-il

entourent le royaume de Cachemire, le grand Duché de Toscane, la Savoye et le pays de Vaud?[9]

6°. Si la mer avait été pendant tant de siècles au-dessus des montagnes, il aurait donc fallu que tout le reste du globe eût été couvert d'un autre océan égal en hauteur, sans quoi les eaux seraient retombées par leur propre poids. Or un océan qui pendant tant de siècles aurait couvert les montagnes des quatre parties du monde, aurait été égal à plus de quarante de nos océans d'aujourd'hui. Ainsi il faudrait nécessairement qu'il y eût trente-neuf océans au moins d'évanouis[10] depuis le temps où ces messieurs[11] prétendent qu'il y a des poissons de mer pétrifiés sur le sommet des Alpes et du mont Ararat.

7°. Considérez, mon cher neveu, que dans cette supposition des montagnes formées et couvertes par la mer, notre globe n'aurait été habité que par des poissons. C'est je crois l'opinion de Téliamed.[12] Il est difficile de comprendre que des marsouins aient produit des hommes.[13]

8°. Il est évident que si par impossible la mer eût si longtemps couvert les Pirénées, les Alpes, le Caucase, il n'y aurait pas eu d'eau douce pour les bipèdes et les quadrupèdes.[14] Le Rhin, le Rhone, la Saone, le Danube, le Po, l'Euphrate, le Tigre, dont j'ai vu les sources,[15] ne doivent leurs eaux qu'aux neiges et aux pluies qui tombent sur les cimes de ces rochers. Ainsi vous voyez que la nature entière réclame contre cette opinion.

9°. Ne perdez point de vue cette grande vérité, que la nature ne se dément jamais.[16] Toutes les espèces restent toujours les mêmes. Animaux, végétaux, minéraux, métaux; tout est invariable dans cette prodigieuse variété. Tout conserve son essence. L'essence de la terre est d'avoir des montagnes; sans quoi elle serait sans rivières,[17] donc il est impossible que les montagnes ne soient pas aussi anciennes que la terre. Autant vaudrait-il dire que nos corps ont été longtemps sans têtes. Je sais qu'on parle beaucoup de coquilles.[18] J'en ai vu tout comme un autre.[19] Les bords escarpés de plusieurs fleuves et de quelques lacs en sont tapissés; mais je

30

35

40

45

50

55

60

59-60   67G: beaucoup des coquilles

n'y ai jamais remarqué qu'elles fussent les dépouilles des monstres marins; elles ressemblent plutôt aux habits déchirés des moules et d'autres petits crustacés de lacs et de rivières.[20] Il y en a qui ne sont visiblement que du talc qui a pris des formes différentes dans la terre.[21] Enfin nous avons mille productions terrestres qu'on prend pour des productions marines.[22]

Je ne nie pas que la mer ne se soit avancée trente et quarante lieues dans le continent, et que des atterrissements ne l'aient contrainte de reculer. Je sais qu'elle baignait autrefois Ravenne, Fréjus, Aigues-mortes, Aléxandrie, Rosette,[23] et qu'elle en est à présent fort éloignée. Mais de ce qu'elle a inondé et quitté tour à tour quelques lieues de terre, il ne faut pas en conclure qu'elle ait été partout.[24] Ces pétrifications dont on parle tant, ces prétendues médailles[25] de son long règne me sont fort suspectes. J'ai vu plus de mille cornes d'Ammon[26] dans les champs vers les Alpes. Je n'ai jamais pu concevoir qu'elles aient renfermé autrefois un poisson indien nommé Nautilus, qui par parenthèse n'existe pas.[27] Elles m'ont paru de simples fossiles tournés en volutes,[28] et je n'ai pas été plus tenté de croire qu'elles avaient été le logement d'un poisson des mers de Surate que je n'ai pris les *Conchas veneris* pour des chapelles de Vénus,[29] et les pierres étoilées pour des étoiles.[30] J'ai pensé avec plusieurs bons observateurs que la nature inépuisable dans ses ouvrages a pu très bien former une grande quantité de fossiles, que nous prenons mal à propos pour des productions marines.[31] Si la mer avait dans la succession des siècles formé des montagnes de couches de sable et de coquilles, on en trouverait des lits d'un bout de la terre à l'autre, et c'est assurément ce qui n'est pas vrai, la chaîne des hautes montagnes de l'Amérique en est absolument dépourvue. Savez-vous ce qu'on répond à cette objection terrible? *qu'on en trouvera un jour.*[32] Attendons donc au moins qu'on en trouve.

Je suis même tenté de croire que ce fameux *falun* de Touraine[33] n'est autre chose qu'une espèce de minière;[34] car si c'était un amas de vraies dépouilles de poissons que la mer eût déposées par

6

7

7

8

8

9

9

77-78   NM68, W68, W70L, W71, W75G: poisson nommé Indien Nautilus, qui couches successivement et doucement dans ce canton, pendant quarante ou cinquante mille siècles, pourquoi n'en aurait-elle pas laissé autant en Bretagne et en Normandie? certainement si elle a submergé la Touraine si longtemps, elle a couvert à plus forte raison les pays qui sont au delà.[35] Pourquoi donc ces prétendues coquilles dans un seul canton d'une seule province? qu'on réponde à cette difficulté.[36]

100

J'ai trouvé des pétrifications en cent endroits; j'ai vu quelques écailles d'huîtres pétrifiées à cent lieues de la mer. Mais j'ai vu aussi sous vingt pieds de terre, des monnaies romaines, des anneaux de chevaliers, à plus de neuf cents milles de Rome; et je n'ai point dit; ces anneaux, ces espèces d'or et d'argent, ont été fabriqués ici. Je n'ai point dit non plus; Ces huîtres sont nées ici: J'ai dit; des voyageurs ont apporté ici des anneaux, de l'argent et des huîtres.[37]

105

Quand je lus il y a quarante ans qu'on avait trouvé dans les Alpes des coquilles de Syrie, je dis, je l'avoue, d'un ton un peu goguenard, que ces coquilles avaient été apparemment apportées par des pèlerins qui revenaient de Jérusalem.[38] M. de Buffon m'en reprit très vertement dans sa théorie de la terre page 281.[39] Je n'ai pas voulu me brouiller avec lui pour des coquilles;[40] mais je suis demeuré dans mon opinion, parce que l'impossibilité que la mer ait formé les montagnes m'est démontrée.[41] On a beau me dire que le porphyre est fait de pointes d'oursin,[42] je le croirai quand je verrai que le marbre blanc est fait de plumes d'autruche.[43]

110

115

Il y a plusieurs années qu'un Irlandais, jésuite secret, nommé Néedham,[44] qui disait avoir d'excellents microscopes,[45] crut s'apercevoir qu'il avait fait naître des anguilles avec de l'infusion de blé ergoté dans des bouteilles.[46] Aussitôt voilà des philosophes[47] qui se persuadent que si un jésuite a fait des anguilles sans germe, on pourra faire de même des hommes. On n'a plus besoin de la main du grand Demiurgos; le maître de la nature n'est plus bon à rien.[48] De la farine grossière produit des anguilles, une farine plus pure produira des singes, des hommes et des ânes.[49] Les germes sont inutiles:[50] tout naîtra de soi-même. On bâtit sur cette expérience

120

125

118   K: fait des pointes

prétendue un nouvel univers, comme nous faisions un monde il y a cent ans avec la matière subtile, la globuleuse et la cannelée.[51] Un mauvais plaisant, mais qui raisonnait bien, dit qu'il y avait là anguille sous roche,[52] et que la fausseté se découvrirait bientôt. En effet il fut constaté que les anguilles n'étaient autre chose que des parties de la farine corrompue qui fermentait:[53] et le nouvel univers disparut.

Il en avait été de même autrefois.[54] Les vers se formaient par corruption dans la viande exposée à l'air; les philosophes ne soupçonnaient pas que ces vers pouvaient venir des mouches qui déposaient leurs œufs sur cette viande, et que ces œufs deviennent des vers avant d'avoir des ailes. Les cuisiniers enfermèrent leurs viandes dans des treillis de toiles, alors plus de vers,[55] plus de génération par corruption.[56]

J'ai combattu quelquefois de pareilles chimères, et surtout celle du jésuite Néedham. Un des grands agréments de ce monde, est que chacun puisse avoir son sentiment sans altérer l'union fraternelle. Je puis estimer la vaste érudition de M. Guignes, sans lui sacrifier les Chinois que je croirai toujours la première nation de la terre qui ait été civilisée après les Indiens.[57] Je sais rendre justice aux vastes connaissances et au génie de M. de Buffon, en étant fortement persuadé que les montagnes sont de la date de notre globe et de toutes les choses. Et même en ne croyant point aux molécules organiques.[58] Je puis avouer que le jésuite Néedham déguisé heureusement en laïque, a eu des microscopes, mais je n'ai point prétendu le blesser[59] en doutant qu'il eût créé des anguilles avec de la farine.

Je conserve l'esprit de charité avec tous les doctes, jusqu'à ce qu'ils me disent des injures, ou qu'ils me jouent quelque mauvais tour. Car l'homme est fait de façon qu'il n'aime point du tout à être vilipendé et vexé. Si j'ai été un peu goguenard, et si j'ai par là déplu autrefois à un philosophe lapon[60] qui voulait qu'on perçât un trou jusqu'au centre de la terre,[61] qu'on disséquât des cervelles

133-36 K omet la dernière phrase
147 K: M. de Guignes

de géants pour connaître l'essence de la pensée,[62] qu'on exaltât son âme pour prédire l'avenir,[63] et qu'on enduisît tous les malades de poix résine;[64] c'est que ce Lapon m'avait horriblement mo- 165 lesté,[65] et cependant j'ai bien demandé pardon à Dieu de l'avoir tourné en ridicule;[66] car il ne faut pas affliger son prochain, c'est manquer à la raison universelle.

Au reste j'ai toujours pris le parti des pauvres gens de lettres quand ils ont été injustement persécutés: quand par exemple on a 170 juridiquement accusé les auteurs d'un dictionnaire en vingt volumes in-folio d'avoir composé ce dictionnaire pour faire enchérir le pain, j'ai beaucoup crié à l'injustice.[67]

Ce discours de mon bon oncle me fit verser des larmes de tendresse. 175

CHAPITRE XX

Des tribulations de ces pauvres gens de lettres[1]

Quand mon oncle m'eut ainsi attendri,[2] je pris la liberté de lui dire; Vous avez couru une carrière bien épineuse, je sens qu'il vaut mieux être receveur des finances, ou fermier général, ou évêque, qu'homme de lettres;[3] car enfin, quand vous eûtes appris le premier aux Français que les Anglais et les Turcs donnaient la petite 5 vérole à leurs enfants pour les en préserver,[4] vous savez que tout le monde se moqua de vous. Les uns vous prirent pour un hérétique, les autres pour un musulman.[5] Ce fut bien pis lorsque vous vous mêlâtes d'expliquer les découvertes de Neuton dont les écoles welches n'avaient pas encore entendu parler;[6] on vous fit passer 10 pour un ennemi de la France. Vous hasardâtes de faire quelques tragédies. Zaïre,[7] Oreste,[8] Sémiramis,[9] Mahomet[10] tombèrent à la première représentation. Vous souvenez-vous, mon cher oncle, comme votre Adélaïde Duguesclin[11] fut sifflée d'un bout à l'autre? quel plaisir c'était! Je me trouvai à la chute de Tancrède; on disait 15 en pleurant et en sanglotant, ce pauvre homme n'a jamais rien fait de si mauvais.[12]

Vous fûtes assailli en divers temps d'environ sept cent cinquante brochures,[13] dans lesquelles les uns disaient, pour prouver que Mérope et Alzire sont des tragédies détestables, que monsieur votre père, qui fut mon grand-père, était un paysan,[14] et d'autres qu'il était revêtu de la dignité de guichetier porte-clefs du parlement de Paris,[15] charge importante dans l'Etat, mais de laquelle je n'ai jamais entendu parler, et qui n'aurait d'ailleurs que peu de rapport avec Alzire et Mérope,[16] ni avec le reste de l'univers, que tout faiseur de brochure doit, comme vous l'avez dit,[17] avoir toujours devant les yeux.

On vous attribuait l'excellent livre intitulé *Les hommes*[18] (je ne sais ce que c'est que ce livre, ni vous non plus) et plusieurs poèmes immortels, comme la Chandelle d'Arras,[19] et la Poule à ma tante,[20] et le second tome de Candide,[21] et le Compère Matthieu.[22] Combien de lettres anonymes avez-vous reçues?[23] combien de fois vous a-t-on écrit, *donnez-moi de l'argent, ou je ferai contre vous une brochure.* Ceux mêmes à qui vous avez fait l'aumône n'ont-ils pas quelquefois témoigné leur reconnaissance par quelque satire bien mordante?[24]

Ayant ainsi passé par toutes les épreuves, dites-moi, je vous prie, mon cher oncle, quels sont les ennemis les plus implacables, les plus bas, les plus lâches dans la littérature, et les plus capables de nuire?

Le bon abbé Bazin me répondit en soupirant, Mon neveu, après les théologiens les chiens les plus acharnés à suivre leur proie sont les folliculaires;[25] et après les folliculaires marchent les faiseurs de cabale au théâtre.[26] Les critiques en histoire et en physique ne font pas grand bruit. Gardez-vous surtout, mon neveu, du métier de Sophocle et d'Euripide, à moins que vous ne fassiez vos tragédies en latin, comme Grotius qui nous a laissé ces belles pièces entièrement ignorées, d'Adam chassé, de Jésus patient et de Joseph sous le nom de Sofonfoné qu'il croit un mot égyptien.[27]

Eh pourquoi, mon oncle, ne voulez-vous pas que je fasse des tragédies si j'en ai le talent? Tout homme peut apprendre le latin et le grec, ou la géométrie, ou l'anatomie; tout homme peut écrire l'histoire, mais il est très rare, comme vous savez, de trouver un bon poète. Ne serait-ce pas un vrai plaisir de faire de grands vers boursouflés dans lesquels des *héros déplorables* rimeraient avec des 55 *exemples mémorables*, et les *forfaits* et *les crimes* avec les *cœurs magnanimes*, et les *justes Dieux* avec les *exploits glorieux?*[28] Une fière actrice ferait ronfler[29] ce galimatias, elle serait applaudie par deux cents jeunes courtauds de boutique,[30] et elle me dirait après la pièce, sans moi vous auriez été sifflé, vous me devez votre gloire.[31] 60 J'avoue qu'un pareil succès tourne la tête quand on a une noble ambition.

O mon neveu, me répliqua l'abbé Bazin, je conviens que rien n'est plus beau: mais souvenez-vous comment l'auteur de Cinna qui avait appris à la nation à penser et à s'exprimer,[32] fut traité par 65 Claveret,[33] par Chapelain,[34] par Scudéri[35] gouverneur de Notre Dame de la Garde, et par l'abbé d'Aubignac prédicateur du roi.[36]

Songez que le prédicateur auteur de la plus mauvaise tragédie de ce temps, et qui pis est d'une tragédie en prose,[37] appelle Corneille *Mascarille*; il n'est fait, selon le prédicateur, que pour vivre avec 70 les portiers de comédie; *Corneille piaille toujours, ricane toujours, et ne dit jamais rien qui vaille.*[38]

Ce sont là les honneurs qu'on rendait à celui qui avait tiré la France de la barbarie: il était réduit pour vivre à recevoir une pension du cardinal de Richelieu qu'il nomme *son maître.*[39] Il était 75 forcé de rechercher la protection de Montauron, à lui dédier Cinna, à comparer dans son épître dédicatoire Montauron à Auguste, et Montauron avait la préférence.[40]

Jean Racine égal à Virgile pour l'harmonie et la beauté du langage, supérieur à Euripide et à Sophocle, Racine le poète du cœur, 80 et d'autant plus sublime qu'il ne l'est que quand il faut l'être, Racine le seul poète tragique de son temps dont le génie ait été conduit par le goût, Racine le premier homme du siècle de Louis

58-59 K: par cent jeunes
76   B: forcé à rechercher
76-77 K: *Montauron*, de lui dédier *Cinna*, de comparer

xiv dans les beaux-arts, et la gloire éternelle de la France, a-t-il essuyé moins de dégoût et d'opprobre?[41] tous ses chefs-d'œuvre ne furent-ils pas parodiés à la farce dite italienne?[42].

Visé, l'auteur du Mercure galant, ne se déchaîna-t-il pas toujours contre lui?[43] Subligni ne prétendit-il pas le tourner en ridicule?[44] vingt cabales ne s'élevèrent-elles pas contre tous ses ouvrages?[45] n'eut-il pas toujours des ennemis, jusqu'à ce qu'enfin le jésuite La Chaise le rendit suspect de jansénisme auprès du roi, et le fit mourir de chagrin?[46] Mon neveu, la mode n'est plus d'accuser de jansénisme, mais si vous avez le malheur de travailler pour le théâtre et de réussir, on vous accusera d'être athée.

Ces paroles de mon bon oncle se gravèrent dans mon cœur. J'avais déjà commencé une tragédie; je l'ai jetée au feu, et je conseille à tous ceux qui ont la manie de travailler en ce genre d'en faire autant.

CHAPITRE XXI

Des sentiments théologiques de feu l'abbé Bazin.
De la justice qu'il rendait à l'antiquité, et de quatre diatribes composées par lui à cet effet.

Pour mieux faire connaître la piété et l'équité de l'abbé Bazin, je suis bien aise de publier ici quatre diatribes de sa façon, composées seulement pour sa satisfaction particulière. La première est sur la cause et les effets. La seconde traite de Sanchoniaton, l'un des plus anciens écrivains qui aient *mis la plume à la main* pour écrire gravement des sottises. La troisième est sur l'Egypte, dont il faisait assez peu de cas (ce n'est pas de sa diatribe dont il faisait peu de cas, c'est de l'Egypte.) Dans la quatrième il s'agit d'un

90   b: n'eût-il pas
c   k: *et des quatre*
1   67x: connaître de la

ancien peuple à qui on coupa le nez, et qu'on envoya dans le désert.
Cette dernière élucubration est très curieuse et très instructive.　10

PREMIÈRE DIATRIBE DE M. L'ABBÉ BAZIN

Sur la cause première

Un jour le jeune Madétès[1] se promenait vers le port de Pirée; il
rencontra Platon qu'il n'avait point encore vu. Platon lui trouvant
une physionomie heureuse lia conversation avec lui; il découvrit
en lui un sens assez droit. Madétès avait été instruit dans les belles-
lettres, mais il ne savait rien, ni en physique, ni en géométrie, ni　5
en astronomie.[2] Cependant il avoua à Platon qu'il était épicurien.[3]

Mon fils, lui dit Platon, Epicure était[4] un fort honnête homme,
il vécut et il mourut en sage; sa volupté, dont on a parlé si diversement consistait à éviter les excès; il recommanda l'amitié à ses
disciples, et jamais précepte n'a été mieux observé.[5] Je voudrais　10
faire autant de cas de sa philosophie[6] que de ses mœurs. Connais-
sez-vous bien à fond la doctrine d'Epicure? Madétès lui répondit
ingénument[7] qu'il ne l'avait point étudiée. Je sais seulement, dit-
il, que les dieux ne se sont jamais mêlés de rien, et que le principe
de toutes choses est dans les atomes qui se sont arran-　15
gés d'eux-mêmes, de façon qu'ils ont produit ce monde tel qu'il
est.[8]

PLATON

Ainsi donc, mon fils, vous ne croyez pas que ce soit une intelligence qui ait présidé à cet univers[9] dans lequel il y a tant d'êtres
intelligents? voudriez-vous bien me dire quelle est votre raison　20
d'adopter cette philosophie?

MADÉTÈS

Ma raison est que je l'ai toujours entendu dire à mes amis et à
leurs maîtresses avec qui je soupe; je m'accommode fort de leurs

22-23　67X: et leurs maîtresses

atomes. Je vous avoue que je n'y entends rien; mais cette doctrine
m'a paru aussi bonne qu'une autre; et il faut bien avoir une opinion
quand on commence à fréquenter la bonne compagnie; j'ai beaucoup d'envie de m'instruire, mais il m'a paru jusqu'ici plus commode de penser, sans rien savoir.[10]

Platon lui dit; Si vous avez quelque désir de vous éclairer, je
suis magicien, et je vous ferai voir des choses fort extraordinaires;
ayez seulement la bonté de m'accompagner à ma maison de campagne qui est à cinq cents pas d'ici, et peut-être ne vous repentirez-
vous pas de votre complaisance. Madétès le suivit avec transport.
Dès qu'ils furent arrivés, Platon lui montra un squelette; le jeune
homme recula d'horreur à ce spectacle nouveau pour lui. Platon
lui parla en ces termes.

Considérez bien cette forme hideuse qui semble être le rebut de
la nature, et jugez de mon art par tout ce que je vais opérer avec
cet assemblage informe qui vous a paru si abominable.[11]

Premièrement, vous voyez cette espèce de boule[12] qui semble
couronner tout ce vilain assemblage. Je vais faire passer par la
parole dans le creux de cette boule une substance moelleuse et
douce[13] partagée en mille petites ramifications, que je ferai descendre imperceptiblement par cette espèce de long bâton à plusieurs
nœuds[14] que vous voyez attaché à cette boule, et qui se termine
en pointe dans un creux.[15] J'adapterai au haut de ce bâton un tuyau
par lequel je ferai entrer l'air,[16] au moyen d'une soupape qui pourra
jouer sans cesse;[17] et bientôt après vous verrez cette fabrique se
remuer d'elle-même.

A l'égard de tous ces autres morceaux informes qui vous paraissent comme des restes d'un bois pourri, et qui semblent être sans
utilité comme sans force et sans grâce,[18] je n'aurai qu'à parler et
ils seront mis en mouvement par des espèces de cordes d'une
structure inconcevable.[19] Je placerai au milieu de ces cordes une

25   K: autre; il
45   K: attaché, et qui
50   67G: tous les autres

infinité de canaux remplis d'une liqueur qui en passant par des 55
tamis se changera en plusieurs liqueurs différentes,[20] et coulera
dans toute la machine vingt fois par heure. Le tout sera recouvert
d'une étoffe blanche, moelleuse et fine. Chaque partie de cette
machine aura un mouvement particulier qui ne se démentira point.
Je placerai entre ces demi-cerceaux qui ne semblent bons à rien 60
un gros réservoir fait à peu près comme une pomme de pin;[21] ce
réservoir se contractera et se dilatera chaque moment avec une
force étonnante.[22] Il changera la couleur de la liqueur qui passera
dans toute la machine. Je placerai non loin de lui un sac percé en
deux endroits[23] qui ressemblera au tonneau des Danaïdes, il se 65
remplira et se videra sans cesse; mais il ne se remplira que de ce
qui est nécessaire, et ne se videra que du superflu. Cette machine
sera un si étonnant laboratoire de chimie, un si profond ouvrage
de mécanique et d'hydraulique, que ceux qui l'auront étudié ne
pourront jamais le comprendre.[24] De petits mouvements y produi- 70
ront une force prodigieuse;[25] il sera impossible à l'art humain
d'imiter l'artifice qui dirigera cet automate. Mais ce qui vous sur-
prendra davantage, c'est que cet automate s'étant approché d'une
figure à peu près semblable, il s'en formera une troisième figure.
Ces machines auront des idées;[26] elles raisonneront, elles parleront 75
comme vous, elles pourront mesurer le ciel et la terre. Mais je ne
vous ferai point voir cette rareté, si vous ne me promettez que
quand vous l'aurez vue vous avouerez que j'ai beaucoup d'esprit
et de puissance.

MADÉTÈS

Si la chose est ainsi, j'avouerai que vous en savez plus qu'Epi- 80
cure et que tous les philosophes de la Grèce.

PLATON

Eh bien, tout ce que je vous ai promis est fait. Vous êtes cette
machine, c'est ainsi que vous êtes formé, et je ne vous ai pas
montré la millième partie des ressorts qui composent votre existence; tous ces ressorts sont exactement proportionnés les uns aux 85

autres; tous s'aident réciproquement: les uns conservent la vie, les autres la donnent, et l'espèce se perpétue de siècle en siècle par un artifice qu'il n'est pas possible de découvrir.[27] Les plus vils animaux sont formés avec un appareil non moins admirable, et les sphères célestes se meuvent dans l'espace avec une mécanique encore plus sublime; jugez après cela si un être intelligent n'a pas formé le monde, et si vos atomes n'ont pas eu besoin de cette cause intelligente.

Madétès étonné demanda au magicien qui il était. Platon lui dit son nom: le jeune homme tomba à genoux, adora Dieu, et aima Platon toute sa vie.

Ce qu'il y a de très remarquable pour nous, c'est qu'il vécut avec les épicuriens comme auparavant. Ils ne furent point scandalisés qu'il eût changé d'avis. Il les aima, il en fut toujours aimé. Les gens de sectes différentes soupaient ensemble gaiement chez les Grecs et chez les Romains.[28] C'était le bon temps.

SECONDE DIATRIBE DE L'ABBÉ BAZIN

De Sanchoniaton[1]

Sanchoniaton ne peut être un auteur supposé.[2] On ne suppose un ancien livre que dans le même esprit qu'on forge d'anciens titres pour fonder quelque prétention disputée.[3] On employa autrefois des fraudes pieuses pour appuyer des vérités qui n'avaient pas besoin de ce malheureux secours. De zélés indiscrets forgèrent de très mauvais vers grecs attribués aux sibylles,[4] des Lettres de Pilate,[5] et l'histoire du magicien Simon qui tomba du haut des airs aux yeux de Néron.[6] C'est dans le même esprit qu'on imagina la donation de Constantin[7] et les fausses décrétales.[8] Mais ceux dont nous tenons les fragments de Sanchoniaton, ne pouvaient avoir aucun intérêt à faire cette lourde friponnerie. Que pouvait gagner

---

5   67x: secours. Des zélés

Philon de Biblos qui traduisit en grec Sanchoniaton, à mettre cette histoire et cette cosmogonie sous le nom de ce Phénicien?[9] c'est à peu près comme si on disait qu'Hésiode est un auteur supposé.[10]

Eusèbe de Césarée qui rapporte plusieurs fragments de cette traduction faite par Philon de Biblos, ne s'avisa jamais de soupçonner que Sanchoniaton fût un auteur apocryphe. Il n'y a donc nulle raison de douter que sa cosmogonie ne lui appartienne.[11]

Ce Sanchoniaton vivait à peu près dans le temps où nous plaçons les dernières années de Moïse.[12] Il n'avait probablement aucune connaissance de Moïse, puisqu'il n'en parle pas, quoiqu'il fût dans son voisinage.[13] S'il en avait parlé, Eusèbe n'eût pas manqué de le citer comme un témoignage authentique des prodiges opérés par Moïse. Eusèbe aurait insisté d'autant plus sur ce témoignage, que ni Manéthon,[14] ni Cheremon,[15] auteurs égyptiens, ni Eratostènes,[16] ni Hérodote, ni Diodore de Sicile qui ont tant écrit sur l'Egypte, trop occupés d'autres objets, n'ont jamais dit un seul mot de ces fameux et terribles miracles qui durent laisser d'eux une mémoire durable, et effrayer les hommes de siècle en siècle. Ce silence de Sanchoniaton a même fait soupçonner très justement à plusieurs docteurs qu'il vivait avant Moïse.[17]

Ceux qui le font contemporain de Gédéon n'appuient leur sentiment que sur un abus des paroles de Sanchoniaton même.[18] Il avoue qu'il a consulté le grand prêtre Jérombal. Or ce Jérombal, disent nos critiques, est vraisemblablement Gédéon. Mais pourquoi, s'il vous plaît, ce Jérombal était-il Gédéon? Il n'est point dit que Gédéon fût prêtre.[19] Si le Phénicien avait consulté le Juif, il aurait parlé de Moïse et des conquêtes de Josué. Il n'aurait pas admis une cosmogonie absolument contraire à la Genèse:[20] il aurait parlé d'Adam, il n'aurait pas imaginé des générations entièrement différentes de celles que la Genèse a consacrées.[21]

Cet ancien auteur phénicien avoue en propres mots[22] qu'il a tiré une partie de son histoire des écrits de Thot qui florissait huit cents

12-13   68L: mettre cette cosmogonie sous
15   B ne va pas à la ligne
37-39   68L: le Juif, il n'aurait pas admis

249

ans avant lui.[23] Cet aveu auquel on ne fait pas assez d'attention, est un des plus curieux témoignages que l'antiquité nous ait transmis. Il prouve qu'il y avait donc déjà huit cents ans qu'on avait des livres écrits avec le secours de l'alphabet,[24] et que les nations cultivées pouvaient par ce secours s'entendre les unes les autres, et traduire réciproquement leurs ouvrages. Sanchoniaton entendait les livres de Thot écrits en langue égyptienne. Le premier Zoroastre était beaucoup plus ancien,[25] et ses livres étaient la catéchèse des Persans. Les Caldéens, les Siriens, les Persans, les Phéniciens, les Egyptiens,[26] les Indiens, devaient nécessairement avoir commerce ensemble; et l'écriture alphabétique devait faciliter ce commerce. Je ne parle pas des Chinois qui étaient depuis longtemps un grand peuple, et composaient un monde séparé.

Chacun de ces peuples avait déjà son histoire. Lorsque les Juifs entrèrent dans le pays voisin de la Phénicie, ils pénétrèrent jusqu'à la ville de Dabir, qui s'appelait autrefois la ville des lettres.[27] [a] *Alors Caleb dit je donnerai ma fille Axa pour femme à celui qui prendra Eta, et qui ruinera la ville des lettres. Et Othoniel fils de Cenès, frère puîné de Caleb, l'ayant prise, il lui donna pour femme sa fille Axa.*[28]

Il paraît par ce passage que Caleb n'aimait pas les gens de lettres: mais si on cultivait les sciences anciennement dans cette petite ville de Dabir, combien devaient-elles être en honneur dans la Phénicie, dans Sidon et dans Tyr, qui étaient appelés le pays des livres, le pays des archives,[29] et qui enseignèrent leur alphabet aux Grecs?[30]

Ce qui est fort étrange, c'est que Sanchoniaton qui commence son histoire au même temps où commence la Genèse,[31] et qui compte le même nombre de générations,[32] ne fait pas cependant plus de mention du déluge que les Chinois.[33] Comment la Phénicie, ce pays si renommé par ses expéditions maritimes, ignorait-elle ce grand événement?

[a] Juges chap. I.

47   K: l'alphabet, que
69   69X: est étrange

Cependant, l'antiquité le croyait; et la magnifique description   75
qu'en fait Ovide[34] est une preuve que cette idée était bien générale;
car de tous les récits qu'on trouve dans les Métamorphoses
d'Ovide, il n'en est aucun qui soit de son invention.[35] On prétend
même que les Indiens avaient déjà parlé d'un déluge universel
avant celui de Deucalion. Plusieurs brachmanes croyaient (dit-   80
on) que la terre avait essuyé trois déluges.

Il n'en est rien dit dans l'Ezour-Védam, ni dans le Cormovédam
que j'ai lus avec une grande attention;[36] mais plusieurs missionnaires envoyés dans l'Inde, s'accordent à croire que les brames reconnaissent plusieurs déluges. Il est vrai que chez les Grecs on ne   85
connaissait que les deux déluges particuliers[37] d'Ogigès et de Deucalion. Le seul auteur grec connu qui ait parlé d'un déluge universel est Apollodore,[38] qui n'est antérieur à notre ère que d'environ
cent quarante ans. Ni Homère, ni Hésiode, ni Hérodote n'ont fait
mention du déluge de Noé,[39] et le nom de Noé ne se trouve chez   90
aucun ancien auteur profane.

La mention de ce déluge universel faite en détail, et avec toutes
ses circonstances, n'est que dans nos livres sacrés. Quoique Vossius et plusieurs autres savants aient prétendu que cette inondation
n'a pu être universelle,[40] il ne nous est pas permis d'en douter.[41]   95
Je ne rapporte la cosmogonie de Sanchoniaton que comme un
ouvrage profane. L'auteur de la Genèse était inspiré, et Sanchoniaton ne l'était pas. L'ouvrage de ce Phénicien n'est qu'un monument précieux des anciennes erreurs des hommes.

C'est lui qui nous apprend qu'un des premiers cultes établis sur   100
la terre fut celui des productions de la terre même; et qu'ainsi les
oignons étaient consacrés en Egypte bien longtemps avant les
siècles auxquels nous rapportons l'établissement de cette coutume.
Voici les paroles de Sanchoniaton. 'Ces anciens hommes consacrèrent des plantes que la terre avait produites; ils les crurent   105
divines: eux et leur postérité et leurs ancêtres révérèrent les choses
qui les faisaient vivre, ils leur offrirent leur boire et leur manger.

84-85   k: brames reconnaissaient plusieurs
86   w68, w71, w75G: d'Egigès

Ces inventions et ce culte étaient conformes à leur faiblesse et à la pusillanimité de leur esprit.'⁴²

Ce passage si curieux prouve invinciblement⁴³ que les Egyptiens adoraient⁴⁴ leurs oignons longtemps avant Moïse; et il est étonnant qu'aucun livre hébraïque ne reproche ce culte aux Egyptiens. Mais voici ce qu'il faut considérer. Sanchoniaton ne parle point expressément d'un Dieu dans sa cosmogonie; tout chez lui semble avoir son origine dans le chaos, et ce chaos est débrouillé par l'esprit vivifiant qui se mêle avec les principes de la nature. Il pousse la hardiesse de son système jusqu'à dire, *que des animaux qui n'avaient point de sens, engendrèrent des animaux intelligents.*⁴⁵

Il n'est pas étonnant après cela qu'il reproche aux Egyptiens d'avoir consacré des plantes. Pour moi je crois que ce culte des plantes utiles à l'homme, n'était pas d'abord si ridicule que Sanchoniaton se l'imagine.⁴⁶ Thot qui gouvernait une partie de l'Egypte, et qui avait établi la théocratie huit cents ans avant l'écrivain phénicien, était à la fois prêtre et roi. Il était impossible qu'il adorât un oignon comme le maître du monde; et il était impossible qu'il présentât des offrandes d'oignons à un oignon, cela eût été trop absurde, trop contradictoire; mais il est très naturel qu'on remerciât les dieux du soin qu'ils prenaient de sustenter notre vie, qu'on leur consacrât longtemps les plantes les plus délicieuses de l'Egypte, et qu'on révérât dans ces plantes les bienfaits des dieux. C'est ce qu'on pratiquait de temps immémorial dans la Chine et dans les Indes.⁴⁷

J'ai déjà dit ailleurs qu'il y a une grande différence entre un oignon consacré et un oignon dieu.⁴⁸ Les Egyptiens après Thot consacrèrent des animaux, mais certainement ils ne croyaient pas que ces animaux eussent formé le ciel et la terre. Le serpent d'airain élevé par Moïse était consacré,⁴⁹ mais on ne le regardait pas comme une divinité. Le térébinthe d'Abraham, le chêne de Membré⁵⁰ étaient consacrés, et on fit des sacrifices dans la place même où

114 K: expressément de Dieu
118 67G: *sens, engendraient des*
130 67G: bienfaits de Dieu

252

avaient été ces arbres jusqu'au temps de Constantin; mais ils   140
n'étaient point des dieux. Les chérubins de l'arche étaient sacrés
et n'étaient pas adorés.[51]

Les prêtres égyptiens au milieu de toutes leurs superstitions
reconnurent un maître souverain de la nature; ils l'appelaient *Knef*
ou *Knufi*, ils le représentaient par un globe. Les Grecs traduisirent   145
le mot *Knef* par celui de *Démiourgos, Artisan suprême, faiseur du
monde.*[52]

Ce que je crois très vraisemblable et très vrai, c'est que les
premiers législateurs étaient des hommes d'un grand sens. Il faut
deux choses pour instituer un gouvernement, un courage et un   150
bon sens supérieurs à ceux des autres hommes. Ils imaginent rarement des choses absurdes et ridicules qui les exposeraient au
mépris et à l'insulte.[53] Mais qu'est-il arrivé chez presque toutes les
nations de la terre, et surtout chez les Egyptiens? Le sage commence par consacrer à Dieu le bœuf qui laboure la terre, le sot   155
peuple adore à la fin le bœuf et les fruits mêmes que la nature a
produits. Quand cette superstition est enracinée dans l'esprit du
vulgaire, il est bien difficile au sage de l'extirper.[54]

Je ne doute pas même que quelque schoen d'Egypte n'ait persuadé aux femmes et aux filles des bateliers du Nil, que les chats   160
et les oignons étaient de vrais dieux. Quelques philosophes en
auront douté; et sûrement ces philosophes auront été traités de
petits esprits insolents et de blasphémateurs; ils auront été anathé-
matisés et persécutés.[55] Le peuple égyptien regarda comme un
athée le Persan Cambise adorateur d'un seul Dieu, lorsqu'il fit   165
mettre le bœuf Apis à la broche.[56] Quand Mahomet s'éleva dans
la Mecque contre le culte des étoiles, quand il dit qu'il ne fallait
adorer qu'un Dieu unique dont les étoiles étaient l'ouvrage, il fut
chassé comme un athée et sa tête fut mise à prix.[57] Il avait tort
avec nous;[58] mais il avait raison avec les Mecquois.   170

Que conclurons-nous de cette petite excursion sur Sanchoniaton? qu'il y a longtemps qu'on se moque de nous, mais qu'en

---

141   67G: n'étaient pas des
159   w70L: quelque cohen d'Egypte

fouillant dans les débris de l'antiquité on peut encore trouver sous ces ruines quelques monuments précieux, utiles à qui veut s'instruire des sottises de l'esprit humain.[59]   175

TROISIÈME DIATRIBE DE L'ABBÉ BAZIN

Sur l'Egypte[1]

J'ai vu les pyramides, et je n'en ai point été émerveillé. J'aime mieux les fours à poulets dont l'invention est, dit-on, aussi ancienne que les pyramides.[2] Une petite chose utile me plaît; une monstruosité qui n'est qu'étonnante n'a nul mérite à mes yeux.[3] Je regarde ces monuments comme des jeux de grands enfants qui ont voulu faire quelque chose d'extraordinaire sans imaginer d'en tirer le moindre avantage.[4] Les établissements des invalides, de St Cyr, de l'école militaire, sont des monuments d'hommes.[5]   5

Quand on m'a voulu faire admirer[6] les restes de ce fameux labyrinthe, de ces palais, de ces temples dont on parle avec tant d'emphase,[7] j'ai levé les épaules de pitié; je n'ai vu que des piliers sans proportions qui soutenaient de grandes pierres plates; nul goût d'architecture, nulle beauté; du vaste, il est vrai, mais du grossier. Et j'ai remarqué (je l'ai dit ailleurs)[8] que les Egyptiens n'ont jamais eu rien de beau que de la main des Grecs. Aléxandrie seule bâtie par les Grecs a fait la gloire véritable de l'Egypte.   10   15

A l'égard de leurs sciences, si dans leur vaste bibliothèque ils

1   K: et n'en ai
1   67G: ai pas été
7-8   AC: des invalides de St-Cyr [cette leçon trahit la pensée de Voltaire, qui peut très bien avoir oublié la virgule sur son manuscrit (les compositeurs ou même le prote de Cramer pouvaient ignorer qu'il y eût à Paris et un hôpital des Invalides et une maison de Saint-Cyr); aussi avons-nous rétabli, à la suite de B, 67G, C, 67X, 68L, 69X, W68, W75G et K la seule leçon qu'on puisse juger correcte]
8   67G: St Cyr et de l'école
11-12   68L: piliers qui soutenaient

avaient eu quelque bon livre d'érudition, les Grecs et les Romains les auraient traduits. Non seulement nous n'avons aucune traduction, aucun extrait de leurs livres de philosophie, de morale, de belles-lettres, mais rien ne nous apprend qu'on ait jamais daigné en faire.[9]

Quelle idée peut-on se former de la science et de la sagacité[10] d'un peuple qui ne connaissait pas même la source de son fleuve nourricier?[11] Les Ethiopiens qui subjuguèrent deux fois ce peuple mou, lâche et superstitieux,[12] auraient bien dû lui apprendre au moins que les sources du Nil étaient en Ethiopie. Il est plaisant que ce soit un jésuite portugais[13] qui ait découvert ces sources.

Ce qu'on a vanté du gouvernement égyptien me paraît absurde et abominable.[14] Les terres, dit-on, étaient divisées en trois portions. La première appartenait aux prêtres, la seconde aux rois, et la troisième aux soldats. Si cela est, il est clair que le gouvernement avait été d'abord et très longtemps théocratique, puisque les prêtres avaient pris pour eux la meilleure part.[15] Mais comment les rois souffraient-ils cette distribution? apparemment ils ressemblaient aux rois fainéants;[16] et comment les soldats ne détruisirent-ils pas cette administration ridicule? Je me flatte que les Persans,[17] et après eux les Ptolomées,[18] y mirent bon ordre, et je suis bien aise qu'après les Ptolomées les Romains qui réduisirent l'Egypte en province de l'Empire aient rogné la portion sacerdotale.[19]

Tout le reste de cette petite nation qui n'a jamais monté à plus de trois ou quatre millions d'hommes,[20] n'était donc qu'une foule de sots esclaves. On loue beaucoup la loi par laquelle chacun était obligé d'exercer la profession de son père.[21] C'était le vrai secret d'anéantir tous les talents.[22] Il fallait que celui qui aurait été un bon médecin ou un sculpteur habile, restât berger ou vigneron, que le poltron, le faible restât soldat, et qu'un sacristain qui serait devenu un bon général d'armée passât sa vie à balayer un temple.

La superstition de ce peuple est sans contredit ce qu'il y a jamais

26   K: auraient dû
35   AC: certe distribution [la coquille a été corrigée dans toutes les éditions ultérieures, y compris celle-ci]

eu de plus méprisable. Je ne soupçonne point ses rois et ses prêtres   5
d'avoir été assez imbéciles pour adorer sérieusement des crocodiles, des boucs, des singes et des chats;[23] mais ils laissèrent le
peuple s'abrutir dans un culte qui le mettait fort au-dessous des
animaux qu'il adorait.[24] Les Ptolomées ne purent déraciner cette
superstition abominable, ou ne s'en soucièrent pas. Les grands   5
abandonnent le peuple à sa sottise pourvu qu'il obéisse. Cléopatre
ne s'inquiétait pas plus des superstitions de l'Egypte qu'Hérode
de celles de la Judée.

Diodore rapporte que du temps de Ptolomée Aulètes,[25] il vit le
peuple massacrer un Romain qui avait tué un chat par mégarde.[26]   6
La mort de ce Romain fut bien vengée quand les Romains domi-
nèrent. Il ne reste, Dieu merci, de ces malheureux prêtres d'Egypte
qu'une mémoire qui doit être à jamais odieuse. Apprenons à ne
pas prodiguer notre estime.[27]

QUATRIÈME DIATRIBE DE L'ABBÉ BAZIN

Sur un peuple à qui on a coupé le nez et laissé les oreilles[1]

Il y a bien des sortes de fables;[2] quelques-unes ne sont que l'histoire défigurée comme tous les anciens récits de batailles et les
faits gigantesques dont il a plu à presque tous les historiens d'em-
bellir leurs chroniques. D'autres fables sont des allégories ingénieuses; ainsi Janus a un double visage qui représente l'année
passée et l'année commençante. Saturne qui dévore ses enfants
est le temps qui détruit tout ce qu'il a fait naître. Les Muses filles
de la Mémoire vous enseignent que sans mémoire on n'a point
d'esprit, et que pour combiner des idées il faut commencer par
retenir des idées. Minerve formée dans le cerveau du maître des   1
dieux n'a pas besoin d'explication. Venus la déesse de la beauté
accompagnée des Grâces et mère de l'Amour, la ceinture de la

57-58   w68, w70L, w71, w75G: qu'Hérodote de

mère, les flèches et le bandeau du fils, tout cela parle assez de soi-même.

Des fables qui ne disent rien du tout, comme Barbe bleue et les contes d'Hérodote,[3] sont le fruit d'une imagination grossière et déréglée qui veut amuser des enfants, et même malheureusement des hommes: l'histoire des deux voleurs qui venaient toutes les nuits prendre l'argent du roi Rampsinitus et de la fille du roi qui épousa un des deux voleurs,[4] l'anneau de Gigès[5] et cent autres facéties, sont indignes d'une attention sérieuse.

Mais il faut avouer qu'on trouve dans l'ancienne histoire des traits assez vraisemblables qui ont été négligés dans la foule, et dont on pourrait tirer quelques lumières.[6] Diodore de Sicile qui avait consulté les anciens historiens d'Egypte,[7] nous rapporte que ce pays fut conquis par des Ethiopiens;[8] je n'ai pas de peine à le croire, car j'ai déjà remarqué[9] que quiconque s'est présenté pour conquérir l'Egypte en est venu à bout en une campagne, excepté nos extravagants croisés qui y furent tous tués ou réduits en captivité, parce qu'ils avaient à faire, non aux Egyptiens qui n'ont jamais su se battre, mais aux Mammelucs, vainqueurs de l'Egypte et meilleurs soldats que les croisés.[10] Je n'ai donc nulle répugnance à croire qu'un roi d'Egypte nommé par les Grecs Amasis, cruel et efféminé, fut vaincu lui et ses ridicules prêtres[11] par un chef éthiopien nommé Actisan, qui avait apparemment de l'esprit et du courage.

Les Egyptiens étaient de grands voleurs, tout le monde en convient.[12] Il est fort naturel que le nombre des voleurs ait augmenté dans le temps de la guerre d'Actisan et d'Amasis. Diodore rapporte d'après les historiens du pays, que le vainqueur voulut purger l'Egypte de ces brigands, et qu'il les envoya vers les déserts de Sinaï et d'Oreb, après leur avoir préalablement fait couper le bout du nez, afin qu'on les reconnût aisément s'ils s'avisaient de venir encore voler en Egypte. Tout cela est très probable.

Diodore remarque avec raison que le pays où on les envoya ne fournit aucune des commodités de la vie, et qu'il est très difficile

40   W68, W70L, W71, W75G, K: que ce vainqueur

d'y trouver de l'eau et de la nourriture. Telle est en effet cette malheureuse contrée depuis le désert de Pharam jusqu'auprès d'Eber.[13]

Les nez coupés purent se procurer à force de soins quelques   50
eaux de citernes, ou se servir de quelques puits qui fournissaient de l'eau saumache et malsaine, laquelle donne communément une espèce de scorbut et de lèpre.[14] Ils purent encore, ainsi que le dit Diodore, se faire des filets avec lesquels ils prirent des cailles. On remarque en effet que tous les ans des troupes innombrables de   55
cailles passent au-dessus de la mer Rouge et viennent dans ce désert. Jusque-là cette histoire n'a rien qui révolte l'esprit, rien qui ne soit vraisemblable.

Mais si on veut en inférer que ces nez coupés sont les pères des Juifs, et que leurs enfants accoutumés au brigandage s'avancèrent   60
peu à peu dans la Palestine et en conquirent une partie, c'est ce qui n'est pas permis à des chrétiens.[15] Je sais que c'est le sentiment[16] du consul Maillet,[17] du savant Fréret,[18] de Boulanger,[19] des Herbert,[20] des Bolingbroke,[21] des Toland.[22] Mais quoique leur conjecture soit dans l'ordre commun des choses[23] de ce monde, nos   65
livres sacrés donnent une tout autre origine aux Juifs, et les font descendre des Caldéens par Abraham, Tharé, Nachor, Sarug, Rehu et Phaleg.[24]

Il est bien vrai que l'Exode nous apprend que les Israélites avant d'avoir habité ce désert avaient emporté les robes et les ustensiles   70
des Egyptiens,[25] et qu'ils se nourrirent de cailles dans le désert;[26] mais cette légère ressemblance avec le rapport de Diodore de Sicile, tiré des livres d'Egypte, ne nous mettra jamais en droit d'assurer que les Juifs descendent d'une horde de voleurs à qui on avait coupé le nez.[27] Plusieurs auteurs ont en vain tâché d'appuyer   75
cette profane conjecture sur le psaume 80, où il est dit, *Que la fête des trompettes a été instituée pour faire souvenir le peuple saint du temps où il sortit d'Egypte, et où il entendit alors parler une langue qui lui était inconnue.*[28]

52 67G: l'eau saumure et
    K: saumâtre

78 K: *de l'Egypte*

Ces Juifs, dit-on, étaient donc des Egyptiens qui furent étonnés 80
d'entendre parler au delà de la mer Rouge un langage qui n'était
pas celui d'Egypte; et de là on[29] conclut qu'il n'est pas hors de
vraisemblance que les Juifs soient les descendants de ces brigands
que le roi Actisanès avait chassés.

Un tel soupçon n'est pas admissible:[30] premièrement parce que 85
s'il est dit dans l'Exode que les Juifs enlevèrent les ustensiles des
Egyptiens avant d'aller dans le désert, il n'est point dit qu'ils y
aient été relégués pour avoir volé.[31] Secondement, soit qu'ils fussent des voleurs ou non, soit qu'ils fussent Egyptiens ou Juifs, ils
ne pouvaient guère entendre la langue des petites hordes d'Arabes 90
bédouins qui erraient dans l'Arabie déserte au nord de la mer
Rouge; et on ne peut tirer aucune induction du psaume 80 ni en
faveur des Juifs ni contre eux. Toutes les conjectures d'Hérodote,
de Diodore de Sicile, de Manéthon, d'Eratosthènes sur les Juifs,[32]
doivent céder sans contredit aux vérités qui sont consacrées dans 95
les livres saints. Si ces vérités qui sont d'un ordre supérieur ont de
grandes difficultés, si elles atterrent nos esprits, c'est précisément
parce qu'elles sont d'un ordre supérieur. Moins nous pouvons y
atteindre, plus nous devons les respecter.

Quelques écrivains ont soupçonné que ces voleurs chassés sont 100
les mêmes que les Juifs qui errèrent dans le désert, parce que le
lieu où ils restèrent quelque temps s'appela depuis *Rhinocolure, nez
coupé*,[33] et qu'il n'est pas fort éloigné du mont Carmel, des déserts
de Sur, d'Ethan, de Sin, d'Oreb et de Cadesbarné.

On croit encore que les Juifs étaient ces mêmes brigands, parce 105
qu'ils n'avaient pas de religion fixe, ce qui convient très bien, dit-
on, à des voleurs;[34] et on croit prouver qu'ils n'avaient pas de
religion fixe par plusieurs passages de l'Ecriture même.

L'abbé de Tilladet dans sa dissertation sur les Juifs[35] prétend que
la religion juive ne fut établie que très longtemps après. Exami- 110
nons ses raisons.

84   K: Actisan
88-89 69x: pour avoir des voleurs ou non
97   B: elles altèrent nos

1°. Selon l'Exode[36] Moïse épousa la fille d'un prêtre de Madian nommé Jetro; et il n'est point dit que les Madianites reconnussent le même dieu qui apparut ensuite à Moïse dans un buisson vers le mont Horeb.

2°. Josué qui fut le chef des fugitifs d'Egypte après Moïse, et sous lequel ils mirent à feu et à sang une partie du petit pays qui est entre le Jourdain et la mer,[37] leur dit au chap. 24, *Otez du milieu de vous les dieux que vos pères ont adorés dans la Mésopotamie et dans l'Egypte, et servez Adonaï... choisissez ce qu'il vous plaira d'adorer, ou les dieux qu'ont servis vos pères dans la Mésopotamie, ou les dieux des Amorrhéens dans la terre desquels vous habitez.*[38]

3°. Une autre preuve, ajoute-t-on, que leur religion n'était pas encore fixée, c'est qu'il est dit au livre des Juges chapitre Ier, *Adonaï* (le Seigneur) *conduisit Juda et se rendit maître des montagnes, mais il ne put se rendre maître des vallées.*[39]

L'abbé de Tilladet et Boulanger infèrent de là que ces brigands dont les repaires étaient dans les creux des rochers dont la Palestine est pleine, reconnaissaient un dieu des rochers, et un des vallées.

4°. Ils ajoutent à ces prétendues preuves ce que Jephté dit aux chefs des Ammonites au chap. IIe, *ce que Chamos votre Dieu possède ne vous est-il pas dû de droit? de même ce que notre Dieu vainqueur a obtenu doit être en notre possession.*[40]

M. Fréret infère de ces paroles que les Juifs reconnaissaient Chamos pour dieu aussi bien qu'Adonaï, et qu'ils pensaient que chaque nation avait sa divinité locale.

5°. On fortifie encore cette opinion dangereuse par ce discours de Jérémie au commencement du chap. 49, *Pourquoi le dieu Melchom s'est-il emparé du pays de Gad?*[41] et on en conclut que les Juifs avouaient la divinité du dieu Melchom.

Le même Jérémie dit au chap. 7 en faisant parler Dieu aux Juifs, *Je n'ai point ordonné à vos pères au jour que je les tirai d'Egypte de m'offrir des holocaustes et des victimes.*[42]

118   K: dit chap.
132   K: Ammonites chap.

6°. Isaïe se plaint au chap. 47 que les Juifs adoraient plusieurs dieux. *Vous cherchez votre consolation dans vos dieux au milieu des bocages, vous leur sacrifiez des petits enfants dans des torrents sous de grandes pierres.*[43] Il n'est pas vraisemblable, dit-on, que les Juifs eussent immolé leurs enfants à des dieux dans des torrents sous de grandes pierres, s'ils avaient eu alors leur loi qui leur défend de sacrifier aux dieux.[44]

7°. On cite encore en preuve le prophète Amos qui assure au chap. 5 que jamais les Juifs n'ont sacrifié au Seigneur pendant quarante ans dans le désert;[45] au contraire, dit Amos, *vous y avez porté le tabernacle de votre dieu Moloc, les images de vos idoles, et l'étoile de votre dieu* (Remphan).[46]

8°. C'était, dit-on, une opinion si constante que St Etienne le premier martyr dit au chap. 7 des Actes des Apôtres, que les Juifs dans le désert adoraient la milice du ciel, c'est-à-dire les étoiles, et qu'ils portèrent le tabernacle de Moloc, et l'astre du dieu Remphan pour les adorer.[47]

Des savants, tels que MM. Maillet et Dumarsais,[48] ont conclu des recherches de l'abbé de Tilladet, que les Juifs ne commencèrent à former leur religion telle qu'ils l'ont encore aujourd'hui, qu'au retour de la captivité de Babilone.[49] Ils s'obstinent dans l'idée que ces Juifs si longtemps esclaves, et si longtemps privés d'une religion bien nettement reconnue, ne pouvaient être que les descendants d'une troupe de voleurs sans mœurs et sans lois. Cette opinion paraît d'autant plus vraisemblable, que le temps auquel le roi d'Ethiopie et d'Egypte Actisan bannit dans le désert une troupe de brigands qu'il avait fait mutiler, se rapporte au temps auquel on place la fuite des Israélites conduits par Moïse;[50] car Flavien Joseph dit que Moïse fit la guerre aux Ethiopiens;[51] et ce que Joseph appelle guerre pouvait très bien être réputé brigandage par les historiens d'Egypte.[52]

Ce qui achève d'éblouir ces savants c'est la conformité qu'ils trouvent entre les mœurs des Israélites et celles d'un peuple de

145

150

155

160

165

170

175

147   K: *sacrifiez de petits*
147-148   w68, w70L, w71, w75G: *sous des grandes*

voleurs; ne se souvenant pas assez que Dieu lui-même dirigeait ces
Israélites, et qu'il punit par leurs mains les peuples de Canaan.[53] Il
paraît à ces critiques que les Hébreux n'avaient aucun droit sur ce   180
pays de Canaan, et que s'ils en avaient ils n'auraient pas dû mettre
à feu et à sang un pays qu'ils auraient cru leur héritage.

Ces audacieux critiques supposent donc que les Hébreux firent
toujours leur premier métier de brigands. Ils pensent trouver des
témoignages de l'origine de ce peuple dans sa haine constante   185
pour l'Egypte,[54] où l'on avait coupé les nez de ses pères,[55] et dans
la conformité de plusieurs pratiques égyptiennes qu'il retint,[56]
comme le sacrifice de la vache rousse,[57] le bouc émissaire,[58] les
ablutions,[59] les habillements des prêtres,[60] la circoncision,[61] l'abstinence du porc, les viandes pures et impures.[62] Il n'est pas rare,   190
disent-ils, qu'une nation haïsse un peuple voisin dont elle a imité
les coutumes et les lois. La populace d'Angleterre et de France en
est un exemple frappant.

Enfin, ces doctes trop confiants en leurs propres lumières dont
il faut toujours se défier, ont prétendu que l'origine qu'ils attri-   195
buent aux Hébreux est plus vraisemblable que celle dont les
Hébreux se glorifient. *Vous convenez avec nous,* leur dit M. Toland,[63]
*que vous avez volé les Egyptiens en vous enfuyant de l'Egypte, que vous
leur avez pris des vases d'or et d'argent, et des habits. Toute la différence
entre votre aveu et notre opinion c'est que vous prétendez n'avoir commis*   200
*ce larcin que par ordre de Dieu. Mais à ne juger que par la raison il n'y a
point de voleur qui n'en puisse dire autant. Est-il bien ordinaire que Dieu
fasse tant de miracles en faveur d'une troupe de fuyards qui avoue qu'elle
a volé ses maîtres? dans quel pays de la terre laisserait-on une telle rapine
impunie? Supposons que les Grecs de Constantinople prennent toutes*   205
*les garde-robes des Turcs et toute leur vaisselle pour aller dire la messe
dans un désert, en bonne foi, croirez-vous que Dieu noiera tous les Turcs
dans la Propontide pour favoriser ce vol quoiqu'il soit fait à bonne intention?*

Ces détracteurs ne se contentent pas de ces assertions auxquel-
les il est si aisé de répondre,[64] ils vont jusqu'à dire que le Pentateu-   210
que n'a pu être écrit que dans le temps où les Juifs commencèrent

201-202 67G: *n'y a pas de*

à fixer leur culte qui avait été jusque-là fort incertain.[65] Ce fut, disent-ils, au temps d'Esdras et de Néhémie.[66] Ils apportent pour preuve le 4ᵉ livre d'Esdras[67] longtemps reçu pour canonique;[68] mais ils oublient que ce livre a été rejeté par le concile de Trente. 215
Ils s'appuient du sentiment d'Aben-Esra,[69] et d'une foule de théologiens tous hérétiques;[70] ils s'appuient enfin de la décision de Neuton lui-même.[71] Mais que peuvent tous ces cris de l'hérésie et de l'infidélité contre un concile œcuménique?[72]

De plus, ils se trompent en croyant que Neuton attribue le 220 Pentateuque à Esdras. Neuton croit que Samuel en fut l'auteur ou plutôt le rédacteur.[73]

C'est encore un grand blasphème de dire avec quelques savants que Moïse tel qu'on nous le dépeint, n'a jamais existé; que toute sa vie est fabuleuse depuis son berceau jusqu'à sa mort; que ce 225 n'est qu'une imitation de l'ancienne fable arabe de Bacchus transmise aux Grecs et ensuite adoptée par les Hébreux. Bacchus, disent-ils, avait été sauvé des eaux; Bacchus avait passé la mer Rouge à pied sec; une colonne de feu conduisait son armée; il écrivit ses lois sur deux tables de pierre; des rayons sortaient 230 de sa tête. Ces conformités leur font soupçonner que les Juifs attribuèrent cette ancienne tradition de Bacchus à leur Moïse.[74]
Les écrits des Grecs étaient connus dans toute l'Asie, et les écrits des Juifs étaient soigneusement cachés aux autres nations. Il est vraisemblable, selon ces téméraires, que la métamorphose d'Edith 235 femme de Loth en statue de sel, est prise de la fable d'Euridice; que Samson est la copie d'Hercule, et le sacrifice de la fille de Jephté imité de celui d'Iphigénie. Ils prétendent que le peuple grossier qui n'a jamais inventé aucun art, doit avoir tout puisé chez les peuples inventeurs.[75] 240

Il est aisé de ruiner tous ces systèmes en montrant seulement que les auteurs grecs excepté Homère sont postérieurs à Esdras qui rassembla et restaura les livres canoniques.[76]

Dès que ces livres sont restaurés du temps de Cirus et d'Artaxerxes,[77] ils ont précédé Hérodote, le premier historien des Grecs. 245

219   B: concile œconomique

263

Non seulement ils sont antérieurs à Hérodote, mais le Pentateuque est beaucoup plus ancien qu'Homère.

Si on demande pourquoi ces livres si anciens et si divins ont été inconnus aux nations jusqu'au temps où les premiers chrétiens répandirent la traduction faite en grec sous Ptolomée Philadelphe, je répondrai qu'il ne nous appartient pas d'interroger la Providence.[78] Elle a voulu que ces anciens monuments reconnus pour authentiques, annonçassent des merveilles, et que ces merveilles fussent ignorées de tous les peuples, jusqu'au temps où une nouvelle lumière vint se manifester. Le christianisme a rendu témoignage à la loi mosaïque au-dessus de laquelle il s'est élevé, et par laquelle il fut prédit. Soumettons-nous, prions, adorons, et ne disputons pas.[79]

EPILOGUE

Ce sont là les dernières lignes qu'écrivit mon oncle; il mourut avec cette résignation à l'Etre suprême, persuadé que tous les savants peuvent se tromper, et reconnaissant que l'Eglise romaine est seule infaillible. L'Eglise grecque lui en sut très mauvais gré, et lui en fit de vifs reproches à ses derniers moments. Mon oncle en fut affligé; et pour mourir en paix il dit à l'archevêque d'Astracan, allez, ne vous attristez pas, ne voyez-vous pas que je vous crois infaillible aussi? c'est du moins ce qui m'a été raconté dans mon dernier voyage à Moscou. Mais je doute toujours de ces anecdotes qu'on débite sur les vivants et sur les mourants.

261-62   K: est la seule

CHAPITRE XXII

Défense d'un général d'armée attaqué par des cuistres

Après avoir vengé la mémoire d'un honnête prêtre, je cède au noble désir de venger celle de Bélizaire. Ce n'est pas que je croie Bélizaire exempt des faiblesses humaines.[1] J'ai avoué avec candeur que l'abbé Bazin avait été trop goguenard,[2] et j'ai quelque pente à croire que Bélizaire fut très ambitieux, grand pillard, et quelquefois cruel, courtisan tantôt adroit, et tantôt maladroit.[3] Ce qui n'est point du tout rare.

Je ne veux rien dissimuler à mon cher lecteur.[4] Il sait que l'évêque de Rome Silverius fils de l'évêque de Rome Hormisdas,[5] avait acheté sa papauté du roi des Goths Théodat.[6] Il sait que Bélizaire se croyant trahi par ce pape,[7] le dépouilla de sa simarre épiscopale, le fit revêtir d'un habit de palefrenier,[8] et l'envoya en prison à Patare en Licie.[9] Il sait que ce même Bélizaire vendit la papauté à un sous-diacre nommé Vigile[10] pour quatre cents marcs d'or de douze onces à la livre;[11] et qu'à la fin ce sage Justinien fit mourir ce bon pape Silvère dans l'île Palmaria.[12] Ce ne sont là que de petites tracasseries de cour dont les panégyristes ne tiennent point de compte.[13]

Justinien et Bélizaire avaient pour femmes les deux plus impudentes carognes[14] qui fussent dans tout l'Empire. La plus grande faute de Bélizaire à mon sens, fut de ne savoir pas être cocu.[15] Justinien son maître était bien plus habile que lui en cette partie. Il avait épousé une baladine des rues,[16] une gueuse qui s'était prostituée en plein théâtre, et cela ne me donne pas grande opinion de la sagesse de cet empereur, malgré les lois qu'il fit compiler ou plutôt abréger par son fripon de Trébonien.[17] Il était d'ailleurs poltron et vain, avare et prodigue, défiant et sanguinaire;[18] mais

5

10

15

20

25

---

10   B: Gothes
15   C, 67X, 68L, 69X, K: fin le sage
15-16   K: mourir le bon
26   K: fripon *Trébonien*

enfin il sut fermer les yeux sur la lubricité énorme de Théodora;[19] et Bélizaire voulut faire assassiner l'amant d'Antonine. On accuse aussi Bélizaire de beaucoup de rapines.[20]

Quoi qu'il en soit, il est certain que le vieux Bélizaire qui n'était pas si aveugle[21] que le vieux Justinien, lui donna sur la fin de sa vie de très bons conseils dont l'empereur ne profita guère.[22] Un Grec très ingénieux[23] et qui avait conservé le véritable goût de l'éloquence dans la décadence de la littérature,[24] nous a transmis ces conversations de Bélizaire[25] avec Justinien. Dès qu'elles parurent, tout Constantinople en fut charmé. La quinzième conversation surtout enchanta tous les esprits raisonnables.[26]

Pour avoir une parfaite connaissance de cette anecdote, il faut savoir que Justinien était un vieux fou qui se mêlait de théologie.[27] Il s'avisa de déclarer par un édit en 564 que le corps de Jésus-Christ avait été impassible et incorruptible, et qu'il n'avait jamais eu besoin de manger ni pendant sa vie ni après sa résurrection.[28]

Plusieurs évêques trouvèrent son édit fort scandaleux. Il leur annonça qu'ils seraient damnés dans l'autre monde et persécutés dans celui-ci, et pour le prouver par les faits il exila le patriarche de Constantinople et plusieurs autres prélats, comme il avait exilé le pape Silvère.[29]

C'est à ce sujet[30] que Bélizaire fait à l'empereur de très sages remontrances. Il lui dit qu'il ne faut pas damner si légèrement son prochain,[31] encore moins le persécuter; que Dieu est le père des hommes;[32] que ceux qui sont en quelque façon ses images sur la terre[33] (si on ose le dire) doivent imiter sa clémence,[34] et qu'il ne fallait pas faire mourir de faim le patriarche de Constantinople sous prétexte que Jésus-Christ n'avait pas eu besoin de manger.[35] Rien n'est plus tolérant, plus humain, plus divin peut-être[36] que cet admirable discours de Bélizaire. Je l'aime beaucoup mieux que sa dernière campagne en Italie dans laquelle on lui reprocha de n'avoir fait que des sottises.[37]

Les savants, il est vrai, pensent que ce discours n'est pas de lui, qu'il ne parlait pas si bien, et qu'un homme qui avait mis le pape

27-28 K: mais il sut

266

Silvère dane un cul de basse-fosse, et vendu sa place quatre cents marcs d'or de douze onces à la livre, n'était pas homme à parler de clémence et de tolérance;[38] ils soupçonnent que tout ce discours est de l'éloquent grec Marmontelos[39] qui le publia. Cela peut être. Mais considérez, mon cher lecteur, que Bélizaire était vieux et malheureux:[40] alors on change d'avis, on devient compatissant.

Il y avait alors quelques petits Grecs envieux, pédants ignorants, et qui faisaient des brochures pour gagner du pain. Un de ces animaux nommé Cogeos, eut l'impudence d'écrire contre Bélizaire,[41] parce qu'il croyait que ce vieux général était mal en cour.[42]

Bélizaire depuis sa disgrâce était devenu dévot; c'est souvent la ressource des vieux courtisans disgraciés, et même encore aujourd'hui les grands vizirs prennent le parti de la dévotion, quand au lieu de les étrangler avec un cordon de soie on les relègue dans l'île de Mitilêne. Les belles dames aussi se font dévotes comme on sait, vers les cinquante ans, surtout si elles sont bien enlaidies; et plus elles sont laides, plus elles sont ferventes. La dévotion de Bélizaire était très humaine; il croyait que Jésus-Christ était mort pour tous, et non pas pour plusieurs.[43] Il disait à Justinien que Dieu voulait le bonheur de tous les hommes:[44] et cela même tenait encore un peu du courtisan; car Justinien avait bien des péchés à se reprocher; et Bélizaire dans la conversation lui fit une peinture si touchante de la miséricorde divine, que la conscience du malin vieillard couronné en devait être rassurée.[45]

Les ennemis secrets de Justinien et de Bélizaire suscitèrent donc quelques pédants qui écrivirent violemment contre la bonté de Dieu.[46] Le folliculaire Cogeos entr'autres s'écria dans sa brochure page 63, *Il n'y aura donc plus de réprouvés!*[47] Si fait, lui répondit-on, tu seras très réprouvé: console-toi, l'ami; sois réprouvé toi et tes semblables,[48] et sois sûr que tout Constantinople en rira. Ah! cuistres de collège, que vous êtes loin de soupçonner ce qui se passe dans la bonne compagnie de Constantinople![49]

65

70

75

80

85

90

68-69   67G, K: pédants, ignorants, et

POSTCRIPTUM

Défense d'un jardinier

Le même Cogeos attaqua non moins cruellement un pauvre jardinier d'une province de Capadoce, et l'accusa page 54[1] d'avoir écrit
ces propres mots, *Notre religion avec toute sa révélation n'est, et ne peut
être que la religion naturelle perfectionnée.*

Voyez, mon cher lecteur, la malignité et la calomnie![2] Ce bon
jardinier[3] était un des meilleurs chrétiens du canton, qui nourrissait
les pauvres des légumes qu'il avait semés, et qui pendant l'hiver
s'amusait à écrire pour édifier son prochain qu'il aimait. Il n'avait
jamais écrit ces paroles ridicules et presque impies, *avec toute sa
révélation* (une telle expression est toujours méprisante:) cet
homme *avec tout son latin, ce critique avec tout son fatras.* Il n'y a pas
un seul mot dans ce passage du jardinier qui ait le moindre rapport
à cette imputation. Ses œuvres ont été recueillies, et dans la dernière édition de 1764 page 252,[4] ainsi que dans toutes les autres
éditions, on trouve le passage que Cogeos ou Cogé[5] a si lâchement
falsifié.[6] Le voici en français tel qu'il a été fidèlement traduit du
grec.

'Celui qui pense que Dieu a daigné mettre un rapport entre lui
et les hommes, qu'il les a faits libres capables du bien et du mal, et
qu'il leur a donné à tous ce bon sens qui est l'instinct de l'homme,
et sur lequel est fondée la loi naturelle, celui-là sans doute a une
religion, et une religion beaucoup meilleure que toutes les sectes
qui sont hors de notre Eglise: car toutes ces sectes sont fausses, et
la loi naturelle est vraie. Notre religion révélée n'est même, et ne
pouvait être que cette loi naturelle perfectionnée. Ainsi le théisme[7]
est le bon sens qui n'est pas encore instruit de la révélation, et les
autres religions sont le bon sens perverti par la superstition.'

Ce morceau avait été honoré de l'approbation du patriarche de

100   AC, B, C, 67X, 67G, 68L, NM68, 69X: semées
104   B: *son fracas.* Il
114-15   W68, W70L, W71, W75G, K: doute a une religion beaucoup meilleure

268

Constantinople[8] et de plusieurs évêques; il n'y a rien de plus chrétien, de plus catholique, de plus sage.

Comment donc ce Cogé osa-t-il mêler son venin aux eaux pures de ce jardinier? Pourquoi voulut-il perdre ce bonhomme et faire condamner Bélizaire?[9] N'est-ce pas assez d'être dans la dernière classe des derniers écrivains?[10] faut-il encore être faussaire? Ne savais-tu pas, ô Cogé, quels châtiments étaient ordonnés pour les crimes de faux? Tes pareils sont d'ordinaire aussi mal instruits des lois que des principes de l'honneur. Que ne lisais-tu les instituts de Justinien au titre de *Publicis judiciis*, et la loi *Cornelia*.[11]

Ami Cogé, la falsification est comme la polygamie; *c'est un cas, un cas pendable.*[12]

Ecoute, misérable, vois combien je suis bon, je te pardonne.[13]

DERNIER AVIS

Au lecteur

Ami lecteur, je vous ai entretenu des plus grands objets, qui puissent intéresser les doctes, de la formation du monde selon les Phéniciens, du déluge, des dames de Babilone, de l'Egypte, des Juifs, des montagnes et de Ninon.[1] Vous aimez mieux une bonne comédie, un bon opéra-comique, et moi aussi. Réjouissez-vous; et laissez ergoter les pédants. La vie est courte. Il n'y a rien de bon, dit Salomon,[2] que de vivre avec son amie et de se réjouir dans ses œuvres.[3]

130-31   w68, K: les institutes de

NOTES

Avertissement essentiel ou inutile

1. Sur le sens de ce titre, voir l'introduction, p.28-29.

2. Allusion ironique aux premiers mots du *Supplément*, que Voltaire lui-même expliquera au début du chapitre 2 (voir ch.2, n.1). Logiquement, cette explication eût été ici mieux à sa place. Mais on sait que l'"Avertissement' n'a été composé qu'après les dix-neuf premiers chapitres (voir l'introduction, p.28).

3. 'Des ongles et du bec'. L'expression désigne avec bonheur la particulière vigueur polémique des seize premiers chapitres. Voltaire venait de l'employer dans la vingt-sixième des *Honnêtetés littéraires* (M.xxvi.159). Mais Larcher ne la goûtera guère: 'Le digne neveu de M. l'Abbé [...] a défendu la mémoire de son cher oncle, *unguibus et rostro*, comme il le dit très élégamment' (S.69, p.193).

4. Voltaire n'est pas tout à fait sincère, puisque l'ecclésiastique à qui il a d'abord imputé le *Supplément* n'était ni jeune ni dissolu: l'abbé Foucher avait soixante-trois ans en 1767 et ses convictions jansénistes ne permettaient guère de lui supposer des mœurs relâchées.

5. Sur l'intérêt qu'offre cette précision, voir l'introduction, p.28.

6. La manière dont Voltaire a forgé cette légende et les raisons qu'il a eues de l'accréditer ont été examinées au chapitre 2 de l'introduction.

7. Sur l'intérêt qu'offre ce sommaire, voir l'introduction, p.28.

8. Le trait fait sourire par son ironie voilée. Le ton est très proche de celui du passage du chapitre 13 concernant Warburton.

9. Sur cette pure rodomontade, voir l'introduction, p.128.

10. Répondant à une difficulté sur l'âge d'Abraham que Voltaire avait soulevée dans la *Philosophie de l'histoire* (elle sera reprise dans la *Défense* au chapitre 8), Larcher avait jugé irrecevable le témoignage de saint Etienne prêtant à la Genèse une affirmation sur ce sujet qu'elle ne contient pas explicitement, probablement parce que sa mémoire l'a trahi. Il explique alors que les auteurs sacrés sont, comme les autres hommes, sujets à l'erreur et que le Saint-Esprit les a inspirés seulement lorsqu'il s'agissait du dogme et de la morale (S.67, p.298). Nul autre poison à déguiser ici que celui de Voltaire qui, en tronquant malignement la citation de son adversaire, lui fait dire tout autre chose.

Dédaignant de relever ces sarcasmes du neveu, Larcher répondra longuement en 1769 aux partisans de l'inspiration totale et continue des écrivains sacrés, que ses restrictions de 67 ont alarmés: il leur remontre habilement le danger d'une position donnant 'beau jeu aux incrédules' et les invite en particulier à ne plus prétendre que tous les faits historiques énoncés dans l'Ecriture soient de foi (S.69, p.182-88).

11. Larcher avait précisément remarqué qu'il fallait admettre l'inspiration divine en matière de morale aussi bien qu'en matière de dogme.

12. Ces exemples sont précisément ceux dont l'ironie voltairienne tire les meilleurs effets dans l'article 'Conciles', ajouté cette même année 1767 au *Portatif* (voir M.xviii.220-21).

13. On sait que ce dogme inspirera à Voltaire, en 1767 également, une de ses pages les plus violentes: c'est l'article 'Transsubstantiation' ajouté cette année-là au *Portatif*.

14. Cette insinuation perfide sur la confection tardive du symbole des apôtres sera développée dans l'article 'Credo' ajouté en 1769 au *Portatif* (M.xx.465-67).

15. Ironie voilée par l'apparente orthodoxie de cette proposition: Voltaire n'a que mépris pour le dogme catholique, défini en 1767, dans l'article 'Arius' du *Portatif*, comme une 'vaine science de mots'. Si les dogmes étaient autre chose qu'une invention humaine, l'homme ne les pourrait connaître par lui-même et il faudrait que Jésus-Christ les lui eût expressément révélés dans l'Evangile, ce qui n'est malheureusement pas le cas (voir l'article 'Christianisme', M.xviii.168). D'invention humaine exclusivement, les dogmes ne sont donc le plus souvent que des élucubrations de théologiens révoltant la raison, comme par exemple la résurrection des morts, la grâce, la Trinité ou la divinité de Jésus, qui font chacune l'objet d'un article dans le *Portatif* (les articles 'Antitrinitaires' et 'Divinité de Jésus' datent même de 1767).

16. Voir l'introduction, p.140.

17. Voir l'introduction, p.130.

Exorde

1. 'Il est bien difficile de croire l'aventure de Childéric et d'une Bazine, femme d'un Bazin', notait déjà Voltaire en 1765 (Voltaire 59, p.272). Selon les anciens chroniqueurs (Grégoire de Tours, Frédégaire, Aimoin) Childéric 1er (436?-481), roi des Francs saliens et fils présumé de Mérovée, monta sur le trône en 457, mais se fit bientôt chasser par ses sujets pour sa luxure. Il trouva asile chez le roi Basin en Thuringe, mais conçut pour sa femme Basine un amour bientôt réciproque. Huit ans plus tard Childéric rappelé par son peuple fut rejoint peu après par son amante, qu'il épousa, et dont il eut Clovis. On trouvera à l'article 'Basine' du *Dictionnaire* de Bayle le détail de la polémique d'historiens contemporains divisés sur la valeur morale du comportement de la mère de Clovis. Mais le P. Daniel jugeait déjà cet épisode plus légendaire qu'historique. La critique de Voltaire se fonde, entre autres, sur la féminisation de Bazin en Bazine, phénomène linguistique évidemment inconnu dans les parlers d'Outre-Rhin.

2. Sanctionnant la victoire de la Turquie sur l'Autriche, ce traité du 1er septembre 1739 mit fin à l'expansion autrichienne dans les Balkans: Belgrade

272

était démantelée et l'Autriche rendait la Valachie et la Serbie dont elle s'était emparée en 1718. Charles VI se résolut à grand-peine à signer une paix si désavantageuse.

3. Dans ce curriculum de son 'bon oncle' esquissé par le neveu attendri, transparaît sans doute la vive conscience de ce qu'il eût fallu voir et savoir à l'auteur de la *Philosophie de l'histoire* pour être pleinement à la hauteur de son sujet: possession des langues orientales (arabe, cophte, chinois), connaissance *de visu* et non pas seulement livresque des grands sites et pays de l'Orient (Constantinople, Egypte, etc.). Déjà le 'vrai théologien' présenté dans le *Portatif* en 1765 'possédait les langues de l'Orient, et était instruit des anciens rites des nations autant qu'on peut l'être. Les brachmanes, les Chaldéens, les ignicoles, les sabéens, les Syriens, les Egyptiens, lui étaient aussi connus que les Juifs' (M.xx.516). On notera aussi que l'abbé Bazin se retire à Pétersbourg: rêve secret de Voltaire de finir ses jours auprès de sa chère 'Cathau' (à qui l'abbé Bazin avait déjà dédié sa *Philosophie de l'histoire*), ou tout au moins d'aller la voir s'il était plus jeune?

4. Le savant orientaliste Joseph de Guignes (1721-1800) fit grand bruit dans le monde savant en 1759 par son *Mémoire dans lequel on prouve que les Chinois sont une colonie égyptienne* (Paris 1760). Il appuyait sa thèse sur la conformité frappante qu'il avait cru découvrir entre les caractères chinois et phéniciens. Ce caractère dérivé de l'écriture chinoise par rapport aux langues phénicienne, copte ou hébraïque, le persuada 'que toute l'ancienne Histoire de la Chine n'était autre chose que l'Histoire d'Egypte qu'on a mise à la tête de celle de la Chine' (p.37). Il s'ensuit que 'les Chinois en recevant les usages des Egyptiens se sont aussi approprié leurs annales [...] qu'ils ont placé à la tête de leurs Dynasties des Princes qui régnaient en Egypte et que la communication entre les deux nations s'est faite après le temps de Ménès' (p.76). La colonie égyptienne ne serait venue en Chine qu'en 1122 avant J.-C. La thèse de de Guignes fut combattue par Paw et surtout Deshauterayes, orientaliste de renom, qui la réfuta point par point dès 1759 dans ses *Doutes sur la dissertation de M. de Guignes*.

5. Cette grotesque correspondance des syllabes (mé = y et nès = u) est une pure invention de Voltaire faite pour donner tout son poids d'ironie à l'adverbe 'visiblement'. En fait, de Guignes avait cru retrouver dans les noms des quatre empereurs chinois successifs Yu, Ki, Kang et Tchong ceux de quatre rois égyptiens successifs: Ménès, Athoès, Diabiès et Pemphos.

6. Naïveté de Voltaire, qui trahit son incapacité à recourir au texte grec d'Hérodote. Les manuscrits offrent en effet bien des variantes approximatives du nom égyptien.

7. Lorsque parut en 1759 le *Mémoire* de J. de Guignes, Voltaire écrivant alors une préface à son *Histoire de l'empire de Russie sous Pierre le Grand* ne put s'empêcher d'y ridiculiser l'''étrange entreprise' de vouloir faire descendre les Chinois d'une colonie égyptienne. S'il sait gré à son ami Mairan de ne l'avoir envisagée que comme une hypothèse, il ne pardonne pas à de Guignes sa prétention de 'convertir en certitude [des] conjectures' et lui prête par dérision les raisonne-

ments de Pangloss (voir M.xvi.381-82). Lorsque Mairan envoya à Voltaire en 1760 ses lettres au P. Parrenin qu'il venait de publier (voir ch.12, n.11), le railleur s'expliqua sans détour: 'il y a longtemps que je regarde vos Lettres au père Parenin et ses réponses, comme des monuments bien prétieux; mais n'allons pas plus loin, s'il vous plaît [...] quand m^r Guignes a voulu conjecturer après vous il a rêvé très creux. J'ai été obligé en conscience de me moquer de lui (sans le nommer pourtant) [...] je vous avoüe que j'éclattai de rire en voyant que le Roy Yu était précisément le roy d'Egipte Menès [...] J'étais émerveillé qu'on fût si doctement absurde dans nôtre siècle' (D9126). Dans son compte rendu de la *Défense de mon oncle*, Grimm approuvera Voltaire d'avoir raillé de Guignes (CLT, vii.367).

8. A la mort de son maître le célèbre orientaliste Fourmont (décembre 1745), J. de Guignes le remplaça à la Bibliothèque royale dans le rôle de secrétaire interprète pour les langues orientales. Il devint aussi en 1757 titulaire de la chaire de syriaque au Collège royal. 'L'esprit de charité' a consisté à ménager de Guignes en évitant de le nommer dans la 'Préface' où Voltaire a raillé son système. Si vraiment il l''estimait fort', cette estime n'allait qu'à la personne, mais non à ses idées et à ses travaux, Voltaire ne goûtant que très médiocrement l'*Histoire des Huns*.

9. Voir l'introduction, p.14-15.

10. Ce médecin grec avait écrit l'histoire de la Perse en vingt-trois livres, mais était tenu dès l'Antiquité pour un historien douteux. Il ne reste de lui que deux extraits dont Larcher sera le premier à donner une traduction française dans la seconde édition de son *Hérodote*, précisément pour montrer le peu de cas qu'il faut en faire (*Histoire d'Hérodote*, 2e éd., 1802, i.LXI).

11. Annonce des attaques dont Hérodote sera l'objet aux chapitres 2, 6, 9 et 21. Toutefois, avant 1767 et la querelle avec Larcher sur la prostitution sacrée, Voltaire a porté sur Hérodote des jugements critiques assez modérés. S'il notait dès 1726 le fait peu croyable de cette prostitution (Voltaire 81, p.68), il distingue, dans *Des mensonges imprimés* (1749; M.xxiii.439), entre la fausseté de ce que lui ont rapporté les prêtres et l'exactitude de ses observations personnelles. Même idée dans l'article 'Histoire', rédigé pour l'*Encyclopédie* en 1756 (mais qui n'y paraîtra qu'en 1765). Le ton est plus réservé en 1764 dans le *Portatif* (article 'Circoncision'; M.xviii.190). L'année suivante est invoqué au début de la *Philosophie de l'histoire* le témoignage d''Hérodote, qui ne ment pas toujours' (Voltaire 59, p.90). Mais après la polémique avec Larcher, les critiques se feront plus dures et plus fréquentes: s'il est quelquefois véridique, Hérodote n'est à prendre le plus souvent que pour un 'faiseur de contes' qui 'a mêlé trop de fables avec quelques vérités' (M.xvii.512).

Chapitre I. De la Providence

1. Cette désignation vague a d'abord trahi un réel embarras de Voltaire: lorsqu'il écrivait les premiers chapitres de la *Défense de mon oncle*, vraisemblablement dans les dernières semaines d'avril, c'était sans connaître encore l'identité de l'adversaire. On sait que Damilaville ne percera pas le mystère de cet anonymat avant le 18 mai (voir l'introduction, p.25-26).

2. Rien ne caractérise plus mal le *Supplément*, ouvrage encore plus érudit que polémique. C'est en fait, avec le titre drôlatique de 'Supplément aux idées de mon oncle', et la dénonciation des 'intentions perverses' de son auteur, l'indication discrètement donnée aux lecteurs de la 'bonne compagnie' qu'on a songé d'abord à les amuser dans ces premiers chapitres; y seront dénoncées, dans une cascade de galéjades parfois bouffonnes, les prétendues impiétés et turpitudes morales de l'ennemi.

3. Les dernières pages de la préface du *Supplément* avaient dénoncé le 'Capanée' qui venait encore d'épuiser 'dans son Dictionnaire philosophique tous les sophismes que lui a pu suggérer une imagination déréglée'. Comme Voltaire ne cessait alors, on le sait, de désavouer le *Portatif*, Larcher avait cru devoir justifier en note cette attribution: 'Cet ouvrage est sûrement du prétendu Abbé Bazin. Je n'en citerai qu'un endroit: Ex ungue leonem.' Et Larcher de rapporter les premières lignes de l'article 'Guerre' (1764) où Voltaire observe de la peste et de la famine que 'ces deux présents nous viennent de la Providence' (M.xix.318, n.1). Larcher est indigné (voir ci-dessus son commentaire p.80, n.26). C'est probablement l'emploi ironique du mot 'présent' qui a révolté Larcher: Dieu ne peut faire cadeau du mal aux hommes, ce qui serait le vouloir positivement. Tout au plus peut-il le permettre. Voltaire avait pourtant affirmé avec éclat dans la préface du *Portatif* (1765) l'utilité et la nécessité du 'dogme de la Providence'.

4. Autrefois appliqué à tous les peuples n'étant pas de la religion chrétienne et principalement aux musulmans, le mot mécréant 'ne se dit plus guère qu'en dénigrement et en parlant d'un Chrétien qui ne croit point les dogmes de sa Religion et qu'on regarde comme un impie' (*Académie 62*). Larcher repoussera dédaigneusement l'accusation de mécréance dans la *Réponse à la Défense de mon oncle* (p.12).

5. L'habile neveu s'est bien gardé de reprendre le même terme que son oncle: si la guerre et la famine sont des 'présents' de la Providence, Dieu est un être cruel qui prend un malin plaisir à se moquer de ses créatures en les affligeant. Mais si elles deviennent des 'fléaux qui nous éprouvent et des châtiments qui nous punissent', le mal même entre dans le dessein divin d'amender les hommes et servira à l'avènement de leur propre bien.

6. C'est bien une vérité que croit Voltaire, pourvu que l'on ne désigne par Providence que l'horloger réglant la marche de l'horloge, ainsi que le précisera en 1771 le métaphysicien à sœur Fessue: 'Je crois la Providence générale, ma chère sœur, celle dont est émanée de toute éternité la loi qui règle toute chose,

comme la lumière jaillit du soleil; mais je ne crois point qu'une Providence particulière change l'économie du monde pour votre moineau ou votre chat' ('Providence', *Questions sur l'Encyclopédie*; M.xx.295).

7. Allusion à l'épisode rapporté au II Samuel xxiv: sous le roi David, cadet des fils d'Isaï (alias Jessé; les deux noms se trouvent dans la Vulgate), la colère du Seigneur s'alluma contre Israël et 'incita David contre son peuple.' Calmet traduit ainsi cet endroit du texte hébreu, en expliquant que Dieu 'inspira ce mauvais dessein' au roi de procéder au recensement de son peuple. C'est donc Dieu lui-même qui inspire à David l'idée dont il va bientôt après le punir, en lui donnant le choix entre les trois châtiments que dit Voltaire. On devine donc tout ce qui s'est glissé d'ironie dans la question: 'ne mit-il pas un frein à la fausse politique du fils de Jessé, qui prétendait connaître à fond la population de son pays?'

C'est par l'entremise du prophète Gad que Yahvé mit David en demeure de choisir entre trois ans de famine, trois mois de fuite devant l'ennemi ou trois jours de peste. David choisit la peste et aussitôt Yahvé frappa Israël. Le verset 15 précise: 'Immisitque Dominus pestilentiam in Israël de mane usque ad tempus constitutum et mortui sunt ex populo [...] septuaginta millia virorum.' Le 'quart d'heure' est donc une exagération maligne de Voltaire.

8. Allusion au premier livre de Samuel, racontant le retour chez les Hébreux de l'arche d'alliance dont s'étaient emparés les Philistins. Les habitants de Bethsamès auraient fait preuve en l'accueillant d'une curiosité indiscrète: 'v. 19. Or le Seigneur punit de mort les habitants de Bethsamès, parce qu'ils avaient regardé l'Arche du Seigneur; et il fit mourir soixante-dix personnes du peuple et cinquante mille hommes du petit peuple' (traduction de Dom Calmet, *Commentaire littéral*, v.79).

9. Allusion à une révolte des Lévites contre Moïse et Aaron, rapportée dans les Nombres xvi et xvii. Moïse, outré de colère, obtint de Yahvé que les chefs des révoltés fussent aussitôt engloutis par la terre avec leurs familles et leurs biens. Quant à leurs deux cent cinquante partisans, ils furent non pas engloutis, mais consumés à l'instant par le feu du ciel (Nombres xvi.35). Cependant le peuple tout entier se révoltait dès le lendemain contre Moïse et son frère, pour avoir fait périr tant de Lévites. Yahvé le châtia à son tour, en faisant sortir de la terre un feu qui consuma quatorze mille sept cents personnes (Nombres xvii.14).

10. C'est la dernière des dix plaies dont Yahvé dut successivement frapper l'Egypte pour faire consentir Pharaon au départ d'Israël. Le texte de l'Exode présente généralement Yahvé comme exécutant lui-même la vengeance qu'il a résolue (voir xi.4, xii.29); il est cependant question de l'ange exterminateur en xii.23, lorsqu'il est prescrit à chaque Israélite de oindre les linteaux de sa porte du sang de la pâque, pour que l'ange évite, à la vue de ce signe, de frapper sa maison.

11. Ce roi d'Assyrie venu réprimer une révolte d'Ezéchias, roi de Juda, dut soudain faire face à Thiraca, roi de Chus, qui se disposait à l'attaquer. Mais

dans la nuit précédant le combat, l'ange de Yahvé frappa cent quatre vingt-cinq mille hommes du camp assyrien. Le lendemain matin Sennacherib n'eut d'autre ressource que de se replier précipitamment à Ninive (II Rois xix.35-36).

12. Allusion à une parole du Christ rapportée sensiblement dans les mêmes termes par Luc (xii.7) et Matthieu (x.30).

13. C'est ce que Voltaire avait appelé dans la préface du *Portatif* (1765) le 'dogme de la Providence universelle', affirmation d'un déisme rigoureusement déterministe, comme on le verra par l'article 'Providence' des *Questions sur l'Encyclopédie* (1771; M.xx.295). En concevant Dieu comme l'Etre suprême qui a assujetti l'univers à ses lois immuables, Voltaire ne peut évidemment que rejeter la conception chrétienne de la Providence: le dogme de la grâce est une monstruosité philosophique parce qu'il suppose une action particulière de Dieu sur les sentiments ou les actions d'un individu, qui se trouverait ainsi exempté du déterminisme universel. Pour les mêmes raisons, la notion de miracle est absurde et la liberté humaine un leurre. Par conséquent tout ce qui se produit dans l'univers nous vient nécessairement de la main de ce Dieu qui a tout réglé; ce qui le fait apparaître, selon le tour des événements, comme une 'Providence tantôt terrible et tantôt favorable', devant qui l'on ne peut que 'se prosterner', parce qu'aucune de nos prières ne saurait jamais l'amener à déranger l'ordre immuable du monde.

14. *Académie 62* donne à cet adjectif trois sens dont le dernier est celui qui convient le mieux au contexte: 'funeste, qui produit de grands malheurs, qui a des suites malheureuses'.

Chapitre II. L'apologie des dames de Babylone

1. Après une longue préface, Larcher commençait ainsi: 'J'ai exposé [...] les raisons qui m'ont fait mettre la plume à la main: sans autre préambule j'entre en matière' (S.67, p.49). Il tentera de répondre sur le même ton aux brocards de Voltaire: 'malgré le léger différend qui m'a fait 'mettre la main aux armes', je n'en suis pas moins disposé à convenir de votre mérite'; et il explique en note: 'Ami lecteur, admirez ma docilité. J'avais dit dans le Supplément mettre les armes à la main. M. Orbilius prétend que cette phrase n'est pas française. Je me corrige' (*Réponse*, p.36 et 37, n.1).

2. Cette simple phrase 'résume' très cavalièrement les trente premières pages du *Supplément*, d'une lecture, il est vrai, fort peu égayante. Selon Voltaire, Jephté aurait reconnu l'existence de Chamos, le dieu des Ammonites: Larcher repousse 'cette objection puérile' non sans un dédain agressif, même s'il n'injurie pas à proprement parler (S.67, p.52-53). Voltaire avait nié que l'empire d'Assyrie existât au temps de Jonas: Larcher s'indigne de la faiblesse de ses arguments, puis tente laborieusement de débrouiller la chronologie assyrienne, ce qui lui donne occasion de discuter l'identité du personnage d'Assur. Bref, cette profes-

sion d'une érudition pesante est le fait d'un homme qui non pas 'déraisonne', mais raisonne trop longtemps et ennuie. Il est certain que tout cela 'ne fait rien aux dames'. 'On ne peut guère faire naître des fleurs au milieu de tant de chardons', écrivait Voltaire à Damilaville le 24 juin (D14235).

3. Voltaire avait jugé invraisemblable dans la *Philosophie de l'histoire* que ces deux grandes capitales fussent distantes de quarante lieues seulement (Voltaire 59, p.123). Larcher se fondant sur les mesures du géographe d'Anville, lui rétorque qu'il y en avait cent à vol d'oiseau et non quarante, alors que Paris et Londres ne sont pas à cent lieues l'une de l'autre (S.67, p.295-96).

4. C'est l'un des signes d'appartenance à la bonne compagnie, dont les dames font partie intégrante, que ce 'profond respect' qu'on leur montre. Les pédants, les folliculaires, les crasseux chassés des collèges sont exclus de leur société et par là ignoreront toujours la politesse et le bon ton: 'L'autheur n'est ny poli ny gai', écrivait Voltaire de Larcher le 20 juin. 'Il est hérissé de grec. Sa science n'est pas à l'usage du beau monde et des belles dames' (D14232). Le Breton se fera morigéner un peu plus tard pour avoir employé le mot 'cul de sac' (M.ix.512).

Voltaire n'hésitera pourtant pas à employer plus loin le mot 'bordel', même si 'c'est un terme malhonnête et qui ne se dit point en bonne compagnie' (*Académie 62*). Mais Diderot justifiera Voltaire, devant des dames que révoltait 'la grossièreté prétendue' qu'elles trouvaient aux premiers chapitres de la *Défense*, d'avoir préféré 'l'expression cynique qui est toujours la plus simple', parce qu'il est à un âge où 'la liberté de ton ne peut plus rendre les mœurs suspectes' (A-T.xi.56).

5. Voltaire n'a jamais pu admettre la prostitution sacrée à Babylone. Il consignait cette invraisemblance dans ses *Notebooks* dès les années 1720 (Voltaire 81, p.68). Aussi avait-elle été relevée avec éclat dans la *Philosophie de l'histoire*, comme le type même de ces fables d'historiens anciens que les historiens modernes devraient rejeter sans balancer, s'ils avaient le moindre sens critique, parce qu'elles révoltent la raison: 'De bonne foi, cette infamie peut-elle être dans le caractère d'un peuple policé? Est-il possible que les magistrats d'une des plus grandes villes du monde aient établi une telle police? que les maris aient consenti de prostituer leurs femmes? que tous les pères aient abandonné leurs filles aux palefreniers de l'Asie? Ce qui n'est pas dans la nature n'est jamais vrai' (Voltaire 59, p.129). De deux choses l'une: ou bien Hérodote est un amateur de fables, ou bien son texte est corrompu. Voltaire ne reculera même pas devant une explication naïvement rationnelle et rassurante, qui trahit au fond un manque total de respect pour le texte: 'Je crois qu'Hérodote a voulu dire que les prêtres qui habitaient dans l'enceinte qui entourait le temple pouvaient coucher avec leurs femmes dans cette enceinte qui avait le nom de temple' (Voltaire 59, p.205).

Les critères de nature et de raison restent malheureusement très discutables, comme l'avait souligné Grimm, prenant bien avant Larcher la défense d'Hérodote dans son compte rendu de la *Philosophie de l'histoire*: 'Cela s'appelle raisonner de mauvaise foi, ou du moins peu philosophiquement. Ce qui n'est pas dans la nature n'est jamais vrai? mais malheureusement les usages les plus abominables sont dans la nature de l'homme. Qu'on conserve le raisonnement de M. Bazin mot pour mot, et qu'on l'applique à cet autre usage infiniment plus affreux, quoique incontestable et presque général, de sacrifier des victimes humaines, et l'on verra comme il sera concluant' (CLT, vi.278).

6. C'est profondément inexact: Larcher n'est pas Rollin et ne saurait être taxé de crédulité aveugle. Par sa lucidité, sa démarche, sa mesure et son caractère complet, sa réponse est au contraire un modèle de critique historique: elle s'ouvre par de judicieuses considérations générales sur le pouvoir de la superstition, capable d'étouffer la voix de la nature. Ce sont les arguments mêmes de Grimm: les sacrifices d'enfants prouvent que la force d'une prescription religieuse peut l'emporter même sur l'amour maternel; les Lupercales qu'on peut oublier toute pudeur. 'Dès que la superstition a autorisé un usage, on n'y trouve plus rien qui y répugne, ou du moins on sacrifie ses répugnances, et même l'on s'en fait un nouveau mérite' (S.67, p.88).

Larcher relève ensuite les trois déformations que Voltaire a fait subir au témoignage d'Hérodote: 1) les Babyloniennes devaient se prostituer une fois dans leur vie et non 'au moins une fois'; 2) l'union se faisait en dehors du temple et non pas devant l'autel et en public; 3) les femmes de haut rang, qui attendaient à part, n'allaient pas nécessairement dans les bras des palefreniers, mais des étrangers. Si par hasard des palefreniers étaient du nombre, ne crions pas trop vite à l'invraisemblance: pareille situation se produit chez les musulmans de haut rang désirant reprendre une femme répudiée: on doit la marier d'abord à un homme du peuple qui la répudiera à son tour dès le lendemain (S.67, p.89-91). En outre, le témoignage d'Hérodote est corroboré par celui de Jérémie qui a parlé allusivement de la prostitution sacrée aux Juifs emmenés captifs à Babylone dans une lettre dont Larcher cite le texte et qu'il éclaire par celui d'Hérodote (p.91 ss). Inutile de supposer que celui-ci a été corrompu: le témoignage d'Hérodote est parfaitement recevable.

7. Le 'profond respect' que l'on a pour les dames ne rend pas nécessairement bon historien, comme Grimm en fera la remarque: 'Les arguments de M. Bazin contre le récit d'Hérodote sont d'un homme fort poli, fort élégant et du meilleur ton; l'on voit bien que M. Bazin a toujours vécu dans la meilleure compagnie du XVIIIᵉ siècle; mais ses arguments ne prouvent rien sur les mœurs de Babylone' (CLT, vii.368).

8. Il s'agit de la femme du premier président du Parlement de Paris et de la femme du chancelier: 'Grand Officier de la Couronne et chef de la Justice en France' (*Académie 62*).

9. Pour toute réponse à Grimm et à Larcher, Voltaire s'est contenté d'accentuer dans ce paragraphe la drôlerie d'une transposition dans la vie parisienne, déjà suggérée dans la *Philosophie de l'histoire* (Voltaire 59, p.129) et qu'à l'époque Grimm n'avait guère prisée: 'Cette opposition des palefreniers de l'Asie avec les dames de Babylone, qu'on fait ressembler par son pinceau aux dames de

Paris, n'est pas trop digne d'un philosophe qui doit savoir que des usages barbares dans leur origine se conservent bien dans des temps plus policés, mais se raffinent à mesure que les mœurs se perfectionnent' (CLT, vi.278). Même lorsqu'il reviendra à cet épisode sur un ton sérieux, en 1773, Voltaire se montrera incapable de le penser autrement qu'à travers sa transposition dans le monde moderne (M.xxix.256).

10. Voir ch.8, n.12.

11. 'Gêner' a ici son sens fort: 'tenir en contrainte, mettre quelqu'un dans un état violent en l'obligeant de faire ce qu'il ne veut pas, ou en l'empêchant de faire ce qu'il veut' (Académie 62).

12. Pas exactement: ce que Samuel souligne, c'est qu'un roi ne manquera pas de lever une dîme sur son peuple, qu'il distribuera ensuite à ses eunuques et à ses officiers (I Samuel viii.15). Voltaire avait été plus exact en rapportant ce détail dans l'Essai sur les mœurs (Essai, ii.783).

13. Ces trois questions, données pour celles du simple bon sens, ne font que développer l'axiome posé dans la Philosophie de l'histoire: 'Ce qui n'est pas dans la nature n'est jamais vrai'. Il est intéressant de comparer les réponses de Grimm et Larcher. Grimm reproche à Voltaire les excès et aussi la naïveté d'un pyrrhonisme qui croit pouvoir juger au nom d'une raison authentiquement universelle, c'est-à-dire d'un étalon illusoire (voir CLT, vii.368-69). Larcher en 1769 insistera plutôt sur la nature et le degré des certitudes auxquelles peut prétendre l'historien: elles n'auront jamais rien de mathématique (S.69, p.123). Dans son Mémoire sur Vénus (1775), il donnera le consensus des historiens anciens sur la réalité de cette prostitution sacrée comme une preuve dont l'historien moderne ne peut raisonnablement douter.

14. On dirait aujourd'hui: 'n'aurait dû' le croire. (Ce latinisme est encore courant au dix-huitième siècle: avec les verbes 'devoir' et 'pouvoir' l'indicatif reste ordinairement substitué au conditionnel. Voir F. Brunot, Histoire de la langue française, vi.1816).
Le reproche de Voltaire tombe moins sur les contemporains d'Hérodote que sur les historiens postérieurs qui, comme Rollin, le copient sans discernement.

15. La 'grande raison' de Larcher n'était pas sans force: pour prouver à Voltaire que le pouvoir de la superstition peut l'emporter sur celui de la nature, il avait allégué les mères sacrifiant leurs enfants à Moloch et les sacrifices humains des druides (S.67, p.87-88), que Voltaire lui-même avait évoqués en parlant 'des Teutatès, à qui des druides sacrifiaient les enfants de nos ancêtres' (Voltaire 59, p.155). Larcher en a profité pour relever deux erreurs que Voltaire a fait ici disparaître discrètement (Il n'y a qu'un dieu nommé Teutatès et on lui sacrifiait des hommes et non des enfants). Larcher se raillera en 1769 de cette docilité si discrète (S.69, p.193).

16. Ce que dit simplement l'Ecriture (Nombres xxxi.31-40), c'est qu'après la victoire d'Israël sur les Madianites, la moitié de ces trente-deux mille pucelles fut donnée aux combattants, à l'exception de trente-deux qui furent 'réservées

pour la part du Seigneur'. Cela signifie-t-il nécessairement qu'elles furent immolées? Calmet n'en dit rien et Voltaire se posera au moins la question dans la *Bible enfin expliquée* (M.xxx.113, n.1).

17. Les ravages exercés par l'Inquisition contre les juifs en Espagne ont été précisés dans l'*Essai sur les mœurs* aux chapitres 102 (ii.58) et 140 (ii.297-98). Torquemada en quatorze ans en jugea quatre-vingt mille et en fit brûler six mille.

18. C'est en effet la seule forme correcte en espagnol, comme Voltaire le rappellera à Panckoucke le 25 septembre 1767: 'Il ne serait pas mal de mettre dans vôtre errata, que nous prononçons auto-da fé par corruption, et que les espagnols disent auto-de fé' (D14441). On notera qu''auto-da-fé' est la forme correcte en portugais.

19. Ville côtière des Indes, bâtie sur une île à l'embouchure du fleuve Mandoua, au sud du Gange. Dans les *Fragments historiques sur l'Inde* (1773), Voltaire notera de Goa qu'elle 'est malheureusement célèbre par son Inquisition, également contraire à l'humanité et au commerce' (M.xxix.116).

20. La drôlerie de cette seconde transposition à Notre-Dame de Paris, peut-être émoussée, parvient mal à masquer l'insigne faiblesse de la réponse. Voltaire paraît être resté curieusement incapable de comprendre quel type de rapport pouvait être établi entre cette prostitution sacrée et les sacrifices humains: puisque dans les deux cas la superstition religieuse est capable d'étouffer la voix de la nature, le premier n'est pas plus invraisemblable que le second, auquel Voltaire croit sans peine et qui pourtant blesse la nature bien davantage. Mais en 1770 il se montrera toujours aussi peu perméable à cette logique (voir M.xvii.513) et, en 1773, pensera améliorer sa réponse en attribuant les sacrifices humains à la superstition, qui 'est souvent très barbare', et la prostitution babylonienne à une *ordonnance du législateur* – ce qu'Hérodote n'a jamais dit! – , toujours incapable de reconnaître qu'il s'agit dans l'un et l'autre cas de l'observation d'une prescription *religieuse* et par là assez puissante pour contrarier la nature (voir M.xxix.256).

21. Un raisonnement *a fortiori* ne remplace pas une enquête d'historien: Voltaire fait ici bon marché des informations du 'savant Hyde' (M.xiv.561), dont le chapitre 3 traite entre autres du culte de Vénus; il n'y doute aucunement de la réalité de cette prostitution sacrée, s'appuyant lui aussi sur les témoignages d'Hérodote et de Jérémie (voir *Veterum Persarum ... Historia*, p.89-90). Une ironie du sort amènera Voltaire à remarquer du livre de Hyde en 1773 qu'il 'méritait d'être mieux digéré' (M.xxix.168).

22. Baruch, fidèle disciple et secrétaire de Jérémie, a laissé un court livre se terminant par une copie de la lettre de Jérémie déjà mentionnée (voir n.6). Larcher en avait cité en ces termes les versets 42 et 43: 'On voit, dit-il, [à Babylone] des femmes environnées de cordes; elles sont assises dans les allées *du Temple* [en note: 'Je rendrai plus bas raison de la manière dont je traduis cet endroit'], brûlant des noyaux d'olives. Lorsque quelqu'une d'entre elles a été emmenée par quelque passant, et qu'elle a dormi avec lui, elle reproche à sa

LA DÉFENSE DE MON ONCLE

voisine qu'elle n'a pas été jugée comme elle digne d'honneur, et que sa corde n'a point été rompue'. Larcher établit ensuite, par plusieurs autres citations de cette lettre, qu'elle vise à détourner les Juifs en partance pour Babylone des cultes des faux dieux qui s'y rencontrent à profusion. 'La cérémonie qu'observaient les femmes *in viis*, dont parle tout de suite le prophète, y a donc un rapport immédiat. Elles brûlent, dit la Vulgate, des noyaux d'olives [...] Or il est naturel de penser que cette cérémonie, qui se pratiquait en l'honneur des Dieux, se faisait dans leur Temple. Il ne faut donc point interpréter *in viis sedent*, sont assises dans les rues, mais, sont assises dans les allées *du Temple*. Ce qui répand de l'obscurité sur ce passage, c'est le style serré et concis du prophète. Il parlait à des gens instruits de cet usage, à qui peu de paroles suffisaient pour le leur rappeler. Hérodote, qui écrivait pour les Grecs, à qui les coutumes des Babyloniens étaient moins familières, est plus circonstancié. Il faut donc interpréter l'un par l'autre. Cet Historien nous apprend que ces femmes se tenaient assises dans les allées du Temple, et que ces allées étaient formées par des cordages tendus. De là vient sans doute cette expression du Prophète: mulieres circumdatae funibus, des femmes entourées de cordes. En effet, lors-qu'elles étaient dans les allées du Temple dont parle Hérodote, on peut bien dire alors qu'elles étaient environnées de cordes, et peut-être le Prophète n'a-t-il eu que cela en vue. Mais peut-être aussi entendait-il qu'elles avaient la tête ceinte de cordes, comme le racontent le même Hérodote et Strabon' (S.67, p.94-95). L'idée d'expliquer Jérémie par Hérodote était déjà dans l'ouvrage de Hyde (p.89).

23. Cette belle assurance se fonde, comme d'ordinaire, sur les connaissances de Calmet, qui n'avait pas manqué de présenter un état de la question dans sa préface sur Baruch. Mais Voltaire n'a voulu retenir que les arguments négatifs, alors que Calmet s'efforce ensuite d'établir la parfaite authenticité de Baruch (*Commentaire littéral*, xiv.681-82).

24. L'expression paraît outrée si l'on en juge par les termes de saint Jérôme que rapporte Calmet: ce Père se dit simplement persuadé de l'inauthenticité du sixième chapitre (p.681, note d). C'est pourquoi Larcher contestera vigoureuse-ment en 1769 ce prétendu mépris de saint Jérôme et réaffirmera la totale crédibilité de Jérémie dont le témoignage, rédigé cent cinquante ans avant Hérodote, mais totalement ignoré de lui, corrobore indubitablement celui du père de l'Histoire (S.69, p.124-26).

25. L'idée de la conversion finale du peuple juif a été soutenue par l'apôtre Paul (II Corinthiens iii.15-16; voir Calmet, *Commentaire littéral*, xx.607). L'idée d'une domination universelle des Juifs semble ne pas se rattacher directement aux perspectives de la parousie, mais ressortir plutôt à certaines promesses d'hégémonie faites dans l'Ancien Testament (voir Isaïe xlix.22-23).

26. Traduction très approximative du texte de la Vulgate, ainsi rendu par Calmet: 'v.42. On voit aussi des femmes ceintes avec des cordes, qui sont assises dans les rues, brûlant des noyaux d'olives. v.43. Et lorsque l'une d'entre elles a été emmenée par quelque passant qui l'a corrompue, elle reproche à celle qui

282

est auprès d'elle, qu'elle n'a pas été jugée comme elle digne d'honneur, et que la corde dont elle est ceinte n'a pas été rompue'.

Tout en traduisant, on l'aura remarqué, *in viis sedent* par: sont assises dans les rues, Calmet n'en a pas moins opéré le même rapprochement que Larcher: la plupart des femmes 'se tiennent près du Temple de la Déesse ayant des cordes ou des rubans autour de la tête, en forme de couronnes pour marque de leur dévouement et de leur consécration à Mylitta' (ainsi la parenthèse de Voltaire: 'ou des rubans' vient du commentateur et non de la Vulgate) '[...] et elles sont séparées entre elles par des cordes, qui forment des espèces de rues tirées au cordeau, où elles se tiennent, et où les étrangers entrent pour choisir celle qui leur plaît' (*Commentaire littéral*, xiv.734-35). Mais on voit que Calmet n'a pas aperçu, comme Larcher, que le 'circumdatae funibus' de Jérémie pouvait, à la lumière d'Hérodote, s'entendre dans un autre sens que 'ceintes avec des cordes.'

27. Voltaire (ou l'imprimeur?) a francisé l'orthographe du mot hollandais 'Musico', qui n'est pas dans *Académie 62*, mais figure dans l'édition de 1798: 'On appelle ainsi des lieux, dans les Pays-Bas, et surtout en Hollande, où le bas peuple, les matelots vont boire, fumer, entendre de la musique, se réjouir avec des femmes débauchées'.

28. Grimm juge ce genre d'argument parfaitement déplacé: 'Si feu M. l'abbé Bazin avait pu faire son tour d'Egypte avec feu M. Hérodote [...] ils se seraient estimés réciproquement, et M. Bazin n'aurait pas cité le Palais-Royal de Paris et les *musicos* d'Amsterdam pour réfuter son compagnon de voyage Hérodote sur un point de mœurs de Babylone' (CLT, vii.368).

29. Il y avait au dix-huitième siècle une polémique sur l'origine des maladies vénériennes. Voltaire pour sa part s'est rallié, comme l'*Encyclopédie*, aux thèses d'Astruc pour qui elles venaient de Saint-Domingue (voir *DMO*, p.294, n.29).

30. Ces noms figureront dans l'"Index des noms, surnoms et principales épithètes de Vénus' que Larcher a placé dans son *Mémoire sur Vénus* (1775). Cicéron compte quatre Vénus nées de la mer d'après les Anciens: 'La quatrième est la syrienne, conçue à Tyr. Elle se nomme Astarté et on lui donne Adonis pour époux' (p.8). Dercéto est un nom donné également à la Vénus syrienne: 'Cette Déesse s'appelait Atargatis, suivant Strabon; mais si l'on en croit Eratosthène [...] elle se nommait Dercéto' (p.17). Quant à Mylitta, c'est le nom de la 'force vivante' chez les Assyriens, bientôt donné à la déesse correspondant à Vénus (Mylitta chez les Assyriens, Alitta chez les Arabes, Mitra chez les Perses). 'La déesse Mylitta, adorée à Babylone, était la même qu'Uranie' (p.12).

31. Dans la *Réponse à la Défense de mon oncle* Larcher paraît d'abord n'avoir réagi à ces plaisanteries injurieuses que par une indifférence ironique: 'Ce n'est pas assez d'avoir nié la Providence et d'être l'ennemi de ma patrie, je suis encore un abominable paillard, le principal tenant de tous les endroits bien famés qui se trouvent dans les 'purlieus' de Drury-Lane et du Palais-Royal, et je suis convaincu d'inceste, de sodomie et de bestialité. Ce portrait flatteur est tracé de la main des Grâces' (p.13). Mais l'amertume percera à la dernière page (voir l'introduction, p.89).

32. On voit poindre ici les deux déformations que Voltaire ne cessera d'accentuer dans les textes postérieurs qui traiteront à nouveau de la prostitution babylonienne: 1) il écrit 'loi du pays' et non prescription religieuse; ce qui lui permettra, par un glissement tout à fait injustifié, de croire (ou de feindre de croire) que cette prostitution était ordonnée par une ordonnance du législateur (voir fin du chapitre: 'Jamais les ennemis de mon oncle […] ne trouveront une *loi babylonienne* qui ait ordonné à toutes les dames de la cour de coucher avec les passants'). Cette pratique perd donc son caractère d'observance *religieuse*, n'est plus essentiellement un excès de la superstition, ne constitue plus un empiètement du sacré dommageable à l'humain; 2) on croirait que cette prostitution rituelle concernait surtout les femmes de haut rang: femmes et filles de satrapes, filles du roi et, dans la dernière phrase du chapitre: dames de la cour.

33. Selon Bruzen, l'expression Grandes Indes est populaire et désigne les 'Indes orientales' qui comprennent l'Hindoustan, la presqu'île en deçà du Gange, la presqu'île au delà du Gange et les îles de la mer des Indes (*Le Grand dictionnaire géographique*, 'Indes').

34. Soit 10 onces sur 1.600.000, puisque le quintal vaut 100 livres et la livre de Paris 16 onces. Le rapport exprimé équivaut à 0,000 625%.

35. Voir l'introduction, p.23.

36. Les notes 22 et 26 ont mis en état de juger de la prétendue 'malice' du falsificateur 'sacrilège'. Le sens que Larcher a donné au 'in viis sedent' de Jérémie, à la lumière d'Hérodote, peut sans doute être discuté, mais atteste une ingéniosité certaine. Il s'en était de toute façon expliqué de façon trop circonstanciée pour qu'on puisse l'accuser d'avoir agi avec la mauvaise foi d'un faussaire. Voltaire préférait naturellement s'en tenir à la traduction de Calmet pour les besoins de la polémique: la démonstration de Larcher, jugée nulle et non avenue, n'obtient pas même l'honneur de quelques mots de réfutation.

37. Si jambage et cuissage ne figurent pas dans les dictionnaires courants (Richelet, Furetière, Trévoux, *Encyclopédie, Académie 62*), quelques-uns offrent un article sur prélibation et surtout marquette. Le 'Jus praelibationis' est défini par le *Dictionnaire de Trévoux* comme 'le droit que s'arrogeaient autrefois les Seigneurs de coucher avec leurs vassales la première nuit de leurs noces'. Pour Furetière, 'marquette' est le 'nom d'un ancien droit que le mari payait à son Seigneur pour se rédimer de celui que le Seigneur avait de coucher avec la nouvelle mariée la première nuit de ses noces […] Il fut appelé Marchette parce qu'on s'en rachetait par un demi-marc d'argent.'

38. L'ironie n'est pas à souligner: Voltaire avait dès 1756 flétri dans l'*Essai sur les mœurs* ce 'fameux droit' comme un exemple des 'usages les plus ridicules et les plus barbares' du Moyen-Age chrétien (i.543). Il ne met aucunement en question la réalité de cette coutume qui lui fournit, ainsi qu'aux encyclopédistes, un thème polémique aux résonances anticléricales évidentes. Boucher d'Argis condamne cette 'coutume infâme' (article 'Culage') comme contraire 'à la raison, à l'équité et à la bienséance' ('Droits abusifs' dans l'article 'Droit'). Voltaire lui-même a repris le thème en 1762 en faisant représenter *Le Droit du seigneur*: mais

la virulence polémique de cette comédie en cinq actes ne répond certainement pas aux possibilités d'exploitation d'un pareil sujet, comme l'a souligné W. D. Howarth ('The Theme of the 'droit du seigneur' in the eighteenth-century theatre', *French studies* 15, 1961, p.234).

Au reste, la réalité historique du *jus primae noctis* paraît aujourd'hui bien douteuse, car on s'explique mal le silence total sur ce point de la littérature médiévale. En revanche l'existence d'un droit féodal, perçu par le suzerain à l'occasion du mariage d'une vassale, ne fait aucun doute (voir Howarth, p.229; voir aussi M.xx.488).

39. Le 'mariage par procureur' est une formalité réservée aux souverains désireux d'épouser une princesse résidant dans un pays éloigné: 'Le fondé de procuration et la future épouse vont ensemble à l'église où l'on fait toutes les mêmes cérémonies qu'aux mariages ordinaires. Il était même autrefois d'usage qu'après la cérémonie la princesse se mettait au lit, et qu'en présence de toute la cour le fondé de procuration étant armé d'un côté, mettait une jambe bottée sous les draps de la princesse' (*Encyclopédie*, x.112, article 'Mariage').

40. Voilà un 'pyrrhonisme de l'histoire' qui n'est qu'apparent. L'insinuation est parfaitement claire et Voltaire le dira sans ambages en 1771 (M.xviii.300).

41. Bien que, selon *Académie 62*, 'séculier' ne désigne les laïques que lorsqu'il est substantif, tandis que l'adjectif désigne seulement les clercs qui vivent dans le siècle, il est très probable, par le contexte, que l'opposition se fait ici entre les suzerains laïques (les barons) et les suzerains ecclésiastiques (évêques ou abbés).

L'exploitation du thème anticlérical ne s'en accentue pas moins à cette occasion: ce qui était présenté plus haut comme un excès du pouvoir temporel des clercs, déjà difficilement justifiable en lui-même, devient ici habileté astucieuse de princes de l'Eglise utilisant l'argent de ce rachat pour se procurer les faveurs de belles courtisanes.

42. Probablement rappel allusif de l'origine du droit de cuissage, dont Voltaire vient de préciser qu'il 'était d'abord un droit de guerre'.

43. Le parallèle entre droit de cuissage et prostitution babylonienne sera implicitement repris et précisé dans l'article des *Questions sur l'Encyclopédie*. Il s'agit dans les deux cas d'un abus devenu coutume (ce qui explique qu'on le tolère), mais en aucune façon d'une loi (voir M.xviii.300-301). Ce que Voltaire refuse donc d'admettre en dernière analyse n'est pas le fait même de la prostitution babylonienne, mais qu'elle ait été ordonnée par le législateur ou par la religion, et que cet ordre ait indifféremment regardé toutes les femmes, quel que fût leur rang social, comme l'affirme Hérodote. Il ne peut s'agir à ses yeux que d'une 'grossière coutume du bas peuple', à la rigueur d'une superstition religieuse (ce qu'il a appelé plus haut 'un abus de la loi').

Chapitre III. De l'Alcoran

1. On sait (voir ch.2, n.6) comment Larcher a été amené à faire état d'une procédure de remariage dans le monde musulman pour prouver que certaines sociétés admettaient parfois qu'une dame de haut rang passât provisoirement aux bras d'un homme du peuple (S.67, p.90-91).

2. Si l'on prend ici le mot comédie dans son sens strict, on conclura que Voltaire pensait probablement moins à l'opéra-comique de Lesage et d'Orneval intitulé *Arlequin Hulla ou la femme répudiée* et représenté à la foire Saint-Laurent en 1716, qu'à la comédie plus étoffée de Dominique et Romagnesi, intitulée elle aussi *Arlequin Hulla* et jouée par les comédiens italiens en 1728. Mot dérivé de l'arabe et signifiant d'abord règle, ou rite religieux propre à légitimer un acte, 'Hulla' (en fait le véritable mot arabe est: Muhalli, c'est-à-dire 'licitateur') était entendu en un sens particulier qu'ont précisé à peu près dans les mêmes termes Lesage et Romagnesi: 'Lorsqu'un Mahométan a répudié sa femme, il ne peut la reprendre qu'un autre homme ne l'ait épousée et répudiée auparavant, et ce second Mari s'appelle Hulla ou Licitateur' (Lesage, *Le Théâtre de la foire*, Paris 1737, ii.357).

3. Quoiqu'insuffisamment renseigné, Larcher n'a pas entièrement tort et la citation que Voltaire lui objecte plus loin n'a que peu de pertinence, car les versets allégués ne concernent que le cas très particulier d'un mari voulant divorcer d'avec une épouse qu'il n'a pas encore touchée. Cette information, presque inexacte par son incomplétude (peut-être volontairement?), surprend d'autant plus de la part de Voltaire qu'il avait lu (BV, no.3076) les *Observations historiques et critiques sur le mahométisme* de George Sale, simple traduction française du discours préliminaire mis par Sale en tête de sa grande édition anglaise du Coran, que Voltaire a assidûment pratiquée (voir n.6). Or Sale a fort bien saisi l'esprit de la législation coranique sur le divorce, qui vise en fait à en restreindre la pratique, précisément par l'obligation dont a fait état Larcher, mais sans préciser qu'elle n'était imposée qu'à la troisième répudiation, ni surtout se douter qu'elle répugnait absolument aux gens d'honneur, comme l'affirme Sale (voir p.369). Le Coran stipule (sourate 2, v.230) que la troisième répudiation devra être nécessairement suivie du remariage avec un autre homme et d'un divorce d'avec lui, avant que la femme ne puisse revenir à son premier mari. Et le prophète n'entendait nullement que ce remariage fût fictif (voir *DMO*, p.303).

4. Le mot 'sunna' (coutume, manière de se conduire, précepte) désigne le plus souvent la 'Sunna de Muhammad', propagée par les compagnons du prophète et qui contient ses paroles et ses actions. Elle est le complément direct du Coran et a pris même valeur normative, car il y avait 'beaucoup de questions que Muhammed n'avait pas réglées par révélation, mais seulement en se prononçant sur chaque cas isolé et [...] ainsi les paroles et les actes du Prophète, de son vivant déjà, étaient reconnues comme un "bel exemple"; [...] en conséquence la sunna du Prophète fut invoquée et fixée par écrit sous une forme qui toutefois

ne fut pas une forme canonique analogue à celle du Koran' (*Encyclopédie de l'Islam*, 1924, iv.582). On ne peut en effet prétendre, comme le font le *Dictionnaire de Trévoux* et l'*Encyclopédie*, que la Sunna soit à proprement parler un ouvrage: c'est un ensemble de récits (hadîts) concernant Mahomet, longtemps transmis oralement et fixés plus tard par écrit dans de nombreux recueils finalement triés, ordonnés et critiqués par de savants exégètes, dont les deux plus célèbres sont Moslim et El Bokhâri. Si bien que la référence donnée par Voltaire 'au 45ᵉ paragraphe de la Sonna' n'a aucun sens: il aurait fallu préciser au moins le nom de l'éditeur du recueil utilisé (or le titre 45 d'El Bokhâri traite des objets trouvés et non du divorce).

5. On se reportera en particulier à la sourate 9, 'Des femmes'. Voltaire s'en expliquera longuement dans les *Questions sur l'Encyclopédie* (article 'Alcoran', 1770; M.xvii.100): les moines ignorants d'Occident ont persuadé aux femmes 'que Mahomet ne les regardait pas comme des animaux intelligents'; mais pour en faire voir la 'fausseté évidente', Voltaire cite huit dispositions du Coran à leur égard (désaccord complet avec Montesquieu, pour qui Islam signifie esclavage total de la femme autant que despotisme politique).

6. Voltaire propose ici – très probablement d'après la traduction anglaise de Sale, qu'elle suit à peu près – une version française abrégée et relativement fidèle (à l'exception d'un contresens *in fine*) des versets 236 et 237 du Coran (selon les chiffres canoniques en usage chez les musulmans, mais qui, dans la plupart des éditions européennes, portent les numéros 237 et 238, par suite de l'édition numérotée du Coran arabe par Flügel). A ce qu'il appelle le 'chapitre' 2, la plupart des traducteurs préfèrent le mot arabe propre aux cent quatorze divisions du texte sacré: sourate (littéralement: murs, c'est-à-dire appartements, demeu-res). Le contresens final porte sur: 'à moins que le nouveau mari ne veuille pas le recevoir.' Le texte dit en effet: 'à moins que ne se désiste celui qui a en main la conclusion du mariage', ce que Sale avait exactement rendu par: 'or he release [...] in whose hand the knot of marriage is', périphrase pouvant désigner un tuteur ou tout homme de confiance à qui la femme a remis le soin de ses affaires. Malheureusement, Sale commente en note 'unless the husband be so generous as to give her more than half', devenant ainsi responsable du contresens de Voltaire. On notera que c'est surtout par la traduction anglaise du 'savant et judicieux' George Sale (M.xi.204, n.1) que Voltaire a eu accès au texte coranique.

7. Cette 'turquerie' digne du *Bourgeois gentilhomme* n'a évidemment aucun rapport avec le texte coranique (voir *DMO*, p.306, n.7).

8. L'adoption par les Turcs des coutumes des Arabes qu'ils s'étaient soumis en conquérant la Syrie, l'Egypte et l'Afrique, a été rapportée par Voltaire au chapitre 52 de l'*Essai sur les mœurs* (i.553). Les lois coraniques, au caractère civil autant que religieux, lui paraissent donc avoir conféré à ce qu'il appellera plus loin la 'jurisprudence turque', ce minimum d'unité qui faisait cruellement défaut à la France de l'Ancien Régime, où le droit coutumier perpétuait des disparités illogiques et gênantes plusieurs fois dénoncées (voir M.xxiii.495 et xxvi.98).

9. Rappel discret des positions prises dans l'*Essai sur les mœurs* contre les

théories de Montesquieu, pour qui dans tout état despotique (et singulièrement l'Empire ottoman, son prototype) il y a bien des coutumes, mais pas de loi véritable, puisqu'en principe la volonté du despote ne saurait souffrir aucune limite (voir *Essai*, i.832-33). Voltaire dénoncera aussi au chapitre 101 'toutes les faussetés qu'on nous a débitées sur le gouvernement des Turcs, dont nous sommes si voisins' (ii.756); idée reprise ici dans la phrase suivante et en 1768 dans l'*A.B.C.* (M.xxvii.318). Mais à cet effort d'objectivité succèdera désormais une partialité de croisé, puisque à partir d'octobre 1768 et l'entrée en guerre de la Russie contre La Porte, Voltaire, inconditionnellement fidèle à Catherine II, prêchera à toute l'Europe une véritable croisade anti-turque pour libérer la Grèce opprimée. Son animosité contre Mustapha, 'le cochon du Croissant', le ramènera même à l'imagerie calominieuse contre laquelle il s'était élevé (voir A. Lortholary, *Le Mirage russe en France*, p.123 ss. Pour ce critique les éloges donnés par Voltaire à la Turquie n'ont jamais été très sincères et s'expliquent par les arguments qu'ils fournissent à la polémique antichrétienne).

10. A la suite de Bayle (*Dictionnaire*, article 'Mahomet'), Voltaire a dénoncé et dénoncera (M.xvii.104 et 100) l'ignorance de l'Islam où sont les chrétiens et les préjugés absurdes colportés par les moines. P. Vernière a montré combien les ouvrages sur l'Islam manquaient encore d'objectivité à la fin du siècle précédent ('Montesquieu et le monde musulman d'après l'*Esprit des lois*', *Actes du congrès Montesquieu*, 1956, p.177). On sait (voir R. Pomeau, *La Religion de Voltaire*, p.149) que trente ans plus tard Voltaire 'se trouvait en présence de deux traditions': l'une qui tendait à réhabiliter la religion musulmane contre les exagérations des chrétiens (Reland, Bayle, Boulainviller); l'autre qui s'entêtait à ne voir dans l'imposteur qu''un fourbe et un débauché' (Maracci, Prideaux, Gagnier). Dans ses *Erreurs de Voltaire*, Nonnotte ne manquera pas de lui faire grief d'avertir, 'pour prémunir les lecteurs contre tout ce que les Chrétiens disent de Mahomet', que 'ce ne sont guère que des sottises débitées par des moines ignorants et insensés' (p.55).

11. Bayle (article 'Mahomet') avait déjà tenté de montrer dans une note étoffée qu'on ne pouvait raisonnablement prétendre que 'sa morale s'accommodait à la corruption du cœur', quand elle ordonnait la circoncision, l'interdiction du vin, les jeûnes, les ablutions, les pélerinages, des prières constantes, la patience dans l'adversité, la charité et l'aumône, la justice, etc. Les deux griefs les plus ressassés contre la sensualité de la religion musulmane étaient la polygamie et la promesse d'un paradis de voluptés. Voltaire y avait répondu dès 1756 dans l'*Essai sur les mœurs* en montrant que la croyance au second était naturelle et que l'usage de la première avait été non pas favorisé mais restreint par Mahomet (*Essai*, i.269-70).

12. Le chapitre 7 de l'*Essai sur les mœurs*, 'De l'Alcoran et de la loi musulmane', insistait déjà en 1756 sur ces cinq préceptes fondamentaux présentés comme autant de lois sages: fréquence gênante mais 'respectable' de la prière, sévérité stricte du jeûne, obligation absolue de l'aumône, abstinence du vin légitimée par des raisons climatiques, défense des jeux de hasard faite à un peuple guerrier

(*Essai*, i.73-74). Voltaire avait trouvé tous ces préceptes longuement exposés par Sale dans ses *Observations historiques et critiques* (voir p.287 ss).

13. Dans les semaines mêmes où Voltaire écrivait ces lignes, cette tradition s'affirmait encore avec vigueur dans le *Journal de Trévoux* qui donnait en juin 1767 le compte rendu d'une *Controverse sur la religion chrétienne et celle des mahométans* (Paris 1767) assurant que Mahomet a établi 'une religion qui favorise toutes les passions'. Le même journal avait déjà critiqué en février, dans le *Tableau de l'histoire moderne* du chevalier de Méhégan (Paris 1766), le désir de disculper Mahomet du reproche d'avoir flatté les passions.

14. Le nom de Bacha ne désigne, selon Tavernier, 'qu'un titre d'honneur et de dignité commun à tous les Grands de la Porte qui se distinguent par la différence de leurs charges' (*Nouvelles relations de l'intérieur du serrail du Grand seigneur*, p.12) et s'applique entre autres aux vizirs et aux gouverneurs de cet immense empire. Tavernier avait décrit leur richesse immense et insisté, comme Rycaut dans son *Histoire de l'Empire ottoman* (où sont consacrés deux chapitres aux pages et aux eunuques noirs), sur la propension à l'intempérance et à la mollesse des princes et des grands dans le monde oriental. On trouve l'écho de cette tradition dans l'*Esprit des lois* (p. ex. livre II, ch.5; livre VII, ch.4). En s'insurgeant contre cette imagerie traditionnelle sur la Turquie, Voltaire n'était probablement pas fâché de marquer implicitement et une fois de plus son désaccord avec Montesquieu. Le dénombrement des concubines et des épouses est une allusion à celles de Salomon (voir ch.4, n.3).

15. Voltaire pensait peut-être: même l'*Esprit des lois*, en raison de la vision qu'il a imposée de l'islamisme (assimilé au despotisme oriental). Grimm en tout cas ne donnera à ce chapitre qu'une approbation très nuancée: 'Je suis de l'avis de M. le neveu quand il réfute l'opinion absurde que la religion musulmane est une religion sensuelle et voluptueuse [...] mais je voudrais que M. le neveu s'arrêtât là, et qu'il n'outrât pas l'éloge des Turcs. Malgré tous les éloges qu'il leur prodigue, on ne peut se dissimuler que ce ne soit un peuple barbare' (1er août 1767; CLT, vii.378-79).

16. On sait que le monothéisme enseigné par le Coran était aux yeux de Voltaire une preuve de supériorité de la religion musulmane sur le christianisme et expliquait en partie son succès (voir *Essai*, i.271, 275, 823). Les calomnies des auteurs chrétiens sur la sensualité des musulmans proviendraient donc de leur secret dépit de constater que le succès de Mahomet a tenu pour beaucoup à la simplicité rationnelle de son monothéisme, tandis que l'Eglise catholique reste empêtrée depuis tant de siècles dans les contradictions absurdes du prétendu mystère de la Trinité: n'oublions pas que 1767 est l'année où Voltaire ajoute au *Portatif* l'article 'Antitrinitaires', qui les dénonce avec virulence.

17. C'est un de ces anagrammes transparents auxquels Voltaire se plaisait souvent (voir par exemple en 1767 l'épître dédicatoire des *Scythes* aux satrapes Elochivis et Nalsrip, alias Choiseul et Praslin). Il s'agit ici d'Alexandre Jean Mignot (1728-1790), le quatrième et dernier enfant de la sœur de Voltaire, plus connu sous le nom d'abbé Vincent Mignot. Cet historien laborieux et impartial

avait déjà publié des ouvrages sur l'impératrice Irène (1762), sur Jeanne 1ère, reine de Navarre (1764), sur les rois catholiques Ferdinand et Isabelle (1766); mais c'est son *Histoire de l'Empire ottoman* (1771), traduite en allemand et en anglais, qui passera pour son meilleur ouvrage. En assurant qu''on la traduit à mesure', Voltaire témoigne probablement qu'il en suivait la genèse d'assez près (voir D13844 et D14137).

18. En fait l'abbé Mignot a écrit une histoire purement événementielle, racontant les règnes successifs de vingt-sept sultans dans chacun desquels défilent interminablement victoires ou défaites militaires, intrigues de palais et tractations diplomatiques, révolutions de sérail et révolte de janissaires, etc. On y cherche-rait en vain, comme dans les grands ouvrages de son oncle, des chapitres sur les mœurs et l'esprit de la nation turque, ou des études de sa civilisation.

Chapitre IV. Des Romains

1. Extrait du chapitre 11 de la *Philosophie de l'histoire* (Voltaire 59, p.129). Voltaire venait de se récrier longuement sur l'invraisemblance de la prostitution sacrée à Babylone, rapportée par Hérodote, en concluant: 'Ce qui n'est pas dans la nature n'est jamais vrai'. Cherchant alors quelqu'énormité comparable dans l'histoire ancienne, il ajoutait: 'J'aimerais autant croire Dion Cassius'. Voltaire ne paraît pas avoir fait grand cas de cet historien grec, qui avait entrepris d'écrire toute l'histoire romaine depuis Enée jusqu'à son temps (Dion a vécu entre 155 et 240 après J.-C.) (D14779 et M.xviii.299). Si Dion Cassius ne figurait pas dans sa bibliothèque, il lui est arrivé plusieurs fois de le consulter ou de l'utiliser (D13842, D13872, D16059, D16323). Mais ce décret, aussi absurde que la prostitution babylonienne, lui donnera encore bien de l'humeur en 1771 (M.xviii.299).

2. Faisant preuve une fois encore d'un sens historique plus affiné que celui de Voltaire, Larcher s'était efforcé pour comprendre le fait de l'envisager par rapport à son contexte, au lieu de se récrier sans plus d'examen sur son extrême invraisemblance: il pourrait bien représenter un de ces excès auxquels pouvaient se porter les adulateurs les plus vils, encouragés, comme le pense Plutarque, par les ennemis mêmes du dictateur, trop heureux de le voir ainsi se déconsidérer (S.67, p.98-99). L'Anglais Chapman, dont Larcher venait de traduire l'*Essai sur le sénat romain*, avait d'autre part montré que pour mieux avilir ce corps respectable, César y avait nommé des individus de la plus basse extraction.

3. La magnificence et la richesse de Salomon décrites au premier livre des Rois paraissent jusque dans les effectifs de son harem: 'sept cents épouses de rang princier et trois cents concubines.' (I Rois xi.1 et 3). En 1765 Voltaire avait ironisé sur ces chiffres dans le *Portatif*: 'On n'a pas voulu qu'un prince qui avait tant de chariots se bornât à un petit nombre de femmes; on lui en donne sept cents qui portaient le nom de *reines*; et ce qui est étrange, c'est qu'il n'avait que

trois cents concubines, contre la coutume des rois, qui ont d'ordinaire plus de maîtresses que de femmes' (M.xx.385; voir aussi M.ix.483).

Chapitre V. De la sodomie

1. Voir ch.12, n.31.

2. Extrait du chapitre 11 de la *Philosophie de l'histoire*, 'Des Babyloniens devenus Persans' (Voltaire 59, p.129). Mais l'idée avait été exprimée avec plus de vigueur encore l'année d'avant, dans le *Portatif* (*Dictionnaire philosophique*, éd. Naves, p.20) où elle est relevée d'une allusion aux mœurs des jésuites; et Larcher avait tenu à citer le passage de 1764, en soulignant malicieusement que 'l'Auteur du Dictionnaire philosophique' est un 'Ecrivain de même force que M. l'Abbé et qui peut aller de pair avec lui pour l'érudition' (S.67, p.99). C'est donc exceptionnellement au texte du *Dictionnaire philosophique* que va répondre Larcher beaucoup plus qu'à celui de la *Philosophie de l'histoire*. Voilà pourquoi sa réponse commence par: 'Les Jésuites n'avaient rien à démêler ici. Pourquoi troubler mal à propos leurs mânes? L'argument de M. l'Abbé en aurait-il eu moins de force, s'il ne les eût point mis en jeu?' (S.67, p.100).

3. Voltaire avait lu *Les Hipotiposes ou institutions pironniennes de Sextus Empiricus*, s.l., 1725 (BV, no.3158) et mis en marge de la page 73: 'Perses bougres' (voir *Essai*, i.43, n.1). Mais Larcher conteste avec raison que Sextus Empiricus ait jamais rien dit de pareil en citant cet auteur lui-même: 'Nous opposons la *Coutume* à des choses d'un autre genre, par exemple à la *Loi*, lorsque nous disons que la Pédérastie est en *usage* chez les Perses, et que chez les Romains elle est défendue par la loi'. Et Larcher conclut: 'Sextus Empiricus pouvait-il opposer plus clairement l'usage à la Loi?' (S.67, p.101).

4. Dans une addition de 1769 à l'*Essai sur les mœurs*, la porte 9 sera à nouveau citée, parmi une vingtaine d'autres traduites et résumées d'après l'*Histoire de la religion des anciens Perses* de Hyde, et l'erreur de Sextus Empiricus sera de nouveau affirmée (*Essai*, i.249). En fait, la porte 9 ne comprend pas moins de trente lignes dans le texte de Hyde (*Veterum Persarum ... Historia*, p.440-41).

5. Ce n'est même plus une outrance de polémiste: la gratuité de la plaisanterie, ici totale, conduit Voltaire à ignorer délibérément la pensée de Larcher bien plus encore qu'à la déformer grossièrement. Le rapport réel entre le texte du *Supplément* et ce chapitre de la *Défense de mon oncle* est à peu près inexistant: le polémiste se contente de reprendre à Larcher quelques mots ou phrases, qui deviennent prétextes à ses quolibets. (Jésuites. Pourquoi troubler mal à propos leurs mânes? Il aura occasion encore d'en parler dans un autre ouvrage. Un syrien nommé Bardezane). Voir S.67, p.101-102.

6. Il n'en était pas question en effet dans la *Philosophie de l'histoire* dont chacun sait qu'elle est de l'abbé Bazin, tandis que le *Dictionnaire philosophique* est l'ouvrage collectif d'une société de gens de lettres. Il faut avoir naturellement la

malveillance de Larcher pour s'aviser d'aller relever d'alertantes similitudes: 'L'objection de l'un et l'autre auteur est tellement la même quant au fonds et à l'expression qu'on croirait aisément que les deux ouvrages sont de M. l'Abbé Bazin' (S.67, p.100).

7. Jésuite professant les humanités et la rhétorique au collège Louis le Grand. Mais François-Marie de Marsy dut quitter la Compagnie en 1738, à 28 ans, en raison de ses goûts d'homosexuel, dont ont plaisanté Le Blanc (D1713) et Voltaire (D12466 et M.xix.500). Sur son aventure avec le jeune prince de Guéménée, voir la mise au point de Condorcet citée dans D12466, n.2.

8. On sait comme la haine ancienne et vivace de Voltaire à l'égard de Fréron lui a inspiré toutes sortes de calomnies: Fréron galérien, voleur, faussaire, polisson, etc. Il eût été bien surprenant que celui qui fit ses premières armes dans le journalisme sous l'égide de Desfontaines ne lui ait pas été assimilé sous tous les rapports et les *Anecdotes sur Fréron* (1761), entre autres nombreux textes, contiennent sur ce point les insinuations voulues: 'Je me souviens d'avoir entendu dire à Fréron, au café de Viseux, rue Mazarine, en présence de quatre ou cinq personnes, après un dîner où il avait beaucoup bu, qu'étant jésuite il avait été l'*agent* et le *patient*' (M.xxiv.182). Desnoiresterres avait déjà fait un sérieux effort d'objectivité; le chanoine Cornou apportait en 1922 des informations précises sur la jeunesse de Fréron, en dépit des évidents partis pris que relève aujourd'hui le magistral ouvrage de Jean Balcou, le dernier historien du rédacteur de l'*Année littéraire* (*Fréron contre les philosophes*, p.1). Issu d'une famille pauvre de Quimper, le jeune Elie Fréron fit ses études chez les Jésuites de cette ville, qui l'adoptèrent comme recrue pour leur noviciat cet élève remarquable et l'envoyèrent même achever ses études à Louis le Grand, où Fréron commença, après son noviciat, une brillante carrière de professeur. Mais s'accommodant fort mal des austérités de la règle, il obtint d'être relevé de ses vœux et quitta la Compagnie à 21 ans, en 1739, sans qu'il faille assimiler ce congé à une rupture, car Fréron ne cessera jamais de lui témoigner un attachement profond. Il épousera une nièce douze ans plus tard et les accusations de sodomie paraissent gratuites. Même si Fréron est sorti de la Compagnie en même temps que Marsy, ce n'est pas nécessairement pour les mêmes raisons. Ce solide Breton, dont le père avait eu trois femmes et une multitude d'enfants, qui lui-même se remariera, se serait sans doute mal accommodé de la chasteté propre à l'état ecclésiastique ou des amours homosexuels de collège.

9. On a vu par l'apparat critique que dans le premier état de cette feuille se lisait plus brutalement: 'pour la sodomie'. Obligé de faire procéder à un second tirage pour corriger dans la note son erreur sur l'identité de l'auteur du *Supplément*, Voltaire semble avoir profité de cette nécessité pour adoucir un terme brutalement injurieux et lui substituer le mot 'fredaines', dont il se sert ordinairement (M.xix.500 et x.103) pour désigner le péché mignon des jésuites, qu'au reste il était traditionnel de brocarder à ce sujet (on félicitera même le P. Girard d'avoir rompu avec l'usage en engrossant la demoiselle La Cadière; voir ch.7, n.2).

10. Qu'entend Voltaire par les 'ouvrages' de Fréron? Comme écrivain, il a très peu produit: son *Histoire d'Allemagne*, annoncée par Desfontaines dès 1743, ne verra pas le jour avant 1771; quelques odes: sur les conquêtes du roi, à la Renommée, sur la bataille de Fontenoy, etc. Voltaire veut-il donc rappeler que ce critique infatigable n'a jamais pu être qu'un écrivain manqué, ou donne-t-il au mot ouvrage une acception très générale qui permette de désigner toutes les feuilles périodiques auxquelles Fréron a collaboré ou qu'il a fondées? Le contexte ne permet guère d'en décider.

Catachrèse est défini par *Académie 62* comme une 'figure de discours, espèce de métaphore qui consiste dans l'abus d'un terme, comme "Ferré d'argent", "aller à cheval sur un bâton". La métonymie est une autre figure 'par laquelle on met la cause pour l'effet, le sujet pour l'attribut, le contenant pour le contenu etc. comme dans ces exemples: "On chatie le vin" pour dire: on ne laisse pas de punir les crimes que l'ivresse a fait commettre... "Toute la ville alla au devant de lui" au lieu de dire: tous les habitants', etc.

11. La forme 'bourge' (féminin: bourgesse) est donnée à l'article 'Bulgarus' (i.606) pour une forme parisienne par le *Französisches etymologisches Wörterbuch* de W. von Wartburg. Aussi la retrouve-t-on dans toutes les éditions séparées de 1767 à 1769.

12. Cette violence scandalisée a quelque chose de farcesque. Le lecteur du *Supplément* reste confondu de tant d'aplomb dans la mauvaise foi. Larcher ne se 'complaît' pas à citer Gesner: il ne le fait qu'une fois et en un tout autre endroit de son ouvrage, dans les pages où il examine le problème général de la tolérance des Athéniens et de ses limites et le cas particulier de Socrate, dont la condamnation invite précisément à en prendre la mesure (voir S.67, p.207 ss). Larcher croit inutile de justifier les mœurs de Socrate, parce que d'autres l'ont déjà fait, dont l'érudit allemand Gesner (1691-1761), dans une dissertation de 1752 que son titre rendit célèbre, mais qui est un plaidoyer passionné en faveur d'un Socrate calomnié: son affection pour les jeunes gens, noble et pure, ne s'est jamais dégradée dans des turpitudes charnelles. Au reste, Voltaire ne paraît pas avoir lu l'ouvrage de Gesner (M.xvii.180, n.1). Ces brocards de la *Défense* révolteront le Larcher de la *Réponse* contre la sœur de l'abbé Bazin et son neveu: 'Vous m'attribuez votre infâme et infidèle traduction du titre d'une Dissertation de feu M. Gesner; et vous osez m'imputer le crime de faux' (p.15). Il soulignera en note: 'Je n'ai point traduit le titre de cette dissertation, il ne pouvait se prendre que dans un sens honnête; mais il était réservé à Mademoiselle B. et à Orbilius de lui en donner un infâme. Cela ne vous suffisait-il pas? Fallait-il encore me l'imputer? (n.1) [...] L'Apologiste de l'Abbé B. me condamne au feu (pag. 20) pour avoir cité le titre latin de cette Dissertation. Il me permettra d'en appeler au tribunal de la Raison' (n.2).

13. Les deux affaires sont contemporaines et Voltaire prétendra même en 1769 que Deschaufours a payé pour Desfontaines: 'L'abbé Desfontaines fut sur le point d'être cuit en place de Grève, pour avoir abusé de quelques petits savoyards qui ramonaient sa cheminée; des protecteurs le sauvèrent. Il fallait

une victime: on cuisit Deschaufours à sa place' (M.xvii.183, n.1; la date de cette note est précisée non par Moland mais par Benda et Naves, dans leur édition du *Dictionnaire philosophique*, p.21).

Desfontaines fut incarcéré à Bicêtre pour crime de sodomie le 2 mai 1725, mais bientôt élargi, grâce, entre autres, aux démarches de Voltaire. En revanche le gentilhomme lorrain Deschaufours, arrêté pour le même motif, fut condamné et brûlé en 1725 (voir Thelma Morris, *L'Abbé Desfontaines*, p.38 ss). En 1750 on brûlera trois autres condamnés pour la même raison (voir de L'Averdy, *Code pénal*, Paris 1765, 3ᵉ éd., p.238). Aussi Larcher goûtera-t-il fort peu ces plaisanteries sur sa prétendue sodomie, comme on le voit par l'aigreur de sa répartie, dans la *Réponse à la Défense de mon oncle* d'abord (p.31, n.1), puis dans la seconde édition du *Supplément*, où elle sera reprise sensiblement dans les mêmes termes (voir S.69, p.132).

14. Sur le sens ordinaire du mot 'folliculaire', voir ch.20, n.25. 'Caution' désigne essentiellement une personne au dix-huitième siècle ('Celui qui répond, qui s'oblige pour un autre'; *Académie 62*) et rarement la garantie ou le cautionnement. *Académie 62* précise: 'On dit figurément qu'un homme est sujet à caution pour dire qu'il ne faut pas se fier à lui'. L'expression a été adoucie ici encore, puisqu'on lisait dans le premier état de cette page: 'soient des sodomites'.

15. *Académie 62* précise que le décrotteur ôte la crotte, qui peut s'être mise sur les bottes, les souliers ou les habits. Les petits décrotteurs de quartier sont probablement l'équivalent des enfants qu'on voyait naguère cirer les chaussures dans toutes les grandes villes méditerranéennes. Décrotteurs, ramoneurs, garçons de course d'imprimeur, autant d'emplois misérables tenus par des enfants du peuple cherchant à gagner leur vie: proies faciles pour les sodomites 'pressés de leurs vilains besoins', comme le soulignera un article du *Monthly review* cité par Larcher dans la *Réponse à la Défense de mon oncle* (p.32).

16. Né à Rouen en 1685, ancien élève des Jésuites de cette ville, Desfontaines entra dans la Compagnie à 15 ans, devint professeur de rhétorique à Rennes et à Bourges, mais quitta l'ordre à 32 ans, pour des raisons demeurées obscures. Sa personnalité paraît avoir été controversée au sein de l'ordre (voir Thelma Morris, p.72). Il garda toutefois l'état ecclésiastique.

17. Voltaire cite non sans une légère inexactitude les premiers vers d'une épigramme particulièrement cruelle composée contre Desfontaines dans les années 1738, au temps de la bataille sans merci qui les mit aux prises avec le *Préservatif* et la *Voltairomanie* (voir D1514).

18. Citation naturellement déformée pour les besoins de la polémique. Larcher, ayant rapporté les vifs reproches que fait Plutarque à Hérodote, pour avoir soutenu que c'étaient les Grecs qui avaient initié les Perses à la pédérastie, ajoutait: 'J'aurai occasion dans un autre ouvrage de répondre à la critique de Plutarque' (S.67, p.102). Il désigne allusivement la longue note sur l'amour des garçons qui figurera en 1786 au tome 1 de son édition d'Hérodote. On sait qu'à l'époque où Larcher rédigeait le *Supplément*, il était en train de traduire et annoter au moins les deux premiers livres d'Hérodote (voir l'introduction, p.65-66).

19. On finirait presque par plaindre sincèrement Larcher: le voilà ridiculisé pour avoir cité Bardesanes, quand il ne l'a fait que pour donner raison à l'abbé Bazin, pour lui fournir enfin l'exemple valable qu'il n'avait pas su trouver! Car, pour le fond, Larcher est bien d'accord avec Voltaire: il est incroyable qu'on n'ait jamais pu faire une loi obligeant à l'homosexualité. Seulement, ce n'était pas Sextus Empiricus qu'il fallait citer pour illustrer cette invraisemblance, mais le théologien syrien Bardesanes (155-233), qui a prétendu qu'il y avait chez les Gaulois une loi obligeant les jeunes gens à s'épouser, tout en doutant qu'elle ait été toujours observée (voir S.67, p.102-103).

20. Voltaire avait lu dans S.67 (p.103): Παρὰ δὲ Γάλλοις οἱ νέοι γαμᾶνται (graphie courante au dix-huitième siècle pour: γαμοῦνται). A-t-il lu γαμῶνται, ce qui expliquerait sa transcription erronée: gamontai?

21. Cette dédicace se lit ainsi: 'A Très Haute et Très Auguste Princesse Catherine Seconde. Impératrice de toutes les Russies, protectrice des arts et des sciences; digne par son esprit de juger des anciennes nations, comme elle est digne de gouverner la sienne. Offert très humblement par le neveu de l'Auteur' (Voltaire 59, p.84).

Chapitre VI. De l'inceste

1. Outrance bouffonne de polémiste, bien évidemment. Dans la *Philosophie de l'histoire* (ch.11), Voltaire avait voulu laver les Perses de l'imputation d'inceste, à ses yeux calomnieuse et qui ne repose que sur des assertions non prouvées de Strabon et une épigramme de Catulle: 'Une telle loi n'est pas croyable'. Larcher dénonçait là une confusion entre loi et usage: l'inceste chez les Perses n'était pas ordonné, mais il était bien entré dans les mœurs (S.67, p.103-105). C'est cette mise au point qui a valu à Larcher l'accusation de vouloir 'canoniser l'inceste'. (Noter la hardiesse de l'expression: on s'attendrait plutôt à sanctifier car, selon *Académie 62*, canoniser signifie seulement 'mettre dans le catalogue des Saints suivant les règles et avec les cérémonies pratiquées par l'Eglise'). Larcher sans s'émouvoir précisera dans la 2ᵉ édition (S.69, p.135), en s'appuyant d'autorités nouvelles, que l'inceste était bien toléré par la loi chez les Perses.

2. Comme bien souvent déjà dans la *Philosophie de l'histoire*, l'intime conviction de l'abbé Bazin repose ici beaucoup moins sur les résultats d'une enquête historique que sur l'application, toujours délicate, de la règle de la vraisemblance: un état de civilisation relativement avancé comme celui des Perses exclut nécessairement l'inceste direct, puisque ses effets néfastes ébranleraient la société qui l'admettrait. Par son action éducative, celle-ci renforce au contraire l'horreur pour l'inceste qu'inspire déjà la seule nature humaine: pour le fixiste qu'est Voltaire, celle-ci ne change pas dans ses caractéristiques fondamentales et puisqu'elle répugne à l'inceste aujourd'hui, c'est donc qu'elle y a répugné toujours. On sent ici aussi le danger de tant d'apriorisme, même s'il n'a pas mené aux excès négateurs relevés dans le chapitre 2.

3. L'honnêteté de Voltaire avec les textes bibliques n'est pas ici entière, même si ce mariage incestueux n'est d'abord présenté que comme une possibilité, transformée dès le paragraphe suivant en 'coutume'. En fait la loi mosaïque avait interdit rigoureusement toutes les formes d'union incestueuse (entre autres avec une sœur, utérine ou non); elles sont soigneusement recensées au chapitre 18 du Lévitique (auquel Voltaire fait même plus loin allusion, pour tenter d'en écarter l'objection). La possibilité envisagée par Thamar de se marier à son demi-frère Amnon était donc considérée par les exégètes comme une exception et nullement comme un exemple illustrant un usage, ainsi que le suggère ici Voltaire, qui l'affirmera même clairement dans le *Dîner du comte de Boulainvilliers* (M.xxvi.538-39).

4. II Samuel xiii.12-13. Thamar était fille de David et de Maacha, tandis qu'Amnon était fils aîné de David et d'Achinoam, sa seconde femme.

5. Dans le cas des Athéniens, c'est probablement inexact. Selon P. H. Lavedan 'la loi athénienne ne paraît avoir interdit que l'union entre ascendant et descendant et celle entre frère et sœur utérins' (*Dictionnaire illustré de la mythologie et des antiquités grecques et romaines*, Paris 1931, p.541). Pour les Egyptiens et les Perses, Voltaire avait pu en trouver plusieurs confirmations dans l'*Histoire ancienne* de Rollin (i.67-68; ii.454), ainsi que chez Hyde (*Veterum Persarum ... Historia*, p.413). Voir *DMO.*, p.332, n.5.

6. Cet interdit fut en effet toujours très strict et sévèrement puni: 'A Rome la parenté constitue un empêchement au mariage: en ligne directe, à l'infini; en ligne collatérale, jusqu'au sixième degré; toutefois cette dernière exigence s'atténua; on admit les unions au sixième degré avant la fin de la deuxième guerre punique et plus tard on les permit entre cousins germains (consobrini), c'est-à-dire parents au quatrième degré. En dehors de ces limites, il y a inceste' (Lavedan, p.541-42).

7. L'épisode est rapporté par Suétone (*Vie des douze Césars*, v.26) et par Tacite (*Annales*, xii.5-7). Selon le premier, Claude amoureux de sa nièce Agrippine soudoya des sénateurs qui, à la première séance, proposèrent qu'on le forçât à l'épouser; selon Tacite c'est le censeur Vitellius, tout dévoué à la nouvelle favorite, qui persuada le Sénat en alléguant le caractère désuet de la loi romaine sur ce point.

8. *Remués des barbares*: 'On appelle cousin *remué* de germain celui qui est fils ou issu d'un cousin germain. Les Anciens ont dit 'cousin remué de germain', de remotus, comme qui dirait cousin éloigné ... Ce terme est encore utilisé dans les provinces. On doit dire issu de germain' (*Dictionnaire de Trévoux*, article 'Remué'). De son côté *Académie 62* jugera populaire l'expression 'cousin remué de germain'. C'est le ton quelque peu gouailleur du paragraphe qui a dû amener ici sous la plume de Voltaire une expression plus savoureuse.

Dans cette obligation d'obtenir une dispense, Voltaire ne voyait que l'un des nombreux abus du pouvoir papal (*Dictionnaire philosophique*, article 'Pierre', 1764; M.xx.216). La même année il détaillait les conséquences économiques néfastes de cette pratique, vu qu'il en coûte 18.000 livres pour épouser sa cousine et

NOTES DU CHAPITRE VI

80.000 francs si c'est une nièce (*Pot-Pourri*; M.xxv.273). Il reviendra sur cet arbitraire en termes vifs dans le *Dîner du comte de Boulainvilliers* (décembre 1767; M.xxvi.539) et franchement acerbes dans *Le Cri des nations* (1769; M.xxvii.566). Un écu valant trois francs (ou livres tournois), il en aurait donc coûté normalement selon Voltaire 120.000 francs du dix-huitième siècle pour épouser sa nièce et, en ne payant que 80.000 francs, Paris de Montmartel aurait bénéficié d'une réduction d'un tiers. A vrai dire, Voltaire lui-même n'était probablement pas très sûr du chiffre, puisque dans ses carnets il avait avancé celui de 100.000 écus (Voltaire 81, p.213). En fait, le chiffre exact était bien celui noté dans les carnets (voir note suivante).

Voltaire indiquera sa source en 1771 (M.xviii.445): il a consulté de Jacques Le Pelletier l'*Instruction très facile et nécessaire pour obtenir de Cour de Rome ... toutes sortes d'expéditions de bénéfices, dispenses de mariages et autres etc.* (8ᵉ éd., Lyon 1699). Voir *DMO.*, p.334, n.8.

9. Jean Paris de Montmartel (1690-1766) était le dernier de quatre frères qui formèrent une équipe de financiers célèbres: Antoine (connu sous le nom du Grand Paris), Claude (dit La Montagne), Joseph (connu sous le nom de Paris-Duverney). Paris de Montmartel, qui partagea tous les travaux de ses frères, fut nommé en 1721 conseiller secrétaire du Roi et devint le banquier très influent de la cour. Lorsqu'il fut veuf en 1721, Antoine, l'aîné, résolut avec lui de le remarier à sa fille Antoinette-Justine, bien qu'elle n'eût encore que 11 ans, par crainte que leur immense fortune ne lui valût une demande purement intéressée de quelque grand seigneur auquel il aurait pu difficilement refuser. Aussi préféra-t-il marier sa fille à son frère cadet, qui n'avait encore que 31 ans. Les Paris firent solliciter la dispense par Louis xv lui-même en 1721; elle n'en coûta pas moins 100.000 écus et une fondation au Mont de Piété de Rome (voir Bn F P.O.2198). Le mariage ne fut célébré qu'en 1724 (voir Dubois-Corneau, *Paris de Montmartel*, p.94-97). Voltaire, qui connaissait fort bien les frères Paris, resta en relations d'affaires durant plus de vingt ans avec Montmartel.

10. Plaisanterie audacieuse que cette référence biographique directe, mais dont la valeur allusive ne fut saisie que par de très rares intimes, comme l'atteste encore la note de Beuchot au début du siècle suivant: 'On a fait l'application de cette phrase à Voltaire et Madame Denis; je ne sais sur quel motif' (M.xxvi.379, n.2). On sait que la découverte et la publication par Th. Besterman des *Lettres d'amour de Voltaire à sa nièce* (Paris 1957) a fait toute la lumière sur cette liaison très passionnée où les accents de la ferveur charnelle résonnent en italien, mais dont le secret fut toujours gardé strictement.

11. Idée développée en 1768 dans *Le Droit des hommes et les usurpations des papes*: 'On nous dira que le pape est au-dessus de toutes les lois, qu'il peut rendre juste ce qui est injuste: *potest de injustitia facere justitiam; papa est supra jus, contra jus, et extra jus*; c'est le sentiment de Bellarmin, c'est l'opinion des théologiens romains' (M.xxvii.210). Les choses paraissent avoir été pourtant plus complexes, selon le juriste Louis d'Héricourt: 'Aucun supérieur ecclésiastique, même le

Pape, ne peut dispenser de ce qui est de droit naturel ou de droit divin' (*Les Lois ecclésiastiques*, p.122).

12. Exagération polémique, car un tel mariage serait évidemment regardé par l'Eglise comme des plus incestueux. Or d'Héricourt rattachait les cas d'inceste au droit naturel, dont le pape lui-même, on l'a vu, ne saurait dispenser (voir *Les Lois ecclésiastiques*, p.476).

13. 'Il y a pourtant, on l'assure, des peuples chez qui la mère s'unit à son fils, la fille à son père, et chez qui la tendresse filiale se double d'amoureux désir' (*Métamorphoses*, x.v.331-33, trad. Georges Lafaye, éd. Budé, ii.133). Après avoir constaté que les animaux ignorent l'interdit de l'inceste, la jeune Myrrha, amoureuse de son père, remarque mélancoliquement que cette prohibition inventée par les hommes n'est pas même universelle et qu'il est des sociétés où sa passion n'aurait rien de criminel. Allusion probable aux Perses en effet, mais sans qu'elle doive nécessairement s'expliquer par une intention calomnieuse d'Ovide, puisque selon G. Lafaye, 'l'union avec un ascendant n'était pas considérée comme incestueuse chez les Perses, s'il faut en croire les auteurs anciens; il s'est même trouvé chez les Grecs des philosophes pour justifier les idées des Perses sur ce sujet. Il est fort probable qu'Ovide connaissait les ouvrages où on l'avait traité' (n.1).

14. Larcher avait fait grief à Voltaire de prendre l'épigramme de Catulle sur l'inceste des Perses, pour la preuve d'une loi, quand elle attestait simplement un usage; confusion d'autant plus regrettable à ses yeux que de cette prétendue *loi* (voir n.1) Voltaire n'avait à offrir d'autre garant que ces réflexions satiriques de poète. En demandant: 'Eh bien qu'en résulterait-il?', Voltaire, avec la mauvaise foi d'un bon polémiste, tente de tourner cette critique à son avantage par une conclusion abusive qui escamote le problème créé par sa confusion: Larcher n'a jamais dit qu'on ne pouvait trouver 'qu'un accusateur contre les Perses', puisqu'il a cité au contraire trois auteurs anciens confirmant *l'usage* de l'inceste (Sextus Empiricus, Dion Chrysostome et un certain Sextus. Voir S.67, p.103-105).

15. Ils avaient probablement de bonnes raisons de ne pas aimer leurs anciens oppresseurs, qui les avaient dominés durant près de deux siècles (1526-1699). On sait que la Hongrie ne faisait partie de l'Empire autrichien que depuis le traité de Karlowitz (1699), sanctionnant les victoires du prince Eugène de Savoie contre les Turcs.

16. L'érudit hollandais Grotius (Hugues de Groot, 1583-1645), célèbre auteur du *Droit de la guerre et de la paix* (1624) et de quelques tragédies latines (dont il sera question au chapitre 20), composa aussi un *Traité de la vérité de la religion chrétienne*, qui obtint grand succès. Il existe cinq traductions françaises de ce classique de l'apologétique, dont le livre VI est consacré à la 'Réfutation du mahométisme'. Grotius y remarque qu'à la différence de Jésus, Mahomet n'a jamais accompli de miracles: 'Quelques-uns néanmoins de ses disciples ont prétendu qu'il en avait fait. Mais c'était ou des choses que l'art seul pouvait produire comme ce qu'ils disent d'un pigeon qui volait à son oreille; ou des choses dont ils ne citent aucuns témoins, par exemple, qu'un chameau lui parlait

de nuit' (*Traité*, Amsterdam 1728, p.357-58). Voltaire, qui n'a jamais beaucoup prisé Grotius (M.xxvi.303; D14039), lui avait déjà reproché dans l'*Essai sur les mœurs* de colporter sur Mahomet cette légende malveillante qu'il 'avait instruit une colombe à voler auprès de son oreille, et avait fait accroire que l'esprit de Dieu venait l'instruire sous cette forme' (*Essai*, i.823). 'Si les plus savants de vos christicoles ont dit de telles âneries, que dois-je penser des autres?' demandera en 1772 le Turc de *Il faut prendre un parti* (M.xxviii.546).

17. Forme latinisée du nom de Henry Lord dont Hyde utilise et discute souvent l'ouvrage. Cet ecclésiastique fut en effet nommé en 1624 à la factorerie anglaise de Surate, où il acquit quelques connaissances de l'indoustan et du perse et étudia les mœurs des indigènes. De retour à Londres, il publia en 1630 un ouvrage traduit en français en 1667 par Pierre Briot sous le titre de *Histoire de la religion des Banians avec un traité de la religion des anciens Persans* (Paris, Ninville). Briot précise dans sa Préface: 'Il eut [...] des conférences très particulières avec les Bramanes des Banians et avec les Daros de ces Persans adorateurs du Feu. Les premiers lui communiquèrent leur *Shaster* et les autres leur *Zundaavasta* qui contiennent toute leur religion et qu'ils ne font jamais voir à personne' (pages liminaires non paginées faisant suite immédiatement à la page de titre). Cependant Lord ne dit mot de cette prétendue polygamie des ignicoles dans ses pages consacrées aux mariages, dont il recense pourtant cinq sortes différentes (p.200-202). Quant à 'ces mages qui subsistent encore', Voltaire les avait signalés en 1756 dans l'*Essai sur les mœurs* comme vivant 'aujourd'hui, sous le nom de Gaures ou de Guèbres, de Parsis, d'Ignicoles; ne se mariant qu'entre eux, entretenant le feu sacré, fidèles à ce qu'ils connaissent de leur ancien culte' (*Essai*, i.263). On notera enfin qu'en dépit des insinuations de Voltaire, 'notre ennemi', alias le consciencieux Larcher, avait lu de près le Sadder, abrégé du Zend-Avesta que Hyde avait donné à la suite de son ouvrage (voir S.67, p.105. L'édition de 1760 du *Veterum Persarum ... Historia* est d'ailleurs dans la bibliographie du *Supplément*: voir S.67, p.48).

18. Il est singulier que Voltaire affirme avec tant d'assurance ce que le 'savant Hyde' (M.xxix.168) avait pourtant infirmé après Pierre de La Valle: 'nullas alebant Concubinas (quamvis paulo aliter dicat Tavernier in Appendice nostro) [...] Et, eodem autore, Sacerdotes et alii habent unam tantum uxorem eodem tempore: nisi forte prior uxor sit sterilis' (*Veterum Persarum ... Historia*, p.413). Remarquons aussi qu'en rédigeant l'article 'Guèbres', l'encyclopédiste Boulanger avait affirmé 'qu'ils ne souffrent point la bigamie ni le divorce' (*Encyclopédie*, vii.79).

19. Tavernier ne dit rien de tel au livre IV à propos de 'cette vérité'; il remarque simplement au début du chapitre 8, sur les Gaures, qu'il a dû les fréquenter longtemps avant de pouvoir découvrir les mystères de leur religion (*Les Six voyages*, i.480-81). Puis il ajoute (Hyde cite d'ailleurs ce passage en appendice) que si leur religion leur permet en principe d'avoir cinq femmes, en fait l'une d'elles seulement a véritablement le statut d'épouse légitime. Mais les quatre autres ne peuvent être répudiées sans motif grave (p.487). Au surplus l'autorité

même de Tavernier sur ce point ne paraîtra pas à Voltaire toujours indiscutable (voir M.xix.452).

20. La position de Larcher sur ce point est sans doute, comme celle qu'il a prise sur la prostitution sacrée à Babylone, plus modérée et raisonnable que celle de Voltaire: il y a à ses yeux trop de témoignages d'auteurs anciens sur l'usage de l'inceste chez les Perses pour qu'on puisse les récuser aussi cavalièrement, au nom de la seule règle de la vraisemblance et sans même établir la distinction très nécessaire entre loi et coutume. Entre cet apriorisme critique de philosophe et les 'preuves' positives que constitue un faisceau de témoignages concordants, le véritable historien ne doit pas balancer. Aussi réaffirmera-t-il en 1769 que la loi perse tolérait bien ces alliances incestueuses (voir aussi notre introduction, p.104-105).

Chapitre VII. De la bestialité et du bouc du sabbat

1. Allusion à la rivalité entre Moïse, accomplissant certains prodiges sur l'ordre de Yahvé pour décider Pharaon à libérer Israël, et les magiciens d'Egypte, capables au début de lui donner la réplique par leurs sortilèges (Exode vii et viii). Mais l'Exode ne nomme ni Jannès ni Membrès dont le nom n'est précisé que par Paul (II Timothée iii.8).

2. Selon Crétineau-Joly, l'historien de la Compagnie de Jésus, le père Jean-Baptiste Girard, recteur du séminaire royal de la marine à Toulon, fut 'un prêtre pieux mais crédule', qui se laissa abuser vers 1730 par les enthousiasmes mystiques de sa jeune pénitente Catherine La Cadière. Lorsqu'après deux ans il voulut s'en séparer, celle-ci, outrée, porta ses plaintes à un prêtre janséniste qui envenima aussitôt l'affaire: Girard fut accusé devant le Parlement d'Aix non seulement d'avoir engrossé La Cadière, mais encore de l'avoir livrée à la possession du démon par des sortilèges. Il ne dut qu'à l'intervention du roi et de la Compagnie de Jésus d'être mis finalement hors de cour. Voltaire possédait dans sa bibliothèque un extrait (BV, no.1643) du très volumineux dossier du procès. Maurice Foucault le compte comme l'un des derniers qu'ait connus l'ancienne France en matière de sorcellerie (Les Procès de sorcellerie, p.100).

3. Voltaire a lu (BV, no.431) l'ouvrage de Jean Bodin, De la démonomanie des sorciers (Paris 1582), ainsi que les Disquisitions magiques du jésuite Del Rio (1599) et le Discours des sorciers avec six advis ... pour un juge (Lyon 1608) du juge Henry Boguet (voir M.xviii.23). Le chapitre 3 du livre second de la Démonomanie ('De ceux qui renoncent à Dieu par convention expresse, et s'ils sont transportés en corps par les Daemons') propose de nombreux exemples de sabbat ou assemblées nocturnes de sorciers, auxquelles les participants se trouvent soudain transportés, le plus souvent après s'être oints d'une graisse magique. De tous les extraits de procès rapportés par Bodin, il ressort aussi que 'Sathan' prend presque toujours la forme d'un grand bouc que chaque assistant doit d'abord adorer en le baisant au derrière; suivent les danses lascives

et les accouplements, ainsi que le compte rendu fidèle au prince des Ténèbres du mal qu'on a accompli à son service depuis la dernière assemblée. On trouve des descriptions très voisines dans Del Rio (*Les Controverses et recherches magiques*, p.196 ss) et Boguet (p.129 ss).

Larcher ironisera lourdement sur les connaissances démonologiques dont se targue ici Voltaire: 'Oh, pour le coup, Mademoiselle, en fait de diablerie, je vous le cède volontiers. A l'effusion de cœur avec laquelle vous en parlez, on voit que c'est un sujet favori, et que vous êtes pénétrée de ce que vous dites. Old Nick lui-même ne s'exprimerait pas mieux' (*Réponse*, p.36).

4. Phrase tirée du chapitre 35 de la *Philosophie de l'histoire*, 'De la magie', dont Voltaire assurait que les 'Juifs en firent le métier dès qu'ils furent répandus dans le monde. Le sabbat des sorciers en est une preuve parlante; et le bouc avec lequel les sorcières étaient supposées', etc. (Voltaire 59, p.209). On reviendra plus loin sur la fragilité, voire la gratuité de ces rapprochements, censés 'étayer' l'affirmation d'une filiation entre les accouplements supposés de certaines juives au désert et les pratiques du culte démoniaque aux assemblées du sabbat.

5. 'Judicieuse retenue, circonspection dans les actions et les paroles' (*Académie 62*).

6. C'est beaucoup moins par pudeur que par 'discrétion' que Voltaire avait fait cette réserve dans la *Philosophie de l'histoire*. Car la sorcellerie et les procès qu'elle a suscités ne sont à ses yeux que le témoignage honteux des excès de l'imbécillité et de la barbarie (voir Voltaire 59, p.210-11). La philosophie des Lumières a réduit ces prétendues manifestations de la magie à leurs dimensions véritables de phénomènes psychiques pathologiques, d'ordre onirique ou hallucinatoire (voir M.xviii.23).

7. 'Dynastie de Mendès' paraîtra à Larcher une expression d'une impropriété grotesque: 'On n'a jamais pris en Grec le terme de Dynastie pour les états du Dynaste, et encore moins en français. En cette dernière langue, c'est une suite de Rois de la même famille' (*Réponse*, p.37, n.3). Voltaire piqué s'obstinera à parler dans le *Taureau blanc* de la 'dynastie de Memphis', en ajoutant cette note aigredouce: 'Dynastie signifie proprement puissance. Ainsi on peut se servir de ce mot, malgré les cavillations de Larcher. Dynastie vient du phénicien *dunast*; et Larcher est un ignorant qui ne sait ni le phénicien, ni le syriaque, ni le cophte' (M.xxi.495, n.1). Pourtant *Académie 62* donne pleinement raison à Larcher: 'une suite de rois et de princes qui ont régné dans un pays'.

8. C'est une des roueries du polémiste que de faire accroire au lecteur qu'il lui rend compte des démarches de Larcher de façon divertissante et pourtant objective. Ce lecteur de la 'bonne compagnie', il faut seulement le persuader qu'on lui apporte bien l'information nécessaire sur les thèses du *Supplément*, mais en lui épargnant les citations et tout le lourd appareil d'une érudition ennuyeuse. Larcher ne s'est naturellement pas plus échauffé qu'il n'a parlé à tort et à travers. Sa démonstration (S.67, p.238-42) s'articule en trois points: 1) la défense du Lévitique de 'forniquer' peut avoir été simplement préventive, Dieu voulant prémunir son peuple contre les infamies qu'il allait avoir sous les

yeux en Canaan, et de toute façon désigne probablement l'interdiction de participer aux cultes idolâtres; 2) au culte de Pan, adoré sous la forme d'un bouc, certains Juifs se sont effectivement laissé gagner, au cours de leur séjour en Basse Egypte; 3) ceux qui refusent de croire au sens spirituel de cette fornication se fondent mal à propos sur les douteux témoignages de Plutarque et de Pindare, assurant qu'on enferme les belles Mendésiennes avec des boucs, et négligent de façon inexcusable le témoignage tout contraire et beaucoup plus sérieux d'Hérodote. Larcher n'a donc jamais voulu prouver que les Mendésiennes 'couchaient publiquement avec des boucs' ni justifier les Juives par ce prétendu précédent, dont au contraire il nie l'existence d'après Hérodote. Son argumentation est délibérément escamotée. Ce n'est plus qu'un pédant de collège que le dérèglement de son imagination obscène pousse à accumuler les paillardises et outrager les dames. Nous voici passés en fait de la joute académique aux tréteaux de la farce, mais à l'insu du lecteur qui n'a pas lu ni ne lira le *Supplément*.

9. Voir Deutéronome viii.4. Voltaire ajoute que les dames n'avaient point de chemise, probablement d'après ces précisions de Calmet: 'Les Hébreux n'avaient pour habits que la tunique, nommée chetonet et le manteau, nommé en Hébreu méhil. La tunique était l'habit de dessous qui couvrait immédiatement la chair. Le manteau était l'habit de dessus. Ces deux habits ensemble faisaient ce que l'Ecriture appelle mutatorias vestes, des habits à changer' (*Dictionnaire*, article 'Vêtements', iv.470).

10. Dans le *Traité sur la tolérance*, Voltaire avait au contraire affirmé que la bestialité avait été 'commune' chez les Juifs (M.xxv.69n). Guénée relèvera la contradiction: 'Selon M. de Voltaire (*Défense de mon oncle*), son oncle prétendait que ce cas avait été 'très rare' dans le désert. Selon lui, dans sa note, il était 'commun'. Comment accorder l'oncle et le neveu?' (*Lettres de quelques juifs*, i.221).

11. Variation également sur ce point; Voltaire soutiendra le contraire en 1770, car cette 'fatale dépravation' lui paraît une conséquence nécessaire de la chaleur du climat' (voir M.xviii.22 et xxx.95, n.1).

12. Voltaire non seulement se refuse à prendre le 'fornicati sunt' de la Vulgate dans un sens figuré, mais n'admet pas non plus le prétendu caractère préventif des interdictions du Lévitique (voir n.8). A ses yeux une loi ne peut être édictée que pour réprimer des abus déjà constatés et non pour prévenir des excès à venir que redouterait le législateur (voir M.xix.535).

13. Lévitique xvii.7. La Vulgate traduit par 'daemonibus' le mot hébreu 'Lashagirim' qui signifie les boucs ou les velus. Les Septante traduisent par: les faux dieux, d'autres par: les satyres. Calmet juge qu''on peut concilier toutes ces différences en disant que les faux dieux et les démons, que les Israélites adoraient, étaient représentés sous la forme d'un bouc, ou sous la figure de Satyres, ou étaient même de véritables boucs' (*Commentaire littéral*, 'Lévitique', ii.175). Il ne doute pourtant pas que ces cérémonies n'aient comporté des scènes de prostitution réelle (p.176).

14. Fausse référence: on ne trouve rien de semblable au chapitre 19. On lit en

revanche en xviii.23 (trad. Calmet): 'Vous ne vous approcherez d'aucune bête et vous ne vous souillerez point avec elle. La femme ne se prostituera point non plus en cette manière à une bête, parce que c'est un crime abominable'.

15. Lévitique xx.16.

16. On sait que le serpent a persuadé Eve (Genèse iii.1-5) et que l'ânesse de Balaam fit des reproches à son maître qui l'avait frappé (Nombres xxii.28). Commentant ce dernier épisode, Voltaire réaffirmera qu'on croyait alors communément les animaux doués de l'intelligence et de la parole (voir M.xxx.107-108, n.1), idée probablement tirée de Calmet.

17. Genèse ix.8-10. Comme c'est probablement là le fait le plus troublant, celui qui soutient le mieux l'opinion dont fait état Voltaire, c'est cet endroit de l'Ecriture qu'a choisi Calmet pour poser dans toute son ampleur le problème de l'intelligence des animaux. Tout l'Ancien Testament est plein de manières de parler 'par lesquelles il semblerait que l'on suppose dans les bêtes quelque sorte de connaissance'. Dieu fait ici un pacte avec les bêtes; plus haut, il met homme et bête sur le même pied en s'engageant à venger l'homme attaqué par la bête mais aussi la bête attaquée par l'homme. Dieu bénit les animaux après leur création, dialogue avec eux et leur donne des ordres, etc.

Calmet se refuse évidemment à en conclure que les bêtes soient 'intelligentes et raisonnables', mais pense que 'Moïse et les autres auteurs inspirés ont voulu se conformer aux préjugés populaires répandus par tout l'Orient et tenant les animaux pour raisonnables (voir *Commentaire littéral*, i.212-215).

18. Calmet donne un autre sens à la punition des bêtes: elle n'est destinée qu'à accroître l'horreur de ce crime abominable (voir *Commentaire littéral*, 'Lévitique', ii.224). Quant à Voltaire, il ne reviendra pas sur ce problème dans la *Bible enfin expliquée*.

19. Il est curieux que cette opinion ne soit rapportée ni par Calmet dans son *Dictionnaire* ni par Bochart aux endroits de l'*Hiérozoicon* où il traite du bouc et des singes (voir par exemple *Hiérozoicon*, i.641). Guénée contestera que les velus désignent nécessairement les boucs, mais ne relèvera pas cette confusion prêtée à tous les Orientaux entre les velus et les singes (*Lettres de quelques juifs*, i.218, n.1). Voltaire lui-même ne rappellera pas cette confusion en commentant le Lévitique dans la *Bible enfin expliquée* (M.xxx.95, n.1).

20. La *Philosophie de l'histoire* avait déjà relevé cette aridité et ce dénuement total (Voltaire 59, p.139-40).

21. Elle est attestée par Bodin, Del Rio et Boguet. Mais Pierre de Lancre fournit sur ce baiser au bouc des détails curieux et savoureux: 'On lui voit aussi quelqu'espèce de bonnet ou chapeau au dessus de ses cornes. Il a au devant son membre tiré et pendant, et le montre toujours long d'une coudée, et une grande queue au derrière, et une sorte de visage au dessous: duquel visage il ne profère aucune parole, ainsi lui sert pour le donner à baiser à ceux que bon lui semble, honorant certains sorciers ou sorcières plus les uns que les autres' (*Tableau de l'inconstance des mauvais anges*, p.72).

22. Il est singulier qu'on n'en trouve mention dans aucun des dictionnaires des proverbes que nous avons consultés (voir ch.16, n.1).

23. Ce détail ne figure pas dans les descriptions du sabbat faites par Bodin, Del Rio et Boguet; mais Voltaire pouvait avoir lu aussi Pierre de Lancre, Nicolas Remi et d'autres démonographes. Maurice Foucault a dégagé de leurs ouvrages, ainsi que des procès-verbaux d'interrogatoires, une sorte de scénario-type de l'assemblée sabbatique, tout en soulignant l'infinie variété d'invention dans le détail qu'offrent les 'aveux' arrachés sous la torture: présidée par Satan ou quelque puissant démon, la séance s'ouvre par la réception des nouveaux membres et l'hommage des participants au Maître. Les nouveaux renoncent solennellement à la foi catholique et reçoivent le baptême du diable. Puis vient l'adoration, 'cérémonie très diversement racontée par les accusés, mais qui paraît constituer l'acte essentiel du culte satanique' (*Les Procès de sorcellerie*, p.131). La phase suivante est faite de la préparation des poudres et onguents, avec les ingrédients habituels (crapauds, os de morts, graisse d'enfants nouveau-nés). La phase finale est l'orgie: festins, danses, débauches, accouplements.

24. Cette origine avait été déjà nettement affirmée dans une note du *Traité sur la tolérance* (M.xxv.69, n.1), avec même une nuance de dégoût ('Quel peuple!'). L'idée de cette hypothétique origine a pu d'abord être inspirée à Voltaire par un rapprochement de Bodin entre les danses d'allégresse des sorcières autour de leur maître et les danses des anciens Hébreux autour de l'autel auquel ils apportaient leurs offrandes (voir *De la démonomanie*, p.88).

Pour donner ici cette filiation conjecturale comme une certitude bien établie ('il est constant'), il faut toute la prévention d'un polémiste et elle ne manquera pas de révolter l'abbé Guénée. Mais c'est peut-être le *Supplément* qui avait encouragé Voltaire à renforcer ses affirmations de la *Philosophie de l'histoire* puisque Larcher avait admis (voir n.8) que certains Juifs aient pu adorer un bouc divinisé, à l'imitation des Egyptiens. Guénée plus habilement montrera comment Voltaire se contredit lui-même: le culte rendu au bouc par les sorciers dans les sabbats est une forme d'adoration des diables, démons, mauvais anges, etc. Comment les anciens Juifs pourraient-ils en être à l'origine, puisque, de l'aveu même de Voltaire, ils 'ne reconnurent point de diables jusque vers le temps de leur captivité à Babylone. Ils puisèrent cette doctrine chez les Perses qui la tenaient de Zoroastre. Il n'y a que l'ignorance, le fanatisme et la mauvaise foi qui puissent nier tous ces faits' (Voltaire 59, p.259 et *Lettres de quelques juifs*, i.225). Si des Juifs ont colporté la sorcellerie, ce ne peut être que beaucoup plus tard, à l'époque hellénistique et après y avoir été initiés par les Grecs. Sur l'origine spécifiquement juive du culte démoniaque rendu au bouc par les sorciers, Voltaire lui-même sera beaucoup moins affirmatif dans les *Questions sur l'Encyclopédie* (1770; M.xviii.22). Enfin, dans la *Bible enfin expliquée*, Voltaire (se rendant finalement aux arguments de Larcher et Guénée?) adoptera la thèse du premier: 'On a cru que l'antique adoration du bouc de Mendès fut la première origine de ce que nous appelons encore chez nous le sabbat des sorciers' (M.xxx.95, n.1).

25. C'est probablement Larcher qui est à l'origine de cette conviction récente, par ses développements sur le culte du bouc à Mendès. Car on lisait dans le *Traité sur la tolérance*: 'On ne sait si cet étrange culte venait d'Egypte, patrie de la superstition et du sortilège' (M.xxv.69, n.1). Encore une incohérence qui fâchera Guénée: 'Ainsi, 'on ne sait pas', et pourtant 'on est certain'! Le savant Critique a l'art de réunir sur le même objet la certitude et le doute!' (*Lettres de quelques juifs*, i.222, n.1).

26. On se serait attendu à ce que ce précieux manuscrit eût été possédé par le savant abbé Bazin lui-même et non par son neveu, qui est censé avoir 'mis la plume à la main' par piété filiale beaucoup plus que par l'intérêt direct qu'il prendrait aux questions d'érudition. Détail si l'on veut, mais assez suspect pour faire croire à une rodomontade qui sera ramenée à ses justes proportions dans les *Questions sur l'Encyclopédie*: Voltaire a simplement eu l'occasion de feuilleter un 'Grimoire' (M.xviii.23). La prétendue ancienneté de ce manuscrit remontant aux premiers Ptolémées, la proposition d'achat par un Grand d'Espagne paraissent ressortir à un goût de la fiction, pour ne pas dire de la mystification, qu'on sentait poindre déjà au début du chapitre où le neveu regrette la perte des savants travaux de son oncle sur la sorcellerie.

27. Richelet définit le grimoire comme un 'livre plein de caractères de figures et de conjurations propres à faire obéir les esprits'. Furetière, Trévoux et *Académie 62* reprennent l'essentiel de cette définition, en soulignant seulement le caractère chimérique de ces recettes.

28. C'est ce qu'on aperçoit mal. Larcher n'a jamais nié que les velus ne fussent des boucs. Il a seulement proposé d'entendre la fornication avec des boucs comme la pratique par les Juifs d'un culte égyptien représentant le dieu Pan sous la forme de cet animal.

29. Il faut convenir que ce n'est pas une des meilleures plaisanteries de la *Défense de mon oncle*, mais Voltaire paraît y tenir: on la retrouvera dans les *Questions sur l'Encyclopédie* en 1772 (M.xx.325).

En revanche, l'aveu de l'ignorance du nom de l'adversaire (M ***) est un indice précieux quant à la genèse du texte et sa date de composition (voir l'introduction, p.23-24).

Chapitre VIII. D'Abraham et de Ninon l'Enclos

1. Voltaire ne le connaît évidemment que par Calmet, qui fait grand cas de ce 'fameux auteur de la paraphrase chaldaïque sur le *Pentateuque*' qui aurait vécu peu avant le Christ (*Dictionnaire*, iii.451). Mais saint Jérôme ne l'a pas connue et elle lui serait donc postérieure. La suite de l'article montre en outre combien les rabbins étaient loin de s'accorder sur l'identité de cet Onkélos, même si son commentaire ou 'Targum' a toujours joui parmi eux d'une immense popularité.

2. Ce n'est pas la première fois que Voltaire soulève le problème de l'âge

d'Abraham, dont il faudra plus loin exposer le détail. En 1764 l'article du *Portatif* qui lui était consacré soulignait la contradiction de la Genèse sur ce point et optait pour l'âge de cent trente-cinq ans. C'était déjà l'avis de Bayle: 'L'opinion qui le fait naître l'an 130 de Tharé me paraît plus vraisemblable que celle qui le fait naître l'an 70 du même Tharé' (*Dictionnaire*, article 'Abraham', p.32).

3. Dérobade de polémiste sous cette affectation de mépris pour les vétilles de l'érudition: c'est bien Voltaire lui-même qui avait soulevé le problème, dans le seul but évidemment de faire ressortir une contradiction du texte sacré. Car les solutions imaginées pour la faire disparaître par des commentateurs plus ou moins ingénieux ne peuvent intéresser le polémiste: il faut que cette contradiction soit insoluble et le reste. Aussi les efforts qu'a déployés Larcher à la recherche d'une solution plus satisfaisante que celle de Calmet seront-ils négligemment tenus pour nuls ou non avenus. Bien plus, ils deviennent ici prétexte à l'accabler de sarcasmes: Dieu ne lui pardonnera pas d'avoir manqué d'esprit et ennuyé les dames (défauts incontestables, mais qui tenaient plus encore à l'aridité d'un pareil sujet qu'à la 'lourdeur' de Larcher).

4. Allusion à la tradition accréditée par certains commentateurs anciens, juifs et chrétiens, selon laquelle le Jugement dernier aura lieu dans la vallée de 'Josaphat' qui signifie en hébreu le jugement de Dieu. Cette tradition repose sur un passage du prophète Joël (Joël iv.2). Quelques-uns situent cette vallée près de la mer Morte, d'autres dans les environs de Jérusalem.

5. Affirmation gratuite: on verra par le résumé de l'argumentation de Larcher (n.10) qu'il ne soulève aucun problème de chronologie, mais s'attache à montrer comment peuvent s'accorder les versets que Voltaire croit contradictoires.

6. Moland renvoie à Genèse xii.4. Mais ce verset ne dit rien de la mort de Tharé. Celle-ci est annoncée à la fin du chapitre 11 et le chapitre 12 enchaîne par ces mots: 'Dixit autem Dominus'... 'Or le Seigneur dit à Abraham: sortez de votre pays'. Ainsi la Genèse ne dit pas expressément que le départ d'Abraham eut lieu *après* la mort de son père. Mais c'est l'impression qu'on peut avoir et qu'a bien eue Le Maistre de Sacy dans sa traduction de la Vulgate, où il rend – mais on notera qu'il est le seul – ce verset par: 'Le Seigneur dit *ensuite* à Abraham'... Or c'est cette traduction, on le sait, qu'utilisait le plus souvent Voltaire (BV, no.397). On peut ajouter que Bayle comprenait déjà le texte biblique de la même façon: Abraham s'arrêta avec son père 'à Charan, jusqu'à ce que son père y fût mort' (*Dictionnaire*, article 'Abraham', p.32).

7. La Genèse ne dit nulle part que Tharé fût potier. Voltaire se fait l'écho d'une tradition transmise par Suidas, Philon, Maimonide et recueillie par Bayle: 'C'est une opinion assez commune [...] que Tharé son père faisait des statues et enseignait qu'il les fallait adorer comme des Dieux. Quelques Juifs ont débité qu'Abraham exerça assez longtemps le métier de Tharé; c'est-à-dire qu'il fit des idoles et qu'il en vendit' (*Dictionnaire*, article 'Abraham', p.32, n.A).

8. Voici, dans la traduction de Calmet, les versets contradictoires de la Vulgate: Genèse xii.4: 'Abraham donc sortit [de Haran] comme le Seigneur le lui avait

ordonné, et Lot l'accompagna: Abraham avait soixante et quinze ans lorsqu'il sortit de Haran'.

Genèse xi.26: 'Tharé vécut soixante et dix ans et engendra Abraham et Nachor et Aran'.

Genèse xi.32: 'Et Tharé ayant vécu deux cent cinq ans mourut à Haran'.

9. L'expression surprend un peu: il s'agit en fait moins d'expliquer xii.4 par xi.26 et 32 que de nier, en s'appuyant sur xi.26 et 32, l'âge de soixante-quinze ans attribué à Abraham en xii.4 au moment de son départ d'Haran. La contradiction exige un choix du lecteur et par conséquent le rejet pur et simple de l'une de ces données contradictoires.

10. Rien que de polémique dans le développement qui suit; Voltaire persuade à son 'cher lecteur' qu'il lui résume l'essentiel des vues de Larcher, lui évitant même les pièges d'un adversaire prêt à lui 'donner le change'. En fait, il s'est borné à reprendre, presque au hasard, quelques éléments de la démonstration de Larcher, pour en composer un 'précis' disparate à souhait et qui permet – en toute bonne foi, bien sûr – de s'étonner dans la question finale: 'Mais quel rapport, je vous prie...'

Des pages comme celle-ci montrent clairement que la *Défense de mon oncle* n'est pas destinée essentiellement à réfuter les critiques du *Supplément*, mais à empêcher qu'on ne le lise, à en détourner la bonne compagnie comme d'un livre ennuyeux et ridicule, au cas où une curiosité malsaine habilement éveillée par les adversaires la porterait un jour à le feuilleter. Car pour qui a déjà lu l'ouvrage de Larcher, ces lignes ne peuvent apparaître que comme un refus de discussion, une dérobade habilement camouflée. Si le 'système' du 'lourd adversaire' n'est assurément pas d'une lecture égayante, il n'en reste pas moins cohérent et solide (voir S.67, p.136-44). Rapportons-en les idées essentielles (pour un précis détaillé, voir *DMO*, p.360-62). Larcher écarte d'abord certaines solutions de facilité (hypothèses hasardeuses de Calmet ou recours au texte des Septante). En fait, la Genèse mentionne la mort de Tharé, puis raconte le départ d'Abraham, mais cette succession diégétique ne reflète pas nécessairement un ordre chronologique, pour qui connaît les procédés narratifs mis en œuvre dans le Pentateuque. Philon le Juif l'avait déjà observé: l'auteur du Pentateuque, voulant traiter complètement de la vie de Tharé, a anticipé en signalant sa mort avant le départ d'Abraham, bien qu'elle ne soit survenue que longtemps après. Philon conclut: 'Abraham ne put rester longtemps à Charrès'.

Pourquoi Charrès et non pas Haran? Larcher explique en note sur quelles références il s'appuie pour établir qu'il s'agit en fait de la même ville. Ces explications, on le voit, ne constituent dans l'argumentation de Larcher qu'une parenthèse, mais dont la légitimité et la nécessité sont hors de doute: Voltaire va si loin dans la mauvaise foi en s'interrogeant sur sa pertinence, qu'un lecteur naïf pourrait douter qu'il ait seulement compris la pensée de Larcher ou l'ait lu avec l'attention nécessaire.

Mais le problème peut aussi se résoudre par la grammaire. Le dernier verset du chapitre 11 dit: 'Tharé ayant vécu deux cent cinq ans mourut à Haran'; le premier verset du chapitre 12 se lit: 'Or le Seigneur dit à Abraham: sortez de votre pays', la Vulgate ayant alors rendu le texte hébreu par: *Dixit* autem Dominus. Or c'est peut-être là qu'est l'erreur. L'hébreu ne dispose en effet que d'un prétérit, que, selon le contexte, les traducteurs rendent par l'imparfait, le passé simple ou le plus-que-parfait. Si l'auteur de la Vulgate avait traduit par: *Dixerat* autem Dominus, la difficulté s'évanouissait: la vocation d'Abraham pouvait être considérée comme antérieure à la mort de son père. Au reste, la Bible anglicane traduit bien par: 'Now the Lord *had said* unto Abraham'.

Ces pages, où se succèdent les démarches d'une critique philologique informée et complète, persuadent vite que le seul à être ici à la hauteur du sujet est bien Larcher et non Voltaire. Certes, ses idées n'offrent ni originalité ni nouveauté véritables; ses hypothèses n'ont pas la hardiesse de celles qu'avait proposées Jean Astruc en 1753 (*Conjectures sur les mémoires originaux dont il paraît que Moyse s'est servi pour composer le livre de la Genèse*) et qui devaient faire faire un pas décisif à l'exégèse biblique. Mais par sa précision et sa clarté, la synthèse de Larcher demeure fort honorable pour un critique qui n'est pas spécialiste de l'Ecriture. Quant à Voltaire, s'il connaissait probablement les thèses d'Astruc en 1767 (Servan lui a envoyé le livre le 7 avril 1766; D13243), il a évidemment préféré les ignorer car elles aussi font évanouir la prétendue contradiction sur l'âge d'Abraham.

11. Le neveu est presque aussi grand voyageur que l'oncle: chapitre 2: 'je le sais mieux que toi, puisque j'ai accompagné mon oncle en Asie'. Il mentionne à la fin de ce chapitre tous les Guèbres qu'il a vus dans ses voyages; il est question dans l'épilogue de son 'dernier voyage à Moscou' et au chapitre 3 de celui qu'il a fait à Constantinople, etc.

12. Cette question sur les difficultés de langue qu'a dû éprouver Abraham était déjà en bonne place dans le *Portatif* (M.xvii.37-38), mais est naturellement laissée sans réponse: le dessein du polémiste est de faire lever le doute et le trouble, non de résoudre. Au reste, la lassitude impatiente des 'réponses' de l'abbé Bazin suggère admirablement que cette question de simple bon sens en appellerait cent autres semblables et tout aussi insolubles; que l'Ecriture est finalement incompréhensible et qu'il vaut bien mieux que la raison renonce tout de suite: cette démission s'appelle la Foi, c'est-à-dire une adhésion soumise et abêtie, même pas à la tradition ancienne et par là peut-être respectable de l'Eglise, mais aux décisions de la Faculté de théologie de Paris. 'MM. de Sorbonne qui ne se sont jamais trompés' est une savoureuse trouvaille d'expression sous la plume du défenseur du *Bélisaire*. On lira deux ans plus tard dans *Dieu et les hommes*: 'ces pédants ridicules de Sorbonne prononçaient à la fois le pour et le contre, le oui et le non, ce qui leur est arrivé presque toujours à eux et à leurs semblables' (M.xxviii.135).

13. L'expression trahit une sorte de jubilation secrète de polémiste, désormais beaucoup plus à l'aise sur le terrain de la pure plaisanterie que sur celui d'une exégèse érudite.

14. Ce n'est pas tant Larcher que Voltaire qui, dans le *Portatif*, avait souligné

la 'difficulté' et en des termes, on le verra, dont Larcher se choque (voir M.xvii.38). Déjà Bayle avait discrètement persiflé cette jouvence impérissable (*Dictionnaire*, article 'Sara', iv.144-45).

Si l'on admet que Voltaire s'en rapportait le plus souvent à Calmet pour les détails de la géographie sacrée, on conclura à une inadvertance de sa part: Calmet sur sa carte du monde méditerranéen (en tête du livre I du *Commentaire littéral*) place Gérare dans l'Arabie pétrée, au sud-est de Péluse (ville côtière à l'est immédiat du delta du Nil), et non dans l'Arabie déserte, beaucoup plus à l'est. Il précise même dans son *Dictionnaire* que 'Gérare était fort avancée dans l'Arabie Pétrée' (article 'Gérare').

15. Outré des 'railleries très indécentes' que contenait le *Portatif* sur Sara, Larcher avait rappelé au 'sophiste' qui en est l'auteur qu'il y a des femmes dont la beauté se soutient longtemps et sur qui les années font peu d'impression' (S.67, p.145). Il alléguait aussitôt l'exemple de Ninon dans les termes mêmes que rapporte Voltaire. Grimm admirera ce trait de 'rare bêtise': 'M. Larcher le répétiteur est une de ces bêtes scientifiques créées exprès pour le déjeuner des Bazins et autres plaisants de sa trempe' (CLT, vii.379).

16. Larcher a proposé une autre 'explication', qui n'est guère meilleure, en opposant aux excès de nos 'siècles pervers', qui fanent trop rapidement la beauté féminine, la sobriété et la frugalité des premiers âges, qui au contraire la prolongeaient (voir S.67, p.145-46). Larcher s'entend décidément mieux à justifier Hérodote que Sara. Mais après tout Guénée lui-même, pourtant mieux averti des questions bibliques, ne saura guère que répéter à peu près les mêmes 'arguments' (voir *Lettres de quelques juifs*, ii.160-61).

17. Allusion à 'L'âne et le petit chien', fable de La Fontaine (iv.5).

18. A la célèbre Ninon de L'Enclos (1620-1705), courtisane de bonne compagnie et ancienne amie intime de Mme de Maintenon, le jeune Arouet fut présenté à dix ans (voir R. Pomeau, *La Religion de Voltaire*, p.29). Ninon était une amie de la famille et le père Arouet gérait ses affaires. Il lui rédigea son testament, dans lequel elle légua mille francs au jeune François-Marie 'pour acheter des livres' (M.xxiii.512. Mais Voltaire a écrit par erreur: deux mille). Quoi qu'il en soit, c'est son parrain l'abbé de Châteauneuf, ami de sa mère et de Ninon, qui mena pour la première fois chez la célèbre vieille dame le jeune collégien de Louis-le-Grand qui venait de s'attirer déjà une petite célébrité en rimant pour un invalide une demande de secours adressée au dauphin (voir Desnoiresterres, i.31).

19. Sur ces raisons, voir ch.5, n.13 et 17 pour Desfontaines et n.8 pour Fréron. Quant à Nicolas Gédoyn, il fit effectivement plusieurs années de noviciat chez les Jésuites et était d'un tempérament à s'accommoder de cet état. 'Mais d'autre part la tradition lui attribuait la gloire d'avoir obtenu les ultimes faveurs de Ninon sexagénaire. Voltaire démentit plusieurs fois ce bruit, mettant son amour-propre à réserver cet honneur à son parrain, l'abbé de Châteauneuf. Toujours est-il que Nicolas Gédoyn prit auprès de Ninon le ton de la bonne compagnie' (R. Pomeau, *La Religion de Voltaire*, p.29). Cet abbé humaniste devait faire une

honorable carrière d'homme de lettres: chanoine de la Sainte-Chapelle en 1701, et par là voisin de M. Arouet qu'il fréquentait assidument – il 'n'avait pas d'autre maison que la nôtre', précise Voltaire – il entrait en 1711 à l'Académie des belles-lettres et en 1719 à l'Académie française. Il sut pressentir, comme Châteauneuf, le génie du jeune François-Marie.

20. Description relevée non sans acrimonie par Larcher (*Réponse*, p.36) et Guénée (*Lettres de quelques juifs*, ii.161, n.1), qui y voient une singulière façon de manifester sa reconnaissance. C'est oublier que Voltaire n'avait pas hésité à placer Ninon dans le *Temple du goût*, en 1733: on l'y voit enchanter un aréopage d'hommes d'esprit par un discours sur la volupté (éd. Carcassonne, p.85). Mais le passage disparaîtra dans le texte de Kehl.

21. François de Castagner, abbé de Châteauneuf, comptait, comme l'abbé Gédoyn, parmi les habitués de la maison Arouet. C'était le frère du marquis, ambassadeur successivement à Constantinople et Lisbonne. Les biographes s'accordent à donner au parrain du petit Arouet un rôle non négligeable dans l'éveil de ses premières curiosités intellectuelles. Voltaire avait déjà rapporté l'anecdote de son rendez-vous amoureux avec Ninon, pour désabuser le public sur la fausse tradition colportée par certains dictionnaires, qui attribuaient l'aventure à Gédoyn (voir M.xiv.76, xxiii.512 et xviii.354).

22. Larcher jugera cette vérité indifférente à la pertinence de son raisonnement: 'il n'en sera pas moins vrai que, de votre aveu, Ninon était encore assez belle, dans un âge avancé, pour inspirer de tendres sentiments' (*Réponse*, p.35-36; passage repris dans S.69, p.190 avec ces mots ajoutés à la fin: 'quod erat probandum').

23. Voltaire semble avoir été exaspéré par cette expression consacrée par Rollin. Voir *Zadig* (M.xxi.69), *Micromégas* (M.xxi.107), l'*Homme au quarante écus* (M.xxi.356), le *Taureau blanc* (éd. Pomeau, p.53). Selon Ravenel, Rollin n'a fait que céder au mauvais goût du jour en utilisant une expression déjà très en vogue (M.ix.138, n.1); mais il est certain qu'elle a été consacrée par le *Traité des études*, dont la Préface s'articule autour de cette distinction jugée essentielle (voir Roger Mercier, *La Réhabilitation de la nature humaine*, p.217-218).

24. Le scrupuleux Larcher croira devoir préciser en 1769 la portée de cette comparaison à ceux qui la jugeraient trop hardie: elle ne s'étend qu'aux beautés respectives de ces deux dames, pour montrer comment celle de Sara à soixante-quinze ans est finalement moins étonnante que celle de Ninon à soixante (S.69, p.191).

25. Sur cette anomalie, que les éditeurs de Kehl n'ont ni expliquée ni peut-être perçue, puisqu'ils se bornent à donner en note quelques brefs renseignements sur l'abbé Foucher (M.xxvi.385, n.2), voir l'introduction, p.24.

26. On lisait dans la *Philosophie de l'histoire* que 'les Perses appelaient leur ancienne religion *Milliat Ibrahim*; les Mèdes *Kish Ibrahim*'; et qu'ils révéraient cet Ibrahim ou Abraham comme 'un prophète de la religion de l'ancien Zoroastre' (Voltaire 59, p.143). Larcher montrait alors que Voltaire avait mal lu le livre de

Hyde: ce sont les Arabes qui emploient ces deux vocables pour désigner la religion des Perses et des Mèdes et non les Perses et les Mèdes eux-mêmes (S.67, p.135-36). Voltaire n'insiste donc ici que sur le rapprochement d'Abraham et de Zoroastre, plusieurs fois souligné par Hyde (voir *Veterum Persarum* ... *Historia*, p.35 et 78).

27. Cette dispersion des Guèbres s'est opérée très tard, puisque Voltaire la rapporte, au chapitre 6 de l'*Essai sur les mœurs*, à la conquête de la Perse par les lieutenants d'Omar (*Essai*, i.263). La haute antiquité des Perses avait été soulignée dans le chapitre précédent (p.246-47).

28. Genèse xi.31.

29. Le Zend-Avesta est le livre sacré de la religion de Zoroastre, qui d'après Hyde se proclamait issue de celle d'Abraham son précurseur. Quant au Veidam (voir ch.13, n.3), il passe pour avoir été écrit par Brama. Mais la forme Brama, comme celles de Bram, Abram et Ibrahim, n'est pour Voltaire qu'une variante d'"un des noms des plus communs aux anciens peuples de l'Asie" (Voltaire 59, p.142). Quand donc l'abbé Bazin invite à mieux connaître les Guèbres et Ibrahim, ou à lire avec attention le Zend-Avesta et le Veidam, c'est pour qu'on se persuade bien que le personnage d'Abraham n'a pu exister qu'en Perse ou aux Indes; la figure du patriarche de la Genèse est seulement une adaptation postérieure, imaginée par les Hébreux à partir d'un modèle célèbre dans toute l'Asie.

Chapitre IX. De Thèbes, de Bossuet et de Rollin

1. Cette référence laudative à Tacite surprend, car cet historien n'inspire ordinairement à Voltaire que bien des réserves: Tacite a manqué d'objectivité à l'égard des empereurs romains (M.xxix.408), préférant trop souvent la satire à la vérité (M.xxv.472, n.2).

2. Cet évêque de Tours (né vers 538-594), qui a subi beaucoup de persécutions politiques, est l'auteur d'une *Historia Francorum* où il raconte en dix livres l'histoire de la Gaule depuis la mort de saint Martin jusqu'à la période 584-591. Cet ouvrage essentiel pour la connaissance de la Gaule mérovingienne fournit donc un récit détaillé des règnes des rois francs de Clodion à Childebert II et un vaste tableau de la société du sixième siècle.

3. Le jeune huguenot Paul de Rapin, sieur de Thoyras (1661-1725), s'exila à la Révocation de l'Edit de Nantes et devint capitaine en Angleterre, mais fut bientôt nommé gouverneur du jeune duc de Portland en raison de sa profonde culture et de sa parfaite connaissance de l'anglais, de l'italien et de l'espagnol. Il écrivit à partir de 1707 son *Histoire d'Angleterre* à Wesel (La Haye 1724, 8 vol. in 4°), que Voltaire possédait dans sa bibliothèque (BV, no.2871). On l'a accusé de partialité révoltante pour sa nouvelle patrie, mais Voltaire s'est toujours appliqué à faire justice de ces calomnies (voir D5810 et M.xiv.120).

4. Epris d'histoire dès le collège, selon la tradition (voir Desnoiresterres, i.28),

le jeune Arouet dut y découvrir le *Discours sur l'histoire universelle*, dont il admirera encore le style, même après en avoir décelé les insuffisances (voir D980). On sait au reste que l'*Essai sur les mœurs* et surtout la *Philosophie de l'histoire*, comme l'a montré J. H. Brumfitt (Voltaire 59, p.32-35), furent conçus dans une large mesure par opposition au *Discours* de Bossuet et avec le dessein de le supplanter définitivement.

5. Sous le titre d'*Amadis de Gaule*, on désigne ordinairement le plus célèbre roman de chevalerie espagnol, publié par Montalvo à Saragosse en 1508. Voltaire a fait choix d'un ouvrage qui dépayse agréablement en situant dans le monde du merveilleux et de la fable et obtint par là une popularité immense. Aussi donna-t-il lieu à des traductions, imitations ou refontes innombrables; ce qui explique probablement que Voltaire ait ici écrit: 'les Amadis': les plus connues étaient l'*Amadis* du Tasse, de 1560 (poème chevaleresque en cent chants); *Amadis de Gaule*, tragi-comédie du portugais Gil Vicente (1470-1536); ainsi que plusieurs adaptations musicales: opéra de Lulli, composé en 1684 sur un livret de Quinault et opéra de Haendel, représenté à Londres en 1715.

6. Le rieur n'a tenu aucun compte des quatre pages de critique des sources anciennes que Larcher avait consacrées dans le *Supplément* au problème des effectifs militaires de Thèbes. Voltaire s'en tient aux arguments déjà proposés dans la *Philosophie de l'histoire*.

7. Célèbre professeur et écrivain, plusieurs fois recteur de l'Université, Charles Rollin (1661-1741) publia de 1730 à 1738 son *Histoire ancienne*. Voltaire lui reprochait non sans raison une absence totale d'esprit critique: Rollin est moins un historien qu'un compilateur (voir D2187). Mais ce compilateur écrit bien, Voltaire le reconnaît (voir M.xiv.123). Il déplore cependant que Rollin ait trop souvent gâté son ouvrage par des contes ridicules, puisés certes chez les auteurs anciens, mais qu'un moderne n'a plus le droit de répéter sans les dénoncer comme des absurdités (voir M.xxvii.236-37). Rollin n'en a pas moins sa place dans le *Temple du goût* (éd. Carcassonne, p.128-29). Bien que Voltaire n'eût pas nommé Rollin au chapitre 19 de la *Philosophie de l'histoire*, Larcher avait pris vigoureusement sa défense dans le *Supplément*, sachant fort bien qui désignait la périphrase 'ceux qui copient Hérodote' (voir S.67, p.164-65).

8. Voltaire n'exagère rien. On s'en convaincra en comparant à propos de Thèbes le *Discours sur l'histoire universelle* à l'*Histoire ancienne des Egyptiens* (voir DMO, p.377). Il en va de même pour l'éducation donnée par le père de Sésostris: Rollin (p.129) recopie le *Discours sur l'histoire universelle* (p.370). Mais il ajoutera le détail de la course à jeun quotidienne, que Bossuet avait passé sous silence.

9. Ce calcul se lisait déjà dans la *Philosophie de l'histoire* (Voltaire 59, p.159-60). Larcher s'en était pris à ce million de soldats, chiffre fantaisiste avancé, selon lui, par le seul abbé Bazin, peut-être appuyé sur le douteux témoignage de Pomponius Mela, dont le passage paraît bien corrompu. Suivait alors une critique minutieuse des trois principaux témoignages anciens utilisables (Homère, Diodore, Pomponius Mela) pour établir qu'aucun des trois ne peut conduire à calculer ce million (voir S.67, p.161-62). Larcher concluait: 'Il est

donc clair, d'après ce que je viens de dire, que ce million de soldats n'est dû qu'à la brillante imagination de M. l'Abbé ou à un passage mal lu de Pomponius Mela' (S.67, p.164).

Ajoutons qu'il est bien improbable que Voltaire se soit lui-même référé au texte de Pomponius Mela. Il a tout simplement 'copié' à son tour Bossuet et Rollin, en faisant la multiplication dont ils avaient laissé le soin à leurs lecteurs, et sans rien retenir de la circonspection de Bossuet qui avait aussitôt remarqué là une probable exagération, ces chiffres indiquant seulement une population très élevée (c'est Bossuet qui avait lu Pomponius Mela, puisqu'il en donne la référence en note).

10. Non content de ne rien rabattre de son million de soldats, en dépit de la critique méthodique et attentive de Larcher, Voltaire pousse ici la malice jusqu'à s'aviser d'un 'supplément' possible de quarante mille hommes, feignant de croire qu'on avait oublié les équipages des vingt mille chars. Larcher laissera percer une évidente mauvaise humeur, dans la *Réponse à la Défense de mon oncle*, devant tant d'insolente obstination et mettra Voltaire au défi de lui citer un seul auteur ancien qui ait réellement avancé ces chiffres (p.24-25).

Mais surtout Larcher défend vigoureusement Bossuet et Rollin, sachant bien que c'est d'eux finalement et non de Pomponius Mela que s'est inspiré Voltaire. Celui-ci n'a même pas eu la bonne foi de tenir compte de la circonspection de Bossuet (imitée par Rollin) et, en passant ainsi sous silence les précautions de l'évêque, a tout simplement falsifié le *Discours sur l'histoire universelle* (*Réponse*, p.26. Ces pages seront reprises à peu près telles quelles en 1769 dans la deuxième édition du *Supplément*).

Larcher ne convaincra pas plus Voltaire sur les effectifs militaires de Thèbes que sur la prostitution sacrée à Babylone: est-ce par bravade que Voltaire a tout multiplié par dix, en rééditant la *Philosophie de l'histoire* en tête de l'*Essai sur les mœurs* en 1769 (Voltaire 59, p.159)? Il a dû tout de même sentir le ridicule d'une telle démesure, puisque l''encadrée' et l'édition de Kehl reviennent à un million de soldats et une population de cinq millions.

11. Le neveu rappelle en les résumant les arguments déjà développés dans la *Philosophie de l'histoire*: 'ce nombre suppose au moins cinq millions de têtes pour une seule ville, dans un pays qui n'est pas si grand que l'Espagne ou que la France, et qui n'avait pas, selon Diodore de Sicile, plus de trois millions d'habitants, et plus de cent soixante mille soldats pour sa défense. Diodore dit (livre 1er) que l'Egypte était si peuplée, qu'autrefois elle avait eu jusqu'à sept millions d'habitants, et que de son temps elle en avait encore trois millions' (Voltaire 59, p.160).

12. Le chiffre de trois millions est exact, ainsi que celui de sept millions, avancé dans la *Philosophie de l'histoire*. Et pourtant on peut se demander si Diodore ne croyait pas que l'Egypte avait, du moins dans les premiers temps de son histoire, abrité une population très supérieure à ce chiffre de sept millions, puisqu'on y avait dénombré jusqu'à dix-huit mille villes, outre 'un nombre infini de gros villages' (voir *Histoire universelle*, i.64 dans la traduction Terrasson que possédait

Voltaire; BV, no.1041). Ces dix-huit mille villes avaient du moins porté Robert Wallace, auteur d'un *Essai sur la différence du nombre des hommes* (1754), que Voltaire a lu et annoté (BV, no.3822), à supposer deux mille habitants en moyenne à chacune de ces villes, portant ainsi le total de la population de l'Egypte des premiers temps à 40 millions (p.82). Voltaire n'ignorait donc pas que ce passage de Diodore, qu'il donne ici pour une preuve certaine, demeurait en fait assez ambigu pour avoir suscité des interprétations contraires à la sienne. Maillet lui-même ne tenait pas pour absolument déraisonnables les chiffres de vingt mille villes et vingt millions d'âmes dans l'Egypte ancienne (*Description de l'Egypte*, 1735, p.13-14 et 27).

13. Après Thèbes aux cent portes, les fabuleuses conquêtes de Sésostris: l'ordre suivi ici est celui-là même du chapitre 19 de la *Philosophie de l'histoire*, où Voltaire instruisait le procès d'Hérodote, pour n'avoir pas craint de rapporter les invraisemblables préparatifs de Sésostris (Voltaire 59, p.160). Mais Larcher (S.67, p.164-69) avait établi sans peine la fausseté de la référence, prouvant par là qu'une fois encore Voltaire a travaillé trop vite, sans même s'être donné la peine de vérifier dans une traduction de l'historien grec (voir Hérodote, ii.101-10): il eût ainsi évité d'attribuer à Hérodote ce qu'on ne trouve que chez Diodore de Sicile (livre 1). Mais en persiflant 'ceux qui copient Hérodote', c'est-à-dire entre autres Rollin, Voltaire s'est imprudemment découvert à l'ennemi, qui ne manque pas d'exploiter l'avantage: Larcher peut aisément montrer au lecteur que la confusion de Voltaire provient tout simplement d'une lecture elle-même trop hâtive de Rollin, qui s'est bien référé d'abord à Hérodote (mais seulement pour pouvoir affirmer que Sésostris avait été un grand conquérant), puis à Diodore et cette fois pour cautionner le curieux détail des préparatifs du père de Sésostris. Mais Rollin (i.129) a mis les deux références à la marge l'une en dessous de l'autre et Voltaire a cru qu'elles attestaient le même fait. La conclusion s'impose: non seulement Voltaire ne travaille guère que sur des documents de seconde main, mais il lui arrive même de ne pas savoir les lire convenablement. Aussi l'abbé Bazin s'est-il ici discrètement corrigé en supprimant toute référence à Hérodote.

14. Ces chiffres qui proviennent de Diodore (trad. Terrasson, i.118) n'avaient pas été rapportés par Bossuet; mais Rollin en a fait état (*Histoire ancienne*, i.132).

15. Voir *Gargantua*, ch.33.

16. Diodore (trad. Terrasson, i.116-17), avait rapporté les diverses explications proposées des conquêtes de Sésostris, mais sans se prononcer. C'est pourquoi le prudent Rollin s'était borné à écrire après Bossuet qu'une fois de plus il recopie: 'Son père, ou par instinct, ou par humeur, ou, comme le disent les Egyptiens, par l'autorité d'un oracle, conçut le dessein de faire de son fils un conquérant' (*Histoire ancienne*, i.129). Larcher était donc parfaitement fondé à s'étonner de la belle assurance de Voltaire dans la *Philosophie de l'histoire* (dont il n'a rien perdu dans la *Défense*): 'M. Rollin n'assure rien. Diodore de Sicile se contente de rapporter divers sentiments, sans s'arrêter à aucun. Pour M. l'Abbé Bazin, ailleurs si circonspect qu'il paraît un peu Pyrrhonien, il tranche hardiment

et prend de ces tons décisifs qui ne conviennent qu'à la conviction la plus intime' (S.67, p.167).

17. Effectivement, ni Hérodote (ii.102-110) ni Diodore (i.ii.9-10) n'en font mention; seuls Bossuet et Rollin avaient prudemment avancé (le second sur l'autorité d'Usserius; voir *Histoire ancienne*, i.129) le nom d'Aménophis. Et pourtant, en 1770, Voltaire nommera, mais sans citer ses sources, le 'prétendu Concosis, père du prétendu Sésostris' (M.xxix.256).

Les historiens actuels, qui comme Voltaire tiennent pour légendaire la conquête du monde par Sésostris, pensent qu'il s'agit d'un pharaon de la 12e dynastie, Sésostris III, fils de Sésostris II. Sésostris III aurait en fait définitivement asservi la Nubie et guerroyé en Asie vers 1900 avant J.-C. (voir F. Daumas, *La Civilisation de l'Egypte pharaonique*, 1967, p.80).

18. Chiffre évidemment excessif, aux yeux mêmes des traducteurs et historiens du dix-huitième siècle: Rollin n'avait pas cru devoir le rapporter à ses lecteurs, se bornant à remarquer que les jeunes compagnons de Sésostris avaient à faire 'à pied ou à cheval une course considérable' (*Histoire ancienne*, i.130); Calmet, en 1735, rendait ce chiffre par cinq lieues, mais en ajoutant aussitôt qu''apparemment ils faisaient ce chemin à cheval' (*Histoire universelle*, i.104). L'abbé Terrasson, traduisant en 1737 l'ouvrage de Diodore, dénonce le caractère 'incroyable' de ces cent quatre-vingts stades, 'à prendre comme à l'ordinaire vingt-quatre stades pour une lieue' (*Histoire universelle*, i.115, n.1). Puisque Rollin n'avait pas cité de chiffre, nous voici pour une fois assurés que Voltaire a consulté Diodore lui-même, au moins dans la traduction Terrasson (Voltaire en possédait l'édition de 1758).

19. Cet argument – nouveau et tiré des conditions géographiques – contre la vraisemblance des allégations de Diodore n'a pas paru totalement négligeable à Larcher puisqu'en 1769 il prendra la peine de le réfuter longuement (voir S.69, p.228-29).

20. L'auteur du *Supplément* (S.67, p.167-69) avait fait remarquer que les Grecs utilisaient trois sortes de stades. Le troisième et le plus petit – d'une valeur de 51 toises quand le premier en comptait 94,5 – est précisément celui que Diodore a le plus souvent utilisé: si bien que ses cent quatre-vingt stades représentent très probablement non pas 'huit de nos grandes lieues' comme l'avait trop vite affirmé Voltaire dans la *Philosophie de l'histoire* (soit plus de trente-deux kilomètres) mais seulement trois lieues et demie (environ quatorze kilomètres, soit moins de la moitié). L''impitoyable censeur' a en fait établi de son mieux, à la lumière des travaux dont il se réclame du savant géographe et encyclopédiste J. B. Bourguignon d'Anville sur les mesures égyptiennes et grecques, la possibilité sinon la nécessité, de donner à cet endroit du texte un sens qui s'accorde bien mieux avec les exigences de la vraisemblance: ce sont donc les critères mêmes de Voltaire et non un respect aveugle pour les historiens anciens, qui l'ont amené à juger finalement recevables les affirmations de Diodore. En tout cas la démarche authentiquement critique consistait bien non pas à 'sentir' tout

le ridicule de cette histoire', mais d'abord à s'assurer d'une bonne compréhension du texte avant de crier à la plus haute invraisemblance.

Larcher paraît avoir tout de même sinon convaincu au moins ébranlé Voltaire, puisque les évocations ultérieures de ces courses à jeun trahiront une certaine hésitation: 'huit de nos grandes lieues, ou quatre, comme on voudra' (1770; M.xxix.256); 'cent quatre-vingt stades, qui font environ huit de nos grandes lieues' (1771; M.xviii.393); Voltaire, revoyant le texte de la *Philosophie de l'histoire* pour l'"encadrée', y laissera finalement 'huit de nos grandes lieues', mais en précisant en note: 'Quand on réduirait ces huit lieues à six, on ne retrancherait qu'un quart du ridicule' (1775).

21. L'évidente mauvaise foi de Voltaire sera fort bien relevée par Larcher en 1769 (S.69, p.229-30): il ne s'agissait pas de savoir en quoi comptait le roi égyptien Sésostris, mais bien ce que signifiaient les mesures grecques employées par des historiens grecs racontant à un public grec l'histoire de ce roi d'Egypte. Le problème soulevé par Voltaire dans la *Philosophie de l'histoire* et discuté avec rigueur par Larcher à propos d'un point précis (faut-il conclure à une exagération de Diodore quand il parla de cent quatre-vingts stades?) était celui de la crédibilité des historiens anciens et en particulier d'Hérodote; problème que Larcher avait légitimement rapporté à Diodore en montrant que c'était à ce dernier historien seulement qu'il fallait imputer les affirmations faussement attribuées par Voltaire à Hérodote. On comprend dès lors l'agacement que manifestera Larcher revenant sur cette question en 1769 (p.230).

22. Vérité générale sur les misères des scoliastes et qui portera d'autant plus que le public ne se souciera guère de vérifier la justesse de son application ici. Larcher relèvera tout de même en 1769 l'injustice de Voltaire: 'Si M. l'abbé croyait mon explication arbitraire que ne le prouvait-il?' (S.69, p.230). On ne voit pas mieux en quoi le mot stade était 'inutile' et son explication oiseuse: si Diodore avait écrit par exemple cent quatre-vingts pas au lieu de cent quatre-vingts stades, Voltaire sait bien qu'il n'eût jamais dénoncé d'invraisemblance dans la *Philosophie de l'histoire* et ici même. Pour la négligence du 'fond des choses' enfin, Larcher n'est sûrement pas le plus coupable: Voltaire délibérément ne présente plus que comme une insupportable cuistrerie de Larcher sa discussion d'un problème qu'il avait lui-même soulevé dans la *Philosophie de l'histoire* à propos de ces cent quatre-vingts stades, parce qu'entre temps l'examen critique du *Supplément* avait fait apparaître la très probable inexactitude de ses données.

23. C'est ce que Voltaire continuera à faire quatre ans plus tard, toujours à propos de Sésostris. On trouvera en effet dans les *Questions sur l'Encyclopédie* ('De Diodore de Sicile et d'Hérodote', 1771) un argument complémentaire fondé sur des considérations démographiques amenant à inférer que, pour que Sésostris pût avoir dix-sept cents compagnons d'armes nés le même jour que lui, il fallait supposer alors à l'Egypte une population de soixante-quatorze millions (M.xviii.393). Ce calcul sera repris en 1773, dans le 10e article du *Fragment sur l'histoire générale*, mais sur des bases probablement plus raisonnables:

la mortalité infantile étant estimée au tiers et non plus à la moitié, Voltaire ne trouve plus que cinquante-six millions d'habitants (M.xxix.256-57).

24. Épisode rapporté par Hérodote (vii.34-35). L'abbé Bazin avoue n'avoir lu ce passage que dans Rollin; mais celui-ci a recopié Hérodote presque textuellement (voir *Histoire ancienne*, iii.204-205). Larcher fera paraître dans son commentaire de ce passage l'esprit critique qui manque à Rollin: 'Les traits avec lesquels les historiens grecs nous représentent Xerxès paraissent bien chargés. Je suis persuadé qu'ils ont prêté à ce Prince une conduite aussi extravagante, à cause de la haine que leur avait inspirée l'expédition qu'il fit contre eux. On connaît d'ailleurs ce mot de Juvénal: Graecia mendax. Si l'on avait l'Histoire de Perse écrite par les Perses mêmes, on pourrait reconnaître la vérité même à travers les déguisements dont ils auraient tâché de l'envelopper' (*Hérodote*, v.292, n.61).

25. Hérodote (vii.24) ne dit mot de cette lettre que Rollin rapporte ainsi: 'Ce Prince, qui avait la folie de croire qu'il était le maître des éléments et de toute la nature, avait en conséquence écrit une lettre au mont Athos en ces termes, pour lui intimer ses ordres: Superbe Athos, qui portes ta tête jusqu'au ciel, ne sois pas si hardi que d'opposer à mes travailleurs des pierres et des roches qu'ils ne puissent couper. Autrement je te couperai toi-même en entier et te précipiterai dans la mer' (*Histoire ancienne*, iii.197). Rollin indique sa référence à la marge (le *De ira cohibenda* de Plutarque); mais Voltaire n'y a probablement pas pris garde, en accusant Rollin à la fin du chapitre d'avoir reproduit sans aucun discernement tous les 'romans' d'Hérodote, y compris celui-là qui ne lui est pas imputable.

26. Une fois de plus, on voit bien que Voltaire n'a lu que Rollin, qu'il n'a même pas su comprendre exactement: 'Ainsi quand Xerxès arriva aux Thermopyles, ses forces de terre et de mer faisaient ensemble le nombre de deux millions six cent quarante et un mille six cents dix hommes, sans compter les valets, les eunuques, les femmes, les vivandiers [...] De sorte que le total des personnes qui suivirent Xerxès dans cette expédition était de cinq millions deux cent quatrevingt-trois mille deux cents vingt personnes. C'est le calcul que nous en donne Hérodote: Plutarque et Isocrate s'accordent avec lui' (*Histoire ancienne*, iii.209-10). Ainsi Hérodote (vii.186) et après lui Rollin ont procédé à l'estimation de l'effectif total de l'armée perse, peu avant l'engagement des Thermopyles, et Voltaire a cru que c'était celui du corps d'armée qui s'est présenté devant les Grecs commandés par Léonidas! Sa lecture hâtive l'a donc amené à prendre la mention des Thermopyles pour une précision de lieu, quand elle n'était qu'un repère chronologique.

27. *Académie 62*: 'On dit figurément: serrer son style, pour dire retrancher ce qu'il y a de superflu dans le style'. Voltaire invite donc ici les historiens, ou plutôt leurs lecteurs, à se livrer à un travail d'élagage en rejetant résolument le 'superflu' de ces 'contes de ma mère l'oie' qui trop souvent défigurent l'histoire ancienne.

28. Les *Histoires ou contes du temps passé*, recueillis par Charles Perrault (1628-1703) et parus en 1697, sont aussi désignés sous le nom de *Contes de ma mère*

l'Oye. La plupart de ces dix contes sont restés extrêmement populaires (Petit Poucet, Chat botté, Barbe-bleue, Cendrillon, etc.).

29. Cette phrase résume assez bien le sens général du chapitre: le procès instruit ici n'est pas tant celui des historiens anciens que celui de l'historiographie contemporaine, encore incapable d'écrire l'histoire ancienne dans l'esprit qui devrait être le sien au siècle des Lumières. Hérodote a bien fait de flatter par des romans son public qui en avait besoin. Mais l'erreur de Rollin est bien de ne pas s'être adapté aux besoins de son public à lui, en ne satisfaisant pour ainsi dire jamais aux exigences de son esprit critique. Au reste, on l'a déjà remarqué (voir 'Exorde', n.11), le père de l'Histoire est loin de passer pour un historien sans valeur aux yeux de Voltaire, qui le croit au contraire un témoin oculaire de premier ordre: on peut se fier à lui pour tout ce qu'il a vu (voir par exemple M.xviii.190; xxiii.439; xxvii.246, etc.). Mais il a eu le tort de rapporter aussi tout ce qu'on lui racontait, même des fables tout juste bonnes à amuser les enfants et auxquelles probablement il ne croyait pas lui-même (voir M.xviii.390-92).

30. L'idée avait déjà été exprimée par Voltaire en 1764 (M.xxv.183-86), dans un intéressant article de la *Gazette littéraire* sur la façon d'écrire l'histoire romaine, sans que toutefois Rollin fût nommément désigné.

Chapitre X. Des prêtres ou prophètes ou schoen d'Egypte

1. Voltaire l'avait soutenu dans la *Philosophie de l'histoire* en s'appuyant sur Diodore de Sicile (Voltaire 59, p.162). Larcher a alors relu tout Diodore mais en vain: le mot 'schoen' n'y figure pas. D'où vient donc la méprise de l'abbé Bazin? Ou bien d'un grossier contresens dans une traduction latine de Diodore (hypothèse fort malveillante), ou bien d'une erreur de lecture de référence dans la *Divine legation* de Warburton, hypothèse bien plus vraisemblable et que semble confirmer le texte de l'édition de Kehl de la *Philosophie de l'histoire* (remplacement de la référence à Diodore par une référence à la Genèse). Les ennemis de Voltaire ne retiendront évidemment que la première hypothèse (voir S.67, p.179-82).

2. Larcher ne l'ignorait pas, mais contestait que le terme de schoen s'appliquât à tous les prêtres. Warburton, que suit ici l'abbé Bazin, s'est trompé: Chohen dans l'Ecriture ne signifie pas prêtre, mais 'celui qui approche le Roi'. C'est évidemment un titre qu'on a donné à quelques pontifes qui étaient dans ce cas; mais il faut se garder d'extrapoler (S.67, p.181-84). Voltaire quant à lui ne veut ni ne peut entrer dans cette discussion d'hébraïsants. La caution qu'il trouvait par ailleurs chez Calmet l'a peut-être encouragé à passer outre: 'Mais qu'importe les noms?' On lit en effet dans le *Dictionnaire* à l'article 'Prestre': 'Le nom Hébreu dont se sert l'Ecriture pour désigner les prêtres est Cohen' (iii.682).

3. Belle leçon de philosophie historique en effet: dans l'avancement de la connaissance, l'enquête de l'historien est d'une tout autre efficacité que les

minuties stériles de l'érudition. Celle-ci débat d'un nom, celle-là recherche les fonctions et le pouvoir des personnes. C'est bien ce que fera Voltaire dans la troisième diatribe du chapitre 20 de la *Défense*, réquisitoire très dur contre le clergé égyptien.

4. 'Constitué en dignité' est une expression que cite *Académie 62* pour illustrer le sens de 'mettre, établir' que peut prendre le verbe constituer. Le même dictionnaire donne deux sens principaux à 'dignité': 1) mérite, importance, élévation; 2) charge, office considérable. C'est le second qu'il convient d'autant plus de retenir ici qu''on appelle *Dignités*, en quelques Eglises certains Bénéfices auxquels est annexée quelque partie de la Juridiction Ecclésiastique, quelque prééminence, ou quelque fonction particulière dans les Chapitres, comme celle de Prévôt, de Doyen, de Trésorier, d'Archidiacre, etc.'

5. Autrefois la première personne du diocèse après l'évêque, par ses pouvoirs administratifs étendus, l'archidiacre n'avait plus au dix-huitième siècle qu'une juridiction très limitée: c'est probablement en raison de cette diminution de la charge mais en même temps de sa persistance que Voltaire a précisé que '*même un archidiacre*' pouvait être constitué en dignité. La précision est peut-être aussi une allusion railleuse à un vieil ennemi: l'archidiacre Trublet (voir *Candide*, éd. Pomeau, Voltaire 48, p.215-16).

6. 'On appelle communément *Abbé*, tout homme qui porte un habit ecclésiastique, quoiqu'il n'ait point d'Abbaye' (*Académie 62*, article 'Abbé').

7. Cette allusion ne peut convenir qu'à l'abbé Foucher, déjà nommé au chapitre 8 (voir l'introduction, p.24).

8. Voir Exode vii ss.

9. Erudition puisée, comme bien souvent, chez Calmet, qui opposait le texte hébreu et le texte syriaque affirmant que les magiciens égyptiens purent produire les poux, mais non les chasser, à celui de la Vulgate qui leur refuse la puissance même de les avoir fait naître (voir *Commentaire littéral*, 'Exode', ii.69).

10. Sur la formation janséniste de Foucher, voir l'introduction, p.25.

11. En employant le mot 'mystères', Voltaire pense probablement moins aux scènes d'hystérie collective qui s'étaient librement déroulées au cimetière Saint-Médard sur la tombe du diacre Paris (jusqu'à ce que le gouvernement fît fermer le cimetière le 29 janvier 1732), qu'aux assemblées clandestines qu'organisèrent par la suite les convulsionnaires, lorsque le pouvoir eut décidé de sévir. Le public en a vite fait de sombres mystères, comme l'a souligné Albert Mousset (*L'Etrange histoire des convulsionnaires de Saint-Médard*, p.117) qui décrit au chapitre 7 une de ces assemblées d'initiés. Prières et chants de psaumes y préparent la manifestation divine que sont les convulsions. Les convulsionnaires tiennent au milieu de leurs agitations des discours inconscients, mais qui révèlent le don des langues ou de prophétie, etc. Ces réunions duraient encore en 1767 (voir R. Mercier, *La Réhabilitation de la nature humaine*, p.285).

On sait que Voltaire a toujours eu pour cette forme de superstition une horreur particulière, probablement due à l'engagement fanatique de son frère Armand (voir M.xviii.269 et Voltaire 59, p.182).

12. Voltaire est en fait très mortifié par les remarques malheureusement trop justifiées de l'adversaire (voir note suivante). L'"horreur" était sans doute d'autant plus grande que dans sa longue lettre d'académicien au doyen d'Olivet du 5 janvier 1767, destinée à la publication et traitant de la corruption de la langue, Voltaire avait porté sur la langue grecque et même sur sa prosodie un jugement qui devait passer pour celui d'un fin connaisseur (D13807; voir aussi M.v.80-81 et xxii.261-62). Larcher aura beau jeu d'ironiser cruellement dans la *Réponse à la Défense de mon oncle* (p.20-21), donnant ainsi le ton à Guénée (*Lettres de quelques juifs*, ii.367) et Sabatier de Castres (*Les Trois siècles de notre littérature*, ii.210-11). Au reste, les ennemis de Voltaire ont à peine exagéré. Il n'a jamais eu que des velléités d'apprendre le grec, Alexis Pierron l'a montré (*Voltaire et ses maîtres*, 1866, ch.10 et 15).

13. Pour avoir parlé dans la *Philosophie de l'histoire* de *Basiloi* (Voltaire 59, p.172), Voltaire s'était attiré ce commentaire dans le *Supplément*: 'Toujours quelque *petit bout d'oreille*. Un écolier de sixième aurait pu apprendre à M. l'Abbé, que Basileus fait au nominatif pluriel *Basileis*, et que Basilos et par conséquent Basiloi n'a jamais existé en Grec' (S.67, p.195). Et comme s'il s'était douté que Voltaire ne manquerait pas de s'excuser sur la distraction d'un typographe, Larcher prenait les devants: 'M. l'Abbé voudra peut-être rejeter cette faute sur son Imprimeur. Je souhaiterais de tout mon cœur qu'il pût le faire avec quelque vraisemblance. Je me serais bien gardé de la relever, s'il ne s'était exprimé de même, dans son Discours aux Welches' (S.67, p.299-300). Le Voltaire de la *Défense* n'ayant pas renoncé à cette mauvaise excuse, elle lui vaudra une sévère leçon en quatre pages dans la *Réponse à la Défense de mon oncle*, pour démontrer décidément que l'abbé Bazin ne peut que faire semblant de savoir le grec. 'Les preuves que j'ai données de votre ignorance du grec vous ont piqué jusqu'au vif; convenez en de bonne foi, M. Orbilius. N'est-il pas en effet bien mortifiant pour quelqu'un qui veut être censé habile en cette langue, de voir relever des fautes qu'un petit écolier n'aurait pas faites? L'exemple de votre confrère d'Arcadie, qui voulut se couvrir de la peau du lion, n'aurait-il pas dû vous rendre un peu plus sage? Que ne cachiez-vous vos oreilles? Qui vous obligeait à les montrer?' (*Réponse*, p.17-20).

Chapitre XI. Du temple de Tyr

1. Pure rodomontade, il va de soi et qui tente vainement de renverser les rôles: érudit d'une tout autre force que son adversaire, Larcher seul était capable d'écrire un livre pour dénoncer les méprises – grosses et menues – qu'il avait relevées en foule dans la *Philosophie de l'histoire*, sans prétendre même être exhaustif (voir S.67, p.292).

Le 'je passe sous silence' de Voltaire constitue en fait un nouvel indice sur la façon dont il a composé: en feuilletant le *Supplément*, il y a trouvé successivement la matière des douze premiers chapitres de la *Défense de mon oncle* qui suivent en gros l'ordre du *Supplément*, à l'exception du chapitre 7. Or les dernières lignes du chapitre 10 renvoyaient à la page 195 du *Supplément*, tandis que ce chapitre sur le temple de Tyr nous fait passer brusquement à la page 223. La phrase avertit donc discrètement de ce saut d'une trentaine de pages où le polémiste n'a rien trouvé qui l'arrête.

2. Charles Collé (1709-1783) n'est pas seulement l'auteur bien connu du *Journal historique* ou de la *Partie de chasse d'Henri IV* (1762): il avait fondé en 1729 avec ses amis Piron, Crébillon fils et Gallet, la société du Caveau, espèce d'Académie de la chanson où l'on cultivait avec entrain la chanson bachique et galante. Les chansons badines de Collé sont généralement fort libres, certaines très érotiques. Il avait publié en 1753 *Chansons nouvelles et gaillardes sur les plus beaux airs de ce temps, mises au jour rue de la Huchette, par un Asne onime* (Paris) et en 1765 *Chansons joyeuses mises au jour par un Aneonyme onissime, nouvelle édition, considérablement augmentée et avec de grands changements qu'il faudrait encore changer* (Paris, Londres). Les chansons de Collé ont été jugées pleines de verve, d'enjouement et d'originalité.

3. Ce terme désigne des magistrats d'âge mûr, probablement en fin de carrière, puisqu'ils ont obtenu le privilège de siéger comme juges à la chambre la plus ancienne et aussi, par ses prérogatives étendues, la plus prestigieuse du Parlement de Paris. On notera d'autre part que l'expression 'jeunes officiers' ne désigne probablement pas des grades militaires, même si Voltaire a souvent employé le terme dans son acception ordinaire. On ne s'expliquerait pas, sinon, l'opposition entre *jeunes* officiers et les conseillers *même*. On n'oubliera pas que l'officier (*Académie 62*) est d'abord celui qui est pourvu d'un office. Les jeunes officiers sont donc ici les jeunes gens récemment pourvus d'une charge, magistrats en début de carrière par conséquent et opposés à ceux qui ont couronné la leur en accédant à la Grand-chambre.

4. On sait que cette bonne compagnie constitue le vrai public de Voltaire (voir notre introduction p.129-31, 134-35, 137-43). L'abbé Grizel l'a définie comme 'un petit troupeau séparé [...], riche, bien élevé, instruit, poli, [qui] est comme la fleur du genre humain; c'est pour lui que les plaisirs sont faits; c'est pour lui plaire que les plus grands hommes ont travaillé; c'est lui qui donne la réputation' (M.xxiv.247). C'est donc une élite d'abord *sociale*. R. Naves a souligné à ce propos 'l'importance de la richesse pour Voltaire' (*Dialogues et anecdotes philosophiques*, p.487, n.85). Cependant Voltaire veut qu'on y joigne aussi de solides qualités intellectuelles (voir M.x.551-52).

5. Même ton d'ironie que dans le prologue de *La Guerre civile de Genève*, poème composé dans les premiers mois de l'année 1767: 'L'opéra comique, le singe de Nicolet, les romans nouveaux, les actions des fermes, et les actrices de l'Opéra, fixent l'attention de Paris avec tant d'empire que personne n'y sait ni ne se soucie de savoir ce qui se passe au grand Caire, à Constantinople, à Moscou et à Genève' (M.ix.510).

6. La *Philosophie de l'histoire* ayant remarqué (Voltaire 59, p.204) que le temple d'Hercule à Tyr 'ne paraît pas être des plus anciens', Larcher citant Hérodote

affirmait brièvement et de façon fort peu pertinente en effet qu'il était aussi ancien que la ville elle-même.

7. Larcher beau joueur en conviendra pleinement en 1769 et ajoutera: 'Je profite avec plaisir de cette seconde édition pour corriger cette faute. Je remercie M. l'Abbé de l'avoir relevée dans sa Défense, chap.11.

L'aveu que j'en fais doit lui prouver que l'inimitié n'a aucune part aux traits que je lui ai lancés, et qu'en publiant cet écrit je n'ai d'autre but que l'amour de la vérité' (S.69, p.328-29).

8. Voltaire si prompt à se gausser chez Larcher du pédant qui s'enlise dans les minuties de l'érudition, a bien conscience de frôler ici le même ridicule. Ce commentaire ironique est destiné à l'en sauver aux yeux de la bonne compagnie: pour être savant, on n'en est pas moins honnête homme en sachant rire tout le premier d'une érudition si vétilleuse.

9. Hiram, opulent roi de Tyr, aida David à se bâtir un palais (II Samuel v.11) et Salomon à bâtir le temple (II Rois v.15-27).

10. Citation extraite du chapitre 34 de la *Philosophie de l'histoire* (Voltaire 59, p.204-205). Le 'ne ... que' n'est pas d'Hérodote mais de Voltaire, soucieux à cet endroit d'établir le caractère relativement récent du temple de Tyr par rapport aux temples des premiers empereurs chinois et à ceux des Egyptiens. Selon Hérodote (ii.44), les prêtres d'Héraclès à Tyr assuraient que la ville existait depuis deux mille trois cents ans. Larcher fera dans sa traduction d'Hérodote ce calcul dont pâtit la chronologie sacrée: puisque l'historien voyageait vers 460 avant J.-C., Tyr a donc été fondée vers 2760 avant J.-C., soit '432 ans avant l'époque assignée par le P. Petau au déluge de Noé' (vi.253).

11. Ce second 'ne... que' prend évidemment une valeur ironique, comme l'atteste tout le reste du paragraphe. Mais le chiffre de douze cents ans est faux (distraction de Voltaire ou erreur de typographe? Cette dernière hypothèse est plus probable: voir note suivante). Si l'on situe en effet avec Larcher la construction du temple de Tyr vers 2760 avant J.-C., il a été bâti 1752 ans et non 1200 avant le temple de Salomon (en plaçant avec Calmet en 1008 avant J.-C. le début des travaux. Voir *Dictionnaire*, iv.CCXLIV). Voltaire au demeurant rétablira les choses dans *Dieu et les hommes* (M.xxviii.147).

12. 4527 exactement, puisque c'est la somme de 1767 et 2760. Il semble donc qu'en écrivant ces lignes Voltaire situait bien la construction du temple de Tyr vers 2800 avant J.-C.: le chiffre de 1200 ans d'antériorité n'en est que plus incongru.

13. Trait rappelant celui qui fut décoché à Pompignan en 1760 dans le dernier vers de la *Vanité* (M.x.118). Il est malheureusement bien mal venu ici: on a vu Larcher pleinement d'accord avec Voltaire (voir n.10) sur la nécessité de tirer de l'antiquité de Tyr des conclusions infirmant la chronologie biblique. Il attrapera même quelque chose du style voltairien (voir *Hérodote*, vi.253).

14. On lisait dans la *Philosophie de l'histoire* à propos de l'Hercule tyrien: 'Hercule ne fut jamais chez aucun peuple qu'une divinité secondaire' (Voltaire 59, p.204).

Le docte Larcher avait alors opposé des distinctions: il y a eu plusieurs dieux du nom d'Hercule. 'Les uns étaient mis au rang des grands Dieux, les autres parmi les divinités subalternes. Les Tyriens reconnaissaient Hercule pour leur plus grande divinité' (S.67, p.224). Si l'Hercule thébain, d'apparition très postérieure, n'est bien qu'une divinité secondaire, un héros divinisé, l'Hercule tyrien, que Sanchoniathon appelle Melcarth, est à ranger au nombre des douze grands dieux, comme l'Hercule égyptien.

C'est donc à ces remarques que répond Voltaire en affirmant plus loin qu'à ses yeux 'tous les dieux de l'Antiquité, ceux mêmes majorum gentium, n'étaient que des dieux du second ordre' au regard de la divinité qui régit l'univers. Ce point de vue avait déjà été exprimé dans le *Portatif* (M.xx.352) et dans la *Philosophie de l'histoire* (Voltaire 59, p.128).

15. Le badinage est encore plus leste à la fin du chapitre 4 de l'*Ingénu* consacré au baptême du héros, texte précisément composé dans les mêmes semaines que la *Défense de mon oncle* (voir éd. Jones, p.101). Il se peut, comme le suggère W. R. Jones, que Voltaire se soit ici souvenu de l'article 'Hercule' du *Dictionnaire* de Bayle.

16. Mauvaise excuse, piètre subterfuge, répondra Larcher en 1769. La supériorité de Jupiter comme dieu suprême n'est évidemment ignorée ni contestée par personne et elle n'ôte rien à la légitimité de la distinction traditionnelle et commode entre grands dieux et dieux du second ordre (S.69, p.334-35).

17. Voir ch.21, 2ᵉ diatribe, n.52.

18. On lisait déjà dans la *Philosophie de l'histoire* que les Phéniciens nommaient le 'dieu suprême': '*Iaho, Jehova*, nom réputé sacré, adopté chez les Egyptiens, ensuite chez les Juifs' (Voltaire 59, p.134).

19. Le nom de Mithra, dont le culte paraît bien être venu de Perse, figure dans l'Avesta, livre sacré des Perses, comme celui d'un des 28 Izeds ou génies des éléments. Mithra est à la fois dieu du ciel, de la terre et des morts. Son culte, qui s'étendit à toute l'Asie mineure, s'établit aussi à Babylone dont les Perses firent très tôt la conquête, comme Voltaire l'avait rappelé au début du chapitre 21 de la *Philosophie de l'histoire* (voir Voltaire 59, p.126). Mithra n'a cependant rien de spécifiquement babylonien et Voltaire eût sans doute été plus exact en écrivant ici: 'le Mithra des Persans', expression qu'il a du reste employée au chapitre 20 (Voltaire 59, p.162). Mais il paraît avoir volontiers confondu Babyloniens et Persans, lorsqu'il traitait de la religion de Zoroastre (voir *Essai*, i.248).

20. Ce nom semble se rencontrer ici pour la première fois et ne sera pas repris dans *Les Adorateurs*, en 1769, où Voltaire affirmera que le grand Etre est 'nommé Oromase chez les anciens Perses' (M.xxviii.310). Mais il avait trouvé chez Hyde, au début du chapitre 19 de la *Veterum Persarum ... Historia*, la liste des différents noms que donnaient les Perses au principe unique du Bien qui était incréé et correspondait à Dieu: Yezàd, ou Izàd, ou Izid (communément: Izud), ou encore: Yesdan.

21. Cette 'complaisance' de l'abbé Bazin était un peu déjà celle de Zadig à la

foire de Balzora: cet autre 'adorateur de la divinité' avait su en faire retrouver l'existence aux convives échauffés par leurs particularismes dogmatiques, même s'ils donnent lieu à des 'superstitions abominables'. Mais le spectacle de cette bigarrure ne laisse pas toujours Voltaire aussi optimiste (voir Voltaire 59, p.128 et M.xxvii.56 et 73).

22. Voltaire manque rarement de relever cette exception, signalée dans l'*Essai sur les mœurs* dès 1756: 'Jamais la religion des lettrés ne fut deshonorée par des fables, ni souillée par des querelles et des guerres civiles' (*Essai*, i.222; voir par exemple M.xix.81; M.xviii.158; Voltaire 59, p.108 et 128, etc.). Cette religion éclairée et pure des lettrés est à bien distinguer des superstitions, dont le peuple s'est nourri en Chine comme partout ailleurs.

Chapitre XII. Des Chinois

1. En fait d'acharnement, Larcher a placé à la fin du *Supplément* une dissertation d'une vingtaine de pages sur les annales de la Chine, que Voltaire avait données pour les plus anciennes du monde (*Philosophie de l'histoire*, ch.52). Savante et morne, elle n'est guère qu'un résumé des principales thèses de Joseph de Guignes contestant cette haute antiquité dont les libertins tirent un triomphe tapageur, puisqu'elle leur permet de faire remonter l'histoire de la Chine bien avant le déluge.

2. Référence allusive à un courant sinophile puissant dont les travaux de Pinot, Rowbotham et Guy ont établi l'ancienneté et mesuré l'importance. Les abondantes relations des missionnaires jésuites, leurs préjugés favorables pour la chronologie chinoise, la valeur morale du confucianisme et les vertus du gouvernement impérial, la querelle même des cérémonies chinoises (1610-1742) avaient progressivement imposé à la conscience intellectuelle de l'Europe d'embarrassantes mais inéluctables questions sur la sûreté de la chronologie biblique ou les rapports de la religion et de la morale. Mais c'était surtout la pensée libertine qui trouvait avantage à rendre pleine justice aux Chinois: admettre la haute antiquité de leurs annales permettait de contester l'existence ou tout au moins l'universalité du déluge; reconnaître avec le P. Lecomte (*Nouveaux mémoires sur l'état de la Chine*, Paris 1696) l'excellence de la morale chinoise et faire de Confucius le Socrate de l'Orient, c'était reposer avec une acuité nouvelle le problème de 'la Vertu des Payens' (titre d'un ouvrage de La Mothe Le Vayer en 1642), surtout si l'on s'accordait avec Bayle à faire des Chinois des athées. Les déistes de leur côté rendaient pleine justice au confucianisme; mais c'était pour y voir, avec Voltaire, une des formes les plus hautement élaborées de la religion naturelle.

On notera pourtant qu'en 1767 la faveur de la Chine avait commencé à décroître sensiblement. La génération de Diderot, Rousseau et Helvétius était loin de partager cette ferveur et B. Guy a bien mis en lumière ce déclin du mythe, surtout après 1760. L'expliquent l'attention croissante portée à l'Inde et aussi un certain retour à l'Antique. Déjà d'Argens (*Lettres chinoises*, 1755) et de Guignes (*Histoire des Huns*, 1756) avaient opté pour l'Egypte au détriment de la Chine, dans la querelle sur les origines et la chronologie de l'Empire céleste. C'est dans ce courant que s'est situé Larcher en adoptant les thèses de J. de Guignes. En restant jusqu'au bout un sinophile fervent, il est donc hors de doute que Voltaire désormais fera de plus en plus cavalier seul.

3. C'est moins une citation qu'un résumé. Larcher a écrit: 'Voilà la cause de la prédilection de nos petits philosophes pour les antiquités de cet Empire. Ils croient décréditer l'Ecriture et renverser la Religion dont elle est la base. Assise sur un roc, les vagues de la mer peuvent quelquefois la couvrir, mais jamais l'ébranler' (S.67, p.277).

4. Considéré comme l'un des missionnaires qui ont le plus contribué à faire connaître la Chine, ce dominicain espagnol (1610-1689), devenu archevêque de Saint-Domingue, est surtout connu pour ses *Tratados historicos politicos éthicos y religiosos de la monarchia de China* (Madrid 1676). Voltaire, qui l'avait déjà cité dans le chapitre 2 de l'*Essai sur les mœurs* (1756), l'a mobilisé ici assez indûment puisqu'aux yeux de Navarette (*Tratados*, ch.2, p.3) on doit rejeter comme une erreur chimérique contraire à l'Ecriture l'opinion de ceux qui font remonter au-delà du Déluge l'antiquité de la Chine. On notera toutefois que Navarette compte 4632 ans entre le déluge et l'année où il écrit (1675), ce qui place donc le terminus a quo biblique en 2957 avant J.-C. Dans les perspectives de Navarette par conséquent, la Chine n'était pas loin de compter en 1767 les cinq mille ans réclamés par Voltaire.

5. Le missionnaire espagnol Juan Gonzalez de Mendoza (1540?-1617) a laissé principalement une *Histoire du grand royaume de la Chine situé aux Indes Orientales* (Paris 1588). Mendoza estime au livre I, ch.5 ('De l'antiquité du dit royaume'), que 'les premiers qui le peuplèrent ce furent les neveux et petits fils de Noé' (p.8). Par conséquent pour obtenir les cinq mille ans d'antiquité réclamés par Voltaire il fallait supposer que Mendoza adoptait la chronologie des Septante plaçant le déluge en 3379 avant J.-C. (au lieu de 2528 dans le système hébreu). La supposition est très vraisemblable selon Pinot (p.194).

6. Généalogiste allemand célèbre et discuté, Jérôme Henninges (ou Henniges) (1550?-1597) est surtout l'auteur d'un *Theatrum genealogicum ostentans omnes omnium aetatum familias* (Magdebourg 1598), dont le livre II contient 'les origines de toutes les nations', mais sans qu'il y soit fait mention explicitement de la Chine. Tout ce que précise Henninges (i.118), c'est que Noé donna à Sem la majeure partie de l'Orient. Comme Henninges fait mourir Sem en 1864 avant J.-C., il est bien impossible de soutenir qu'il accordait à la Chine l'ancienneté que dit Voltaire.

7. Du jésuite espagnol Luis de Guzman (1544-1605) on a des ouvrages concernant l'Inde, la Chine et le Japon. Il est question de la Chine au livre IV de son *Historia de las missiones ... de la Compania de Jesus ... en la India Oriental y en los reynos de la China y Japon* (Alcala 1601), mais sans aucune indication sur son antiquité: il faut donc conclure ici à une mobilisation totalement injustifiée.

8. Après ceux de Mendoza, les écrits du jésuite portugais Alvaro Semmedo (1585?-1658) ont beaucoup contribué à faire connaître la Chine, principalement sa *Relaçao de propagaçao de fe no reyno da China e outros adjacentes* (Madrid 1641), traduite par Louis Coulon en 1645 sous le titre d'*Histoire universelle du royaume de la Chine*. La seule indication chronologique rencontrée figure au chapitre 6 ('Du langage et des lettres dont ils se servent'): 'Leurs charactères semblent estre nez avec eux, puisque conformément à leurs histoires, l'usage en est receu il y a plus de trois mille set cents ans, jusques à l'année précédente 1640 que j'écris cette Relation' (p.48). En situant donc les débuts de l'histoire et de l'écriture chinoises vers 2060 avant J.-C., Semedo est loin du compte de Voltaire et reste de toute façon aussi imprécis que sceptique sur les débuts et la solidité de la chronologie chinoise. Tout comme les précédentes (sauf peut-être celle de Mendoza), la caution de Semedo n'est donc pas des plus solides.

9. En ne nommant que les missionnaires les plus anciens, Voltaire a bizarrement renoncé à s'appuyer sur les témoignages les plus probants. Il eût mieux valu citer le P. Martini qui dans sa chronologie (*Historiae sinicae decas prima a gentis origine ad Christum natum*, 1659) n'hésitait pas à faire remonter l'histoire chinoise à 2952 avant J.-C., soit six cents ans avant le déluge; ou encore le P. Couplet qui proposait 2697 avant J.-C. (*Table chronologique de la monarchie chinoise*, 1686). De toute façon, il est abusif de faire état d'un consensus des missionnaires sur une antiquité *dépassant* les cinq mille ans: ce chiffre représente au contraire en 1767 le maximum qu'on puisse consentir, sans porter sérieusement atteinte à la chronologie biblique. Les jésuites l'ayant bien senti avaient prudemment abandonné la position extrême du père Martini. Voltaire n'ignorait pas non plus que depuis le début du siècle un mouvement d'opinion s'était nettement dessiné, principalement parmi les adversaires des jésuites, pour mettre en doute la haute antiquité de l'Empire chinois. Figuraient parmi eux les missionnaires de la Société des missions étrangères, dont V. Pinot a souligné que certains avaient longuement séjourné en Chine et donc pu connaître son histoire par accès direct aux sources. Tel était le cas de Maigrot, évêque de Conon, qui ne situait ses origines que quelques siècles après le déluge (voir Pinot, p.224-26). Mais Voltaire avait cru plus expéditif d'insinuer dans la *Philosophie de l'histoire* sa totale incompétence (Voltaire 59, p.156-57; voir aussi M.xv.78).

10. Dominique Parrenin (1665-1741) compte parmi les missionnaires jésuites ayant le plus contribué à faire connaître la Chine. Grâce à sa parfaite connaissance du chinois il devint le favori de l'empereur Khang-hi, ce qui lui valut d'échapper aux persécutions et de pouvoir rester à Pékin jusqu'à sa mort. Ses connaissances étendues et variées (astronomie, géométrie, histoire naturelle, médecine, etc.) l'avaient amené à correspondre avec Fontenelle et Dortous de Mairan. La *Description de la Chine* du P. Du Halde doit beaucoup à cet informateur de premier ordre.

11. Lorsque parut en 1759 le *Mémoire* de J. de Guignes (voir 'Exorde', n.4), Dortous de Mairan se décida à publier, sur les instances mêmes de ses amis de

Guignes et l'abbé Barthélemy, quelques-unes des lettres qu'il avait échangées avec le P. Parrenin, près de trente ans auparavant, sur un possible parallèle entre la Chine et l'Egypte (*Lettres de M. de Mairan au R. P. Parrenin contenant diverses question sur la Chine*, 1759).

On esquissera seulement les grandes lignes de ce dialogue. En septembre 1732, Mairan, frappé par un certain nombre de ressemblances entre Chinois et Egyptiens, soumettait à Parrenin l'hypothèse explicative d'une colonie égyptienne fondée en Chine par Sésostris, le conquérant de l'Orient. Parrenin la repoussa comme invraisemblable, en septembre 1735, puis montra que les prétendues ressemblances étaient fausses. Mairan revint à la charge en octobre 1736 pour défendre son hypothèse et énumérer d'autres ressemblances, mais Parrenin lui opposa en septembre 1740 les objections les plus fortes et plaida la très haute antiquité de la Chine: quelques ressemblances ne sauraient faire oublier un très grand nombre de différences radicales qui excluent absolument l'hypothèse envisagée, sans compter que les conquêtes de Sésostris rapportées par Diodore ne remontent nullement aux premiers temps postdiluviens auxquels cette prétendue colonie aurait été fondée. Il ne peut non plus s'agir de Ménès. Et comment ce prétendu corps expéditionnaire égyptien aurait-il pu triompher de la traversée des Indes, que celles-ci fussent désertes ou au contraire peuplées d'autochtones immanquablement hostiles? Il vaut mieux penser que le peuple chinois procède directement des descendants de Sem.

Voltaire reprendra les objections de Parrenin sur la traversée de l'Inde pour ridiculiser la thèse d'une origine égyptienne de la Chine dans les *Questions sur l'Encyclopédie* en 1770 (M.xviii.150). Comme la querelle avait rebondi en 1761, après la découverte par Needham d'un buste égyptien, Voltaire s'en prendra au jésuite faiseur d'anguilles en 1773 pour avoir repris l'opinion de Mairan et J. de Guignes (*Fragments historiques sur l'Inde*; M.xxix.106-107).

12. Cette impatience, qu'on sentait déjà poindre dans la réponse du P. Parrenin à Mairan en 1740 (*Lettres édifiantes*, xxiii.300-301), s'explique par les réserves, la méfiance ou le dénigrement suscités par le courant sinophile évoqué plus haut (voir n.2). Quels 'titres' contestait-on aux Chinois? Leur antiquité avant tout (voir note suivante), la pureté de leur religion (on les a souvent taxés d'athéisme et Voltaire a toujours réfuté cette accusation absurde), le perfectionnement et l'ancienneté de leurs arts et de leurs sciences, garants d'une très lointaine origine, comme Voltaire l'a soutenu plusieurs fois dans l'*Essai sur les mœurs* (voir ch.1 et 2). Mais dès 1718 l'abbé Renaudot, un ennemi des jésuites, s'était efforcé d'établir sa relative modernité dans un *Eclaircissement sur la science des Chinois*.

13. On sait que l'Eglise s'en tenait officiellement à la Vulgate (traduction latine de la Bible hébraïque faite par saint Jérôme à la fin du IVe siècle) dont la chronologie restrictive fixait le déluge universel autour de 2368 avant J.-C. Mais la Bible dite des Septante (traduction en grec du texte hébreu des livres de l'Ancien Testament effectuée par soixante-dix docteurs sous Ptolémée Philadelphe) donnait au monde quelque 1500 ans de plus que la Vulgate. Il y avait enfin le 'Pentateuque samaritain', que forment certains exemplaires du texte

hébreu écrits en d'autres caractères, ordinairement appelés samaritains. Il offre, entre autres différences avec le texte hébreu, des corrections chronologiques. Lenglet Dufresnoy (en tête du tome iii) a dressé un tableau synoptique des trois dates du déluge: 2348 avant J.-C. (Hébreu), 3041 (Samaritain) et 3617 (Septante). On voit que seuls les Septante offraient un avantage appréciable et l'on se serait attendu à ce que Voltaire opposât ici l'Hébreu aux Septante plutôt qu'au Samaritain.

Les jésuites de Chine (par exemple les pères Martini et Couplet; voir n.9) avaient pensé pouvoir accorder la chronologie des annales chinoises avec celle de la Bible en recourant désormais à celle des Septante. Mais cette dernière, refusée par les juifs et les protestants, suscitait dans l'Eglise même des détracteurs résolus, bien qu'aucun article de foi n'interdît de l'adopter: ainsi le bénédictin Pezron, qui avait montré qu'en s'obstinant à la rejeter on mettait en grave danger la crédibilité même de la Genèse (*L'Antiquité des temps rétablie*, 1687), fut vigoureusement combattu par les pères Martianay et Le Quien (1689 et 1690), etc. Cette interminable polémique divisa les jésuites eux-mêmes, selon qu'ils vivaient à Pékin ou à Paris, jusqu'aux efforts du P. Tournemine en 1703 pour concilier Vulgate et Septante.

Ce sont donc ces interminables disputes des chronologistes chrétiens qui paraissent si dérisoires à Voltaire, comme si elles pouvaient en quoi que ce soit décider de la valeur des annales chinoises! D'où l'impatience goguenarde de l'abbé Bazin devant tant de ridicule outrecuidance de la part de 'nos théologaux d'Occident'.

14. *Académie 62* donne l'expression 'se faire moquer de' pour une tournure peu employée: se moquer 's'emploie quelquefois avec le verbe Faire. Si vous en usez comme cela, vous vous ferez moquer de vous. Et au participe avec le verbe Etre. Il fut moqué de tout le monde, de toute la Cour'.

Dans ce dernier exemple, *de*, mis à la place de *par*, introduit après le passif un complément d'agent désignant les personnes qui raillent. Dans le premier en revanche, *de* joue un autre rôle en désignant l'objet de la raillerie. Voltaire paraît avoir contaminé les deux constructions dans une expression un peu étrange. On se serait plutôt attendu à: 'Ne vous faites pas moquer *de* vous *par* les Chinois'.

15. Le texte cité ici par Voltaire est celui de l'*Essai sur l'histoire générale et sur les mœurs et l'esprit des nations depuis Charlemagne jusqu'à nos jours*, nouvelle édition [Genève, Cramer] 1761-1763 (voir Bengesco, i.332-35). Il comporte en effet, par rapport au texte de 1756, deux additions signalées à leur place dans l'édition Pomeau (i.208-209) sous le sigle A.

16. C'est probablement une réminiscence du chapitre 'Du pédantisme' (*Essais*, livre i, ch.25), où Montaigne, déplorant qu'on prise la science de quelqu'un sans savoir 's'il est devenu meilleur ou plus advisé', ajoute: 'Il fallait s'enquérir qui est le mieux sçavant, non qui est plus sçavant' (éd. Garnier, i.145).

17. Reproche mérité: il est exact que pour une fois Larcher, qui n'est visiblement pas un spécialiste des questions chinoises, s'est borné à compiler, en

résumant au lecteur du *Supplément* le *Mémoire* de J. de Guignes. On aurait pu attendre de son érudition qu'il fît au moins mention de ceux qui dès 1760 avaient combattu les thèses de J. de Guignes (Paw et Deshauterayes).

18. Au début du chapitre 1 de l'*Essai sur les mœurs* dont provient cet extrait (*Essai*, i.205), Voltaire a donné l'éclipse de 2155 avant J.-C., 'vérifiée par les mathématiciens missionnaires', comme une date sûre de la chronologie chinoise. Il croit qu'on peut encore remonter sans risque deux cent trente ans au-delà, jusqu'au règne de l'empereur Hiao (donc 2385 avant J.-C.). Mais avant Hiao, la durée des règnes devient incertaine de l'aveu non seulement des missionnaires mais même des lettrés chinois (voir P. de Magaillans, *Nouvelle relation de la Chine*, Paris 1688, p.73-74). A supposer même qu'on ne pût fixer le règne de Hiao avec une absolue certitude, sa conquête de la Corée n'en garderait pas moins toutes les implications développées plus loin.

19. On a vu Voltaire fixer la fin du règne de Hiao à 2385 avant J.-C. Comme il a précisé aussi que cet empereur régna quelque quatre-vingts ans, il serait monté sur le trône vers 2465 avant J.-C.

20. Ajoutée en 1761, cette phrase donne la date surprenante de 2602, alors que le P. Gaubil, suivi par le P. Du Halde (*Description de l'Empire de la Chine*, Paris 1735, i.284), donnait 2357. Cette invention du cycle sexagénaire était d'ailleurs aux yeux de Gaubil une preuve supplémentaire de la certitude de la chronologie chinoise, d'autant plus forte que le Tribunal chinois des mathématiques, autorité souveraine, avait confirmé la fixation à 2357 de la première année du premier cycle (*Histoire abrégée de l'astronomie chinoise*, tome ii des *Observations mathématiques*, Paris 1732, p.137). Voltaire lui-même reviendra en 1770 à la date communément admise par les jésuites de son temps (voir M.xviii.176). On aurait mieux compris qu'il donnât ici la date de 2697: c'est celle que propose de Guignes en tête de son *Histoire des Huns* (Paris 1756, i.XLIX ss), parce que l'inventeur du cycle sexagénaire, l'empereur Hoang-Ti, aurait commencé à régner en 2698. Quant au comput, c'est 'une supputation qui sert à régler les temps pour les usages ecclésiastiques' (Littré). Pour établir le leur, les Chinois ont utilisé une méthode de cycle solaire, exposée entre autres par de Guignes. L'année chinoise est composée de 12 mois, ceux-ci de 30 et 29 jours. Les années se comptent en cycles de 60 ans.

21. Ajoutée également en 1761, cette raillerie sur la grande misère des chronologistes d'Occident est l'écho d'un lieu commun du siècle: peu de sciences paraissent y avoir été aussi décriées. 'Que l'on cherche dans nos livres et l'on verra plus de cent cinquante opinions différentes sur la durée du monde jusqu'à Jésus-Christ: toutes néanmoins sont, dit-on, fondées sur les Ecritures' (Lenglet Dufresnoy, i.35). Moreri pour sa part 'trouve soixante-dix opinions différentes' (article 'Chronologie') et d'Alembert écrit en 1753 dans l'*Encyclopédie*: 'Toutes les recherches chronologiques que nous avons eues jusqu'ici ne sont que des combinaisons plus ou moins heureuses de ces matériaux informes. Et qui peut nous répondre que le nombre de ces combinaisons soit épuisé? Aussi voyons-nous presque tous les jours paraître de nouveaux systèmes de chronologie'

(article 'Chronologie'). On reproche souvent aux chronologistes de manquer de sérieux, en ne cherchant dans leurs calculs que de quoi confirmer leurs vues a priori (voir par exemple baron de Sainte-Croix, *Examen critique des anciens historiens d'Alexandre le Grand*, 2ᵉ éd., 1804, p.580). Voltaire quant à lui reviendra à la charge (voir M.xviii.174-75 et M.xxix.225).

22. En un siècle où la démographie n'était pas encore une science, le secours insuffisant des mathématiques laissait le champ libre à toutes sortes d'hypothèses sur la population passée et présente du globe. Vivement conscient des insuffisances du savoir de son époque (voir *Essai*, ii.943-44), Voltaire s'est au moins efforcé d'apporter à ces discussions la lumière du bon sens en définissant les principes rationnels d'une méthode de calcul (détermination des surfaces habitables, puis d'un chiffre de densité moyenne par lieue carrée). Il semble toutefois avoir évolué sur certains points: dans ce texte de 1756, Voltaire paraît admettre comme un phénomène fréquent la diminution possible de la population, se rapprochant ainsi d'une tradition de pensée qu'avait signalée Damilaville dans l'*Encyclopédie* (article 'Population'), et selon laquelle le monde irait en se dépeuplant progressivement: thèse de Diodore et Strabon, reprise par Vossius, Hubner, Wallace et surtout Montesquieu (voir *Lettres persanes*, no.113). Cependant dès 1744 Voltaire doutait fort de la théorie de Montesquieu (M.xvi.139), qu'il réfutera clairement, ainsi que Wallace, en 1771 (M.xx.247-48): au lieu d'une régression chimérique, il propose l'hypothèse d'une expansion continue, due aux progrès matériels réalisés par l'humanité, prenant ainsi ses distances avec la thèse de Damilaville, pour qui la population globale est toujours demeurée à peu près constante, les diminutions notables intervenues ici ou là s'expliquant par des mouvements migratoires. Mais l'expansion démographique ne peut être que très lente aux yeux de Voltaire: la mortalité infantile est au moins du tiers des naissances et peut même atteindre la moitié (M.xviii.393). Et surtout c'est la nature elle-même qui a pourvu à restreindre certaines espèces, ne donnant pas à l'homme les mêmes facultés de multiplication qu'aux insectes (M.xx.253).

23. Phrase ajoutée en 1761. Deux ans plus tard ces 'savants chronologistes' seront nommés dans la dix-neuvième remarque sur l'*Essai sur les mœurs* (ii.944) ainsi que, en 1764, dans l'article 'Chine' du *Portatif*: ce sont le jésuite Petau (1583-1652) et le théologien Cumberland (1632-1718), auteur de *L'Origine des plus anciens peuples*. Calculant ce qu'étaient les effectifs de la descendance de Noé quelque trois cents ans après le déluge, ils trouvaient le premier 'un bi-milliard deux cent quarante-sept milliards, deux cent vingt-quatre millions sept cent dix-sept mille habitants' pour les deux sexes et le second 'trois milliards trois cent trente millions'. Petau avait déjà été ridiculisé au chapitre 24 de la *Philosophie de l'histoire*, au grand scandale de Larcher qui s'est porté vivement à sa défense, a exposé son système, justifié ses résultats (284 ans après le déluge, la terre comportait 628.292.358.728 individus pour la seule descendance mâle!), allant même jusqu'à envisager de doubler cette somme... (S.67, p.301-309). Visiblement dédaigneux de s'attarder ici à la réfutation d'inepties dont il ne faut que

rire, Voltaire se contente de renvoyer rudement Larcher à son *Essai sur les mœurs* en le citant, tandis que les sarcasmes sur Petau reviendront sous sa plume en 1768 (M.xxi.363-64 et M.xxvii.73), ainsi qu'en 1771 (M.xx.247).

24. Selon Calmet le Talmud 'comprend le corps de la doctrine de la Religion et de la morale des Juifs. [...] Il est rempli d'une infinité de fables et de contes ridicules dont pourtant il ne leur est pas permis de douter, à moins de vouloir passer pour hérétique' (*Dictionnaire*, iv.298-99). Rappelons d'autre part que les célèbres *Contes des mille et une nuits* avaient été traduits pour la première fois de l'arabe en français par l'orientaliste Antoine Galland (Paris 1704-1717, 12 vol.).

25. Cette plaisanterie qu'il répétera très souvent, Voltaire n'en est pas l'auteur; il l'a trouvée dans Lenglet Dufresnoy: 'On croit avoir beaucoup avancé de faire comme le P. Petau des hommes à coups de plume' (Paris 1729, i.79). La même plaisanterie se retrouvera en 1768, toujours à propos de Petau, sous la plume du pseudo-Fréret (Lévesque de Burigny ou Naigeon), au chapitre 11 de l'*Examen critique des apologistes de la religion chrétienne*.

26. Cet exemple des colonies et archipels a été également ajouté en 1761. Les Maldives forment au sud-ouest de Ceylan, dans l'Océan indien, un archipel qu'on dit de 12.000 îles, mais dont quelques dizaines seulement étaient habitées. Les Philippines et les Moluques appartiennent au groupe oriental de l'immense archipel de Malaisie.

27. Nous faisons retour avec cette phrase au texte de 1756. Mais l'insertion en 1761 du développement précédent sur les inepties de Petau et l'absence de population dans les archipels a éloigné cette conclusion de ses prémisses, ce qui rompt quelque peu la continuité et la vigueur du raisonnement. C'est parce qu'il a d'abord établi l'extrême lenteur de l'expansion démographique dans un pays donné, que Voltaire peut conclure de la Chine qu'il lui a fallu une suite innombrable de siècles pour que sa population puisse atteindre le chiffre très élevé qu'on lui reconnaît au dix-huitième siècle.

28. La datation précise de ce voyage (et aussi du déluge) se charge évidemment d'une ironie que souligne le 'tout juste'. On sait les railleries de Voltaire pour les chronologistes prétendant dater avec sûreté des événements si lointains et souvent pas même établis avec certitude. C'est bien le cas pour ceux de la vie d'Abraham: cette même année 1767, Voltaire apporte à son article 'Abraham' du *Portatif* une addition significative à cet égard.

Autre ironie – mais pas de Voltaire celle-là – son 'tout juste' ne l'est pas du tout: 1917 ajoutés à 1767 ne donnent pas 3714 mais 3684. L'erreur ne sera corrigée que dans l'édition de Beuchot.

29. Ces diverses évocations de rois renvoient à des chapitres différents de la Genèse (xii, xiv et xx).

30. Datation tout aussi ironique que celle du voyage d'Abraham, puisque la même année Voltaire qualifie l'histoire de la tour de Babel de 'conte oriental' dans la 3ᵉ des *Homélies prononcées à Londres en 1765* (M.xxvi.343) et ajoute à son *Portatif* un article 'Babel' pour se moquer des précisions apportées par saint

Jérôme ou Calmet sur la hauteur et les étages de la tour, ou encore des témoignages oculaires de 'plusieurs voyageurs très véridiques'.

31. En fait la liberté du lecteur se restreint à tirer des prémisses posées par Voltaire les conclusions exigées par la simple logique: si quatre siècles seulement après le déluge, il y avait d'après la Genèse de belles tours et beaucoup de rois, cela suppose une évolution des techniques et de la civilisation humaine remontant beaucoup plus haut que le déluge. Il faut donc nier ou bien ces rois et cette tour, ou bien la réalité même du déluge universel; ce qui de toute façon remet en cause la vérité historique de la Genèse.

32. 'Avisé, prudent, judicieux, retenu dans ses paroles et dans ses actions, qui sait se taire et parler à propos' (*Académie 62*).

33. La liste des noms, formules ou qualifications sous lesquelles Voltaire s'est déguisé (voir Bn, *Catalogue général*, ccxiv.162-66) comporte quelque cent soixante-cinq pseudonymes. Jérôme Carré a donné l'*Ecossaise* (26 juillet 1760) et signé la veille une *Requête de Jérôme Carré à MM. les Parisiens*. Sous son nom est aussi parue la 12ᵉ pièce des *Contes de Guillaume Vadé*: 'Du théâtre anglais'. Guillaume Vadé a signé le *Pauvre diable* (1760) et en 1764 les *Contes de Guillaume Vadé*, volume de mélanges composé de 22 pièces tant en vers qu'en prose. Cette manie du pseudonyme sans cesse renouvelé paraît avoir indisposé Larcher: 'Cet auteur est un vrai Protée; il vous échappe lorsque vous croyez le tenir. Tantôt c'est un Russe, tantôt un Quaker; ici c'est Guillaume Vadé, là Jérôme Carré; mais au nom près, c'est toujours le même personnage' (S.67, p.299, n.1).

Chapitre XIII. De l'Inde et du Védam

1. Jusqu'en 1760, Voltaire limité à la documentation traditionnelle qu'il jugeait insuffisante, n'avait que peu parlé de l'Inde. Mais il crut avoir trouvé un accès direct aux sources lorsqu'en octobre 1760, un officier français de retour des Indes, le chevalier de Maudave, lui fit présent de la traduction française d'un manuscrit hindou, donné pour 'une copie des 4 Vedams qu'il assure être très fidèle. Il est difficile que ce livre n'ait au moins 5 mille ans d'antiquité' (D9483). Après lecture de cette copie de 58 pages, Voltaire s'était en effet persuadé que le texte original en sanscrit, dont il venait de lire la traduction effectuée par un brame, représentait un document de la plus haute antiquité et qu'il fallait déposer cette copie à la bibliothèque du roi, seule digne d'abriter ce trésor (voir D9892).

En 1778, le baron de Sainte-Croix fera imprimer cette traduction manuscrite en l'accompagnant d'observations préliminaires, notes et éclaircissements (*L'Ezour-Vedam*, Yverdon 1778). Après avoir rappelé le don fait par Maudave à Voltaire, il précise: 'La traduction de ce brame n'était point parvenue en son entier entre les mains de M. de Voltaire, puisqu'une partie du dernier livre ne se trouve point dans le manuscrit de la bibliothèque du roi. Nous avons suppléé ce qui manque à cette copie par celle qu'en avait faite M. Anquetil du Perron [...] sur l'exemplaire de M. Teissier de la Tour, neveu de M. Barthélemy et qu'il a bien voulu nous communiquer' (i.v111-x). En fait, le manuscrit de la Bibliothèque nationale (Bn N452) a été ultérieurement complété. La copie ramenée par Maudave s'arrêtait au milieu du chapitre 3 du livre viii: on a rajouté sept pages supplémentaires, copiées sur l'exemplaire de Teissier de La Tour, comme en avertit en tête du document une notice de Court de Gébelin, précisant que l'on n'avait pas eu le temps de terminer la copie du document, lorsque Maudave s'embarqua pour revenir en Europe.

Rappelons que Voltaire devait changer d'avis en découvrant, en décembre 1767, l'ouvrage de J. Z. Holwell (*Interesting historical events relative to the provinces of Bengal and the Empire of Indostan*) qui proposait la traduction et le commentaire d'un autre écrit hindou, le Shasta, auquel il attribuait 4666 ans d'ancienneté. Voltaire l'en crut et désormais le plus précieux manuscrit qui soit dans tout l'Orient ne sera plus à ses yeux l'Ezour-Védam mais le Shasta.

2. Shumontou avait été orthographié avec un C initial dans l'édition de 1761 de l'*Essai sur les mœurs*, auquel Voltaire avait rajouté, après la découverte que venait de lui faire faire Maudave, un chapitre 4: 'Des Brachmanes, du Veidam et de l'Ezour Veidam'. Chumontou y est donné pour celui qui a 'composé' le commentaire, lequel fut ensuite 'abrégé par un brame très savant, qui a rendu beaucoup de services à notre compagnie des Indes; et il l'a traduit lui-même de la langue sacrée en français' (*Essai*, i.240). Le fameux manuscrit ne représenterait donc pas la traduction du texte même de Chumontou, mais déjà celle d'une condensation d'abord opérée par le traducteur, présenté avec plus de précision dans une note au *Précis du siècle de Louis XV* (M.xv.326). Chose curieuse, cette distinction entre composition et abréviation n'est plus reprise au chapitre 17 de la *Philosophie de l'histoire* (Voltaire 59, p.149).

Les choses n'étaient sans doute pas très claires pour Voltaire lui-même, tout simplement parce que le manuscrit l'est fort peu. On y lit d'abord que Chumontou, touché du malheur des hommes plongés dans les ténèbres de l'idolâtrie, 'composa l'Ezour-Védam' pour les dissiper (f.1r); en fait, il s'agit d'une confusion avec le Zozur-Vedam qui est bien le troisième des livres sacrés. Plus loin, il nomme l'auteur de chacun des quatre Védams (voir n.3); or parvenu au troisième (qu'il appelle pour la seconde fois l'Ezour-Védam, alors qu'il l'avait nommé peu auparavant le Zozur) il l'attribue à ... Chumontou (f.4r). Sainte-Croix (i.204, n.6) expliquera qu'il s'agit d'un homonyme bien antérieur au Chumontou auteur de l'Ezour-Védam. Quant à la confusion qui s'est deux fois produite entre Ezour et Zozur, probablement attribuable à une erreur du copiste, Sainte-Croix la fera disparaître. Mais Voltaire en 1760 ne disposait pas de ces éclaircissements ni de ces corrections.

3. Dans l'*Essai sur les mœurs*, Voltaire l'avait présenté comme 'le livre sacré que les brames prétendent avoir été donné de Dieu aux hommes' (*Essai*, i.240). Il y avait en fait plusieurs Védams, ce que Voltaire n'ignorait pas pour avoir lu, au livre 1 de l'Ezour-Védam, le chapitre 4: 'Des Vedams'; Chumontou y explique à Biache leur origine: 'Dieu les dicta d'abord au premier homme et lui ordonna

de les communiquer aux autres hommes afin qu'ils pussent apprendre par là à pratiquer le bien et à éviter le mal. Voici les noms qu'on leur a donnés. Le 1ᵉʳ s'appelle *Rik*. Le 2ᵉ *Chama*. Le 3ᵉ *Zoʒur*. Le 4ᵉ *Adorbo*' (f.3*v*). Dans ses observations préliminaires (i.110 ss) Sainte-Croix précisera les sujets traités par chacun de ces quatre livres résumant ainsi l'état des connaissances sur les textes védiques à la fin du dix-huitième siècle, où une connaissance précise du sanscrit faisait encore trop souvent défaut. En fait les spécialistes actuels de la littérature védique considèrent que l'organisation des textes canoniques en quatre Védas (qui, au reste, ne constitue que l'un de ses modes possibles de division) correspond aux quatre principales fonctions sacerdotales mises en œuvre par le cérémonial védique (voir J. Varenne, article 'Véda', *Encyclopedia universalis*, xvi.643).

4. Voltaire semble prendre ici ce terme à peu près pour un synonyme de brachmanes. En 1761, il n'avait déjà présenté les gymnosophistes que comme des brachmanes menant une vie plus particulière (*Essai*, i.238). Cette confusion existait déjà sous l'Antiquité, chez certains auteurs comme Arrien, bien que Strabon eût décrit la doctrine épurée et les mœurs ascétiques de cette secte de solitaires, qui vivaient à peu près nus (d'où leur nom) et dans une effrayante austérité. La corruption de leur religion dénoncée ici a donc paru un leurre à Sainte-Croix: seule la religion du peuple s'est corrompue. Les gymnosophistes ont toujours su préserver une 'doctrine intérieure' réservée aux seuls initiés (voir i.156-58).

5. On sait que Voltaire, comme Sainte-Croix, Anquetil Du Perron et la plupart des orientalistes contemporains, fut la victime de la supercherie d'un missionnaire que Pierre Sonnerat paraît être le seul à avoir découverte au dix-huitième siècle: 'C'est une réfutation de quelques Pouranons à la louange de Vichenou, qui sont de bien des siècles postérieurs aux Védams. On voit que l'auteur a voulu tout ramener à la religion chrétienne, en y laissant cependant quelques erreurs, afin qu'on ne reconnût pas le missionnaire sous le manteau Brame' (*Voyage aux Indes orientales et à la Chine*, Paris 1782, i.215). Hypothèse confirmée par les recherches de Francis Ellis en 1822, qui a retrouvé l'original de cet ouvrage écrit en langue bengali et destiné à réfuter les doctrines des Puranas pour conduire indirectement à l'introduction au christianisme. Une tradition locale attribue cette pieuse supercherie au jésuite italien Robert de Nobilibus (1577-1656) (voir *Account of a discovery of a modern imitation of the Vedas*, p.30 ss), mais Daniel S. Hawley a fait voir l'impossibilité de cette attribution et la totale incertitude où nous demeurons sur ce point: 'L'auteur de ce faux Véda reste encore inconnu; il était un missionnaire qui connaissait bien le Bengale et il a probablement composé le texte vers le milieu du siècle' ('L'Inde de Voltaire', *Studies* 120, 1974, p.145).

6. Ce ne sera nullement l'avis de Sainte-Croix, pour qui l'Ezour-Védam est un ouvrage tout imprégné de la doctrine des Ganigueuls, secte de brames offrant la particularité d'avoir puisé dans toutes les écoles avec le plus grand éclectisme, mais à qui leurs principes très épurés faisaient rejeter avec horreur la mythologie

populaire. Aussi Chumontou 'prétend enseigner le *Védam* en établissant son propre système, sans s'embarrasser de prouver s'il est réellement conforme à la doctrine de ce livre sacré. Il suit en cela la méthode employée dans les Shasters, au nombre desquels on doit mettre l'*Ezour-Védam*' (i.149-50).

7. On sait qu'Alexandre (356-323 avant J.-C.) entreprit à partir de 333 une conquête de l'Asie, qui le mena de l'Empire perse à l'Egypte, l'Iran et l'Inde, où il séjourna de 327 à 325, soumettant en particulier le royaume de Pendjab. Cette conquête explique que les premiers informateurs sérieux sur l'Inde aient été pour l'Occident des auteurs grecs et en particulier Mégasthène (mais aussi Diodore de Sicile, Eratosthène, Strabon, Ptolémée et Arrien).

8. Voltaire a expliqué cette dégénérescence de la religion bramine en 1761 au chapitre 4 de l'*Essai sur les mœurs* (i.237-38): elle lui paraît avoir été entraînée par la séparation du pontificat et de la royauté. Pour se faire valoir désormais, les prêtres durent recourir aux fables et aux superstitions dont le Cormo-Veidam, rituel des brachmanes, offre un catalogue attristant (Voltaire 59, p.150).

9. Dès 1756, l'*Essai sur les mœurs* célébrait en Confucius celui qui s'efforça toujours de restaurer en Chine, contre la secte superstitieuse de 'Laokium' (i.e. Lao-Tseu), la simplicité et la pureté de la religion primitive (*Essai*, i.219-24). Resterait pourtant à établir, comme le remarquera Sainte-Croix (voir n.10), que les superstitions combattues par Confucius avaient l'origine hindoue que leur prête ici Voltaire et représentaient bien une corruption alors importée en Chine de 'l'ancienne religion bramine'. Voltaire n'avait rien dit de tel ni au chapitre 2 de l'*Essai sur les mœurs* ('De la religion de la Chine'), ni aux chapitres 17 et 18 de la *Philosophie de l'histoire* ('De l'Inde', 'De la Chine'). L'information ne figure ni dans la *Description* de Du Halde, qui traite fort brièvement de Laokium (i.348-49), ni même dans la lettre du P. de Lalane sur l'Inde (30 janvier 1709), qui traite pourtant de la corruption de la religion des Indiens et attribue l'altération de sa pureté primitive à un goût immodéré des fables poétiques et de la mythologie (*Lettres édifiantes et curieuses*, xi.219-20).

10. Par souci de reculer l'antiquité de l'Ezour-Védam Voltaire fait ici trop bonne mesure, puisque c'est situer Confucius entre 656 et 623 avant J.-C. Il était plus proche de la vérité en 1756, au début du chapitre 2 de l'*Essai sur les mœurs*, en le situant vers 544 avant J.-C. (on s'accorde aujourd'hui à situer Confucius entre 551 et 479). Ne doutant pas de l'origine hindoue des superstitions combattues par Confucius, ne doutant pas non plus que ce soient celles-là mêmes que dénonce l'Ezour-Védam, Voltaire juge probablement devoir ajouter à son calcul un délai de cent ans, nécessaire à l'implantation progressive en Chine de ces superstitions en provenance de l'Inde: ce qui l'amène finalement à situer l'Ezour-Védam entre 756 et 723 avant J.-C.! Sainte-Croix jugera ces conjectures fort peu recevables puisque, selon les Chinois, Confucius vivait en 480 avant J.-C. et non en 656: 'Ce ne fut point au temps de ce grand philosophe que les superstitions indiennes pénétrèrent à la Chine. Tous les écrivains de ce pays et les savants d'Europe qui ont parlé de son histoire, rapportent unanime-

ment que la religion de Fo ou Budda ne fut introduite dans l'empire chinois que [...] la soixante cinquième année après J.-C.' (i.161-63).

11. Il serait plus exact de dire que Chumontou propose d'abord son propre enseignement (supposé conforme aux préceptes du Védam), et qu'à l'occasion il ne manque pas de marquer à Biache, son interlocuteur, les points où la théologie corrompue, c'est-à-dire l'idolâtrie, s'en est écartée en le trahissant grossièrement. Toutefois le chapitre 2 du livre 1 constitue un réquisitoire en forme de Chumontou contre toutes les superstitions et les erreurs que Biache est coupable d'avoir enseignées aux hommes et qui sont consignées dans les Pouranams.

12. La 'citation' qui suit figurait déjà telle quelle au chapitre 4 de l'*Essai sur les mœurs*, rajouté en 1761. Voltaire n'hésitait pas à la donner pour 'les propres paroles du Veidam' rapportées par l'Ezour-Védam (*Essai*, i.240). Ce n'est même pas une citation de l'Ezour-Védam lui-même, mais une compendieuse synthèse fabriquée par Voltaire (ce que trahit le etc. terminant le premier paragraphe). Aussi Sainte-Croix fera-t-il une mise au point: 'Monsieur de Voltaire a réuni les différents passages, concernant la création, qui sont rapportés dans le second [*sic*; en fait: troisième] chapitre du premier livre de l'*Ezour-Védam* et a cru devoir en supprimer quelques détails qui lui ont paru ne faire point assez d'honneur à l'ouvrage indien. Cet illustre écrivain prête les grâces inimitables de son style au traducteur de l'Ezour-Védam' (ii. 203).

13. Cette 'forte preuve' avait déjà été exposée en 1761 au chapitre 4 de l'*Essai sur les mœurs* à peu près dans les mêmes termes (*Essai*, i.243).

14. Fougueux polémiste à la carrière mouvementée, William Warburton (1698-1779) se fit surtout connaître par un livre fort discuté: *The Divine legation of Moses demonstrated on the principles of a religious deist, from the omission of the doctrine of a future state of reward and punishments in the Jewish dispensation*. La seconde partie parut en 1741. Il y soutenait que l'ignorance par Moïse d'une doctrine aussi essentielle au maintien d'une société civile que celle d'une récompense et de punitions *post mortem*, attestait combien la Providence avait veillé avec un soin tout particulier à la conservation de la religion juive. Le caractère très paradoxal de cette thèse et surtout le dogmatisme arrogant mis à la soutenir, suscitèrent des réactions nombreuses et violentes, d'abord dans le clergé londonien. Cet ouvrage célèbre lui valut beaucoup de disciples, mais davantage encore de détracteurs. Warburton leur répliqua avec une violence qui lui attira de solides inimitiés. Il put en triompher grâce à son ami Pope qui lui procura de puissants protecteurs. Warburton couronna sa carrière en accédant en 1759 à l'évêché de Gloucester, sans cesser pourtant ses polémiques. Mais la vieillesse et les infirmités le frappèrent dès 1767 d'un déclin sans retour. Ses admirateurs le prenaient, en raison de l'étendue de ses lectures et de sa vigueur d'esprit, pour l'un des derniers grands théologiens de son temps. Ses détracteurs soulignaient les insuffisances de sa science, sa méconnaissance de l'hébreu et même du latin, sa faiblesse de métaphysicien. Les syllogismes fondant la thèse de la *Divine legation* leur paraissaient grotesques et trahir surtout un juridisme

de mauvais aloi, contracté par cet autodidacte dans les études d'avoué où il avait passé sa jeunesse. Ses rapports avec Voltaire ont été remarquablement étudiés par J. H. Brumfitt ('Voltaire and Warburton', *Studies* 18, 1961, p.35-56) et par A. M. Rousseau (*L'Angleterre et Voltaire*, Studies 147, 1976, p.667-74).

15. On a vu (introduction, p.73-74) comment Larcher a été amené dans le *Supplément* à reproduire largement quelques jugements peu flatteurs de Warburton, 'pour apprendre à M. l'Abbé Bazin le cas que les gens sensés et savants font de cet Essai sur l'Histoire, qu'il cite d'une manière si avantageuse' (S.67, p.159). C'est pourquoi trois chapitres suivants de la *Défense* seront utilisés à 'sangler' Warburton.

16. Cette goguenardise fait sourire. On se rappelle que le 'bon catholique' écrivait à Damilaville: 'Cet ouvrage est d'un abbé Bazin qui respecte la religion comme il le doit [...] Il me parait qu'il enfonce le poignard avec le plus profond respect' (D12501). Quant à Larcher, il se divertira dans la *Réponse à la Défense de mon oncle*, d'avoir été accusé de collusion 'avec le plus implacable ennemi de notre chère patrie': 'Cet ennemi de la France, c'est le savant évêque de Glocester. Je ne m'en serais pas douté. Il est vrai, Mademoiselle, qu'il a assez malmené M. votre frère: mais votre frère n'est pas la France; et d'ailleurs ce M. Bazin (cela soit dit entre nous) était un méchant garnement' (p.12).

17. Voltaire a cité la traduction donnée par Larcher (S.67, p.149-50) d'un passage de la *Divine legation* (London 1765, iii.10, note), sans que le traducteur ait rien fait pour adoucir le manque d'aménité de Warburton.

18. Si l'objection de Warburton est en son fond parfaitement judicieuse (et Voltaire ne parviendra pas véritablement à l'écarter), il reste que l'exemple qui l'illustre n'est pas entièrement pertinent, puisque les noms turcs en usage à Istambul ne sont pas ceux qui y étaient utilisés avant les conquêtes des Grecs en Asie mineure et ne marquent donc pas une volonté de retour au passé des autochtones après l'expulsion des occupants.

19. Même dans ces précisions géographiques, Larcher dénoncera en 1769 la fausse science de son ennemi: 'Voltaire nous avait donné des preuves qu'il n'avait aucune connaissance de la Géographie ancienne; mais en cherchant à se défendre, il fait voir qu'il ne sait pas mieux la moderne. Chalcédoine n'a point de faux-bourgs; ce n'est qu'un village selon Messieurs de Tournefort et Wheler. Les Turcs l'appellent Kadikeui. Scutari est un autre village, assez près de Chalcédoine, mais dans un endroit où le Bosphore est encore plus étroit; il avait nom Chrysopolis. Sigée ne s'appelle point Janissari. Les Turcs l'ont nommé Jeni-Hissari; mais à présent elle a nom Gaurkioi' (S.69, p.197-98). Bruzen de La Martinière précise que les Turcs regardent Scutari 'comme un des faux-bourgs de Constantinople' (v.227).

20. La conclusion n'est pas convaincante: même s'il était exact que les Turcs et Grecs modernes ignorassent au temps de Voltaire les anciens noms du pays où ils vivaient, on n'était pas en droit d'en inférer qu'Indiens et Arabes avaient eux aussi oublié les noms primitifs en usage avant la conquête d'Alexandre; et que l'Ezour-Védam, où se rencontre cette onomastique ancienne, lui fût de ce

337

fait nécessairement antérieur. Un raisonnement par analogie ne peut évidemment pas permettre de déterminer l'historicité d'un fait, même si celle-ci n'est donnée que pour 'très vraisemblable'.

Larcher en tout cas, discutant ce passage en 1769, soutiendra que les Indiens, après avoir recouvré leur liberté, 'rétablirent alors les noms anciens des provinces, des villes et des rivières' (S.69, p.196-97), qu'ils connaissaient donc parfaitement, à la différence des Turcs et des Grecs modernes.

21. La 'certitude' à laquelle Voltaire croit pouvoir parvenir en conclusion, ne tient en fait qu'à la convergence de deux vraisemblances bien fragiles, quoique laborieusement établies: l'auteur de l'Ezour-Védam vivait avant Alexandre, d'une part pour avoir utilisé les anciens noms géographiques de l'Inde en sanscrit, d'autre part pour ne rapporter 'que les dogmes de la primitive église', c'est-à-dire la doctrine des brachmanes dans toute sa pureté. Or cette pureté avait déjà disparu en Inde quatre siècles avant Alexandre, puisqu'au temps de Confucius la corruption de la religion bramine avait gagné la Chine. C'est ce dernier raisonnement qui rend l'époque de cette corruption 'évidemment antérieure à l'expédition d'Alexandre'. Mais on a vu qu'il restait à mieux établir que les superstitions combattues par Confucius au sixième siècle avant J.-C. avaient bien été importées des Indes. On sent ici toute la faiblesse d'une argumentation essentiellement déductive, qui ne se fonde finalement sur aucun fait historique solidement établi.

22. Voltaire, qui réclamait la *Divine legation* aux Cramer en 1756 (D6712), s'en procura non sans peine les différents tomes qu'il finit par avoir au complet en 1760 (voir A. M. Rousseau, p.667, n.39). La thèse de Warburton prétendant imputer à l'action même de la Providence une ignorance de Moïse qui d'ordinaire embarrassait les théologiens et réjouissait les incrédules, lui paraît savoureuse et il la jugera dès le début avec une discrète ironie (voir D10322 et D7432). Mais Warburton, qu'il le voulût ou non, devenait pour Voltaire une référence utilisable, comme l'a souligné J. H. Brumfitt (p.41): les prémisses de son raisonnement étaient fort intéressantes, qui avaient consisté à prouver que la croyance en l'au-delà était commune à toutes les religions anciennes, sauf à la seule religion judaïque. Il n'y avait que la conclusion tirée par l'évêque qui excitât en privé les sarcasmes de Voltaire. Car dans ses ouvrages il fait d'abord de Warburton des mentions élogieuses, ou le pille subrepticement (le chapitre 37 de la *Philosophie de l'histoire* provient de la *Divine legation*, lii, section IV). Puis viennent quelques prudentes réserves (M.xxv.78; M.xx.349; Voltaire 59, p.218), pas assez circonspectes cependant pour ne pas éveiller l'ire d'un prélat qui n'aimait pas les 'Freethinkers' en général et encore moins le plus en vue d'entre eux, lorsque, non content de se faire plagiaire, il enrôlait de force sa victime sous des bannières que l'évêque abhorrait. A. M. Rousseau a montré combien ce 'bruyant écho voltairien' ne manqua pas de desservir Warburton en Angleterre même: les louanges empoisonnées d'un Voltaire le rendaient plus suspect encore d'incrédulité. Le plagiat de la *Philosophie de l'histoire* paraît avoir comblé la mesure: à partir de 1765, Warburton 'riposte sur tous les fronts' (voir A. M. Rousseau,

p.670), en particulier dans les notes de la *Divine legation* où Voltaire sera fort malmené (voir par exemple édition de 1766, i.242).

23. On aura l'occasion, au chapitre suivant, d'en examiner le détail et le style. Quant à la 'fureur' dont l'abbé Bazin a été poursuivi, Voltaire n'en savait probablement pas toute l'étendue, si l'on admet avec J. H. Brumfitt (p.51), qu'il ne connut vraisemblablement l'édition de 1765 de la *Divine legation* – qui n'est pas dans sa bibliothèque – que par le *Supplément* de Larcher. Celui-ci ne manquera pourtant pas d'informer Voltaire dans sa *Réponse à la Défense de mon oncle* des toutes dernières attaques de l'évêque, dans la réimpression en 1766 des deux premiers volumes de sa *Divine legation* (p.39-40).

Même si Voltaire n'en a pas pris connaissance, le temps des ménagements est désormais bien révolu, comme le notera ironiquement Sabatier de Castres: 'ce ne fut plus le savant Warburton par ici, le savant Warburton par là; il devint un homme dévoué à toutes les impertinences d'un neveu qui, par son extravagance, fit plus de tort à son oncle qu'aux ennemis de son oncle' (*Vie polémique de M. de Voltaire*, p.330).

24. Cette désignation très allusive suffisait aux lecteurs de 1767 à reconnaître un homme politique anglais devenu célèbre depuis deux ans, le brillant polémiste John Wilkes (1727-1797) dont la carrière fort orageuse fut marquée de la prison, de l'exil et du scandale. Il avait entre autres commis un *Essay on woman*, parodie licencieuse de l'*Essay* de Pope, qu'il avait en outre assortie de notes attribuées à Warburton. Ses libelles contre lord Bute lui valurent deux procès en diffamation. Il passa en France à la fin de 1763 sans attendre sa condamnation, se fit expulser du Parlement en janvier 1764 et même proscrire en novembre. Il fut reçu comme un frère d'armes par Diderot et son vieil ami d'Holbach. Brûlant de connaître Voltaire, avec qui il offrait plus d'une affinité (voir A. M. Rousseau, p.608, 686), il arriva à Ferney en juillet 1765 et fut proprement subjugué (voir *Voltaire's British visitors*, ed. by Sir Gavin de Beer and A. M. Rousseau, Studies 49, 1967, p.101-104). De son côté, Voltaire fut conquis par tant d'esprit et de mordant chez ce fameux 'exil anglais' qui partageait ses convictions politiques et religieuses: il alla jusqu'à mettre à sa disposition les presses de Cramer. En 1767, Wilkes résidait bien à Paris, d'où il tentait de négocier avec le ministère de Londres son retour dans sa patrie. Il n'est pas étonnant que Voltaire ait choisi comme référence un ennemi de Warburton, qui s'était donné le malin plaisir de pasticher à la fois Pope et son commentateur presque attitré.

25. Les savants d'Angleterre capables de bien mettre en lumière les erreurs de Warburton semblent en fait avoir été assez rares, même si l'évêque fut constamment attaqué d'ennemis nombreux. C'est peut-être même l'absence d'adversaires assez compétents pour dénoncer les insuffisances de son savoir, qui explique l'espèce de tynannie qu'a pu longtemps exercer Warburton et le prestige dont il jouissait auprès de ses partisans, que Gibbon appelait ses esclaves.

Mais Warburton trouva son maître dans la personne de Robert Lowth (1710-1787), évêque d'Oxford depuis 1766. Cet hébraïsant distingué s'était rendu célèbre en professant à Oxford un cours de poésie hébraïque et jouissait d'une réputation européenne (voir M.xxv.201 ss). Mais Warburton y prit ombrage d'une opinion de Lowth sur le livre de Job qui contredisait la sienne. Lorsque Lowth l'apprit, il écrivit à Warburton, en septembre 1756, et la correspondance qui suivit se termina apparemment par un accommodement. Mais en rééditant la *Divine legation* en 1765, Warburton mit à son sixième livre un 'Appendix concerning the book of Job' (v.409-20) dont le ton, c'est le moins qu'on puisse dire, est dépourvu de toute aménité. Lowth répliqua dès 1765 par *A letter to the right reverend author of the 'Divine legation of Moses demonstrated' in answer to the appendix of the fifth volume of that work, by a late Professor of Oxford*, avec un appendice contenant les lettres échangées en 1756. Réédité en 1766, ce pamphlet répondait par d'amusants sarcasmes à l'insolence agressive de Warburton et montrait abondamment l'insuffisance de sa science. Lowth, qui n'avait pas hésité à rappeler l'échec subi par Warburton à l'université d'Oxford vingt-cinq ans plus tôt, dénonçait ses prétentions arrogantes à une sorte de dictature sur le monde littéraire. Son pamphlet obtint immédiatement un très grand succès, le public suivant la querelle avec une attention amusée et le roi même, dit-on, l'ayant lu (voir A. W. Evans, *Warburton and the Warburtonians*, 1932, p.253).

Chapitre XIV. Que les Juifs haïssaient toutes les nations

1. Si 'atroce' est sans doute excessif, le ton de Warburton est à ce point injurieux que Larcher lui-même, qui ne 'répète' pas à proprement parler mais traduit, a cru devoir s'en excuser auprès de ses lecteurs (S.67, p.158, n.1). Warburton traite Voltaire de 'grossier libertin' dépourvu de décence, de probité, de jugement et de modestie et qui entasse 'faussetés,' 'absurdités' et 'malices' (voir S.67, p.153-54, 158-59).

2. Warburton a critiqué deux passages qu'il avait lus dans les *Additions à l'Essai sur l'histoire générale* (1763) concernant respectivement l'absence totale de générosité du peuple juif et sa haine de l'humanité. En fait ces deux passages figuraient dans l'*Essai sur les mœurs* de 1761, le premier au chapitre 6 (*Essai*, i.261) et le second à la fin du chapitre 103 (ii.64). Ils résument assez bien la pensée de Voltaire sur les rapports des Juifs avec les autres hommes. Comme l'observe Larcher (S.67, p.153, n.1), la matière de ces critiques passera en 1765 dans la *Philosophie de l'histoire*, dont le chapitre 42 ('Des Juifs depuis Saül') offre une vision particulièrement dévalorisante de l'histoire juive qui s'est terminée par la diaspora (Voltaire 59, p.234-35). En 1775, Voltaire ajoutera à ce passage une longue note prenant à partie son adversaire et citant son virulent pamphlet de 1767: *A Warburton*.

3. La fiction du personnage de l'abbé Bazin rappelle souvent ce qui frappait dans le portrait qu'en présentait l''Exorde': le rêve d'une transposition dans l'expérience vécue de connaissances purement livresques (voir 'Exorde', n.3).

4. Si la chose n'est pas dite en toutes lettres dans le Deutéronome, le chapitre

7 propose un impressionnant programme de destruction (1, 2, 5, 16, 20. Voir aussi fin du chapitre 23).

5. On trouve effectivement chez les historiens anciens une tradition bien établie, qui prête aux Juifs des sentiments d'hostilité à l'égard des autres peuples, souvent expliquée par l'origine qui leur est fréquemment attribuée (descendants de lépreux chassés d'Egypte). On pourrait citer Manéthon, Lysimachus, Justin, Tacite, Diodore de Sicile, etc. (voir par exemple la page de Diodore citée ch.21, 4ᵉ diatribe, n.14). On en trouvera l'écho chez Bolingbroke (*Works*, London 1754, v.147, fragment 15). Calmet (*Commentaire littéral*, iii.65) n'y voit que des calomnies que la simple lecture des lois de Moïse suffit à réfuter. Warburton de son côté avait dit de cette prétendue haine communément prêtée aux Juifs: 'J'ai fait voir dans mon premier volume que cette calomnie n'était fondée sur aucun fait qui pût lui donner la moindre couleur et que c'était une conséquence imaginaire de la haine et de l'horreur qu'avaient les Juifs pour les idoles du paganisme et de leur ferme attachement au culte du vrai Dieu' (traduit par Larcher, S.67, p.156-57; voir le texte anglais in *The Divine legation*, iv.144).

6. Deutéronome iv.37-38.

7. Deutéronome vii.22-24.

8. Il ne semble pas qu'il y ait dans la Bible une interdiction formelle de ce genre regardant les Egyptiens. Au temps du séjour en Egypte, la répugnance des Egyptiens pour toute commensalité avec les Hébreux – dont Voltaire lui-même fait état aussitôt après – empêchait même que le problème ne se posât. Après la sortie d'Egypte, le Deutéronome prescrit la bienveillance envers les étrangers et même spécialement les Egyptiens parce que les Hébreux ont été eux-mêmes étrangers en Egypte (voir aussi Lévitique xix.33-34). Ce n'est que bien après la captivité et en particulier sous la domination romaine, que s'est développé à l'égard des étrangers un exclusivisme s'expliquant par la crainte des Juifs d'être absorbés et de perdre leur spécificité nationale (voir Actes x.28). Peut-être Voltaire pensait-il en écrivant cette phrase à l'interdiction formelle que fait Yahvé de manger la Pâque avec un étranger ou avec tout homme incirconcis (Exode xii.43).

9. Le trait figure dans la Genèse (xliii.32) et est corroboré par Hérodote (ii.41) signalant l'extraordinaire aversion des Egyptiens pour les Grecs. Calmet (*Commentaire littéral*, i.760-61) en rapporte les diverses explications proposées, d'ordre religieux ou social. Pour Voltaire qui en reprendra l'essentiel à son compte, les Juifs ont pris aux Egyptiens cette horreur des étrangers (M.xxx.62, n.1).

10. On sait que le Lévitique et les Nombres ont codifié la notion de souillure et l'usage des choses impures. Parmi celles-ci ne figurent pas seulement les animaux catalogués comme impurs dans le Lévitique (xi.1-47), mais aussi les viandes provenant de bêtes qui n'auraient pas été abattues de façon rituelle, pour respecter la défense faite par le Lévitique (vii.26) de manger le sang. En mangeant donc d'un mouton tué par un étranger, un Juif s'exposait à enfreindre ces prescriptions. Pareillement, en utilisant une marmite étrangère, on pouvait

à son insu se servir d'une chose impure, l'impureté se gagnant par simple contact.

11. Ce 'il est vrai' est en fait une concession à Warburton, qui avait objecté à Voltaire que la descendance de tous les hommes d'un premier couple, à laquelle croyaient les Juifs, impliquait également qu'ils regardassent les autres hommes comme leurs frères. Moïse les y avait incités en leur traçant une généalogie exacte de tous les peuples et pas seulement du leur (voir S.67, p.156).

12. Warburton ne paraît pas avoir éprouvé de haine particulière pour les Français. S'il lui arrive de nommer Voltaire et d'Alembert, c'est comme représentants de la libre pensée contemporaine. Ses premiers ennemis sont les 'freethinkers', à quelque pays qu'ils appartiennent, et ceux d'Angleterre ne sont sûrement pas plus ménagés que les autres dans la 'Dedication to the freethinkers', par quoi s'ouvre la *Divine legation*.

13. Commentaire de Sabatier de Castres sur cette phrase: 'M. de Voltaire, qui a tant dit du mal des siens, ne devait-il pas s'attendre à un pareil retour?' (*Vie polémique de M. de Voltaire*, p.331).

14. Après avoir nié que les Juifs aient jamais eu cet esprit de conquête que leur prête Voltaire, Warburton dénonçait là une confusion regrettable entre haine de l'idolâtrie et haine de la personne des idolâtres, alors que les Juifs n'ont jamais été jusqu'à la seconde: 'Voilà ce qui s'appelle agir en vrai poète', concluait dédaigneusement l'évêque (S.67, p.155).

15. En fait, la distinction de Warburton n'était pas nouvelle et Voltaire y avait répondu depuis longtemps dans un article sur les Juifs, destiné à Mme Du Châtelet et paru en 1756 (voir M.xix.520).

16. C'est ce qu'avaient hautement reconnu la plupart des auteurs anciens après Hérodote (i.31). Calmet lui-même admet qu'Artaxerxès, fils de Darius, fut le premier à introduire à Babylone l'usage des statues (*Dictionnaire*, iii.557-58). D'Herbelot avait déjà souligné la pureté de la religion perse dans sa *Bibliothèque orientale*.

Quant à Voltaire, il avait consacré tout le chapitre 30 de la *Philosophie de l'histoire* à l'idolâtrie, pour prouver que cette accusation, sans cesse jetée à la tête des païens par les juifs et les chrétiens, ne pouvait concerner les peuples primitifs, qui n'adoraient que les forces de la nature et non des simulacres (Voltaire 59, p.188). Ceux mêmes qui révèrent des statues n'y voient que la représentation d'une divinité qui ne s'identifie nullement avec elles, à commencer par les catholiques eux-mêmes, qui vénèrent des images de Dieu le Père sous la forme d'un vieillard, sans se croire idolâtres pour autant. Si bien qu'en dernière analyse l'idolâtrie n'existe pas (ou alors la chrétienté est idolâtre elle aussi) et la distinction de Warburton entre l'idolâtrie et la personne des idolâtres est parfaitement vaine.

Larcher reconnaîtra que l'accusation d'idolâtrie lancée aux anciens peuples est sans fondement (S.69, p.325). Pour lui, l'idolâtrie est née avec le culte que les 'gens grossiers' se sont mis à rendre à la mémoire de ceux de leurs compatriotes illustres à qui l'on avait élevé des statues: ainsi serait née la croyance que la statue du dieu était le lieu même de son séjour. 'Dès lors même on passa du respect à l'adoration'. Larcher s'efforce donc de mieux cerner l'acception historiquement donnée par juifs et chrétiens au mot 'idolâtrie', que Voltaire se contentait de prendre dans son seul sens étymologique d'adoration d'images ou simulacres de pierre et de bois.

17. Jugement peu nuancé: la Bible fait souvent des Perses des mentions nullement haineuses (Judith xvi.12; Ezéchiel xvii.10; xxxviii.5). C'est même sous Cyrus, roi de Perse, et sur son ordre que se fera le retour d'exil et la reconstruction du Temple en 538 (Esdras i.1-4). En revanche, c'est sous le règne de Xerxès (alias Assuérus) que se place le célèbre épisode d'Esther qui sauva son peuple de la persécution d'Aman (Esther iii-viii).

18. Il était question de la religion des anciens Perses dès 1756, dans l'*Essai sur les mœurs*, mais Voltaire insistait plus sur la croyance en l'immortalité de l'âme et un au-delà, que sur l'unicité de Dieu à peine évoquée. Dans la *Philosophie de l'histoire* en revanche, il loue le second Zoroastre des Persans, 'qui rectifia le culte du soleil, et qui leur apprit à n'adorer que le Dieu auteur du soleil et des étoiles' (Voltaire 59, p.127). Cependant Voltaire reconnaissait un peu plus loin que cette pureté primitive s'était vite altérée: 'On adore en tous lieux la divinité, et on la déshonore. Les Perses révérèrent des statues dès qu'ils purent avoir des sculpteurs; tout en est plein dans les ruines de Persépolis' (p.128).

19. Douze bœufs de métal soutenaient dans le Temple un grand réservoir d'eau lustrale (I Rois vii.25 et 29). Quant aux deux chérubins ailés, le texte biblique donne leurs dimensions sans vraiment les décrire (I Rois vi.23-28). Le monothéisme pratiqué par les Perses sans simulacres est évidemment jugé bien supérieur à celui des Hébreux, qui avaient la faiblesse de ne pouvoir s'en passer malgré leur loi, comme Voltaire l'avait souligné dans le *Traité sur la tolérance* (M.xxv.70-71).

20. Les limites géographiques de la terre promise sont rarement précisées dans la Bible. Voltaire devait penser surtout à Genèse xv.18-21 ou encore Deutéronome xi.24. Calmet jugeait déjà que la terre promise devait bien couvrir l'immensité qui sépare le Nil de l'Euphrate (*Commentaire littéral*, i.378). En fait, ce fameux 'pays de Chanaan' promis par Yahvé prend un sens fluctuant dans l'Ecriture, mais ne désigne le plus souvent que la Palestine occidentale ou cisjordanienne. Voilà pourquoi Warburton, protestant contre l'esprit de conquête que Voltaire prête aux Juifs, avait pu écrire au contraire que la loi mosaïque 'leur assignait un district particulier et très borné' et 'les renfermait dans ces limites par un certain nombre d'institutions' (S.67, p.154 et *Divine legation*, iv.142).

21. Les connaissances géographiques des Hébreux, peuple sédentaire, étaient fort peu étendues. 'En dehors de leur propre pays les Hébreux ne connaissaient guère que les contrées limitrophes, l'Egypte, l'Arabie, la Syrie et la Phénicie. A l'époque de Salomon, leurs relations commerciales les mirent en rapport, d'ailleurs assez vague, avec les rivages de l'Inde [...] Les invasions et surtout

la Captivité leur firent connaître de plus près l'Assyrie, la Babylonie, la Médie et la Perse' (Vigouroux, *Dictionnaire de la Bible*, v.2096).

22. Voltaire ayant reproché en 1761 au peuple hébreu une absence totale de générosité et en particulier la pratique de l'usure (*Essai*, i.261), Warburton observait que 'ce Poète, dans sa frénésie a confondu le caractère des anciens Hébreux avec celui des Juifs modernes' et insinuait un peu plus loin: 'La connaissance peu commune qu'il a de leur usure et de leur éloquence me ferait soupçonner qu'il a transigé avec eux quelque affaire pécuniaire et qu'ils ont eu plus d'esprit, et même par dessus le marché, plus de babil que lui' (S.67, p.152 et *Divine legation*, iv.141).

23. Voltaire, exilé en Angleterre après sa seconde détention à la Bastille, y arriva dans l'été de 1726, muni d'une lettre de change sur un juif de Londres. Mais lorsqu'il se présenta pour la toucher, son débiteur lui déclara qu'il venait de faire faillite et ne pouvait le payer. Ce juif s'appelait-il Médina ou D'Acosta, la lettre de change était-elle de vingt mille francs (M.xxix.558) ou seulement de huit ou neuf mille (D303)? Gustave Lanson a essayé d'élucider ces détails mal connus ('Voltaire et son banqueroutier juif en 1726, Médina ou Dacosta?', *Revue latine*, 25 janvier 1908). Bien que dans sa lettre en anglais à Thiriot du 26 octobre 1726 Voltaire parle d'un juif 'called Medina', Lanson incline à croire qu'il s'agissait en fait d'Anthony Mendez da Costa, dont la liquidation de faillite est mentionnée dans la *London gazette* du 20-24 juin 1727. Quoique Voltaire se soit alors trouvé dans la plus grande gêne, cette banqueroute ne paraît pas avoir été aussi considérable qu'il le dira en 1771 (M.xix.526). A. M. Rousseau tient pour sa part (p.77-78) que Voltaire a essuyé deux banqueroutes presque consécutives, la première avec Anthony Mendez da Costa et la seconde avec Medina en août 1726. Voltaire paraît avoir gardé de bonnes relations avec da Costa puisqu'il figure sur la liste des souscriptions de la *Henriade* (voir aussi Voltaire 81, p.365). Larcher, qui a repris à son compte les insinuations de Warburton dans sa *Réponse à la Défense de mon oncle* (p.38-39), prendra acte comme d'une défaite de cet aveu de Voltaire ici (S.69, p.201).

24. La première moitié du livre de Josué racontant la conquête de la terre promise, s'y succèdent les récits de sièges, assauts, pillages et extermination des villes conquises. Josué ne manque jamais de mettre à mort le roi vaincu, le plus souvent par pendaison. Le chapitre 12 dresse une liste récapitulative de ces rois vaincus qui compte trente et un noms, sans toutefois spécifier explicitement qu'ils aient tous été pendus. Voltaire s'était indigné l'année précédente de cet épisode, dans l'*Examen important de milord Bolingbroke* (M.xxvi.212).

Chapitre XV. De Warburton

1. C'est par la citation parodique de cette phrase que Larcher refera en 1769 le début de son *Supplément*, en ajoutant: 'Rien n'est si vrai que cet axiome par où débute Volt. dans le quatorzième chapitre de la Défense. Outré de se voir

arracher le masque de savoir dont il s'était couvert et de ne plus passer que pour un charlatan d'érudition, il a eu recours aux armes ordinaires à ceux qui soutiennent une mauvaise cause, je veux dire aux injures' (S.69, p.49-50).

2. Warburton conçut le projet d'éditer Shakespeare en 1727 avec Lewis Theobald et en 1737 avec sir Thomas Hanmer, mais il n'aboutit qu'avec son ami Pope. Après le décès de celui-ci en 1744, Warburton dut achever seul cette édition en huit volumes parue en 1747. L'agressif évêque n'y ménageait pas ses deux premiers collaborateurs. Dans sa notice sur Warburton (*Dictionary of national biography*, London 1899, lix.306), Leslie Stephen estime que Theobald fut au contraire un critique shakespearien infiniment supérieur à Warburton, dont les corrections hardies et mal fondées ont été le plus souvent rejetées. Sa méthode fut pertinemment critiquée par Thomas Edwards, à qui Warburton ne put guère répondre que par des injures. Il trouva d'autres juges sévères en Zachary Grey, John Upton et Benjamin Heath.

3. Timoré: 'qui est pénétré d'une crainte salutaire. Il ne se dit qu'en parlant de la crainte d'offenser Dieu' (*Académie 62*). 'Les consciences timorées' désigne donc des âmes profondément religieuses que scandalise l'entreprise de Warburton.

4. Pour Beuchot (M.xxvi.396, n.2), cette initiale désigne Silhouette, qui avait traduit de Warburton en 1742 son *Alliance between church and state* (1736). Mais l'attribution est inacceptable, comme l'a fait remarquer J. H. Brumfitt ('Voltaire and Warburton', p.53): la lettre ne pourrait avoir été écrite que par un Anglais, puisque Voltaire affecte de citer en anglais les premiers mots de l'original et surtout oppose dans la dernière phrase un 'chez vous' désignant les Français à un 'chez nous' qui renvoie clairement aux usages d'Angleterre. Certes, Voltaire s'est activement préoccupé dès 1756 d'obtenir un exemplaire de la *Divine legation*, mais ses premières réactions n'étaient que celles d'une curiosité goguenarde (voir par exemple D10322). Le pieux abbé Bazin, n'étant pas encore né, n'avait donc éprouvé nul besoin de faire part à un quelconque M. S..., 'avec sa modération ordinaire', de sa réaction douloureusement scandalisée.

D'autre part le contenu même de cette prétendue lettre persuade qu'elle a bien été forgée par Voltaire lui-même: le style trop conforme au reste du chapitre, la dénonciation vigoureuse du caractère indéfendable de la thèse soutenue dans la *Divine legation*, le réquisitoire très dur contre l'hypocrisie d'un arriviste que ne rebute aucun moyen (et qui annonce la violence du pamphlet *A Warburton*), l'accumulation des citations bibliques, tout y trahit la pensée et la plume de Voltaire. Cette mystérieuse initiale n'est peut-être bien qu'un piège tendu par Voltaire et auquel Beuchot n'aura suffisamment pris garde: Silhouette venait de mourir en février 1767 (voir CLT, vii.219); aussi en suggérant vaguement par cet S. le nom de l'ancien traducteur de Warburton, Voltaire ne risquait-il aucun démenti.

5. Cette ancienneté et cette utilité avaient été affirmées dès 1759 dans une lettre au marquis d'Argence, précisément à propos de la *Divine legation* (D8516).

6. Il s'agit plus exactement de *The Beggar's opera*, qu'il faut donc traduire par

l'Opera *du* gueux. C'est une sorte de vaudeville licencieux du poète John Gay (1688-1732). Voltaire connaissait fort bien et l'auteur et la pièce (voir A. M. Rousseau, p.79-80, 117, 308, etc.). Celle-ci fut représentée le 29 janvier 1728. Voltaire possédait le texte anglais dans son édition de 1754, ainsi que la traduction française qu'en avait donnée Patu en 1756, au tome ii de *Choix de petites pièces du théâtre anglais traduites des originaux* (BV, no.1440). Le succès de cet opéra fut immense dont l'idée première aurait été de Swift (Gay était l'ami intime de Swift et de Pope).

7. Sa parfaite connaissance de la langue anglaise avait permis à Larcher de vouer très tôt à Shakespeare une admiration fervente. Il en goûtait toutes les beautés, sans admettre les réserves croissantes de Voltaire. Aussi prendra-t-il hargneusement la défense de son commentateur et surtout du poète lui-même dans la *Réponse à la Défense de mon oncle*, allant jusqu'à accuser Voltaire d'avoir défiguré Shakespeare dans ses traductions de *Jules César* et du monologue d'Hamlet (p.40-41). Au reste, en 1761, Voltaire lui-même avait jugé Warburton commentateur de Shakespeare comme 'le plus sçavant et le plus éclairé' (D9898; voir aussi *Studies* 54, p.128, n.40 et p.130, n.42).

8. Le raisonnement ici poussé avec vigueur était presque un lieu commun de la pensée libertine, qui mettait en grand embarras les défenseurs de l'orthodoxie. Anthony Collins avait été l'un des premiers à le répandre en Angleterre. C'est pourquoi l'entreprise de Warburton apparaissait dans une certaine mesure comme une réponse à Collins (voir N. L. Torrey, *Voltaire and the English deists*, p.47-48). Dans la longue dédicace aux libres-penseurs de la *Divine legation*, Collins est au surplus désigné sans aménité comme un ami et un disciple de Locke qui n'a pas su demeurer fidèle au souvenir de son maître (i.XXIV-XXVII).

9. L'audace était surtout dans le raisonnement proposé, la plupart des contemporains de Warburton refusant d'admettre que sa conclusion découlât nécessairement de ses prémisses; Warburton avait en effet prétendu donner à son ouvrage le sens et la forme d'une démonstration très stricte qu'il appuyait sur ces trois évidences: 1) il importe à la conservation des sociétés politiques d'enseigner la doctrine d'une survie où l'individu soit récompensé ou puni; 2) les nations de l'Antiquité les plus sages et les plus cultivées ont toutes cru et enseigné que cette doctrine était d'une telle nécessité pour les sociétés politiques; 3) cette même doctrine est totalement absente de l'enseignement de Moïse. A partir de quoi, Warburton proposait deux syllogismes pour asseoir sa conclusion que la loi mosaïque est bien d'origine divine: A) Toute religion ou société qui ne prend pas appui sur une telle doctrine ne peut faire l'objet d'un soutien tout spécial de la Providence; or la religion et la société juives ne font pas appel à cet appui; donc elles ont bien fait l'objet de ce soutien spécial. B) Les législateurs anciens ont tous cru qu'une pareille religion ne pourrait se soutenir sans un appui particulier de la Providence; or Moïse, qui n'ignorait rien de la sagesse des Egyptiens, n'en a pas moins délibérément institué une religion de ce type; c'est donc que Moïse croyait bien que sa religion bénéficiait de cet appui particulier de Dieu (voir *Divine legation*, i.7-8). R. Mercier a vu dans ce

raisonnement de Warburton l'une des manifestations de l'opposition entre religion et nature qu'une certaine pensée contemporaine durcissait volontiers (voir *La Réhabilitation de la nature humaine*, p.186): plus la religion est contraire à la nature, mieux se confirme le sceau de la divinité qui la revêt.

10. Il semble douteux qu'il y ait là une allusion précise. Quelle valeur aurait-elle, de toute façon, dans cette 'lettre' supposée de 1758, mais écrite en 1767, soit huit ans après l'accession de Warburton à l'épiscopat?

11. Sabatier de Castres cite à cette occasion une épigramme contre Voltaire finissant par cette pointe: '[...] grâce à son inconstance / Je le prédis, vous le verrez chrétien' (*Vie polémique*, p.332). Or selon Aublet de Maubuy, l'auteur de l'épigramme ne serait autre que Warburton (*Histoire des troubles et des démêlés littéraires*, 2ᵉ partie, p.194).

12. Par volume, Voltaire entend probablement le tome de l'édition de la *Divine legation* qu'il a consultée en écrivant ce chapitre et à laquelle il donnera plus loin une référence (voir n.22). En fait, mieux vaux parler des livres constituant les grandes divisions de l'ouvrage, parce qu'elles restent indépendantes des tomaisons, qui ont varié selon les éditions.

Quand Voltaire accuse Warburton de ne pas avoir encore dit un seul mot de son sujet, c'est qu'à ses yeux le véritable objet de la *Divine legation* est dans la démonstration de l'ignorance où était Moïse de l'immortalité de l'âme. Cette conception restrictive n'était nullement celle de l'évêque, à qui il importait au contraire d'établir d'abord longuement et avec toutes les ressources de l'érudition, que la doctrine d'un au-delà est nécessaire au maintien de toute société civile (livre I); que cette nécessité se prouve à partir de la conduite qu'ont tenue tous les législateurs (livre II), à partir également de l'opinion et de la conduite des sages et des philosophes de l'Antiquité (livre III). Le livre IV est consacré à la haute antiquité de l'Egypte, dans laquelle Warburton trouve une preuve de l'authenticité de l'histoire de Moïse. C'est seulement alors que Warburton parvient au cœur même de son sujet: l'enseignement de Moïse, son gouvernement et sa mission divine ne sont donc pas abordés avant les livres V et VI; mais paradoxalement ils se trouvent être les derniers, puisque Warburton n'a pu entièrement écrire les neuf que promet le titre. Il y a donc incontestablement un déséquilibre dans le plan qui peut justifier une certaine impatience du lecteur et explique au moins le ton méprisant de Voltaire pour cet interminable préambule, ce fatras d'érudition défini comme 'un chaos de citations dont on ne peut tirer aucune lumière'.

13. Il n'y a pas dans les *Essais* de chapitre qui s'intitule 'Des bottes'. C'est pourquoi les éditeurs de Kehl ont conclu à une méprise et remplacé bottes par coches, car le chapitre 6 du livre III s'intitule bien 'Des coches' mais en parle fort peu.

14. Si c'est bien Voltaire qui parle, voilà qui est mal payer sa dette, comme le remarquera, après Larcher (*Réponse*, p.13), Sabatier de Castres: 'Pourquoi M. de Voltaire s'en est-il servi pour sa *Philosophie de l'histoire*? Ce qu'il y dit des mystères de Cérès est presque tout copié de la *Divine legation*' (*Vie polémique*, p.333). Et

J. H. Brumfitt a montré que ces emprunts inavoués ne s'arrêtaient pas aux mystères ('Voltaire and Warburton', p.43 ss).

15. L'énumération des exemples qui vient ensuite prouve que Voltaire se réfère ici à la fin de la section 5 du livre v de la *Divine legation* (iv.353 à 356). Warburton y prouve que Moïse n'a pas enseigné et que les anciens Juifs ont totalement ignoré la doctrine des peines ou récompenses *post mortem*, à partir de textes de l'Ancien Testament qui l'établissent positivement: ce sont les textes que cite ici Voltaire et à peu près dans le même ordre que chez Warburton.

16. C'est tout le livre VI de la *Divine legation* qui est consacré à l'examen critique des passages de l'Ecriture communément utilisés pour prouver la prétendue croyance des Juifs du temps de Moïse en l'immortalité de l'âme. Warburton a probablement bien senti qu'il s'aventurait là sur un terrain particulièrement dangereux, cet effort d'exégèse devant immanquablement révolter bon nombre de théologiens. Aussi ce livre VI s'ouvre-t-il par une vigoureuse mise au point précisant que les adversaires de son ouvrage se sont mépris totalement sur son sens véritable (voir *Divine legation*, v.7).

17. Voltaire et Warburton sont en complet désaccord sur ce point. Warburton s'était longuement efforcé d'établir que le livre de Job, ordinairement considéré comme contemporain des livres de Moïse, par certains même comme nettement antérieur, a en fait été écrit au retour de la Captivité et figure les circonstances alors vécues par le peuple hébreu, représenté par le personnage de Job (*Divine legation*, v.27-109). Voltaire au contraire s'était prononcé en 1763 pour une origine arabe, l'auteur ayant vécu quelque sept générations avant Moïse (*Essai*, ii.917; voir aussi Voltaire 59, p.108 et M.xix.506).

18. Job vii.9. Pour Warburton, ce passage (qu'il a déjà cité iv.353) et d'autres versets célèbres (par exemple xix.25 ss), loin de faire allusion à une résurrection, ne peuvent que désigner une délivrance temporelle; ils contrediraient sinon la teneur générale du livre (voir v.114). Si Voltaire qualifie ce passage d'équivoque, c'est probablement parce que Warburton lui-même réfute en note une objection du Dr Stebbing, pour qui ce verset signifie seulement que l'homme après la mort ne doit plus retrouver son état terrestre, mais n'infirme pas vraiment la croyance en sa survie.

19. Voir II Samuel xiv.14.

20. Voltaire a recopié ici le texte de Warburton, où se succèdent des citations de psaumes différents, mais dont l'évêque a donné chaque fois la référence en note. Or Voltaire toujours pressé n'a retenu que la dernière: d'où l'embarras de Beuchot pour retrouver les origines exactes de ces différents versets (M.xxvi.397, n.3). Sont en fait cités dans l'ordre les psaumes suivants: vi.5; xix.9; lxxxviii.10-12 (mais Voltaire s'est borné à citer le verset 11. Voir *Divine legation*, iv.354-55).

21. Voir *Divine legation*, iv.355. Warburton cite ix.5.

22. Il est singulier que Voltaire ne renvoie pas ici à la même édition de la *Divine legation* que celle qu'il utilisera au chapitre 17 et dont la pagination est conforme à celle de l'édition de 1765, bien que cette édition ne figure pas dans sa bibliothèque (voir ch.17, n.3).

23. Voir *Divine legation*, iv.355-56. Warburton cite d'abord quelques versets du cantique d'action de grâces du roi Ezéchias, après sa guérison miraculeuse (Isaïe xxxviii.18-19). Il ne s'agit donc nullement du prophète Ezéchiel, en dépit de la faute qui s'est perpétuée dans le texte de la *Défense* à partir de w68(71). Warburton cite ensuite le verset 7 de la cinquième Lamentation de Jérémie.

24. La *Divine legation* souleva une émotion violente dans le clergé de Londres, encouragée par l'archevêque Potter. Outre la *Lettre* de Lowth (voir ch.13, n.25), William Webster fit paraître *A letter from a country clergyman*, à laquelle Warburton fut particulièrement sensible, comme en témoigne sa réponse: *A vindication of the author of the Divine legation of Moses, etc. from the aspersions of the country clergyman's letter in the Weekly miscellany of February 24 1737* (London 1738). Webster n'hésite pas à mettre en doute la foi de Warburton: une 'apologie' d'une telle faiblesse ne peut que partir d'un esprit faible ou d'un ennemi secret de la religion, ce qu'est plutôt Warburton.

25. Il est peu probable qu'il y ait là une allusion précise, surtout si l'on admet que la lettre du mystérieux M. S... a bien été forgée par Voltaire, qui n'avait probablement pas une connaissance fort exacte de la carrière de son lointain ennemi. C'est par son ami Pope que Warburton connut, après 1740, des hommes influents qui devaient devenir ses protecteurs, essentiellement Ralph Allen en novembre 1741, dont Warburton devait épouser quatre ans plus tard la nièce préférée et qui semble avoir disposé d'une influence décisive pour son élévation à l'épiscopat en 1759.

26. Voltaire pensait sans doute à l'épître dédicatoire 'to the freethinkers', au ton fort acerbe et qui parut dès 1738 en tête de la *Divine legation*. Mais il avait surtout sur le cœur les attaques personnelles dont il venait d'être l'objet et que lui avait révélées Larcher. En 1770 il invitera l'auteur de cette épître à davantage de modestie (M.xvii.144, n.1 et 145).

27. 'Mais qui supporterait les Gracques déplorant une sédition?' (Juvenal, *Satires*, ii.25). Il s'agit d'une satire contre l'hypocrisie où le poète latin propose quelques exemples d'hypocrisie intolérable, dont celui des Gracques s'ils s'étaient jamais avisés de déplorer une sédition, eux qui avaient fait figure de séditieux.

28. Le sens n'est pas des plus clairs et l'ambiguïté de cette phrase constitue un nouvel indice de composition hâtive. Elle est probablement à entendre ainsi: par son attitude double et contradictoire (prêcher la mortalité de l'âme d'une part, dire des injures aux philosophes de l'autre), il a empêché la cour de voir clair dans son jeu (*Académie 62* donne comme sens premier à éblouir: 'empêcher l'usage de la vue par une trop grande lumière' et comme sens figuré: 'surprendre l'esprit'). La cour, privée de lucidité, finira donc par accorder l'évêché qu'il convoite à un ambitieux qui a d'abord bel et bien enseigné la mortalité de l'âme, mais qui aura été assez habile, par la suite, pour se donner les apparences du contraire, 'en feignant de *l*'admettre.' Le pronom personnel ne peut guère désigner que l'*immortalité* de l'âme, mot que Voltaire trop pressé a probablement omis d'écrire, quoiqu'il l'eût à la pensée. On ne s'expliquerait pas sinon où

serait l'hypocrisie du personnage, qui, pour se faire blanchir de son irréligion, n'a rien trouvé de mieux que d'élever 'l'étendard du fanatisme'; c'est-à-dire de partir en guerre contre la libre-pensée, qui précisément ne croit pas plus que lui en l'immortalité de l'âme.

29. Warburton attaquait la mémoire de son vieil ennemi Bolingbroke en 1754-1755 (*A view of Lord Bolingbroke's philosophy in four letters to a friend*), puis s'en prenait à Hume en 1757 (*Remarks on Mr David Hume's Essay on the natural history of religion*). A l'égard de Voltaire, on a vu Warburton commencer à répliquer en 1765 (ch.13, n.22). Il projetait même en 1767 une réponse en trois discours à ce 'blasphémateur à la mode', malgré les conseils de son ami Hurd l'invitant à dédaigner de réfuter un si piètre érudit. Mais le complet retournement de l'opinion anglaise en sa faveur, dès qu'il fut devenu l'objet du déchaînement voltairien, rendit ce projet inutile aux yeux de Warburton (voir A. M. Rousseau, p.673). Il est certain en tout cas que les échantillons donnés par Larcher dans le *Supplément* des attaques de Warburton suffisaient amplement pour que le 'poète Voltaire' se sentît insulté et bien en tant que philosophe comme le précise Warburton lui-même: 'From all this, I assume that where an Unbeliever, a Philosopher if you will (for the Poet Voltaire makes them convertible terms) pretends to shew', etc. (*Divine legation*, iv.153).

30. Voir ch.13, n.25.

31. Comparaison très insultante: Peachum est dans l'*Opéra du gueux* le chef d'une bande de voleurs, assez hypocrite et corrompu pour les livrer lui-même à la justice, lorsqu'il juge insuffisant le rendement de ses 'employés'; ce qui lui permet de toucher la prime accordée aux délateurs des bandits. On le voit se débarrasser de cette manière de son gendre, après avoir découvert le mariage de sa fille qu'il n'approuve point.

32. Réponse de Sabatier de Castres: 'Les hypocrites les plus dangereux, selon nous, sont ceux qui disent tout et le désavouent ensuite, afin de pouvoir le redire encore avec impunité' (*Vie polémique*, p.335).

33. Réponse inquiétante de Sabatier de Castres: 'Un bon évêque éclaire et ne persécute pas, quand c'est par faiblesse ou par ignorance qu'on prêche contre la vérité; mais quand on attaque la vérité avec insolence ou sans discernement, un bon évêque est bien en droit de dire: Qu'on renferme ce fou, de peur que sa folie ne devienne épidémique dans le troupeau' (*Vie polémique*, p.335).

34. Selon Leslie Stephen (p.309), Walpole aurait, comme Voltaire, pris Warburton pour un hypocrite jouant double jeu et n'ignorant pas que son indéfendable raisonnement ne pouvait aboutir qu'à renforcer la position des libres-penseurs. C'était aussi, selon Evans (p.68), la position de Webster.

35. Cour de justice existant déjà sous les Tudor, la Chambre étoilée apparut sous Charles Ier comme une redoutable juridiction d'exception, lorsque ce roi eut prononcé en 1628 la dissolution du Parlement et décidé de régner seul. Ayant pouvoir de juger n'importe quel sujet sans s'astreindre aux règles ordinaires de la procédure, elle constituait un pernicieux exemple de confusion

des pouvoirs exécutif et judiciaire, puisqu'elle était composée des membres du Conseil privé qui siégeaient comme juges de leurs propres adversaires politiques. Ils punissaient par l'amende, la confiscation, l'emprisonnement ou la mutilation des accusés privés des garanties juridiques habituelles. Voltaire avait déjà relevé toute leur impopularité (*Essai*, ii.659).

Quant à cette mobilisation générale par un auteur français des philosophes, des gens d'Eglise, des gens de lettres et des politiques d'Angleterre, Sabatier de Castres a relevé ce qu'elle avait d'indû et d'exagéré (*Vie polémique*, p.335-36).

36. Légère déformation d'un vers de la *Dunciade* (iv.252) tiré du discours d'un critique ridiculisé par Pope: Bentley assure que ses pareils et lui expliquent une chose jusqu'à ce que personne n'y comprenne plus rien et en écrivent encore et sans cesse, comme le vers à soie tissant le cocon dans lequel il finit par s'envelopper. Ce passage vient illustrer les phrases où 'M. S...' présentait Warburton comme un critique entassant à perdre haleine une érudition qui n'explique rien de son sujet et s'enveloppant 'dans les obscurités de son style'. La citation ne manquant donc nullement de pertinence, on s'explique mal pourquoi les éditeurs de Kehl l'ont fait disparaître, imités par Beuchot et Moland. Cette image de l'enveloppe empruntée à Pope reviendra sous la plume de Voltaire en 1770 toujours à propos de Warburton (M.xvii.144).

37. Le 'sentiment de mon oncle' a été exprimé dès 1734 dans le *Traité de métaphysique* (M.xxii.212). On a vu (n.8) quel parti Collins avait su tirer de cette même opinion. Dans la *Philosophie de l'histoire*, Voltaire avait cité Arnauld (qui atteste tous les Pères de l'Eglise) et, naturellement, nommé Warburton (Voltaire 59, p.177-78).

38. L'opposition de 'Totidem verbis' à 'Totidem litteris' (signifiant littéralement: en autant de mots, en autant de lettres) n'a en fait aucun sens et n'est qu'une plaisanterie à laquelle le lecteur distrait peut n'être pas sensible, s'attendant à retrouver dans le distinguo de l'abbé Bazin la traditionnelle opposition entre la lettre et l'esprit (si on ne trouve pas cette doctrine en toutes lettres, elle y est au moins en esprit). En fait, Voltaire écrit plaisamment: si on ne l'y trouve pas en autant de mots (qu'il faut pour l'exprimer), elle y est en autant de lettres de l'alphabet (qu'il est nécessaire pour le faire). (La même opposition est utilisée dans l'article 'Péché originel' ajouté en 1767 au *Portatif*; voir M.xx.152).

39. Thomas Hemerken, dit Thomas a Kempis, frère de la Vie contemplative, est un mystique allemand (1379 (80?)-1471) qui passe pour être l'auteur de la célèbre *Imitation de Jésus-Christ*. Ce rapprochement entre le *Traité sur la tolérance* et l'*Imitation de Jésus-Christ* réjouissait beaucoup Sabatier de Castres: 'Oh! pour le coup, petit fripon de neveu, voilà le plus plaisant de vos rêves' (*Vie polémique*, p.336).

40. 'Mais sur un autre ton', commente l'acerbe Sabatier de Castres; 'les uns sifflaient en éclatant de rire, votre oncle en cachant son dépit' (*Vie polémique*, p.337). Il faut en fait rendre cette justice à Voltaire qu'il a toujours su manifester la plus grande docilité aux volontés du public: il retira des pièces mal accueillies

comme *Artémire* (1720), *Hérode et Mariamne* (1724), *Brutus* (1729), *Eriphyle* (1732), corrigea *Zaïre* (1732).

41. On sait qu'ayant recueilli à Ferney en 1760 une petite-nièce du grand Corneille, Voltaire décida de réaliser une édition annotée du 'père du théâtre', dont le produit servirait à doter sa protégée (voir Voltaire 53, p.27-28). L'entreprise l'enthousiasma, tant qu'il commenta les chefs-d'œuvre: mais succéda une lassitude, parfois impatiente, qui explique peut-être que l'édition du *Théâtre de Pierre Corneille, avec des commentaires* ne soit parue qu'en 1764. Elle suscita évidemment de nombreuses critiques. Dans le chapitre de sa *Vie polémique de Voltaire* consacré à Warburton, Sabatier de Castres a relevé longuement cette phrase de Voltaire qu'il prétend n'avoir été animé que par la malveillance, tandis que Warburton n'aurait commenté Shakespeare que 'pour honorer le premier poète tragique de sa nation' (p.337 ss).

42. Lors de son installation à Ferney, Voltaire, voulant déplacer l'église, fit démolir l'ancienne et construire une nouvelle à ses frais, durant l'été de 1760 (voir M.i.392). Trois ans plus tard, Voltaire brocardait le vaniteux marquis de Pompignan (M.xxiv.457-60) pour avoir publié ou laissé publier, en 1762, une *Lettre au sujet de la bénédiction de l'église de Pompignan* qui exaltait la noble magnificence du marquis son restaurateur (voir T. E. D. Braun: *Un ennemi de Voltaire, Le Franc de Pompignan*, Paris 1972, p.216-18).

Chapitre XVI. Conclusion des chapitres précédents

1. Plaisanterie de Voltaire qui invente cette réplique pour les besoins de son propos, ou citation réelle d'un auteur ou d'un proverbe présents à l'esprit du lecteur de 1767? Nous n'en avons pas trouvé trace dans les dictionnaires, ou recueils de proverbes du dix-huitième siècle que nous avons consultés, ceux de Backer (1710), Panckoucke (1758), l'abbé Tuet (1789), Leboux de La Mésangère (1821). 'Bélître' signifie 'coquin, gueux, homme de néant' et 'maraud' est un 'terme d'injure et de mépris. Coquin, fripon' (*Académie 62*).

2. Larcher, commentant ce passage dans sa *Réponse*, accusera Voltaire d'avoir bien en effet le style d'un 'fiacre' (p.6). Quant à d'Alembert, malgré le plaisir qu'il a pris à lire la *Défense*, il regrette de voir son ami s'abaisser à des querelles de cocher: 'cependant j'aimerois encore mieux qu'il s'en dispensât, & il me semble voir Cesar qui étrille des portefaix; il ne doit se battre que contre Pompée' (D14333).

3. Cette évidente allusion au pamphlet que Voltaire venait d'écrire en avril 1767 laisse un peu perplexe. Car ce titre d''honnêtetés littéraires', manifestement ironique, ne désignait que les roueries inavouables de la polémique, comme il l'expliquait à la fin de l'introduction (M.xxvi.120-21). Il est donc ambigu, sinon dangereux, même si la vérité n'y perd rien, d'assimiler les diatribes du 'cocher' de la *Défense* à une honnêteté littéraire. N'est-ce pas le demi aveu de toute sa

mauvaise foi de polémiste et de ses propres tours de passe-passe? Voltaire ne paraît pas y avoir pris garde, ayant probablement en tête un autre passage de cette même introduction: 'Il me semble d'ailleurs que dans notre Europe occidentale, tout est procès par écrit [...] Il est donc permis à un malheureux auteur de bagatelles de plaider par devant trois ou quatre douzaines de gens oisifs qui se portent pour juges des bagatelles et qui forment la bonne compagnie, pourvu que ce soit honnêtement, et surtout qu'on ne soit point ennuyeux; car si dans ces querelles l'agresseur a tort, l'ennuyeux l'a bien davantage' (p.118). Voilà qui cette fois convient parfaitement aux dix-sept premiers chapitres de la *Défense*. En outre Voltaire écrivait à Damilaville le 24 juin: 'Il est à croire que les mêmes personnes qui ont permis la rapsodie infâme de Larcher permettront une réponse *honnête*' (c'est nous qui soulignons; D14235).

4. Voir ch.12, n.16. Cette citation sera reprise en 1773 à propos de Larcher encore, 'très savant homme à la manière ordinaire' (M.xxix.255). Voltaire aime décidément trouver entre son adversaire et lui l'opposition d'une tête bien pleine à une tête bien faite.

5. La polémique est souvent sans vergogne: ces défauts désignent Voltaire lui-même beaucoup plus que Larcher, qui entendait au moins parfaitement le grec et dont le *Supplément* avait prouvé plus d'une fois combien l'érudition étalée dans la *Philosophie de l'histoire* n'était souvent que pillages hâtifs et mal assimilés.

6. Citation du *Temple du goût*, mais Voltaire se cite inexactement ou plutôt a refait le premier décasyllabe, probablement par souci de brièveté et d'une meilleure adaptation au contexte. On lit en effet dans l'édition de Rouen, comme dans celle de Kehl: 'Nous avons l'habitude / De rédiger au long de point en point / Ce qu'on pensa; mais nous ne pensons point' (édition Carcassonne, p.66 et 114).

7. Sur l'importance de ce paragraphe qui reprend et développe les principes méthodologiques proposés dans la *Philosophie de l'histoire*, voir l'introduction, p.151.

8. Evidente allusion au problème de la prostitution sacrée à Babylone que débattait le chapitre 2. On sait que Voltaire reproche à Larcher d'ajouter foi au témoignage d'Hérodote.

9. On songe naturellement à Hérodote. Voir ch.9, l.60-64.

10. Voir *Histoire romaine*, i.xxxvi. Cet exemple avait déjà été donné, au chapitre 11 de la *Philosophie de l'histoire*, avec le combat des trois Horaces, l'aventure de Lucrèce et les boucliers descendus du ciel, pour l'un des traits fabuleux qui défigurent l'histoire romaine (Voltaire 59, p.126-27).

11. Conclusion un peu trop tranchée au goût de Grimm, qui donne à Voltaire une belle leçon de véritable compréhension de l'histoire: 'Je ne méprise pas les prodiges rapportés par Tite-Live, dont M. Bazin se moque; je serais bien fâché que Tite-Live, en les rapportant, s'en moquât à la manière de M. Bazin; il perdrait dès ce moment toute ma confiance. Ce n'est pas que je croie plus à ces prodiges que M. Bazin; mais je fais attention à l'effet qu'ils ont produit sur tout

un peuple, sur tout un siècle, à la croyance qu'on leur a accordée, et je commence à entendre quelque chose aux mœurs et à la tournure des esprits de ce siècle' (CLT, vii.368).

12. Voltaire rappelle, comme dans l'"Avertissement' et – à propos de Coger – dans le 'Post-scriptum', toute la distance sociale qui le sépare de son adversaire (voir l'introduction, p.140).

13. Au sens propre, 'sangler' signifie 'serrer avec des sangles'. *Académie 62* précise qu'on l'emploie aussi au figuré dans le style familier: 'Sangler un coup de poing, sangler un coup de fouet [...] pour dire, Appliquer, donner avec force un coup de poing,' etc.

14. Voltaire aimerait bien en être sûr et cherche en fait depuis le début de juin à se faire une idée de l'accueil fait à Paris au *Supplément* de Larcher. Voir ses lettres à Lacombe (D14224), d'Alembert (D14230), d'Argental (D14232), Damilaville (D14235). Mais dès le 23 mai d'Alembert assurait que personne à l'Académie n'avait entendu parler d'un quelconque *Supplément* et s'efforçait de dissuader Voltaire de répondre à un livre totalement inconnu (D14195).

15. Larcher contestera l'exactitude de cette traduction dans sa *Réponse*: 'Encore un mot, M. le Maître d'Ecole: vous saurez que Toxotès n'a jamais signifié Larcher, ni l'Archer, mais Archer. Mais pourquoi m'arrêter à un Barbare qui veut se mêler de parler grec?' (p.19).

16. Naturellement, Voltaire espère bien le contraire! Sur ce calcul du tacticien, voir l'introduction, p.129 ss.

17. Sur cette récapitulation, voir l'introduction, p.28 et 124.

18. Bruzen de La Martinière décrivait la Valachie en 1741 comme une principauté d'Europe que se partagent l'empereur d'Allemagne et la Turquie. 'La partie de cette province qui dépend de l'Empire Turc est possédée par un Hospodar ou Vaivode, qui est tellement soumis au Grand-Seigneur qu'il est déposé souvent par la seule raison qu'un autre promet de payer un tribut plus considérable' (article 'Valachie').

19. L'univers que 'tout faiseur de brochure doit [...] toujours avoir devant les yeux', comme il sera précisé ironiquement au chapitre 20. Sur cette plaisanterie, voir ch.20, n.17.

20. Malgré leur expulsion principalement du Portugal, de la France et de l'Espagne entre 1762 et 1767, les jésuites avaient eu trop d'influence pendant trop longtemps et à bien des titres (lutte contre les huguenots et les jansénistes, missions en Amérique et en Asie) pour pouvoir être oubliés du jour au lendemain. Aussi parlera-t-on d'eux longtemps, aussi bien en Europe (La Rochelle est à la fois un fief du protestantisme et le point de départ de nombreuses routes maritimes) qu'en Asie (Macao, 'établissement portugais à l'entrée de la rivière', comme l'indique P. Sonnerat, a servi de point de départ à de nombreux missionnaires désireux de pénétrer en Chine).

21. Célèbre mot de l'Ecclésiaste et qui lui sert d'introduction (i.2): Vanitas vanitatum, omnia vanitas; vanité des vanités et tout est vanité! Le mot ne

s'applique évidemment pas aux jésuites, qui auront au contraire le bonheur d'occuper longtemps la mémoire des hommes, mais aux sottises de la littérature dont aucune ne peut plus devenir célèbre. Ainsi s'explique le titre complet de ce chapitre, qu'on trouve dans la Table: 'Conclusion qui fait voir le néant de tout ce que dessus'. Toutes les disputes littéraires ayant pareille destinée, celle de Voltaire et Larcher sera aussi vite oubliée que les autres.

Chapitre XVII. Sur la modestie de Warburton et sur son système antimosaïque

1. Sur ce nouvel indice d'une composition hâtive de la *Défense de mon oncle*, voir l'introduction, p.124. Ce chapitre est manifestement une rallonge aux précédentes diatribes contre Warburton et, dans le cadre d'une composition rigoureuse, aurait été placé avant le chapitre 16 intitulé 'Conclusion des chapitres précédents', dont les deux derniers avaient été partiellement ou totalement consacrés à Warburton.

2. Voltaire expliquera en 1775 pourquoi le danger que Warburton fait courir à la religion chrétienne s'étend en fait à toute religion: si la chrétienne, qui est la meilleure des religions, est fausse, toutes les autres le sont aussi nécessairement (M.xxi.538).

3. Le livre III de la *Divine legation* prouve la nécessité de la doctrine de l'immortalité de l'âme par les opinions et le comportement des sages et philosophes de l'Antiquité. La section 2 s'efforce d'établir qu'aucun d'eux n'y a vraiment cru, mais qu'ils l'ont tous enseignée au peuple, parce qu'ils savaient bien que c'était le fondement même de la société civile. Warburton commence par en donner les 'raisons générales', dont Voltaire a cité la première: 'My first general reason was, that the ancient sages held it lawful, for the public good, to say one thing when they thought another' (*Divine legation*, ii.89). On notera que la pagination et la tomaison données par Voltaire dans ces deux références sont ici celles de l'édition en 5 volumes de 1765 (voir ch.15, n.22). Il l'utilisera encore en 1770 (M.xvii.143).

4. Warburton explique que si les sages et philosophes anciens ont pu professer qu'il fallait se conformer aux prescriptions de la religion de son pays tout en sachant bien que c'était là accréditer l'erreur, c'est parce qu'à leurs yeux la religion n'a pas pour fonction de découvrir aux hommes la vérité, mais d'être utile aux sociétés qu'ils constituent (*Divine legation*, ii.91).

5. Pour prouver chez les anciens sages un divorce entre leurs convictions et leur conduite, Warburton cite en effet de nombreux exemples dans la section 2: la coexistence d'une doctrine ésotérique et d'une doctrine à l'usage du vulgaire chez un Parménide et un Platon; l'important témoignage de Macrobe sur cette double doctrine en usage dans toute la philosophie grecque; la même attitude chez les prêtres égyptiens, qui avaient d'abord été juges et magistrats; chez les

mages de Perse, les druides gaulois, les brachmanes de l'Inde, etc. (*Divine legation*, ii.89 ss).

6. Le livre II de la *Divine legation* prouve la nécessité de la doctrine de l'immortalité de l'âme par la conduite des législateurs de l'Antiquité et de ceux qui y ont fondé des sociétés civiles. Dès les premières lignes Warburton définit son objet: 'I proceed to the second proposition; which is, that all mankind, especially the most wise and learned nations of antiquity, have concurred in believing and teaching that this doctrine was of such use to civil society'. On voit que la fin de la traduction de Voltaire: 'sont convenues de ce principe' reste regrettablement vague, puisqu'il s'est contenté plus haut de parler de 'nécessité absolue' (Voltaire sera plus précis en 1770; M.xvii.143). Pour Warburton, cette nécessité ne s'explique que par rapport au bien-être de la société.

7. Ce n'est pas tout à fait exact. Ce 'peu de paroles' fait assurément l'objet de quatre livres sur six et l'on a déjà eu l'occasion (voir ch.15, n.12) de remarquer un certain déséquilibre du plan d'ensemble de la *Divine legation*. Mais l'essentiel est bien dans l'étude de l'enseignement mosaïque et la spécificité de ses lacunes 'providentielles'.

8. Il n'est pas besoin de souligner l'ironie du ton: que les Juifs de l'Ancien Testament soient 'un peuple de brutes et d'insensés que Dieu ne conduisait pas', c'est très exactement l'opinion de Voltaire. L'"horreur" n'est même pas tant de la voir soutenue par un prêtre, que par un prêtre qui en même temps 'insulte les pauvres laïques': est reprise implicitement l'accusation formulée au chapitre 15 d'une hypocrisie intolérable. On remarquera aussi que Voltaire reproche ici à Warburton de mettre en cause la sagesse et la science du peuple juif. Ordinairement, il s'agit de celle de Moïse (p. ex. dans le *Dictionnaire philosophique*; M.xx.349) ou même de celle de Dieu, comme Voltaire va le démontrer vigoureusement quelques mois plus tard dans ses *Lettres à S. A. Mgr le prince de *** sur Rabelais et sur d'autres auteurs* (M.xxvi.486-87; voir aussi M.xvii.144, n.1).

9. Sur l'Arabie pétrée, voir Voltaire 59, p.140. Quant à l'origine des Juifs, Voltaire s'est persuadé depuis quelques années qu'elle est arabe. Affirmation encore prudente en 1765 ('Les Juifs avant Saül ne paraissent qu'une horde d'Arabes du désert', Voltaire 59, p.220), beaucoup plus péremptoire dans l'addition mise en 1767 à l'article 'Abraham' du *Dictionnaire philosophique* (M.xvii.39).

10. Persuasion déjà exprimée en 1763 (M.xxv.78), puis en 1764 dans l'article 'Enfer' du *Portatif* qui ajoute les Grecs à la liste (M.xviii.544), ainsi que dans l'article 'Ame'. Le chapitre 11 de la *Philosophie de l'histoire* précise l'année suivante que les Parsis furent les premiers à avoir formulé cette croyance. Les mêmes vues sont reprises, en 1765 également, dans un fragment des *Nouveaux mélanges* (M.xvii.161).

11. En fait, la pensée de Voltaire reste un peu indécise. S'il a plusieurs fois affirmé l'ignorance des Chinois sur ce point (1756, *Essai*, i.221; 1765, Voltaire 59, p.147), il cite ailleurs la métempsycose des Indiens et le culte des ancêtres chez les Chinois comme attestant la croyance en l'immortalité de l'âme

(M.xvii.162). En d'autres termes, malgré le silence des cinq Kings sur l'immortalité de l'âme, la pratique en Chine du culte des ancêtres amène au moins à se poser des questions, comme Voltaire l'admettra en 1769 dans *Dieu et les hommes* (M.xxviii.151). En attendant il réaffirmera vers novembre 1767: 'ni Sanchoniaton le Phénicien, ni le livre des *Cinq Kings* chinois, ni Confucius, n'admettent ce principe' (M.xxvi.486).

12. Horeb: nom d'une montagne de l'Arabie pétrée voisine du mont Sinaï. Cadès-Barné désigne à la fois une ville et des montagnes proches au nord-est du Sinaï et aux confins septentrionaux de l'Arabie.

13. Sur les sentiments et les intentions de Warburton à l'égard de Voltaire, voir ch.15, n.29. Précisons toutefois, à la suite d'A. M. Rousseau (p.673-74) qu'il ne faut pas attribuer à Warburton 'un mépris sans nuance': il trouve à Voltaire 'de beaux endroits et un réel génie', voit même en lui un 'bon catholique' que l'esprit philosophique a conduit à rejeter la Révélation. Il appréciait enfin l'auteur de *Candide*, pour avoir suscité une de ses traductions anglaises.

14. Le ton monte contre Warburton: au chapitre 15, Voltaire l'avait accusé d'une hypocrisie dangereusement agressive. Il tente ici de l'accabler davantage en montrant que sa vanité n'a pas même permis à cet hypocrite d'être le calculateur intelligent qui se serait assuré les alliances nécessaires pour soutenir ses ténébreux desseins contre la religion.

15. La démonstration a été proposée en 1765 au chapitre 19 de la *Philosophie de l'histoire* (Voltaire 59, p.158-59) et dans un fragment des *Nouveaux mélanges* (M.xvii.162). On remarquera que pour la rendre plus convaincante Voltaire a légèrement modifié son argumentation dans la *Défense de mon oncle*: le temps de l'inondation, avant le creusement des canaux destinés à contenir les eaux du Nil, a été doublé, passant de quatre à huit mois.

16. Réponse dédaigneuse de Larcher en 1769: 's'il ne s'est trouvé, comme dit Volt. aucun Savant qui ait contredit ses raisons; il ne doit l'attribuer qu'au peu de cas qu'on en a fait' (S.69, p.214). Il a tout de même pris la peine de les réfuter point par point (S.69, p.209-14). Voltaire s'est en particulier gravement mépris sur la raison du creusement des canaux: il ne s'agissait pas de domestiquer les crues du Nil, mais au contraire d'irriguer les terrains qu'il laissait à sec trop longtemps, lorsqu'il demeurait dans son lit. Larcher pour sa part tient résolument l'Egypte pour un pays très ancien et très peuplé.

17. Larcher est cette fois pleinement d'accord avec Voltaire, mais pour des raisons d'un autre ordre, qu'on trouve exposées dans la première édition de son *Hérodote* (ii.158-69): il y discute de la formation géologique de la Basse-Egypte, rejette et finalement accepte les théories d'Hérodote sur ce point, mais constate que, de toute façon, cette formation suppose bien quelque quinze mille ans.

18. Notons ici aussi une grande similitude de vues entre Voltaire et Larcher, qui remarquait vers 1765 dans son *Hérodote* (ii.168) combien la haute antiquité de l'Egypte restait relative par rapport à celle de peuples beaucoup plus anciens encore. Larcher pensait pourtant moins aux Indiens et aux Chinois qu'aux Scythes (voir iii.374-75).

19. On sait ce qu'il faut penser de ces clauses de style, sous la plume de celui qui avait remarqué deux ans plus tôt dans la préface de son *Portatif*: 'les livres les plus utiles sont ceux dont les lecteurs font eux-mêmes la moitié'. Il n'est pas sans piquant de retrouver sous la plume de Larcher des précautions analogues et d'une sincérité aussi douteuse, dans l'*Hérodote* de 1786, à propos du système chronologique du Père de l'Histoire, 'qui me paraîtrait revêtu du caractère de la vérité et que j'aurais été tenté d'admettre, si l'autorité des Livres Saints me l'eût permis' (*Hérodote*, vi.150).

20. Question qui peut à la rigueur rassurer un dévot alarmé par les conclusions qui viennent d'être suggérées. Question faite surtout pour persuader que, loin de s'enliser dans les minuties de l'érudition, on sait au contraire prendre par ce ton d'ironie une salutaire distance critique et finalement retourner avec l'Ami lecteur' aux choses sérieuses énumérées dans le 'Dernier avis au lecteur': une bonne comédie, un bon opéra-comique, vivre avec son amie la vie qui 'est courte' et 'se réjouir dans ses œuvres'.

Chapitre XVIII. Des hommes de différentes couleurs

1. Ce début de chapitre marque un tournant dans la *Défense*: après avoir étrillé les défenseurs de la religion révélée, Voltaire se retourne contre les négateurs de la religion naturelle: sur ce 'second front', c'est l'athéisme moderne fondé sur un matérialisme évolutionniste qu'il va combattre dans les chapitres 18 et 19. 'Mon devoir m'oblige de dire': l'honnêteté intellectuelle du neveu l'amène maintenant à dissiper toute ambiguïté: l'alliance de son oncle avec les athées contre l'ennemi commun ne saurait conduire à estomper des divergences fondamentales. L'admiration de la 'sagesse éternelle' dans une 'profusion de variétés' affirme un déisme fixiste qui, bien loin d'y voir un chaos, y lit l'action ordonnatrice d'une Intelligence souveraine et ce d'abord dans la situation de l'espèce humaine: ce chapitre va reprendre la théorie du polygénisme; mais il serait abusif de la croire dirigée seulement contre la version biblique de la création de l'homme. Par le fixisme qu'elle suppose, elle nie aussi toute perspective évolutionniste à l'histoire de l'espèce, puisque Dieu et lui seul a dès le début créé et mis en place les différentes variétés d'homme qui n'ont jamais changé depuis. Voltaire lui-même assouplira un peu cette position très rigide en 1773 (voir M.xxix.233).

2. Allusion railleuse aux idées de Maillet exprimées dans le *Telliamed* et auxquelles Voltaire a prêté des hardiesses transformistes qu'elles ne comportent pas. Pour Voltaire en effet, Maillet restera toujours celui qui a prétendu faire descendre les hommes des poissons, ce qui heurte très vivement son fixisme rigide (sur la portée véritable des opinions de Maillet, voir ch.19, n.12-13).

On sait que les îles Moluques forment un archipel qui s'étend depuis Java jusqu'à la Nouvelle Guinée.

3. Tenant dès 1756 cette absence de barbe pour dûment établie, Voltaire y

voit le signe distinctif d'une espèce nouvelle (*Essai*, ii.334; Voltaire 59, p.93), même si c'est là une 'singularité de la nature' (M.xxvii.185). Voltaire demandera toutefois confirmation du fait à Joseph de Caire en 1768 (D15345), car des malavisés prétendent que si les sauvages d'Amérique sont imberbes, c'est tout simplement parce qu'ils s'épilent. Joseph de Caire ayant attesté cette singularité (M.xxvii.185, n.2), les partisans de l'épilation seront ridiculisés en 1770 et l'absence de barbe réaffirmée (M.xvii.550). Lafitau, qui y croyait aussi, admettait pourtant qu'il arrivait aux sauvages de s'épiler (*Mœurs des sauvages amériquains*, i.104). L'anonyme auteur du *Voyage au Canada fait depuis l'an 1751 jusqu'en l'an 1761* (Paris 1978, p.167-68) explique le fait par la seule pratique de l'épilation. Mais Maillet (*Telliamed*, p.362) y voyait une caractéristique héréditaire survivant à la transplantation de ces indigènes. C'est peut-être à la lecture de Maillet que Voltaire avait assis le plus solidement sa conviction.

4. Le fameux tablier des Cafres ou Hottentots (Voltaire, après Tavernier, prend ces deux noms comme synonymes) était déjà donné, dans la *Philosophie de l'histoire*, pour le signe distinctif d'une race nouvelle (Voltaire 59, p.93). Voltaire s'appuie sur le témoignage de Peter Kolbe dont il a lu (BV, no.1785) la *Description du cap de Bonne Espérance* (1741). Décrivant les Hottentotes au chapitre 7, Kolbe mentionne 'l'excrescence extraordinaire qu'elles ont au bas du ventre', une 'espèce de peau dure et large', qui part de l'os pubis et couvre les parties sexuelles. Le 'tablier' de Voltaire allant du nombril à mi-cuisse représente déjà une très forte exagération; mais elle devient presque comique, lorsqu'il en affecte les hommes aussi, ce dont Kolbe n'a jamais rien dit. En 1782 Pierre Sonnerat (*Voyage aux Indes orientales et à la Chine*, ii.93) réduira cette prétendue merveille à ses véritables proportions: on observe chez quelques Hottentotes 'une excroissance des nymphes qui quelquefois pend de six pouces', mais on ne saurait en aucune façon en faire une règle générale.

5. Absent du *Dictionnaire de l'Académie* en 1718 et 1740, le mot 'diatribe' n'y est entré que dans l'édition de 1762, où il est donné pour l'exact synonyme de dissertation, ce dernier terme étant défini comme un 'Discours où l'on examine soigneusement quelque matière, quelque question, quelqu'ouvrage d'esprit, etc.' Mais chez Voltaire le diatribeur se double souvent du polémiste. C'est le cas ici, puisque le mot diatribe se rencontre précisément dans la phrase qui avoue le caractère polémique de cette réponse aux attaques d'un journaliste. Au reste, les lexicologues tiennent généralement Voltaire pour l'inventeur du sens moderne de diatribe, comme l'a rappelé J. Tuffet (voir *Histoire du docteur Akakia*, p.47, n.6).

6. Consacré à l'agriculture, aux arts, au commerce et à la santé, le *Journal économique* est une feuille mensuelle parue de 1751 à 1772. Voltaire se réfère ici au numéro de juillet 1765 et la date de 1745 figurant dans sa note est manifestement erronée. Le *Journal économique* avait donné, de mai à août 1765, un compte rendu détaillé d'un volumineux ouvrage de Chambon, paru l'année précédente: *Le Commerce de l'Amérique par Marseille*. Dans la troisième partie de ce compte rendu (p.309), on peut effectivement lire la phrase citée un peu plus bas; mais bien

loin d'attaquer Voltaire 'violemment', le journaliste fait montre au contraire de la plus prudente concision, pour rendre compte des attaques agressives et étoffées de Chambon contre Voltaire: sa phrase résume cinq pages de Chambon (ii.246-50) et, dans le numéro d'août 1765, il ira plus loin encore en se bornant à 'indiquer la dissertation critique de notre auteur contre le système de M. de Voltaire' (p.359). Le journaliste désigne ainsi une cinquantaine de pages de l'ouvrage de Chambon (ii.437-86), où celui-ci s'en prend violemment au polygénisme de Voltaire, dont il dénonce les contradictions, l'ignorance, la mauvaise foi et l'impiété. Voltaire paraît avoir voulu ignorer l'existence de l'ouvrage de Chambon et préféré créditer le journaliste qui en a fait le compte rendu d'une hostilité qu'il n'éprouvait certainement pas. Il fallait non pas de la 'cruauté' mais beaucoup de modération bienveillante ou diplomatique, pour ainsi abréger et estomper la longueur et la virulence des pages polémiques de Chambon.

7. Si l'on en croit le catalogue de la bibliothèque de Voltaire, celui-ci a effectivement cessé d'acheter le *Journal économique* en 1767. Il en possédait la collection de 1751 à 1761 (BV, no.1751). Voltaire tentera de ridiculiser ce journal en 1768 (voir M.xxi.329-30).

8. Voltaire – qui devait avoir le *Journal économique* sous les yeux pour avoir indiqué avec exactitude la page où il est pris à partie – semble avoir volontairement quelque peu brouillé les choses: c'est en fait dans le numéro de mai 1765 que figure (p.231) une recette contre la rage et dans celui de juin 1765 que se trouve (p.324) la recette pour l'extinction des feux de cheminée. En revanche, il faut remonter jusqu'au numéro de janvier 1765 pour découvrir (p.27) le remède contre les punaises.

9. Ce 'moyen facile et sûr d'éteindre promptement le feu d'une cheminée' donne idée du caractère très pratique du *Journal économique*: il suffit de jeter une poignée de soufre en poudre dans le foyer et de fermer l'ouverture du bas de la cheminée; la suie éteinte tombe alors par flocons.

10. Ces quelques lignes résument cinq pages de Chambon dans son chapitre 'De la couleur des nègres'. Celui-ci avoue que la question de l'origine de cette couleur est fort difficile à décider. Il expose les différents systèmes proposés, mais les écarte tous, jugeant qu'aucun n'est plausible. L'exposé commence par une simple mention des philosophes anciens 'enveloppés dans les ténèbres du paganisme': 'Ils ont imaginé des atomes blancs et des atomes noirs, et suivant que la nature du sol produisait les uns ou les autres, ils ont fait sortir l'homme et les animaux de leur réunion fortuite' (p.247). Chambon s'en prend ensuite aux hypothèses de Maillet, qui supposent les ancêtres de l'homme chez les poissons, déjà répartis sans doute en poissons blancs et en poissons noirs. C'est enfin le tour de Voltaire, dont le système 'n'est guère moins absurde. Ce trop fameux philosophe débite [...] qu'on s'est beaucoup efforcé de prouver que les Américains 'étaient une colonie de l'ancien monde', quand il est bien plus simple de supposer avec des 'métaphysiciens modestes' que 'le même pouvoir qui a fait croître l'herbe dans les campagnes de l'Amérique y a pu mettre aussi des hommes' (p.248). Or Voltaire n'a pu oublier que les saintes Ecritures nous ont

révélé comment Dieu s'y était pris pour créer l'homme, il les connaît trop bien. C'est donc par orgueil que cet impie a affecté de n'en faire aucune mention. On voit maintenant combien les choses ont été adoucies par le compte rendu du *Journal économique* en devenant: 'L'opinion de M. de Voltaire qui croit, ou fait semblant de croire'.

11. Voltaire avait affirmé dès 1761 avoir vu cette 'membrane muqueuse' prélevée sur un nègre par 'le célèbre Ruysch' à Amsterdam (*Essai*, ii.305-306) et la donnait comme preuve évidente de la spécificité de la race. Il y est revenu en 1765 (Voltaire 59, p.92). Ruysch était un élève du célèbre Boerhaave, que Voltaire avait été consulter en 1737.

12. De ce fait connu, ils essayaient vainement de trouver la cause. Selon Chambon (ii.285 ss), Malpighi avait avancé l'hypothèse que la couleur noire de la membrane réticulaire 'provenait d'un suc épais et glutineux qu'elle contenait'. Mais les expériences de Littre sur la peau d'un More en 1702 ne parvinrent pas à mettre en évidence l'existence de ce suc. Littre rapportait donc cette noirceur 'en partie au tissu particulier de la membrane réticulaire et en partie à l'action d'un air très échauffé' (p.286). Le Père Tournemine lui-même avait avancé une explication dans les *Mémoires de Trévoux* de juin 1738 (2e partie, p.1153-1205): ce sont l'action du soleil brûlant, la nudité, les vapeurs vitrioliques répandues dans l'air, la qualité de l'alimentation et les fatigues, qui chez ces êtres humains ont altéré en noir la couleur naturelle (qui de toute évidence ne peut être que blanche).

13. Allusion railleuse à certaine suggestion prêtée à Maupertuis. On lisait en effet dans l'*Histoire du docteur Akakia*: 'Si nous allons aux terres australes, nous promettons à l'académie de lui amener quatre géants hauts de douze pieds et quatre hommes velus avec de longues queues, nous les ferons disséquer tout vivants' (éd. J. Tuffet, p.25).

14. Chambon, pour préciser le sens du mot 'réseau', avait rappelé (ii.284-85) que les anatomistes distinguaient dans la peau quatre parties, en allant de l'intérieur vers l'extérieur: le cuir (nerfs, tendons, vaisseaux sanguins); le corps papillaire (extrémité des nerfs formant des 'mamelons' secrétant la sueur); le corps muqueux ou réticulaire, encore appelé réseau, qui forme comme le dessous de l'épiderme; l'épiderme lui-même, membrane transparente.

15. C'est la réaffirmation de la thèse qui avait révolté Chambon en 1764: 'Mr. de Voltaire [...] pose pour principe, que puisque ce réseau existe, il est nécessairement une suite de la création de l'espèce noire, qui est une espèce d'hommes véritablement différente de l'espèce des hommes blancs [...]. J'avoue franchement que si la Religion ne nous apprenait pas qu'il n'y a qu'une espèce d'hommes, un pareil système me divertirait' (ii.287).

16. Ni Chambon ni le *Journal économique* n'avaient précisé leur référence allusive aux philosophes atomistes de l'Antiquité. Voltaire prononce hardiment qu'il s'agit du célèbre Anaxagore de Clazomènes (500-428 avant J.-C.), dont les atomes, sans doute à l'occasion d'un chapitre où il est question de la race rouge, deviennent curieusement blancs et rouges. Mais la précision n'est pas heureuse,

ONCLE

puisque l'originalité d'Anaxagore consista précisément à avoir refusé l'atomisme (voir Bayle, *Dictionnaire*, article 'Anaxagoras', remarque G).

17. Pour les albinos, on s'en convaincra en lisant les trois pages de la *Relation touchant un Maure blanc amené d'Afrique à Paris en 1744*. Dès ce moment, Voltaire est frappé par la variété offerte par la nature et acquis à la pluralité des espèces, dans le cas de l'homme comme dans celui du chien ou du singe (M.xxiii.190-91). La description des albinos fut reprise, ainsi que l'affirmation de leur spécificité, dans l'*Essai sur les mœurs* en 1756 – Voltaire en avait alors observé un second – (*Essai*, ii.319), puis en 1765 (Voltaire 59, p.93). Les nègres ont été décrits avec presque autant de soin en 1761 dans l'*Essai sur les mœurs* (ii.306), puis sommairement dans la *Philosophie de l'histoire* (Voltaire 59, p.92); cependant que la spécificité de leur race sera vigoureusement réaffirmée en 1768 (M.xxvii.184).

18. 'Quatre sauvages amenés du Mississipi à Fontainebleau' en 1725, dont une femme 'de couleur cendrée', lisait-on déjà en 1756 dans l'*Essai sur les mœurs* (ii.344). Le même fait est également daté de 1725 dans le *Portatif* de 1764 (M.xvii.263). La correspondance de 1725 n'en dit rien, alors que d'août à novembre Voltaire fit bien, par la protection de Mme de Prie, plusieurs séjours à Fontainebleau d'où il mandait les nouvelles de la cour à son amie la présidente de Bernières. Mais il avait écrit à Frédéric le 15 octobre 1737: 'J'ai vu quatre sauvages de la Louisiane qu'on amena en France en 1723', dont une femme 'd'une humeur fort douce' (D1376). Th. Besterman avoue n'avoir pu identifier cette ambassade. Faut-il penser à une confusion avec l'Indien insulaire 'rouge, et d'ailleurs [...] très bel homme', venu à Paris vers 1720 (M.xxvii.184)?

19. C'est dans la seconde partie du compte rendu du livre de Chambon (juin 1765, p.267) qu'on trouve, sous le titre d'"Histoire du Rocou', un résumé du chapitre 'Rocou ou Roucou' figurant au tome 1 du *Commerce de l'Amérique* (p.375 ss). Après avoir expliqué que le rocou est une pâte rouge d'origine végétale dont les Indiens se peignent quotidiennement, Chambon se moquait de Voltaire qui prétendait les faire passer pour les représentants d'une race nouvelle (p.377). Ce passage confirme donc que Voltaire a bien décidé de faire endosser à l'"économe', comme étant les siennes, les opinions d'un autre qu'il n'a fait que rapporter'. Voltaire méprisera désormais l'opinion du *Journal économique*, fort de l'attestation de son ami Rieu, qui avait vécu à la Guadeloupe (voir M.xxvii.184 et xxi.330).

20. Sur le 'corsaire' Henri Rieu (1721-1787), voisin et ami de Voltaire dont la femme était originaire de la Guadeloupe (M.l.465, n.1), voir M.l.461-62, n.3 et Desnoiresterres, vii.268-69. La lettre citée ici est très probablement une réponse à la demande de précision sur la couleur de peau des habitants de la Guadeloupe que Voltaire avait adressée à Rieu un 23 mai, sans que soit précisée l'année (D11886). Th. Besterman conjecture 1764, mais la réponse de Rieu, dont Voltaire précise qu'il vient de la recevoir, porte à penser plutôt que la demande de Voltaire date en fait du 23 mai 1767, tant le rapport est étroit entre D11886 et la réponse transcrite ici. Rieu n'aurait sûrement pas attendu trois ans pour

362

répondre à un billet qui lui aurait été adressé en 1764. Sans doute objectera-t-on avec raison que cette réponse ne peut dater du 20 mai quand la demande n'a été écrite que le 23. Il faut donc conclure à une falsification délibérée de la date (mais on en voit mal la raison), ou plus probablement à une inadvertance de Voltaire transcrivant à la hâte, ou encore à une erreur de typographe. Rieu qui habitait à Genève peut avoir répondu le jour même ou le lendemain et sa lettre dater par conséquent non du 20 mais du 23 ou 24.

21. Voici en quels termes: 'La chair de ces Peuples est fort rougeâtre: elle l'est naturellement; et c'est moins un effet du climat, que de l'imagination des Mères, qui trouvant de la beauté dans cette couleur, la transmettent à leur fruit; elle l'est aussi par artifice: car ces Barbares se font peindre tous les jours avec le rocou qui leur tient lieu de vermillon et les fait paraître rouges comme du sang' (*Mœurs des sauvages amériquains*, i.32).

Joseph-François Lafitau (1681-1746), fils d'un riche banquier de Bordeaux, entra dans la Compagnie de Jésus en 1696, partit en 1712 pour le Canada, revint en France en 1717, retourna à sa mission en 1727 et revint mourir à Bordeaux en 1746. Voltaire le jugeait rien moins que 'judicieux'. La plupart de ses vues avaient été ridiculisées au chapitre 'De l'Amérique', dans la *Philosophie de l'histoire* (Voltaire 59, p.116-17); et en tête du premier tome de son exemplaire des *Mœurs des sauvages amériquains*, Voltaire avait écrit: 'sot ignorant sans jugement qui veut faire le savant' (voir BV, no.1852).

22. Voici la page de Lafitau dont Voltaire n'a cité que la fin: 'On sait par bien des expériences fâcheuses combien l'imagination des mères fait d'impression sur leur fruit. On pourrait peut-être attribuer à cette imagination la couleur des Nègres et des Caraïbes, ainsi que je l'ai déjà indiqué. Je parlerai dans la suite du goût que les nations barbares ont toujours eu pour se peindre le corps de diverses couleurs. Les Caraïbes ont encore ce goût pour le rouge. Les Nègres ont le même goût pour le noir le plus foncé, pour les grosses lèvres, pour les nez écachés et pour les cheveux crépus. Ce goût général dans toute la nation', etc. (la citation de Voltaire est rigoureusement exacte; *Mœurs des sauvages amériquains*, i.68). On sait que l'épisode des brebis de Jacob est rapporté dans la Genèse (xxx.37 ss).

23. Sous le titre 'Conjecture sur l'origine des Caraïbes des Antilles', Lafitau (i.54-55) propose en effet les 'hypothèses' les plus invraisemblables, fondées sur des rapprochements dépourvus de la moindre solidité, y compris celui des noms mêmes de Caraïbes et Carie. Ces sottises avaient déjà diverti l'auteur de l'*Essai sur les mœurs* (voir *Essai*, i.29, n.2).

24. C'est l'un des deux personnages de la *Conversation de M. l'intendant des menus en exercice avec M. l'abbé Grizel* (1761). L'abbé y fait preuve d'une sottise irritante relevée par ce commentaire ironique: 'C'est ainsi que raisonna M. l'abbé Grizel, et c'est puissamment raisonner' (M.xxiv.243).

Chapitre XIX. Des montagnes et des coquilles

1. Dans sa théorie de la terre figurant dans le premier volume de son *Histoire naturelle* (1749; i.80-94), Buffon expliquait la formation des montagnes non pas par des phénomènes sismiques et volcaniques, mais exclusivement par le mouvement de flux et de reflux des mers, qui seul peut rendre compte du parallélisme des couches composant les montagnes. Donc 'la partie sèche du globe que nous habitons a été longtemps sous les eaux' (p.81). Voltaire n'ignorait pas que cette 'étrange imagination' – ainsi appellera-t-il la théorie en 1768 – avait été empruntée par Buffon à Maillet (voir *Telliamed*, p.147-49) et 'fortifiée dans l'*Histoire naturelle*' (M.xxvii.140).

Dans ce résumé en cinq lignes de la théorie s'est glissée une inexactitude: Buffon n'a pas dit que la mer avait couvert les montagnes de ses flots *après* les avoir formées par son flux et son reflux. Cette formation même par l'action des courants marins suppose bien évidemment une immersion totale et très longue des terres aujourd'hui à découvert (*Histoire naturelle*, i.79). Dans cette immersion au demeurant Buffon ne voit nullement une confirmation du déluge biblique, dont la durée est au contraire beaucoup trop courte pour avoir permis aux océans de façonner ainsi le relief, cette action lente exigeant bien évidemment une multitude de siècles.

La preuve matérielle de ce recouvrement par les eaux est fournie à l'observateur, selon Buffon, par la présence au milieu même des continents et jusque sur les sommets des montagnes de coquilles fossiles (i.77-78). Buffon réaffirme maintes fois la présence sur les sommets africains, asiatiques ou autres, de poissons pétrifiés, à la vérité 'fort plats et fort comprimés', mais 'si bien conservés qu'on y remarque parfaitement jusqu'aux moindres traits des nageoires, des écailles et de toutes les parties qui distinguent chaque espèce de poisson' (p.279). En outre il consacre tout l'article 8 des 'Preuves de la théorie de la terre' aux 'coquilles et autres productions de la mer qu'on trouve dans l'intérieur des terres' (i.265-307).

Quant au 'malheur' qu'avait l'abbé Bazin d'être d'un sentiment opposé à celui de Buffon, il s'était manifesté dans la *Dissertation sur les changements arrivés dans notre globe et les pétrifications qu'on prétend en être encore les témoignages*, dès 1746, c'est-à-dire avant même que Buffon n'ait commencé à publier son *Histoire naturelle* (Buffon ignorant que la dissertation fût de Voltaire en parlera même sans aucun ménagement – voir n.39). La théorie de la terre n'ébranlera pas les convictions de Voltaire: une substantielle addition de 1761 à l'avant-propos de l'*Essai sur les mœurs* constitue comme un premier canevas de l'argumentation développée dans ce chapitre, dont il aborde déjà les raisons 4, 8 et 6. Mais le ton demeure modéré (*Essai*, i.202). L'article 'Inondation' (1764) du *Dictionnaire philosophique* niera avec vigueur la possibilité que la surface du globe ait pu à aucun moment être recouverte par les eaux. L'année suivante, Voltaire niera aussi que la mer ait pu former toutes les montagnes de la terre (Voltaire 59, p.90-91).

2. L'Immaüs n'est pas à proprement parler un mont, mais une longue chaîne de montagnes qui s'étend au nord de l'Inde (actuelle chaîne de l'Himalaya) et 'envoie une de ses branches au septentrion vers la Mer glaciale' (Bruzen de La Martinière, iii, 2ᵉ partie, p.58-59), c'est-à-dire jusqu'au détroit de Béring (actuels monts de l'Anadyr). Si Voltaire désigne ainsi l'extrême sud-ouest de l'Afrique jusqu'à l'extrême nord-est de l'Asie, c'est parce que Buffon avait affirmé qu'il fallait attribuer au 'mouvement général du flux et du reflux' l'orientation des grandes chaînes de montagnes 'qui se trouvent dirigées d'occident en orient dans l'ancien continent et du nord au sud dans le nouveau' (i.94). Quant au Mérou, on a vu par la citation de l'Ezour-Védam du chapitre 13, que c'est le nom qui y est donné à l'Immaüs.

3. Objection que Buffon s'était lui-même proposée en 1749, mais qu'il avait écartée pour les raisons suivantes: 1) le flux et le reflux ne s'équivalent pas, en raison d'un déplacement continuel de la mer d'est en ouest et de l'action des vents; 2) c'est une vérité d'expérience que le flux dépose des matériaux que le reflux ne remporte pas et dont l'accumulation forme des terrains qui émergent bientôt, accroissant ainsi l'étendue du continent; 3) en érodant les côtes, les vagues déposent ce qu'elles leur ont arraché au fond de la mer en couches successives, édifiant ainsi des montagnes sous-marines (i.83-85).

4. A cette objection aussi (que Voltaire répétera avec force en 1768; M.xxvii.140), Buffon avait déjà répondu: la violente action érosive des vagues peut fort bien édifier des rochers, par l'accumulation en dépôts sédimentaires successifs des particules arrachées aux roches côtières (i.436; voir aussi p.89 et 135).

5. Cette objection ne devient redoutable pour Buffon que dans la mesure où les résultats du calcul de Voltaire pulvérisent le cadre, ridiculement étroit pour l'historien de la terre, de la chronologie biblique. Les six mille ans dont fait état Voltaire représentent en effet l'âge approximatif qu'on pouvait donner au monde au dix-huitième siècle, à s'en tenir à la Vulgate. Or l'*Histoire naturelle* avait été violemment prise à partie par les *Nouvelles ecclésiastiques*, pour ses vues trop peu accordées à l'Ecriture qui faisaient remonter la Création à 60.000 ans. Voltaire quant à lui était de mentalité trop fixiste pour ne pas juger grotesquement invraisemblable un chiffre de l'ordre de trente millions d'années (voir M.xxvii.129).

L'estimation de l'altitude du Mont-Blanc à 20.000 pieds (près de 6.500 mètres) ne doit pas surprendre à une époque où les dictionnaires géographiques eux-mêmes se satisfont des évaluations les plus grossières (voir par exemple Bruzen de La Martinière, article 'Alpes').

6. Ici aussi simple approximation destinée à donner un ordre de grandeur. 'Nos côtes' reste fort imprécis et le chiffre avancé variera: 15 pieds en 1768 (M.xxvii.145), 6, 7 ou 8 pieds en 1775 (Voltaire 59, p.91). Bernoulli avait montré en 1740, dans son *Traité sur le flux et le reflux de la mer* l'importance déterminante du relief côtier pour expliquer les variations dans l'élévation des marées d'un

endroit à l'autre (dans Newton, *Philosophiae naturalis principia mathematica*, Genève 1743, iii.211).

7. Déjà formulée dans le troisième des 'Paris notebooks' probablement vers 1750 (Voltaire 82, p.493), l'objection porte évidemment à faux qui implique un véritable refus d'entrer dans les hypothèses de Buffon. Pour pouvoir discuter sa théorie de la formation des montagnes, il faut au moins en admettre cette prémisse essentielle que tous les continents ont été très longtemps submergés et ainsi exposés à l'action des courants marins, qui en auraient façonné le relief. Mais ce refus même trahit tout un fixisme sous-jacent: c'est au nom de l'état présent des océans et de la faible élévation de leurs marées que Voltaire prétend réfuter les hypothèses de Buffon sur le passé de la planète, dont il est implicitement postulé qu'il ne peut en avoir été radicalement différent.

8. Buffon pensait avoir répondu d'avance à tous les cas particuliers qu'on pourrait lui objecter de configurations de montagnes. Si le mouvement général du flux et du reflux a produit les grandes chaînes montagneuses et rend compte de leur orientation, 'il faut attribuer aux mouvements particuliers des courants, des vents et des autres agitations irrégulières de la mer, l'origine de toutes les autres montagnes' (i.94; voir aussi p.456).

9. Bruzen de La Martinière précise du Cachemire, 'principauté dans les Indes': 'La forme de ce pays est presque ovale: il est entouré de hautes montagnes de tous côtés [...] Les histoires [...] veulent que tout ce pays n'ait été autrefois qu'un lac' (ii, 1ère partie, p.6). Les autres exemples cités ne paraissent pas avoir la même pertinence. Voltaire avait pourtant comparé en 1760 le relief qui l'entourait à celui du Cachemire (D8871).

10. Le raisonnement de Voltaire suppose une inondation *universelle*, c'est-à-dire qui aurait recouvert l'entière surface de la planète sans même laisser émerger ses plus hauts sommets. Cette idée avait manifestement été inspirée à des physiciens comme Woodward et Burnet par le récit que fait la Genèse du déluge de cent cinquante jours. Aussi Voltaire les combattra-t-il avec acharnement dès la *Dissertation* italienne en 1746 (voir M.xxiii.225; on prendra garde qu'il est impossible d'admettre avec Moland que ces lignes de 1746 désignent Buffon, dont la théorie de la terre n'est parue qu'en 1749. Elles conviennent bien plutôt à Thomas Burnet, pour qui c'est bien le déluge qui a brisé le globe et donné naissance aux montagnes, dont Burnet souligne longuement l'aspect ruiniforme). La position de Buffon est sensiblement différente: d'une part l'immersion qu'il envisage n'a rien de commun avec le déluge (voir ci-dessus, n.1); de l'autre, il ne prétend pas explicitement en 1749 que cette immersion ait été universelle, probablement sensible à l'objection que fait ici Voltaire et qui figurait déjà dans sa *Dissertation* (M.xxiii.230). Buffon préférait donc penser à un lent déplacement des masses liquides à la surface de la planète au cours des millénaires, causé soit par des grands bouleversements tectoniques, soit par le mouvement continuel de la mer d'est en ouest, soit encore par l'existence de vastes zones de terres plus basses que le niveau de la mer mais longtemps

protégées de son invasion par un obstacle naturel (isthme, digue), dont les flots finissent pourtant par avoir raison un jour (voir *Histoire naturelle*, i.95 ss).

Si les changements introduits en 1778 dans sa théorie de la terre doivent conduire Buffon à admettre positivement l'hypothèse d'une submersion totale de la planète, parce qu'il aura alors trouvé réponse à ce problème de l'évacuation des océans supplémentaires (*Supplément à l'Histoire naturelle*, v.311), il n'en est pas encore là en 1767, mais seulement à l'hypothèse d'un changement de lit de l'océan, que Voltaire avait combattue elle aussi dès sa *Dissertation* (probablement sans connaître en 1746 les arguments utilisés par Buffon dont on n'a rapporté brièvement qu'une partie); mais elle éveille moins son ardeur combative que celle d'une inondation universelle: trop d'esprits s'empresseraient d'y trouver la prétendue confirmation par la science du déluge biblique; il n'aura donc jamais fini de la ruiner (voir M.xix.475 et Voltaire 59, p.91, l.75, variante). Cette obsession du déluge transparaît ici dans la référence en fin de paragraphe au mont Ararat: c'est sur ce haut sommet d'Arménie que l'arche de Noé se serait échouée à la fin du déluge, selon la Genèse (viii.4) et certains historiens anciens cités par Josèphe.

11. Ce pluriel confirme l'impression laissée par les phrases précédentes: ce n'est plus tant le seul Buffon qu'on veut ici réfuter que tous les théoriciens ayant soutenu que la terre aujourd'hui habitée a longtemps été inondée (peu importe que cette inondation soit totale ou partielle) et que les pétrifications marines découvertes sur les sommets en sont la preuve indubitable. Les premiers ici désignés sont évidemment Buffon et Maillet, qui, dans son *Telliamed* (p.27-28), avait donné lui aussi la présence des fossiles marins pour une preuve irréfutable. Buffon et Maillet étaient d'ailleurs déjà nommés dans la *Dissertation* de 1746 (M.xxiii.225), ainsi que Woodward et Burnet, l'ouvrage attaquant finalement tous ceux qui font 'des systèmes bâtis sur des coquilles', comme dira Voltaire en 1768 (M.xxvii.144). Mais peut-être pensait-il aussi à tous les témoignages des voyageurs (Shaw, Misson, Thévenot, Paul Lucas, Monconys, Tavernier, etc.) que Buffon, outré qu'on pût mettre en doute la présence sur les sommets de fossiles marins, avait tenu à citer dans son *Histoire naturelle* (i.282 ss).

12. Dans *Telliamed ou entretiens d'un philosophe indien avec un missionnaire français sur la diminution de la mer, la formation de la terre, l'origine de l'homme* (publication posthume en 1748), le diplomate Benoît de Maillet (1659-1738) proposait d'expliquer l'origine de la vie en fonction de son hypothèse initiale d'un recouvrement de la planète par les eaux: les premières formes de vie sont apparues en milieu aquatique et les espèces vivantes, aujourd'hui terrestres ou aériennes, seraient toutes issues d'espèces marines correspondantes, qui en sont comme les prototypes. Transformisme très limité, comme l'a souligné Jacques Roger (*Les Sciences de la vie*, p.521-22): si une page célèbre de *Telliamed* (p.320-21) décrit en effet comment les poissons volants, brusquement mis au sec, ont dû transformer peu à peu leurs nageoires, pour les adapter à leur nouveau milieu de vie, en revanche l'idée que se fait Maillet de l'origine des quadrupèdes

n'implique nullement un recours à la grande hypothèse transformiste: 'Le lion, le cheval, le bœuf, le cochon, le loup, le chameau, le chat, le chien, la chèvre, le mouton, ont de même leur semblable dans la mer' (*Telliamed*, p.323-24).

On voit dont que Voltaire n'a plus de *Telliamed* un souvenir très précis (ce que semble avouer le 'je crois'), pour lui attribuer cette idée que notre globe submergé n'aurait été habité que par des poissons. On prendra garde aussi que la note mise par Louis Moland à cet endroit du texte de la *Défense* (M.xxvi.406, n.1) n'est pas d'une exactitude entière: 'C'est par pure plaisanterie que Voltaire suppose cette opinion à de Maillet qui dit au contraire (i.76 de l'édition de 1755 du *Telliamed*): 'A quelqu'élévation que les eaux de la mer aient été portées au-dessus de nos terrains, elles ne renfermaient point alors de poissons ni de coquillages; il est constant du moins qu'il ne s'en trouvait que peu'. En fait, Maillet distingue une période primitive durant laquelle les eaux façonnant alors les plus hauts sommets étaient en effet quasi dépeuplées de poissons et coquillages. Mais, dans une seconde période, ces sommets près d'émerger se couvrirent d'herbes par suite du voisinage de la lumière, ce qui provoqua la multiplication des poissons et coquillages dont il est naturel qu'on retrouve aujourd'hui les fossiles, mais uniquement sur des montagnes moins hautes que les sommets primitifs et formées longtemps après eux (*Telliamed*, p.61-65). Il n'est donc pas du tout certain que Voltaire ait ici voulu plaisanter en prêtant cette opinion à B. de Maillet, qui n'a jamais soutenu que les fonds sous-marins soient restés dépeuplés durant toute la période de submersion des terres aujourd'hui découvertes. L'erreur de Voltaire est plutôt, on l'aperçoit mainte-nant, dans le 'ne que', puisque, selon Maillet, la mer finit au contraire par contenir, en plus des poissons, les prototypes marins de toutes les espèces animales terrestres.

13. Le goût de la caricature conduit ici Voltaire à prêter au *Telliamed* des hardiesses transformistes qui n'y sont pas. Pour Maillet il en va de l'homme tout comme des autres quadrupèdes: à l'espèce des hommes terrestres correspond une espèce humaine marine dont la nôtre est issue (voir p.330 ss).

Mais ce genre d'associations burlesques (ici marsouins produisant des hom-mes, plus loin farine plus pure produisant des singes) réjouit visiblement Voltaire qui reprendra la plaisanterie sous d'autres formes en 1768 (M.xxvii.156 et 224) et en 1771 (M.xviii.373). En fait, Voltaire savait fort bien, du moins en 1768, ce qu'on trouvait là-dessus dans le *Telliamed*, puisqu'on lit dans l'*Homme aux quarante écus*: 'Il y eut d'abord de beaux hommes marins qui ensuite devinrent amphibies' (M.xxi.331).

14. Nous ne sommes évidemment plus ici dans les perspectives d'une inonda-tion universelle; sinon, bipèdes et quadrupèdes eussent été noyés. Voltaire est donc entré implicitement dans l'hypothèse de Buffon d'un changement de lit des océans (voir n.10): les eaux qui couvraient Pyrénées, Alpes et Caucase, laissaient à découvert d'autres étendues immenses où pouvaient vivre des animaux terrestres. Mais il leur fallait de l'eau douce, laquelle suppose un relief montagneux: ces étendues en avaient-elles un? Exposée dès la *Dissertation*

(M.xxiii.227), soulevée à nouveau en 1761 dans l'*Essai sur les mœurs* (*Essai*, i.202), cette difficulté sera approfondie en 1768: les tenants de cette thèse ont beau affirmer qu'il y avait bien un relief parce que les îles actuelles jouaient alors dans ces plaines, aujourd'hui submergées, le rôle de montagnes, il n'y a pas assez d'îles dans l'océan pour que leur réponse soit satisfaisante (M.xxvii.221-22). Ce texte qui éclaire cette huitième objection, trahit comme elle l'obsession fixiste: Voltaire reste incapable de concevoir un état passé de la nature radicalement différent de son organisation présente, d'où l'affirmation terminant le paragraphe: 'la nature entière réclame contre cette opinion', que va expliciter le neuvième et dernier argument.

15. 'Je ne sais si Voltaire a vu les sources du Pô; mais il n'a certainement vu ni celles de l'Euphrate ni celle du Tigre', croyait devoir remarquer Beuchot (M.xxvi.406, n.2), non sans prendre le texte trop au sérieux. C'est la fiction de l'oncle grand voyageur, amorcée dans l''Exorde', qui est ici continuée. On se souvient que l''Exorde' propose un bref *curriculum vitae*, dont on a tenté de définir le sens (voir 'Exorde', n.3), d'un 'Ambroise Bazing' polyglotte, qui a arpenté tout l'Orient.

16. Cette neuvième et dernière 'raison' de l'abbé Bazin est moins un argument supplémentaire que l'éclatante profession de foi d'un fixisme résolu que trahissaient déjà, on l'a vu, la plupart des arguments précédents. Que les phénomènes considérés soient géologiques ou biologiques, Voltaire affirme leur permanence et leur identité, c'est-à-dire l'impossibilité d'une évolution au cours de leur histoire. La 'nature' sinon se démentirait: expression sans ambiguïté malgré les apparences, car pour Voltaire la nature n'est qu'une grande machine totalement passive, dépourvue d'autonomie et organisée par les seules lois du Créateur. Si donc rien ne change ni ne peut changer, c'est parce que Dieu – et Dieu seul – ne saurait se démentir, restant par là le garant de l'ordre que son intelligence créatrice a imposé à l'univers, dans le souverain exercice de sa liberté. Affirmé dès 1738 (M.xxii.429), ce déisme fixiste est devenu avant tout, pour le Voltaire de 1767, le moyen de faire pièce à tout évolutionnisme, qui en faisant de la Nature une force autonome et créatrice, cautionnerait un matérialisme athée (celui précisément que Voltaire soupçonne chez ceux qui bâtissent leurs systèmes sur les coquilles ou la formation des montagnes); car 'un univers sans activité propre où tout sort directement des mains du créateur [...] ne peut que conserver indéfiniment la forme reçue' (J. Roger, p.733). L'emploi ici du mot 'nature' paraît donc presque singulier. En tout cas Voltaire lui substituera l'année suivante celui de 'grand Être' (voir M.xxvii.141).

17. L'argumentation fait ici un appel évident aux causes finales, même si l'expression n'est pas prononcée. L'intelligence divine ayant ordonné l'univers y a nécessairement disposé des moyens en vue d'une fin. Voltaire a reproché à Maupertuis en 1752 de l'avoir oublié en faisant place au hasard dans son *Essai de cosmologie*, niant ainsi les causes finales: les insectes ont bien été créés pour nourrir les araignées et les montagnes pour fournir l'eau douce (M.xxiii.536). Mais l'argumentation s'est ici enrichie de la notion d'essence immuable: ce

curieux concept, aux relents scolastiques, désigne au fond l'idée que Dieu s'est faite de chaque objet créé en le destinant à répondre pour toujours à une fin particulière. Cette essence est très probablement à rapprocher du 'dessein' divin déterminant chaque espèce créée, que Voltaire affirmait dès 1738 (M.xxii.429). Quand donc Dieu a créé la terre, il l'a conçue avec toutes les parties nécessaires à son 'fonctionnement', donc aussi avec ces moyens propres à l'arroser d'eau douce que sont les montagnes. La création même de la terre, parce qu'elle fut un acte finaliste, impliquait nécessairement la mise en œuvre simultanée de ces moyens indispensables. Ce que la comparaison avec le corps humain achève d'éclairer: un corps sans tête serait, comme une terre sans montagne, un tout organique privé d'une partie essentielle à son fonctionnement et par là destitué de ce sens qui y fait reconnaître l'intelligence du Créateur. Tout cela trouvera écho, l'année suivante, dans le chapitre 'Des montagnes, de leur nécessité et des causes finales' des *Singularités de la nature* (M.xxvii.138), qui paraît s'inspirer du finalisme d'E. Bertrand dans son *Essai sur l'usage des montagnes* (1754; voir *DMO*, p.538).

Ainsi, bien qu'il se soit souvent moqué de l'abbé Pluche pour avoir soutenu que les marées avaient été faites en vue de faciliter l'entrée des bateaux dans les ports, Voltaire a en fait pris des positions beaucoup plus proches de celles de l'*Histoire du ciel* (1739) que de celles de Buffon, Maupertuis ou Maillet. On saisit là d'une part l''anachronisme' en 1767 de la pensée scientifique voltairienne, dont J. Roger a montré qu'elle appartenait à la première moitié du siècle (p.747-48); d'autre part un nouveau point de complet désaccord avec Buffon, pour qui les causes finales ne sont que des rapports arbitraires indûment généralisés et qui ne manifestent rien d'autre qu'une intervention impertinente de l'observateur (voir Buffon, *Œuvres philosophiques*, Paris 1954, p.258).

18. Après les mémoires de J. Astruc sur les fossiles (1708) et de Réaumur sur les coquilles (1720), les travaux sur ce sujet se sont multipliés. Citons principalement ceux de Gersaint (1736), Dezallier d'Argenville (1742), L. Bourguet et P. Cartier (1742), Maillet (1748), Buffon (1749), Gautron de Robien (1751), Klein (1754) et Bertrand (1763). D. Mornet indique en tête de sa bibliographie (*Les Sciences de la nature*, p.247) quels ouvrages du dix-huitième siècle proposent une 'bibliothèque' sur le sujet.

19. Outre les observations qu'il avait pu faire autrefois avant d'écrire sa *Dissertation* de 1746, Voltaire installé à Ferney ne se faisait probablement pas faute de faire observer les fossiles de la région, n'ayant plus d'assez bons yeux pour le faire lui-même (voir D11920).

20. Formulée dès la *Dissertation* de 1746 (M.xxiii.272-73), cette hypothèse sera reprise et développée en 1768 dans les *Singularités de la nature* (M.xxvii.147).

21. En 1752, Voltaire avait pu lire une mise en garde de son ami le pasteur E. Bertrand contre une confusion possible entre fossiles figurés et d'autres corps 'à figure constante et régulière' et de nature purement terrestre, comme le talc et l'amiante (*Mémoires sur la structure intérieure de la terre*, 1760, p.101).

22. Aux exemples des cornes d'Ammon et des conchas Veneris développés

plus loin par Voltaire, on pourrait ajouter les confusions dénoncées par Bertrand: 'Il n'y a pas longtemps qu'on s'est avisé de regarder les unes (les crapaudines) comme les dents du Loup marin, les autres (les Glossopètres de Malte) comme celle du chien Carcharias. Pourquoi trouve-t-on par place une quantité si immense de ces prétendues dents et jamais aucune autre partie de ces animaux? [...] On est même forcé d'avouer qu'on ne connaît point et qu'on n'a jamais vu divers coquillages dont on montre très communément les pétrifications' (*Mémoires sur la structure intérieure de la terre*, p.102-103).

23. Les exemples pris dans la *Dissertation* de 1746 étaient Fréjus, Narbonne, Ferrare (M.xxiii.224). En 1765 la liste est modifiée: Aigues-Mortes, Fréjus, Damiette, Rosette (*Philosophie de l'histoire*, ch.1). Voltaire avait pu trouver la plupart de ces exemples cités ou même analysés dans le *Telliamed* (voir p.134 ss, principalement p.144). Larcher, qui n'avait rien dit de ces exemples en 1767, contestera les deux derniers dans sa seconde édition (S.69, p.51-52).

24. Cette protestation contre une conclusion abusive figurait déjà dans la *Dissertation* de 1746 avec une ironie mordante (M.xxiii.224). Le ton s'est adouci dans la *Philosophie de l'histoire*: 'Je n'oserais pourtant assurer que la mer ait formé ou même côtoyé toutes les montagnes de la terre' (Voltaire 59, p.90-91). Cette modération est probablement un égard pour Buffon qui, raisonnant par induction, avait tiré de ces mouvements limités de la mer, aujourd'hui observables, des conclusions toutes contraires et justifiait par eux l'émersion progressive de continents entiers (*Histoire naturelle*, i.95-7). Si en revanche l'abbé Bazin retrouve en 1767 ses convictions de jeunesse dans toute leur vigueur, c'est que depuis la visite de Damilaville, fin 1765, il a compris quel danger il y aurait à ne pas écarter résolument l'hypothèse d'une immersion des continents, dont la pensée évolutionniste serait bien capable de tirer les conclusions les plus préjudiciables à son déisme! (Sur l'importance de cette visite, voir R. Pomeau, *La Religion de Voltaire*, p.393 et J. Roger, *Les Sciences de la vie*, p.740).

25. Le terme semble avoir été sinon inventé, du moins lancé en 1710 par Fontenelle présentant à l'Académie les travaux du paléontologue Scheuchzer: 'Voici de nouvelles espèces de médailles dont les dates sont, et sans comparaison, plus importantes et plus sûres que celles de toutes les médailles grecques et romaines' (cité dans l'*Histoire générale des sciences*, ii.665). Le terme fut souvent repris par les savants pieux qui pensaient avoir trouvé dans les fossiles les 'médailles' du déluge (Scheuchzer, Woodward, Whiston, Burnet, Bourguet, etc.). On voit de quelles fâcheuses connotations le mot 'médailles' pouvait s'accompagner dans l'esprit de Voltaire et les bonnes raisons qu'il avait de les trouver suspectes.

26. Sur les observations personnelles qu'a pu en faire Voltaire, voir D11920. La corne d'Ammon est décrite par Bertrand comme 'une pierre orbiculaire, qui a des circonvolutions spirales, tournées sur elles-mêmes, qui finissent en diminuant au centre, et qui représentent en quelque sorte la figure de la corne de Jupiter Ammon, ou celle d'un bélier; ou mieux un serpent entortillé sur lui-même' (*Dictionnaire universel des fossiles*, i.154).

27. En 1746, Voltaire se bornait à dire qu'on n'avait jamais vu de nautilus (M.xxiii.222) et Bertrand lui faisait écho en 1754 (*Essai sur les usages des montagnes*, p.250-51). Mais Dezallier d'Argenville (*L'Histoire naturelle éclaircie*, Paris 1742, p.247-250), puis Jaucourt dans l'*Encyclopédie* avaient décrit le 'Nautiles' avec force détails et Bertrand consacré à son tour au 'Nautilite' un article de son *Dictionnaire universel des fossiles* (1763). Voltaire mettra sans doute sa science à jour dans les mois à venir, puisque revenu au nautilus dans les *Singularités de la nature* il ne niera plus l'existence d''un poisson qui ne se trouve qu'aux Indes' (M.xxvii.135).

28. 'Fossiles terrestres' avait déjà réaffirmé Voltaire au chapitre 1 de la *Philosophie de l'histoire*. Mais ses connaissances ont décidément vieilli. Son ami Bertrand lui-même ne contestait plus depuis 1763 l'origine marine des cornes d'Ammon, probablement convaincu par les travaux de Jussieu qu'il cite en note (*Dictionnaire universel des fossiles*, i.154-55). Cette évidence à laquelle se rend tardivement Bertrand, Buffon l'avait pressentie dès 1749: 'il est à croire que les cornes d'Ammon [...] dont on n'a pas encore trouvé les analogues vivants, demeurent toujours dans le fond des hautes mers' (*Histoire naturelle*, i.290).

29. Le terme 'concha Veneris' ne semble pas avoir été d'un usage absolument courant, ne figurant par exemple ni dans la nomenclature de Bourguet (*Traité des pétrifications avec figures*, Paris 1742, p.57-80), ni dans l'index ou descriptions de Dezallier d'Argenville (*L'Histoire naturelle éclaircie*), ni dans le *Dictionnaire universel des fossiles* (1763) de Bertrand. Cependant cette variété de pétoncle est minutieusement décrite dans les planches de l'*Encyclopédie*, xxiii, planche 73). Voltaire reprend ici allusivement une plaisanterie risquée dès la *Dissertation* (M.xxiii.222), plus appuyée dans la *Philosophie de l'histoire* (Voltaire 59, p.91) et qui le sera davantage encore en 1768: 'Il y a des coquilles nommés *conchae Veneris*, conques de Vénus, parce qu'elles ont une fente oblongue doucement arrondie aux deux bouts. L'imagination galante de quelques physiciens leur a donné un beau titre, mais cette dénomination ne prouve pas que ces coquilles soient les dépouilles des dames' (M.xxvii.135-36; voir aussi M.xxi.331-32).

30. Les 'pierres étoilées' ou astroïtes tiraient leur nom du fait qu'on pouvait observer sur leur superficie des configurations en forme d'étoile (voir Bertrand, *Dictionnaire universel des fossiles*, i.60 ss).

31. Ces 'bons observateurs' étaient nombreux: Voltaire avait pu trouver rapportées en tête du second des *Mémoires sur la structure intérieure de la terre* (1752) de son ami Bertrand les hypothèses de Lang et Misson (transport à l'intérieur des terres d'œufs ou semences d'animaux marins), de Plot (formation sur place de ces fossiles), de Tournefort et Camerarius (action de principes séminaux répandus dans la terre comme dans la mer). Bertrand quant à lui refusait ces hypothèses: entrant dans la composition de la croûte extérieure du globe, ces pierres figurées sont aussi anciennes que lui et y ont été placées par le Créateur dans un souci d'harmonie et de correspondance: Dieu s'est plu à dessiner et placer au milieu des terres des pierres dont la configuration rappelât celle des coquillages marins (*Essai sur les usages des montagnes*, 1754, p.75-78). Toutefois

Bertrand lui-même venait d'abandonner cette position peu défendable en rééditant ses *Mémoires* en 1766: 'J'avoue que depuis 1752 [...] j'ai [...] reconnu qu'il n'était pas possible de nier que les pétrifications des corps marins n'aient été des corps animés ou végétaux, qui ont en effet appartenu à la mer' (*Recueil de divers traités*, p.74, note d). L'abondante correspondance entre Voltaire et le pasteur n'offre pas de discussion de cette question dans les années 1760-1766, ce qui aurait peut-être permis à Voltaire de mettre son information à jour.

Cependant Voltaire pensait aussi très probablement aux observations de La Sauvagère. Ce gentilhomme tourangeau, ingénieur du génie, avait remarqué un phénomène de 'végétation spontanée des fossiles': au voisinage d'une pièce d'eau il avait vu la vase 'glutineuse poisseuse' se transformer deux fois en l'espace de quatre-vingts ans en 'une croûte lapidifique' qui durcissait, formait même de la pierre à bâtir et révélait la présence de coquilles développées, aux caractéristiques spécifiquement terrestres et dont on pouvait même observer les simples germes au microscope, dans les couches les plus récemment formées. La Sauvagère n'hésitait pas à en conclure qu'on ne pouvait plus être de l'avis de Buffon et envoyait à Voltaire en 1764 son *Mémoire sur une pétrification mêlée de coquilles qui se voit dans une petite pièce d'eau du Château des Places près de Chinon en Touraine* (s.l.n.d.). Voltaire remerciait le 11 juin 1764 en ces termes: 'Je m'applaudis de penser comme vous. J'ai toujours cru que la nature a de grandes ressources' (D11920).

32. Désignation allusive de Buffon. L''objection terrible' se fonde sur les observations de La Condamine qui, après plusieurs années de séjour au Pérou, assurait n'avoir jamais trouvé un seul fossile dans la Cordillère malgré ses recherches. Buffon, qui a l'honnêteté de rapporter ce troublant témoignage dans l'*Histoire naturelle* (i.295), reste cependant sceptique: 'je persiste à croire qu'on trouvera des coquilles sur les montagnes du Pérou', puisqu'on en trouve sur toutes les autres. C'est ce raisonnement par induction qui paraît à Voltaire entraîner une conviction prématurée et exiger au moins une confirmation par l'expérience, avant qu'on ne puisse légitimement prononcer que l'exception rapportée par La Condamine n'en est pas une, même si Buffon explique ensuite pourquoi La Condamine a eu tort de chercher ces coquilles sur les plus hauts sommets, faits d'un granit ou d'un 'roc vif' auxquels les coquilles n'ont pu se fixer.

33. C'était aux yeux de Buffon un exemple si frappant de l'ancienne présence de la mer qu'il cite sur plus de cinq pages le rapport de l'Académie de 1720 sur les observations de Réaumur à ce sujet (*Histoire naturelle*, i.266-71). Réaumur avait observé en Touraine, à plus de 36 lieues de la mer, une masse de 130.680.000 toises cubiques et neuf lieues carrées de surface de 'coquilles ou fragments de coquille, sans nul mélange de matière étrangère'. Or on y reconnaît les espèces, 'tant des coquilles entières que des fragments un peu gros: quelques-unes de ces espèces sont connues sur les côtes de Poitou, d'autres appartiennent à des côtes éloignées. Il y a jusqu'à des fragments de plantes marines pierreuses telles que des madrépores, des champignons de mer, etc. toute cette matière

s'appelle dans le pays du falun' (*Histoire naturelle*, i.268-69). Or toutes ces coquilles occupent dans cet amas une position horizontale; ce qui prouve, selon Réaumur, que leur entassement n'a pas été formé d'un seul coup – sinon les coquilles inférieures eussent été brisées sous le poids – et que la mer les a déposées successivement et doucement, au cours d'une très longue période, dans un lieu 'qui a été le fond d'un golfe ou une espèce de bassin'. La lenteur de ce dépôt interdit bien évidemment d'y voir des médailles du déluge biblique, qui n'a pas duré six mois.

Voltaire paraît avoir été d'abord au moins ébranlé en 1765 (voir Voltaire 59, p.89, mais noter que cette phrase disparaîtra en 1769). Mais depuis l'alerte que lui a causée la visite de Damilaville (voir n.24), Voltaire n'est plus décidé à laisser à ses adversaires le bénéfice de cette preuve, qu'il va systématiquement contester désormais.

34. Minière: 'lieu d'où l'on tire les métaux et les minéraux' selon le *Dictionnaire de Trévoux*, la minière est surtout, d'après l'*Encyclopédie*, 'la terre, la pierre ou le sable dans lesquels on trouve une mine ou un métal'. La minière, 'synonyme de gangue ou matrice', ne doit donc pas être confondue avec la mine, qui désigne toute substance terreuse ou pierreuse contenant du métal, ou encore le métal lui-même à l'état minéralisé. En définissant le falun comme une minière, Voltaire suggère donc que la marne argileuse qui selon lui le constitue, est comme le milieu matriciel enveloppant tous les fossiles qu'on y découvre.

Voltaire, qui se dit ici 'tenté de croire', voulut en avoir le cœur net et fit venir l'année suivante une caisse de ce falun: dans cette 'espèce de terre marneuse', il ne put découvrir de fossiles d'origine indubitablement marine. L'expérience de La Sauvagère l'incite à suspendre son jugement et la production dans la mer de ce falun ne lui paraît que 'très vraisemblable' (M.xxvii.152-53, n.3). Mais le plus complet scepticisme l'emporte dans le remaniement de ce texte en 1771 et l'affaire prend même des résonances polémiques en 1772 (M.xxviii.489-90).

35. Le texte n'est pas absolument clair: quels sont ces pays situés 'au-delà'? Vraisemblablement ceux qui s'étendent entre la Touraine et la mer, c'est-à-dire le littoral de l'Atlantique et de la mer du Nord. Ce que confirmera un passage des *Singularités de la nature* (M.xxvii.150-51).

36. Réaumur l'avait sentie et tenté d'y répondre, comme le fait entendre le rapport de l'Académie cité par Buffon: 'Il faut donc [...] qu'il y ait eu un grand golfe au milieu de la Touraine [...] M. de Réaumur imagine comment le golfe de Touraine tenait à l'océan et quel était le courant qui y charriait les coquilles, mais ce n'est qu'une simple conjecture donnée pour tenir lieu du véritable fait inconnu' (*Histoire naturelle*, i.270-71).

37. Voltaire avait plus exactement parlé de turbot et de brochet dans la *Dissertation* de 1746 (M.xxiii.221-22).

Cette 'explication' sera sévèrement critiquée par Grimm, partisan résolu des 'coquilles', dans son compte rendu de la *Défense de mon oncle*: 'S'il avait tant soit peu examiné les couches immenses de coquillages, de poissons et de productions marines pétrifiées, dont la plus grande partie de notre continent et particulièrement les plus hautes montagnes sont couvertes, il ne serait pas tombé dans l'énorme puérilité de dire que parce qu'un voyageur aura laissé tomber par mégarde une huître en Berry ou en Touraine, et que cette huître s'est pétrifiée dans le sein de la terre, il ne s'ensuit pas qu'elle ait été apportée là par les flots de la mer' (CLT, vii.381).

38. Ce n'est pas quarante ans plus tôt que Voltaire a dû faire cette lecture, mais seulement vingt et un, puisque la *Dissertation sur les changements arrivés dans notre globe*, qui date de 1746, est ici donnée pour une réaction quasi contemporaine de l'information sur la découverte dans les Alpes de coquilles de Syrie (voir M.xxiii.222). A en croire Buffon, Voltaire aurait bien pu voler la goguenardise ailleurs: 'Il est vrai, dit un auteur anglais (Tancred Robinson) qu'il y a eu quelques coquilles de mer dispersées çà et là sur la terre par les armées, par les habitants des villes et des villages, et que la Loubère rapporte dans son voyage de Siam que les singes au cap de Bonne-Espérance s'amusent continuellement à transporter des coquilles du rivage de la mer au dessus des montagnes, mais cela ne peut pas résoudre la question pourquoi ces coquilles sont dispersées dans tous les climats de la terre et jusque dans l'intérieur des plus hautes montagnes, où elles sont posées par lit, comme elles le sont au fond de la mer' (*Histoire naturelle*, i.280-81). Au reste, Voltaire n'avait probablement pas été en 1746 aussi 'goguenard' qu'il le dit ici, car en 1768 son 'explication' ne lui paraîtra décidément pas si 'romanesque' (voir M.xxvii.145-46).

39. Voici en quels termes Buffon avait manifesté l'humeur que lui avait donnée ce passage de la *Dissertation*: 'pourquoi n'a-t-il pas ajouté que ce sont les singes qui ont transporté les coquilles au sommet des hautes montagnes et dans tous les lieux où les hommes ne peuvent habiter? Cela n'eût rien gâté et eût rendu son explication encore plus vraisemblable. Comment se peut-il que des personnes éclairées et qui se piquent même de philosophie, aient encore des idées aussi fausses sur ce sujet?' (i.281).

40. En fait la brouille officielle a été évitée de justesse et par pure diplomatie. Voltaire et Buffon se considérèrent toujours réciproquement un peu du même œil qu'ils voyaient tous deux Montesquieu, c'est-à-dire comme un rival d'envergure, redoutable par conséquent et qu'il valait mieux ménager. Voltaire avait commencé par les fleurs en écrivant dans les années 1739-1740 à leur ami commun Helvétius (voir D2086, D2096, D2353). Mais en 1746 Voltaire se trouve combattre sans le savoir, dans sa *Dissertation* publiée anonymement, la plupart des vues que Buffon est en train d'exposer dans sa théorie de la terre. D'où la 'verte' reprise de Buffon (voir n.39). Désormais adversaires, ils éviteront l'invective, du moins en public. Car dans leur correspondance ou leur conversations avec leurs amis respectifs ils ne s'épargnent plus. 'Pas si naturelle', persifle Voltaire, lorsqu'on parle devant lui de l'*Histoire naturelle*, pour en ridiculiser le style magnifique. Les hypothèses de Buffon, on l'a vu, ne sont que 'romans', 'imagination' ou 'systèmes' et Buffon lui-même est un savant malheureusement séduit par des esprits chimériques et de seconde zone comme Maillet et Needham. Il n'a pas échappé à Buffon comme la collaboration du second avait déplu à

Voltaire (voir sa lettre à de Brosses du 7 mars 1768). Voltaire avait beau l'avoir appelé 'le sage de Montbard' dans une lettre 'officielle' de 1765 (D12425), leurs relations se caractérisent bien en 1767 par une hostilité vive quoique sourde, chacune de ces puissances ménageant l'autre (ainsi Voltaire parlera un peu plus loin des 'vastes connaissances' et du 'génie' de Buffon). S'il s'est procuré la première édition des premiers volumes de l'*Histoire naturelle* dès 1749 (D3926 et D3972), en février 1767 Voltaire vient d'en acquérir une autre (D14000) et l'a déjà copieusement annotée quand il rédige ce chapitre. La spontanéité de ces commentaires laconiques sur les hypothèses géologiques de Buffon est édifiante; les plus fréquents sont: 'faux', 'trop fou', 'chimères', 'chimères, ma sœur', 'quelle pitié', 'ah! ah! ah!', etc. (voir CN, i.559-612). On y observera que la plupart des points abordés dans ce chapitre ont déjà été relevés dans les annotations marginales. De la virulence de l'hostilité de Voltaire, on peut prendre aussi la mesure dans son acharnement contre les 'alliés' de Buffon impunément attaquables: Maillet, feu Maupertuis et Needham (voir J. Roger, *Les Sciences de la vie*, p.748). On sait qu'un rapprochement officiel s'opérera en 1774: dans une nouvelle édition de l'*Histoire naturelle* Buffon insérera un éclatant désaveu de son jugement sur la *Dissertation* de 1746, ignorant alors, assure-t-il, qu'elle était d'un homme qui lui a toujours inspiré la plus haute estime (voir M.xlix.118, n.1). Et Voltaire à son tour comblera d'honneurs le fils de Buffon, venu représenter son père à Ferney.

41. Cette prise de position vaudra à Voltaire une critique cinglante de Grimm, mais quant au fond seulement, l'habile journaliste sachant rester prudemment allusif et parfaitement courtois, en profitant aussi pour prendre ses distances, sans le dire explicitement, avec la théorie de Buffon: pour Grimm ce n'est pas la mer seule mais aussi et surtout les violents plissements de l'écorce terrestre qui ont formé les montagnes. Voir CLT, vii.381-82: on y remarquera comme Voltaire est peu ménagé, puisqu'il est de ceux qui ne perçoivent pas les évidences s'imposant à tout 'bon esprit' et de ces 'insectes bien présomptueux' prétendant définir l''essence' de la terre.

42. Buffon avait opposé le 'roc vif', le granit et autres pierres dures qui ne comprennent pas de coquilles, au porphyre et au marbre qui en sont remplis. 'Le porphyre rouge est composé d'un nombre infini de pointes de l'espèce d'oursin que nous appelons châtaigne de mer' (*Histoire naturelle*, i.292).

43. Autre 'goguenardise', qui n'a pas dû être davantage du goût de Buffon, mais dont Voltaire n'était visiblement pas mécontent car on la retrouve deux fois l'année suivante (M.xxvii.146 et 223). En fait le marbre était composé, selon Buffon, 'de madrépores, d'astroïtes et de coquilles' (*Histoire naturelle*, i.600).

44. Après Buffon, son collaborateur Needham: les deux savants sont certainement associés dans l'esprit de Voltaire, Buffon lui-même l'a perçu. Mais au-delà de l'association de noms, il y a l'examen de deux sujets essentiels: après la géologie, la biologie; après une théorie de la terre dangereusement 'évolution-niste', une théorie de la génération spontanée qui peut elle aussi donner au matérialisme athée une redoutable assise. Voltaire traite donc successivement

dans ce chapitre des deux problèmes scientifiques à ses yeux de loin les plus importants, comme l'a souligné J. Roger (p.742, n.330).

John Turberville Needham (1713-1781) n'était ni 'Irlandais' ni 'jésuite secret', mais un prêtre anglais catholique qui, étant professeur à Lisbonne en 1744, y commença des observations microscopiques dont il consigna les résultats dans *An account of some new microscopical discoveries* (1745) et qu'il continua avec Buffon en 1748: elles portaient sur des infusions de semences, pour éclairer le problème de la génération, les deux savants refusant, comme Maupertuis, la théorie des germes préexistants. Ils distinguaient au microscope des animalcules aquatiques – les 'anguilles' – dont Buffon présumait qu'ils étaient constitués de molécules organiques (voir n.58), tandis que Needham pensait devoir distinguer ceux qui étaient des corps organisés vivants de ceux qui n'étaient que pures machines. Ayant poursuivi ses recherches sans Buffon, il infirmait bientôt les deux hypothèses: les 'anguilles', loin d'être un amas de molécules organiques, étaient toutes de véritables êtres vivants nés spontanément de la matière morte dans laquelle ils se trouvaient. Les déistes prenant aussitôt alarme de cette dangereuse spontanéité de la nature, Needham tenta de les rassurer dans ses *Nouvelles observations microscopiques* (1750), mais sa pensée resta mal comprise et trop souvent confondue avec celle de Buffon. Voltaire, qui ne connaît alors les recherches de Needham que par ce qu'en ont rapporté Buffon et Maupertuis, ne découvrira qu'en 1765 quelles dangereuses conclusions l'athéisme peut tirer de ces expériences. Ayant voulu répliquer aux premières *Lettres sur les miracles* de Voltaire par sa *Réponse d'un théologien*, Needham est aussitôt pris à partie comme un dangereux athée qui voudrait faire croire que des animaux puissent naître sans germe (voir M.xxv.393-94). Needham aura beau se défendre souvent d'avoir jamais voulu prêcher le matérialisme et l'athéisme, Voltaire ne lâchera plus l''anguillard', le 'patagon' et le poursuivra de ses sarcasmes bien après 1767. J. Roger a consacré aux expériences et à la pensée originale mais incomprise de Needham une étude tout à fait remarquable, à laquelle on ne peut que renvoyer le lecteur (p.494-520).

45. Si Needham ne dit rien de tel dans les *Nouvelles observations*, l'ouvrage commence par une 'Description et usage du microscope' (p.1-15), dont la précision et la complexité montrent qu'il disposait en effet d'un instrument assez perfectionné pour l'époque et muni de micromètres également décrits avec soin (p.15-29). Buffon en faisait grand cas (*Histoire naturelle*, ii.170 et 172).

46. Voltaire n'évoque en fait qu'une des premières expériences de Needham, mais non celle qui le conduisit à affirmer la génération spontanée par corruption de la matière, ce qui constitue bien aux yeux de Voltaire la matière du délit. Ses premières observations sur du 'blé gâté par la nielle' lui ayant fait découvrir la présence d'animalcules se tortillant (que par analogie il appelle des anguilles), Needham se pose sur leur provenance et leur reproduction des questions qui orientent ses expériences ultérieures: avec son ami Sherwood, il observe une pâte aigre de farine de blé et présume que les anguilles sont vivipares; avec Buffon, il observe une infusion de pâte d'amande dans une fiole bouchée

hermétiquement, on a vu avec quelles hypothèses (n.44). Seul enfin, il réalise sa première grande expérience sur la génération spontanée, en versant du suc de viande très chaud et de l'eau bouillante dans une fiole qu'il bouche hermétiquement par un bouchon de liège et que, par surcroît de précaution, il passe ensuite dans la cendre chaude pour stériliser le peu d'air resté dans le col. Quatre jours plus tard la fiole est pleine d'animaux microscopiques (voir *Nouvelles observations microscopiques*, p.104-105, 191-92, 196-99).

47. Voltaire reviendra plus explicitement en 1768 sur 'ce malheureux empressement de plusieurs philosophes à bâtir un système universel sur un fait particulier qui n'était qu'une méprise ridicule' (M.xxvii.159). Sont allusivement désignés Maupertuis et Buffon, mais aussi tous ceux qui seraient prêts à admettre que 'si un jésuite a fait des anguilles sans germe, on pourrait faire de même des hommes', c'est-à-dire que la matière est capable de produire la pensée. Même si Needham s'est toujours bien défendu de le soutenir, c'est cependant la conclusion à laquelle ses expériences conduiront d'Holbach en 1770 dans le *Système de la nature*, tandis que Diderot notera dans le *Rêve de d'Alembert*: 'Le Voltaire en plaisantera tant qu'il voudra, mais l'Anguillard a raison' (*Œuvres philosophiques*, éd. Vernière, p.299). Le procès instruit ici est donc celui de cette science nouvelle qui depuis 1750 semble fournir les plus solides cautions à une renaissance de l'hylozoïsme et du matérialisme athée de la coterie holbachique.

48. C'est assurément ce que pensaient depuis longtemps des esprits comme Diderot, Naigeon ou d'Holbach, mais pas Needham, qui n'a cessé de protester sincèrement contre ces conséquences abusives tirées de ses hypothèses biologiques. Il avait au contraire affirmé une spécificité immuable des semences, garantie par Dieu, excluant donc tout hasard qui permettrait à une Nature autonome de produire au cours de son évolution des combinaisons génétiques inédites (*Nouvelles observations*, p.419-20). Le refus du système des germes préexistants, qui ne rend compte ni de l'hérédité ni de l'existence des monstres, conduit certes à opter pour l'épigénèse; mais cette option même ne peut mettre en question l'existence de Dieu, dont 'le bon et sage plaisir' a attaché pour toujours tel effet spécifique à telle cause prédéterminée, comme Needham l'affirmera avec virulence en 1769 en annotant Spallanzani (Spallanzani, *Nouvelles recherches sur les découvertes microscopiques*, p.207). Toute conclusion d'ordre métaphysique est donc ici abusive et sans valeur.

Sur la notion platonicienne de Demiourgos, voir ch.21, 1ère diatribe, n.9.

49. La plaisanterie finale, un peu lourde, et l'opposition plaisante entre farine grossière et farine plus pure ne doivent pas dérober la sagacité critique de Voltaire: dans les perspectives mêmes qu'a définies Needham, il est logique de penser que la nature ne fait pas de sauts, que le passage de l'inanimé à la vie n'est qu'une modification de rapport des deux principes de résistance et de mouvement, partout à l'œuvre dans la nature (la matière est en effet constituée, selon Needham, de ces deux 'agents simples'). Or si le principe d'action vient à l'emporter sur le principe de résistance, la matière s'anime, produit des êtres actifs, et nous voilà passés sans heurt de l'inerte au vivant, celui-ci n'étant rien

d'autre qu'un certain degré d''exaltation' de la matière. Mais dans cette naissance d'êtres vivants à partir de la décomposition d'une matière organique, il est trop clair – et Voltaire n'a pas tort de le redouter – que le matérialisme trouvait tout son compte: si la farine grossière produit du vivant, qu'est-ce qui interdit de penser que des combinaisons beaucoup plus élaborées de matières – symbolisées ici par l'expression farine plus pure – ne pourraient produire du pensant?

50. Cette inutilité des germes est doublement inadmissible: d'une part elle témoigne d'une fâcheuse régression de la science, retournée aux erreurs de l'Antiquité en reprenant la théorie d'une génération spontanée à partir de la décomposition de la matière, ce qui rend très incertaine la maîtrise du 'grand Demiurgos'; d'autre part l'abandon de la théorie des germes préexistants et emboîtés, au profit de l'épigénèse, conduit lui aussi à dépouiller Dieu d'une de ses prérogatives essentielles de Créateur, en niant l'origine divine des êtres vivants (Voltaire s'en était expliqué en 1764: voir M.xxv.156).

51. On sait qu'aux yeux de Descartes l'étendue est matière et emplit tout l'espace: il n'y a ni vide ni atome. Or Dieu a divisé la matière en parties qui à l'origine ne pouvaient être rondes, puisqu'elles eussent laissé du vide entre elles. Elles ont pourtant fini par s'arrondir par le jeu des frottements, mais ont ainsi dégagé une 'raclure', qui emplit les recoins laissés entre eux par les corps sphériques. Si bien que le monde visible est maintenant formé de trois éléments principaux: 1) la raclure, agitée de mouvements rapides et extrêmement divisée. Elle compose le soleil et les étoiles fixes; c'est la matière subtile. 2) le reste de la matière, aux parties rondes et très petites. La lumière est composée de ce second élément, qui est la matière globuleuse. 3) des corps que leur grosseur et leur figure empêchent de se mouvoir aussi rapidement, comme les comètes et les planètes, y compris la terre. Quant à la matière cannelée, elle est formée des parties les moins agitées de la raclure et conçue par Descartes comme de 'petites colonnes cannelées à trois canaux et tournées comme la coquille d'un limaçon', pour qu'elles puissent s'insérer et se mouvoir dans le triangle curviligne laissé entre elles par trois sphères en contact de la matière globuleuse.

52. Le mauvais plaisant n'est autre que Voltaire lui-même, qui ne dédaigne pas de reprendre d'une œuvre à l'autre ou d'une année à l'autre ses propres plaisanteries. Apparue en 1765 (M.xxv.400), celle-ci se retrouvera en 1768 (D15189).

53. Allusion aux expériences de l'abbé Lazzaro Spallanzani (1729-1799) qui entreprit de vérifier méthodiquement celles de Needham en les refaisant avec plus de rigueur, pour s'assurer que les fioles étaient bouchées de façon absolument hermétique (voir n.46): éliminant le bouchon de liège qui pouvait être poreux, il scella le col à la lampe et plongea ensuite la fiole dans l'eau bouillante durant une heure, pour détruire totalement les germes de l'air resté à l'intérieur. Or aucun animalcule n'apparut (voir *Nouvelles recherches sur les découvertes microscopiques*, Paris 1769, p.132-33). C'est la traduction de l'ouvrage où quatre ans plus tôt Spallanzani avait exposé ses résultats: *Saggio di osservazioni microscopiche concernenti il systema della generazione de' signori di Needham e Buffon*. Voltaire ayant

reçu un exemplaire, le félicita dès 1766 d'avoir pleinement rétabli la vérité dans ses droits (D13177).

54. On sait que la croyance en la génération spontanée à partir de putréfaction était très répandue dans l'Antiquité. Cette opinion persista durant tout le Moyen Age et jusqu'à la première moitié du dix-septième siècle. C'est le médecin François Redi (1621-1697) qui se douta le premier que les vers apparaissant sur les viandes putréfiées pourraient bien provenir des œufs déposés par les mouches et le prouva par ses expériences. Celles de Leeuwenhoek achevèrent vingt ans plus tard de ruiner la thèse de la génération spontanée. Voltaire avait célébré cette victoire de la science sur 'l'obscure théologie' dès 1752, dans l'article 'Athéisme' du futur *Dictionnaire philosophique* conçu à Potsdam (M.xvii.454-55).

55. C'était chanter victoire un peu vite et Grimm, sans se départir de sa déférente courtoisie, ne se fera pas faute de le rappeler à Voltaire avec une fermeté sévère, n'hésitant pas à dénoncer dans cette prise de position partiale sur un problème scientifique des motivations métaphysiques inavouées: 'Je sais bien que cette opinion que la putréfaction ne peut rien produire tient immédiatement au système religieux de l'auteur. M. Bazin est zélé déiste, et il craint qu'en admettant la proposition contraire, on n'en tire des arguments contre une cause première, intelligente, créatrice et conservatrice de l'univers; mais le premier devoir d'un philosophe, c'est de ne jamais déguiser ni affaiblir la vérité en faveur d'un système' (CLT, vii.383).

56. Le sens donné par Needham lui-même à ses expériences était bien celui d'une remise à l'honneur de cette ancienne théorie: 'je prends la corruption entièrement dans un sens philosophique, pour une espèce de végétation qui redonne la vie à une substance morte, et il n'y a aucun axiome plus vrai, malgré le ridicule où il est tombé, que celui des anciens, corruptio unius est generatio alterius; quoiqu'ils l'ayent déduit de faux principes et qu'ils l'ayent établi de façon qu'il en résulterait une génération équivoque: car s'ils eussent pu pénétrer suffisamment dans la Nature, à l'aide des microscopes, ils auraient non seulement vérifié cet axiome par l'expérience, mais ils auraient aussi découvert une classe d'Etres qui, quoiqu'ils ne soient pas engendrés, et qu'ils n'engendrent pas à la manière ordinaire, nous donnent cependant une clef pour conduire à la génération de tous les autres' (*Nouvelles observations*, p.198-99).

57. Voir 'Exorde', n.4, 7 et 8 et ch.12, n.11.

58. Célèbre théorie de Buffon, exposée d'abord au tome ii de l'*Histoire naturelle*. Buffon distingue deux sortes de matière parfaitement hétérogènes dans la nature: la matière brute et la matière vivante (ou organique), toutes deux conçues sur un modèle corpusculaire. Il y a donc 'dans la Nature une infinité de parties organiques actuellement existantes, vivantes, et dont la substance est la même que celle des êtres organisés'. Mais il faut 'des millions de parties organisées semblables au tout pour former un seul des germes que contient l'individu d'un orme ou d'un polype' (p.20). Cette vision de la matière organique amenait Buffon à proposer une théorie de la reproduction. Par la nutrition, les êtres vivants font pénétrer dans toutes les parties de leur corps des molécules de

matière brute et de matière organique. Les parties brutes sont éliminées, mais les molécules organiques retenues, chaque partie du corps n'admettant que celles qui lui sont propres et serviront à son développement. Quand celui-ci est accompli, le surplus des molécules organiques non assimilées est renvoyé de chacune des parties de l'organisme dans ces réservoirs que sont les testicules et les vésicules séminales, pour y former la liqueur séminale. Or chacune des parties de l'organisme où ce surplus de molécules organiques a d'abord séjourné, a joué à leur égard le rôle préformateur d'un 'moule intérieur', qui détermine leur configuration interne et externe. Mais comme ce moule reste purement inerte et passif, Buffon est obligé de supposer l'existence de mystérieuses et inconnaissables 'forces pénétrantes', pour expliquer que les molécules organiques viennent s'y incorporer et y prendre leur configuration. La liqueur séminale peuplée d'"animaux spermatiques', c'est-à-dire de molécules organiques issues des différentes parties de l'organisme, en représente donc un composé complet, apte à reproduire entièrement un individu nouveau de même espèce, une fois que les semences paternelle et maternelle auront formé le fœtus en s'agrégeant (voir *Histoire naturelle*, ii.53-58). Voltaire avait proposé en 1764 de cette théorie une critique témoignant d'un examen attentif. Ses réserves portaient surtout sur le rôle trop vague des moules intérieurs (voir M.xxv.156). Par la suite le ton se fera moins serein. S'il n'y a ici qu'une brève allusion, Voltaire affirmera l'année suivante à d'Alembert: 'Buffon s'est décrédité à jamais avec ses molécules organiques, fondées sur la prétendue expérience d'un malheureux jésuite' (D15199). On en retrouvera des critiques dans *Les Colimaçons* (1768) et les *Dialogues d'Evhémère* (1777).

59. On le croira difficilement: Voltaire n'a pas pardonné à Needham d'être intervenu en 1765 avec sa *Réponse d'un théologien au docte proposant* dans la querelle des miracles: alors qu'il y jouait un rôle important mais anonyme, Needham eut la maladresse de le nommer. Voltaire offensé en éprouva une véritable colère, que trahissent les injures indiscutablement blessantes dont il a émaillé, après la quatrième lettre, ses *Questions sur les miracles* (voir par exemple M.xxv.396). Celui qui affirme ici n'avoir aucune intention blessante à l'endroit de Needham n'hésitera pas en 1768 à le traiter d'"imbécile' (M.ix.518, n.3). Au reste la réaction de Grimm (voir l'introduction, p.132-33) révèle que Needham et ses expériences paraissaient alors ridiculisées pour un demi-siècle, en raison précisément du singulier acharnement de Voltaire.

60. Parmi les nombreux sobriquets dont Voltaire avait affligé Maupertuis, celui-là était resté l'un des plus 'populaires' et le désignait sans ambages. (On sait qu'en 1736 Maupertuis avait organisé une expédition scientifique en Laponie, pour aller mesurer la terre et vérifier l'hypothèse newtonienne selon laquelle le sphéroïde terrestre était aplati aux pôles. Ce fut une réussite à laquelle le vaniteux Maupertuis ne resta pas insensible). L'apparition de son nom après ceux de Buffon et Needham n'a rien de fortuit. J. Tuffet (p.CIII ss) a bien montré que si Voltaire n'a pas désarmé même après la mort de son ennemi (1759), c'est qu'avec le temps celui qu'il avait d'abord pris surtout pour un fou lui est apparu

comme un athée dangereux, un précurseur de la coterie holbachique: même grotesques, ses hypothèses scientifiques n'en cautionnent pas moins, comme celles de Needham, les hardiesses de Diderot et d'Holbach. C'est pourquoi les attaques de Voltaire contre Maupertuis vont se multiplier à partir de 1767.

61. Voltaire aime décidément cette plaisanterie qu'on trouvait déjà à trois reprises dans l'*Akakia*. Maupertuis n'avait naturellement jamais proposé cette folle idée, mais seulement regretté que les rois d'Egypte, au lieu de construire à grands frais des pyramides inutiles, n'aient pas employé leurs ressources à faire creuser dans la terre des 'cavités' gigantesques qui eussent permis d'en connaître le 'noyau' (qui n'est pas nécessairement le centre). Voir 'Lettre sur le progrès des sciences', *Œuvres* (1752), p.339.

62. Cette idée n'appartient pas plus à Maupertuis que la précédente. Il avait d'abord signalé l'intérêt que présenterait l'étude des géants de Patagonie, en particulier celle de leur cerveau, qu'il faudrait mener en observant leur comportement et non en les disséquant (*Œuvres*, p.334 et 350).

63. Parmi les *Lettres* de Maupertuis (1752), Voltaire avait particulièrement réagi à la dix-septième 'sur la divination', où on lit notamment: 'Il semble que les perceptions du passé, du présent et de l'avenir ne diffèrent que par le degré d'activité où se trouve l'âme: appesantie par la suite de ses perceptions, elle voit le passé; son état ordinaire lui montre le présent; un état plus exalté lui ferait peut-être découvrir l'avenir' (*Lettres*, Berlin 1753, p.154). C'est la curieuse réflexion d'un savant s'efforçant de déterminer a priori avec quel degré de probabilité l'esprit humain aurait chance de parvenir à une connaissance méthodique de l'avenir: elle n'est pas impensable, même s'il reste encore à en inventer tous les moyens. Mais Voltaire n'a saisi ni la hauteur de vue ni le caractère désintéressé de cette spéculation intellectuelle. Son bon sens solide et réaliste l'a simplement conduit à douter de celui de l'adversaire: Maupertuis en 1764 n'est cité dans le mordant article 'Prophète' du *Portatif* que comme 'un brave philosophe ou fou de nos jours' qui a proposé une recette rendant prophète infailliblement (*Dictionnaire philosophique*, éd. Naves, p.357). Il est vrai que, comme l'a souligné J. Tuffet, le terme exalter désorientait le lecteur du dix-huitième siècle beaucoup plus que nous: 'Il n'a pas alors communément le sens d'élever l'esprit au-dessus de son état ordinaire (sens qui n'est pas dans les dictionnaires de l'Académie et de Furetière). Maupertuis l'emprunte à l'alchimie, la chimie et la physique. En chimie, c'est: élever, augmenter, redoubler la vertu d'un minéral' (J. Tuffet, p.69-70).

64. Déformation caricaturale d'une brève suggestion lancée dans la *Lettre sur le progrès des sciences*: Maupertuis, après avoir reproché à la médecine de son temps un manque d'initiative dans la recherche, regrettait l'abandon de remèdes 'singuliers' mais parfois efficaces, entre autres le badigeon de poix (et non de poix résine) destiné à empêcher le malade de transpirer (p.345). Maupertuis, sans doute particulièrement sensible à ce trait, tint à citer ses sources en note dans la réédition de ses *Œuvres* en 1756 (Lyon, ii.382): il s'agit du premier des *Mémoires pour servir à l'histoire des insectes* de Réaumur à qui un ami avait rapporté

la guérison par des Egyptiens d'un hydropique enduit de goudron et d'huile de lin.

65. Rappelons qu'avant les causes immédiates de la querelle – les 'coups de force' de Maupertuis contre König, qui indignèrent Voltaire et le portèrent à écrire l'*Akakia* – on avait assisté à une détérioration rapide des rapports de l'homme de science avec l'homme de lettres. L'arrivée triomphale de Voltaire à Berlin, sa faveur éclatante auprès de Frédéric eurent vite fait d'aviver la jalousie inquiète de Maupertuis qui fit paraître une hostilité de plus en plus ouverte. Voltaire de son côté se persuada que Maupertuis n'épargnait rien pour lui nuire (calomnies auprès du roi, brouille avec La Beaumelle, etc. Voir D4895). Leur sensibilité nerveuse les portait en outre à grossir les coups d'épingle qu'ils essuyaient l'un de l'autre; ce qui explique sans doute, fût-ce quinze ans après, l'exagération certaine de l'expression 'horriblement molesté', même s'il s'y glisse un peu d'ironie.

66. Ce pieux repentir n'appartient qu'au fictif abbé Bazin: il ne paraît pas que Voltaire ait jamais regretté son attitude envers Maupertuis ni même ait eu compassion de sa fin solitaire dans l'exil et la tristesse, alors que Frédéric et d'autres contemporains n'hésitaient pas à déclarer que c'était bien l'*Akakia* qui l'avait tué. Cette mort même ne le fera pas désarmer, puisqu'on a vu (n.60) qu'il allait bientôt 'redécouvrir' Maupertuis comme un dangereux précurseur de l'athéisme moderne. En 1768, sa rancune sera toujours vivace (voir D15189). Au reste, toute cette fin de paragraphe est teintée d'une discrète ironie, sensible surtout dans cette réminiscence du vocabulaire de Pangloss: 'c'est manquer à la raison universelle' (voir *Candide*, ch.5).

67. Allusion très obscure. Il s'agit probablement de l'*Encyclopédie*, dont étaient parus vingt-deux volumes en 1767 et que Voltaire avait ardemment défendue en 1758 et 1759. Mais quelle est cette accusation juridique ainsi motivée? Ni le réquisitoire de Joly de Fleury (janvier 59), ni même les *Préjugés légitimes* de Chaumeix ne comportent aucune accusation de ce genre. Même silence là-dessus chez les pamphlétaires déchaînés contre le grand dictionnaire dans les années 1757-1758 (Moreau, Vaux de Giry, Palissot). La correspondance même de Voltaire des années 1758-1760 n'aborde pas ce problème précis de la libre circulation des grains, quelque place qu'elle fasse à l'*Encyclopédie*. Il n'est même pas question de ce grief fait aux encyclopédistes dans l'article 'Agriculture' des *Questions sur l'Encyclopédie* (1770), qui plaide pourtant pour l'exportation des grains. Paraît donc s'imposer une première conclusion, toute négative: il ne peut s'agir d'une allusion à la crise de 1759.

Comme nous sommes en 1767, il ne peut s'agir non plus du long procès intenté deux ans plus tard par Luneau de Boisjermain aux libraires associés, dont les principales pièces rapprochées de la *Lettre sur le commerce de la librairie* de Diderot font bien voir comment l'*Encyclopédie* tient, en tant qu'entreprise commerciale, à la question du commerce des grains. Il est par ailleurs exact que la doctrine des physiocrates sur la libre circulation des grains, exposée par Quesnay à l'article 'Grains', leur a valu l'accusation de vouloir augmenter le prix du pain et affamer le peuple. Mais cette accusation portée contre les physiocrates l'a-t-elle été aussi contre l'*Encyclopédie* elle-même? Rien ne permet de l'affirmer.

Faut-il penser alors à une rodomontade, ou à une mystification, ou à une réflexion purement ironique (parce qu'il saurait parfaitement n'avoir jamais pris la défense des encyclopédistes sur ce point), bref, à une quelconque malice de Voltaire? C'est assurément l'explication du dernier recours, mais elle n'est pas à écarter.

Chapitre XX. Des tribulations de ces pauvres gens de lettres

1. C'est Voltaire lui-même qui avait défini le terme 'gens de lettres' en 1757, dans le tome VII de l'*Encyclopédie*, comme désignant des esprits d'une vaste culture (grammaire, géométrie, histoire, poésie, éloquence, langues vivantes, etc.) et en état de bien juger ce qu'ils examinent, dans un 'esprit philosophique' qui leur est propre. Les gens de lettres ont aussi acquis une place éminente dans la société qu'ils ont contribué à polir. Au reste, ils ne sont pas tous nécessairement auteurs. Cette vaste acception s'est ici singulièrement restreinte: il ne sera question que du métier d'auteur et plus particulièrement de celui d'auteur dramatique. Voltaire avait déjà recensé en 1765, à la fin de l'article du *Portatif* consacré aux gens de lettres, les déboires multiples du métier d'écrivain, en particulier l'isolement et la vulnérabilité auxquels il expose.

2. Il y a entre la fin du chapitre 19 et ce chapitre 20 une continuité thématique manifeste et pas seulement une liaison formelle (qu'au demeurant Voltaire ne s'est guère soucié d'assurer dans le cas des chapitres précédents): de l'évocation de ses querelles avec Needham, de Guignes et Maupertuis, il est passé à celle de la plus grande 'tribulation' du siècle essuyée par les 'pauvres gens de lettres', la persécution déchaînée contre l'*Encyclopédie*. De là, la réflexion de Voltaire se prolonge par ce coup d'œil rétrospectif sur sa carrière 'bien épineuse', que l'abbé Bazin va évoquer avec une bonhomie ironique, mais non sans un vif ressouvenir de tous les déboires essuyés.

3. Les tribulations des gens de lettres avaient été déjà âprement dénombrées dans une prétendue lettre au jeune Lefebvre qui se disposait à embrasser la carrière. Il s'agit en fait d'un petit essai paru en 1742 dans les *Œuvres mêlées*, et que Voltaire dut composer au plus tôt en 1735 et plus probablement dans les années suivantes, durant lesquelles il essuya deux échecs à l'Académie (1736 et 1743). On y trouve déjà des déboires et avanies que réserve la carrière un tableau saisissant et complet, brossé par un homme qui a manifestement éprouvé la plupart de ces 'tribulations' (voir D.app.57).

4. Allusion à la onzième lettre philosophique 'sur l'insertion de la petite vérole'. Voltaire, s'étant vu contester la primauté dont il se targue ici, la réaffirmera dans une note ajoutée à l'"encadrée': 'Cela fut écrit en 1727. Aussi l'auteur fut le premier en France qui parla de l'insertion de la petite vérole ou variole,

comme il fut le premier qui écrivit sur la gravitation' (*Lettres philosophiques*, éd. Lanson, i.130). Mais G. Lanson a solidement établi qu'il y avait eu en réalité tout un mouvement de curiosité en France, de 1723 à 1725, sur ce problème de l'inoculation. Le rôle de Voltaire se borna donc à lui redonner en 1734 l'actualité qu'il avait perdue (éd. Lanson, i.136-38).

5. Pour un hérétique, parce que l'auteur des *Lettres philosophiques* recommandait l'introduction dans le royaume très chrétien des pratiques des voisins hérétiques d'Outre-Manche; pour un musulman, parce que Voltaire avait rapporté l'opinion de quelques personnes selon qui 'les Circassiens prirent autrefois cette coutume des Arabes' (éd. Lanson, i.133). Lanson a montré (i.143, n.15) qu'il s'appuyait sur une brochure de John Gasper Scheuchzer de 1729 où figure une relation de la façon dont se pratique l'inoculation à Alger, Tripoli et Tunis; on précise même qu'elle y est d'un usage immémorial.

6. Voltaire avait consacré à Newton et ses grandes découvertes quatre de ses lettres philosophiques (14 à 17). Les quinzième et seizième, exposés remarquables sur le système de l'attraction et l'optique de Newton, durent heurter le plus les cartésiens, alors maîtres de l'Académie des sciences où seuls Maupertuis et Clairaut osaient se dire newtoniens. En 1738, les cartésiens et une partie du public firent mauvais accueil aux *Eléments de la philosophie de Newton*, en dépit de leur franc succès. Cette résistance des savants français se doublait certainement des réactions d'un amour-propre national intempestif qui fit regarder comme 'un ennemi de la France' le Voltaire anglophile et newtonien. Il règne en tout cas une certaine humeur de ton dans l'*Examen et réfutation des Eléments de la philosophie de Newton* par Jean Banières (Paris 1739) et une évidente malveillance dans les premières lignes de la *Lettre d'un physicien sur la philosophie de Newton mise à la portée de tout le monde* du jésuite Regnault (1738). En 1757, l'irascible Fougeret de Monbron ridiculisera Voltaire dans son *Préservatif contre l'anglomanie*, pour avoir loué les vertus anglaises et vanté Newton, qui ne serait rien sans Gassendi et Descartes. Voltaire tâcha de réfuter toutes ces critiques en 1739 dans sa *Réponse aux objections principales qu'on a faites en France contre la philosophie de Newton* où lui-même rappelle les dérisoires 'raisons' de la malveillance: 'ils ont voulu faire un crime à l'auteur d'avoir enseigné des vérités découvertes en Angleterre [...] ils ont prétendu que c'est être mauvais Français que de n'être pas cartésien' (M.xxiii.74).

7. Il est excessif de dire que *Zaïre* tomba à la première représentation (13 août 1732). Celle-ci fut simplement houleuse, ce qui porta Voltaire à si bien corriger sa pièce qu'elle triomphait dès la quatrième représentation (voir D515), sans que toutefois ce succès le rassurât entièrement, puisqu'il décidait bientôt de retravailler *Zaïre* 'comme si elle était tombée' (D526). Et c'est finalement le souvenir d'un premier échec de *Zaïre* qui a prévalu, car Voltaire l'affirmait encore à Richelieu le 27 mai 1767 (D14202).

8. Pièce conçue par Voltaire dans le désir de surpasser l'*Electre* de son rival Crébillon, mais qui fut mal accueillie et ne dépassa pas neuf représentations, en dépit des remaniements apportés au lendemain de la première. Mais sa reprise

en 1762 lui valut un succès complet. Voltaire n'en gardait pas moins l'amer souvenir d'un échec imputable à la cabale des amis de Crébillon, comme il l'écrivait aussi à Richelieu (voir D14202).

9. Autre pièce constituant la reprise d'un sujet déjà traité par Crébillon. Le succès fut très incertain, l'apparition de l'ombre au quatrième acte ridiculisée par un incident et les critiques nombreuses. Voltaire, qui les aurait écoutées, caché par un déguisement dans un coin du café Procope, sut en faire son profit comme d'ordinaire (voir Desnoiresterres, iii.211): la pièce remaniée obtint un franc succès le 10 mars 1749. Mais entre-temps il avait évité de justesse une parodie dont le projet l'affectait cruellement. Aussi n'est-il pas étonnant qu'à l'occasion des *Scythes* en cette année 1767, Voltaire se soit souvenu de *Sémiramis* également comme d'un échec injuste (voir D14126).

10. Jouée à Lille fin avril 1741, *Mahomet* remporta un vif succès, mais fit scandale à Paris (19 août 1742) et indisposa à ce point les dévots qu'il fallut la retirer. Elle resta interdite en France jusqu'en 1751.

11. Voltaire lui-même a raconté dans une lettre de septembre-octobre 1765, alors qu'on venait de reprendre cette pièce à Paris avec le plus grand succès, ce qu'avait été l'accueil du public à la première le 18 janvier 1734, près de trente ans plus tôt: 'Elle fut sifflée dès le premier acte, les sifflets redoublèrent au second, quand on vit arriver le duc de Nemours blessé, et le bras en écharpe; ce fut bien pis lorsqu'on entendit au cinquième acte le signal que le duc de Vendôme avait ordonné; et lorsqu'à la fin, le duc de Vendôme disait: *Es-tu content, Coucy?* plusieurs bon plaisants crièrent: *coussi-coussi.*

Vous jugez bien que je ne m'obstinai pas contre cette belle réception' (D12909).

La déconvenue fut d'autant plus âpre que Voltaire avait selon La Harpe beaucoup espéré d'une tragédie dont les héros étaient français et où l'amour tenait la plus grande place, deux traits qui n'avaient pas peu contribué au succès de *Zaïre* (voir M.iii.75). Le public se montra beaucoup mieux disposé à la seconde représentation, mais Voltaire n'en retira pas moins la pièce.

12. Erreur de mémoire? *Tancrède* connut au contraire un succès éclatant, même si les comédiens ont un peu défiguré la pièce par certains changements dont Voltaire a fait ses plaintes (M.v.492). Il félicite d'Argental dès le 8 septembre 1760 d'avoir si bien gagné 'cette bataille' (D9207); la marquise Du Deffand, qui était à la première le 3 septembre et y a 'pleuré à chaudes larmes', félicite Voltaire le surlendemain (D9197); Fréron lui-même s'y est sans doute beaucoup ennuyé, mais avoue avoir pris plaisir aux troisième et quatrième actes (voir D9197, n.1); madame d'Epinay le 10 septembre écrit sur *Tancrède* à mademoiselle de Valory une lettre débordante d'enthousiasme et d'esprit (D9216) qui dépeint l'engouement général. D'Alembert enfin annonce comiquement que les ennemis mêmes rendent les armes par les pleurs qu'ils ne peuvent retenir (D9329) et il est possible que Voltaire se soit ici souvenu de cette lettre du 18 octobre 1760.

13. Voltaire écrivait déjà à d'Alembert en 1758: 'Je ferais une bibliothèque des injures qu'on a vomies contre moi, et des calomnies qu'on a prodiguées'

(D7592). Le recensement de J. Vercruysse ('Bibliographie des écrits français relatifs à Voltaire 1719-1830', *Studies* 60, 1968) dénombre deux cent soixante-quinze titres pour les seuls ouvrages et opuscules parus de 1719 à 1766. Or il exclut 'les milliers de titres qui pullulent dans tous les périodiques du temps' (p.8). Voltaire parlera aussi à Duvernet en 1772 de 'plus de quatre cent libelles' diffamatoires le concernant (D17653).

14. Cette 'calomnie' avait été avancée entre autres par Desfontaines dans une note de sa *Voltairomanie*, pamphlet lancé en décembre 1738 pour répondre au *Préservatif*. Il est question p.35 (dans les *Voltariana*, 1749) de 'feu M. le Président de Bernières [...] que V*** ose appeler son ami'. Et Desfontaines s'exclame en note: 'M. le Président de B. *ami* d'un V***, petit-fils d'un Paysan! La profession d'homme de lettres est bien avantageuse'. Voltaire répondit en 1739 avec une apparente modération, mais qui cache mal la réaction d'une susceptibilité très vive sur ce chapitre (voir M.xxiii.34-35).

15. Les *Voltariana* s'ouvraient par une lettre 'à Monsieur Arroüet de Voltaire [...] fils du sieur Arroüet, greffier porte-clef du Parlement, petit-fils d'un Prudhomme de son villlage etc. etc. etc.' Duvernet (*La Vie de Voltaire*, p.8) tiendra à faire justice de ces fables absurdes: 'Quelques biographes ont fait naître ce père au milieu des champs. Ils ont dit que dans sa jeunesse il garda les troupeaux, qu'étant venu à Paris, son premier état fut de se tenir à la porte d'un notaire pour le service des clients et des clercs de l'étude.

Nous avons lu quelque chose de ces romans; ils sont tous écrits d'un style détestable, par des hommes méchants et menteurs'.

16. Ce rapprochement s'explique peut-être par une association de Voltaire entre les calomnies sur son père débitées dans la *Voltairomanie* d'une part et *Mérope* d'autre part, puisque Prault avait publié en 1744, à la suite de cette tragédie, une lettre au chapelain de Charles xii où l'on reprenait l'ecclésiastique d'avoir osé citer le libelle de Desfontaines et le factum du libraire Jore.

17. Plaisanterie qui a servi à ridiculiser Pompignan en 1760 (M.xxiv.231-32) et qui sera reprise en 1765 (D12909) pour flétrir la vanité de ces 'barbouilleurs de papier' que sont les faiseurs de brochures.

18. Allusion assez obscure. Moland jugeait (M.xxvi.410, n.5) qu'il s'agit du livre de Jacques Philippe de Varenne, chapelain du roi, paru en 1712 et dont la dernière édition date de 1751; mais on voit mal ce qui aurait pu conduire à faire endosser à Voltaire la paternité de cet édifiant traité de morale. Voltaire pense en fait à un ouvrage probablement récent, puisqu'il en reparle dans une lettre du 1er août 1767, en des termes qui laissent supposer qu'il vient de le lire: 'Vous aviez bien raison, Monsieur, le Livre intitulé les hommes n'est pas fait par un homme fin' (D14325). Th. Besterman, remarquant avec raison qu'on peut hésiter entre une demi-douzaine d'ouvrages, juge la plus vraisemblable l'hypo-thèse d'une référence à *Les Vies des hommes illustres de la France* de Jean Du Castre d'Auvigny, dont la publication avait commencé en 1739 et qui venait de recevoir en 1767 une continuation écrite par F. R. Turpin (tomes 24 et 25). Il y a certes dans ces deux volumes bien des traits qui pouvaient déplaire à l'auteur du *Siècle*

de Louis XIV, entre autres un récit, édifiant à souhait, des deux dernières années de Condé, que Turpin accompagne même d'un commentaire (xxv.278) que Voltaire pouvait prendre comme une critique. L'hypothèse de Th. Besterman demanderait toutefois à être mieux confirmée.

19. 'Poème héroï-comique en xviii chants' paru en 1765 et composé par l'abbé Du Laurens, également auteur du *Balai* et du *Compère Mathieu*, la *Chandelle d'Arras* s'ouvre par une épître dédicatoire à M. de Voltaire intitulée 'Les philosophes lapons': c'est essentiellement le réquisitoire drôlatique et voltairien contre les religions d'un déiste qui déteste particulièrement la religion judaïque. Bachaumont (2 septembre 1765) et Grimm (CLT, vi.390) y ont relevé une imitation plus ou moins heureuse de la poésie de Voltaire.

20. *Caquet-Bonbec, la poule à ma tante* est un 'poème badin' en six chants publié par de Junquières en 1763. La tante du poète est une sorte d'Arnolphe en jupon, mais qui a fait choix d'une singulière Agnès: c'est sa poulette, à qui elle tente de cacher l'existence des coqs et de l'amour, l'enfermant même pour plus de sûreté dans le poulailler d'un couvent. Mais sa protégée fera le mur, la précaution aura été comme toujours inutile et la poulette finira par... pondre un œuf. L'ensemble est d'une rare insipidité.

21. En 1761 fut publiée une *Seconde partie de Candide* qui passe pour être l'œuvre de Thorel de Campigneulles (1737-1809). Beuchot signale qu'elle fut souvent réimprimée à la suite de l'ouvrage de Voltaire et comme étant de lui, en particulier en 1764 et 1778 (M.xxi.xii) et André Morize a dressé un inventaire exhaustif des éditions qui la comprennent (*Candide*, éd. Morize, p.lxviii ss).

22. *Le Compère Mathieu ou les bigarrures de l'esprit humain* est un copieux roman que Du Laurens fit paraître en 1766 et dont Grimm rendait compte en termes fort méprisants (CLT, vi.482-83). Officiellement Voltaire s'associe sans restriction au mépris général (D13405). Mais il a écrit en tête de son exemplaire (BV, no.1138): 'ce livre est d'un nommé laurent, moine défroqué cest en plusieurs endroits et même pour le fonds une imitation de candide lauteur a beaucoup desprit et derudition. mais très peu de goust nul ordre nulle finesse. il aurait été un excellent auteur s'il avait été guidé'. La ressemblance avec *Candide* explique peut-être une attribution à Voltaire dont Grimm ne dit rien. Voltaire en tout cas l'exploitera à son profit en attribuant obstinément l'*Ingénu* à Du Laurens (D14330, D14388, D14390, D14398, D14402, D14426, etc.). Au reste, ce *Compère Mathieu*, auquel la critique contemporaine prête une attention grandissante, est bien, comme en juge Th. Besterman, 'one of the most striking figures in the novels of that period' (D13405, n.4).

23. On pourra en trouver un témoignage, à titre d'exemple, dans la lettre qu'adressait à Voltaire le libraire Rigollet, le 6 septembre 1760 (D9203). Mais en dépit de son apparente généralité et du ton presque placide sur lequel elle est posée, cette question fait allusion à une 'énigme' d'une brûlante actualité en juin 1767: les quatre-vingt-quatorze lettres anonymes que Voltaire prétend avoir reçues de La Beaumelle 'depuis dix ans' (M.xxvi.364), dont il s'est plaint publiquement dans une *Lettre de M. de Voltaire* datée du 24 avril (M.xxvi.191-

93), après en avoir reçu une quatre-vingt-quinzième qui l'aurait conduit à fortement soupçonner La Beaumelle. Sa persuasion est entière après le 4 juillet (D14252 et D14254) et Voltaire envoie le 8 la quatre-vingt-quinzième au ministre Saint-Florentin (D14262), accompagnée d'un *Mémoire* (M.xxvi.355-65) pour le 'supplier d'imposer silence' à La Beaumelle. Toute cette affaire éminemment suspecte – Voltaire ne peut produire les quatre-vingt-quatorze lettres, parce qu'il les a 'toutes brûlées' (D14254) – pourrait fort bien avoir été montée par l'auteur lui-même du *Siècle de Louis XIV*, afin d'en finir avec un adversaire qu'il savait préparer avec un libraire d'Avignon une édition annotée de ses œuvres (voir A. Feugère, 'Un compte fantastique de Voltaire: 95 lettres anonymes attribuées à La Beaumelle', *Mélanges de littérature, d'histoire et de philosophie offerts à Paul Laumonier*, Paris 1935, p.435-49). Grimm est en tout cas resté bien sceptique. La Beaumelle a envoyé au ministre les démentis les plus formels (D14273 et D14321) et sa femme n'a pas hésité à écrire à Voltaire lui-même pour nier que son mari, dont elle voit 'tout ce qu'il écrit', lui ait jamais envoyé de lettre anonyme (D14225).

24. Si Voltaire ne peut encore penser à Clément de Dijon, qui ne deviendra son adversaire acharné qu'après 1771, il peut songer à Desfontaines qu'il avait contribué à faire sortir de Bicêtre en mai 1725 mais qui, à peine sorti, aurait écrit contre Voltaire un libelle qu'il montrait à Thiriot (voir Thelma Morris, *L'Abbé Desfontaines*, Studies 19, p.51-52, 62-63). Voltaire peut penser aussi à Baculard d'Arnaud, dont il a protégé les débuts (D1077, D1906), mais qui, une fois à Berlin en 1750, ouvrit les hostilités envers son ancien protecteur (voir D4262 à D4266). Voltaire finit par intervenir auprès de Frédéric pour que Baculard fût congédié. Bref, celui à qui Jean-Jacques Rousseau écrivait en 1750: 'malgré de vaines calomnies, vous êtes véritablement le Protecteur des talens naissans qui en ont besoin' (D4108), a souvent éprouvé que les premiers services rendus pouvaient en effet être payés plus tard de quelque satire bien mordante.

25. Le mot 'folliculaire' ne figure pas dans *Académie 62*: c'est encore un néologisme de formation savante (relevé par A. François dans l'*Histoire de la langue française des origines à nos jours* de F. Brunot (1966), vi.1323). Mais il sera défini par le *Dictionnaire de l'Académie* de 1798 en ces termes: 'qui publie des feuilles périodiques. Il se prend d'ordinaire en mauvaise part'. Voltaire, qui les compare ici à des chiens, les avait déjà traités d'''aboyeurs' dans les *Honnêtetés littéraires* (M.xxvi.117), où il les présente (douzième et treizième honnêtetés) comme les calomniateurs ou persécuteurs des d'Alembert, Montesquieu, Buffon, etc. Quant à l'Ingénu embastillé qui vient de lire quelques folliculaires, il les décrit avec toute la vigueur de son imagination huronne: 'Je les compare, disait-il, à certains moucherons qui vont déposer leurs œufs dans le derrière des plus beaux chevaux: cela ne les empêche pas de courir. A peine les deux philosophes daignèrent jeter les yeux sur ces excréments de la littérature' (éd. Jones, p.135).

26. Si les cabales ont perdu au dix-huitième siècle, par leur fréquence même, le caractère spectaculaire qu'elles ont pu avoir au siècle précédent, elles trahissent

en revanche la vivacité des querelles et l'activité des factions rivales. Voltaire les évoquait de Berlin, à propos de *Rome sauvée*, comme une véritable 'guerre civile' (D4822; voir aussi l'évocation qui en sera faite en 1772, M.x.178). Le public des premières était en effet souvent composé de partisans ou d'ennemis de l'auteur, bien décidés à faire réussir ou tomber la pièce, quelle qu'en fût la valeur. Les auteurs dramatiques ne manquaient donc pas – et Voltaire tout le premier – d''organiser' le parterre des premières représentations, en le peuplant à leurs frais, par une distribution de billets gratuits, du plus grand nombre possible d''amis' à la claque vigoureuse, capables de couvrir les sifflets de leurs ennemis, généralement aussi solidement organisés. Ces claqueurs ou siffleurs stipendiés s'appelaient des 'gagistes', habiles à entraîner la salle par contagion sous la conduite de leur 'chef de meute', dont les plus connus furent les chevaliers de Mouhy et de La Morlière. Durant une dizaine d'années, Voltaire employa le premier, qui le trahissait (voir H. Lagrave, *Le Théâtre et le public à Paris de 1715 à 1750*, p.484). Le second était la terreur des comédiens et des auteurs, qui devaient compter avec lui et Voltaire aurait dû plusieurs fois le neutraliser (voir Diderot, *Neveu de Rameau*, éd. J. Fabre, p.190). H. Lagrave a cependant montré que le rôle de Voltaire 'dans le commandement des gagistes a été fort exagéré' (p.498): il les a certes employés pour *Sémiramis* (1748), pour *Nanine* (1749) et surtout pour *Oreste* (1750), mais son ennemi Collé a grossi les choses, comme l'enseigne l'examen des comptes des comédiens français (Lagrave, p.488-89).

Il est d'autre part assez piquant d'entendre le bon abbé Bazin déplorer en soupirant l'acharnement des faiseurs de cabales, alors que Voltaire fut si souvent accusé d'avoir cabalé lui-même contre ses confrères: l'abbé Nadal s'en est plaint pour sa *Marianne* dès 1725; mais on a parlé aussi de La Chaussée, Piron, Marivaux et même Crébillon, sans qu'il soit possible à l'historien, comme l'a souligné H. Lagrave, de retrouver des traces écrites de ces menées secrètes qui établiraient clairement la culpabilité ou l'innocence de Voltaire (p.474-75). La malveillance a probablement exagéré les choses; mais les présomptions demeurent aussi très fortes: Voltaire était trop habile tacticien pour ne pas agir ou faire intervenir ses amis, s'il entrait tant soit peu dans ses intérêts de faire tomber la pièce d'un rival.

27. De Grotius (déjà mentionné au chapitre 6; voir ch.6, n.16) Voltaire avait lu (BV, no.587) la biographie que lui avait consacrée en 1752 Lévesque de Burigny qui présente (i.43 ss) ses trois tragédies latines: *Adamus exsul* (1601), *Christus patiens* (1608), qui roule sur la Passion et dont Voltaire aurait dû traduire le titre par: le Christ souffrant. 'Enfin la troisième tragédie de Grotius avait pour sujet Joseph et pour titre Sophomphaneas, c'est-à-dire en Egyptien, Sauveur du monde. Vossius assure à Meursius qu'il n'y a eu rien de si parfait en ce genre-là dans ce siècle: Vondel, fameux poète de Hollande, la traduisit en Hollandais' (*Vie de Grotius*, i.45). Lévesque de Burigny précise à la fin du livre III (i.282) que *Sophomphaneas* fut achevée par Grotius en 1733 durant son séjour à Hambourg. Voltaire se montre ici plus exact, en avril 1767, que dans l'*Examen important de milord Bolingbroke* composé dans l'été de 1766, où il avait donné

Joseph et *Sophomphaneas* pour deux tragédies distinctes et dont au reste il ne parle qu'avec mépris (M.xxvi.304).

28. Dans son importante lettre à d'Olivet du 20 août 1761, Voltaire s'était déjà moqué des 'grands vers boursouflés' du langage de la galanterie sur la scène tragique: 'Nous pensions qu'une femme ne pouvait paraître sur la scène, sans dire j'aime en cent façons et en vers chargés d'épithètes et de chevilles. On n'entendait que ma flamme et mon âme; mes feux et mes vœux; mon cœur et mon vainqueur' (D9959).

29. Tout cet amer savoir de l'auteur dramatique, que le vieillard de soixante-treize ans évoque dans sa retraite avec un brin d'attendrissement dans l'ironie, le Voltaire parisien des années 1735-1750 l'a durement acquis dans ses luttes incessantes contre les cabales, le public, la censure et même les acteurs dont la 'fierté' n'a rien d'imaginaire. On lisait déjà en 1742 dans la lettre au jeune Lefebvre: 'vous commencez par comparaître devant l'aréopage de vingt comédiens, gens dont la profession, quoiqu'utile & agréable, est cependant flétrie par l'injuste mais irrévocable cruauté du public: ce malheureux avilissement où ils sont les irrite; ils trouvent en vous un client, & ils vous prodiguent tout le mépris dont ils sont couverts: vous attendez d'eux votre première sentence; ils vous jugent' (D.app.57). Desnoiresterres a souligné avec raison 'tout ce qu'un pauvre auteur, fût-il célèbre, doit employer de réserves couardes avec cette race ombrageuse et hautaine des comédiens et comédiennes' (iii.355). Il faut voir quels ménagements prend avec mademoiselle Clairon l'auteur d'*Oreste* en janvier 1750, pour lui glisser quelques conseils qui lui permettraient de moins faire 'ronfler' son rôle et de le sentir davantage, ou encore pour lui faire accepter des changements dans son texte (voir D4095, D4098, D4099, D4104).

30. *Académie 62*: courtaud, courtaude signifie 'celui, celle qui est de taille courte grosse et entassée'. 'On appelle courtauds de boutique, ou simplement Courtauds, les garçons de boutique chez les marchands. C'est un courtaud de boutique, cela est bon pour les courtauds. Il ne se dit que par mépris'.

Cette désignation méprisante de l'une des catégories sociales inférieures composant alors ce que certains contemporains appelaient dédaigneusement le 'bas parterre', constitue une de ces indications précieuses parce que trop rares, comme l'a montré H. Lagrave (p.238 ss), sur la présence d'hommes du peuple (laquais en congé ou en chômage, compagnons et apprentis) ou de très petite bourgeoisie (artisans, clercs), dans les publics de théâtre du dix-huitième siècle.

31. Malgré l'ironie du ton, Voltaire n'a jamais perdu de vue cette vérité première que la seule épreuve de la lecture et du temps décidera de la bonté d'une pièce. Les acteurs peuvent en effet par leur talent parvenir à en dissimuler au spectateur l'ennui ou la médiocrité. Cette réflexion n'est pas seulement, comme on pourrait le croire, une petite vengeance de l'auteur exposé à la morgue hautaine des princesses du théâtre. Voltaire s'est plus d'une fois inquiété de son succès à la scène, ne sachant s'il fallait l'attribuer aux acteurs ou à sa plume (voir par exemple D526, à propos de *Zaïre*).

32. Le commentateur du grand Corneille, qui épouse ici sa cause avec tant de

chaleur, n'est pas loin de rapprocher leurs situations. A soixante-treize ans, Voltaire sait bien qu'il a été lui aussi, en son siècle, le maître à penser de plusieurs générations, en particulier celle de l'*Encyclopédie*. L'évocation indignée des outrages infligés à Corneille et à Racine n'est pas entièrement désintéressée: le patriarche a essuyé des persécutions semblables, parce qu'en chaque siècle l'envie et la médiocrité cherchent au génie les mêmes querelles qu'il lui incombe de réprimer vigoureusement. Cette analogie et cette continuité sont clairement marquées dans l'*Epilogue*' de *La Guerre civile de Genève* (M.ix.554; voir aussi D9794).

33. Les critiques nommés ici ont été mêlés à la Querelle du *Cid*. Voltaire dans ses *Commentaires sur Corneille* les avait dès l'avertissement condamnés en bloc comme des dénigreurs inspirés par la seule jalousie (Voltaire 54, p.5).

Jean de Claveret (1590-1666), ancien avocat d'Orléans devenu auteur dramatique, est jugé très sévèrement quelques pages plus loin pour s'être répandu en 'invectives grossières' (p.42). Mais la vérité historique est tout autre: aux *Observations* de Scudéry sur le *Cid*, Corneille avait répondu par une *Lettre apologétique* contenant une phrase blessante pour Claveret, qui fut l'occasion d'un déchaînement général: Mairet, Charleval, Scarron, La Pinelière ripostèrent aigrement; Claveret lui-même adressait en 1637 deux *Lettres* au 'sieur Corneille'. Mais c'était bien Corneille l'agresseur, comme l'a souligné A. Adam (*Histoire de la littérature française au XVIIe siècle*, i.517).

34. On sait que Jean Chapelain (1595-1674), homme de lettres de l'entourage de Richelieu, l'aida à fonder l'Académie française puis se vit confier par le cardinal la délicate mission de rédiger les *Sentiments de l'Académie sur le Cid*, sur lesquels Voltaire avait fait des remarques critiques pleines de modération (Voltaire 54, p.89-93). C'est qu'il tenait Chapelain pour un esprit hautement estimable malgré ses échecs littéraires (voir M.x.398, xiv.51 et 443, xxiii.51) et l'on reste d'autant plus surpris de le voir rangé parmi ceux qui auraient indignement traité le grand Corneille que Voltaire en 1761 considérait les *Sentiments* comme un 'jugement très équitable' en plusieurs endroits et en d'autres 'un peu trop sévère' (D9865).

35. Georges de Scudéry (1601-1667), ancien militaire devenu homme de lettres et qui n'était pas sans caractère, sut se faire recevoir à l'Hôtel de Rambouillet et entrer en relations avec Chapelain. Il a laissé une quinzaine de pièces de théâtre et des poésies lyriques. En 1642 il obtiendra par la protection de Mme de Rambouillet et de Cospéan la charge de gouverneur de Notre-Dame-de-La-Garde. Il sut se faire écouter des doctes dans la *Querelle du Cid*: dans ses *Observations*, œuvre de critique strictement, d'où était exclue toute attaque personnelle, il prétendait discuter le *Cid* 'à la lumière d'Aristote' (A. Adam, i.515). Corneille commit l'erreur de réagir très mal par sa *Lettre apologétique*, fin de non recevoir opposée à toute discussion avec dureté et mépris. C'est alors que Scudéry demanda l'arbitrage de l'Académie, à la grande satisfaction de Richelieu qui destinait la nouvelle institution à jouer un tel rôle. Corneille dut l'accepter.

Voltaire a jugé sévèrement le rôle de Scudéry dans la Querelle, l'accusant d'avoir écrit contre Corneille 'avec le fiel de la jalousie humiliée, et avec le ton de la supériorité' (Voltaire 54, p.42). En commentant le *Cid*, il a même cru devoir proposer, à l'occasion, ses 'Remarques sur les observations de M. de Scudéry gouverneur de Notre-Dame-de-La-Garde'. Elles sont pour le moins dépourvues d'aménité (voir Voltaire 54, p.83-84). Scudéry n'a obtenu qu'une mention dédaigneuse dans le catalogue des écrivains français du *Siècle de Louis XIV* (M.xiv.136).

36. François Hédelin (1604-1676), fils d'un avocat et avocat lui-même, entra tardivement dans les ordres et devint abbé d'Aubignac. Précepteur du neveu de Richelieu, ce bel-esprit entra en liaison ou en querelle avec tous les beaux-esprits de son temps: il se brouilla en particulier avec Ménage et Corneille. Il aurait aimé devenir, par sa *Pratique du théâtre* composée en 1640, une sorte de législateur de la scène, mais il n'est pas mieux traité que Scudéry dans le *Siècle de Louis XIV* (M.xiv.35).

Quant au titre de prédicateur du roi, que Voltaire donne volontiers à d'Aubignac (il était en fait 'prédicateur ordinaire de sa Majesté'), c'est, selon son biographe Charles Arnaud, 'un titre purement honorifique, aussi facile à acquérir qu'à garder' (*Etude sur la vie et les œuvres de l'abbé d'Aubignac*, Paris 1887, p.24).

37. D'Aubignac a participé à la rédaction de plusieurs pièces; mais celles qu'il a écrites seul se limitent à quatre, toutes en prose: *Cyminde* et *La Pucelle* (1642); *Sainte Catherine*, dont le texte original est perdu et *Zénobie* (1647), la seule qui ait été représentée. 'Il paraît que d'Aubignac partageait l'avis de Chapelain sur l'invraisemblance des vers dans la poésie dramatique; il n'en dit rien dans sa *Pratique*, mais il avait traité la question dans une préface de *Zénobie*, que l'éditeur, à son grand désespoir, ne put 'lui arracher des mains': 'Plains, lecteur', nous dit-il, 'plains ta perte que tu fais d'un avant propos qui contenait l'apologie de la prose contre les vers' (Arnaud, p.275).

38. Résumé très allusif du procès que Voltaire avait instruit contre d'Aubignac en tête de ses remarques sur *Sertorius* où il cite, non sans quelques inexactitudes, quelques unes des 'horribles platitudes' dont l'abbé avait semé sa *Quatrième dissertation concernant le poème dramatique: servant de réponse aux calomnies de M. Corneille* (1663). On y lit notamment: 'vous êtes abandonné à une vile dépendance des histrions; votre commerce ordinaire n'est qu'avec les portiers, vos amis ne sont que des libraires du palais [...] vous êtes, sans doute, le marquis de Mascarille, qui piaille toujours, qui ricane toujours, qui parle toujours, et ne dit jamais rien qui vaille', etc. (Voltaire 55, p.828-29).

39. Dans sa *Lettre apologétique* répondant à Scudéry Corneille avait parlé de 'monseigneur le cardinal, votre maître et le mien'. Et Voltaire avait ainsi commenté en 1762: 'Corneille appelle ici le cardinal de Richelieu son maître; il est vrai qu'il en recevait une pension, et on peut le plaindre d'y avoir été réduit; mais on doit le plaindre davantage d'avoir appelé son maître un autre que le roi' (Voltaire 54, p.87).

40. Voltaire avait cité, en tête de ses remarques sur *Cinna*, les trois quarts de

cette épitre dédicatoire à Montauron 'trésorier de l'épargne', en l'accompagnant du commentaire suivant: 'Voilà une étrange lettre, et pour le style et pour les sentiments [...] Celui qui faisait des vers si sublimes n'est pas plus le même en prose. On ne peut s'empêcher de plaindre Corneille, et son siècle, et les beaux arts, quand on voit ce grand homme, négligé à la Cour, comparer le sr. de Montauron à l'empereur Auguste' (Voltaire 54, p.109-10). Il est en tout cas tout à fait exagéré d'assurer que Montauron avait la préférence! Le simple parallèle avec Auguste du premier président des finances au bureau de Montauban, qui, selon Tallemant des Réaux, avait 'payé' *Cinna* deux cents pistoles, suffisait à en faire une flatterie outrée (dont pourtant Corneille a l'impudeur de se défendre avec insistance...). Mais Voltaire lui-même après tout n'avait-il pas en 1721 comparé le cardinal Dubois à Richelieu, assurant au premier que l'ombre du second devait voir d'un œil jaloux ses succès éclatants? (M.x.253).

41. La ferveur d'une admiration bien connue a fait naître spontanément une période ample et lyrique, qui n'est pas sans beauté. Voltaire paraît bien avoir tracé là l'un des éloges les plus enthousiastes qu'il ait jamais faits de Racine (ordinairement Racine est 'l'homme de la terre qui, après Virgile, a le mieux connu l'art des vers'; M.ii.165).

42. Dans cette interrogation indignée pourrait bien entrer une bonne part d'amertume personnelle: aux parodies Voltaire a généralement mal réagi (*Hérode et Mariamne*, *Alzire*, *Mahomet*, *Sémiramis*, etc.); elles l'ont probablement beaucoup plus affecté que Racine. Car pour R. Picard, son historien moderne, parodies et traductions de son théâtre sont plutôt 'les signes de sa gloire la plus vivante' (*La Carrière de Jean Racine*, p.343). Ces parodies sont en effet intervenues à une époque où Racine s'étant définitivement imposé avait pleinement réussi sa carrière de courtisan: il avait la charge d'historiographe et surtout la sympathie de son maître. On sait que Voltaire ne l'avait pas, qu'il n'a pu finalement réussir à Versailles où il comptait plus d'ennemis que d'amis: quoiqu'historiographe et gentilhomme lui aussi, il se sentait à coup sûr bien plus exposé que Racine et devait se montrer par conséquent beaucoup plus vulnérable aux parodies de ses pièces, n'hésitant pas à en solliciter l'interdiction des pouvoirs publics (voir Desnoiresterres, iii.224 ss).

43. Jean Donneau de Visé (1638-1710), homme de lettres qui tâta du théâtre et avait des ambitions d'historien, est resté connu essentiellement comme directeur du *Mercure galant* où il ne manquait pas de donner des comptes rendus critiques des nouveautés littéraires. C'est à ce titre qu'il fut amené à traiter des différentes tragédies de Racine, à qui il marqua toujours une hostilité déclarée mais nuancée. Aussi est-il tout à fait exagéré de parler de 'déchaînement'. Les critiques de Visé sont plus souvent faites d'insinuations perfides ou de sous-entendus ironiques, que d'attaques ouvertes et agressives, comme en persuade la lecture du livre de R. Picard. Au reste il a jalousé en Racine beaucoup plus l'historiographe du roi, dont il ambitionnait clairement le poste, que l'auteur de tragédies.

44. L'éclatant succès d'*Andromaque* en 1667 suscita bien des envieux à Racine.

394

Le gazetier, auteur et critique Subligny (1636-1696) sut faire beaucoup parler de lui à cette occasion, en brochant une mauvaise comédie: *La Folle querelle ou la critique d'Andromaque*, que Molière, désormais ennemi déclaré de Racine, représenta sur son théâtre le 25 mai 1668 (voir R. Picard, p.135).

45. Cette exagération certaine confirme dans l'impression que la 'Vie de Racine' esquissée ici est tout imprégnée des déboires de celle de son admirateur. Racine n'a écrit que douze pièces qui n'ont pas toutes été l'objet de cabales. Certes, son génie, mais aussi son isolement hautain et son agressivité, lui valurent toujours des ennemis innombrables et acharnés; mais seuls *Andromaque*, *Britannicus*, *Phèdre* et *Athalie* ont été l'objet d'une véritable cabale. Voltaire reviendra longuement sur celle d'*Athalie* dans le *Discours historique et critique* qu'il mettra en 1769 en tête des *Guèbres* (M.vi.493 ss).

46. Au chapitre 27 du *Siècle de Louis XIV*, Voltaire avait attribué la mort de Racine à un chagrin d'une autre sorte, sur le témoignage de son fils: Mme de Maintenon aurait montré au roi un mémoire sur la misère du peuple qu'elle avait elle-même engagé le poète à composer. Louis XIV en ayant marqué du mécontentement, 'elle eut la faiblesse d'en nommer l'auteur, et celle de ne le pas défendre. Racine, plus faible encore, fut pénétré d'une douleur qui le mit depuis au tombeau' (M.xiv.471).

Quant aux relations de Racine avec le père de La Chaise, confesseur du roi, adversaire résolu des jansénistes et l'un des jésuites les plus influents du royaume, R. Picard a montré qu'elles sont restées empreintes de bienveillance et de cordialité. En dépit d'attaches familiales et de sympathies assurément compromettantes, Racine, courtisan d'une rare habileté, n'a jamais été disgracié ni sérieusement accusé de jansénisme, n'a pu par conséquent en mourir de chagrin et le père de La Chaise n'a pas joué à son égard le rôle de délateur dont le charge ici Voltaire.

Chapitre XXI. Première diatribe

1. Aucun des personnages des dialogues de Platon ne porte ce nom, qui semble d'origine perse. On le trouve sous cette forme chez Diodore de Sicile et sous la forme Madatès ou Madatas chez Curtius Rufus et Xénophon (*Cyropédie*, v.iii.41).

2. Il n'est pas indifférent à Voltaire de relever la totale ignorance du jeune Madétès en matière scientifique: l'idée est chez lui ancienne et bien ancrée que les lumières de la science ne peuvent pas ne pas faire éclater aux yeux de la raison la fausseté du matérialisme (voir ch.19, n.54). Voltaire pense donc à l'inverse de Diderot que le développement des sciences modernes bien entendues (comprenons débarrassées des 'romans' et 'chimères' des Maupertuis, Needham, Buffon et autres), infirme les hypothèses du matérialisme, bien loin de les cautionner. Il écrira quelques mois plus tard: 'Une fausse science fait les athées; une vraie science prosterne l'homme devant la Divinité' (M.xxvi.488). Aussi le

choix des disciplines mentionnées ici n'a-t-il rien de fortuit: la 'vraie' physique interdit de croire au matérialisme et à l'absence de finalité, l'astronomie découvre les lois établies par une intelligence créatrice et la géométrie fait voir qu'il est possible de démontrer l'existence d'êtres que notre esprit ne peut concevoir (M.xxiv.63).

3. Le mot épicurien ne doit pas plus nous faire illusion que la mise en scène du personnage de Platon. L'épicurisme visé ici est évidemment beaucoup moins la doctrine même d'Epicure et de Lucrèce que le matérialisme athée de leurs modernes héritiers. Les adversaires de l'*Encyclopédie* n'avaient pas manqué d'accuser Diderot et ses collaborateurs de scandaleuses réhabilitations du matérialisme d'Epicure. Si Voltaire lui-même s'en est souvent pris à la physique matérialiste d'Epicure, il est significatif que ce soit principalement après 1765 et la découverte alarmante de la renaissance contemporaine du matérialisme. Le *Philosophe ignorant* (1766) ayant surtout traité de la morale d'Epicure, la présente diatribe inaugure une série d'attaques de son matérialisme, dont le ton se durcira sensiblement jusqu'aux *Dialogues d'Evhémère* (1777).

4. L'anachronisme est trop grossier pour n'être pas volontaire (on sait que Platon (426?-347) a vécu bien avant Epicure (341-270), quoique l'imparfait 'était' et le passé simple 'mourut' affirment ici l'exact contraire). Mais cette étrange liberté avec la chronologie nous avertit précisément de regarder cette diatribe moins comme la confrontation véritable de deux grandes philosophies ayant représenté des moments historiques de la pensée grecque, que comme celle de deux attitudes d'esprit qui s'opposent de façon permanente et même très actuelle: épicurisme et platonisme ont ici une valeur essentiellement symbolique, représentant en fait l'opposition du matérialisme de Diderot et d'Holbach au déisme voltairien. On s'en convaincra d'autant mieux en se rappelant l'extrême défiance de Voltaire à l'égard de Platon (voir par exemple M.xviii.123, n.1; Voltaire 59, p.179-80). Mais si Voltaire n'adhère pas à la plupart des idées de Platon, il ne saurait faire fi de ce nom prestigieux, trouvant un excellent allié contre l'athéisme dans celui qui a souvent affirmé l'existence du Demiourgos. Les limites de cet accord seront d'ailleurs précisées dans les *Lettres de Memmius à Cicéron* (1771): 'Je dis avec Platon (sans adopter ses autres principes): Tu crois que j'ai de l'intelligence, parce que tu vois de l'ordre dans mes actions, des rapports, et une fin; il y en a mille fois plus dans l'arrangement de ce monde: juge donc que ce monde est arrangé par une intelligence suprême' (M.xxviii.440). Platon est donc ici moins un maître dont on se réclame qu'un patronage qu'on invoque et qu'on utilise.

5. Voltaire n'a que des louanges pour la morale d'Epicure, traditionnellement calomniée depuis Horace et Pétrone par 'des pédants de collège, des petits-maîtres de séminaire' (M.xxvi.89). En fait 'rien n'était plus respectable que la morale des vrais épicuriens: elle consistait dans l'éloignement des affaires publiques, incompatibles avec la sagesse, et dans l'amitié, sans laquelle la vie est un fardeau' (*Singularités de la nature*, 1768, M.xxvii.139; affirmation reprise dans les mêmes termes dans les *Questions sur l'Encyclopédie*, 1770, M.xviii.103).

En 1766, dans le *Philosophe ignorant*, Voltaire avait affirmé de cet homme toujours 'sage, tempérant, et juste' qu'il avait été le seul qui 'eut pour amis tous ses disciples' et que sa secte 'fut la seule où l'on sut aimer' (M.xxvi.89-90). En 1767, dans l'*Homélie sur l'athéisme*, qu'il venait de publier, Voltaire avait encore rangé Epicure parmi les 'athées vertueux': c'était un 'homme de bien' malgré sa philosophie erronée et sa secte 'a produit de très honnêtes gens'. C'est que les épicuriens 'et les plus fameux athées de nos jours', ont 'fortifié cet instinct qui les porte à ne jamais nuire, en renonçant au tumulte des affaires' (M.xxvi.328). Leur tolérance et leur modération donnait même aux épicuriens une vertu sociale particulière, relevée dès 1748: 'Un véritable épicurien était un homme doux, modéré, juste, aimable, duquel aucune société n'avait à se plaindre et qui ne payait pas des bourreaux pour assassiner en public ceux qui ne pensaient pas comme lui' (M.xvii.273).

6. Le jugement de valeur précède la réfutation: ce dialogue entre déiste et épicurien n'est pas une confrontation véritable de leurs doctrines, mais beaucoup plus sommairement catéchisation du second par le premier. Cette diatribe n'est guère qu'un morceau de propagande, bien éloigné de l'approfondissement et de l'honnêteté dans la réflexion des *Dialogues entre Lucrèce et Posidonius* (1756).

Par 'philosophie', Voltaire entend ici essentiellement la physique d'Epicure, qu'il oppose à ses 'mœurs', c'est-à-dire sa morale. C'est la théorie de la formation de l'univers par les atomes qui suscitera évidemment les plus grandes réserves de Voltaire: si elle lui paraît utile pour avoir établi l'existence du vide, condition du mouvement, devinant ainsi ce qu'ensuite Descartes devait nier vainement par sa physique du plein et Newton confirmer avec éclat par ses calculs, elle n'en reste pas moins inadmissible dans son ensemble, parce qu'en faisant du hasard la seule loi de l'univers (voir M.xvii.478), elle élimine les causes finales dont cette diatribe va justement entreprendre la pleine réhabilitation. Aussi s'en prendra-t-il à nouveau à la physique épicurienne dans l'article 'Causes finales' en 1770 (M.xviii.102). Mais le ton se fera plus vif encore dès qu'il sera question de génération spontanée: Lucrèce et Epicure ont eu 'le front' de nous dire que des combinaisons fortuites d'atomes ont pu produire des animaux (*Lettres de Memmius à Cicéron*, 1771; M.xxviii.441). 'Renoncez donc à votre Epicure, qui [...] a prétendu que les hommes venaient originairement de la pourriture, comme les rats d'Egypte, et que la crotte leur tenait lieu d'un Dieu créateur' (*Dialogues d'Evhémère*, 1777; M.xxx.496).

7. Cette ingénuité de Madétès n'est probablement pas sans rapport avec celle de l'Ingénu: une physionomie heureuse et surtout une ignorance qui n'a rien entamé d'un 'sens assez droit' et d'une grande 'envie de s'instruire'; c'est la condition de la capacité à percevoir la vérité dont feront preuve l'un et l'autre, lorsqu'ils auront enfin acquis les connaissances nécessaires.

8. L'ordre des deux propositions de Madétès est révélateur: pour Voltaire la physique épicurienne est d'abord la négation de l'action créatrice d'une intelligence divine et l'affirmation de la souveraineté du hasard, puisque les dieux ne se sont jamais mêlés de rien. On sait qu'en fait la physique d'Epicure est

subordonnée à son éthique: pour permettre à l'homme d'atteindre le bonheur, il fallait auparavant le libérer de la crainte des dieux en excluant le divin de l'univers. Or l'atomisme de Démocrite permettait à Epicure de concevoir une matière infinie, constituée d'atomes animés d'un mouvement de chute perpétuelle et uniforme dans un espace infini. Epicure les a toutefois dotés de la capacité d'infléchir leur trajectoire: ils peuvent dès lors opérer, dans l'infini du temps et de l'espace, une infinité d'unions dont toutes ne seront pas infructueuses, puisque certaines donneront lieu à des formations plus ou moins stables et résistantes, dont le nombre est très élevé mais pas infini. Parmi ces agrégats d'atomes, il faut compter les dieux, mais comme appartenant à une espèce à part, en raison même de leur béatitude et des qualités particulières qu'elle implique. On notera d'autre part l'exactitude de l'expression: les atomes 'se sont arrangés *d'eux-mêmes*': Voltaire ne dit pas qu'ils ont été assemblés par une quelconque nécessité, parce qu'Epicure avait précisément rompu avec le déterminisme de Démocrite en reconnaissant aux atomes une certaine liberté de mouvement, leur 'déclinaison' (παρέγκλισις, clinamen).

9. C'est, on l'a vu (n.4), le grand point d'accord entre Voltaire et Platon; mais l'expression 'présider à l'univers' ne clarifie pas entièrement le problème des rapports de Dieu et du monde, comme Voltaire l'avait bien vu en 1765, après une relecture du *Timée* qui ne lui permettait pas de décider si le Dieu de Platon est 'dans la matière' ou en est 'séparé' (M.xx.229). C'est en effet que le statut du Démiurge n'est pas bien clair: Platon le traite comme une cause active, un 'pouvoir d'action capable de produire des mouvements', mais en même temps 'le Démiurge et les dieux subalternes ne produisent rien d'une façon absolue. Leur activité s'exerce sur des réalités déjà données [...] Le Démiurge [...] ne crée rien, sinon l'ordre et la beauté, d'après un modèle qu'il copie' (A. Rivaud dans Platon, *Œuvres complètes*, x.36). Voltaire, quant à lui, jugeait en 1765 la question insoluble, puisque Dieu reste inconnaissable (M.xx.229). Le théisme de cette diatribe 'sur la cause première' est donc essentiellement fondé sur une conception mécanicienne du cosmos, grande horloge témoignant de l'existence de l'horloger, et s'attardera à cette 'horloge' plus particulièrement admirable qu'est le corps humain. Cette comparaison ancienne avait été proposée dès 1734: 'Quand je vois une montre dont l'aiguille marque les heures, je conclus qu'un être intelligent a arrangé les ressorts de cette machine, afin que l'aiguille marquât les heures. Ainsi, quand je vois les ressorts du corps humain, je conclus qu'un être intelligent a arrangé ces organes [...] que les yeux sont donnés pour voir, les mains pour prendre, etc.' (*Traité de métaphysique*; M.xxii.194).

10. Grimm a relevé ces propos de Madétès: 'Ce dernier a exactement le ton, la facilité de mœurs, l'ignorance et la suffisance d'un petit-maître de Paris des plus élégants et des plus à la mode. Si les arguments de Platon-Bazin ne sont pas aussi concluants pour un philosophe que pour un petit-maître ignorant et superficiel, tous conviendront du moins que la description anatomique que Platon donne de la structure du corps humain est un chef-d'œuvre de style' (CLT, vii.383).

11. La description anatomique qui va suivre est certainement inspirée du *Timée*. Voltaire avait lu (BV, no.3301) le *Traité de l'âme et du monde* de Timée de Locres, édité en 1763 à Berlin par le marquis d'Argens, qui avait ajouté à sa traduction des dissertations où il a souvent l'occasion de dénoncer chez Platon un plagiaire doublé d'un penseur obscur ou incohérent. Voltaire dut être amené à cette occasion à relire le *Timée* de Platon, où Mme Du Châtelet voyait déjà au temps de Cirey des 'énigmes indéchiffrables' en annotant le *Platon* de Dacier (voir *Essai*, i.93, n.1). On peut relever trois traces de cette relecture en 1765: 1) D12783 (p.180); 2) une dénonciation de l'inintelligibilité de Platon dans la *Philosophie de l'histoire* (Voltaire 59, p.179; dénonciation d'autant plus mal venue que Voltaire s'est donné le ridicule d'un contresens majeur, qui sera vertement relevé par Larcher; voir *DMO*, p.624, n.1); 3) un morceau des *Nouveaux mélanges* consacré au *Timée* (M.xx.224-28) qui prend bien souvent l'allure d'un réquisitoire. Sont toutefois épargnées les nombreuses pages du dialogue consacrées à la description du corps humain, où Platon a consigné l'essentiel de ses connaissances anatomiques (au demeurant très imparfaites, en regard de celles de la médecine de son temps). Il n'est certes pas question pour Voltaire de les résumer, mais plutôt, en présentant l'état des connaissances anatomiques en 1767, de s'inspirer de l'exposé platonicien, parce qu'il est entièrement pénétré de considérations finalistes. Le texte du *Timée* ne cesse d'expliquer à quelles fins le Demiourgos ou les 'dieux jeunes' ont donné à nos organes leur configuration et leurs caractéristiques, en quoi ces différentes pièces concourent au fonctionnement de la machine (voir en particulier 44b à 47e et 69c à 81e). 'Tous les faits cités sont immédiatement utilisés au profit d'une interprétation rigoureusement finaliste, parfois puérile, souvent profonde, avec, par instants, des éclairs de divination surprenante' (A. Rivaud, dans Platon, *Œuvres complètes*, x.98).

12. Si Voltaire part de la tête, comme Platon, l'ordre suivi ne sera pas le même. Platon allait de la tête aux membres et revenait aussitôt au visage pour s'attarder à la vue et à l'ouïe. Cette description n'est d'ailleurs reprise que beaucoup plus loin dans le *Timée* par l'examen successif des autres organes: thorax, diaphragme, cœur, poumon, foie, intestins, os, chair, bouche et dents, etc. La description voltairienne, qui veut prouver l'unité fonctionnelle des différentes parties de la machine humaine, s'organise plutôt en un inventaire des systèmes et des grandes fonctions: système nerveux, système respiratoire, système circulatoire, fonction de nutrition, de génération et pensée.

13. Il s'agit évidemment du cerveau logé dans la boîte crânienne, appelée ici 'le creux de cette boule'.

14. Il s'agit de la moelle épinière descendant dans la colonne vertébrale, chaque 'nœud' représentant une vertèbre.

15. La 'pointe' désigne vraisemblablement le sacrum qui termine la colonne vertébrale et aboutit dans le 'creux' formé par les deux os iliaques.

16. Façon de désigner la trachée-artère et les bronches.

17. Vraisemblablement le larynx. Le mot 'fabrique', qui signifie construction, ne désigne pas l'ensemble du squelette doué de motricité dès que Platon y a

adapté le tuyau d'air, mais seulement l'ensemble de l'appareil respiratoire fonctionnant régulièrement et par lui-même, après l'impulsion créatrice donnée par le 'magicien'.

18. Probablement les parties du squelette susceptibles de mouvement, c'est-à-dire les membres, dont la seule ossature donne en effet l'impression d'une absence totale de force et de grâce.

19. Il s'agit probablement non pas des nerfs, mais des muscles recouvrant les os des membres, puisqu'il est parlé aussitôt après des vaisseaux sanguins qui les irriguent et de la peau qui les recouvre. Haller avait d'ailleurs affirmé: 'on peut regarder le muscle comme une corde qui tire un poids vers son point d'appui' (*Eléments de physiologie*, 1752, p.95). S'il est exagéré de dire que la structure des muscles est 'inconcevable', l'article 'Fibre' de l'*Encyclopédie* est pourtant un bilan bien plus d'incertitudes et d'ignorances sur leur nature que de connaissances bien établies.

20. Rappelons du mot 'machine', avec G. Cayrou (*Le Français classique*, 6ᵉ éd., p.530), qu'il pouvait signifier: 'Ensemble des parties, des organes qui constituent un tout, vivant ou non, et produisant des effets déterminés sans transmettre une force au dehors: organisme, corps'. Quant aux différentes liqueurs coulant dans la 'machine', ce sont, outre le sang, d'après l'*Encyclopédie* (article 'Sang'), la lymphe, la salive, le suc pancréatique, la semence, l'urine, le chyle, etc. Les tamis désignent donc métaphoriquement les différents organes (glandes essentiellement) où l'on pensait que le sang se transformait en ces diverses liqueurs. 'Toutes les humeurs du corps humain [...] tirent uniquement leur origine du sang poussé par l'aorte. Expliquons donc par la structure des glandes l'artifice de la nature dans la production de ces humeurs' (Haller, *Eléments de physiologie*, p.38).

21. Il s'agit du cœur ('gros réservoir') logé dans la cage thoracique formée par les côtes ('demi cerceaux') qui partent de la colonne vertébrale pour se rejoindre au sternum.

22. Au sujet de la force étonnante de ces contractions et dilatations, Haller avait donné les résultats des mesures qu'on s'était efforcé d'en faire: 'Le cœur pousse donc 25 livres avec une vitesse capable de leur faire parcourir 149 pieds en une minute' (*Eléments*, p.25).

23. Il s'agit de l'estomac, comparé par l'*Encyclopédie* à une musette, et qui se remplit par l'œsophage et se vide par le pylore. Mais les fonctions que Voltaire lui attribue (se remplir du nécessaire et se vider du superflu) constituent une approximation très grossière: on n'ignorait nullement au dix-huitième siècle que l'estomac avait pour fonction de convertir la nourriture en chyle, pour l'évacuer ensuite dans le duodenum, et que la sélection entre éléments nutritifs et éléments résiduels s'opérait dans l'intestin.

24. Voir n.27.

25. Le prodige de la force musculaire, dont Haller (*Eléments*, p.95-96) s'était déjà émerveillé, est ici destiné à justifier l'assimilation du corps humain à 'un profond ouvrage de mécanique et d'hydraulique'.

26. Rien de moins platonicien que l'ordre même de cet exposé, puisque nous voici passés des grandes fonctions physiologiques à la fonction cognitive. Le mot âme en est soigneusement banni, alors que le Platon du *Timée*, partant de l'existence de l'âme créée par le Démiurge, montrait comment les dieux subalternes n'ont façonné le corps qu'en vue d'y loger l'âme immortelle. Le disciple de Locke sait bien quant à lui que nous ignorons tout de la nature de l'âme; que l'innéisme cartésien est une chimère, parce que 'toutes les idées viennent par les sens', comme l'affirmait dès 1734 le titre du chapitre 3 du *Traité de métaphysique*. C'est donc seulement après que la machine humaine, dotée de ses différents organes, s'est mise à fonctionner, que les perceptions ont pu s'effectuer et être enregistrées par la mémoire: 'nous les rangeons ensuite sous des idées générales et de cette seule faculté que nous avons de composer et d'arranger ainsi nos idées, résultent toutes les vastes connaissances de l'homme' (M.xxii.203).

27. Qu'il s'agisse comme plus haut de l'ensemble du corps humain, 'si profond ouvrage [...] que ceux qui l'auront étudié ne pourront jamais le comprendre', ou bien, comme ici, du problème particulier de la génération, on notera l'affirmation péremptoire des limites de la connaissance humaine: conviction fondamentale dans la pensée voltairienne, dont R. Pomeau (*La Religion de Voltaire*, p.411-13) et J. Roger (*Les Sciences de la vie*, p.143-45) ont successivement montré la permanence et l'importance. Pour Voltaire, le savant a tôt fait de buter sur Dieu, c'est-à-dire sur l'inconnaissable, découvrant du même coup les bornes infranchissables du savoir humain. Il est donc toute une série de mystères que la science ne saurait jamais percer, parce qu'elle empiéterait sur les prérogatives du Créateur; et parmi eux, au premier chef, le mystère de la génération, dont les Maupertuis, Buffon et Needham ont eu la folle prétention de rendre compte.

28. L'idée avait été développée aux chapitres 26 et 50 de la *Philosophie de l'histoire*. Dans 'Des sectes des Grecs', Voltaire louait l'extrême tolérance des gouvernements grecs en matière de philosophies et de religions, même à Athènes qui s'est finalement repentie de l'exécution de Socrate (Voltaire 59, p.180). Dans 'Des Romains [...] leur tolérance' Voltaire juge 'très remarquable' que chez eux 'on ne persécuta jamais personne pour sa manière de penser' (p.264).

Affirmations hâtives, selon Larcher, qui avait apporté bien des réserves (S.67, p.207 ss): les Grecs toléraient tous les cultes, seulement dans la mesure où ils ne s'opposaient pas à la religion d'état; ce dont Socrate a fait la triste expérience, puisqu'on l'accusait précisément de ne pas reconnaître les dieux de la République: ne pas reconnaître les dieux nationaux constituait à Athènes un crime capital. On voit par cet endroit de la *Défense de mon oncle* que Voltaire n'a pas seulement daigné relever ces réserves de l'adversaire. Il est à croire que Larcher en fut très morfondu, car il ajoutera en 1769 une page assez violente sur l'hypocrisie de certains incrédules qui 'ne sont tolérants que du bout des lèvres' et feraient en fait d'implacables persécuteurs s'ils avaient l'autorité en main

(S.69, p.313). Dès la *Réponse à la Défense de mon oncle* il avait vitupéré un 'tyran odieux' en 'cet homme qui nous prêche la tolérance' (p.28).

Chapitre XXI. Seconde diatribe

1. On ne peut aborder la lecture de cette diatribe sans connaître l'état de la controverse sur Sanchoniathon dans la seconde moitié du dix-huitième siècle et la position prise par Voltaire.

1) L'état de la question.

Les seuls fragments qui nous soient parvenus de cet historien phénicien se trouvent aux premier et quatrième livres de la *Préparation évangélique* d'Eusèbe de Césarée (270-338), ouvrage écrit en grec où Eusèbe cite Sanchoniathon dans la traduction grecque qu'avait proposée Philon de Byblos sous les Antonins. Signalons à ce propos que l'édition de Sanchoniathon à laquelle renvoie Th. Besterman (D14399, n.1) n'est pas recevable. Il s'agit de *Sanchuniatonis historiarum phoeniciae libros novem*, éd. F. Wagenfeld (Bremae 1837). Cette édition est la supercherie d'un faussaire, qui prétendit en 1836 avoir retrouvé dans un couvent portugais un manuscrit entier de neuf livres de l'ouvrage de Philon de Byblos. Malgré son habileté, Wagenfeld fut rapidement démasqué (voir *Dictionnaire de la Bible: supplément*, Paris 1966, vii.1354, article 'Philon de Byblos', par M. Sznycer). Si l'apologiste chrétien qu'est Eusèbe reproduit la mythologie de Sanchoniathon, c'est parce que son adversaire Porphyre (233-304), disciple de Plotin et résolument hostile aux chrétiens et en particulier à la Bible, avait cité comme parfaitement authentique cette cosmogonie phénicienne, pour attaquer la véracité de l'histoire mosaïque. Or Eusèbe pense pouvoir retourner l'autorité de Sanchoniathon contre Porphyre, en dénonçant dans cette mythologie païenne son extravagance et son immoralité.

A quelle époque Sanchoniathon a-t-il vécu? Eusèbe cite là-dessus Porphyre dont il partage entièrement l'avis: sous le règne de Sémiramis, peu avant la guerre de Troie, dans un temps proche de celui de Moïse (voir *Préparation évangélique*, i.31-32).

Porphyre et Eusèbe ne doutent donc pas de l'authenticité ni de l'ancienneté de l'auteur qu'ils utilisent. Face à cette attitude, la critique moderne devait se partager en deux courants principaux:

L'un qui nie l'authenticité même de Sanchoniathon et du fragment conservé par Eusèbe pour en faire un apocryphe probablement forgé au temps de Porphyre, vraisemblablement pour les besoins de la polémique anti-chrétienne de l'époque (position de R. Simon, Dodwell, Stillingfleet, Montfaucon, Van Dale, Dom Calmet, Tournemine, Larcher, etc.).

L'autre qui incline à voir dans Sanchoniathon un auteur authentique ayant réellement écrit en phénicien, même si pour quelques-uns, comme Vossius et Warburton, il n'est peut-être pas aussi ancien que le dit Porphyre (position de Huet, Bochart, Vossius, Cumberland, Banier, Fourmont l'aîné, Warburton. Pour le détail des références, voir *DMO*, p.632-33. On pourra aussi compléter en consultant l'édition P. Tort de l'*Essai sur les hiéroglyphes des Egyptiens* de Warburton, Paris 1979, p.250-55). Ces critiques étant, comme Huet, convaincus de l'antériorité des livres de Moïse sur les cosmogonies païennes, la plupart sont donc plus ou moins prêts à admettre sinon sa thèse du moins l'essentiel de ses conclusions: Sanchoniathon avoue avoir puisé dans les écrits très anciens de l'Egyptien Thaut, qui lui ont été fournis par le prêtre Jérombal. Pour Huet et Bochart il s'agit là de Gédéon qui aurait communiqué à Sanchoniathon les livres mêmes de Moïse; car selon Huet ce Thaut n'est autre que Moïse; et ainsi s'explique l'étrange rencontre de Sanchoniathon avec la Bible sur certains points: l'historien phénicien s'est inspiré des livres de Moïse, de toute évidence son aîné d'un siècle ou deux (*Demonstratio evangelica*, p.74).

2) La position de Voltaire.

Le polémiste a vite compris quel avantage il trouverait à se ranger aux côtés des partisans de l'authenticité et de l'ancienneté, à condition de renverser une fois de plus les conclusions de Huet: cette cosmogonie phénicienne prendrait rang, avec les cinq Kings des Chinois, l'Ezour-Vedam des anciens Brames ou le livre du Zend des Parsis, parmi ces documents d'une antiquité bien supérieure à celle des livres mosaïques, et dont certains apparaissent même comme des sources probables des écrits bibliques, de confection plus récente. Aussi la *Philosophie de l'histoire* affirmait-elle la 'prodigieuse antiquité' du livre de Sanchoniathon, qui vivait 'longtemps avant la guerre de Troie' et 'à peu près du temps de Moïse', mais effleurait à peine le problème de l'authenticité (Voltaire 59, p.136) qu'au contraire Voltaire commence ici par discuter. On notera qu'après 1769 il s'est définitivement persuadé de l'incontestable antériorité de Sanchoniathon sur Moïse, qu'il déduit du silence du premier sur le second (voir M.xxviii.147 et xvii.56, 257, 571).

2. Cette première phrase définit la position de Voltaire dans la controverse et du même coup ce que sera la diatribe, au moins en partie: une réfutation. Il est certainement légitime de la prendre pour une réponse aux pages du *Supplément*, où Larcher s'était efforcé de démontrer l'inauthenticité, reprenant pour l'essentiel et de son propre aveu l'argumentation de Dodwell, qu'il complète par quelques vues personnelles sur des difficultés de chronologie (voir S.67, p.106-12). Si toutefois Larcher n'est pas nommé, c'est probablement à dessein et parce que Voltaire entend réfuter ici non seulement son adversaire du moment, mais aussi, avec davantage de hauteur de vue, tous ceux qui, depuis Richard Simon et Dodwell, avaient défendu la thèse de l'écrit apocryphe.

3. Ce sont très exactement les mobiles que prêtent à Porphyre les critiques qui le soupçonnent d'avoir eu recours à une fraude pour mieux ruiner l'autorité du Pentateuque. La 'prétention disputée' est ici celle de la vérité sur les origines du monde, que Porphyre trouve dans Sanchoniathon et non dans Moïse. Or Larcher avait montré, à la suite de Dodwell, combien la caution de Porphyre est douteuse, parce qu'on le connaît par ailleurs pour un auteur qui n'est pas toujours de bonne foi. On pourrait même l'accuser d'avoir forgé l'apocryphe,

si le compilateur Athénée n'en avait parlé de son côté. Si bien que l'auteur de la fraude est probablement Philon de Byblos, le prétendu traducteur, dont la supercherie aura échappé à Athénée. Au reste comment expliquer que de Philon à Porphyre, personne n'ait fait mention de l'ouvrage de Sanchoniathon, parmi les historiens curieux de l'antiquité phénicienne? Après Porphyre, même silence étrange et chez les Pères de l'Eglise et surtout chez tous les historiens ayant écrit de l'antiquité phénicienne, en particulier chez Josèphe, qui cite pourtant beaucoup d'historiens phéniciens et a fait des recherches personnelles très poussées dans les archives de Phénicie. Pourquoi aussi Platon et Pythagore, qui s'intéressèrent de si près à la Phénicie, n'ont-ils dit mot de Sanchoniathon? Pourquoi celui-ci resta-t-il toujours aussi peu connu, après qu'on eut traduit en grec Mochus, Théodote et Hypsicrate, trois historiens phéniciens? Aussi l'histoire de Sanchoniathon n'est-elle qu'*un ouvrage supposé et destiné à ruiner et décréditer les livres saints*, dont Eusèbe a trop facilement admis l'authenticité, parce qu'il servait son propos, et aussi par un manque évident de sens critique, dont il n'a donné que trop de preuves par ailleurs (voir S.67, p.109-12).

4. Voltaire avait déjà relevé au chapitre 32 de la *Philosophie de l'histoire* la confection par de dévots imposteurs d'oracles sibyllins annonçant manifestement le Messie. Il y est revenu dans l'*Examen important de milord Bolingbroke* en prêtant aux 'Galiléens' l'habileté de comprendre qu'il fallait gagner les païens par l'autorité même de leurs oracles (M.xxvi.238-39).

5. Dans la première, Pilate, après avoir énuméré à l'empereur Tibère les prophéties messianiques des Hébreux, atteste leur parfait accomplissement pendant qu'il gouvernait la Judée, y compris la résurrection du Christ. Dans la seconde, il avoue que 's'il n'avait pas craint une sédition, peut-être 'ce noble juif' vivrait encore' (M.xxvi.245-46).

6. Le magicien, défiant Simon Pierre en présence de Néron de voler comme lui dans les airs et aussi haut, se mit à voler en effet; mais Pierre 'pria Dieu avec tant de larmes que Simon tomba et se cassa le cou. Néron, indigné d'avoir perdu un si bon machiniste par les prières de Simon Pierre, ne manqua pas de faire crucifier ce Juif la tête en bas' (M.xxvi.250).

7. Voltaire s'indigne que l'Eglise ait osé, durant des siècles, imposer aux fidèles la croyance en l'authenticité de cette donation, dont tout le texte sera cité dans l'édition de Kehl de l'*Essai sur les mœurs* (*Essai*, i.300-301): Constantin confère au Pape à perpétuité la dignité impériale, ainsi que de nombreuses possessions territoriales (version légèrement différente en M.xxxi.96).

8. Les décrétales sont des 'lettres des papes qui règlent les points de doctrine ou de discipline et qui ont force de loi dans l'église latine' (M.xviii.319). Dès 1756, Voltaire avait expliqué au chapitre 20 de l'*Essai sur les mœurs* comment les papes s'étaient servis de fausses lettres de ce genre, pour asseoir et étendre leur puissance (*Essai*, i.354). L'article 'Décrétales' des *Questions sur l'Encyclopédie* contiendra en 1771 une étude beaucoup plus étoffée d'une imposture qui, introduite en France au huitième siècle, ne sera dénoncée qu'au seizième (voir M.xviii.319-23).

9. Question de bon sens, à laquelle Larcher a tenté de répondre en 1769, non sans humeur et embarras: 'L'Abbé revient à la charge de plus belle et s'imaginant renverser ces raisons me demande, d'une manière arrogante, que pouvait gagner Philon de Byblos, etc. J'avais prévu cette objection et j'y avais répondu de manière à fermer la bouche à tout autre qu'à notre 'savant' Abbé' (S.69, p.144-45). Larcher rappelle alors ses principales raisons (dont on a lu le précis dans la note 3) de récuser, après Dodwell, la caution de Porphyre.

Malheureusement, il manque de cohérence avec lui-même: les mobiles qu'il analyse ici sont ceux de Porphyre qu'il a pourtant lui-même disculpé plus haut de cette 'fourberie', pour en rejeter la responsabilité sur Philon de Byblos. Voltaire l'avait au demeurant suivi sur son terrain, en déplaçant le problème de Porphyre à Philon, puisqu'il pose sa question à propos de Philon précisément. Dans son embarras, Larcher ne sait répondre qu'en refaisant un procès d'intention à Porphyre et c'est répondre à côté.

10. Poète grec dont nous ne savons guère plus que l'époque approximative (milieu du huitième siècle) et qui, outre son célèbre poème *Les Travaux et les jours*, a écrit une *Théogonie* (qui est aussi une cosmogonie), dont l'authenticité n'a pas été mise en cause, malgré les interpolations qu'on y relève.

11. Voltaire ignore résolument les preuves qu'avait données Larcher de la crédulité naïve d'Eusèbe: 'D'ailleurs on sait qu'il n'était pas un grand critique. Il serait aisé de le faire voir [...] Je me contente seulement de dire qu'il regarde comme authentiques la lettre qu'Abgar, roi d'Edesse, écrivit à Jésus-Christ, pour le prier de le guérir, et la réponse que lui fit Jésus-Christ, qui lui envoya aussi son portrait. Après une pareille preuve de la crédulité de ce Père, je pense que son témoignage en faveur de Sanchoniathon ne paraîtra pas d'un grand poids' (S.67, p.112).

Voltaire lui-même n'avait certainement pas une haute idée du discernement d'Eusèbe: il a trop souvent ridiculisé les histoires miraculeuses de martyres qu'Eusèbe rapporte sérieusement (M.xx.39; xi.232) ou dénigré cet 'historien' si crédule (M.xi.236). Mais parce qu'il y trouve pour une fois son avantage, voilà la caution d'Eusèbe devenue parfaitement recevable! Mauvaise foi de polémiste, qui s'étalera avec plus d'assurance encore en 1769 dans *Dieu et les hommes* (voir M.xxviii.148-49).

12. On a déjà remarqué l'évolution de Voltaire sur ce problème chronologique (voir n.1). Ce flottement n'a rien de choquant et tient sans doute à l'extrême incertitude de la chronologie au dix-huitième siècle (voir ch.12, n.21). Les seules indications dont disposaient Voltaire et ses contemporains étaient celles de Porphyre, cité par Eusèbe (*Préparation évangélique*, i.31-32): si Sanchoniathon est bien informé, c'est pour avoir disposé des mémoires de Jérombal, prêtre du dieu Jévo, lequel avait dédié son histoire au roi de Béryte Abibal, qui vivait avant la guerre de Troie et à peu près en même temps que Moïse. Quant à Sanchoniathon, il aurait vécu un peu avant ou pendant la guerre de Troie sous le règne de Sémiramis. Est-ce trahir Porphyre et prendre avec la chronologie une liberté excessive que de faire de Sanchoniathon lui-même, et non plus de Jérombal, le

contemporain des dernières années de Moïse? Il ne le semble pas: beaucoup de chronologistes situaient la chute de Troie aux alentours de 1400 avant J.-C. et la mort de Moïse entre 1480 et 1450: l'écart n'est pas assez grand pour rendre la déduction de Voltaire déraisonnable. Mais celui-ci n'ignorait pas les avis opposés, comme par exemple celui de Warburton, soupçonnant que 'Sanchonia-thon lived in a later age than his interpreter, Philo, assigns to him' (*Divine legation*, i.175).

13. Ce point sera précisé en 1769 dans une addition à la *Philosophie de l'histoire*: 'Or Sanchoniathon écrivait en Phénicie, pays voisin de la petite contrée cananéenne, mis à feu et à sang par Josué, selon les livres Juifs' (Voltaire 59, p.164, variante).

14. Prêtre égyptien de la ville de Sébennytos, qui vivait vers 300 avant J.-C. sous Ptolémée Philadelphe et composa en grec une Histoire d'Egypte en trois livres qui ne nous est pas parvenue, à l'exception de quelques fragments conservés par George Le Syncelle et de passages cités par Josèphe dans le *Contre Apion*.

15. Grammairien et philosophe stoïcien, ayant vecu vers le milieu du 1er siècle après J.-C. et dont le principal ouvrage était une Histoire d'Egypte.

16. Esprit au savoir encyclopédique, ce directeur de la bibliothèque d'Alexan-drie (276-196 avant J.-C.) est surtout connu comme astronome, mathématicien et géographe. Ses recherches historiques ont porté principalement sur la chrono-logie. Il ne nous en reste plus que des fragments, ainsi qu'une liste des trente-huit premiers rois de la Thèbes égyptienne.

17. Le premier de ces 'docteurs' est évidemment Voltaire lui-même et l'on a vu (n.1) que ce 'soupçon' de 1767 deviendrait certitude après 1769.

18. Allusion à Huet, Bochart, Vossius, Calmet, etc. A la suite de Suidas, ces interprètes jugeaient que le Jérombal dont parle Sanchoniathon était très probablement à assimiler au Jérobal du livre des Juges, qui n'est autre que Gédéon (voir *Demonstratio evangelica*, p.74).

19. A cette objection embarrassante, Bochart avait répondu (*Geographia sacra*, p.859) qu'un étranger comme Sanchoniathon avait bien pu prendre un prince pour un prêtre, les deux dignités étant désignées en hébreu du même mot (cohen).

Larcher, comme Voltaire, ne croyait pas possible d'identifier Jérombal à Gédéon, mais seulement pour des raisons de chronologie, car ce serait alors faire vivre Sanchoniathon 'plus de cent cinquante ans' (S.67, p.118).

20. On lisait dans la *Philosophie de l'histoire* un compte rendu de la cosmogonie phénicienne faisant au contraire ressortir des similitudes avec celle de la Genèse (i.1-26): du chaos 'Chaut Ereb' sortit d'abord 'Muth' (ou 'Moth'), la matière, qu'arrangea ensuite 'Colpi Iaho', la voix de Dieu, qui a fait naître les animaux et les hommes (voir Voltaire 59, p.135). Bel entassement de bévues, selon Larcher, qui en a fait un dénombrement impitoyable et montré que Voltaire, loin d'avoir travaillé sur le texte même d'Eusèbe, s'est borné à piller la *Geographia*

sacra de Bochart, mais en accumulant les contresens et les confusions (Chaut Ereb et Colpi Iaho ne sont pas dans Sanchoniathon, mais seulement dans le commentaire de Bochart; confusion entre 'Moth', le limon et 'Muth', le dieu des morts en phénicien, etc.; voir S.67, p.126-33). Bref, Voltaire a discrètement mais largement profité ici des mortifiantes leçons d'érudition données dans le *Supplément*.

Larcher faisait aussi remarquer avec justesse qu'Eusèbe avait bien vu le sens général de la cosmogonie phénicienne, en jugeant qu'elle 'introduit ouvertement l'athéisme'. Elle fait naître la vie non pas du souffle créateur de Dieu, mais de la corruption de la matière et s'enrichit même d'intuitions évolutionnistes (voir S.67, p.130-31).

Voltaire a donc été assez ébranlé pour définir ici la cosmogonie de Sanchonia-thon comme 'absolument contraire à la Genèse'. Son athéisme sera même souligné quelques pages plus loin (mais avec une discrète prudence, Voltaire faisant encore intervenir un 'esprit vivifiant'): 'Sanchoniathon ne parle point expressément d'un dieu dans sa cosmogonie; tout chez lui semble avoir son origine dans le chaos et ce chaos est débrouillé par l'esprit vivifiant qui se mêle avec les principes de la nature'.

21. Affirmations passablement surprenantes: si pour le récit de la formation même de l'univers, il n'y avait guère de similitudes à découvrir entre la version phénicienne et la version mosaïque, l'histoire des premières générations humaines, en revanche, offrait si bien matière à rapprochement que Cumberland en 1720 et Fourmont en 1735 dressaient des tables de concordance, qu'on trouvera reproduites à la suite des notes de ce chapitre (voir aussi le résumé critique que donne Fourmont du système de Cumberland dans *Réflexions sur l'origine, l'histoire et la succession des anciens peuples*, i.76). Voltaire lui-même ne remarquera-t-il pas un peu plus loin que Sanchoniathon 'commence son histoire au même temps où commence la Genèse' et 'compte le même nombre de générations'?

22. En fait, le texte d'Eusèbe ne dit pas clairement si cet 'aveu' doit être imputé à Sanchoniathon ou à Philon son traducteur: 'Le même écrivain [...] ajoute de son chef en disant: ces choses ont été trouvées écrites dans la cosmogonie de Taautos' (*Préparation évangélique*, i.35). Pour le traducteur Séguier de Saint-Brisson (1846), 'le même écrivain' désigne Philon, mais pour Cumberland qu'avait lu Voltaire, il s'agissait de Sanchoniathon (voir *Sanchoniatho's Phoenician history*, p.3).

23. Ce nom aux orthographes très diverses (Thot, Thaut, Taautos, Thoot, Theuth, Touth, etc.) se rencontre plusieurs fois dans Sanchoniathon, qui l'a en outre situé dans sa généalogie: 'De Misor naquit Taautos qui découvrit l'écriture et forma le premier les lettres. Les Egyptiens le nommèrent Thoot, les Alexandrins Thouth, les Grecs Hermès' (*Préparation évangélique*, i.37). Voltaire lui-même l'assimilera à l'Hermès Trismégiste (M.xix.340). Il était à peine question de Thot dans la *Philosophie de l'histoire* en 1765: 'Manéthon, cité dans Eusèbe, parle de deux colonnes gravées par Toth, le premier Hermès, en caractères de

la langue sacrée. Mais qui sait en quel temps vivait cet ancien Hermès?' (Voltaire
59, p.164); question laissée alors sans réponse, du moins jusqu'à cette diatribe,
qui en offre une assortie des précisions suivantes: 'Thot qui gouvernait une
partie de l'Egypte et qui avait établi la théocratie huit cents ans avant l'écrivain
phénicien était à la fois prêtre et roi'. D'où provient l'indication de ces huit
siècles? De Sanchoniathon lui-même, répond ici Voltaire (voir aussi M.xvii.258).
Or nous n'avons pu retrouver cette précision dans Eusèbe. D'où vient donc
que Voltaire en 1767 peut répondre avec cette assurance à la question qu'il se
contentait de poser en 1765? Très probablement d'une réévaluation des positions
de Warburton sur ce problème de chronologie discuté dans la *Divine legation*
(iii.158-61; voir aussi la traduction de Léonard Des Malpeines dans l'édition
P. Tort, p.165-67). Si Manéthon dit clairement que les écrits de Thaut, le premier
Hermès, composés en langue sacrée, ont été traduits en grec avec des caractères
hiéroglyphiques par Agathodemon, le second Hermès, père de Tat, *après le
déluge*, Warburton voit dans cet endroit du texte, une incohérence qui en décèle
une corruption manifeste et en conclut que Manéthon s'est lourdement trompé
dans la datation de cette traduction, qui ne daterait selon lui que du temps du
pharaon Psammétique 1er (663-609 avant J.-C.). Si Larcher n'hésite pas à rejeter
ces conjectures de l'évêque comme dépourvues de fondement (S.69, p.248-49),
Voltaire quant à lui n'avait certainement pas les moyens d'arbitrer le débat.
D'où sa perplexité en 1765 ('Mais qui sait en quel temps vivait cet ancien
Hermès?'). Cependant, conduit en mai 1767 à un examen approfondi des
rapports de Sanchoniathon et de Thaut, à l'occasion de cette diatribe et aussi
des *Homélies prononcées à Londres* (M.xxvi.338), il s'est probablement convaincu –
cela servait trop bien son propos – qu'il fallait opter pour Manéthon contre
Warburton, c'est-à-dire placer Thaut un peu avant le déluge (an du monde
1656), puisque ses livres ont été traduits après. Comme Moïse est mort aux
alentours de l'an du monde 2550 et qu'en 1767 Voltaire place encore Sanchoniathon à peu près 'dans les dernières années de Moïse', il peut donc avoir conclu
par un calcul très approximatif que huit siècles environ séparaient Sanchoniathon
du déluge et finalement de Thaut. (Remarquons en effet que dans Cumberland
(p.40), Voltaire trouvait une table chronologique des générations de Sanchoniathon où Thot est placé juste avant le déluge, daté là aussi de l'an du monde
1656. Voir cette table, après les notes de la présente diatribe).

24. Argument probablement tiré de la *Divine legation*: selon Warburton, les
écrits de Thaut avaient été rédigés non pas avec des signes hiéroglyphiques,
mais déjà avec des caractères alphabétiques dont l'usage en Egypte aurait été
beaucoup plus ancien qu'on ne le croit ordinairement (voir iii.159-62). Quant
à Voltaire, il avait marqué au chapitre 13 de la *Philosophie de l'histoire* l'importance
capitale de la divulgation d'un alphabet entre nations commerçantes et souligné
le rôle essentiel qu'avait joué à cet égard celui des Phéniciens, 'le plus complet
et le plus utile'.

25. Antiquité dont Voltaire avait précisé en 1756 qu''on' l'évaluait à neuf mille
ans, sans qu'on sache qui désigne ce 'on' (*Essai*, i.247). L'estimation proposée

par la suite, dans la *Philosophie de l'histoire*, est plus vague encore: 'les Parsis ou Perses prétendaient avoir eu parmi eux, il y avait six mille ans, un ancien Zerdust' (Voltaire 59, p.127); mais Voltaire ne dit pas à quelle époque les Parsis trouvaient cette somme de six mille ans.

26. Ce sont aux yeux de Voltaire les nations les plus anciennes, après les Indiens et les Chinois. L'ordre suivi ici reflète à peu de choses près celui des chapitres de la *Philosophie de l'histoire*: Chaldéens (10), Persans (11), Syrie (12), Phéniciens (13), Inde (17), Chine (18), Egypte (19 à 23).

27. Cette docte précision est empruntée au savoir de Larcher qui, lisant dans la *Philosophie de l'histoire* que 'la Phénicie était appelée le pays des Archives, Kirjath Sepher' et que les Hébreux lui ont rendu ce témoignage dans Josué et les Juges (Voltaire 59, p.134), avait dénoncé là 'un plagiat et trois fautes grossières [...] sans compter un contresens que n'aurait point fait un petit écolier de sixième' (S.67, p.120-122). Voltaire en effet s'est inspiré de Bochart, mais sans le comprendre: Bochart a dit simplement que la ville même de Phénicie (et non le pays) est appelée dans l'Ecriture tantôt Kirjath Sepher, la ville des Lettres, tantôt Kirjath Sanna, la ville de la Doctrine, tantôt Kirjath Arche, la ville des Archives. Et tout ce que disent les livres de Josué (xv.49) et des Juges (i.11), c'est que la ville de Dabir s'appelait aussi Kirjath Sanna ou Kirjath Sepher. Voltaire s'est donc corrigé dans la *Défense* avec autant de docilité que de discrétion (le texte de la *Philosophie de l'histoire* ne sera cependant pas corrigé avant l'édition de Kehl). Mais Larcher le relèvera en 1769: 'On voit qu'il a profité du *Supplément*; il aurait dû seulement avoir l'honnêteté d'en convenir' (S.69, p.155).

28. Juges i.12 et 13.

29. Perseverare diabolicum, selon Larcher, qui en 1769 passera dédaigneusement: 'Mais lorsqu'il ajoute quelques lignes plus bas que la Phénicie, Sidon et Tyr étaient appelés le pays des Livres, le pays des Archives; on sent que c'est un "old dotard", qui pense qu'une ennuyeuse répétition de la même chose équivaut à une raison. Comme il n'a point appuyé son assertion d'aucunes preuves, je suis dispensé de lui répondre' (S.69, p.155-56).

30. Rappel d'idées déjà développées dans la *Philosophie de l'histoire* (Voltaire 59, p.133).

31. Indication qui peut paraître hasardeuse ou tout au moins bien vague, puisqu'il n'y a dans Sanchoniathon aucun repère chronologique. Mieux vaudrait parler de parallélisme entre ces deux livres racontant les commencements du monde: Moïse et le Phénicien ont en commun de faire apparaître les premières générations humaines immédiatement après avoir proposé leur cosmogonie respective.

32. On verra, par les tables de Cumberland et Fourmont placées après les notes de cette diatribe, que ce n'est pas tout à fait exact: pour deux des générations de Sanchoniathon, la quatrième et la cinquième, Cumberland et Fourmont ne trouvaient pas de correspondance chez Moïse.

33. L'absence de tout déluge dans l'histoire d'un empire 'formé il y a plus de quatre mille ans', avait été soigneusement soulignée dans la *Philosophie de l'histoire* (Voltaire 59, p.153). Voltaire a très probablement puisé l'information dans les *Anciennes relations des Indes et de la Chine* d'Eusèbe Renaudot, dont l'exemplaire de sa bibliothèque porte des traces de lecture (BV, no.2950). On y raconte (p.67) qu'au cours d'une entrevue de l'Arabe Ebb Wahab avec un empereur chinois, ce dernier affirme à son interlocuteur mentionnant le déluge universel, que ce déluge n'est jamais venu à la Chine non plus qu'aux Indes.

34. Ovide raconte, au livre I des *Métamorphoses*, comment l'injustice et l'impiété des premiers hommes révoltèrent le maître des dieux qui décida de noyer la race tout entière dans un déluge quasi universel, dont les vers 263 à 312 donnent une description grandiose.

35. Les recueils de métamorphoses, qui pullulaient à l'époque alexandrine, formaient une sorte de fonds commun auquel Ovide a naturellement beaucoup emprunté, ce qui n'exclut pas chez le poète latin une invention du détail où s'affirment ses dons d'ingéniosité et d'imagination.

36. Contradiction si flagrante avec la citation que Voltaire lui-même a faite de l'Ezour-Védam au chapitre 13 (ch.13, l.28-39 et n.12), qu'il y a là un nouvel indice de la composition très hâtive de la *Défense* (citation qu'au surplus il avait une première fois utilisée dans l'*Essai sur les mœurs* en 1761!). Une simple relecture de son ouvrage eût permis à Voltaire visiblement trahi par sa mémoire de s'apercevoir de cette grossière méprise; mais il est à croire qu'il n'en eut pas même le temps. Le baron de Sainte-Croix l'a en tout cas relevée avec une diplomatie prudente (voir l'*Ezour-Védam*, ii.205-206).

37. Précision probablement due aux remarques de l'adversaire. La *Philosophie de l'histoire* avait évoqué le déluge d'Ogygès comme un vaste cataclysme ayant transformé la Grèce entière en désert pour deux siècles. Larcher remontrait (S.67, p.192-95) que Jules l'Africain, qui rapporte l'événement, n'a jamais parlé de la Grèce entière, mais de la seule Attique. Aussi Voltaire concède-t-il ici le caractère très local de ces deux événements, même du déluge de Deucalion (dont pourtant le contexte suggérait un peu plus haut qu'il fallait le tenir pour universel, comme en persuade au demeurant la lecture d'Ovide: 'On prétend même que les Indiens avaient déjà parlé d'un déluge universel avant celui de Deucalion'). Voltaire a donc ici renoncé à mobiliser le témoignage de la tradition grecque pour contribuer à établir la croyance quasi générale de l'Antiquité au déluge.

38. Fils d'Asclépiade, ce poète, grammairien et mythographe grec, né à Athènes, vivait en effet aux alentours de 140 avant J.-C. Ses ouvrages, nombreux et variés, ne nous sont pas parvenus, à l'exception d'une *Bibliothèque mythologique* en trois livres, où il évoque (livre I) le déluge de Deucalion, mais sans en faire une inondation universelle, puisque seule est submergée 'la plus grande partie de la Grèce'. Il est vrai que Calmet avait comparé le déluge biblique avec celui de Deucalion, tel qu'il est rapporté par Ovide et Apollodore (*Dictionnaire*, ii.225).

39. Ces auteurs n'ont fait mention d'aucun déluge d'aucune sorte. Pindare

semble être le premier à avoir parlé du déluge de Deucalion, dans sa 11ᵉ Olympique. Platon en parlera dans le *Critias*, Aristote dans un passage des *Météorologiques*, etc.

40. La question de l'universalité du déluge avait été souvent débattue et conclue négativement par des esprits nullement suspects de libertinage, comme le Pelletier de Rouen ou Isaac Vossius. Dans sa dissertation *De vera aetate mundi* (1659), son épître à André Colvius, ses réponses à Christiaan Schotanus et George Hornius, Vossius avait soutenu que l'universalité du déluge était contraire à la nature et à la raison, et que c'était se faire une idée bien fausse de la toute puissance de Dieu que de la croire capable d'accomplir des choses contraires à l'une et à l'autre. Au surplus la population humaine ne s'étendait pas encore par tout le globe: il n'est donc pas nécessaire de supposer le déluge universel, la seule immersion des terres habitées suffisant à la destruction de la race humaine résolue par Dieu.

41. Il semble inexact que l'Eglise ait réellement fait de ce point un article de foi, du moins à en croire Calmet, qui, quoique partisan résolu de l'universalité, rapporte le vigoureux plaidoyer que fit en faveur de Vossius en 1685 le père Jean Mabillon, devant les consulteurs de la sacrée congrégation de l'Index (voir *Dictionnaire*, ii.218-19).

42. Traduction faite d'après la traduction anglaise de Cumberland (voir *Sanchoniatho's Phoenician history*, p.3-4) et non pas d'après le texte grec, dont le début est beaucoup moins clair: Ἀλλ' οὗτοι γε πρῶτοι ἀφιέρωσαν καὶ τῆς γῆς βλαβτήματα. Or c'est déjà une conjecture de la part de Cumberland d'avoir rendu οὗτοι γε πρῶτοι par: 'these first men', puisque dans la phrase précédente (qui est, il est vrai, une phrase de liaison intercalée dans la traduction de Philon par Eusèbe lui-même), il est question des vents Borée et Notus. (Larcher traduit du reste par: 'ces *vents* furent les premiers qui consacrèrent les productions de la terre'; S.67, p.131). La traduction de Cumberland suppose donc que juste avant le démonstratif pluriel οὗτοι, plusieurs mots ou phrases ont disparu qui auraient désigné les premières générations humaines. Tout cela, on le voit, rend assez problématique l'exploitation que tente Voltaire de ce passage, pour établir l'ancienneté du culte des oignons en Egypte.

43. Voltaire en est-il vraiment convaincu, qui écrira à Jacob Vernes, le 1ᵉʳ septembre 1767, au sujet des mêmes propos de Sanchoniathon: 'Aureste, mon cher Monsieur, il se pourait très bien que Sanchoniathon eût dit une Sottise, ainsi que des gens venus après lui en ont dit d'énormes' (D14399). Déjà, au début du chapitre 21, Sanchoniathon était irrévérencieusement présenté comme 'l'un des plus anciens écrivains qui aient mis la plume à la main pour écrire gravement des sottises'.

44. Ce verbe a dû échapper à la plume trop rapide de Voltaire; car il entend précisément établir le contraire, comme il l'avait déjà fait au chapitre 22 de la *Philosophie de l'histoire*; il y reviendra ici quelques lignes plus loin ('Il était impossible qu'il [Thot] adorât un oignon comme le maître du monde') et le réaffirmera l'année suivante: 'Sanchoniathon s'est trompé en disant que les

Egyptiens adoraient des oignons: ils ne les adoraient certainement pas, puisqu'ils les mangeaient' (M.xxvii.244).

45. Voir n.20.

46. Les conclusions de Voltaire vont certainement plus loin que ne le permettaient ses prémisses: il est incertain (voir n.42) que Sanchoniathon ait voulu parler des Egyptiens, comme il est excessif d'affirmer qu'il leur fait des 'reproches': tout au plus déplore-t-il, dans ces pratiques cultuelles primitives, la manifestation de ce que Voltaire a rendu par: 'la faiblesse et la pusillanimité de leur esprit'.

47. L'édifiante cérémonie de l'offrande des prémisses par les empereurs chinois a été évoquée dans la *Philosophie de l'histoire* (Voltaire 59, p.155), mais rien de semblable n'est mentionné à propos de l'Inde.

48. Voir Voltaire 59, p.168. La *Philosophie de l'histoire* révoquait en doute l'affirmation de Juvénal assurant (*Satires* xv.9-10) que les Egyptiens adoraient des oignons. Larcher protestera en 1769: Prudence et Lucien sont aussi catégoriques que Juvénal, l'oignon était bel et bien adoré (S.69, p.257).

49. Voir Nombres xxi.6-9. Il suffisait à tout Hébreu mordu par un serpent de regarder le serpent d'airain (élevé par Moïse au bout d'un étendard) pour demeurer en vie.

50. Le verbe de la phrase au pluriel ('étaient consacrés') et la reprise de ces deux sujets par l'expression 'ces arbres', montrent clairement que Voltaire croit citer deux exemples différents; ce qui est inexact, le térébinthe d'Abraham et le chêne de Membré étant la même chose. La Genèse raconte au chapitre 18 comment trois hommes-anges (dont Yahvé) rendirent visite à Abraham au chêne de Membré, en reçurent l'hospitalité et lui annoncèrent, ainsi qu'à Sara incrédule, qu'ils auraient un fils dans l'année, en dépit de leur grand âge. Calmet assure que ce térébinthe très fameux était en grande vénération: 'On voyait au pied du térébinthe un autel sur lequel on immolait des sacrifices profanes. L'empereur Constantin en ayant eu avis écrivit à Eusèbe évêque de Césarée et lui ordonna de renverser l'autel et de faire bâtir un oratoire au même endroit' (*Dictionnaire*, iv.336-37).

51. Voir I Rois vi.23-28.

52. La source de Voltaire peut être *La Mythologie et les fables* de l'abbé Banier, selon qui les anciens Egyptiens attribuaient la formation du monde à Cneph (voir i.96-97), ou plus probablement *Sanchoniatho's Phoenician history*, où Cumberland donne (p.13-14) Cneph pour un nom égyptien du 'demiourgos' et le rapproche du Cnuphi qui, selon Strabon, était adoré à Thèbes.

53. Ces idées avaient déjà été partiellement exprimées: en 1761, à propos du 'sage' Confucius (*Essai*, i.219-20) et en 1765, dans la *Philosophie de l'histoire*, à propos du premier Zoroastre et surtout au chapitre 27: 'De Zaleucus et de quelques autres législateurs' (Voltaire 59, p.181-82).

54. Le processus ainsi esquissé d'une dégradation de la pureté primitive de l'acte d'adoration en un ramassis de superstitions, est beaucoup moins un constat

proprement historique qu'une reconstitution a priori, procédant pour une bonne part de l'intime persuasion de Voltaire que le déisme a été la forme naturelle et première de toutes les religions. Seuls les sages ont su la conserver ou la retrouver; mais ils formeront toujours une minorité éclairée face au 'sot peuple' (et bien souvent même se garderont de le tirer d'erreur). Dès la *Philosophie de l'histoire*, le cas de l'Egypte à cet égard était jugé aussi exemplaire que celui des Romains (Voltaire 59, p.168).

55. C'est moins une vérité historique qu'une vérité conjecturée, parce que c'est une vérité de tous les temps: ces propos ont aussi une résonance très moderne. Voltaire n'est pas un partisan de la diffusion des lumières dans les masses populaires (voir par exemple la préface du *Portatif* en 1765). Il louait les philosophes de l'Inde en 1761 de ne pas instruire un peuple qui ne veut pas l'être, ni ne le mérite (voir *Essai*, i.244).

56. Sur la conquête de l'Egypte par Cambyse, voir 3ᵉ diatribe, n.17. Voltaire avait déjà justifié Cambyse dans le *Portatif* en 1764 (M.xvii.286; voir aussi M.xxx.254).

57. Une addition de 1761 à l'*Essai sur les mœurs* précise que Mahomet voulut abolir le sabisme (mélange du culte de la Divinité et de celui des astres, car ceux-ci sont regardés comme des médiateurs) au profit d'un monothéisme strict, mais qu'il dut bientôt s'enfuir (*Essai*, i.256).

58. Allusion ironique au Dieu trinitaire du christianisme, dont les chrétiens se seraient aperçus avec dépit qu'il n'aurait pas fait même recette auprès des peuples que le Dieu unique des musulmans, beaucoup plus accessible à la raison humaine (voir ch.3, n.16).

59. Si Voltaire a résolument opté pour l'authenticité de Sanchoniathon, c'est que la cosmogonie phénicienne lui était en effet précieuse et utile à plus d'un titre dans sa propagande anti-biblique: ignorance totale et troublante de l'existence de Moïse et de ses fameux prodiges; reproduction par le phénicien d'une cosmogonie antérieure de huit siècles, ce qui porte un coup sérieux à la prétendue antiquité de celle de la Genèse, ce livre d'un petit peuple tard venu; silence absolu sur le déluge dit universel; témoignage indirect mais précieux sur les pratiques cultuelles primitives attestant, avant qu'elles n'aient dégénéré en superstitions, l'existence et la pureté du déisme originel (et par là confirmation d'une idée fondamentale dans la vision voltairienne de l'histoire des religions). Les 'sottises de l'esprit humain' dont permet de s'instruire l'œuvre de Sanchoniathon sont donc avant tout celles qui portent à révérer l'antiquité et la véracité de la Genèse, celles qui font 'qu'il y a longtemps qu'on se moque de nous'; mais y entrent aussi les sottises dites par Sanchoniathon lui-même sur la prétendue adoration des oignons par les Egyptiens.

Chapitre XXI. Troisième diatribe

1. Pourquoi Voltaire a-t-il éprouvé le besoin de faire figurer à la fin de la *Défense* ce développement particulièrement dévalorisant sur l'Égypte, qui marque, par rapport à la *Philosophie de l'histoire,* une sévérité accrue et un net durcissement du ton? On peut certes songer à un désir jamais assouvi de réfuter les 'impostures' du *Discours sur l'histoire universelle.* Mais la raison est à chercher aussi dans l'actualité: en 1766 avait été publiée par le bibliothécaire et érudit Hubert Pascal Ameilhon (1730-1811) une *Histoire du commerce et de la navigation des Egyptiens sous le règne des Ptolémées.* Si Voltaire ne la commente pas dans sa correspondance, il s'est tout de même procuré l'ouvrage en août 1766 (D13477); il porte même des traces de sa lecture (BV, no.57). Le mémoire d'Ameilhon avait d'ailleurs reçu dès 1762 un prix de l'Académie des inscriptions et belles-lettres, où de Guignes et l'abbé Barthélemy faisaient figure de champions de la civilisation égyptienne. Or comme le souligne l'historien d'Ameilhon, sa victoire 'était celle des tenants de la civilisation égyptienne, dont Voltaire parlait avec tant de légèreté' (Hélène Dufresne, *Le Bibliothécaire Hubert-Pascal Ameilhon,* Paris 1962, p.127). Ameilhon – au demeurant reçu à l'Académie cette même année 1766 – réfute patiemment dans son ouvrage ceux qui niaient la mobilité du peuple égyptien avant les Ptolémées, le prétendant asservi par les prêtres et empêché de jamais quitter sa patrie pour naviguer sur les mers. Fortement appuyé sur les textes, Ameilhon s'inscrit en faux contre cette étouffante tyrannie sacerdotale et démontre que, bien avant les Ptolémées, les Egyptiens étaient déjà de grands navigateurs et de grands importateurs. Ameilhon considère même l'Egypte comme 'le berceau de la navigation' et donne des Egyptiens l'image d'un peuple maritime dont l'industrie et la prospérité ne datent pas d'hier (p.17 ss). En fallait-il davantage pour donner de l'humeur à Voltaire qui avait soutenu le contraire dans la *Philosophie de l'histoire?* (Voltaire 59, p.133). Et surtout, l'ouvrage d'Ameilhon ne contribuait-il pas à renforcer le prestige de l'Egypte au détriment des positions de plus en plus contestées des sinophiles? Car, pour comble de disgrâce, Ameilhon dans sa préface appuyait sans réserves la thèse de J. de Guignes: les Chinois ne sont bien qu'"une peuplade venue jadis de l'Egypte' (p.IX). Bachaumont (29 mai 1766) rend compte avec éloge de cette 'histoire interressante' de 'la Nation la plus ancienne et la plus active, dont il nous soit resté des monuments'. Aussi s'explique-t-on la violente réaction de Voltaire dans cette diatribe: sous l'oppression de la caste sacerdotale qui a confisqué les meilleures terres et affaibli le pouvoir royal, n'a pu que végéter dans l'ignorance une foule de 'sots esclaves', abrutis de superstition et asservis de père en fils au même métier. L'hostilité aux 'égyptophiles' qui éclate ici, est finalement un écho de l'impatience agacée qu'on perçoit au chapitre 12, sur les Chinois, dont Voltaire supporte mal qu'on conteste la très haute antiquité au profit de l'Egypte. (Sur ce rapprochement, voir n.12).

2. Diodore n'a pas parlé de four, mais seulement évoqué de façon très

Premiere Table Chronologique des Générations de Sanchoniathon, comparées avec celles de Moyfe, felon Cumberland.

An du Monde.	La Race de Seth dans Moyfe	La Race de Seth imparfaite dans Sanchoniathon, avec la reſtitution de 3 Gen. en leur place.	La Race de Caïn non corrigée, & telle qu'elle eſt dans Sanchoniathon. Généalogie 1.	La Race de Caïn dans Moyfe.
1	1 Adam a vécu 930		1 Πρωτόγονος Αἰών.	1 Adam.
130	2 Seth 912		2 Γένος. Γενεά.	2 Caïn.
235	3 Enoſh 935		3 Φῶς. Πῦρ. φλόξ.	3 Enoch.
325	4 Caïnan 912		4 Κάσιος. Λίβανος.	4 } omifes.
395	5 Mahaleel 895	Généalogie 2.	5 Μημφᾶμος. Ουσῶος.	5 }
460	6 Jared 962		6 Αγρευς Αλιευς.	6 Irad.
622	7 Enoch 365		7 Χρυσώρ ὁ καὶ ηφαιςός.	7 Mehujaël.
687	8 Methufelah 965		8 Τεχνίτης. Γήινος.	8 Methufaël.
874	9 Lamech 777	9 Ελιἔν ὁ ᾳ Τρίσος.	9 Αγρὸς. Αγρωηρος.	9 Lamech.
1056	10 Noah 950	10 Ουρανός ● Généalogie 3.	10 Αμυνος. Μαγος.	10 Jabal. Jubal.
			Le Déluge finit la Race de Caïn.	
1558	11 Japhet,Sem 600 Ham	11 Συδυκ Κρονος 11 Νηρευς ou ou ou Schem Ham Japhet. Πόντος Ποσειδῶν	11 Συδυκ. Μισωρ. 12 Κάςειρος. Thoth. 13 Filii Diofcurorum.	
1656	Le Déluge.			
1658	12 Arphaxad 438	12 Κάςειρος. Μισωρ		
1693	13 Selah	13 Τ'ιοὶ Διοσκύρων. Θωυθ.		
2006	La mort de Noë.			
2008	Naiff. d'Abraham.			

Cumberland ajoute ici le Canon des Roys de la Haute Egypte d'Eratofthene, *Menés* ou *Metfraïm*, *Athotes* 1. *Athotes* 2. *Diabies*, *Pemphos-Toegar*, *Amachus*, *Stœchus*, *Goformies*, &c. on le verra ailleurs.

Seconde Table de nôtre façon.

Les Premiers Hommes, & furtout les Inventeurs des Arts, felon Sanchoniathon.	Les premiers Hommes de la Race de Caïn, & parmi eux quelques Inventeurs des Arts, fçavoir Jabal, Jubal, Tubalcain, felon Moyfe.	Les premiers Hommes de la Race de Seth, & parmi eux *Henok*, illuftre pour fa piété.
1 Πρωτογόνος Αἰων.	1 Adam. Eve.	1 Adam. Eve.
2 Γένος. Γενεα.	2 Caïn.	2 Seth.
3 Φως Πυρ Φλόξ.	3 Henoch.	3 Enofch.
4 Κασιος Λιβανος.	4 {	4 Caïnan.
Αντιλιβάνος Βραθυ.	5 } omis.	5 Malaleel.
5 Μημρυμος, autrement Τ↓υράνιος: Ουσωος.		
6 Αγρευς Αλιευς.	6 Irad. עירד	6 Jared. ירד
7 Χρυσωρ, autrement Ηφαιςός ou Διαμιχιος, & de plus Τεχνιτης, Γηινος.	7 Mehujaël. מחויאל	7 Henok.
8 Αγρος Αγρωηρος ou Αγρoτης appellez Titanes & Αληται.	8 Methufaël.	8 Mathufaleh. מתושלח
9 Αμυνος Μαγος.	9 Lamek. { fes 2 femmes { Adah & Tfellah.	9 Lamek.
10 Συδυκ avant le Déluge.	10 Jabal { & fils d'Adah. Jubal { Tubalcaïn { enfans & de Noemah { Tfellah.	10 Noë.
Le Déluge. Συδυκ après le Déluge.	Le Déluge.	
11 Elion *qui* Τρισος.		11 Sem.
12 Μισωρ Ποντος.		
19 Ουρανος.		19 Tharé.
20 Κρονος. 20 Τααυτος.		20 Abraham.
21 Σαδίδ.		21 Sadid. Ifaac.

4. E. Fourmont, *Réflexions sur l'origine, l'histoire et la succession des anciens peuples* (Paris 1747): tables chronologiques des générations de Sanchoniathon

imprécise un procédé d'incubation artificielle. Le détail du four vient de Rollin, mais Voltaire a lu trop vite, une fois de plus: Rollin dit que si, pour faire éclore les œufs, les Egyptiens contemporains utilisent un four, ceux de l'Antiquité se contentaient de les mettre dans du fumier (*Histoire ancienne*, i.100-101). Ces fours sont décrits et illustrés dans l'*Encyclopédie* (xviii.17-18). Les donner pour une invention 'aussi ancienne que les pyramides' relève de la fantaisie: Diodore avait simplement remarqué que la transmission de ce genre de connaissances techniques très anciennes était héréditaire dans la classe des paysans et artisans.

3. Le procès des bâtisseurs de pyramides avait déjà été vigoureusement instruit dans le *Traité sur la tolérance* (M.xxv.51, n.1) et surtout dans la *Philosophie de l'histoire* (Voltaire 59, p.165-66). Cette sévérité de Voltaire, au demeurant, ne fait que renchérir sur les réserves de Bossuet et les franches critiques de Rollin (*Histoire ancienne*, i.22). Larcher en 1786 louera Voltaire d'avoir vu dans ces pyramides les monuments de la servitude: 'M. de Voltaire a eu raison de regarder la construction des pyramides comme la preuve de l'esclavage des Egyptiens et c'est avec beaucoup de justesse qu'il a remarqué qu'on ne pourrait contraindre les Anglais à élever de pareilles masses, quoiqu'ils soient beaucoup plus puissants que ne l'étaient alors les Egyptiens'. Larcher prend alors la défense de Voltaire contre M. de Paw, qui avait voulu lui prouver que les Anglais avaient accompli des travaux beaucoup plus étonnants que ceux des Egyptiens. Du moins les ont-ils fait en hommes libres, mus par le désir de s'enrichir (*Hérodote*, ii.403, n.391).

4. Ce nouveau grief (gratuité et inutilité) ne figurait pas dans la *Philosophie de l'histoire* et n'est d'ailleurs pas loin de la contredire, puisque Voltaire y avait assigné aux pyramides une double fin utilitaire: servir de tombeaux et assurer à la dépouille mortelle, jusqu'à sa prochaine résurrection dans mille ans, une protection absolue. Mais il y a là le premier indice d'un durcissement de ton dont on trouvera confirmation plus loin (voir n. 9).

5. Parce qu'ils ont été édifiés à des fins de bienfaisance. En 1674, Louis xiv destina les Invalides à abriter quelque quatre mille blessés de guerre demeurés infirmes. En 1686, il inaugura Saint-Cyr, maison d'éducation pour les jeunes filles nobles peu fortunées. L'Ecole militaire fut fondée en 1760 par la marquise de Pompadour et le financier Paris-Duverney, pour l'instruction militaire de cinq cents gentilshommes pauvres.

6. Ce 'on' désigne une tradition déjà bien établie chez Hérodote, Pomponius Mela et Diodore, dont l'écho s'est amplifié chez Bossuet et Rollin, et dont Voltaire avait pu trouver un prolongement récent sous la plume de Jaucourt dans l'*Encyclopédie* (voir Hérodote, ii.148-49 et Pomponius Mela, i.ix; Diodore, i.ii, n.13, ainsi que Bossuet, *Discours sur l'histoire universelle*, iii.iii, Rollin, *Histoire ancienne*, i.13-28 et *Encyclopédie*, ix.149).

7. La phrase n'est pas absolument claire: les trois compléments de nom du mot 'restes' désignent-ils trois réalités distinctes (de ce fameux labyrinthe, de ces palais, de ces temples), ou bien faut-il considérer que les deux derniers ne font que préciser la nature des restes du Labyrinthe, qui serait à la fois palais

et temple? Selon Diodore, le Labyrinthe était un tombeau que s'était fait construire le roi Mendès. Selon Hérodote, il renfermait dans ses quinze cents chambres souterraines les sépultures des rois qui l'avaient bâti et celles de crocodiles sacrés. Bossuet le voit comme 'un magnifique amas de douze palais' où l'on nourrissait les crocodiles dont l'Egypte avait fait ses dieux. Jaucourt le tient pour 'un temple immense', 'une espèce de Panthéon consacré à tous les dieux d'Egypte' et principalement au soleil. On peut donc bien penser que Voltaire a utilisé ici les mots palais et temples comme des appositions qui décrivent les restes du Labyrinthe, dont il rappelle ainsi la double fonction. D'autre part Voltaire n'ayant jamais été en Egypte, a non pas vu à proprement parler des piliers soutenant de grandes pierres plates, mais lu, très probablement dans le *Voyage du sieur Paul Lucas au Levant* (Paris 1714; BV, no.2216), une description du labyrinthe qui souligne la hardiesse de conception, étant donnée la lourdeur du matériau employé, de plafonds qui ne sont pas voûtés, mais parfaitement plats, étant constitués, pour la plus grande salle, de douze grandes dalles de marbre. Voltaire peut aussi avoir lu cette description de Lucas dans le long extrait qu'en donne Bruzen de La Martinière à l'article 'Labyrinthe' de son *Grand dictionnaire géographique*.

8. Dans la phrase précédente et dans celle-ci Voltaire reprend, sensiblement dans les mêmes termes, ce qu'il avait affirmé au chapitre 21 de la *Philosophie de l'histoire* (Voltaire 59, p.165). L'indiscutable suprématie culturelle des Grecs sera réaffirmée vigoureusement à la fin du chapitre 24, principalement en matière artistique: 'L'Egypte n'eut jamais de belles statues que de la main des Grecs' (Voltaire 59, p.175). Bossuet avait affirmé le contraire: 'De longues galeries y étalaient des sculptures que la Grèce prenait pour modèles' (*Discours*, p.365).

9. Le ton s'est nettement durci, par rapport à la *Philosophie de l'histoire* où Voltaire voulait bien encore regretter la destruction de cette bibliothèque (voir Voltaire 59, p.149 et 165). On peut sans doute expliquer ce durcissement par son désir de prendre le contre-pied de Bossuet ayant exalté les bibliothèques égyptiennes (*Discours*, p.363). Mais il y a probablement aussi le désir de réagir contre Ameilhon vantant à Alexandrie 'une bibliothèque fameuse, dont tout le monde sait l'histoire', à laquelle était attachée une académie de gens de lettres manifestant, pour la recherche et les expéditions scientifiques, une ardeur aussi vive que les académies modernes d'Europe (Ameilhon, p.59), cependant que l'ingénieux Ptolémée Philadelphe faisait copier pour la bibliothèque d'Alexandrie tous les livres dont il ne pouvait se procurer l'original (p.236). Grimm de son côté juge outré ce mépris de Voltaire pour la culture égyptienne: 'Je suis encore de l'avis de M. l'abbé Bazin sur le génie des Egyptiens: je n'en fais pas grand cas; mais cela n'empêche pas, et c'est où je m'éloigne de M. Bazin, que les Grecs n'aient eu grande raison d'aller étudier en Egypte, et d'y déterrer des connaissances très-précieuses sur l'origine de toutes choses' (CLT, vii.367-68).

10. Cette question paraît bien être, même si Voltaire ne l'a pas précisé, une réponse directe aux pages dans lesquelles Ameilhon montrait à quel degré d'excellence les Egyptiens étaient parvenus dans les mathématiques, l'astrono-

mie et la géographie, parce que ce sont des sciences indispensables à de grands navigateurs. L'un de leurs premiers rois, Moeris, passe pour être l'inventeur des mathématiques et de la géométrie. Et ceux qui étaient 'les meilleurs astronomes du monde' savaient déjà 'que la terre est une planète qui tourne autour du soleil' (voir Ameilhon, p.14-16).

11. Hérodote (i.28 ss) avouant qu'aucun des Egyptiens, Libyens ou Grecs de son temps ne savait rien de certain sur les sources du Nil, s'était borné à rapporter des conjectures plus ou moins hypothétiques. Pour Diodore, ces sources sont cachées dans des lieux qui n'ont pas encore été visités (livre i.xxxii). Rollin assure des sources du Nil que 'nos voyageurs modernes ont découvert qu'elles sont sous le douzième degré de latitude septentrionale et sous le soixantième de longitude. Ainsi ils retranchent environ trois cents lieues du cours que les Anciens leur donnaient. Il naît au pied d'une grande montagne du royaume de Goiame en Abyssinie. Ce fleuve sort de deux fontaines [...] Ces fontaines sont éloignées l'une de l'autre de trente pas, chacune de la grandeur d'un de nos puits, ou d'une roue de carrosse' (*Histoire ancienne*, i.30-31). Rollin rapporte ici le sentiment le plus commun (voir par exemple Bruzen de La Martinière, article 'Nil'), depuis que le missionnaire jésuite Pedro Páez (1564-1622) avait cru découvrir, le 21 avril 1618, ces sources jumelles du fleuve là où dit Rollin, en accompagnant l'empereur d'Ethiopie et son armée. C'est cette opinion que reprend allusivement Voltaire à la fin du paragraphe. Mais Letronne devait dénoncer en 1846 la confusion faite par les jésuites portugais et par Bruce entre les sources de l'Abawi et celles du Nil (Rollin, *Histoire ancienne*, éd. Letronne, Paris 1846, i.84, n.1). On considère aujourd'hui que le Nil naît sur les versants du Moufoumbiro, en Afrique orientale.

12. Adjectifs trahissant une hostilité profonde, dont Beuchot déjà remarquait (M.xvii.286, n.6) la persistance et la virulence en fournissant sept autres références. Les nombreux textes flétrissant la lâcheté des Egyptiens ne remontent pourtant pas au delà de 1760 (voir *Essai*, ii.416 et 903, ainsi que M.xxv.51, n.1; M.xvii.286; Voltaire 59, p.161). Dans la *Défense* elle-même, cette hostilité ne perce pas seulement dans cette troisième diatribe (on lira dans la suivante: 'Les Egyptiens étaient de grands voleurs, tout le monde en convient'). Elle se poursuivra bien au delà de 1767... Lorsqu'il évoque les Egyptiens, Voltaire paraît donc souvent aussi peu maître de son humeur que lorsqu'il est question des Juifs. Ce parti pris, malaisément explicable comme on l'a souligné (Voltaire 59, p.62), nous paraît tenir à deux sentiments: d'abord une hostilité accrue à l'égard de Bossuet, dont le *Discours sur l'histoire universelle* en a si éloquemment menti au sujet de l'Egypte. Pour démasquer l'imposture', Voltaire est porté à proposer de ce pays et de ses habitants une vision systématiquement dévalorisante. Ensuite et surtout cette hostilité exprime une réaction défavorable à la vogue accrue de l'égyptologie depuis 1760 et le fameux mémoire de Joseph de Guignes. Louer, après Bossuet, la sagesse et le savoir des Egyptiens et proclamer leur très haute antiquité jusqu'à en faire, comme Mairan et de Guignes, les ancêtres des Chinois, c'est ruiner bon nombre d'idées cardinales de la *Philosophie*

de l'histoire: l'étonnante antiquité de la Chine, de l'Inde et des Chaldéens, qui permet de ranger le déluge universel au rang des fables; le caractère relativement récent de la civilisation égyptienne, déduit de la nature du sol presque constamment inondé et qui permet du même coup de dénier toute antiquité considérable à Moïse et même à Abraham. L'hostilité à l'égyptologie pourrait donc bien être chez Voltaire l'envers de sa ferveur de sinophile: la vogue montante de l'Egypte l'inquiétait probablement d'autant plus que la faveur de la Chine ne cessait de décroître, depuis 1760 précisément (voir ch.12, n. 2).

13. On a du père Pedro Páez une *Relatio de origine Nili*, publiée par Kircher dans son *Oedipus Aegyptiacus* comme datant d'avril 1618, mais qui remonterait en fait à 1613 (voir M. W. Desborough Cooley, 'Notice sur le Père Pedro Paez', *Bulletin de la Société de géographie*, 1872, iii.540).

14. La force des adjectifs confirme le durcissement du ton par rapport à la *Philosophie de l'histoire* où, de surcroît, ce développement sur le gouvernement égyptien ne figurait pas. Le pronom indéfini semble désigner, comme plus haut ('on m'a voulu faire admirer'), Hérodote mais surtout Diodore, Bossuet et Rollin. Voir Hérodote, ii.168 et surtout Diodore, i.lxxiii, qui loue la répartition de la propriété foncière entre les prêtres, la couronne et les guerriers. Bossuet quant à lui n'entre pas dans ces détails, se bornant à voir dans les Egyptiens 'les premiers où l'on ait su les règles du gouvernement' et connu 'la vraie fin de la politique, qui est de rendre la vie commode et les peuples heureux' (*Discours*, p.234). Mais Rollin a consacré les trois premiers chapitres de la seconde partie de l'*Histoire des Egyptiens*, aux rois, aux prêtres et aux soldats, soulignant après Diodore les avantages consentis aux prêtres: 'Ils avaient de grands privilèges et de grands revenus. Leurs terres étaient exemptes de toute imposition' (*Histoire ancienne*, i.69).

15. La connaissance de ce détail dont ni Bossuet ni Rollin n'ont fait état – Rollin précise même (i.69) que les prêtres 'tenaient le premier rang *après* les rois' – prouve que Voltaire s'est reporté au texte même de Diodore, qui spécifie que la première portion 'appartenait au collège des Prêtres, qui étaient dans une vénération singulière' (trad. Terrasson, i.156).

Du fait attesté de cet exorbitant privilège, que Warburton avait également souligné (*Divine legation*, iii.35-36), Voltaire tire par raisonnement inductif une conclusion présentée ici comme une certitude ('il est clair que'), mais qui, au chapitre 9 de la *Philosophie de l'histoire*, était plus prudemment proposée comme une grande hypothèse (Voltaire 59, p.118). Si sa conviction s'est ainsi renforcée, c'est peut-être d'abord en raison de l'attention qu'il vient de prêter à l'existence de Thot, le roi-prêtre d'Egypte, qui vivait huit siècles avant Sanchoniathon, mais dont la *Philosophie de l'histoire* parlait à peine (voir 2ᵉ diatribe, n.23).

16. Il est difficile de préciser si Voltaire pensait ici à ceux de l'histoire de France ou à ceux qu'avait flétris Diodore dans l'histoire de l'Egypte, après les règnes de Cétès et Remphis: 'Dans l'espace de deux cent dix ans après lui, on ne rencontre que des Rois fainéants et qui se sont endormis dans la paresse et dans la volupté. Les annales sacrées n'ont conservé d'eux aucune action qui

puisse avoir place dans l'Histoire' (trad. Terrasson, i.133). Notons que cette expression de 'rois fainéants' se retrouvera dans la traduction de Miot (1834) et celle de Hoefer (1865).

17. En 524 avant J.-C. Cambyse attaqua et défit Psammétique III, qui fut tué, et l'Egypte devint satrapie perse. Cambyse abaissa la puissance des prêtres. Malgré deux révoltes, l'Egypte subit la domination perse jusqu'en 404, fut reconquise en 350 par Atarxerxès III Ochos, tomba sous la domination d'Alexandre en 330 et ne fut plus qu'une province de l'Empire macédonien.

18. Le premier des Ptolémées fut Ptolémée Sôter, fils de Lagos, qui gouverna d'abord l'Egypte comme régent après la mort d'Alexandre, mais se fit couronner en 306, inaugurant pour deux siècles le règne des Lagides. La politique des Ptolémées ne fut nullement de s'attaquer au clergé dont au contraire ils recherchaient la faveur.

19. Après avoir vaincu à Actium en 31 Cléopâtre VII Philopator, la dernière des Lagides, Auguste fit de l'Egypte une province romaine et confisqua une bonne partie des richesses du clergé, dont les tentatives de révolte lui valurent une étroite surveillance.

20. Sur cette estimation, voir ch.9, n.12. Ajoutons que Maillet, qui croyait vraisemblables les chiffres des Anciens, ramenait la population de l'Egypte contemporaine à un maximum de quatre millions, expliquant cette diminution si sensible essentiellement par la destruction progressive des ouvrages perfectionnés d'irrigation qu'avaient fait dresser les anciens pharaons (*Description de l'Egypte*, p.27-30).

21. Ces louanges se lisent chez Diodore (trad. Terrasson, i.160-61) pour qui cette sage loi assurait le perfectionnement des techniques et la stabilité sociale. Aux yeux de Bossuet, elle faisait en sorte qu'aucune profession ne vînt à manquer de bras ni ne fût méprisée (*Discours*, p.358). Rollin reprend à son compte les raisons de Diodore et Bossuet (*Histoire ancienne*, i.100).

22. C'est aussi l'avis de Larcher (on sait qu'en 1767 il avait traduit et annoté le deuxième livre d'Hérodote) pour qui cet état de choses explique la stagnation des techniques (voir *Hérodote*, ii.496, n.518).

23. Il n'est pas question de singes chez Diodore, selon qui les animaux sacrés étaient les chiens, les chats, les éperviers, les ibis, les loups, les crocodiles, les bœufs, les boucs et les ichneumons (mangoustes). Voir I.ii.81 ss. Voltaire quant à lui avait d'abord sommairement accusé en 1763 les prêtres égyptiens d'adorer des crocodiles, des singes, des chats et des oignons (M.xxv.52, note), mais était revenu à plus de sérénité et de justice au chapitre 22 de la *Philosophie de l'histoire* (Voltaire 59, p.168). On ne saurait se prévaloir des superstitions de la populace pour justifier la traditionnelle calomnie accusant les Egyptiens d'avoir adoré des animaux et des oignons. Voltaire a suggéré dans la seconde diatribe qu'il fallait en chercher l'origine dans un passage de Sanchoniathon; il y reviendra explicitement dans le *Pyrrhonisme de l'histoire* (M.xxvii.244).

24. Cette insistance agressive sur les méfaits de la superstition dans les masses

populaires s'explique par le désir de montrer que la société égyptienne n'a jamais pu reposer que sur l'exploitation par une minorité privilégiée d'une 'foule de sots esclaves'. Comment dès lors pouvoir raisonnablement soutenir avec Ameilhon que ce pays connaissait depuis longtemps la civilisation florissante d'un peuple de grands commerçants et hardis navigateurs, dont l'épanouissement n'aurait jamais été entravé par une prétendue tyrannie sacerdotale?

25. Aulétès ('joueur de flûte') est le surnom méprisant que reçut Ptolémée XII Néos-Dionysos, qui régna de 80 à 51 et fut probablement le plus impopulaire des Lagides.

26. Rollin rapporte le fait d'après Diodore, mais ne précise pas en quel temps ce meurtre s'est accompli (*Histoire ancienne*, i.74-75). Voltaire a donc consulté le texte même de Diodore, qui parle seulement du roi Ptolémée; c'est Terrasson qui précise en note, qu'il s'agit très probablement d'Aulétès (i.178).

27. Grimm reprochera à Voltaire, en plaisantant il est vrai, d'être probablement allé trop loin dans son hostilité à l'égard de l'Egypte ancienne: 'Dans la diatribe suivante, M. Bazin s'étend de nouveau sur l'Egypte; mais je le conjure de nouveau, pour l'intérêt de son salut, qui m'est cher, de ne jamais parler qu'avec un saint respect de toutes les absurdités égyptiennes' (CLT, vii.383). Il est difficile de croire ces lignes purement ironiques, car en rendant compte du livre d'Ameilhon, Grimm avait remarqué qu'une 'connaissance bien approfondie de l'Egypte' permettrait d'"en tirer les éléments de la véritable histoire du genre humain' (vii.80).

Chapitre XXI. Quatrième diatribe

1. Ce titre reste un peu énigmatique: il serait sans doute erroné de croire purement facétieuse la mention de la sauvegarde des oreilles. C'est probablement une référence allusive à une peine infâmante parfois infligée et surtout aux atrocités de la guerre au dix-huitième siècle. Une ordonnance signée de Louis XIV et Le Tellier stipulait le 31 octobre 1684 que l'on couperait le nez et les oreilles aux filles de mauvaise vie surprises avec des soldats dans un territoire de deux lieues autour de Versailles. Ce supplice était surtout pratiqué par les armées en campagne: avant de pendre les habitants des villages qui leur avaient d'abord résisté, elles avaient coutume de leur couper le nez et les oreilles (voir Mousnier et Labrousse, *Le XVIIIᵉ siècle*, Paris 1967, p.217). Lorsqu'en 1769 Voltaire évoquera à nouveau, dans *Dieu et les hommes*, les Juifs comme des Arabes vagabonds 'qui se retirèrent dans le désert d'Horeb et de Sinaï quand on leur eut coupé le nez et les oreilles' (M.xxviii.159), il est évident qu'il s'agit d'un lapsus, puisque Diodore n'a jamais parlé des oreilles. Mais ce lapsus même prouve combien l'association était naturelle pour le contemporain d'une époque où cette cruauté n'était malheureusement que trop commune.

2. Voltaire va rappeler allusivement quelques-unes des théories explicatives de la fable avancées de son temps:

1) celle qui y voit essentiellement de l'histoire défigurée' avait été soutenue entre autres par Hardion, Lenglet Du Fresnoy et l'abbé Banier. Ils apparaissaient dans une certaine mesure comme les continuateurs du grand courant evhémériste né dès l'Antiquité et qui décèle dans les fables une transposition sur le registre mythologique d'événements historiques, comme par exemple la déification de héros mortels. L'explication des fables par l'allégorie leur paraît très insuffisante. Déjà à la fin du siècle précédent Bochart et Huet proposaient de voir dans les mythologies païennes la transposition fabuleuse des événements 'historiques' rapportés par la Bible. Cette théorie ne paraît guère avoir retenu l'attention de Voltaire qui l'avait à peine mentionnée et presque écartée à l'article 'Fable' du *Portatif* en 1764 (M.xix.60-61). On lisait d'ailleurs dans la *Philosophie de l'histoire*: 'Excepté les fables visiblement allégoriques, comme celle des Muses, de Vénus, des Grâces, de l'Amour, de Zéphire et de Flore, et quelques-unes de ce genre, toutes les autres sont un ramas de contes qui n'ont d'autre mérite que d'avoir fourni de beaux vers à Ovide et à Quinault' (Voltaire 59, p.183).

2) Celles qui donnent à la fable valeur allégorique avant tout. Voltaire pour sa part y voit des 'allégories ingénieuses' et les exemples qu'il propose ensuite montrent qu'il ne les conçoit guère que comme des illustrations didactiques par la fiction d'idées relevant du simple bon sens (action destructrice du temps, rôle essentiel de la mémoire dans la vie intellectuelle, etc.).

La troisième catégorie proposée ici ('les fables qui ne disent rien du tout', les 'facéties' 'indignes d'une attention sérieuse') n'offre évidemment aucun caractère scientifique. Le *Portatif* se bornait à relever l'existence de fables 'insipides'. L'insistance moins heureuse de Voltaire en tête de cette diatribe répond évidemment à des fins polémiques: il s'agit d'instruire une fois encore le procès des historiens trop crédules qui rapportent des fables pour des vérités historiques et singulièrement du père de l'Histoire.

3. Cette association entre les contes de Perrault et les 'romans' d'Hérodote se rencontrait déjà à la fin du chapitre 9 (voir ch.9, n.28).

4. Cette histoire racontée par Hérodote – que son dénouement laissait fort incrédule, il faut avoir l'honnêteté de le remarquer – a en effet toutes les apparences d'un conte pour enfants. Le roi Rhampsinite finit par donner sa fille en mariage, comme au plus habile de tous les Egyptiens, au voleur qui avait le secret de s'introduire dans la chambre forte abritant son immense trésor et qui avait supérieurement déjoué tous les pièges disposés pour sa capture, alors que son frère moins heureux y avait perdu la vie (voir Hérodote, ii.121). Larcher dans ses notes tiendra à souligner le sens critique d'Hérodote: 'Hérodote, comme on le voit ici, ne croyait pas aveuglément tout ce que lui racontaient les Prêtres. Voyez plus bas §CXXII et cent autres endroits de cet ouvrage, qui prouvent que cet Historien n'était pas aussi crédule qu'on le pense communément' (*Hérodote*, ii.398, n.385).

5. Il s'agit très probablement d'une confusion de Voltaire. Car l'expression 'anneau de Gygès' renvoie à l'anecdote rapportée par Platon dans la *République* (ii.359e; x.612b) pour illustrer cette idée que les hommes ne pratiquent la justice

que contraints et dans l'impuissance à mal faire. L'histoire rapportée par Hérodote (i.8-12) est autre et même dépourvue de tout élément de merveilleux puisqu'il n'y est aucunement question d'anneau magique, ce qui ôte à peu près tout fondement au grief de Voltaire. L'évocation de l'anneau de Gygès venant immédiatement après l'histoire de Rhampsinite qui appartient bien à Hérodote – et ce dans un passage où c'est le procès des historiens trop crédules qu'on instruit et non celui des philosophes recourant à des mythes – il est très peu vraisemblable que Voltaire ait ici voulu se référer à Platon. Il avait d'ailleurs déjà cité en 1764 'l'aventure de Gygès et Candaule' comme l'une des 'sottises' d'Hérodote (M.xviii.190 ; voir aussi M.xxviii.246).

6. Expression d'une des vues essentielles de Voltaire sur l'histoire ancienne, déjà proposée à la fin de la seconde diatribe ('en fouillant dans les débris de l'Antiquité on peut encore trouver sous ces ruines quelques monuments précieux'). En d'autres termes tout n'est pas à rejeter de ce que nous rapportent les historiens anciens, tant s'en faut. Lire l'histoire en philosophe, c'est précisément savoir éviter les deux écueils opposés de la crédulité naïve et du pyrrhonisme absolu, grâce à la vigilance d'une raison toujours attentive à discerner ce qui est recevable de ce qui ne l'est pas: elle n'est donc pas plus fondée à négliger des 'traits assez vraisemblables [...] dont on pourrait tirer quelques lumières' qu'à tout admettre sans examen critique.

7. Diodore ne le dit pas en tête du livre i où il instruit pourtant le lecteur de ce qu'ont été ses méthodes de recherche: son ouvrage est le fruit de trente ans d'études et de voyages qui lui ont permis de voir de ses yeux la plupart des lieux ou des monuments dont il parle. On peut en conclure que cet historien grand voyageur compulsant les archives locales a dû avoir aussi accès aux 'anciens historiens d'Egypte'. L'invention par Voltaire de ce détail qui sera répété avec insistance ('Diodore rapporte d'après les historiens du pays', 'le rapport de Diodore de Sicile tiré des livres d'Egypte') trahit son souci de donner pour une fois à l'historien sur lequel il a décidé de s'appuyer ici une solide caution de sérieux et de véracité, alors que d'ordinaire il ne témoigne envers Diodore pas plus d'indulgence qu'envers Hérodote (voir M.xviii.392).

8. Voltaire rapporte fidèlement ici et dans les paragraphes suivants la substance de la page de Diodore qui va devenir le substrat de sa 'démonstration' (voir trad. Terrasson, i.129-31).

9. Sur la fréquence de ce thème et sa motivation probable, voir 3ᵉ diatribe, n.12.

10. Les mameluks sont présentés comme d'anciens esclaves devenus par leur bravoure mercenaires et brigands au chapitre 59 de l'*Essai sur les mœurs* (*Essai*, i.603). Ils ont su se rendre maîtres de l'Egypte depuis les dernières croisades, après avoir 'vaincu et pris le malheureux Saint Louis'. Depuis lors et pour trois cents ans, l'Egypte fut gouvernée et défendue par cette 'milice formidable d'étrangers, semblable à celle des janissaires. C'étaient des Circasses venus encore de la Tartarie' (*Essai*, ii.413).

11. Diodore n'a parlé ni du caractère efféminé d'Amasis ni de ses prêtres

NOTES DU CHAPITRE XXI: QUATRIÈME DIATRIBE

'ridicules'. Par ces détails dévalorisants qu'il ajoute de son cru, Voltaire trahit son humeur de polémiste qui n'aime décidément pas l'Egypte. On ne confondra pas cet Amasis avec un autre du même nom, dont Hérodote (ii.172-182) et Diodore (i.ii.95) ont parlé: le vainqueur et successeur d'Apriès, que Voltaire a mis en scène au premier chapitre du *Taureau blanc*.

12. Voltaire eût été bien inspiré de citer les noms qui fonderaient ce prétendu consensus, car Hérodote et d'autres historiens anciens de l'Egypte n'en ont rien dit. Ce jugement sévère est probablement une extrapolation malveillante à partir d'un passage de Diodore (i.ii.28) qui avait expliqué comment le législateur égyptien, ne pouvant empêcher absolument le vol, avait réglementé la profession de voleur: les voleurs se faisaient enregistrer chez leur capitaine, à qui les passants volés allaient déclarer avec précision leurs pertes. Moyennant une redevance de 25%, ils pouvaient ensuite récupérer les biens dérobés. Même témoignage chez Aulu-Gelle (voir Calmet, *Commentaire littéral*, ii.92).

13. On trouvera aisément sur la carte de Calmet, reproduite à la suite des notes de cette diatribe, les déserts de Sinaï et d'Oreb, ainsi que celui de Pharam. En revanche le nom d'Eber n'y figure pas, non plus que dans le *Dictionnaire de la Bible* (qui ne consacre un article qu'au patriarche Héber, l'arrière-petit-fils de Sem).

14. L'adjectif 'saumache', qu'on trouvait dans Furetière et Richelet quelque cinquante ans auparavant, ne figure pas dans *Académie 62*, qui ne donne que la forme moderne 'saumâtre'. En revanche, l'*Encyclopédie* en 1765 propose 'saumache' et 'saumalt': 'qui est un peu salé; on dit une eau saumache, une fontaine saumache' (xvi). L'Académie semblait donc tenir la forme 'saumache' pour un archaïsme sorti de l'usage. Littré la donnera pour une forme genevoise.
Le détail du scorbut et de la lèpre qui n'est pas dans Diodore (où on lit seulement que l'eau des puits était 'amère et malfaisante') pourrait être autre chose qu'un développement imaginé par Voltaire des effets de cette malfaisance: une réminiscence du passage où Diodore (livre xxxiv) rapporte sur l'origine du peuple juif une tradition déjà évoquée (voir ch.14, n.5): l'entourage du roi Antiochus vii assiégeant Jérusalem lui conseillait de 'prendre la ville d'assaut et d'exterminer la race des Juifs parce que, de tous les peuples, ils étaient les seuls qui ne voulussent avoir aucun rapport d'alliance avec les autres nations qu'ils regardaient toutes comme leurs ennemies. Ses conseillers insinuaient que les ancêtres des Juifs avaient été chassés de toute l'Egypte comme des gens impies et haïs des dieux; qu'atteints de la leucé ou de la lèpre, ils avaient été, comme des gens impurs, jetés hors des frontières; qu'ainsi chassés, ils étaient venus occuper les environs de Jérusalem, formant le peuple des Juifs et léguant à leurs descendants leur haine pour le genre humain' (*Bibliothèque historique*, trad. Hoefer, Paris 1846, iv.400). Sans doute Voltaire préfère-t-il quant à lui, imaginer ici une origine plus infâmante encore, celle des nez coupés; car expulser des lépreux à l'occasion d'une épidémie n'est après tout qu'une mesure d'hygiène collective, tandis que la déportation au désert de voleurs physiquement marqués d'infamie est une mesure d'hygiène sociale dont les victimes restent à tout jamais

déshonorées. Mais Voltaire déteste assez le peuple élu pour juger qu'il peut très bien descendre à la fois de lépreux et de brigands; dans *Dieu et les hommes* la contamination des deux thèses sera clairement marquée (voir M.xxviii.159).

15. Après trois pages de préambule, voilà enfin proposée la grande 'trouvaille' de Voltaire; car c'en est une, puisque c'est en 1767 et dans cette diatribe que cette explication apparaît pour la première fois; il ne l'abandonnera plus et on la retrouvera en 1768 (M.xxvii.242), en 1769 (M.xxviii.158), en 1771 (M.xix.162) et en 1776 dans *La Bible enfin expliquée* (M.xxx.82n), sans l'empêcher de reprendre à l'occasion la thèse traditionnelle de l'origine lépreuse. Peut-être est-ce la lecture de Diodore qui lui a donné l'idée de rapprocher la page déjà évoquée de cet historien (voir n.8) du récit de l'Exode. Pour cet esprit, prêt à faire flèche de tout bois dès lors qu'il trouve matière à dévaloriser le peuple élu, ce dut être un 'trait de lumière', une persuasion trop vite acquise et à trop bon marché. Mais sentant bien qu'il ne pouvait dès l'abord offrir comme une présomption intellectuellement sérieuse une hypothèse aussi fragile, il en a habilement escamoté la faiblesse par la façon même de la présenter: elle devient essentiellement une hardiesse interdite aux croyants, c'est-à-dire une piste dangereuse que la foi ne permet pas de suivre, ce qui suggère du même coup que la raison y trouverait pourtant tout son profit. Larcher a certainement sous-estimé la force d'un tel art de persuader en jugeant une hypothèse si fantaisiste indigne de réfutation sérieuse (voir *Réponse*, p.38-39).

16. Les six noms qui suivent persuaderont admirablement tous ceux qui n'auront pas une érudition suffisamment vaste et sûre pour en juger, que la thèse de Voltaire proposée dans cette diatribe l'a déjà été par d'illustres et savants critiques. Mais les lecteurs avertis des roueries du polémiste savent bien quelle méfiance doit inspirer l'accumulation de ces 'parrains' soudain réquisitionnés pour accréditer la proposition avancée ici. Bien entendu elle ne s'accompagne d'aucune référence, pas même au titre des ouvrages où ces auteurs auraient défendu l'opinion qu'on leur prête. On verra par les notes suivantes que ce défilé d'érudits n'est qu'une plaisante mascarade à laquelle Voltaire devait secrètement se divertir, tout au malin plaisir d'éblouir les naïfs. Cette mobilisation massive d'autorités – le souci de faire nombre perce jusque dans un détail d'expression comme: '*des* Herbert, *des* Bolingbroke, *des* Toland' – n'est donc qu'un rideau de fumée à l'abri duquel le polémiste audacieux va tenter de convaincre avec une rare habileté de la légitimité d'une hypothèse en fait dépourvue de tout sérieux.

Au reste, les lecteurs de Voltaire connaissent bien ces accumulations de références. Une longue note sur le Pentateuque du *Traité sur la tolérance* (1763) en proposait huit. Celle qu'on trouve dans les *Questions sur les miracles* (1765; M.xxv.361) ne comprend pas moins de trente-deux noms! En 1769 Guénée excédé dénoncera ces jeux de la mystification (voir *Lettres de quelques juifs*, i.189).

17. Il a déjà été question au chapitre 19 (voir ch.19, n.12) de ce consul de France en Egypte qui outre le *Telliamed* a laissé une *Description de l'Egypte* (1735) et une *Idée du gouvernement ancien et moderne de l'Egypte* (1743). On y chercherait

NOTES DU CHAPITRE XXI: QUATRIÈME DIATRIBE

vainement l'opinion que lui prête Voltaire. Il y a bien dans les *Notebooks* des 'Extraits de Maillet' concernant la Bible, mais ils n'assurent rien de ce que prétend Voltaire (Voltaire 81, p.420-26).

18. Si Voltaire a cité Nicolas Fréret (1688-1749) à l'érudition prodigieuse, c'est surtout parce que son nom demeurait attaché à tout un corpus posthume où fleurit l'impiété et qui pose d'ailleurs un problème d'attribution dont la critique n'a cessé de débattre: au dix-neuvième siècle elle croyait dans l'ensemble à une imposture de la coterie holbachique; Naigeon et d'Holbach auraient souvent utilisé les noms de morts illustres pour mieux abriter leurs libelles. De nos jours, des critiques comme Wade, Torrey et Brummer se sont montrés à des degrés divers beaucoup plus nuancés et circonspects. Renée Simon, la dernière en date, reviendrait volontiers à la disculpation de Fréret (pour l'état de la question, voir son ouvrage *Nicolas Fréret académicien 1688-1749*, Studies 17, 1961, p.173-89). Quoi qu'il en soit, la référence à Fréret est donc la plus vague et la moins compromettante de toutes, car Voltaire n'ignorait rien des apocryphes impies qui circulaient sous son nom (D12938 et D12965). Si bien qu'en 1767 on pouvait commodément lui faire endosser à peu près n'importe quelle hardiesse. Celle des 'nez coupés' n'est pas dans les œuvres authentiques de Fréret.

19. Le cas de Nicolas Antoine Boulanger (1722-1759) n'est pas sans rappeler celui de Fréret, puisque parmi ses ouvrages pratiquement tous publiés après sa mort se sont glissées de fausses attributions dont d'Holbach serait le principal responsable. Parmi les apocryphes antérieurs à 1767, il faut ranger le *Christianisme dévoilé* (1761), dont le second chapitre propose bien une 'Histoire abrégée du peuple juif' qui ne manque pas de le faire descendre des lépreux chassés d'Egypte par Aménophis et de rappeler que le premier ordre donné par Moïse à son peuple fut de voler les Egyptiens avant de se sauver. Mais il n'est pas question de nez coupés (voir p.51-53).

20. Edward, first Lord Herbert of Cherbury (1583-1643), fut l'auteur d'ouvrages sur la religion naturelle, qui le font apparaître comme l'un des premiers déistes anglais: le célèbre *De veritate prout distinguitur a revelatione* (1624), le *De religione gentilium* (1663), le *Ad sacerdotes de religione laici* (1645), le *De causis errorum* (1645), etc. Selon N. L. Torrey (p.12), Voltaire n'avait pas de contact direct avec les œuvres de Herbert, bien qu'il le mentionne fréquemment et prétende même le citer (aucune œuvre de lui ne figure dans sa bibliothèque). Comme ceux de Bolingbroke et Toland, le nom de Herbert est essentiellement représentatif à ses yeux d'une tradition de la libre pensée qu'il évoquera en 1769 (voir M.xxviii.177). Il serait donc aussi naïf qu'inutile de chercher chez Herbert un quelconque énoncé de la thèse des nez coupés.

21. Après de cordiales relations brusquement interrompues en 1727, Voltaire cessera d'admirer Bolingbroke (1672-1751), mais lui fera endosser après sa mort 'la responsabilité de ses diatribes les plus violemment irréligieuses' (R. Pomeau, *La Religion de Voltaire*, p.93). Bolingbroke a traité de la critique historique dans ses *Letters on the study and use of history*, traduites en français un an après sa mort et aussitôt attaquées comme une production de l'impiété, parce qu'elles mettaient

en cause l'authenticité de la Bible. Dans les *Philosophical works* (recueil posthume publié en 1754 par son légataire David Mallet et figurant dans la bibliothèque de Ferney; BV, no.457), le fragment xv donne de la sortie d'Egypte une image particulièrement dévalorisante par réaction contre celle que propose l'Exode: Bolingbroke y reprend le thème traditionnel de la généalogie lépreuse, considère les Juifs fuyant l'Egypte comme une horde de voleurs et par là cautionne, dans une certaine mesure, l'expression employée par Voltaire ('leurs enfants *accoutumés au brigandage*'), mais ne dit rien, lui non plus, des nez coupés (voir Bolingbroke, *The Works*, v.140-42).

Les conclusions de N. L. Torrey sont donc ici d'une entière pertinence: cette référence à Bolingbroke n'est qu'un procédé commode pour faire passer ses propres hardiesses à l'abri d'un nom très illustre et Voltaire l'a employé ailleurs bien souvent. Comme celui de Herbert ou Toland, le nom même de Bolingbroke n'est finalement qu'une désignation générique du déisme anglais, ce que suggère l'emploi même de l'article indéfini: '*des* Herbert, *des* Bolingbroke, *des* Toland'. Précisons enfin que Larcher contestera dans sa *Réponse à la Défense de mon oncle* (p.38, n.3) l'autorité de Bolingbroke: 'Je ne me rappelle pas d'avoir lu ce conte, ni dans ses Lettres sur l'étude de l'Histoire, ni dans ses Essais philosophiques'.

22. John Toland (1670-1722) est sans doute celui des déistes anglais que Voltaire a le moins bien connu, comme l'a établi N. L. Torrey (p.13-24) et comme le confirme la courte et plate notice que Voltaire lui consacre l'année même de la *Défense de mon oncle* (M.xxvi.483). Toland est l'auteur d'un certain nombre d'ouvrages sur le peuple juif, son origine, son histoire, son régime théocratique et son évolution religieuse. On pense essentiellement à ses *Origines Judaïcae* (1709) qui non seulement ne font nulle mention de nez coupés, mais encore repoussent, comme un ramassis d'indignes calomnies ayant eu cours du temps de Tacite, la tradition d'une origine lépreuse des Juifs (p.140-42). Il reste que cet esprit curieux était déjà animé, comme Voltaire, d'une passion anticléricale dont Paul Hazard a souligné la violence (*La Crise de la conscience européenne*, p.137).

23. L'ordre commun des choses désigne ici les démarches ordinaires de la raison, grâce auxquelles les 'autorités' qui viennent d'être citées auraient soi-disant pu faire progresser nos connaissances historiques sur les origines du peuple juif.

Il est d'autre part difficile de juger totalement fausses et inutiles les six références proposées: si aucune assurément ne cautionne la fantaisiste imagination des nez coupés, il reste que Boulanger et Bolingbroke ont souligné combien la sortie d'Egypte ressembla étrangement à la fuite d'une bande de voleurs; par là ils peuvent servir de référence au moins à la seconde partie de l'hypothèse de Voltaire dont on se rappelle les termes: 'Si l'on veut en inférer: 1) que ces nez coupés sont les pères des Juifs; 2) que leurs enfants *accoutumés au brigandage* s'avancèrent dans la Palestine', etc.

La rouerie de Voltaire a donc été de tenter d'accréditer l'essentiel de sa thèse (les Juifs descendent des nez coupés) à la faveur d'une seconde proposition, qu'il savait avoir été déjà souvent soutenue: 'accoutumés au brigandage'; cette expression fait presque de la rapine un capital génétique et rappelle donc les origines affirmées dans la première proposition.

24. Voltaire nomme dans un ordre régressif les ascendants d'Abraham mentionnés dans la Genèse (xi.10-26), qui énumère en fait les descendants de Sem. (Pour remonter jusqu'à ce dernier, il faudrait ajouter après Phaleg: Eber, Shelah et Arphaxad). Si la Genèse ne précise pas que les Juifs descendent des Chaldéens, elle indique au moins que Tharé sortit avec sa famille de la Chaldée pour s'établir à Haran (xi.31).

25. Exode xii.35-36. En fait, il s'agit de 'vases d'or et d'argent', selon la traduction même que donnera Voltaire du verset 2 du chapitre 11 dans la *Bible enfin expliquée* (voir M.xxx.78). La Bible de Jérusalem traduit aujourd'hui ce même verset par: 'des objets d'argent et des objets d'or' et le verset 35 du chapitre 12 par: 'des objets d'argent, des bijoux d'or et des vêtements'.

26. Exode xvi.13. Pour nourrir le peuple affamé dans le désert de Sin, Yahvé lui envoie un soir des cailles et le lendemain matin la manne. Le récit biblique lie donc les deux phénomènes, mais Voltaire ne parle évidemment pas de la manne pour rendre plus frappante la parenté du détail des cailles avec le récit de Diodore.

27. Ressemblance si 'légère' en effet, rapprochement si hasardeux, que cette phrase exprime bien finalement la plus stricte vérité, en dénonçant l'insigne faiblesse d'un tel raisonnement. Et pourtant, par un tour de force du polémiste, le lecteur l'entend dans un sens tout autre, parce que l'équivoque sourd d'un vocabulaire savamment choisi pour le persuader que ces 'profanes conjectures' qui lui découvriraient enfin la vérité lui demeurent interdites par l'autorité de la religion.

28. Il s'agit plus d'une glose du verset 6 du psaume 80 que d'une traduction littérale. On considère aujourd'hui le psaume 80 comme ayant été institué pour la fête des tentes et non pour celle des trompettes; mais ce point n'était pas encore bien décidé au dix-huitième siècle et le savant Calmet a donné l'état de la question (voir *Commentaire littéral*, x.110).

Quant au verset 6 lui-même, Calmet en rappelait l'interprétation communément admise par les Pères: cette langue inconnue, c'était la voix du Seigneur parlant du Sinaï, par l'entremise de Moïse, un langage tout nouveau pour Israël. Aucun interprète n'y a vu, comme Voltaire, la marque d'un désarroi linguistique des Hébreux au sortir de l'Egypte. Voltaire réaffirmera son interprétation en 1768 (M.xxvii.242).

29. Procédé d'illusionniste que cet usage répété du pronom indéfini (dit-*on*, de là *on* conclut). Il n'est jamais plus nécessaire de faire croire à un consensus ou une tradition que lorsqu'on avance des conclusions qui vous sont purement personnelles et de surcroît pour le moins hasardeuses.

30. Remarquons ici encore l'efficace ambiguïté du langage: le mot 'soupçon' laisse croire au pressentiment d'une vérité qu'on vous a cachée et dont l'accès reste défendu.

31. Voltaire s'octroie l'ironique plaisir de formuler contre lui-même une objection dont il sait bien le peu de valeur. L'Exode étant un livre des Juifs, il est évidemment très vraisemblable que ceux-ci se seraient bien gardés d'y rapporter une vérité aussi désavantageuse que celle de leur bannissement d'Egypte pour brigandage. Le 'témoignage' de Diodore paraît en regard d'un tout autre poids, du fait que l'historien grec n'est pas ici juge et partie comme le rédacteur de l'Exode.

L'objection suivante en revanche est des plus sérieuses, mais précisément Voltaire n'y répond pas et masque la dérobade par quatre références rassurantes.

32. La gasconnade des sources continue de plus belle! De quelles 'conjectures' est-il question, au demeurant, voilà ce qu'on aurait peine à découvrir. Hérodote ne dit rien des Juifs; Diodore, on le sait, a rapporté la tradition les faisant descendre de lépreux. Manéthon soutenait la même chose, selon Flavius Josèphe (*Contre Apion*, I.xxvi.227-38). Quant au nom d'Eratosthène (voir ch.21, 2ᵉ diatribe, n.16), il ne se rencontre là de toute évidence que pour allonger l'énumération et achever d'éblouir les naïfs.

33. Du 'soupçon' de ces 'quelques écrivains' il est bien difficile de pénétrer exactement les motifs, car la phrase demeure ambiguë: qui est désigné par 'ils' dans: 'le lieu où *ils* restèrent quelque temps'? Si ce sont les voleurs de Diodore, qui a en effet spécifié que la ville que leur bâtit Actisan s'appela Rhinocolure, Voltaire précise illégitimement qu'ils y 'restèrent quelque temps' car Diodore suggère plutôt un établissement définitif. Si ce sont au contraire les Juifs de l'Exode errant dans le désert, Voltaire semble assimiler de son chef et sans le dire la Rhinocolure de Diodore, nom qui ne se rencontre pas dans l'Ecriture, avec la Mara de l'Exode (xv.23) où campa Israël, probablement en fonction d'une autre 'légère ressemblance', l'amertume des eaux dans ces deux endroits. Mara et Rhinocolure ne feraient-ils donc qu'un aux yeux de Voltaire? Mais il a bien dû voir sur les cartes de Calmet que Mara, près du désert de Sur et de la mer Rouge, ne se confond nullement avec Rhinocolure, beaucoup plus au nord et proche de la Méditerrannée (voir ces cartes à la suite des notes de cette diatribe). Tout cela n'est pas plus clair que solide.

34. Le pronom indéfini répété trois fois dans ce paragraphe désigne avant tout Voltaire lui-même. On voit mal a priori pourquoi des voleurs n'auraient pas de religion fixe. Mais ce mot péjoratif est finalement synonyme des termes guère plus flatteurs que Voltaire applique d'ordinaire au peuple élu: vagabond, nomade, horde, 'extrême passion pour le brigandage' (M.xxviii.158), etc. Il s'agit toujours d'expliquer le polythéisme récidivant de cette petite société errante et pillarde par les influences qu'exerçaient sur elle ses puissants voisins, avant qu'elle n'ait réussi à se former sa propre religion.

35. On chercherait vainement une dissertation sur les Juifs de l'abbé Jean-Marie de La Marque de Tilladet (1650-1715). Cet ancien militaire entré à l'Oratoire et membre de l'Académie des inscriptions à partir de 1701, n'a laissé que quelques Dissertations, sur les géants, sur Tacite, sur les empereurs romains, sur le culte de Jupiter tonnant, etc. (Certaines seraient restées inédites). C'est

probablement le caractère effacé du personnage qui fit trouver commode à Voltaire de prendre parfois le pseudonyme de l'abbé de Tilladet: en 1764 (*Le Douteur et l'adorateur*), en 1769 (*Tout en Dieu, commentaire sur Malebranche*), en 1772 (*Il faut prendre un parti*).

36. Exode ii.21; le nom de Jethro n'est donné qu'en iii.1, au début de la relation de l'épisode du buisson ardent.

37. Allusion à la conquête et à la destruction des villes de Jéricho (Josué vi) et d'Aï (Josué viii.1-29) et même à la conquête du sud-palestinien racontée au chapitre 10.

38. Josué xxiv.14-15. On notera que cet argument de Voltaire figurait déjà dans les *Origines Judaïcae* de Toland (voir p.143-44).

39. Juges i.19: Juda 'ne put chasser les habitants de la plaine parce qu'ils avaient des chars de fer. Et Yahvé fut avec Juda qui se rendit maître de la Montagne'. Voltaire a donc ici passé sous silence le détail des chars de fer qu'il avait au contraire malignement exploité quelques mois plus tôt dans la trente-cinquième des *Questions de Zapata* (voir M.xxvi.179-80). Les 'inférences' de Voltaire prêtées à Tilladet et Boulanger apparaissent une fois encore comme bien fragiles. Zapata avait au moins la prudence de se borner à une question sur une possible conciliation par les Juifs de la monolâtrie et du polythéisme. Ici on conclut sans timidité que ces 'brigands' tapis dans leurs 'repaires' reconnaissaient deux divinités géographiquement distinctes.

40. Voltaire a souvent utilisé ces paroles de Jephté tantôt, comme ici ainsi que dans la *Philosophie de l'histoire* (Voltaire 59, p.101), le *Portatif* ('Religion', 2ᵉ question) et les *Questions de Zapata*, pour prouver le polythéisme des Juifs; tantôt pour établir leur grande tolérance (voir M.xxv.73). Les propos de Jephté attesteraient chez lui une persuasion commune à tous les peuples anciens que chacun d'eux était protégé par la divinité qu'il avait choisie. Larcher (S.67, p.50), après Calmet (*Commentaire littéral*, iv.184) avait eu beau contester cette interprétation, 'M. Fréret' est ici chargé de nous faire savoir la persistance de Voltaire dans son opinion.

41. Jérémie xlix.1. Le même argument avait été déjà employé au chapitre 5 de la *Philosophie de l'histoire* mais la citation attribuée à Jérémie et Isaïe. Larcher ayant montré (S.67, p.51) qu''on ne trouve rien de pareil dans Isaïe', Voltaire a fait ici disparaître son nom (même correction dans la *Philosophie de l'histoire*, mais pas avant l'édition de Kehl).
Pour Larcher cette objection de l'abbé Bazin est 'puérile' car il n'y a là qu'une figure de style. C'est comme si Jérémie avait dit: pourquoi donc les peuples qui rendent un culte à Melchom se sont-ils emparés de Gad? (voir S.67, p.51-52).

42. Jérémie vii.22. Toland avait déjà remarqué en se fondant sur le même passage les fluctuations intervenues depuis Moïse dans le culte des Juifs (*Origines Judaïcae*, p.158 et 160-61).

43. Faute d'impression ou distraction de Voltaire? Il s'agit du chapitre 57 (et non 47) d'Isaïe, verset 5. La Bible de Jérusalem qui propose une traduction

sensiblement différente y voit une 'allusion aux sacrifices humains des cultes cananéens'.

44. Pour l'exégèse traditionnelle, ces invectives d'Isaïe contre les Juifs idolâtres constituent au contraire la dénonciation de transgressions d'une loi déjà existante, l'histoire du peuple élu étant précisément tissue d'infidélités et trahisons dont il faut sans cesse faire revenir les Hébreux (voir par exemple le *Commentaire littéral*, xii.597).

45. Amos v.25. L'honnêteté de Voltaire avec le texte n'est pas entière. La Vulgate dit: 'Numquid hostias et sacrificium obtulistis *mihi* in deserto quadraginta annis, domus Israel?' Cette question est bien évidemment posée par Yahvé à son peuple et il est pour le moins tendancieux d'en faire une affirmation imputée au prophète Amos lui-même et qui permettrait donc de douter qu'à cette époque Israël reconnût déjà Yahvé. En fait Yahvé, qui condamne dans ce chapitre le caractère purement extérieur d'un culte rendu par des hommes oublieux de la justice, leur rappelle qu'aux temps du désert ils trouvaient moyen de lui rendre un hommage sincère en se passant de toutes ces pratiques cultuelles aujourd'hui vidées de leur sens.

46. Amos v.26. Ce fait avait déjà été allégué dans la *Philosophie de l'histoire* pour prouver que les Juifs s'étaient longtemps passés de temples, comme tous les 'petits peuples', et contentés de dieux portatifs: 'ils portaient le tabernacle du dieu Remphan, du dieu Moloch, du dieu Kium, comme le disent Jérémie, Amos et saint Etienne' (Voltaire 59, p.205).

Si Jérémie et saint Etienne ont ici disparu des références et Kium de la liste des dieux, c'est qu'entre temps Larcher a montré que Jérémie n'avait pas parlé de cet usage, mais des enfants brûlés en l'honneur de Moloch; que Kium n'est qu'un autre nom de Remphan et que saint Etienne ne saurait constituer une véritable référence, puisqu'il se borne à citer Amos (S.67, p.232-33).

47. Actes vii.42-43. On sourit de tant d'ingéniosité polémique: puisque Larcher a montré qu'une citation d'Amos dans le discours d'Etienne ne pouvait constituer une référence distincte de celle déjà donnée à ce prophète, qu'à cela ne tienne: Voltaire fait ici des paroles du diacre le point d'aboutissement d'une longue tradition, dont l'existence même est érigée en huitième preuve de l'idolâtrie et du polythéisme d'un peuple dont la religion ne s'est donc que tardivement fixée.

Ces huit 'raisons' de l'abbé Tilladet, Voltaire les reprendra, à l'exception de la sixième et dans un ordre un peu différent, dans *Dieu et les hommes* en 1769; mais sans éprouver cette fois le besoin de les attribuer à un autre (M.xxviii.161-63).

48. Est-il besoin de remarquer que ces 'savants' n'ont certainement rien pu conclure de recherches qui n'ont jamais existé? La fiction des références se prolonge... Le nom de Maillet s'est ici présenté à l'esprit de Voltaire probablement en raison des extraits des *Notebooks* (voir n.17): s'ils ne traitent pas directement de la fixation tardive de la religion juive, ils abordent les problèmes d'attribution et de chronologie que pose la rédaction du Pentateuque et certains livres historiques.

Quant à César Chesneau Dumarsais (1676-1751), philosophe et grammairien bien connu, son nom ne représente ici rien de plus qu'une désignation nouvelle du même courant de la libre pensée, car Dumarsais jouissait d'une réputation très exagérée de hardi penseur. S'il semble bien être l'auteur du *Philosophe* (dont Voltaire donnera un précis en 1773), en revanche un certain nombre d'apocryphes (*Analyse de la religion chrétienne*, *Essai sur les préjugés*) ont été mis sous son nom.

49. C'est là une des thèses essentielles de Voltaire sur la religion juive; elle n'est ici que brièvement énoncée, mais a reçu ailleurs et maintes fois des développements étoffés. Ce sont d'abord les conditions mêmes dans lesquelles a longtemps vécu le peuple juif qui empêchaient que sa religion fût fixe et stable: nomadisme, brigandage, vie tribale, inaptitude à la vie sédentaire et à l'habitat urbain. Elles expliquent son polythéisme constant et fluctuant (Josué, on l'a vu n.38, donne même le choix entre plusieurs cultes), l'absence chez elle de toute idée de l'immortalité de l'âme et d'un enfer, comme l'avait si bien établi Warburton, l'apparition tardive et sous des influences étrangères (en particulier chaldéennes, durant la captivité à Babylone) de la croyance en l'existence des anges et des diables (voir *Essai sur les mœurs*, ch.5, *Philosophie de l'histoire*, ch.48).

50. Affirmation totalement gratuite. Diodore, qui est le seul, on s'en souvient, à mentionner un roi Amasis vaincu par l'Ethiopien Actisan, ne fournit à cet endroit aucun repère chronologique. Il est même particulièrement vague puisque ce passage (voir n.8) commence par: 'On trouve après lui [Sésostris] une longue liste de ses successeurs dont aucun n'a rien fait qui mérite d'être écrit et l'on arrive enfin à Amasis', etc. (trad. Terrasson, i.129). Comment donc établir le moindre rapport chronologique avec le temps de l'Exode, que Calmet faisait commencer en 1487 avant J.-C.? L'explication proposée par Voltaire (voir note suivante) relève de la pure supercherie.

51. Voir *Antiquités judaïques* (Paris 1865), p.65-66. Les Egyptiens accablés par les Ethiopiens furent engagés par les oracles à recourir à un Hébreu: le Pharaon mit alors Moïse à la tête de ses troupes et celui-ci sut remporter sur les Ethiopiens une victoire éclatante.

52. Et par conséquent par Diodore lui-même, puisque à en croire Voltaire il n'aurait rien avancé qui ne vînt des sources locales (voir n.7). On mesure une fois de plus l'incroyable fragilité des rapports établis ici: s'il est exact que Moïse a combattu les Ethiopiens selon le témoignage de Josèphe, Voltaire omet sciemment un 'détail' qui interdit absolument tout rapprochement avec l'épisode trouvé chez Diodore; c'est que Moïse n'a combattu ces Ethiopiens que comme le commandant en chef des forces égyptiennes placé à leur tête par le Pharaon lui-même! Comment dès lors trouver le moindre rapport entre cet épisode et la fuite d'Egypte rapportée dans l'Exode, ou la déportation au désert par Actisan de brigands au nez coupé?

53. Pour l'apologétique traditionnelle la conquête de Jéricho et d'Aï par Josué n'est que l'accomplissement par Israël de la volonté divine; la prise de possession par le fer et le feu de l'héritage autrefois promis par Yahvé, qui dispose

souverainement des pays et des peuples; l'installation progressive dans la Terre Promise, ôtée aux Chananéens qu'il fallait 'punir' en raison de leur idolâtrie et de leurs abominations (voir Calmet, *Dictionnaire*, ii.69, article 'Chananéens'; voir aussi Lévitique xx.23). Mais pour la pensée libertine et déiste, l'épisode se réduit aux dimensions purement humaines d'une guerre de conquête sans merci, d'une agression sauvage que ne justifie même pas le désir d'expansion d'Israël, qui aurait pu asservir les vaincus sans les massacrer ni détruire leurs cités avec cette cruauté inutile et même stupide, puisqu'elle dilapide leur propre 'héritage'.

54. Cette prétendue haine, qui ne fut certainement pas 'constante', reste elle-même une exagération (voir ch.14, n.8 et 9). Il semble qu'on puisse tout au plus parler d'aversion. Calmet quant à lui fait état 'd'un très grand éloignement réciproque entre ces deux peuples', malgré le penchant des Israélites à 'imiter le culte et les superstitions des Egyptiens' (*Dictionnaire*, ii.57).

55. Nouvelle habileté du polémiste: à la faveur de cette relative est glissé comme une certitude presque acquise ce qui dans les premières pages n'était 'inféré' qu'avec circonspection.

56. Idée exprimée dès 1761 pour dénoncer les plagiats des Juifs (voir M.xxiv.211-12). C'était au demeurant une question très débattue: 'La conformité que l'on a remarquée de tout temps entre les lois, les pratiques et les cérémonies de ces deux peuples a partagé la plupart des savants', remarquait Calmet (*Dictionnaire*, ii.56). Le chevalier Marsham (*Chronicus Canon*) et John Spencer (*De legibus Hebraeorum ritualibus*) avaient montré combien Moïse s'était largement inspiré des Egyptiens dans la plupart des domaines et Calmet lui-même l'admettait sur bien des points (*Dictionnaire*, ii.57). Voltaire quant à lui avait pris en 1764 dans l'article 'Circoncision' du *Portatif* la position tranchée que l'on devine: 'tout atteste que le petit peuple hébreu, malgré son aversion pour la grande nation égyptienne, avait retenu une infinité d'usages de ses anciens maîtres' (M.xviii.192).

57. Voir Nombres xix.2-10. Or Calmet précise curieusement de ce rite expiatoire: 'Spencer (1. 2, c. 15 de leg. Hebr. rit.) croit que cette cérémonie a un rapport d'opposition avec les superstitions égyptiennes. Les Egyptiens n'immolaient jamais les vaches et les Hébreux n'immolaient ordinairement que des animaux mâles. Les premiers avaient en horreur le poil roux et tous les animaux de la même couleur. Les Hébreux ne faisaient aucune distinction de la couleur des victimes que dans cette seule occasion' (*Dictionnaire*, iv.439-40). Voltaire a-t-il oublié ce détail ou cru bon de passer outre?

58. Autre rite expiatoire, prescrit à Aaron (Lévitique xvi.5-22). Calmet apparente ce rite à toutes les pratiques expiatoires 'que l'on croyait propres à détourner la colère des Dieux de dessus les hommes' et fait précisément un rapprochement avec les Egyptiens sacrifiant certains animaux: d'après Hérodote, ils en 'jetaient la tête dans la mer après les avoir chargés d'imprécations' (*Dictionnaire*, i.463).

59. Elles étaient ordonnées dans les circonstances les plus diverses, le plus souvent pour mettre fin à un certain nombre de ces impuretés si nombreuses

recensées par le Lévitique et les Nombres (xiv.10). Il fallait se laver les mains avant d'entrer dans sa maison, faire couler de l'eau des doigts au coude avant de se mettre à table, se baigner hors du camp après une pollution nocturne involontaire (Deutéronome xxiii.11-12), se baigner après un rapport conjugal (Lévitique xv.18), se laver après avoir touché le lit d'une femme menstruée, etc. Voltaire avait déjà souligné dans la *Philosophie de l'histoire* le caractère expiatoire universellement attaché aux ablutions (voir Voltaire 59, p.108).

60. L'Exode les décrit longuement au chapitre 39, en particulier l'*'éphod'*, costume de grand-prêtre particulièrement chargé et orné, qui rappelle en effet étrangement les vêtements sacerdotaux ou royaux d'Egypte (voir F. Vigouroux, *Dictionnaire de la Bible*, ii.1865-66).

61. Voltaire, on le sait, a toujours dénié aux Hébreux l'invention de cette pratique d'origine mal connue et affirmait en 1765 que les Juifs 'avaient pris la circoncision des Egyptiens avec une partie de leurs cérémonies' (Voltaire 59, p.169). Larcher avait alors laborieusement soutenu (S.67, p.186-92) que les Egyptiens n'avaient fait qu'imiter Abraham, à qui Yahvé avait ordonné de circoncire son fils Ismaël. Opinion que Voltaire ne daigne pas même mentionner et que Larcher lui-même avouera avoir abandonnée dans son édition d'Hérodote (ii.228, n.112).

62. La distinction établie par la loi mosaïque (Lévitique xi) entre animaux purs (qu'on peut manger et offrir en sacrifice) et impurs (non consommables) était considérée, selon Calmet (*Dictionnaire*, article 'Animaux', i.210), par certains interprètes comme purement symbolique (par exemple le porc aurait signifié la gourmandise), tandis que d'autres, comme Théodoret, remarquent, à la suite de Moïse lui-même (Exode viii.22), que la plupart des animaux qu'il était permis aux Hébreux de manger, étaient précisément regardés comme des dieux par les Egyptiens: Yahvé aurait ainsi voulu détourner son peuple de la tentation d'adorer des animaux.

63. Cette prétendue citation est bien évidemment une supercherie de polémiste que sa vivacité emporte maintenant jusqu'à prendre ses adversaires à partie au style direct. Tout y décèle la plume de Voltaire: 1) 'vous convenez avec nous' (ce 'nous' résume la tradition déiste constamment invoquée dans la diatribe et dont Voltaire représente en 1767 comme l'un des points d'aboutissement; mais il serait beaucoup plus inattendu de la part de l'auteur des *Origines Judaïcae* en 1709). 2) 'mais à ne juger que par la raison': on reconnaît là la clause restrictive ordinaire, presque un leitmotiv, qui permettait si souvent à l'abbé Bazin d''enfoncer le poignard avec le plus profond respect' dans la *Philosophie de l'histoire*. 3) 'supposons que les Grecs de Constantinople', etc.: le caractère drôlatique de la transposition, le choix des termes (garde-robes des Turcs, leur vaisselle, dire la Messe dans un désert), tout désigne à l'évidence le style de Voltaire et non une quelconque traduction de Toland.

64. Renvoi ironique à tout l'appareil de justification de ce vol du peuple élu qu'avait fini par édifier l'exégèse traditionnelle des Pères, pour réfuter une

accusation toujours renouvelée par les adversaires. On en trouvera un précis étoffé dans le *Commentaire littéral* de Calmet (ii.33-36).

65. Allusion à la grande controverse sur l'attribution du Pentateuque à Moïse; inaugurée à la fin du siècle précédent par Spinoza (*Tractatus theologico-politicus*, 1670) ainsi que Richard Simon (*Histoire critique du Vieux Testament*, 1678), elle devait beaucoup assombrir les dernières années de Bossuet, ignorant l'hébreu et mal préparé à lutter contre d'aussi savants adversaires. (Sur la nature, les enjeux et les développements de cette controverse, on consultera P. Vernière, *Spinoza et la pensée française avant la Révolution*, p.121-63 et P. Hazard, *La Crise de la conscience européenne*, p.167-89). Pour Voltaire, ce problème d'attribution importe d'autant plus qu'il est étroitement lié, comme en témoigne l'économie même de cette diatribe (voir n.49), à sa vision de l'histoire du sentiment religieux chez les Juifs: un peuple nomade qui pratiqua si longtemps le polythéisme et l'idolâtrie, n'a pu se forger que tardivement ces livres renfermant la Loi d'un Dieu jaloux qui n'admet nul partage. Dès 1752, rédigeant à Berlin l'article 'Moïse' du futur *Portatif*, il affirmait vigoureusement non seulement que Moïse n'était pas l'auteur du Pentateuque mais que ce livre ne fut écrit qu'après la captivité, soit plus de onze cents ans après le temps de Moïse. Ce sera désormais l'un des grands thèmes de l'exégèse voltairienne: tantôt sont recensées les raisons rendant impossible toute rédaction de livres aux temps de l'errance au désert (*Philosophie de l'histoire*, ch.40); tantôt sont motivées les conjectures rapportant le Pentateuque au temps des rois ou à Samuel (M.xx.100; M.xix.239); tantôt est affirmée clairement l'attribution du Pentateuque à Saphan ou Esdras, qui 'forgea tous ces *contes du Tonneau* au retour de la captivité' (M.xxvi.206); thèse qui sera reprise en 1776 dans la *Bible enfin expliquée* (M.xxx.243, n.2).

66. C'est-à-dire peu après qu'eut pris fin la captivité à Babylone. Le prêtre Esdras obtint d'Artaxerxès en 463 avant J.-C. permission pour tous les Juifs établis en Perse de retourner à Jérusalem. En 450, Néhémie, ancien échanson à la cour de Perse, obtint d'Artaxerxès l'autorisation de relever les murailles abattues de Jérusalem. Artaxerxès avait nommé Esdras gouverneur des Juifs de cette ville.

67. Une ancienne tradition, dont on trouve l'écho dans plusieurs Pères ainsi que dans le quatrième livre d'Esdras, affirmait qu'Esdras avait restauré les livres saints dont tous les exemplaires avaient été perdus ou brûlés durant la captivité. Cette restauration se serait accompagnée de circonstances merveilleuses que rapporte Calmet (*Dictionnaire*, ii.73-74) et où Voltaire ne pouvait évidemment voir qu'une confirmation implicite de sa thèse: Esdras fut moins le restaurateur des livres saints que tout simplement leur auteur. Si bien que le livre juif qui prétend raconter les origines du monde n'a pas été écrit avant le cinquième siècle avant J.-C. La position de Voltaire paraît dériver de celle beaucoup plus nuancée, il est vrai, qu'avait prise Spinoza dans le *Tractatus* (voir Vernière, p.125).

68. En tête de son commentaire des livres d'Esdras, Calmet a placé une dissertation sur le quatrième livre qui reconnaît en effet l'authenticité dont on

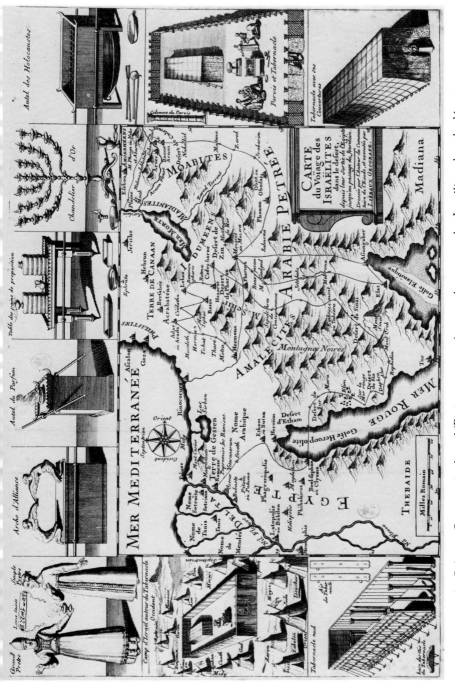

5. A. Calmet, *Commentaire littéral* (Paris 1707-1716): carte du voyage des Israélites dans le désert

l'a longtemps crédité. Quantité de Pères grecs et latins en faisaient grand cas, mais l'unanimité sur son authenticité ne fut jamais complète et les Conciles finirent par le rejeter. Calmet quant à lui y voit un apocryphe de composition tardive (fin du second siècle), apparemment forgé par un Juif converti au christianisme et désireux d'y gagner ses coreligionnaires.

69. L'"un des plus savants rabbins qui aient été parmi les Juifs' selon Richard Simon, Aben-Ezra se trouvait à Rome en 1146, à Rhodes en 1156, et mourut en 1165. Cet auteur de commentaires littéraux sur une bonne partie de l'Ecriture, était presque obscur à force de concision, selon Simon, qui avait utilisé un exemplaire manuscrit de ses commentaires sur le Pentateuque.

C'est par l'intermédiaire de Richard Simon mais surtout de Spinoza que Voltaire a pu prendre connaissance des théories d'Aben-Ezra contestant la mosaïcité du Pentateuque. Il l'a donné pour un précurseur direct de Spinoza (voir M.xxv.67, n.5, et M.xxvi.516 et 524), mais ne devait pas ignorer qu'aux yeux de R. Simon, Spinoza avait grossièrement trahi la pensée d'Aben Ezra. Celui-ci pensait qu'il y avait 'plusieurs additions dans les livres de Moïse' qui ne pouvaient manifestement être de lui et R. Simon dresse alors le relevé de ces interpolations jugées par Aben Ezra postérieures à Moïse (voir *Histoire critique du Vieux Testament*, i.44-45). Mais ce n'était pas affirmer pour autant que Moïse ne fût pas le principal auteur du Pentateuque. Or Spinoza avait pourtant écrit: 'Par ce peu de paroles il fait entendre que ce n'est pas Moyse qui a écrit ces cinq premiers livres, mais quelqu'autre qui a vécu longtemps après, et que celui que Moyse a écrit n'est point de ce nombre là' (*Réflexions curieuses d'un esprit désintéressé*, p.236-37). Aussi R. Simon accuse-t-il Spinoza dans *De l'inspiration des livres sacrés* (Rotterdam 1687, p.48) d'avoir mal lu Aben Ezra et de n'y avoir pris que 'ce qui favorisait ses préjugés'.

70. On peut songer aux auteurs protestants ou libertins que Voltaire a déjà nommés ailleurs au même propos: Wollaston, Collins, Tindal, Shaftesbury, Bolingbroke, Leclerc, Newton (M.xxv.67, n.5), Maimonide, Nuñez, Middleton et 'l'auteur des *Cérémonies judaïques*' (Voltaire 59, p.226). Cette périphrase désignait en 1765 Spinoza qui, fort curieusement, n'est pas même ici évoqué, peut-être par le fait d'une prudente méfiance, alors que de toute évidence le Spinoza du *Tractatus* est le grand inspirateur des attaques voltairiennes contre la mosaïcité du Pentateuque, particulièrement en cette année 1767, Voltaire, qui va publier en novembre les *Lettres à S. A. R. Mgr le prince de *** sur Rabelais et sur d'autres auteurs accusés d'avoir mal parlé de la religion chrétienne*, consacrera la dixième lettre à Spinoza et principalement à la critique biblique exposée dans le *Tractatus* (voir M.xxvi.523-24). Selon P. Vernière, 'jamais jugement plus objectif et plus intelligent ne fut donné au dix-huitième siècle sur la doctrine biblique de Spinoza' (p.510).

71. 'Enfin' et 'lui-même' laissent l'impression que Newton constitue pour Voltaire l'autorité décisive; elle l'est probablement beaucoup moins que celle de Spinoza et de toute façon Voltaire paraît ne pas faire grand cas de Newton comme exégète, puisqu'il avait récemment écrit dans l'*Examen important de*

milord Bolingbroke: 'Newton, qui s'est avili jusqu'à examiner sérieusement cette question, prétend que ce fut Samuel qui écrivit ces rêveries' (M.xxvi.206).

72. On appréciera pleinement l'ironie de cette question en se rappelant ce savoureux passage de l'article 'Conciles' ajouté cette même année 1767 au *Portatif*: 'Il est rapporté dans le supplément du concile de Nicée que les Pères étant fort embarrassés pour savoir quels étaient les livres cryphes ou apocryphes de l'Ancien et du Nouveau Testament, les mirent tous pêle-mêle sur un autel; et les livres à rejeter tombèrent par terre. C'est dommage que cette belle recette soit perdue de nos jours' (M.xviii.220).

73. Rédacteur en effet: ce point de vue nuancé avait été soutenu et motivé par Newton en 1733 dans *Observations upon the prophecies of holy writ, particularly the prophecies of Daniel and the apocalypse of St John* (voir *Issaaci Newtoni opera*, v.299-300).

74. Brève reprise d'une thèse abondamment développée dans la *Philosophie de l'histoire*. Le chapitre 40, consacré à Moïse, mettait en question l'existence même de l'homme, dont la vie toute remplie de merveilleux rappelle étrangement les prodiges et miracles attribués à Bacchus par 'les anciennes fables arabes'. Il est donc très vraisemblable que les Juifs toujours copieurs ont attribué la vie merveilleuse de Bacchus à leur héros tardivement imaginé (et dont aucun historien n'a parlé, comme le souligne une note ajoutée cette même année 1765 à l'article 'Moïse' du *Portatif*, dans l'édition Varberg). En revanche, le chapitre 28 de la *Philosophie de l'histoire* consacré à Bacchus, affirmait l'existence historique d'un personnage de ce nom, dont la vie héroïque aurait été, comme celle d'Hercule, embellie par la légende qui en a fait des demi-dieux. La geste de Bacchus n'a-t-elle donc pas servi de modèle à ceux qui ont forgé celle de Moïse? (voir Voltaire 59, p.183-84).

C'est au fond la thèse de Huet que Voltaire reprend à son compte, mais en la renversant: Moïse n'est pas la figure historique originelle, à partir de laquelle les mythologies païennes ont ensuite élaboré leurs affabulations déformantes; Moïse ne représente que l'adaptation tardive à son folklore par le petit peuple juif de données légendaires empruntées à des mythologies beaucoup plus anciennes, et exprimant vraisemblablement un certain fond de vérité historique. Cette utilisation de la *Demonstratio evangelica* n'a pas échappé à Larcher (S.67, p.218-21), qui conteste la solidité des ressemblances qu'a relevées Huet entre Bacchus et Moïse et juge irrecevable la thèse de l'évêque d'Avranches. Par contrecoup celle de Voltaire ne vaut guère mieux.

75. Affirmation maintes fois répétée et qui fait ici echo au chapitre 49 de la *Philosophie de l'histoire*: 'Si les Juifs ont enseigné les autres nations ou s'ils ont été enseignés par elle'. Le chapitre 5 (ajouté en 1767) de l'*Examen important de milord Bolingbroke* s'intitule: 'Que les Juifs ont tout pris des autres nations', etc.

76. Dans l'*Essai sur la poésie épique*, Voltaire avait situé Homère 'environ huit cent cinquante ans avant l'ère chrétienne', le déclarant contemporain d'Hésiode et postérieur de deux générations à la guerre de Troie (M.viii.314). Il faisait ensuite remarquer qu'il faut attendre quatre cents ans pour voir apparaître

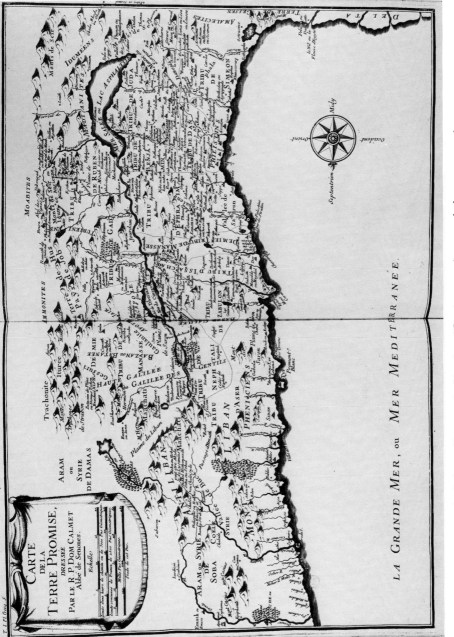

6. A. Calmet, *Dictionnaire historique* (Genève 1730): carte de la terre promise

l'histoire en prose. (Hérodote est né en effet en 480). Il est donc exact que 'ces systèmes' s'écroulent si l'on admet qu'Esdras vers 450 n'a fait que restaurer les livres saints antérieurement existants. Mais tout le problème est là et, comme l'indique assez l'ironie de l'adverbe dans l'expression 'en montrant seulement', Voltaire demeure bien persuadé de cette impossibilité.

77. Selon la chronologie de Calmet (*Dictionnaire*, iv.CCLVII), Cyrus est mort en 525 avant J.-C., suivi sur le trône par Cambyse, Darius et Xerxès. Artaxerxès lui succéda en 469. Voltaire désigne donc en gros la période du retour de la captivité: c'est Cyrus qui, après avoir conquis Babylone en 543, rendit leur liberté aux Juifs. Mais c'est sous Artaxerxès seulement qu'Esdras, puis Néhémie, allèrent réorganiser à Jérusalem le culte et la cité.

78. Sur la fréquence et les sources de cet argument voir l'excellente mise au point de R. Pomeau dans son édition du *Taureau blanc*, p.71-72.

79. Tout ce dernier paragraphe est écrit dans le meilleur ton de la *Philosophie de l'histoire*, rédigée par un ecclésiastique qui, selon une trouvaille d'expression de Voltaire lui-même, y a 'enfoncé le poignard avec le plus profond respect', et toujours en protestant de sa parfaite orthodoxie.

Chapitre XXII. Défense d'un général d'armée attaqué par des cuistres

1. Voltaire signifie ainsi sa volonté d'envisager le personnage historique et non la figure idéalisée dont Marmontel convenait dans sa préface avoir fait le héros de son roman. Il avertissait en outre avoir pris Procope pour guide, mais avoir écarté comme un apocryphe 'calomnieux' l'ouvrage intitulé *Anecdotes* ou *Histoire secrète de Justinien* (voir *Bélisaire*, p.I-II). Or Voltaire, comme Montesquieu dans les *Considérations* (ch.20), ne croit nullement que cette *Histoire secrète*, toute partiale qu'elle est, ne doive pas être attribuée à Procope (voir M.xiv.421). Certaines affirmations rencontrées plus loin dans ce chapitre reposent, on le verra, sur les *Anecdotes*.

Au surplus le héros de Marmontel est bien plus qu'une figure idéalisée du personnage historique: comme l'a souligné J. R. Monty ('The myth of Belisarius in eighteenth-century France', *Romance notes* 4, 1963, p.130-31), c'est un philosophe du siècle des Lumières prêchant des convictions parfaitement étrangères à celles que pouvait avoir le général de Justinien qui ne s'est jamais embarrassé ni de déisme ni de tolérance. Il faut donc conclure avec G. von Proschwitz que 'la vie de Bélisaire n'est qu'un prétexte dont Marmontel s'est servi pour propager les doctrines des philosophes' ('Gustave III et les Lumières', *Studies* 26, 1963, p.1352).

2. Au chapitre 19, à propos de Maupertuis.

3. L'expression 'j'ai quelque pente à croire' laisse entendre le crédit que Voltaire se sent disposé à accorder à Procope. L'historien byzantin, qui avait été

LA DEFENSE DE MON ONCLE

longtemps le secrétaire de Bélisaire et l'avait accompagné dans ses campagnes, ne le ménage guère dans les *Anecdotes*. Le chapitre 5 flétrit sa cupidité et son avarice durant la campagne d'Italie (*Anecdotes*, p.59). Quant à ses accès de cruauté, ce sont moins les siens qu'il faut lui reprocher (ce chef de guerre traitait ordinairement ses vaincus avec une mansuétude inhabituelle) que ceux de sa femme Antonine, à qui il ne savait pas s'opposer (voir *Anecdotes*, i.15, iii et v, etc.). Sa fortune de courtisan connut des éclipses, en raison d'insuccès militaires ou de l'inimitié de l'impératrice Théodora: par deux fois il connut la prison, vit ses biens confisqués, échappa de justesse à la mort. Il mourut le 23 mars 565, probablement d'amertume et de chagrin: ce courtisan fidèle qui avait assuré tant de victoires à Justinien et même sauvé sa vie et son trône dans une révolte de Constantinople contre lui, ne fut guère payé que d'ingratitude par l'empereur, qui confisqua même ses biens après sa mort.

Si Voltaire précise que ce fut un courtisan 'tantôt adroit et tantôt maladroit', c'est probablement en se souvenant du seizième et dernier chapitre du roman de Marmontel: Bélisaire y explique dans le plus grand détail les trois événements de sa carrière qui ont préparé sa ruine, car les conduites qu'il tint alors pouvaient apparaître comme celles d'un ambitieux redoutable (voir p.261-63). Mais en fait Bélisaire resta toujours fidèle à son empereur et refusa la royauté que lui offraient les Goths. En le déclarant 'très ambitieux', Voltaire entend probablement prendre surtout une distance critique par rapport au portrait brossé par Marmontel: son Bélisaire est le contraire même de l'ambitieux par son désintéressement total et magnanime. C'est ainsi qu'au chapitre 3 on le voit refuser la vengeance contre Justinien que lui offre le prince des Bulgares.

4. Pour le rappel des faits historiques mentionnés dans ce chapitre, Voltaire s'est vraisemblablement inspiré des ouvrages suivants, qui figurent dans sa bibliothèque:

Claude Fleury, *Histoire ecclésiastique* (1720-1738), 36 vol. (BV, no.1350).

François Bruys, *Histoire des papes depuis Saint-Pierre jusqu'à Benoît XIII inclusivement* (1732-1734), 5 vol. (BV, no.563).

Charles Lebeau, *Histoire du Bas-Empire en commençant à Constantin le Grand* (1757-1776), 14 vol. (BV, no.1960). Les tomes IX et X, qui traitent de Justinien, sont parus en 1766; le premier porte des annotations marginales pour le XLIe livre, consacré par Lebeau aux débuts du règne de cet empereur. (C'est le même Lebeau que celui qui est pris à partie en 1767 dans le *Portatif* à l'article 'Morale'; M.xx.111).

5. Il n'est pas illégitime de soupçonner chez Voltaire une insinuation malveillante dans l'emploi de cette expression, puisque la répétition voulue du titre 'évêque de Rome', donné au père et au fils, souligne ce que cette filialité selon la chair peut avoir d'insolite, voire de choquant, entre deux papes. Sans doute la précision était-elle déjà dans Fleury (*Histoire ecclésiastique*, XXXII.57; éd. Mariette, vii.389) et dans Bruys (*Histoire des papes*, i.314). Mais Fleury, qui avait précisé d'Hormisdas qu'il était diacre lorsqu'il accéda au Saint Siège (XXXI.18;

438

éd. Mariette, vii.180), avait d'autre part expliqué que certaines diacres étaient mariés et que plusieurs conciles avaient décidé de l'accepter (voir x.16 et xi.16).

6. Fleury s'était borné à écrire qu'à la mort du pape Agapit 'le roi Théodat fit élire à sa place Silvérius' (*Histoire ecclésiastique*, éd. Mariette, vii.389). Bruys en revanche n'entendait pas qu'on passât ainsi sous silence des pratiques de simonie alors courantes, mais qu'il n'estime pas moins 'criminelles' (voir *Histoire des papes*, i.314).

7. Silvérius ayant été imposé comme pape aux Romains par Théodat roi des Goths, son ennemi Vigile jugea que c'était le ressort à faire jouer pour le perdre: il fallait faire passer ce pape pour un traître au service des Goths. Or Bélisaire avait pris Rome le 10 décembre 536; la ville s'était d'ailleurs rendue à l'instigation de Silvérius lui-même. Mais en 537 Vitigès, roi des Goths, vint mettre le siège devant Rome. Vigile fit aussitôt répandre contre Silvérius l'accusation d'être d'intelligence avec les assiégeants pour les faire entrer dans la ville. Voltaire semble suivre ici la version de Lebeau, car ni Fleury ni Bruys n'entrent dans ces détails (voir *Histoire du Bas-Empire*, ix.490-91).

8. Ce détail permet de déceler la source utilisée: il s'agit de Bruys, qui au demeurant, dans sa narration du guet-apens tendu par Bélisaire à Silvérius, n'a pas dit exactement ce qu'affirme Voltaire. On revêtit Silvérius d'un habit de moine, ce qui, ajoute Bruys, 'ne convenait guère mieux à un Evêque de Rome que celui d'un Palefrenier, dont le Tyran Maxence avait honoré un des prédécesseurs de Silvère' (*Histoire des papes*, i.315-16).

9. Fleury (éd. Mariette, vii.391), qui parle d'exil à Patare et non d'emprisonnement, ne précise pas qui prit cette décision contre Silvérius. Selon Bruys (i.317), c'est Vigile, venant de se faire élire pape à la place de Silvère, qui décida du lieu de son exil, après avoir demandé à Bélisaire de lui remettre la personne de son ennemi détrôné.

10. Voltaire prend ici quelques libertés avec ses informateurs. En fait, l'accession de Silvérius au trône pontifical avait déplu non pas à Bélisaire mais à l'impératrice Théodora, qui voulait voir abolir le concile de Chalcédoine, mais savait ne pouvoir attendre cette complaisance de Silvérius. Aussi résolut-elle de le perdre pour le remplacer par Vigile, un diacre ambitieux et à sa dévotion, qui alla porter de sa part à Bélisaire l'ordre de déposer Silvérius au plus tôt et de le remplacer par Vigile. Celui-ci promit à Bélisaire deux cents livres d'or s'il exécutait cet ordre et le faisait élire pape. Il est donc peu exact de dire que Bélisaire 'vendit' la papauté deux cents livres.

11. Selon *Académie 62*, le marc vaut une demi-livre de la livre de Paris qui comporte seize onces, tandis que celle de Rome n'est que de douze onces et celle de Lyon de quatorze. Voilà pourquoi Voltaire précise au lecteur que ces quatre cents marcs représentent deux cents livres, mais à douze onces seulement par livre, ce qui est l'avertir qu'il s'agit de livres romaines et lui permettre en même temps de la situer par rapport à la livre française.

12. Nouvelle liberté prise par le polémiste avec ses sources, afin de pouvoir

imputer au 'sage Justinien' l'assassinat de Silvérius. Fleury (xxxii.57; éd. Mariette, vii.391), Bruys (i.317-18) et Lebeau (ix.493) rapportent pourtant la même version des faits: l'envoi de Silvérius à Patare s'était fait à l'insu de Justinien qui, lorsqu'il en eut connaissance, ordonna son renvoi à Rome et une enquête pour savoir si Silvérius avait réellement trahi. Mais Vigile épouvanté obtint de Bélisaire que Silvérius lui fût livré: il le fit transférer à Palmaria et l'y fit mourir de faim. La mort de Silvérius fut donc en fait un défi aux ordres de Justinien.

13. Voltaire venait d'écrire en avril ou mai 1767 sa *Lettre sur les panégyriques*, dont l'introduction déplore les mensonges et les silences dont trop de ces 'déclamations' sont entachées. Aurait-il ici en vue un panégyriste de Justinien? Ce n'est évidemment pas Procope, ni même Fleury car l'abbé, parvenu à la mort de Justinien, avait dressé de son règne un bilan tout juste positif (voir *Histoire ecclésiastique*, xxxiv.41; éd. Mariette, vii.546).

14. 'Carogne' est, selon *Académie 62*, un 'mot bas' dont on désigne 'par injure une femme débauchée, une méchante femme'. A en croire le témoignage de Procope, il n'y a guère de qualification qui convienne mieux à Antonine et Théodora.

15. Selon Procope (*Anecdotes*, i), Bélisaire adorait sa femme Antonine, une ancienne prostituée, mais supporta mal la passion violente qu'elle conçut pour le jeune Théodose dont il était le père adoptif. Bélisaire résolut de s'en défaire, Théodose dut s'enfuir. Théodora qui le protégeait le rendit à Antonine, mais la maladie l'emporta (voir *Anecdotes*, iii).

16. *Académie 62* précise que le mot 'baladin' signifiant autrefois tout danseur de théâtre 'ne se dit plus guère que pour signifier un farceur' et qu'il garde le même sens au féminin. Le chapitre 9 des *Anecdotes* est consacré aux débuts peu édifiants de Théodora, issue, comme Antonine, des milieux de la prostitution et du cirque et vite devenue la plus célèbre des courtisanes par son insatiable lubricité. Justinien très épris l'épousa malgré le scandale, tombant sous son entière domination.

17. Ce jurisconsulte romain (475-545), originaire de Macédoine, se fit remarquer de Justinien par ses brillantes qualités et sa vaste instruction: il devint et resta son confident favori. Successivement questeur, maître du palais, consul, il fut nommé en 528 à la commission chargée de réunir les constitutions impériales admises dans le premier code de Justinien. Il présida aussi les commissions chargées de la confection des *Pandectes*, des *Institutes* et du nouveau *Code*. Toutefois sa rapacité et sa vénalité excitèrent en 531 une émeute qui le fit éloigner, mais pour quelques mois seulement. Procope l'a jugé très sévèrement, Fleury (xxxii.40; éd. Mariette, vii.349) et Lebeau (ix.13-14) ont flétri sa corruption. Voilà pourquoi Voltaire le traite de fripon et paraît porté, après Fleury, à minimiser son rôle: il se serait borné à abréger les Constitutions des empereurs précédents et à faire des extraits des ouvrages les plus utiles des anciens jurisconsultes.

18. Ce portrait peu flatteur peut provenir de Procope, dont les *Anecdotes* avaient particulièrement insisté sur l'insatiable avarice de Justinien accumulant

confiscations et spoliations, ainsi que sur ses innombrables cruautés (voir vi, vii, ix, xii, xiv, xvi, etc.). Mais il est probablement plus directement inspiré par la lecture récente de Lebeau, dont le tome ix paru, on le sait, en 1766, s'ouvrait par un portrait de Justinien après son accession au trône en 527. On y retrouve l'analyse nuancée des traits de caractère énoncés ici (voir ix.11 ss).

19. Procope n'est pas avare de détails: par exemple avant son mariage, Théodora se donna un jour à dix jeunes gens avec qui elle avait banqueté et acheva la nuit en s'offrant à leurs trente domestiques (*Anecdotes*, ix; voir aussi xvii.5 et xxii).

20. On sait (voir n.3) que Procope lui avait reproché certaines exactions commises durant la campagne d'Italie (*Anecdotes*, v.1). L'énormité de son butin sur les Goths éveilla une violente jalousie chez Justinien et Théodora (*Anecdotes*, iv.7). Selon Lebeau (x.335), ces concussions provenaient surtout d'Antonine à qui Bélisaire ne savait pas résister.

21. Le 'quoi qu'il en soit' marque combien il importe peu finalement à la cause des Lumières que les données de l'histoire n'aient pas été respectées dans cette œuvre de propagande philosophique qu'est le roman de Marmontel; et Voltaire fait ici retour du personnage historique à la tradition légendaire reprise par son disciple. Ce serait le conteur Tzetzès qui à la fin du douzième siècle, soit six cents ans après la mort de Bélisaire, trouva plus intéressant de substituer à la vérité historique la légende du Bélisaire aveugle et mendiant, noble vieillard guidé par un enfant et chassé sur les grands chemins par l'inique Justinien, qui lui a fait crever les yeux. Elle fut bientôt répandue dans les œuvres littéraires et popularisée par la peinture (Van Dyck et David).

22. A vrai dire il n'en aurait même pas eu le temps, puisque l'édit dont il sera parlé plus loin date de 564 et que Justinien est mort en novembre 565, à l'âge de quatre-vingt-trois ans.

23. A défaut de génie, il faut bien reconnaître à l'auteur de *Bélisaire* un certain talent, qui consiste d'abord en effet dans l'ingéniosité qu'il a eue d'exploiter la touchante misère du Bélisaire de la légende pour rehausser son extraordinaire vertu qu'aucun malheur n'a pu atteindre. Pour Voltaire, l'ingéniosité consistait aussi à avoir su créer une œuvre de propagande, un instrument de plus de la diffusion des Lumières, le 'catéchisme des rois', le 'bréviaire des souverains'.

24. On reconnaît là un leitmotiv de la pensée voltairienne déjà étudié par R. Naves (*Le Goût de Voltaire*, p.301 ss) et auquel d'autres grandes voix du dix-huitième siècle ont fait écho, comme l'a montré Roland Mortier ('L'idée de décadence littéraire au XVIIIᵉ siècle', *Studies* 57, 1967, p.1013-29). Mais si Rémond de Saint-Mard, Grimm et Diderot dénonçaient une corruption du goût, ils la jugeaient passagère avec un optimisme raisonnable, auquel Voltaire oppose un pessimisme résolu et inébranlable: le siècle de Louis xv est celui d'un déclin général des belles-lettres. Mais il consentira en 1769 à relever deux brillantes exceptions: les *Saisons* de Saint-Lambert et le quinzième chapitre de *Bélisaire* (voir M.xv.435 et D15504).

25. 'Conversation' est bien le mot le plus propre à désigner cette œuvre, tenue

ordinairement pour un roman ou un conte, mais où l'élément narratif demeure des plus réduits. Dans les six premiers chapitres racontant le voyage du vieillard aveugle vers le lieu de son exil, les péripéties sont rares, mais les discours déjà abondants et les scènes attendrissantes répétées. Les dix derniers chapitres ne sont que des dialogues entre le jeune Tibère et Justinien qui se fait passer pour son père d'une part, et le héros aveugle de l'autre.

26. C'est le fameux chapitre 15 sur la religion et la tolérance civile, objet de scandale et d'engouement puisqu'il allait provoquer la censure de la Sorbonne, mais soulever Voltaire et l'Europe éclairée d'un enthousiasme dont il fait part à Marmontel (D13967) et Damilaville (D13968) le jour même (16 février). Voltaire trouva même le moyen de lui assurer une publicité spéciale: Catherine II et sa cour, descendant la Volga et enchantés de cette lecture, avaient décidé pour charmer leurs loisirs de traduire *Bélisaire* en russe. C'est le chapitre 9 qui était échu à l'impératrice; mais à partir d'août 1767 Voltaire publiera qu'elle s'est chargée du chapitre 15, parce qu'il est plus piquant que la Sémiramis du Nord soit occupée à traduire aux confins de l'Asie le chapitre que l'on condamne à Paris (voir D14363 et D14389).

27. Les historiens modernes portent aujourd'hui un jugement plus serein. Les structures de l'état byzantin étaient telles que l'Eglise y était placée sous son étroit contrôle, car cet état était aussi chrétien qu'elle. C'est de lui qu'elle tenait ses richesses et sa puissance. Mais en contrepartie l'empereur commandait à l'Eglise, même en matière de foi, le pape de la lointaine Rome dût-il en prendre ombrage. Au surplus la paix civile et la tranquillité politique restaient souvent liées à l'éviction des schismes et à la sauvegarde d'une certaine unité religieuse dans l'empire. D'où l'importance extraordinaire des querelles religieuses, qui dégénéraient souvent en troubles politiques et en émeutes, les moines jouant alors le rôle d'agitateurs. Les nécessités politiques du maintien d'une relative paix intérieure amenaient donc presque nécessairement l'empereur de Byzance à intervenir autoritairement dans les querelles théologiques (voir *Histoire générale des civilisations*, Paris 1965, iii.34 ss).

Toutefois il est juste de reconnaître chez Justinien un goût personnel très prononcé pour les disputes théologiques; et les historiens du dix-huitième siècle semblent avoir mal admis la nécessité politique de ses interventions dans ce domaine: Montesquieu blâmait son projet de 'réduire tous les hommes à une même opinion sur les matières de religion' et son 'zèle entièrement indiscret' (*Considérations*, ch.20); et Jaucourt déplorait qu'il ait 'désolé' ses sujets 'par un zèle aveugle sur les matières de religion' (*Encyclopédie*, xi.642a). Lebeau flétrira lui aussi en 1768 ce goût immodéré de la théologie (*Histoire du Bas-Empire*, xi.131).

28. La source est ici Fleury qui voit dans cette regrettable mesure le point 'où aboutit enfin l'inquiétude de l'empereur et sa curiosité sur la religion' (xxxiv.8; éd. Mariette, vii.543).

29. C'est un résumé à grands traits, où se reconnaît l'allègre ironie des *Contes*, des pages suivantes de Fleury racontant (éd. Mariette, vii.543-45) comment

Justinien fit enfermer dans des monastères certains évêques (dont Eutyquius, patriarche de Constantinople) qui refusaient de reconnaître son édit.

30. L'expression est un peu forcée. Bélisaire ne se réfère en aucune façon à cet édit de 564, mais il aborde sans détour le problème plus général des interventions autoritaires du prince en matière de croyance: 'Laissez descendre la foi du ciel, elle fera des prosélites; mais avec des édits, on ne fera jamais que des rebelles ou des fripons' (p.247; voir aussi p.248).

31. Ce détail et son expression ironique sont de Voltaire; le mot 'damner' n'est pas chez Marmontel, qui n'évoque nulle part dans ce quinzième chapitre une éternité des peines dans l'au-delà.

32. Bélisaire donne en effet à cette idée un relief qui rappelle étrangement l'opposition si marquée dans l'*Epître à Uranie* entre le Dieu tyran 'triste et farouche qui ne demande qu'à punir' (*Bélisaire*, p.233) et le Dieu de bonté, qui porte à ses créatures une affection paternelle.

33. Référence allusive à la théorie de la monarchie de droit divin; elle est évidemment ironique, comme le marque bien la parenthèse, car pour Voltaire il y a un insondable abîme entre Dieu et l'homme, fût-ce le plus glorieux des souverains. Au reste Marmontel s'était bien gardé de se prononcer d'une quelconque façon, dans ce chapitre, sur la source du pouvoir du prince; le problème est manifestement esquivé et l'on chercherait vainement l'idée d'une délégation de son pouvoir par Dieu au souverain, devenu dès lors comme son image vivante sur la terre. Tout ce qu'on lui demande est d'imiter la bonté divine.

34. Léger gauchissement de la pensée de Marmontel: Bélisaire a bien dit que si les souverains avaient à être 'les ministres de la volonté du ciel', comme le veut Justinien, c'était en l'étant seulement 'de sa bonté' (p.244). Mais Marmontel avait auparavant exposé un argument beaucoup plus important: Dieu a voulu que les vérités morales, dont seules dépend l'ordre social que le souverain a charge de maintenir, fussent directement perçues par la conscience et indépendamment de toute croyance dogmatique. Par conséquent, il n'est pas du ressort du souverain d'imposer la croyance en un dogme, puisque celle-ci demeure sans effet sur le maintien de ce qu'il a mission de préserver (p.244). Ainsi la tolérance est beaucoup moins affaire d'imitation par le prince de la clémence divine que le strict devoir, qui s'impose à lui, de reconnaître et respecter un ordre voulu par Dieu même.

35. Trouvaille purement voltairienne que cette antithèse drôlatique et d'une ironie bien éloignée de la rhétorique du héros de Marmontel, désespérément cantonné au sublime et au touchant. En outre, aucun historien n'a prétendu que Justinien ait fait mourir de faim Eutyquius. Il s'est borné à l'exiler dans un monastère.

36. 'Divin' représente peut-être plus ici qu'un superlatif d'excellence couronnant la gradation de ces trois épithètes. On peut y voir la discrète insinuation de la supériorité du déisme sur toute religion révélée; car 'cet admirable discours

443

de Bélisaire' établit précisément les fondements et la nécessité de la tolérance indépendamment de toute révélation.

37. Voltaire pense probablement au malveillant Procope dont le jugement reste pourtant nuancé, presque indécis: tantôt il admet (*Anecdotes*, v) que la fortune lui fut contraire, alors que ses plans de campagne avaient été soigneusement préparés, tantôt il critique la temporisation d'un Bélisaire craintif se dérobant toujours à l'adversaire (vi), mais perdant Rome puis toutes les autres places d'Italie. Lebeau quant à lui (x.330-35) disculpe Bélisaire de faiblesse ou d'incompétence, n'attribuant son insuccès qu'au manque des renforts que lui refusait Justinien. Ce refus lui-même s'expliquait par les intrigues de courtisans envieux, travaillant à la perte de Bélisaire. Au reste le Bélisaire de Marmontel n'avait pas hésité à faire sa propre apologie à ce sujet, mettant surtout Narsès en cause (*Bélisaire*, p.125-27).

38. La basse fosse est un 'cachot très profond dans une prison [...] On ne met dans les basses fosses que ceux qui sont accusés de grands crimes'. Quant au cul de basse fosse, c'est 'un cachot creusé dans la basse fosse même' (*Académie 62*).

Voltaire a décidément pris son parti de se refuser à toute idéalisation de Bélisaire, et d'Alembert se dépite de ce qu'il dise 'presque autant de mal du capitaine Bélisaire que des censeurs du Roman' (D14333); mais Grimm s'en félicite, qui n'apprécie pas que Marmontel ait ainsi fardé la vérité historique (CLT, vii.385).

39. Ce 'Grec' avait quarante-quatre ans en 1767 et déjà derrière lui une carrière littéraire bien assise. Issu d'une famille modeste, ayant du goût pour l'étude, il fut successivement précepteur et novice chez les Jésuites. Son goût des sciences, que les Jésuites répugnaient à enseigner, le porta à rompre avec eux et à embrasser la carrière d'homme de lettres, comme l'en pressait Voltaire avec qui Marmontel était entré en correspondance en 1743. Venu à Paris en 1746, il connut quelques années de tâtonnements (journalisme, poésie, théâtre), collabora à l'*Encyclopédie*, publia en 1755 ses premiers contes dans le *Mercure de France* dont il devint directeur en 1758, mais perdit sa place et fut même embastillé. Il entra à l'Académie en 1763. Malade en 1765 et se croyant perdu, il entreprit la rédaction d'un nouveau *Télémaque* destiné à Louix xv, pour lui indiquer les remèdes à apporter aux maux du royaume: c'était *Bélisaire*, qui était achevé en septembre 1766, mais qu'on ne l'autorisa pas à dédicacer au roi. Dès novembre 1766, la censure refusait, en la personne de l'abbé Chevreuil, de laisser passer le chapitre 15. L'habile Marmontel trouva alors un censeur plus accommodant dans l'abbé Genêt, professeur à Mazarin, et *Bélisaire* put paraître. Mais Bachaumont signale une première réaction du public le 13 février 1767; environ trois jours plus tard le roman était dénoncé au lieutenant de police, qui pria l'auteur de se mettre en rapport avec le syndic de la Sorbonne. Ainsi eurent lieu les premières tractations entre Marmontel et Riballier: l'affaire de *Bélisaire* venait de commencer... (voir J. Renwick, *La Destinée posthume de J. F. Marmontel*, p.11-16).

40. Ironique clin d'œil au lecteur, invité à jouer le jeu qu'on attend de sa bonne

volonté, en accordant au trop moderne Bélisaire de Marmontel une crédibilité qui demeure bien difficile, même en se rappelant que la vieillesse et le malheur peuvent adoucir le caractère d'un homme autrefois sectaire et cruel. Il est trop clair que l'essentiel est d'entendre le message philosophique, sans trop regarder dans quelle bouche on l'a mis, ni buter sur les exigences du vraisemblable, comme Coger venait de le faire (voir *Examen du Bélisaire*, p.77).

41. François-Marie Coger (1723-1780) fut, comme Larcher, brusquement tiré de l'obscurité par Voltaire en 1767, à l'occasion de l'affaire de *Bélisaire*. Licencié en théologie, professeur d'éloquence au collège Mazarin et plus tard recteur de l'Université de Paris (de 1771 à 1773), il eut la fâcheuse idée, en avril 1767 (Riballier signa l'approbation le 14), d'écrire un *Examen du Bélisaire de M. Marmontel* dont Voltaire accusait réception à Damilaville le 12 juin (D14223). Dès lors il ne cessera de le cribler de sarcasmes et l'on aura à entrer dans le détail de cette querelle, à l'occasion de la 'Défense d'un jardinier'.

42. Allusion probable à la position de plus en plus inconfortable de la Sorbonne, dont la censure déplaira si fort au gouvernement, lorsqu'elle paraîtra fin juillet, qu'il en arrêtera la diffusion. Il n'est pas impossible que Voltaire ait su dès les deux dernières semaines de juin (époque très probable de la rédaction de ce chapitre) avec quel déplaisir croissant le gouvernement voyait les théologiens s'apprêter à censurer un ouvrage prônant la tolérance civile, quand lui-même se préoccupait d'adoucir le sort des protestants. C'est probablement toute l'erreur des théologiens d'avoir compté a priori sur l'appui du pouvoir civil dans leur lutte contre l'"hérésie', dans une période où les idées du 'vieux général' étaient précisément de moins en moins mal reçues à la cour. Faute tactique de la Faculté, due en somme à une ignorance que l'ironique dernière phrase du chapitre pourrait bien relever elle aussi: 'Ah! cuistres de collège, que vous êtes loin de soupçonner ce qui se passe dans la bonne compagnie de Constantinople!' On devait en effet ne pas ignorer, dans les salons, cette hostilité croissante du Conseil du Roi et du Parlement (voir J. Renwick, 'L'affaire de *Bélisaire*, une phrase de manuel', *De l'Encyclopédie à la Contre-Révolution. Jean-François Marmontel (1723-1799)*, 1970, p.262).

43. En fait, il n'y a pas un mot de la Rédemption dans le chapitre 15 de *Bélisaire* et le nom même de Jésus-Christ n'apparaît pas. Si la Sorbonne a pu y dénoncer un déisme caché, c'est précisément parce que la 'Révélation', dont le contenu n'est nulle part analysé, n'y est donnée que pour 'le supplément de la conscience: c'est la même voix qui se fait entendre du haut du Ciel et du fond de mon âme' (p.238). Dès lors la référence si explicite que fait Voltaire à la Rédemption ne va pas sans charger sa phrase d'ambiguïté. Rattachée étroitement au chapitre 15, elle signifie d'abord que le bénéfice de la Rédemption s'étend à tous les hommes de bonne volonté, sans égard aux temps et aux lieux; que par conséquent les païens ne peuvent être damnés *ipso facto* pour avoir vécu avant le temps du Christ venu éclairer les hommes sur la révélation. C'est ce qu'avait soutenu Bélisaire avec vigueur (voir p.237-38). Mais la phrase peut prendre aussi valeur d'une allusion perfide à la doctrine janséniste de la prédestination. Certes,

l'opposition de *tous* à *plusieurs* n'a pas le relief de celle du *multi vocati* au *pauci electi*, mais elle pourrait bien la suggérer sous la plume d'un écrivain ici aux prises avec le duo Mazarin, fortement suspecté de jansénisme (Coger et Riballier).

44. Léger déplacement d'accent par rapport à Marmontel et nouvelle incitation à juger que Voltaire avait aussi à l'esprit la doctrine de la prédestination. Ce que Bélisaire voulait établir avant tout, c'est que Dieu ne peut pas ne pas vouloir le bonheur de *tous les Justes* eussent-ils vécu avant l'avènement du Messie. En traduisant par 'le bonheur de *tous les hommes*' Voltaire semble plutôt affirmer contre les jansénistes la chance égale que Dieu leur donne de mériter le ciel par leurs efforts.

45. Bélisaire rêve devant ses deux amis à la composition de la Cour céleste et ajoute: 'J'espère y voir l'auguste et malheureux vieillard qui m'a privé de la lumière: car il a fait du bien, et il l'a fait par goût, et s'il a fait du mal, il l'a fait par surprise. Il sera bien aise, je crois, de me retrouver mes deux yeux! En parlant ainsi, son visage était tout rayonnant de joie; et l'Empereur fondait en larmes, penché sur le sein de Tibère' (*Bélisaire*, p.236-37).

46. En juin 1767 seuls sont parus l'*Examen* de Coger (dans la seconde quinzaine d'avril) et l'*Indiculus* dressé par la Sorbonne et publié par les soins des philosophes vers le 12 mai. Ainsi cette 'violence' des 'ennemis secrets' ne s'est guère encore manifestée qu'au sein des commissions de la Sacrée Faculté. Ils n'en prenaient pas moins parti contre la bonté de Dieu, puisqu'ils ne pouvaient se résoudre à admettre que leur seule vertu suffît à sauver les païens, ni que le prince dût imiter la clémence divine en n'imposant pas par le glaive les croyances de l'Eglise à ses sujets.

47. En rêvant à la composition de la Cour céleste, Bélisaire la peuplait des Titus, des Trajan, des Antonin 'qui ont fait les délices du monde'. C'est alors que Coger commente en note dans son *Examen du Bélisaire*: 'Tous idolâtres et qui par conséquent avaient violé la loi naturelle, qui défend de rendre à la créature le culte d'adoration dû à Dieu. Caton, coupable d'un suicide, crime contraire à la nature, ainsi que les infâmes débauches dans lesquelles se plongeait Trajan et même Aristide: Marc Aurèle respectable par sa sagesse, mais ridicule par l'extravagance de ses superstitions; Antonin, persécuteur comme eux des chrétiens, dont ils pouvaient connaître la religion. *Si avec ces crimes on est sauvé, il n'y a plus de réprouvés*' (p.62-63, n.1). Coger reviendra sur le sujet dans une addition à l'*Examen*: 'Ces hommes qui paraissent *justes* à Bélisaire, sont *coupables et méchants* aux yeux de la Religion' (p.115), 'l'éternité des peines, les feux de l'enfer, répugnent au sentiment qu'il a conçu d'un Dieu, qui ne punirait qu'autant qu'il ne pourrait pardonner [...] Donc Bélisaire n'admet point l'éternité des peines réservées dans l'enfer aux méchants: donc il ne veut pas qu'ils soient l'objet éternel des vengeances divines. Ce sentiment contre lequel les magistrats doivent s'élever, non avec moins de zèle que les ministres de l'Evangile, parce qu'il est aussi contraire au bien de la société qu'il est opposé à la foi, est cependant l'opinion que Bélisaire s'efforce d'accréditer' (p.116-17).

446

48. Il y a probablement un jeu de mot sur 'réprouvé', qui n'est pas nécessairement synonyme de damné. Le sens premier de réprouver est, selon *Académie 62*, 'rejeter une chose, la désapprouver, la condamner'. C'est seulement comme substantif qu'il signifie presque toujours: 'ceux que Dieu a rejetés et maudits'. Coger l'avait bien employé comme substantif dans: 'Il n'y a plus de réprouvés'. Mais Voltaire a l'habileté de ne l'employer ici deux fois qu'au participe. Ce qui signifie beaucoup moins: Coger et ses collègues seront voués à la damnation, que: ils seront l'objet de la désapprobation générale; celle évidemment de l'opinion, toujours du côté des rieurs ('Sois sûr que tout Constantinople en rira'), mais probablement aussi celle du pouvoir civil dont la 'bonne compagnie', on l'a vu, devait déjà percevoir l'irritation croissante.

49. Voltaire lance ici contre Coger et ses confrères la même flèche qu'il avait décochée à Larcher, réputé être lui aussi un 'cuistre de collège', à la fin de l'"Avertissement': 'tu as l'insolence d'accuser d'impiété des citoyens dont tu n'as jamais approché, chez qui tu ne peux être reçu, et qui ignoreraient ton existence si tu ne les avais pas outragés'. C'est une des armes favorites du polémiste que de marquer avec dédain toute la distance sociale qui sépare la meute plus ou moine affamée des folliculaires et régents de collège de la 'bonne compagnie', qu'ils attaquent, tout dévorés d'envie, du sein de leur misère et de leur obscurité dont ils voudraient à tout prix sortir.

Postscriptum. Défense d'un jardinier

1. La référence (à la première édition de l'*Examen*) est exacte, mais non la citation. Coger a écrit: 'n'est et ne peut être que la *Loi* naturelle perfectionnée' (il ajoute en bas de page cette référence peu précise: *Mélanges*). Voltaire se procurera aussi la seconde édition de l'*Examen* (parue probablement vers le 20 juillet – Voltaire la reproche à Coger le 27; D14310) dont il parlera à Marmontel le 7 août (D14342). Elle lui donnera des sujets d'irritation autrement plus sérieux!

2. Elles sont pour l'instant assez légères pour que Voltaire s'en divertisse. Lorsqu'il prend à témoin son 'cher lecteur', c'est qu'il reste capable de cette distance critique que suppose la raillerie. Mais toute envie de rire aura disparu le 27 juillet dans une lettre cinglante adressée à Coger (D14310), à l'occasion de la seconde édition de l'*Examen*, que Damilaville avait dénoncée à Voltaire (voir D14344) et où celui-ci est nommément pris à partie. On s'y reportera pour apprécier la différence de ton. Au reste Grimm partagera pleinement l'indignation de Voltaire devant la seconde édition de l'*Examen*: ayant signalé que la *Défense de mon oncle* se termine par 'l'apologie de *Bélisaire* contre les cuistres de la Sorbonne', il ajoute: 'Le cuistre Cogé n'y est pas oublié, mais ce cuistre mériterait des étrivières mieux appliquées. Il vient de faire une nouvelle édition de son *Examen de Bélisaire*, et cette édition, fort augmentée, est d'une violence extrême. Si ce cuistre était le maître, il brûlerait les philosophes comme

des pastilles, et leur parfum serait bien délicieux pour son nez' (CLT, vii.384-85).

3. On sait qu'avec celui du 'Suisse', du 'pauvre malade' et de quelques autres, le personnage du jardinier est un de ceux que Voltaire assume le plus volontiers, depuis sa fixation au 'jardin' des Délices et la célèbre conclusion de *Candide*. En outre la simplicité rustique et laborieuse d'un jardinier s'accordait parfaitement avec un autre de ses personnages, celui de patriarche. L'introduction par le neveu de ce nouveau personnage répond au besoin de remplacer celui de l'abbé Bazin, mort dignement dans l''Epilogue'. Certes, l'allusion est claire au rôle de Voltaire 'seigneur de village', bon génie du pays de Gex et de Ferney qu'il a su mettre en valeur et dont les habitants, grâce à lui, ont vu leur vie transformée. C'est bien là un 'personnage' intensément vécu par Voltaire et non un masque de théâtre. L''Epître dédicatoire' des *Scythes* l'avait clairement rappelé quelques semaines plus tôt, en racontant l'histoire du 'bon vieillard' de Perse qui avait 'défriché des terres incultes et triplé le nombre des habitants autour de sa cabane' (M.vi.263). Il reste que ce rôle effectivement tenu dans la réalité quotidienne est bien utilisé ici comme un masque permettant d'opposer comiquement l'innocence du 'pauvre' jardinier de Capadoce à la 'cruelle' persécution de Cogeos.

4. Il s'agit de la réédition faite en 1764 de la *Collection complète des œuvres de M. de Voltaire* publiée par Cramer en 1756 (Bengesco, iv.60-63).

5. On remarquera que Voltaire écrit Cogé et non Coger. Si cette falsification orthographique est bien volontaire, comme il le semble, on peut en conclure qu'au moment où était rédigé ce post-scriptum, c'est-à-dire dès la seconde quinzaine de juin, était en usage parmi les philosophes la plaisanterie sur le 'Coge pecus' virgilien. En tout cas dès le 14 juillet 1767 le sobriquet de 'Cogé pecus' est donné à Coger par d'Alembert sans autre explication dans une lettre à Voltaire (D14274), probablement parce qu'il sait bien que son correspondant l'entend parfaitement sur certaine application facétieuse au collaborateur de Riballier de ce vers de la troisième *Bucolique*: 'Tityre, coge pecus, tu post carecta latebas' (iii.20).

6. L'accusation est bien sévère, comme on en peut juger sur les pièces du procès. Coger a prêté à Voltaire ces paroles: 'Notre religion avec toute sa révélation n'est et ne peut être que la Loi naturelle perfectionnée' (*Examen*, p.54); et Voltaire avoue avoir écrit: 'Notre religion révélée n'est même et ne pouvait être que cette loi naturelle perfectionnée'. Il est certain que le gauchissement dont Coger s'est rendu coupable ne trahit pas trop de bienveillance. Mais il peut aussi avoir cité de mémoire, comme le porterait à penser sa référence si vague ('Mélanges'), mise en bas de page.

7. Sur le sens de la substitution de théisme à déisme depuis 1751, voir R. Pomeau, *La Religion de Voltaire*, p.428.

8. Le patriarche de Constantinople était un personnage très important dans le religieux empire byzantin. La plaisanterie pourrait donc consister tout bonnement dans cette galéjade qu'aurait été l'approbation par l'un des gardiens les

plus en vue de l'orthodoxie, l'archevêque de Paris, d'un morceau qui méritait au moins autant que *Bélisaire* les foudres de la Sorbonne. Mais elle est probablement plus subtile. Ce patriarche de Constantinople pourrait bien n'être que Voltaire lui-même et les 'évêques' qui ont joint leur avis favorable au sien désigner l'état-major de la philosophie; si bien que 'il n'y a rien de plus chrétien, de plus catholique, de plus *sage*' se résume finalement à: il n'y a rien de plus philosophique. Grimm devait d'ailleurs qualifier Voltaire, quelque temps après l'affaire de *Bélisaire*, de 'patriarche in petto de Constantinople' (M.xxvi.573, n.1).

9. Voltaire marque ici clairement son entière solidarité philosophique avec Marmontel, car lorsqu'il reproche à Coger d'avoir voulu le 'perdre', il ne le pense pas encore vraiment. (En revanche, il le pensera tout à fait après la deuxième édition de l'*Examen du Bélisaire*, écrivant alors à Coger: 'Vous avez voulu outrager, et perdre un vieillard de soixante et quatorze ans' (D14310). Pour l'instant il ne s'agit que d'établir entre son disciple et lui une effective communauté de cause: Coger a montré dans l'*Examen* (voir en particulier p.62) la parenté de leur pensée et Voltaire ne la conteste nullement, bien au contraire, puisque faire condamner *Bélisaire*, c'est en même temps perdre le 'bonhomme' qui avait abreuvé Marmontel de ses 'eaux pures'.

10. C'est-à-dire la classe des théologiens ou peut-être aussi celle des folliculaires, comme on a vu l'abbé Bazin le spécifier au chapitre 20: 'Mon neveu, après les théologiens les chiens les plus acharnés à suivre leur proie sont les folliculaires'.

11. Le titre XVIII du quatrième livre des *Institutes* s'intitule 'De Publicis judiciis', opposés aux jugements particuliers. Ils peuvent être capitaux ou non. Donnent lieu à des jugements publics entre autres les crimes de lèse-majesté, d'adultère, de meurtre, de parricide et de faux. Sous cette dernière rubrique ('De crimine falsi') le code s'exprime ainsi: 'Il y a à la loi Cornelia, pour les faussetés, laquelle est aussi appelée testamentaire. Elle punit celui qui a écrit, signé, récité ou supposé un testament, ou quelqu'autre acte de faux, ou qui a gravé ou fabriqué un cachet, ou contrefait un seing, dans le dessein de tromper quelqu'un. Elle punit du dernier supplice les esclaves, qui sont convaincus de ce crime; supplice établi contre les meurtriers et les empoisonneurs; à l'égard des personnes libres, la peine du crime de faux est la déportation' (*Nouvelle traduction des Institutes de l'Empereur Justinien* par Claude Joseph de Ferrière, Paris 1734, vi.443). Le traducteur Ferrière fait ensuite une comparaison avec l'état du droit français et remarque p.445: 'Le crime de faux témoignage ou d'accusation calomnieuse est aussi quelquefois puni de mort; ce qui dépend beaucoup des circonstances'.

12. Allusion à des scènes bien connues (III.vii-xi) du *M. de Pourceaugnac* de Molière.

13. Cette fin confirme l'impression éprouvée plus haut (voir n.2): Voltaire, qui n'a pas été véritablement offensé par la prétendue 'malignité et calomnie' de Coger, 'pardonne' ici de belle humeur et ce pardon accordé pour une offense imaginaire n'est qu'une insolence de plus. On sait comme les choses changeront après la seconde édition de l'*Examen du Bélisaire*: cette fois, aucun pardon

possible. Mais à la lettre cinglante du 27 juillet, le 'misérable' ripostera le 10 août sans aménité, car il ne pardonne pas lui non plus, à cause précisément de ces pages de la *Défense de mon oncle* (voir D14352).

A la mercuriale de Coger, Voltaire ne répondra que par des sarcasmes méprisants dans deux lettres publiques supposées écrites par ses domestiques Gérofle et Valentin au sieur Coger: la *Lettre de Gérofle à Cogé*, probablement en août (M.xxvi.449-50) et, le 15 décembre 1767, la *Défense de mon maître* (M.xxvi.529-30; cette *Défense* était écrite dès octobre; Voltaire en parle le 4 à Damilaville et le 14 à Marmontel; D14464 et D14480). Il poursuivra Coger durant de nombreuses années encore: dans l'*Homme aux quarante écus* (M.xxi.348 et 357); dans la *Princesse de Babylone* (M.xxi.431); en 1773, dans *Aventure de la mémoire* (M.xxi.482); en 1774, dans une addition aux *Questions sur l'Encyclopédie* (M.xx.208), etc.

Dernier avis au lecteur

1. Sur ce dernier 'sommaire' de la *Défense de mon oncle*, voir l'introduction, p.28 et surtout p.137-38.

2. Il n'y a guère que dans l'Ecclésiaste qu'il faille chercher pareil trait de morale épicurienne. Encore n'y figure-t-il pas sous cette forme. Voltaire ne cite pas un verset précis, mais se remémore – particulièrement en avril 1767 (voir D14087 et D14119) – ceux qui font consister le bonheur de l'homme dans le plaisir (par exemple iii.12, iii.22, v.12, ix.9, etc.). On trouvait déjà un résumé semblable dans l'article 'Salomon' du *Portatif* (1765): 'il n'y a rien de bon et de raisonnable que de jouir en paix du fruit de ses travaux avec la femme qu'on aime' (M.xx.387).

3. Voltaire, on l'a vu (l'introduction, p.134-35), renvoie les lecteurs de la bonne compagnie à leurs plaisirs habituels: la comédie, l'opéra-comique, les délices de l'amour. C'était déjà le 'train des jours' de l'honnête homme dans le *Mondain*: le 'tendre amour' puis l'Opéra, en attendant un souper brillant et délicat. Dans la *Défense du Mondain* d'autre part, le patronage de Salomon était également invoqué (v.117-19) et dans une pièce envoyée à Frédéric, en octobre 1736, sur l'*Usage de la science dans les princes*, Voltaire disait encore de Salomon: 'Ce roi, que tant d'éclat ne pouvait éblouir / Sut joindre à ses talents l'art heureux de jouir' (cité par A. Morize, *L'Apologie du luxe au XVIIIe siècle et le Mondain de Voltaire*, p.167, n.22).

A WARBURTON

INTRODUCTION

Ce court mais violent pamphlet de 6 pages in octavo a dû sortir des presses de Cramer dans la seconde quinzaine de juillet 1767, quelque deux ou trois semaines après la *Défense de mon oncle*. On devait sûrement en trouver des exemplaires à Paris dans les derniers jours de juillet: Grimm en fait mention dans sa *Correspondance littéraire* du 1er août:[1] 'on m'assure que le neveu de M. Bazin a encore fait une autre brochure tout exprès contre M. Warburton, où ce dernier est très maltraité' (CLT, vii.380). D'Alembert, qui paraît l'avoir reçue en même temps que son exemplaire personnel de la *Défense de mon oncle*, se prononce sur 'la réponse à Warburton dans la petite feuille' le 4 août (D14333). Mais cette première édition de 1767 ne semble pas avoir connu une grande diffusion: Bachaumont ne parlera pas du pamphlet avant 1773; la *Correspondance littéraire* ne dira rien de son contenu avant avril 1770.

Voltaire avait averti en tête de la *Défense* qu'on y trouverait entre autres 'une furieuse sortie contre l'évêque Warburton' (voir p.189) et précisé au chapitre 16 que le bout du fouet dont il avait corrigé Larcher avait 'sanglé' l'évêque hérétique. Pris en effet à partie dès le chapitre 13 à propos de l'Ezour-Vedam, vigoureusement réfuté au chapitre 14 au sujet des Juifs, Warburton était particulièrement malmené aux chapitres 15 et 16, qui discutent moins ses idées qu'ils ne discréditent sa personne: ces sévères réquisitoires dénoncent l'ambition, l'opportunisme, l'irréligion, l'agressivité, la mauvaise foi, l'hypocrisie et finalement la sottise d'un homme qui n'a réussi qu'à faire l'unanimité contre lui dans son propre pays. Le neveu de l'abbé Bazin avait donc déjà fait bonne mesure à l'adversaire dont Larcher avait révélé toute la

---

[1] A l'en croire sur simple ouï-dire; mais le jugement qu'il porte dès ce moment sur la querelle de Voltaire et Warburton pourrait aussi bien faire penser qu'il l'a déjà lu. Voir ci-dessous, p.458.

malveillance (voir p.73-74). Comment dès lors expliquer cette
seconde attaque quelques semaines plus tard et sa violence accrue?
La réponse est malaisée. Il ne semble pas qu'un événement
nouveau se soit produit qui serait à l'origine de cette nouvelle
charge. C'est seulement en décembre 1767 que Voltaire pourra
apprendre de Larcher, par la *Réponse à la Défense de mon oncle*, que
Warburton lui a consacré l'année précédente un appendice spécial,
au tome II d'une nouvelle édition de la *Divine legation* (voir ch.13,
n.23), pour réfuter toutes ses critiques. On ne trouve rien non
plus, dans la correspondance de juin et juillet 1767, qui permette
d'éclairer directement la genèse de 'la petite feuille'. Faute de
quoi, mieux vaut admettre qu'elle procède d'un moment d'humeur
du patriarche. Il avait déjà établi contre Warburton, au chapitre
14 de la *Défense*, que les Juifs haïssaient bel et bien toutes les
nations, alléguant successivement 'cent passages' de l'Ecriture qui
le prouvent, le caractère ségrégationniste des coutumes des Juifs,
l'impertinence de la distinction qu'on leur prête entre idolâtrie et
personne des idolâtres, et enfin l'état d'esprit expansionniste que
ne pouvait pas ne pas créer chez eux la promesse d'un empire
immense. Mais Voltaire n'avait rien dit de l'objection de Warburton sur ce dernier point; elle figurait pourtant dans les passages
de la *Divine legation* rapportés par Larcher dans le *Supplément à
la Philosophie de l'histoire*. Aussi commence-t-il ici par citer son
adversaire: l'évêque, contestant absolument cette vastitude de la
Terre promise, avait prouvé au contraire, par l'esprit même de la
législation mosaïque, qu'elle ne pouvait représenter qu'un territoire très borné. C'est donc le premier point qu'abordera ce
pamphlet, sans que toutefois les raisons précises de Warburton
y soient véritablement discutées; Voltaire se contente de citer et
commenter deux passages qu'il juge particulièrement probants:
des versets de la Genèse auxquels il n'avait fait qu'une allusion
indirecte dans la *Défense* et un passage d'Isaïe dont il ne s'était
probablement pas encore avisé. Après quoi est réaffirmée la
'haine invétérée que les Israélites avaient conçue contre toutes les
nations' et dont Voltaire apporte deux preuves: les atrocités qui
ont marqué la conquête de la Terre promise et une haine de

l'idolâtrie dont il est évident, en dépit de l'indéfendable distinction de Warburton, qu'elle ne peut pas ne pas s'étendre à la personne des idolâtres. Or aucun de ces deux arguments n'est véritablement nouveau par rapport au chapitre 14 de la *Défense*, puisque Voltaire y citait déjà les promesses d'extermination faites avant l'entrée dans la Terre promise et montrait, par l'exemple des Persans que leur absence d'idolâtrie ne mettait pas pour autant à l'abri de la haine juive, la fausseté d'application du principe de Warburton. Mais ici il ruine le principe même d'une distinction possible entre idolâtrie et idolâtre, en faisant éclater son absurdité par l'habile parabole du tigre expliquant aux brebis qu'il dévore que c'est leur bêlement et non leur personne qu'il a pris en haine.

N'étant donc pas dans la matière, la véritable nouveauté de *A Warburton* est à chercher plutôt dans la manière. Qu'il s'en prît au 'pédant' ou à l'"hérétique', le neveu de l'abbé Bazin savait étriller de belle humeur. L'auteur de ce pamphlet trop violent a manifestement perdu la sienne. Les belles colères du neveu n'étaient si réjouissantes que parce qu'elles étaient surtout jouées. Ici la fureur n'est plus feinte… et elle attriste. Voltaire a-t-il entre temps relu dans le *Supplément* ces 'injures atroces' de Warburton dont il n'avait parlé qu'allusivement en tête du chapitre 14? Lui ont-elles paru déborder les jeux de la polémique littéraire, transgresser certaines limites à ses yeux infranchissables et qu'il avait nettement marquées quelques mois plus tôt au marquis de Pezay: 'Il est vrai, m., que malgré mon âge et mes maladies, je suis très gai quand il ne s'agit que de sottises de littérature, de prose ampoulée, de vers plats ou de mauvaises critiques; mais vous savez que je suis très sérieux sur les procédés, sur l'honneur, et sur les devoirs de la vie' (D13808). S'est-il alors laissé gagner lui-même par un véritable transport d'animosité? L'agressivité du ton donne à le croire. Warburton n'avait jamais été directement apostrophé dans la *Défense*. Il l'est ici brutalement, dans un tutoiement d'une trivialité presque haineuse, qui martèle toutes les premières phrases du texte et culmine sur l'esquisse d'un geste exprimant lui-même la violence d'une agression: 'tu as couvert d'un masque ton affreux visage. Voyons si on peut faire tomber

455

d'un seul coup ce masque ridicule'. Les violences verbales créent dans ce pamphlet une tension excluant toute ironie: 'Tu voulais que ton nom fût partout en horreur; tu as réussi [...] Tu penses te laver en les couvrant de ton ordure [...] Vois si le sale égout de l'irréligion n'est pas celui dans lequel tu barbotes'. Plus loin, Voltaire paraît encore moins maître de son exaspération: 'Tu hais, tu calomnies; on te déteste dans ton pays, et tu détestes. Mais si tu avais trempé dans le sang tes mains qui dégouttent de fiel et d'encre, oserais-tu dire que tu aurais assassiné sans colère et sans haine? [...] Est-il possible qu'un cœur tel que le tien se trompe si grossièrement sur la haine! C'est un usurier qui ne sait pas compter'. Dans la *Défense*, Larcher n'apparaissait que sous le nom de Toxotès et affublé en pédant de collège; ici ni sobriquet ni marionnette: l'adversaire est sèchement interpellé par son nom ('Eh bien, Warburton, que dis-tu de ce petit district?' ... 'Bonsoir, Warburton') et représenté sous des traits auxquels on sent bien que la fiction n'a nulle part, même si l'animosité les grossit. Insolence, fureur, orgueil, envie, témérité, haine, calomnie, pédantisme sont ici successivement lancés non plus comme les lazzis d'un amuseur, mais comme autant d'accusations outrageantes portées par un homme offensé et qui a perdu le sens du rire.

Celui de la mesure aussi. On comprend l'espèce de gêne qui perce dans les réactions de Grimm et d'Alembert: ce Voltaire déchaîné leur rappelle désagréablement l'adversaire attristant de La Beaumelle. 'Comment M. de Voltaire peut-il être si dissemblable à lui-même?' demande Grimm, 'Il vient d'imprimer un mémoire contre La Beaumelle, qu'il dit avoir présenté au ministre. De ce mémoire à celui de Pompignan présenté au roi, il n'y a qu'un pas [...] Est-il possible qu'un homme qui a écrit *la Défense de mon oncle* écrive presque au même instant ces pauvretés? Ce mémoire est aussi triste que violent. Il est singulier que M. de Voltaire n'ait jamais pu être plaisant avec La Beaumelle. Ce La Beaumelle est un mauvais sujet qui ne méritait pas l'honneur d'être seulement remarqué par lui' (CLT, vii.385). C'est très exactement ce que pense d'Alembert de la querelle avec Warburton: 'La réponse à Warburton dans la petite feuille est juste; mais je la voudrois moins amère; Il faut pincer bien fort, même jusqu'au sang, mais ne jamais écorcher, ou du moins il faut écorcher avec gayeté, & donner le knout en riant à ceux qui le méritent. J'en dis autant du ministre ou ex-ministre la Beaumelle que de l'Evêque Warburton, le premier est un va nuds pieds, le second est un pédant, mais ni l'un ni l'autre ne sont dignes de votre colère'. Et les vraies colères de Voltaire n'ont aucune drôlerie. Aussi d'Alembert le presse-t-il de savoir toujours garder, à l'égard de ce qui l'irrite, la distance salvatrice de l'ironie: 'vous êtes si persuadé, mon cher Philosophe, qu'il faut rire de tout, et vous savez si bien rire quand vous voulez; que ne riez vous donc toujours, puisque dieu vous a fait la grâce de le pouvoir?' (D14333). Voltaire tentera bien de se justifier, mais par des distinctions peu convaincantes et d'un chauvinisme déplaisant: 'Warburton est un fort insolent évêque hérétique, auquel on ne peut répondre que par des injures catholiques. Les Anglais n'entendent pas la plaisanterie fine; la musique douce n'est pas faite pour eux; il leur faut des trompettes et des tambours' (D14347). Ce pamphlet contre Warburton ne serait-il donc qu'une facétie à dessein sans finesse, uns grosse plaisanterie proportionnée à la grossièreté d'esprit prêtée pour l'occasion aux voisins d'Outre-Manche? Quel lecteur de bonne foi accepterait de se payer de pareilles raisons? *A Warburton* n'a rien d'une facétie, son auteur n'a pas été mû par une véritable intention de plaisanterie, fût-ce avec trompette et tambour, et très contestable est l'espèce de tradition qui, depuis le tome XLVI de l'édition de Kehl où Beaumarchais eut le premier l'idée de grouper un certain nombre de textes sous le titre de *Facéties*, porte à classer sous cette rubrique ce pamphlet trop violent,[2] hélas plus proche du *Sentiment des citoyens* ou des *Anecdotes sur Fréron* que de la *Relation du jésuite Berthier*.

---

[2] Voir par exemple Diana Guiragossian, *Voltaire's facéties* (Genève 1963) et l'édition des *Facéties* de Jean Macary (Paris 1973). Pour ce dernier, la facétie est 'd'abord l'œuvre d'un auteur qui règle ses comptes' (p.17). Mais il faudrait préciser que ce règlement doit se faire dans la gaieté et qu'on ne peut, comme le dit d'Alembert, donner le knout qu'en riant.

Pour Grimm en tout cas, qui pourrait bien affecter par diplomatie de ne pas tout savoir de leur querelle, ni Warburton ni Voltaire
n'ont eu ici le beau rôle; mais tout en les renvoyant dos à dos, il
fait entendre que le patriarche a manqué une belle occasion de se
taire: 'Ne connaissant point les pièces du procès, je ne puis juger
du fond de la querelle; mais je condamne celui des deux qui le
premier a mis de la dureté dans cette dispute, et je donne double
tort à celui qui a rendu injure pour injure, parce que, pouvant
prêcher d'exemple et donner à son frère une leçon de politesse, qui
doit toujours être en raison inverse de la diversité des sentiments, il
en a volontairement perdu l'occasion' (CLT, vii.380). Aussi lorsqu'*A Warburton* reparaîtra en 1770 dans *Les Choses utiles et agréables*, la *Correspondance littéraire* n'en fera que la plus sèche mention:
'la lettre à Warburton est bien du patriarche, elle n'est pas
tendre. Ce Warburton, qui, de son côté, écrit sans cesse contre le
patriarche, peut passer pour son La Beaumelle d'Angleterre'
(CLT, viii.492). Mêmes réserves un peu méprisantes chez Bachaumont trois ans plus tard: '*A Warburton*, telle est l'adresse d'un petit
pamphlet en 4 pages de M. de Voltaire à cet écrivain qui, pour
l'avoir contredit à l'égard des Juifs, pour avoir pris la défense de
ce peuple malheureux, essuye de la part du philosophe une bordée
cruelle d'injures, dont on sait qu'il fait souvent usage au lieu de
raison' (xxvii.139-40). Cette violence injurieuse sera naturellement tout ce que retiendront du pamphlet les ennemis de Voltaire.
Pour Aublet de Maubuy, il s'est ici avili 'en quittant le sceptre du
génie pour prendre les armes du gladiateur',[3] contre un érudit à
qui il avait pourtant bien des obligations. Aublet cite même, sans
les accompagner d'un commentaire superflu mais de façon fort
peu exacte, les passages les plus injurieux. Sabatier de Castres les
reproduira à son tour dans sa *Vie polémique de Voltaire* avec
ce commentaire sarcastique: 'Nous aurions pu entremêler de
réflexions cette tirade vraiment philosophique; mais ce serait une
espèce de répétition, et nous n'avons pas, comme M. de Voltaire,
le talent de nous répéter' (p.346).

[3] *Histoire des démêlées littéraires*, 2ᵉ partie (Amsterdam 1779), p.193-94.

A Warburton n'aura représenté en fait qu'une brève flambée de violence. Revenu à son adversaire dès novembre dans ses *Lettres à S. A. Mgr le Prince de* ***, Voltaire songe peut-être à son pamphlet de juillet en avouant: 'Il se peut qu'on ait jugé cet évêque trop durement' (M.xxvi.486). Les injures ont en tout cas disparu et la page consacrée à l'auteur de la *Divine legation* flétrit moins 'son insolent caractère' qu'elle ne démontre 'l'absurdité de son système' par une série de syllogismes rappelant étrangement, on l'a remarqué,[4] ceux dont Warburton avait la manie. Le sujet semble d'ailleurs d'actualité en cet automne 1767, puisque le *Journal des savants* avait donné en septembre un bref compte rendu d'un ouvrage anglais[5] qui, avec 'une ironie piquante', tourne en ridicule le 'grand argument de M. Warburton'.[6] Ce n'est évidemment pas le lieu d'achever ici l'histoire des rapports entre Voltaire et Warburton, au reste déjà écrite.[7] Rappelons seulement de l'enquête de J. H. Brumfitt que Voltaire, même revenu à la modération, continuera ses attaques jusqu'en 1775 et que son argumentation s'enrichira. Mais le dialogue des deux polémistes est depuis longtemps terminé; la santé de Warburton a commencé à décliner dès 1767. Frappé de sénilité dans les années 1770, le fougueux évêque est désormais hors d'état de répondre.

Les éditions

Le texte reproduit plus loin est celui de la première édition, sans lieu ni date, sortie des presses de Cramer fin juillet 1767. Après quoi le pamphlet n'a plus été réédité que dans le cadre de recueils ou œuvres complètes. On constatera que les variantes sont à peu près inexistantes.

[4] J. H. Brumfitt, 'Voltaire and Warburton', *Studies* 18 (1961), p.5.
[5] R., A. C., *A letter to the right reverend the lord bishop of Gloucester; in which the Divine legation of Moses is vindicated, as well from the misapprehensions of his lordship's friends, as the misrepresentations of his enemies...* (London 1767).
[6] *Journal des savants* (septembre 1767), p.704.
[7] Voir J. H. Brumfitt, 'Voltaire and Warburton', p.54-56.

A

[*Titre de départ:*] A WARBURTON. /

sig. *³; p.6.

L'édition originale ne comporte pas de page de titre ni de faux titre. Disposition et typographie amènent à conclure que ces feuilles sortent très probablement de chez Cramer.

Exemplaires: Bn Z Bengesco 311, Z Beuchot 83 bis.

EJ

[*Faux titre:*] L'EVANGILE DU JOUR. / [*trait*] / TOME TROISIEME / [*trait*]/

[*Page de titre combinée avec table des matières:*] L'EVANGILE / DU JOUR / CONTENANT / [*table des matières; on lit au 15ᵉ article*: A WARBURTON]/ [*ornement*] / [*double trait*] / A LONDRES / MDCCLXIX. /

sig. π² A-N⁸; p.[iv] 207.

A Warburton occupe les pages 79 à 82 (E8-F1).

Ce volume a été imprimé par Marc Michel Rey (voir J. Vercruysse, 'Voltaire et Marc Michel Rey', *Studies* 58, 1967, p.1750). Trois exemplaires à la Bibliothèque nationale, plus un exemplaire portant le millésime 1776 (Rés. Z Bengesco 378 (3)).

CUA

[*Faux titre:*] LES / CHOSES / UTILES / ET AGREABLES. / *TOME SECOND.* /

[*Page de titre:*] LES / ADORATEURS / OU / LES LOUANGES / DE DIEU. / Ouvrage / unique de Monsieur IMHOF, / TRADUIT DU LATIN. / [*ornement*] / *BERLIN,* / [*double trait*] / 1769. /

sig. A-Z⁸ Aa²; p.371.

Le pamphlet s'intitule ici: *Lettre à Warburton* et occupe les pages 124 à 129 (H6*v*-I1*r*). En fait, ce tome II paraît bien dater de 1770 et avoir été imprimé chez Cramer. Six exemplaires à la Bibliothèque nationale.

K

Œuvres complètes de Voltaire. [Kehl] 1785-1789

A Warburton occupe les pages 192 à 195 du tome XLVI.

Le texte a été revu puisqu'on y lit pour la première fois une leçon plus satisfaisante que retiendra l'édition Moland: 'C'était promettre aux Juifs par serment l'isthme de Suez, *une partie de l'Egypte*, l'Arabie entière' alors qu'on lisait dans les trois éditions précédentes: 'l'isthme de Suez, une partie de l'Arabie entière'.

Principes de cette édition

Les principes de la modernisation de l'orthographe sont ceux énoncés ci-dessus, p.181-86. Les particularités du texte de base étaient les suivantes:

1. Consonnes
   - absence de la consonne *t* dans: enfans.
   - présence d'une seule consonne au lieu de son doublement actuel: envelopé, nouriciers, nourices, dégoutent.
   - redoublement de consonnes contraire à l'usage actuel: appeller, mammelle.

2. Voyelles
   - emploi de *i* à la place de la semi-voyelle *y* dans: païs.
   - emploi de *y* à la place de *i* dans: vraye.
   - emploi de *i* à la place de *y* dans: stile.

3. Divers
   - utilisation systématique de la perluette.
   - orthographe non étymologique dans: istme.
   - orthographe étymologique dans: sçais, bon soir.
   - absence du trait d'union dans: au dessous.
   - majuscule présente dans: Soleil.
   - majuscule à l'adjectif dans: loi Mosaïque, Ecriture Sainte.

4. Accentuation

- accent aigu, absent dans: possedé; mis au lieu du grave dans: grossiéres et grossiérement; remplacé par le trema dans: Israëlites.
- accent grave, présent dans: tu t'ès.
- accent circonflexe, absent dans: ame, trainés, diner, idolatrie, gout; présent dans: égoût.

5. Particularités grammaticales
- emploi de l'*s* adverbial dans: guères.
- absence de *s* à la deuxième personne du singulier de l'impératif dans: voi, di, reli.

A WARBURTON[1]

Tu exerces ton insolence et tes fureurs sur les étrangers comme sur tes compatriotes. Tu voulais que ton nom fût partout en horreur; tu as réussi.[2] Après avoir commenté Shakespear,[3] tu as commenté Moïse.[4] Tu as écrit une rapsodie en quatre gros volumes,[5] pour montrer que Dieu n'a jamais enseigné l'immortalité de l'âme   5
pendant près de quatre mille ans; et tandis qu'Homère l'annonce,[6] tu veux qu'elle soit ignorée dans l'Ecriture sainte. Ce dogme est celui de toutes les nations policées: et tu prétends que les Juifs ne le connaissaient pas.[7]

Ayant mis ainsi le vrai Dieu au-dessous des faux dieux, tu feins   10
de soutenir une religion que tu as violemment combattue. Tu crois expier ton scandale en attaquant les sages. Tu penses te laver en les couvrant de ton ordure. Tu crois écraser d'une main la religion chrétienne et tous les littérateurs de l'autre;[8] tel est ton caractère. Ce mélange d'orgueil, d'envie et de témérité n'est pas ordinaire.   15
Il t'a effrayé toi-même; tu t'es enveloppé dans les nuages de l'antiquité et dans l'obscurité de ton style:[9] tu as couvert d'un masque ton affreux visage. Voyons si on peut faire tomber d'un seul coup ce masque ridicule.

Tous les sages[10] s'accordent à penser que la législation des Juifs   20
les rendait nécessairement les ennemis des nations.

Tu contredis cette opinion si générale et si vraie dans ton style de Billingsgate:[11] voici tes paroles.[12]

'Je ne crois pas qu'il soit aisé d'entasser, même dans le plus sale égout de l'irréligion, tant de faussetés, d'absurdités et de malice…   25
comment peut-il soutenir à visage découvert et à la face du soleil que la loi mosaïque ordonnait aux Juifs d'entreprendre de vastes

---

9 CUA: pas. Certes ce n'était pas à un évêque à le dire.
25 A: égout de la religion [nous avons suivi l'exemple des autres éditions qui ont corrigé cette faute manifeste: le texte de S.67 porte bien 'irréligion'; voir n.12]

conquêtes, ou qu'elle les y encourageait, puisqu'elle leur assignait un district très borné etc.'

Je passe sous silence les injures[13] aussi grossières que lâches, dignes des portefaix de Londres et de toi: et je viens à ce que tu oses appeler des raisons:[14] elles sont moins fortes que tes injures.

Voyons d'abord s'il est vrai qu'on ait promis aux Juifs un si petit district.

'En ce jour le Seigneur fit un pacte avec Abraham, et lui dit,[a] 'Je donnerai à ta semence la terre depuis le fleuve d'Egypte jusqu'au grand fleuve d'Euphrate'.[15]

C'était promettre aux Juifs par serment l'isthme de Suez, une partie de l'Arabie entière, tout ce qui fut depuis le royaume des Séleucides. Si c'est là un petit pays, il faut que les Juifs fussent difficiles; il est vrai qu'ils ne l'ont pas possédé, mais il ne leur a pas été moins promis.[16]

Les Juifs renfermés dans le Canaan vécurent des siècles sans connaître ces vastes contrées; et ils n'eurent guère de notions de l'Euphrate et du Tigre que pour y être traînés en esclavage.[17] Mais voici bien d'autres promesses; voyez Isaïe au chap. 49.

'Le Seigneur a dit, j'étendrai mes mains sur toutes les nations, je leverai mon signe sur les peuples; ils vous apporteront leurs fils dans leurs bras et leurs filles sur leurs épaules; les rois seront vos nourriciers, et leurs filles vos nourrices; ils vous adoreront le visage en terre, et ils lécheront la poudre de vos pieds'.[18]

N'est-ce pas leur promettre évidemment qu'ils seront les maîtres du monde, et que tous les rois seront leurs esclaves? Eh bien, Warburton, que dis-tu de ce petit district?

Tu sais sur combien de passages[19] les Juifs fondaient leur orgueil et leurs vaines espérances: mais ceux-ci suffisent pour démontrer que tu n'as pas même entendu les livres saints contre lesquels tu

[a] Genèse chap. 15.

32   K: que les injures
35   K omet la note
38-39   K: une partie de l'Egypte, l'Arabie entière

464

as écrit.[20] Vois si le sale égout de l'irréligion n'est pas celui dans lequel tu barbotes.

Venons maintenant à la haine invétérée que les Israélites avaient conçue contre toutes les nations. Dis-moi si on égorge les pères et les mères, les fils et les filles, les enfants à la mamelle et les animaux même sans haïr?[21] Tu hais, tu calomnies; on te déteste dans ton pays, et tu détestes.[22] Mais si tu avais trempé dans le sang tes mains qui dégouttent de fiel et d'encre, oserais-tu dire que tu aurais assassiné sans colère et sans haine? relis tous les passages où il est ordonné aux Juifs de ne pas laisser une âme en vie, et dis (si tu en as le front) qu'il ne leur était pas permis de haïr. Est-il possible qu'un cœur tel que le tien se trompe si grossièrement sur la haine! C'est un usurier qui ne sait pas compter.

Quoi! ordonner qu'on ne mange pas dans le plat dont un étranger s'est servi, de ne pas toucher ses habits, ce n'est pas ordonner l'aversion pour les étrangers?[23]

On me dira qu'il y a beaucoup d'honnêtes gens qui sans te montrer de colère, ne veulent pas dîner avec toi, par la seule raison que ton pédantisme les ennuie, et que ton insolence les révolte. Mais sois sûr qu'ils te haïssent, toi et tous les pédants barbares qui te ressemblent.

Les Juifs, dis-tu, ne haïssaient que l'idolâtrie, et non les idolâtres: plaisante distinction![24]

Un jour un tigre rassasié de carnage rencontra des brebis, qui prirent la fuite; il courut après elles et leur dit, mes enfants, vous vous imaginez que je ne vous aime point, vous avez tort; c'est votre bêlement que je hais; mais j'ai du goût pour vos personnes, et je vous chéris au point que je ne veux faire qu'une chair avec vous; je m'unis à vous par la chair et le sang. Je bois l'un, je mange l'autre pour vous incorporer à moi;[25] jugez si on peut aimer plus intimement.[26]

Bonsoir, Warburton.

NOTES

A Warburton

1. On trouvera un rappel des grandes lignes de la vie de Warburton dans la *Défense*, ch.13, n.14.

2. Voltaire avait déjà insisté plusieurs fois dans la *Défense* sur le caractère universel de la réprobation suscitée dans son pays par l'agressif Warburton: dans le dernier paragraphe du chapitre 13, dans le chapitre 15, dans le chapitre 14 et dans le chapitre 17 (voir aussi ch.17, n.14).

3. Ce commentaire de Shakespeare était déjà mentionné plusieurs fois dans les chapitres 13 et 15 de la *Défense*. Sur les circonstances de composition et aussi la médiocrité de ce commentaire, voir ch.15, n.2.

4. La *Divine legation of Moses*, sommairement jugée une première fois au chapitre 13 de la *Défense*, a fait l'objet d'une critique détaillée dans le chapitre 15. Sur le sens de cet ouvrage et son économie, voir respectivement ch.15, n.9 et 12.

5. Au chapitre 15 de la *Défense*, Voltaire ne parlait que de 'deux gros volumes'; mais l'imprécision de cette notion de volume a déjà été relevée (voir ch.15, n.12).

6. L'exemple d'Homère ne figurait pas dans la *Défense*. (Le chapitre 17, qui donnait seulement ceux des Chaldéens, des Persans et des Egyptiens, insistait surtout, citant la remarquable exception des Chinois, sur le fait que la croyance en l'immortalité de l'âme n'était pas universelle dans le monde antique contemporain de Moïse). Mais au chapitre 4 de la *Philosophie de l'histoire*, Voltaire avait remarqué que 'dans l'âge moyen de la Grèce, du temps d'Homère, l'âme n'était autre chose qu'une image aérienne du corps. Ulysse voit dans les enfers des ombres, des mânes' (Voltaire 59, p.99). Il précisera en 1769 qu'Homère s'est seulement fait l'écho d'une croyance qui lui était bien antérieure (M.xxviii.153).

7. Le *et* qui unit les deux propositions prend évidemment une forte valeur adversative, donnant tout son relief au caractère scandaleux du paradoxe de Warburton, que Voltaire a discuté dans la première moitié du chapitre 17 de la *Défense*.

8. Ce passage reprend et condense les accusations d'hypocrisie portées au chapitre 15 de la *Défense*: cet ambitieux plein d'audace, qui ne sera chrétien que s'il obtient un évêché, a pris peur, devant les réactions négatives qu'a suscitées sa *Divine legation*, qu'elles ne lui coûtent sa carrière ecclésiastique en le rendant suspect d'irréligion. Aussi a-t-il pensé se blanchir à bon compte en attaquant les philosophes (Voltaire dit ici les 'sages' puis les 'littérateurs'). Dans la *Défense*, Warburton était même traité de délateur et de persécuteur (ch.15).

9. Reprise également abrégée d'une accusation plus explicitement formulée

dans le chapitre 15 de la *Défense*. Sur le sens de l'image de l'enveloppe, voir ch.15, n.36.

10. Dans la *Défense*, Voltaire avait dit: 'tous les historiens' (ch.14). Sur cette tradition des historiens anciens prêtant aux Juifs des sentiments d'inimitié pour tous les autres peuples et dont convenait Warburton lui-même, voir ch.14, n.5.

11. 'Billingsgate' fut d'abord le nom d'une des portes de Londres puis celui du marché à poisson établi à proximité et a finalement désigné le langage grossier ou dégradé qu'on y parlait. C'est pourquoi on propose ordinairement de rendre cette expression en français par 'langage des Halles'.

12. Voltaire recopie – non sans quelqu'inexactitude – la traduction qu'avait donnée Larcher des propos de Warburton. On lit en effet dans S.67 (p.153-54): 'Je ne crois pas qu'il soit aisé de trouver entassés en si peu de lignes, même dans le plus sale égout de l'irréligion, tant de faussetés, d'absurdités et de malice [...] comment peut-il soutenir à visage découvert, et à la face du soleil, que la loi mosaïque ordonnait aux Juifs d'entreprendre de vastes conquêtes, ou qu'elle les y encourageait: puisque non seulement elle leur assignait un district particulier et très borné, mais encore qu'elle les renfermait dans ces limites par un certain nombre d'institutions'.

13. A celles qu'on a déjà évoquées (ch.14, n.1) on peut ajouter ces réflexions peu aimables: 'Il pourrait être déraisonnable de s'attendre qu'un poète se soit appliqué à la lecture des Livres saints; mais du moins, on peut supposer qu'il a entendu parler en gros de ce qu'ils contiennent' (S.67, p.154); 'Ce poète, qui paraît dans toute cette histoire, meilleur musulman que chrétien' (S.67, p.155); 'si notre poète allait s'ériger en législateur (titre qui lui conviendrait aussi bien que celui d'historien général)' (p.156).

14. Warburton s'en était pris à un passage de l'*Essai sur les mœurs* (voir *Défense*, ch.14, n.2) où Voltaire présentait la haine et le mépris dont les Juifs ont toujours été l'objet comme 'la suite inévitable de leur législation' (*Essai*, ii.64), qui les rendait 'ennemis naturels' du genre humain. A quoi l'évêque rétorquait d'abord que la loi mosaïque réfrénait tout esprit de conquête, en assignant aux Juifs un territoire très borné qu'un certain nombre de règles leur interdisait même de quitter (partage du pays entre les tribus, défense d'utiliser des chevaux, obligation d'un voyage annuel à Jérusalem). Quant à la prétendue horreur que leur loi aurait inspirée pour les autres nations, elle n'allait qu'à l'idolâtrie, mais non à la personne des idolâtres. Car ce que la loi de Moïse enseignait d'abord, c'est que tous les hommes sont frères, puisqu'ils descendent d'un même père et d'une même mère (voir ch.14, n.11). Si enfin les auteurs profanes ont communément accusé les Juifs de haïr les autres hommes, c'est parce qu'ils ont été frappés par leur aversion pour l'idolâtrie et le caractère incontestablement ségrégationniste de leurs rites et de leurs cérémonies. Mais cette 'séparation d'un peuple d'avec tous les autres, dans la vue de conserver la doctrine de l'unité, était un dessein juste' (S.67, p.157).

15. Genèse xv.18-21.

16. Voltaire fait ici le détail de possessions territoriales dont il avait déjà

remarqué l'immensité dans le chapitre 14 de la *Défense*. On a vu (ch.14, n.20) qu'il suivait là-dessus l'interprétation de Calmet.

17. Les captivités subies par les Hébreux ont été nombreuses: Calmet n'en compte pas moins de sept avant 'les plus grandes et les plus fameuses' qui arrivèrent dans Juda et dans Israël. Or Juda en subit jusqu'à quatre. Les plus connues sont les trois dernières, ordonnées en 599, 594 et 584 avant J.-C. (selon Calmet) par Nabuchodonosor, qui fit progressivement déporter le peuple juif à Babylone et au-delà de l'Euphrate (on sait que ce fleuve coupait la ville de Babylone en deux). Quant au Tigre, il borde à l'orient la Mésopotamie que l'Euphrate borde au couchant, tous deux se jetant finalement dans le golfe Persique.

18. Isaïe xliv.22-23. Voltaire cite inexactement la fin du verset 22 qui se lit dans la Vulgate: 'Et afferent filios *tuos* in ulnis et filias *tuas* super humeros portabunt'. Sa traduction: 'ils vous apporteront *leurs* fils [...] et *leurs* filles' est donc un contresens. On notera que dans son commentaire de ces deux versets (*Commentaire littéral*, xiii.529), Calmet ne dégageait nullement l'idée d'une promesse de domination universelle pour Israël. Ces promesses ne regardent que l'Eglise chrétienne qu'en effet rois et princes n'ont pas tardé à combler de biens après avoir reçu la grâce de la foi.

19. Au chapitre 14 de la *Défense*, Voltaire avait cité deux endroits du Deutéronome et ajouté: 'on trouverait plus de cent passages qui indiquent cette horreur pour tous les peuples', etc. Dans la *Philosophie de l'histoire* déjà, l'analyse au chapitre 47 des prières des Juifs, fondée sur dix-huit citations des Psaumes, l'avait amené à conclure que 'si Dieu avait exaucé toutes les prières de son peuple, il ne serait resté que des Juifs sur la terre'. A vrai dire, les promesses d'extermination semblent beaucoup plus nombreuses que celles de domination (voir ch.14, n.4, 6 et 7) et sont généralement liées à celle de l'occupation de la terre promise.

20. Double accusation: celle d'ignorance ou plus exactement d'incompréhension des textes bibliques (Voltaire ne fait ici que retourner la balle à Warburton ayant insinué qu'un 'poète' ne pouvait connaître que par ouï-dire le contenu des livres saints); celle, plus grave, de subversion: la *Divine legation* bien loin d'être un ouvrage d'apologétique, comme le proclame hypocritement son auteur, n'est en fait qu'une mise en cause de la vérité des religions juive et chrétienne, comme l'expliquait M. S... au chapitre 15 de la *Défense* et comme en avaient témoigné les violentes réactions du clergé londonien, en particulier celles de William Webster (voir ch.15, n.24 et 34).

21. Allusion probable aux cruautés des Israélites menés par Josué à la conquête de la Palestine. Après la prise de Jéricho, on tue jusqu'aux brebis et aux ânes (Josué vi.21); après la prise d'Aï, toute la population est passée au fil de l'épée; la conquête des villes du sud-Palestinien est marquée par les mêmes scènes de massacres, au chapitre 10: le texte précise plusieurs fois qu'on tue 'tout ce qui s'y trouvait de vivant'. Cette barbarie inutile, flétrie par la pensée déiste, révoltait particulièrement Voltaire (voir 4ᵉ diatribe, n.53 et ch.14, n.24).

22. Son tempérament de fougueux polémiste et son arrogance avaient en effet attiré à Warburton de très solides inimitiés dans son pays notamment avec Wilkes, Lowth, Webster, Hume, etc.

23. Brève reprise d'un argument déjà développé au chapitre 14 de la *Défense*. Voltaire avait fait état de l'aversion des Juifs pour les Egyptiens (qu'il semble avoir beaucoup exagérée: voir ch.14, n.8) et de leur répugnance à utiliser les ustensiles des étrangers en général (sans tenter d'en pénétrer le motif réel; voir ch.14, n.10).

24. Voltaire la contestait dès 1756 (voir ch.14, n.15) et, dans le chapitre 14 de la *Défense*, tentait de la ruiner par l'exemple des Perses, au reste peu probant (voir ch.14, n.17). Il se borne ici à faire apparaître l'absurdité de la thèse de Warburton par la parabole du tigre qui clôt ce texte, dédaignant d'en tirer la trop évidente signification.

25. Bien que les deux sujets soient ici sans rapport, il est difficile de ne pas trouver dans le choix des expressions quelque chose qui rappelle curieusement et de façon parodique celles qu'emploie la théologie catholique pour décrire l'union du fidèle à son Dieu qu'il reçoit par la communion. (On se souviendra que le très violent article 'Transsubstantiation' a été ajouté au *Portatif* cette même année 1767).

26. Toute la fin du pamphlet (depuis: 'Venons maintenant à la haine invétérée') sera reproduite en note par Voltaire dans l'édition 'encadrée' (W75G), au chapitre 42 de la *Philosophie de l'histoire*. Mais le texte sera adouci: Warburton n'est plus tutoyé; Voltaire évite même de le prendre directement à partie par plusieurs suppressions (voir Voltaire 59, p.235). Cette longue note n'en est pas moins introduite par un rappel des torts de l'évêque: 'Voici ce qu'on trouve dans une réponse à l'évêque Warburton, lequel pour justifier la haine des Juifs contre les nations, écrivit avec beaucoup de haine et force injures contre l'auteur français'.

LISTE DES OUVRAGES CITÉS

Albrier, Albert, *Les Maires de la Ville d'Arnay-le-Duc* (Dijon 1868).

Ameilhon, Hubert Pascal, *Histoire du commerce et de la navigation des Egyptiens, sous le règne des Ptolémées* (Paris 1766).

Arbaumont, Jules Maublon d', *Armorial de la Chambre des comptes de Dijon* (Dijon 1881).

Argens, Jean Baptiste de Boyer, marquis d', *Timée de Locres en grec et en françois avec des dissertations sur les principales questions de la métaphysique, de la physique et de la morale des anciens; qui peuvent servir de suite et de conclusion à la Philosophie du bon sens* (Berlin 1763).

Arnaud, Jay, Jouy et Norvins, *Biographie nouvelle des contemporains ou dictionnaire historique et raisonné de tous les hommes qui, depuis la Révolution française, ont acquis de la célébrité* (Paris 1820-1825).

Arnaud, Charles, *Etude sur la vie et les œuvres de l'abbé d'Aubignac et sur les théories dramatiques au XVIIe siècle* (Paris 1887).

Aubignac, François Hédelin, abbé d', *Quatrième dissertation concernant le poème dramatique: servant de réponse aux calomnies de M. Corneille* (Paris 1663).

Aublet de Maubuy, Jean Zorobabel, *Histoire des troubles et des démêlés littéraires, depuis leur origine jusqu'à nos jours inclusivement* (Amsterdam et Paris 1779).

Bachaumont, Louis Petit de *Mémoires secrets pour servir à l'histoire de la république des lettres en France depuis 1762 jusqu'à nos jours* (Londres 1777-1789).

Balcou, Jean, *Fréron contre les philosophes* (Genève et Paris 1975).

Banier, Antoine, *La Mythologie et les fables expliquées par l'histoire* (Paris 1738-1740).

Banières, Jean, *Examen et réfutation des Eléments de la philosophie de Newton* (Paris 1739).

Bayle, Pierre, *Dictionnaire historique et critique*, sixième édition (Basle 1741).

Bengesco, Georges, *Voltaire: bibliographie de ses œuvres* (Paris 1882-1890).

Bertrand, Elie, *Dictionnaire universel des fossiles propres et des fossiles accidentels* (La Haye 1763).

– *Essai sur les usages des montagnes avec une lettre sur le Nil* (Zurich 1754).

– *Mémoires sur la structure intérieure de la terre* (Zurich 1760).

– *Recueil de divers traités sur l'histoire naturelle de la terre et des fossiles* (Avignon 1766).

Besterman, Theodore, *Some eighteenth-century Voltaire editions unknown to Bengesco*, Studies 111 (1973).

– *Voltaire*, troisième édition (Oxford 1976).

Bible, de Jérusalem, *La Sainte Bible* (Paris 1961).

Bibliothèque de Voltaire: catalogue des livres (Moscou et Leningrad 1961).

Bibliothèque des romans grecs traduits en français, éd. Guillaume (1797).

Bochart, Samuel, *Geographia sacra* (Francfort 1681).

471

– *Hiéro̧zoïcon sive bipertum opus de anima-libus sacrae scripturae* (Londini 1663).

Bodin, Jean, *De la démonomanie des sorciers* (Paris 1581).

Boguet, Henry, *Discours des sorciers avec six advis en faict de sorcellerie et une instruction pour un juge en semblable matière* (Lyon 1608).

Boissonade, Jean François, *Critique littéraire sous le Premier Empire*, publ. par F. Cautincamp (Paris 1863).

Bolingbroke, Henry Saint John, *The Works* (London 1754).

Bossuet, Jacques Bénigne, *Discours sur l'histoire universelle*, éd. J. Truchet (Paris 1966).

Boulenger de Rivery, Claude François Félix, *Mélange littéraire ou remarques sur quelques ouvrages nouveaux* (Berlin 1752).

Boulogne, Etienne Antoine de, *Mélanges de religion, de critique et de littérature* (Paris 1828).

Braun, Theodore E. D., *Un ennemi de Voltaire, Le Franc de Pompignan* (Paris 1972).

Brumfitt, J. H., 'Voltaire et Warburton', *Studies* 18 (1961), p.35-56.

Bruys, François, *Histoire des papes, depuis saint Pierre jusqu'à Benoît XIII inclusivement* (La Haye 1732).

Bruzen de La Martinière, Antoine Augustin, *Le Grand dictionnaire géographique, historique et critique* (Paris 1739-1741).

Buffon, Georges Louis Leclerc, comte de, *Histoire naturelle, générale et particulière*, tome i (Paris 1749).

– *Œuvres philosophiques* (Paris 1954).

– *Supplément à l'Histoire naturelle*, tome v (Paris 1778).

Butler, Samuel, *Hudibras* (Londres 1757).

Calmet, Augustin, *Commentaire littéral* sur tous les livres de l'Ancien et du Nouveau Testament (Paris 1707-1716).

– *Dictionnaire historique, critique, chronologique, géographique et littéral de la Bible*, deuxième éditon (Genève 1730).

Chambon, *Le Commerce de l'Amérique par Marseille ou explication des lettres-patentes du roi, portant règlement pour le commerce qui se fait de Marseille aux isles françoises de l'Amérique* (Avignon 1764).

Chapman, Thomas, *Essai sur le sénat romain*, trad. par Larcher (Paris 1765).

Chariton d'Aphrodisias, *Histoire des amours de Chéréas et Callirhoë*, trad. par Larcher (Paris 1762).

Clémence, Joseph Guillaume, *Défense des livres de l'Ancien Testament contre l'écrit de Voltaire intitulé: la Philosophie de l'histoire* (Rouen et Paris 1767).

Coger, François Marie, *Examen du Bélisaire de M. Marmontel* (Paris 1767).

– – nouvelle édition augmentée (Paris 1767).

Collection académique, composée des mémoires, actes ou journaux des plus célèbres académies et sociétés étrangères, des extraits des meilleurs ouvrages périodiques et traités particuliers et des pièces fugitives les plus rares; concernant l'histoire naturelle de la botanique, la physique expérimentale et la chymie, la médecine et l'anatomie; traduits en françois et mis en ordre par une société de gens de lettres (Dijon et Auxerre 1755).

Crébillon, Claude Prosper Jolyot de, *Les Egarements du cœur et de l'esprit*, dans *Romanciers du XVIIIᵉ siècle*, Bibliothèque de la Pléiade (Paris 1965), ii.160 ss.

Cumberland, Richard, *Sanchoniatho's Phoenician history translated from the first book of Eusebius De Preparatione Evangelica* (London 1720).

Dacier, Bon Joseph, 'Notice historique sur la vie et les ouvrages de M. Larcher', *Histoire de l'Académie des inscriptions et belles-lettres* (1821).

Daumas, François, *La Civilisation de l'Egypte pharaonique* (1967).

De Beer, Gavin et A. M. Rousseau, *Voltaire's British visitors*, Studies 49 (1967).

Del Rio, Martinus Antonius, *Les Controverses et recherches magiques* (Paris 1611).

Desnoiresterres, Gustave, *Voltaire et la société française au XVIIIᵉ siècle* (Paris 1867-1876).

Dictionnaire de l'Académie française (Paris 1762).

Diderot, Denis, *Correspondance*, éd. G. Roth et J. Varloot (Paris 1955-1970).

– *Le Neveu de Rameau*, éd. J. Fabre (Paris 1950).

– *Œuvres complètes*, éd. J. Assézat et M. Tourneux (Paris 1875-1877).

– *Sur la liberté de la presse*, éd. J. Proust (Paris 1964).

Diodore de Sicile, *Bibliothèque historique*, trad. par Hoefer (Paris 1846).

– *Histoire universelle*, trad. par Terrasson (Paris 1737).

Dubois-Corneau, Robert, *Paris de Montmartel* (Paris 1917).

Dufresne, Hélène, *Le Bibliothécaire Hubert Pascal Ameilhon* (Paris 1962).

Du Halde, Jean Baptiste, *Description géographique, historique, chronologique, politique et physique de l'empire de la Chine et de la Tartarie chinoise* (Paris 1735).

Du Laurens, Henri Joseph, *Etrennes aux gens d'Eglise ou la Chandelle d'Arras* (Arras 1766).

Duvernet, Théophile Imarigeon, dit, *La Vie de Voltaire* (s.l. 1786).

Ellis, Francis, 'Account of a discovery of a modern imitation of the Vedas with remarks on the genuine works', *Asiatick researches* 14 (1822), p.1-59.

Escarpit, Robert, *Sociologie de la littérature* (Paris 1968).

Eusèbe de Césarée, *La Préparation évangélique*, trad. par Séguier de Saint-Brisson (Paris 1846).

Evans, A. W., *Warburton and the warburtonians: a study in some eighteenth-century controversies* (London 1932).

Evans, H. B., 'A provisional bibliography of English editions and translations of Voltaire', *Studies* 8 (1959), p.9-121.

Feugère, Anatole, 'Un compte fantastique de Voltaire: 95 lettres anonymes attribuées à La Beaumelle', *Mélanges de littérature, d'histoire et de philosophie offerts à Paul Laumonier* (Paris 1935).

Fleury, Claude, *Histoire ecclésiastique* (Paris 1720-1738).

Foucault, Maurice, *Les Procès de sorcellerie dans l'ancienne France devant les juridictions séculières* (Paris 1907).

Fourmont, Etienne, dit l'aîné, *Réflexions sur l'origine, l'histoire et la succession des anciens peuples*, nouvelle édition (Paris 1747).

Franklin, Alfred, *Recherches historiques sur le collège des Quatre-Nations d'après des documents entièrement inédits* (Paris 1862).

Fréron, Elie Catherine, *Année littéraire, ou suite des Lettres sur quelques écrits de ce temps* (Amsterdam, Paris 1754-1790).

Gaubil, Antoine, *Observations mathématiques, astronomiques, géographiques, chronologiques et physiques* (Paris 1732).

Girault, Claude Xavier, *Lettres inédites de Buffon, J. J. Rousseau, Voltaire, Piron, de Lalande, Larcher et autres person-nages célèbres adressées à l'Académie de Dijon* (Paris et Dijon 1819).

Gonzalez de Mendoza, Juan, *Histoire du grand royaume de la Chine situé aux Indes orientales* (Paris 1588).

Grimm, Friedrich Melchior, *Correspon-dance littéraire, philosophique et critique*, éd. M. Tourneux (Paris 1877-1882).

Grotius, Hugues de Groot, dit, *Traité de la vérité de la religion chrétienne*, trad. par P. Le Jeune (Amsterdam 1728).

Guénée, Antoine, *Lettres de quelques juifs portugais et allemands à M. de Voltaire*, troisième édition (Paris 1772).

Guignes, Joseph de, *Histoire générale des Huns* (Paris 1756-1758).

– *Mémoire dans lequel on prouve que les Chinois sont une colonie égyptienne*, nou-velle édition (Paris 1760).

Guy, Basil, *The French image of China before and after Voltaire*. Studies 21 (1963).

Haller, Albrecht von, *Eléments de phy-siologie ou traité de la structure et des usages des différentes parties du corps humain* (Paris 1752).

Hawley, Daniel S., 'L'Inde de Vol-taire', *Studies* 120 (1974), p.139-78.

Hazard, Paul, *La Crise de la conscience européenne 1680-1715* (Paris 1961).

Henninges, Jérôme, *Theatrum genealo-gicum ostentans omnes omnium aetatum familias* (Magdeburg 1598).

Héricourt, Louis d', *Les Lois ecclésiasti-ques de France dans leur ordre naturel et une analyse des livres du droit canonique conferez avec leurs usages de l'Eglise galli-cane* (Paris 1721).

Histoire de l'Académie royale des inscrip-tions et belles-lettres (1786).

Holbach, Paul Henry Thiry, baron d', *Le Christianisme dévoilé ou examen des principes et des effets de la religion chré-tienne* (s.l. 1791).

Home, Francis, *Essai sur le blanchiment des toiles*, trad. par Larcher (Paris 1762).

Howarth, W. D., 'The theme of the "droit du seigneur" in the eigh-teenth-century theatre', *French studies* 15 (1961), p.228-40.

Huet, Pierre Daniel, *Demonstratio evan-gelica ad serenissimum Delphinum* (Amstedolami 1680).

Hyde, Thomas, *Veterum Persarum et Parthorum et Medorum religionis histo-ria*, deuxième édition (Oxonii 1760).

Josèphe, Flavius, *Antiquités judaïques* (Paris 1865).

Jourdain, Charles, *Histoire de l'Univer-sité de Paris au XVIIᵉ et XVIIIᵉ siècles* (Paris 1862-1866).

Journal économique (Paris 1751-1772).

Justinien Iᵉʳ, *Nouvelle traduction des Insti-tuts de l'empereur Justinien*, trad. par Claude Joseph de Ferrière (Paris 1734).

Kirsop, Wallace, *Bibliographie matérielle et critique textuelle* (Paris 1970).

Kolbe, Peter, *Description du cap de Bonne-Espérance où l'on trouve tout ce qui concerne l'histoire naturelle du pays, la religion, les mœurs et les usages des Hottentots* (Amsterdam 1741).

Lafitau, Joseph François, *Mœurs des sauvages amériquains, comparées aux mœurs des premiers temps* (Paris 1724).

Lagrave, Henri, *Le Théâtre et le public à Paris de 1715 à 1750* (Paris 1972).

La Harpe, Jean François de, *Correspon-dance littéraire adressée à son altesse im-périale Mgr le Grand Duc, aujourd'hui empereur de Russie, et à M. le comte André Schowalow, chambellan de l'impé-ratrice Catherine II, depuis 1774 jusqu'à 1789* (Paris an IX [1801]-1807).

Lancre, Pierre de, *Tableau de l'incon-*

stance des mauvais anges et démons où il est amplement traicté des sorciers et de la sorcelerie (Paris 1612).

Lanson, Gustave, 'Voltaire et son banqueroutier juif en 1726, Medina ou Dacosta', *Revue latine* 7 (1908), p.33-46.

Larcher, Pierre Henri, *Electre d'Euripide, tragédie traduite du grec* (Paris 1750).

– *L'Expédition de Cyrus dans l'Asie supérieure et la retraite des Dix-Mille* (Paris 1778).

– *Histoire d'Hérodote, traduite du grec, avec des remarques historiques et critiques, un essai sur la chronologie d'Hérodote et une table géographique* (Paris 1786).

– *Histoire d'Hérodote, traduite du grec, avec des remarques historiques et critiques, un essai sur la chronologie d'Hérodote et une table géographique. Nouvelle édition, revue, corrigée et considérablement augmentée, à laquelle on a joint la vie d'Homère, attribuée à Hérodote; les extraits de l'histoire de Perse et de l'Inde par Ctésias, et le traité de la malignité d'Hérodote, le tout accompagné de notes* (Paris 1802).

– *Mémoire sur Vénus* (Paris 1775).

– *Réponse à la Défense de mon oncle, précédée de la Relation de la mort de l'abbé Bazin, et suivie de l'Apologie de Socrate, traduite du grec de Xénophon* (Amsterdam 1767).

– *Supplément à la Philosophie de l'histoire de feu M. l'abbé Bazin, nécessaire à ceux qui veulent lire cet ouvrage avec fruit* (Amsterdam 1767).

– – nouvelle édition (Amsterdam 1769).

La Touraille, Jean Chrysostome Larcher, comte de, *Lettre à l'auteur d'une brochure intitulée: Réponse à la Défense de mon oncle* (Amsterdam et Paris 1769).

L'Averdy, Clément Charles François de, *Code pénal*, troisième édition (Paris 1765).

Lebeau, Charles, *Histoire du Bas-Empire, en commençant à Constantin le Grand*, continué par Ameilhon (Paris 1757-1817).

Lenglet Du Fresnoy, Nicolas, *Méthode pour étudier l'histoire*, nouvelle édition (Paris 1735).

Lesage, Alain René et d'Orneval, *Arlequin Hulla ou la femme répudiée*, dans *Le Théâtre de la foire* (Paris 1737).

Lettres édifiantes et curieuses, écrites des missions étrangères (Paris 1780-1786).

Lévesque de Burigny, Jean, *Vie de Grotius avec l'histoire de ses ouvrages et des négociations auxquelles il fut employé* (Paris 1752).

Lord, Henry, dit Lordius, *Histoire de la religion des Banians contenant leurs loix [...] avec un traité de la religion des anciens Persans ou Parsis*, trad. par Pierre Briot (Paris 1667).

Lortholary, Albert, *Le Mirage russe en France au XVIIIᵉ siècle* (Paris 1951).

Lowth, Robert, *A letter to the right reverend author of the Divine legation of Moses demonstrated* (1765).

Magaillans, de, *Nouvelle relation de la Chine* (Paris 1688).

Maillet, Benoît de, *Description de l'Egypte [...] composée sur les mémoires de M. de Maillet*, éd. Le Mascrier (Paris 1735).

– *Telliamed ou entretiens d'un philosophe indien avec un missionnaire français sur la diminution de la mer, la formation de la terre, l'origine de l'homme, etc.* (Basle 1749).

Marmontel, Jean François, *Bélisaire* (Paris 1767).

Maupertuis, Pierre Louis Moreau de, *Œuvres* (Dresde 1752).

LISTE DES OUVRAGES CITÉS

Mémoires de l'Académie des inscriptions et belles-lettres (Paris 1717-).

Mémoires pour l'histoire des sciences et des beaux-arts [*Mémoires de Trévoux*] (Trévoux, Paris 1701-1767).

Mercier, Roger, *La Réhabilitation de la nature humaine (1700-1750)* (Ville-momble 1960).

Monty, Jeanne R., 'The myth of Belisarius in eighteenth-century France', *Romance notes* 4 (1963), p.127-31.

Mornet, Daniel, *Les Sciences de la nature en France au XVIIIe siècle* (Paris 1911).

Morris, Thelma, *L'Abbé Desfontaines et son rôle dans la littérature de son temps*, *Studies* 19 (1961).

Mortier, Roland, 'L'idée de décadence littéraire au XVIIIe siècle', *Studies* 57 (1967), p.1013-29.

Moureaux, J. M., 'Voltaire et Larcher, ou le faux mazarinier', *Rhl* 74(1974), p.62 ss.

Mousset, Albert, *L'Etrange histoire des convulsionnaires de Saint-Médard* (Paris 1953).

Navarette, Domingo Fernández, *Tratados historicos, politicos, ethicos y religiosos de la monarchia de China* (Madrid 1676).

Needham, John Turberville, *Nouvelles observations microscopiques, avec des découvertes intéressantes sur la composition et la décomposition des corps organisés* (Paris 1750).

Newton, Isaac, *Opera quae exstant omnia*, tome v (Londini 1785).

– *Philosophiae naturalis principia mathematica* (Genève 1743).

Nonnotte, Claude François, *Les Erreurs de Voltaire* (Liège 1766).

Palissot de Montenoy, Charles, *Œuvres complètes* (Paris 1809).

Pappas, John, *Berthier's Journal de Trévoux' and the philosophes*, *Studies* 3, 1957.

Petitot, François, *Continuation de l'histoire du parlement de Bourgogne depuis l'année 1649 jusqu'en 1733* (Dijon 1783).

Picard, Raymond, *La Carrière de Jean Racine* (Paris 1961).

Pierron, Alexis, *Voltaire et ses maîtres* (1866).

Pinot, Virgile, *La Chine et la formation de l'esprit philosophique en France* (Paris 1932).

Platon, *Œuvres complètes*, éd. A. Rivaud (Paris 1920).

Pomeau, René, *Beaumarchais* (Paris 1962).

– 'Histoire d'une œuvre de Voltaire: le *Dictionnaire philosophique portatif*', *Information littéraire* 2 (1955), p.49 ss.

– *La Religion de Voltaire*, nouvelle édition (Paris 1969).

Pope, Alexander, *Histoire de Martinus Scriblerus, de ses ouvrages et de ses découvertes*, trad. par Larcher (Londres 1755).

Pringle, John, *Observations sur les maladies des armées dans les camps et dans les garnisons*, trad. par Larcher (Paris 1755).

Procope, *Anecdotes ou histoire secrète de Justinien par M. Isambert* (Paris 1856).

Proschwitz, Gunnar von, 'Gustave III et les Lumières: l'affaire de *Bélisaire*', *Studies* 26 (1963), p.1347-63.

Proust, Jacques, *Diderot et l'Encyclopédie* (Paris 1967).

– *L'Encyclopédie* (Paris 1965).

Quatremère de Quincy, 'Discours', *Magasin encyclopédique* (1810), i.172-75.

Renaudot, Eusèbe, *Anciennes relations des Indes et de la Chine de deux voyageurs mahométans qui y allèrent dans le IXe siècle* (Paris 1718).

Renwick, John, *La Destinée posthume de*

LISTE DES OUVRAGES CITÉS

Jean-François Marmontel (1723-1799) (Clermont-Ferrand 1972).

– 'L'affaire de *Bélisaire*: une phrase de manuel', *De l'Encyclopédie à la Contre-Révolution: Jean-François Marmontel (1723-1799)*, éd. J. Erhard (Clermont-Ferrand 1970).

– *Marmontel, Voltaire and the 'Bélisaire' affair*, Studies 121 (1974).

Roger, Jacques, *Les Sciences de la vie dans la pensée française au XVIIIᵉ siècle* (Paris 1963).

Rollin, Charles, *Histoire ancienne des Egyptiens, des Carthaginois, des Assyriens, des Babyloniens, des Mèdes et des Perses, des Macédoniens, des Grecs* (Paris 1730-1732).

Rousseau, André Michel, *L'Angleterre et Voltaire*, Studies 145-147 (1976).

Ruffey, Germain Gilles Richard de, *Histoire secrète de l'Académie de Dijon (de 1741 à 1770)*, éd. M. Lange (Paris 1909).

Sabatier de Castres, Antoine, *Les Trois siècles de notre littérature, ou tableau de l'esprit de nos écrivains depuis François Iᵉʳ jusqu'en 1772* (Amsterdam et Paris 1772).

– *Vie polémique de M. de Voltaire, ou histoire de ses proscriptions, avec les pièces justificatives par G**** (Paris 1802).

La Sainte Bible, trad. par Le Maistre de Sacy (Paris 1696).

Sainte-Croix, Guillaume Emmanuel Joseph de Guilhem de Clermont-Lodève, baron de, *Examen critique des anciens historiens d'Alexandre le Grand*, deuxième édition (Paris 1804).

– *L'Ezour-Vedam ou ancien commentaire du Vedam, contenant l'exposition des opinions religieuses et philosophiques des Indiens* (Yverdon 1778).

Sale, George, *The Koran, commonly called the Alcoran of Mohammed* (London 1734).

– *Observations historiques et critiques sur le mahométisme ou traduction du discours préliminaire mis à la tête de la version anglaise de l'Alcoran* (Genève 1751).

Schmidt, Christian Friedrich, *La Philosophie de l'histoire par feu l'abbé Bazin* (Leipsig 1766).

Semmedo, Alvaro, *Histoire universelle du grand royaume de la Chine* (Paris 1645).

Simon, Renée, *Nicolas Fréret académicien*, Studies 17 (1961).

Simon, Richard, *Histoire critique du Vieux Testament* (Rotterdam 1685).

Sonnerat, Pierre, *Voyage aux Indes orientales et à la Chine fait par ordre du roi depuis 1774 jusqu'en 1781* (Paris 1782).

Spallanzani, Lazzaro, *Nouvelles recherches sur les découvertes microscopiques et la génération des corps organisés* (Londres et Paris 1769).

Spinoza, Baruch, *Réflexions curieuses d'un esprit désintéressé sur les matières les plus importantes au salut, tant public que particulier* (Cologne 1678).

Taillefer, Antoine, *Tableau historique de l'esprit et du caractère des littérateurs français, depuis la Renaissance des lettres jusqu'en 1785* (Versailles 1785).

Tavernier, Jean Baptiste, *Nouvelle relation de l'intérieur du serrail du Grand Seigneur* (Paris 1713).

– *Les Six voyages de Jean Baptiste Tavernier écuyer, baron d'Aubonne en Turquie, en Perse, et aux Indes* (Paris 1679).

Tisserand, Roger, *Au temps de l'Encyclopédie, l'Académie de Dijon de 1740 à 1793* (Paris 1936).

Torrey, Norman L., *Voltaire and the English deists* (New Haven 1930).

Trapnell, William H., 'Survey and analysis of Voltaire's collective editions, 1728-1789', *Studies* 77 (1970), p.103-99.

Van Den Heuvel, Jacques, *Voltaire dans ses contes* (Paris 1967).

Vercruysse, Jeroom, 'Bibliographie des écrits français relatifs à Voltaire (1719-1780)', *Studies* 60 (1968), p.7-72.

Vernière, Paul, 'Montesquieu et le monde musulman d'après l'*Esprit des lois*', *Actes du Congrès Montesquieu, 1955* (Bordeaux 1956).

Vernière, Paul, *Spinoza et la pensée française avant la Révolution* (Paris 1954).

Vigouroux, F., *Dictionnaire de la Bible* (Paris 1926-1928).

Voltaire, *Candide ou l'optimisme*, éd. A. Morize (Paris 1957).

– – éd. R. Pomeau (Voltaire 48, 1980).

– *Corpus des notes marginales de Voltaire* (Berlin et Oxford 1979-).

– *Correspondence and related documents*, éd. Th. Besterman, dans *Œuvres complètes de Voltaire / Complete works of Voltaire* 85-135 (Genève, Banbury, Oxford 1968-1977).

– *La Défense de mon oncle*, éd. J. M. Moureaux (Genève et Paris 1978).

– *Dialogues et anecdotes philosophiques*, éd. R. Naves (Paris 1955).

– *Dictionnaire philosophique*, éd. J. Benda et R. Naves (Paris 1961).

– *Essai sur les mœurs*, éd. R. Pomeau (Paris 1963).

– *Histoire du docteur Akakia et du natif de Saint-Malo*, éd. J. Tuffet (Paris 1967).

– *L'Ingénu*, éd. William R. Jones (Genève et Paris 1957).

– *Lettres philosophiques*, éd. G. Lanson, nouveau tirage revu et complété par A. M. Rousseau (Paris 1964).

– *Le Mondain* et *Défense du Mondain ou l'apologie du luxe*, éd. A. Morize, dans *Apologie du luxe au XVIII* siècle et le 'Mondain' de Voltaire* (Genève 1970).

– *Œuvres complètes*, éd. L. Moland (Paris 1877-1885).

– *Œuvres complètes de Voltaire / Complete works of Voltaire* (Genève, Banbury, Oxford 1968-1977).

– *La Philosophie de l'histoire*, éd. J. Brumfitt (Voltaire 59, 1969).

– *Le Taureau blanc*, éd. R. Pomeau (Paris 1957).

– *Le Temple du goût*, éd. E. Carcassonne, deuxième édition (Genève et Lille 1953).

Voltariana, ou Eloges amphigouriques de Fr. Marie Arrouet, Sr de Voltaire (Paris 1749).

Voyage au Canada fait depuis l'an 1751 jusqu'en l'an 1761 (Paris 1978).

Wallace, Robert, *Essai sur la différence du nombre des hommes dans les temps anciens et modernes*, trad. par de Joncourt (Londres 1754).

Warburton, William, *The Divine Legation of Moses demonstrated in nine books*, quatrième édition (London 1765).

– *Essai sur les hiéroglyphes des Egyptiens*, éd. P. Tort (Paris 1979).

INDEX

479

INDEX

Borée, 411
Bossuet, Bénigne, 42
Bossuet, Jacques Bénigne, évêque de
  Meaux, 10n, 17, 18, 32, 42, 93n, 102,
  125, 154, 192, 434; *Discours sur l'his-*
  toire universelle, 213, 311-15, 414-19
Boucher d'Argis, Antoine Gaspard,
  284
Boufflers, Stanislas Jean de, 83
Bouhier, Jean, 68
Boulainvillier, Henri de, 288
Boulanger, Nicholas Antoine, 158,
  258, 260, 299, 425, 426, 429
Boulenger de Rivery, Claude François
  Félix, *Lettres d'une société*, 45; *Mélange*
  littéraire, 45, 47
Boulogne, Etienne Antoine de, 31, 32,
  36
Bourges, 294
Bourgogne, 41, 42
Bourgogne, parlement de, 41
Bourguet, Alfred, 370-72; *Traité des*
  pétrifications, 372
Boursier, 26, 37, 161
Brachmanes, 221, 222, 251, 273, 333,
  338, 356
Brama, 221, 222, 311
Brames, 403
Braun, Theodore E. D., 352
Bresse, 42
Bretagne, 239
Bretons, 191
Briasson, Antoine Claude, 4
Briot, Pierre, 299
Brosses, Charles de, 376
Bruce, James, 417
Brumfitt, J. H., 5n, 11n, 12, 17, 312,
  337-39, 345, 348, 459
Brummer, R., 425
Brunck, Richard, 51, 110, 111, 115,
  117, 119, 120, 121n
Brunot, F., 280, 389
Bruys, François, *Histoire des papes*, 438-
  40
Bruzen de La Martinière, Antoine Au-

gustin, *Le Grand dictionnaire géogra-*
  phique, 284, 337, 354, 365, 366, 416,
  417
Budda (ou Fô), 336
Buffon, Georges Louis Leclerc, comte
  de, 50, 52, 60, 119, 126, 144-48, 193,
  240, 389, 395, 401; *Histoire naturelle*,
  146, 364-68, 370-78, 380, 381; *Sup-*
  plément à l'Histoire naturelle, 367;
  Théorie de la terre, 146, 239
Bulgares, 438
Burnet, Thomas, 366, 367, 371
Bute, John Stuart, third Earl of, 339
Butler, Samuel, *Hudibras*, 53
Byblos, 106
Byzance, 164, 442

Cachemire, 237, 366
Cadès-Barné, 232, 259, 357
Cadière, Marie Catherine, 208, 292,
  300
Cailleau, 261
Caire, Joseph de, 359
Caire, Le, 321
Calabrais, 208
Calabre, 209
Calas, Jean, 5
Calcédoine, faubourg de (ou Scutari),
  223
Caleb, 250
Callisthène, 76, 109
Calmet, Augustin, 67, 73n, 75, 284,
  302, 306, 307, 315, 332, 402, 406,
  428, 431, 435; *Commentaire littéral*,
  276, 281-83, 303, 309, 319, 341, 343,
  423, 427, 429, 430, 434, 468; *Diction-*
  naire historique, 302, 303, 305, 318,
  322, 331, 342, 410-12, 432-34, 437
Cambyse, 253, 413, 419, 437
Camerarius, Rudolf Jakob, 372
Canaan, 157, 262, 302, 343, 464
Canada, 363
Cananéens, 432
Candaule, 422
Capadoce, 268, 448

INDEX

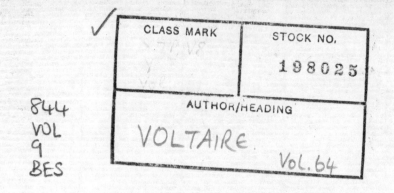
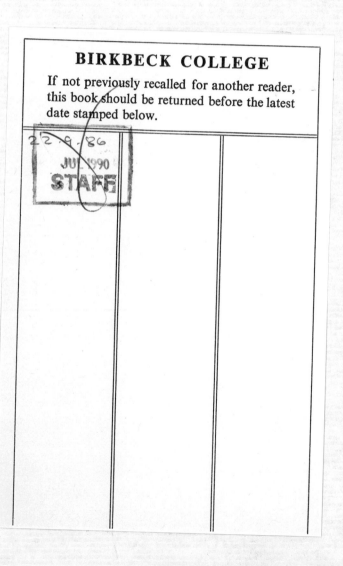